선사문화의 패턴 I

인류, 문화와 농업의 기원

선사문화의 패턴 I

인류, 문화와 농업의 기원

저자 로버트 웬키 / 역자 안승모

서 경

> *우주는 80억년간 수축과 팽창을 반복하고 있다라는 이야기를 들은 사람*
> *들은 누구나 '그것이 나와 무슨 상관이야?' 라고 반문할 권리가 있다.*

피터 드 브리(Peter De Vries)

우리는 이 책에서 300만년의 인간 역사를 산책하면서 소설가 피터 드 브리가 위에서 제시한 질문과 같은 다양한 문제들을 살펴볼 것이다. 특히, 우리의 선조들이 300만년 동안 남긴 석기, 부서진 토기 조각과 쓰레기(그리고 우리 조상들의 뼈 조각까지)로부터 우리는 무엇을 배울 수 있으며, 그러한 지식을 가지고 무엇을 할 수 있을 것인가?

위의 질문을 좀더 일반적으로 표현한다면, 우리의 조상들은 놀랍도록 다양한 사회와 기술과 문화를 창조하면서 이 지구 위에서 수 백만년간 끊임없이 삶과 죽음을 반복하여 왔다. 이러한 과거의 자취들이 우리들과 무슨 관련이 있으며 이 기나긴 역사가 의미하는 바는 과연 무엇인가?

과거 인간의 본질과 의미에 대한 이러한 우주론적 질문은 오랜 역사를 갖고 있지만 만족할만한 답변은 거의 도출되지 못한 실정이다. 영국의 위대한 생물학자인 할데인은 오랫동안 생물계를 연구하는 동안 신의 속성에 대해서 무엇을 배웠는지 신학자들이 물어보자 비슷한 질문을 제기하였다. 그는 연구과정에서 마주친 수많은 종의 딱정벌레를 염두에 두고, 신은 "지나칠 정도로 딱정벌레를 좋아하였다"라고 냉소적으로 응답하였다.

설령 우리의 과거에 대한 질문을 비신학적 측면에 한정한다고 하더라도 우리의 오랜 역사가 주는 교훈과 의미는 대답하기 어려운 많은 질문들을 내포한다. 이 책은 바로 이러한 질문과 관련되는 증거를 다룰 것이다. 예를 들어보자. 왜 수 백만년 전 우리 조상들은 습관적으로 두 발로 걷게 되면서 유인원 친척들과 결정적으로 갈라지게 되었는가? 왜 침팬지 같은 영장류들, 그리고 다른 모든 동물들은 몸 크기에 비해 상대적으로 작은 두뇌를 갖고 있는데 반해 우리 조상들은 보다 큰 두뇌로 진화하기 시작하였을까? 지난 300만년간 존재하였던 수많은 영장류 중 어느 종이 우리의 유전적 조상일까? 왜 인류가 200만년 이상을 단순한 수렵채취인으로서 생활하다가 "갑자기" 우리 조상 중 일부가 1만년 전 구대륙만이 아니라 신대륙에서도 거의 비슷한 시기에 "독립적으로" 농민이 되었을까? 왜 모든 고대 문명은 수 천년 동안 많은 철학자들이 주창해온 민주적 사고에 따르지 않고, 오히려 세습된 소수 특권층이 착취하는 사회적 계급에 의하여 엄격하게 조직화되었을까? 왜 전쟁은 협동과 평화가 주는 장점에도 불구하고 역사상 그렇게 자주 일어난 것일까? 멕시코, 중국, 파키스탄, 메소포타미아의 고대 문명에서는 대도시가 출현하면서도 왜 호주, 서북유럽, 서북아메리카, 하와이 그리고 많은 다른 지역에서는 나타나지 않은 것일까? 왜 고대 세계 도처의 사람들은 대형 피라미드와 기타 "소모적" 기념물을 축조하기 위해 그렇게 많은 시간과 에너지를 쏟아 부었던 것이며, 지배층의 착취를 피동적으로 받아들인 것일까? 일부 마르크스주의자들이 주장하듯이 실제로 경제력이 역사를 "조정"하였으며 종교와 정부의 형태는 단순히 이들 기본적인 경제적 원동력의 부산물인가? 아니면 위대한 사상과 강력한 개인이 역사의 방향을 결정짓는가? "과거"란 정말로 얼마만큼 분석 가능한 형태와 의미로 존재하는 것인가? 아니면 우리들이 과거라고 부르는 것은 단지 존재하지 않는 어떤 것에 대한 우리들의 개인적이고 덧없는, 그리

고 분석할 수 없는 상상에 불과한 것일까? 과거는 우리에게 우리의 현재와 미래에 대한 흥미로운 뭔가를 이야기해 줄 수 있고 우리는 우리의 미래를 조절할 수 있는가? 아니면 우리는 시간과 순환의 "흐름 위에 방치된" 것인가?

네 번째 개정판인 선사문화의 패턴은 이전 판들과 마찬가지로 인간의 과거를 몇 가지 본질적인 테마와 유형으로 환원함으로써 앞에서 제시한 것과 같은 다양한 질문들을 제기하고자 한다. 이 책은 인류 역사상 가장 중요한 네 가지의 혁명적 변화에 주안점을 둔다. (1) 유인원을 닮은 우리의 조상들이 아프리카 사바나에서의 살벌한 투쟁 속에서 진화하면서 인간의 사회적 행위, 인지 능력, 그리고 도구를 처음 사용하는 형태로 나타난 "문화" 자체의 진화. (2) 호주에서 북극까지 세계 곳곳의 변경지대를 침투한 빙하시대의 용맹한 수렵채취인 출신인 "우리" 호모 사피엔스의 첫 번째 출현. (3) 수 천년전 세계 곳곳에 농경과 촌락 생활 양식을 전해준 소규모 농민의 형태로 나타난 "농업"의 진화. (4) 위대한 고대 문명의 형태로 나타난 문화적, 사회적 "복잡성"의 첫 출현.

독자들은 이러한 네 가지의 거대한 변혁과, 우리의 과거와 인간 존재의 본성에 관한 기타 많은 질문들이 이 책에서 검토된 증거와 추론만으로는 완전히 해결될 수 없다는 점을 미리 알고 있어야 한다. 이러한 질문들에 답할 수 있는 유일한 자료는 인류가 이 지구 위에서 수 백만 년간 살면서 남긴 수많은 석기, 뼈, 토기조각, 폐기된 집터 및 기타 보잘 것없는 잔존물 뿐이며, 따라서 역사의 역동적 본질에 관한 우리의 이해는 모두가 매우 초보적인 수준에 불과하다. 그러나 답변이 애매한 난해한 질문을 하는 것이 과학과 철학의 본질이며, 우리의 과거에 대한 많은 중요한 질문이 경험주의적 분석을 완전히 벗어나는 것은 아니다.

과거에 일어난 이러한 변혁을 분석하고 해석하는데 있어서 가장 어려운 점은 고고학과 세계 선사 연구에 적용될 수 있는 일관된 이론을 고안하는 것이다. 예를 들면 일부 현대 고고학자들은 이 책에서 채용한 "과학적" 접근법을 부정하고 있다. 제1장에서 언급되겠지만 이들에게 고고학은 과거의 사건에 대한 과학이 아니라 우리 스스로가 창조한 과거의 연구일 뿐이다. 우리는 과거의 뼈와 돌에서 우리 자신의 신념과 가치의 반영(反影)을 필연적으로 보기 때문이다. 이들 고고학자는 대부분의 서구 "과학"이란 인간의 과거를 분석하기에 본질적으로 부적절하다고 주장한다. 필자는 이 책에서 이러한 이론적 관점을 공정하게 논의하고 예증하려고 노력할 것이다. 아울러 선사문화 패턴의 대부분을 구성하는 이런 종류의 분석을 왜 일부 고고학자들이 거부하는지를 살펴볼 것이다.

　　그러나 필자는 전통적인 과학적 분석과 논리의 적용을 통해 우리의 과거에 대해 많은 것을 알아낼 수 있다고 확신한다. 그리고 이 책은 경험주의와 실증주의에 토대를 두고 있다. 직립보행을 시작한 이래 전 세계로 퍼진 인류의 확산, 농경과 문명의 발생에 이르는 우리 과거의 위대한 변혁은 실제로 인식될 수 있는 요인(要因)과 영향력의 결과이다. 이러한 영향력과 요인이 무엇인지를 알고 싶어하는 우리의 노력은 우리의 편견에 의해 오염되거나 우리의 개인적, 사회·정치적 상황에 의해 변조될 수도 있다. 그럼에도 필자는 흥미롭고 유익하며, 개인적 편견과 특이성의 한계를 극복할 수 있는 다양한 분석방법이 존재한다고 믿고 있다.

　　이 책의 목적은 세계 선사시대에 관한 일관된 접근법과 현대고고학의 실상을 독자들에게 제시하는데 있다. 다시 말해 현대고고학은 어떻게, 누구에 의해 이루어지며, 전문적 고고학자들이 그들의 학문에 대해 어떻게 생각하는지를 보여주겠다. 결과적으로 이 책은 현대 고고학에서의 이론적 쟁점도 다루기 때문에 대학의 학부 학생들에게는 다소 어려울지도 모르겠다. 16년 전 필자가 이 책의 첫 판을 출판하였을 때만 해도 고고학은 단지 소수의 사람들에게만 "정치적"도구였을 뿐이다. 그러나 오늘날의 고도로 정치화된 문화에서 고고학은 이제 제국주의, 식민주의, 인종주의, 성차별주의, 기타 다양한 반문화적 정책들과 뒤섞여 있는 실정이다. 바로 이 점 때문에 일부 고고학자들은 어떠한 문화 변동의 분석도 고고학적 증거, 그리고 고고학자 스스로의 사회·정치적 맥락으로부터 자유로울 수 없다고 믿게 된 것이다. 그러나 필자는 이에 동의하지 않는다.

 이 책의 이전 판들은 고맙게도 대학 밖의 일반인들이 많이 읽어 주었다. 그러나 선사문화의 패턴은 기본적으로 대학 과정을 위한 교재로 디자인된 것이다. 이 책이 대학 교재에 적절하도록 필자는 다른 교양서적에서 나타나는 "고고학의 낭만"을 일부분 포기하였다. 학생들을 포함한 대부분의 비(非)고고학자들은, 투탕카멘이 잠시 지배했던 국가의 특징들과 관료 조직의 진화에 대한 지루한 사회과학적 분석보다는 오히려 투탕카멘 왕묘에서 발견된 휘황찬란한 유물 자체에 더 흥미를 느낄 것이다. 그러나 과거를 분석하기 위해서는 과거의 물질적 잔존물로서의 사물 뒤에 숨겨져 있는 것을 보아야하며, 과거의 역동성과 의미에 대해 앞에서 제기한 것과 같은 난해한 질문에 대한 답변을 생각해보아야 한다. 이 책은 대부분 이러한 난해한 질문과 과거의 역동성과 의미에 초점을 맞춘 것이다.

선사문화의 패턴은 학부생의 인문학적 교육에 도움을 주어야 한다는 전제하에 서구의 지성사, 문학, 미학, 철학, 그리고 기타 주제들도 다양하게 포함하고 있다. 인간의 태고성과 관련하여 우리 스스로를 성찰하는 작업은 공학도, 벤처자본가, 신학자 등 모든 사람에게 요구되며 특히 대학생들에게는 인문학적 교육의 필수과정이라고 할 수 있다. 물론 모든 대학인들은 그들 자신의 학문이 가장 필수적인 분야라고 느낄 것이며, 필자도 세계 선사시대에 대한 연구가 가난을 퇴치하거나 세계 평화를 가져다 줄 것이라는 환상을 갖고 있지는 않다. 그럼에도 필자는 우리와 우리 문화의 실체를 형성한 과거의 역동성이 누구나 알고 흥미를 가져야 할 주제라고 확신한다. 그러나 현실은 그렇지 않다. 1982년도 갤럽 여론조사에 의하면 미국인의 44%가 인류의 진화론적 기원을 부정하고 있다. 이 책은 우리 과거에 대한 진화론적 관점을 제공하고 이 관점을 광범위한 분야의 인간 지식과 연관시키고자 한다. 대부분의 학생들이 이 책의 근간을 이루는 뼈와 돌에 대한 세부적 고찰을 모두 잊어버린 한참 뒤에도 우리의 생물학적 기원과 진화, 우리 문화를 형성하였던 과정에 대한 흥미만은 유지하기를 희망한다. 역사학자인 엘튼 (G.R. Elton)은 "개인적 경험은……편견과 사욕으로 늘 한정되고 자주 왜곡된다. 인간에게 필요한 것은 이러한 단점의 효과를 측정할 수 있는 확장된 경험이다…… 역사는 인간의 경험이 사용될 수 있도록 분석되고 증류되어 병에 담기는 실험실을 제공한다."라고 말한 바 있다. 이 책은 인간 과거의 전체 과정을 조사할 수 있는 그러한 맥락을 제공하려는 시도로 쓰여졌다.

이 책은 주로 문화와 농업, 문명의 기원에 중점을 두고 있다. 그리고 다른 것들보다 이러한 목적에 부합하는 주제, 시기와 지리적 영역이 훨씬 많이 고려될 것이다. 복합사회의 기원에 대한 주제는 이 책의 2/3 가량을 차지하는데 왜냐하면 필자가 이 주제를 연구하고 관련된 증거를 찾기 위해 이란, 이집트, 멕시코, 터키, 이탈리아 그리고 기타 다른 지역에서 25년이란 긴 세월을 보냈기 때문이다. 또한 필자는 복합사회의 기원 문제야말로 역사분석에서 가장 중요한 주제 중의 하나라고 믿는다. 세계의 모든 지역과 문화를 고루 언급한다는 것은 어려운 작업이며 보편적인 문화유형을 다루고자 하는 이 책의 목적에도 맞지 않는다 (세계의 선사시대에 대하여 보다 넓은 이해를 얻으려면 브라이언 페이건의 People of the Earth 제8판을 보기 바란다). 오히려 이 책은 문화적 발달에 대한 일련의 선택적 서술이며, 이들과 직접적으로 관련된 고고학적 증거들만이 구체적으로 검토될 것이다. 따라서 여기서는 세계의 많은 중요하고 흥미로운 지역, 예를 들어 로마 이전의 유럽, 호주, 폴리네시아, 사하라 이남 아프리카의 문화사를 불행하지만 간략하게 다룰 것이다.

이 책을 출판하는데 많은 사람들의 도움이 있었다. 그러나 그들이 이 책의 내용에 동의하지 않는 부분이 있을 것이고 이러한 모든 책임은 필자에게 있다는 점을 미리 밝혀둔다. 20년 동안 워싱턴대학교의 학생들이 이 책의 주제에 관한 나의 강의를 들어주었다. 학생들이 보여준 끈기와 흥미뿐 아니라 이 책을 완성하는데 도움을 준 학생들의 많은 질문과 코멘트에 고마움을 표한다.

많은 비고고학자들에게 고고학은 매우 흥미로운 대상이고 일정부분 이것은 사실이다. 그러나 동시에 고고학은 피나는 고된 노동을 요구하는 분야이다. 필자는 이 책에서 다루고 있는 유적에 대한 야외조사를 직접 현장에서 수행한 많은 고고학자들에게 감사드린다. 또한 그들의 성과를 자세히 인용함으로써 그들의 노력을 대변하도록 노력하였다.

끝으로 이 책의 발간에 조언과 질책을 아끼지 않은 많은 분들에게 이 지면을 빌어 깊은 감사를 드린다.

1장

선사시대, 역사, 그리고 고고학

역사는 예증으로 가르치는 철학이다.

헬리카르나수스의 디오니시오스왕 (c. 40 B.C.)

역사는 속임수이다.

헨리 포드

영화와 소설 속의 모험가적 고고학자들은 그들이 무엇을 찾는지 또는 왜 그것을 원하는지에 대해 전혀 의문을 갖고 있지 않은 것처럼 보인다. "그것"은 흔히 저주로 보호된 파라오의 무덤 속 보물이나 잉카의 황금도시 또는 성경에 나오는 계약의 궤* 같은 것이다. 그러나 물건이 무엇이던 간에 그것은 항상 본질적으로 흥미로운 어떤 것이며, 많은 뱀, 함정과 악한이 지키고 있어서 그것을 찾기 위해 낭만적인 영웅을 필요로 한다.

요즘 같은 무미건조한 시대에서 현대 고고학의 실상이 이러한 소설적인 생각과는 완전히 다르다고 하여 독자들이 크게 놀라지는 않을 것이다. 그러나 고고학의 기원과 세계 선사시대의 연구는 부분적으로는 소설적 이미지와 크게 다르지 않은 사람들에 의해 개척되었다. 예를 들면 1800년대 초에 이탈리아 모험가인 기오반니 벨조니는 지금의 룩소르 부근에 있는 테베의 고대 이집트 무덤들을 수십 기나 도굴하고 그 부장품을 유럽의 여러 박물관에 팔아먹었다. 벨조니는 무덤 속의 악취 풍기고 먼지 많은 공기 속에서 지나가는 곳마다 수백 기의 미이라를 박살내면서 수

---

* 모세의 십계명을 새긴 두 개의 납작한 돌을 넣은 상자

마일의 터널을 기어 들어갔다.

······비록 나는 다행히도 발달된 후각을 갖고 있지는 않았지만 미이라의 냄새가 다소 불유쾌하다는 것은 경험할 수 있었다. 무덤 방 입구를 찾으려고 통로를 600야드 이상 기어 들어간 뒤에야······나는 쉴 곳을 찾았다······그러나 내가 미이라에 기대자마자 미이라는 종이 상자처럼 부서져버렸다...나는 뼈, 누더기, 나무 상자와 함께 부서진 미이라 속에 주저앉았다······ 한 발 내디딜 때마다 미이라를 부셨다······ 부패한 이집트 미이라와 얼굴을 닿지 않고서는 지나갈 수 없었다. 그러나 통로가 아래쪽으로 경사가 지면서 내 몸무게 때문에 쉽게 내려 갈 수 있었다. 그래도 위로부터 굴러 떨어지는 뼈, 팔다리, 두개골들로 뒤집어쓰는 것은 피할 수 없었다······ 내 연구의 목적은 이집트인에게서 파피루스를 뺏는 것이다.[1]

비록 벨조니처럼 절도범적 의도에 대해 솔직하지는 않았지만, 좀더 학자다운 초기의 고고학자들마저 적어도 그들이 찾고 있는 것에 대한 매우 단순한 목적과 그들의 추적에 대한 다소 낭만적인 이유는 가지고 있었다. 예를 들면 1876년 독일 귀족인 하인리히 슐리만은 어렸을 적 읽은 호머의 이야기에서 강한 영감을 받고, 호머의 일리아드에 기록되어 있는 트로이 전쟁의 영웅들의 고향을 찾고자, 서부 터어키 히살리크의 고고학 유적을 약탈하였다. 슐리만의 공책은 그가 발견된 유물을 꼼꼼히 기록하였고 고고학 발굴의 고유한 방법의 중요성에 대한 초보적 의식을 갖고 있었다는 것을 보여준다. 그는 히살리크의 대형 무덤 한 곳에서 부패된 시신에 씌워진 황금가면을 발견하고 무덤의 주인공이 트로이의 전사라고 결론지었다. 몇 년 뒤 그는 죽었지만 그가 트로이의 자취라고 생각했던 곳이 실제로는 전혀 다른 지역이었으며 트로이 전쟁 동안에 점유된 집터를 그가 파 해쳐 버렸다는 사실을 몰랐다는 점에서 그는 여전히 행복하였다고 할 수 있다.

오늘날의 고고학은 19세기 선구자들의 고고학과는 완전히 다르다. 만약 오늘날의 전문적 고고학자가 슐리만이 남긴 트로이의 일부분을 발굴하였다면 그는 발굴과 분석을 위하여 많은 최첨단 기술 장비를 이용하였을 것이다. 발굴된 지역에 대한 완전한 지도가 작성되어서 발견된 모든 것을 삼차원 좌표상에 기록할 수 있을 것이다. 실제 발굴은 슐리만 때보다 훨씬 오랜 기간이 요구되며, 기술적 전문가들이 토기, 동식물유체, 건축물과 모든 종류의 발견물을 분석할 것이다.

그러나 벨조니와 슐리만 시대의 고고학과 현재의 고고학과의 가장 큰 차이는 연구의 "목적"이다. 거의 대부분의 초기 고고학자들은 특별한 "물건"을 찾고 있었으며 지나간 시대의 진귀하고 값있는 유물을 제외하고는 그들이 발견한 물건의 중요성을 거의 인식하지 못하였다. 반면 현재의 고고학자들은 대부분 과거에 대한 그리고 과거와 관련하여 우리들 자신에 대한 보다 심오한 이해를 추구하기 위하여 그들이 발견한 물건 뒤에 숨어 있는 그 무엇인가를 찾으려고 노력한다.

고고학자는 무엇을 찾고자 하는가? (과거의 의미)

고고학은 사실에 대한 것이라네. 만약 자네가 진리를 원한다면
옆방의 철학과로 가게나!

인디아나 존스교수 (영화 인디아나 존스에서)[2]

대부분의 고고학자들은 박물관 관람객들이 몇 초도 관심을 주지 않을 돌, 뼈, 토기의 자그마한 조각들을 찾으려고 여러 해를 보낸다. 그들은 삶의 대부분을 끝없는 그러면서도 해답을 찾기 어려운 질문들을 자문하며 햄릿처럼 고민하면서 보낸다. 도대체 이 모든 잡동사니가 무엇을 의미하는가? 이들 물건들이 과거에 무슨 일이, 왜 일어난 것인지에 대해 무엇을 이야기해줄 것인가? 과거를 연구하는 핵심적인 목적은 무엇인가? 이들 물건을 만든 사람에 대해 내가 알 수 있는 것은 무엇인가? 인간 역사의 과정과 성격을 설명할 수 있는 인과적 요소가 있는가? 과거가 우리 자신의 생활과 어떤 관련이 있는가? 과거는 무엇을 의미하는가?

과거의 의미에 대한 이러한 관심은 비고고학자들이 고고학이란 학문에 대해 가장 이해하기 어려운 개념 중의 하나이다. 많은 사람들에게 바로 이점이 고고학은 이국의 땅에서 흥미로운 유물을 찾는 행복한 추적이라는 환상을 깨트린다. 대부분의 고고학자들은 과거의 의미에 대해 토론할 때 그들이 진행하는 복잡하게 얽힌 분석을 비고고학자들이 인내하기 어려워한다는 것을 경험상 알고 있다. 예를 들면 대부분의 비고고학자들이 슐리만이 트로이의 황금가면을 발견한 테페 히살리크유적의 기원전 1천년기 도시의 정치·경제적 그리고 정치적 조직에 대한 고고학자들의 토론을 듣는 것보다 황금가면 자체를 감상하는데 훨씬 더 흥미로와 하는 것은 놀랄

1.1 18세기와 19세기에 고고학은 종종 과학적 연구라기보다는 골동품을 조직적으로 도
굴하는 행위에 가까웠다. 이 사진은 프랑스 레제지 근처 유적에서 인부가 멋있게 생
긴 석기를 찾으려고 구석기유적을 파괴하고 있는 모습을 보여준다.

일도 아니다.

그러나 사람들은 유물 자체를 넘어서 과거의 유형(pattern)과 의미를 찾는 것을
이해해야만 현대고고학 – 또는 바로 이 책 – 이 도대체 무슨 내용인지를 이해할 수
있을 것이다. 대부분의 고고학자들은 우리들의 호미니드 조상들이 석기를 처음에
무엇에 사용하였는지, 또는 왜 네안데르탈인이 사라졌는지 그리고 고대 이집트인
들은 어떻게 피라미드를 세웠는지와 같은 특정한 질문에 답하려고만 하지 않는다.
모든 고고학 발굴이나 연구 기획에서는 상기한 것과 같은 많은 특정 질문들이 논쟁
이 된다. 그렇지만 이러한 연구의 맥락은, 인간 역사의 과정과 우리 문화의 성질을
결정짓는 요소를 이해하고, 그래서 과거에서 유형을 찾고 왜 이들 유형이 출현하였
는지 이해하려고 하는, 그리고 세계 문화의 오랜 역사 속에 나타나는 커다란 변이
성을 어느 정도 설명하려고 노력하는, 보다 추상적인 목적을 종종 수반한다.

고고학자들이 인간 역사처럼 명백히 혼돈스러운 그 어떤 것도 기저에는 유형, 의
미 또는 설명을 일부 갖고 있을 가능성까지 고려한다는 것은 이상해 보일 수도 있
으나 학자들은 오랫동안 그러한 가능성을 추구하여 왔다. 이러한 점에서 그들이 던

진 질문은 종류가 다양하고 어려우며, 그럼에도 우리 자신과 인간성을 이해하는데 중요하다. 왜 침팬지 같은 우리의 영장류 친척들과 다른 모든 동물들은 몸 크기에 비해 상대적으로 작은 두뇌를 계속 유지하고 있는데 반해 우리는 두뇌 크기가 점점 커지는 방향으로 진화하였을까? 왜 인류가 200만년 이상을 단순한 수렵채집인으로 살아왔는데 우리 조상 중 일부가 "갑자기" 1만년 전, 구대륙만 아니라 신대륙에서도 거의 비슷한 시기에 독립적으로 농민이 되었을까? 왜 모든 고대 문명은 수 천년 동안 많은 철학자들이 주창한 민주적 사고에 따르지 않고, 오히려 사회적 계급에 의하여 엄격하게 조직화 되었을까? 왜 전쟁은 협동과 평화가 주는 장점이 있을 때에도 역사상 그렇게 자주 일어난 것일까? 큰 도시들이 멕시코, 중국, 파키스탄, 메소포타미아 등지의 고대 문명에서는 출현하면서도 왜 호주, 북미, 또는 하와이에서는 나타나지 않은 것일까? 세계의 고고학적 기록은 "인종"들이 선천적으로 능력이 다르며 문화는 그들의 "재능"에 따라 변한다는 것을 나타내는가? 칼 마르크스[3]가 주장하듯이 경제력이 정말로 역사를 "조정"하였고 종교와 정부의 형태는 단순히 이들 기본적인 경제적 힘의 단순한 부산물인가? 아니면 위대한 사상과 강력한 개인이 역사의 방향을 "결정"짓는가? "과거"란 정말로 어느 정도 분석할 수 있는 형태와 의미로 존재하는 것인가? 아니면 우리들이 과거라고 부르는 것은 단지 존재하지 않는 어떤 것에 대한 우리들의 순간적인 그리고 분석할 수 없는 상상에 불과한 것일까? 과거가 우리의 현재와 미래에 대해 흥미로운 뭔가를 우리에게 알려주는가? 우리들이 미래를 조절할 수 있는가? 아니면 우리는 시간과 상황의 "흐름 위에 내버려진" 것인가?

세계 도처의 도서관들은 이러한 문제에 대답하기 위한 수 천년간의 시도를 보여주는 책들로 가득 차있다. 많은 역사 이론이 있으나 어느 이론도 인간 과거의 복잡성을 강력하게 전부 설명하지는 못한다. 분별력 있는 사람이라면 다음처럼 의심할 수 있다. 만약 과거의 의미와 설명에 대한 이들 질문이 수 천년간의 연구에도 불구하고 만족할만한 답변을 도출하지 못하였다면 우리의 질문 자체가 잘못되었거나 우리가 물어본 질문이 전혀 정답이 없는 것이 아닐까? 그러나 많은 고고학자들은 결코 이러한 비관론에 빠지지 않는다. 실제로 이 책은 주로 과거의 한 부분을 기록하려는 시도이며 그리고 나서 과거의 의미에 대한 이러한 많은 질문에 답하고자 한 시도들을 검토하겠다.

1.2 이 16세기 플로리다 인디언의 조각상은 다른 문화를 자신의 문화로 해석하는 자민족중심
주의를 예중한다. 오른 쪽에 있는 4명의 여자에는 비너스와 3명의 뮤즈신의 르네상스식 표
현이 잘 남아 있다. 지난 수세기 동안 많은 유럽학자들은 고대와 비유럽의 제문화를 분석하
면서 이들 문화가 유럽문명의 높은 단계로까지 진화를 하지 못한 것으로 간주하는 자민족
중심주의적 시각을 갖고 있었다.

　왜 역사가 당시의 그 모습대로 나타났는지를 이해하고 설명하려고 갈망할 수 있
다는 바로 그 생각이 현대 고고학에서 가장 뜨겁게 논쟁되고 있는 복잡한 이슈 중
의 하나이다. 예를 들어 영국 고고학자인 마이클 생스와 크리스토퍼 틸리는 왜 역
사가 그 모습대로 나타났는지에 대해 위에서 제기한 종류의 질문들을 과학적 방식
으로 답한다는 의미에서 인간의 과거는 역사를 "설명하는" 경험과학으로는 결코
분석될 수 없다고 주장한다.[4] 그들은 과거의 물질적 자취는 바로 다른 "문헌(text)"
일 뿐이며, 그래서 소설처럼 과거도 사람에 따라 달리 해석될 수 있다고 주장한다.
고고학적 기록을 읽는 고고학자들을 포함하여, 각각의 문헌을 읽는 각각의 "독자"
도 그 자신의 문화적 편견과 형태에 의해 속박되며 따라서 과거의 객관적 또는 결
정적 이해 같은 그런 것은 있을 수 없다는 주장이다(그림 1.2)

또 다른 학자들은 과거란 과학적으로 분석될 수 있고 강력한 이론이 좀더 발달하면 고고학은 지질학, 고생물학, 또는 생물학처럼 과학이 될 수 있다고 주장한다.[5]

비록 이들 문제는 이 책에서 결정적 해답 없이 여러 번 반복해서 언급되겠지만 한가지만은 분명하다. 과거의 의미에 대한 질문에 대답하는데 있어 근본적인 문제는 증거의 부족이 아니다. 세계 도처에서 박물관 선반은 토기, 석기와 인골의 무게로 고생하고 있다. 고고학자들은 사람들의 200만년 전 최초의 캠프로부터 1920년대 맨허탄에 이르기까지 모든 것을 발굴하였다. 그리고 매년 수 천명의 고고학자들이 지구 곳곳에서 과거의 많은 자취들을 발굴하고 이어서 그들의 조사결과를 수 십만의 책과 논문, 그리고 강연의 형태로 동료와 세계에 알려준다.

이 책의 나머지 부분에는 고고학적 유물, 방법과 편년의 수많은 명칭들로 독자들의 인내성을 테스트하면서 이러한 수많은 연구들을 검토하겠다. 그러나 사실과 삽화의 바다 속으로 빠지기 전에 독자들은 과거의 쓰레기를 통하여 걸러진 이 모든 것들의 핵심에 대해 고고학자들과 함께 깊이 생각해 보아야 한다. 이것들은 복잡한 이슈이며, 분석을 시작하기 위해서는 고고학이 전통적으로 수행하여 온 고고학의 기본적인 논리적 구조와 고고학적 분석의 몇몇 예를 고찰할 필요가 있다.

🔲 고고학의 목적과 목표 I : 사라진 문화와 역사의 복원으로서의 고고학

> *과거는 다른 나라이다.*
> *그들은 그곳에서 일을 다르게 처리한다.*
>
> 하틀리 L.P. Hartley[6]

과거와 세계의 고고학적 기록을, 서로 관계없는 인간들의 결정에 의해 우연히 발생한 사건들과 사건들의 연속이 아무런 의미 없이 뒤범벅된 산물로 보던가, 또는 설명할 수 있는, 심지어는 예측도 가능한 발전적 유형으로 보던 간에, 대부분의 고고학자들은 과거를 기술하고 복원하려고 시도함으로써 과거를 이해하기 시작한다.

과거의 복원은 일반적으로 로마인들에게 "발톱으로 호랑이를"이라고 알려진 원칙, 또는 유추와 추론의 과정을 거쳐 부분에서 전체를 알아낼 수 있다는 개념에 기초한다. 예를 들어 어떤 사람이 여러 박물관에서 전시중인 공룡을 유심히 관찰하면, 공룡 중 일부분은 매우 조그만 양의 화석뼈와, 없어진 부분을 대신하여 희망을 갖고 끼워 놓은 훨씬 많은 양의 석고로 구성되어 있음을 알 수 있다. 그리고 수 세기 동안의 연구가 이루어진 오늘날에도 학자들이 새로운 화석을 찾게 되면 뼈의 배열에 대한 새로운 사실을 반영하려고 전시중인 공룡을 다시 복원하는 일이 종종 일어난다.

우리가 공룡뼈가 아니라 문화 전체를 복원하려는 시도를 바라볼 때에도 원칙은 공룡의 복원과 매한가지다. 즉 우리들은 남아 있는 부분을 이용하여 전체에 대한 우리의 지식과 사고에 기초하여 사라진 나머지 요소들을 추론한다. 어떤 상황에서는 이러한 추론이 매우 정확하고 확보된 증거가 매우 포괄적이어서 우리의 해석이

1.3 투탕카멘 무덤의 내용물은 고대 이집트인 생활의
많은 양상을 생생하게 보여준다.

특히 강한 설득력을 갖기도 한다. 예를 들면 고고학자는 이집트의 투탕카멘 무덤에서 발견된 유물을 세밀히 연구하고, 과학적 분석과 추론의 과정을 통해 이 파라오와 문화에 대한 많은 부분을 밝혀내었다. 치아의 분석은 미이라화된 시신이 발견된 다른 친척들과의 유전적 관계를 알려주었다.[7] 무덤 안에 공급된 식품과 포도주의 분석을 통해 투탕카멘이 생전에 먹었던 것과 내세에서 먹으리라 희망한 것을 알 수 있었다. 수레와 가구, 장신구의 분석은 당시의 예술과 공예 수준을 반영한다. 무덤 벽의 명문(銘文)과 동시기 문헌에 대한 연구는 투탕카멘의 종교적 믿음과 생활사의 기록을 제공한다.

투탕카멘의 생활과 시대에 대한 복원을 생생하게 이루어 낸 것은 유물이 잘 보존되어서가 아니라 우리 자신의 생활과의 유추를 통해 그에 대해 많은 것을 이해할 수 있었기 때문이다. 예를 들면 우리 시대 대부분의 사람들은 시신을 언젠가는 미래에 부활한다는 희망을 갖고 종교적인 기도와 함께 땅에 묻는다. 심지어 투탕카멘 무덤에는 아주 다양한 포도밭과 포도수확기에서 제조된 톡 쏘고 달콤한 포도주가 세심하게 선택되었는데, 이들 포도주는 모두 재배지, 재배연도, 포도주 판매상의 이름이 정성스럽게 적혀 있어 우리 자신의 생활처럼 완전히 인간적 느낌을 준다.[8]

우리 자신의 생활과 역사의 지식에 기초한 유추와 추론에 의해 이루어진 이와 같은 복원은 우리 자신의 경험의 관점에서 과거에 대한 만족스러운 서술을 제공한다. 그리고 많은 사람들에게 이러한 복원이야말로 우리들이 과거에 대해 배우고 싶어 하는 것의 모두 또는 대부분을 구성한다. 그리고 대부분의 사람들에게 그들이 이러한 복원과 해석에 대해 읽을 때 경험하는 "폐허의 기쁨"은 크나큰 이론적 정당화를 요구하지 않는다. 사실 그러한 기쁨에 무감각한 사람은 무딘 사람일 것이다. 우리는 투탕카멘의 마음속에 정말로 무슨 일이 일어났는지 알지 못하며 결코 알 수도 없다. 그러나 그의 무덤 내용물들을 고찰함으로써 우리는 그의 음식물, 당시의 기술, 왕실의 관료정치에서의 그의 위치 등에 대해서 많은 것을 알 수 있다.

그러나 우리의 분석이 투탕카멘의 생활과 시대의 이러한 추론적인 복원에만 반드시 한정되는 것인가? 아니면 투탕카멘을 이해하려는 시도에서 좀더 나아갈 수 있을까? 예를 들어 우리는 투탕카멘이 고대세계에 도처에 존재하였던 계급에 기초한 국가사회의 한 예일 뿐이라고 간주할 수 있다. 투탕카멘 무덤 같은 화려한 고총고분은 중국, 페루, 멕시코, 이라크, 그리고 기타 많은 장소에서도 발견된다. 그리

1.4 투탄카멘 무덤의 파라오 "보물창고" 입구. 서쪽의 지배자인 아누비스상이 문을 지키고 있다.

하여 투탄카멘은 고대의 보다 복잡한 "문명"들 전부가 부(富)와 사회계층에 기초
하여 조직되어 왔고 오늘날의 문명에서도 계속되고 있는 역사적 유형의 한 부분일
뿐이다. 그래서 투탄카멘은 역사적 분석의 가장 기초적이고 중요한 질문들을 우리
에게 되돌려준다. 예를 들면 왜 구대륙과 신대륙의 이들 사회는 모두 절대 다수의
대중들이 소수 엘리트 계급의 이익을 위해 노동하여야 하는 그러한 세습된 특권과
부에 기초한 사회적 체계를 발전시켰는가?

　우리는 7장에서 이 문제를 보다 상세히 고찰할 것이다. 여기서는 일단 투탄카멘
같은 개인의 과거를 "복원"하였으면 다음에는 좀더 크고 추상적인 질문으로 관점
을 이동할 수 있다는 정도만 간단히 언급하고자 한다.

　그리고 이러한 질문은 투탄카멘처럼 비교적 근자에 죽은 시신뿐 아니라 우리 과
거의 모두에게 적용된다. 예를 들어 프랑스 라자레 동굴에서 발견된 30만년 전의
인간 거주 자취에 대한 앙리 드 렁레 Henri de Lumley의 분석은 설득력 있는 추론
을 통해 이들 매우 오래된 선조들을 오늘날의 우리와 어떻게든 연결시켜 놓았다.
유물과 뼈조각의 위치를 하나하나 측정함으로써 렁레는 동굴거주자들이 바닥에
해초(켈프 kelp라는 해초에 기생하는 달팽이로부터 추론)를 차곡차곡 쌓고 그 위에
곰 가죽(발톱의 위치에서 추론)을 덮어 동굴 안 오두막에 안락한 침대를 마련하였
다는 것을 신빙성 있게 주장할 수 있었다. 석기와 다른 유물들을 연구하여 렁레는
동굴 안에 거주한 사람들의 수와 그들의 식료, 동굴을 방문한 계절 등을 추정할 수
있었다.

　그러나 나중에 4장에서 보겠지만 라자레 동굴에 대한 이러한 분석은 대담한 만
큼의 많은 질문을 또 다시 제기한다. 이들 옛 프랑스인은 우리의 선조일까? 아니면
오늘날 많은 학자들이 믿는 것처럼 그들은 아프리카에서 떠난 뒤 수 십만년이 지난
후 우리 조상들에 의해 멸종된 인류의 한 형태일까? 왜 일부 인간 집단들은 멸종되
고 다른 집단들은 우리에게로 이어지는 인간 혈통의 "성화를 운반"할 수 있었는가?

　과거에 대한 이러한 광대한 질문을 던진다고 하여 우리는 과거의 시대와 문화 그
리고 우리가 혈족 관계와 연민마저 느끼는 이들의 생활상을 복원하는데서 얻는 즐
거움과 보답을 희생시킬 필요까지는 없다. 그러나 우리가 잘 알고 있다고 생각하는
문화조차도 문화의 복원에 이르는 고고학적 추론과 복원 절차의 핵심에 대하여 중
요한 의문을 제기한다. 예를 들면 기원후 79년 8월 24일에 이탈리아 해안도시에 있

는 일단의 사람들이 연회를 위해 앉아서 친구를 위한 장례 절차를 논의하고 있었다. 우리는 식사 때 무슨 이야기가 있었는지 궁금하지만 그들이 입은 옷, 먹은 음식, 앉은 장소 정도만 알뿐이다. 왜냐하면 이 도시는 폼페이로, 베수비우스 화산 분출에서 나온 독가스가 식사중인 그들을 모두 죽였기 때문이다. 그들과 동료 시민들, 그리고 헤르쿨레니움의 이웃들은 일상 생활을 하는 중에 묻혀버려 고스란히 보존되었다. 반쯤 구운 젖먹이돼지와 여러 음식들이 오븐에서 발견되었다. 식당에서 반쯤 먹다만 음식 옆에 동전이 남겨 있었다. 도서관 책상 위에 초를 바른 간책(簡冊)과 파피루스 종이가 놓여 있었다. 도시 사람들의 시신이 어린이를 보호하려는 듯 어린이를 감싼 채로 발견되었다. 어떤 경우에는 여자의 뼈가 화산재로 가득 찬 방바닥 곳곳에 흩어져 있고 근처에는 말뚝에 묶인 개의 뼈가 고스란히 남아 있었다. 아마도 개는 천천히 굶어 죽어가면서 결국은 여주인의 시신마저 먹어 버리지 않았나 싶다.[9]

문자 언어는 문화적 복원의 내용을 충실히 하는데 많은 도움을 준다. 폼페이와 헤르쿨레니움의 일상생활은 남아 있는 문헌에 자세히 기록되었다. 그리하여 특정 매춘부의 매력을 묘사한 화장실의 낙서와 그러한 현장에 흔히 있는 다른 촌평마저도 남아 있다. 사실 폼페이와 헤르쿨레니움의 파괴는 보트를 타고 바다로 나가 그 장면을 목격한 사람들에 의해 기록되었다.

고고학자가 폼페이를 복원하려고 하던, 아프리카 초기 호미니드의 200만년 전 근거지를 복원하려고 하던 간에 의도는 똑같다. 즉 민족지학자가 같이 살면서 연구 중인 사람의 일상 생활을 기록하는 것과 마찬가지로 고고학자는 직접 관찰 대신 유추와 추론에 의해 옛 유물을 이용하여 옛사람들의 식료, 기술, 주거, 매장관습, 신앙 – 요약하면 생활 방식과 문화 – 을 가능한 많이 복원한다.

민족지학자에게는 명백한 일상생활의 소동에 비하면 폼페이 같은 도시의 분석조차도 죽은 문화의 마른 줄기와 가지를 더듬으면서 정말 어렵스럽게 연구하고 있는 것처럼 보인다. 그러나 지난 수 십년 동안 문화를 복원하는 기술의 중요한 진보가 있었다(2장 참조). 전자 현미경, 인공위성영상, 화학분석, 정교한 수학적 모델, 복잡한 컴퓨터, 그리고 기타 다른 기술들이 잇달아 발견되면서 고고학자가 과거에 대한 보다 신뢰성 높은 추론을 할 수 있도록 도움을 주었다.

그러나 이러한 많은 기술적 향상에도 불구하고 문화적 복원은 종종 상당히 많은 사색을 포함한다. 특히 유물과 생활 방식에 대한 역사적 유추를 할 수 없고 그리하여 보다 근자의 사회에 대한 추론이 내포하는 것보다 훨씬 풍부한 상상을 요구하는 아주 먼 과거의 사회를 다룰 때 더욱 그러하다. 문화적 복원의 가능성은 본질적으로 무한정하다. 항상 또 다른 유적을 발견할 때 마다 지식이 조금 더 채워질 수도 있다. 일단 새로운 유적이나 유물을 발견한 감동이 차츰 사라지게 되면 대부분의 고고학자는 예를 들어 특정 집단이 순록보다 연어를 많이 먹었는지 아는 것이 과연 얼마나 중요한 일인지에 대해 회의하기 시작한다.

　물론 고고학자에 의해 이루어진 어떤 복원이 정말 확실한 것인지 검증할 수 있는 방법은 결코 없다. 여주인의 시신을 먹었다는 헤르쿨레니움의 개 이야기도 가능성은 높을 것 같지만 다른 해석도 분명 가능하다. 보존 상태가 안 좋고 보다 오래된 유적의 복원은 폼페이나 헤르쿨레니움의 생생한 죽음에 대한 이야기보다 훨씬 설득력이 떨어진다. 요약하면 우리는 일부 오래된 장소에서 어떤 일이 일어났는지 또는 일부 옛 유물이 무슨 용도로 사용되었는지에 대해 상당히 신빙성 있는 이야기를 만들 수는 있으나, 우리는 그러한 추론을 결정적으로 신빙할 수는 결코 없으며 더욱이 천문학자가 천체의 메커니즘에 대한 이해를 일식과 월식의 정확한 예견에서 확인하는 방식처럼 될 수는 없는 것이다.

　같은 맥락에서 우리가 1981년 이집트에서 발굴할 때 발견한 악어 유체를 예로 들어보자.[10] 우리는 기원전 5천년기 후반에 호숫가에서 수 백 미터 떨어진 한 장소에서 많은 악어뼈를 발견하였으나 두개골이나 이빨은 전혀 없었다. 이러한 증거로 미루어 아마도 이 지역은 봄과 가을에 물고기를 잡고 철새를 사냥한 사람들이 머문 일시적 야영지이었을지 모른다. 하루동안의 긴 야외 작업을 마친 어느 날 저녁, 우리는 한두 잔의 맥주에 고무되어 다음과 같은 그럴듯한 견해를 끌어내었다. 고대 이집트인들이 이름은 모르지만 어떤 요리를 만들기 위하여 이들 악어를 사냥한 후 "먹을 수" 있는 부분만 캠프로 옮겨가려고 악어의 내장을 제거하고 머리를 제거한 다음 필요 없는 부분을 물가에 버리고 나머지만 유적으로 가져갔다. 따라서 우리는 발굴에서 두개골은 발견하지 못하고 잘라낸 몸통뼈만 찾은 것이라고 추론하였다.

　이제 우리는 되돌아가서, 같은 유형이 호숫가의 다른 곳에서도 발견되는지 보기 위하여 다른 유적을 발굴하거나, 또는 악어 몸통뼈의 잘린 자국을 세밀히 점검하거나, 또는 다른 그럴듯한 방법 등을 이용하여 상기한 가설이 맞는지 "검증"할 수 있다. 우리는 또한 이 특정한 생각을 일반화하여, 수렵인과 채집인은 그들에게 필요한 최소한의 고기만 갖고 가장 짧은 거리를 이동하려는 경향이 있다는 견해 같은 일반적 문화 과정에 대한 일부 가설들을 검증해 볼 수 있다. 또는 좀더 일반화하여 사람은 가능한 일하는 것을 피하려하는 경향이 있다는 견해를 검증할 수도 있다. 그러나 우리는 얼마나 정확히 소기의 목적을 달성할 수 있을까?

이와 같은 문화 복원에서 가장 중요한 문제는 등종국성(等終局性 equifinality)* 이다. 즉 우리는 이 유적에서 악어 두개골을 찾지 못한 것에 대한 많은 다른 대안적 설명을 상상할 수 있다. 아주 상이한 요소들과 요소들의 결합이 매우 유사한 고고학적 기록을 남길 수도 있다. 그리고 그러한 가설은 사실, 고대 문화에 대한 일부 이론 – 우리가 지금은 갖고 있지 않지만, 고대 이집트의 서민층인 악어사냥꾼을 포함하여 일반적으로 문화의 과정을 결정짓는 요소들에 대한 일련의 일반화 이론 – 의 맥락에서만 특별히 흥미로울지 모른다.

요약하면 고대 문화에 대한 고고학적 복원은, 지적 수준이 있는 사람이라면 누구나 고고학 박물관을 방문하여 고대의 토기와 석기 등을 볼 때 사용 방법과 사용한 사람에 대해 심사숙고해보는 것과 매우 유사하다. 대부분의 박물관은 예를 들면 디오라마나 원시 인디언의 촌락 모형 그리고 절멸된 사회의 생활상을 복원함으로써 관람자가 이러한 문화적 복원을 할 수 있도록 도움을 준다.

그리하여 옛 문화의 고고학적 복원은 인간들이 얻고 싶어하는 과학소설의 주제인 "시간 여행"에 가깝다고 할 수 있으며, 많은 고고학자들에게 동기를 부여하는 것도 적어도 지적으로는 시간 여행에 대한 강력한 충동이다. 고고학자는 딱 한번 그러한 시간 여행 기회가 주어진다면 그 많은 흥미로운 시간과 장소 중에서 하나를 고르느라고 애먹을 것이다. 예를 들면 우리의 초기 호미니드 조상이 어떻게 생존하였는지 알아보기 위해 아프리카의 170만년 전 올두바이 협곡을 방문할 수 있다(3장 참조). 또는 네안데르탈인과 체질적으로 우리와 같은 사람들이 정말로 동시기에 살았던 것인지 알아보기 위하여 9만년 전의 팔레스타인으로 가보거나(4장 참

---

* **등종국성 또는 등종성** : 일반체계이론에서 열린 체계의 특성으로 언급되는 용어로, 시스템의 최종(終局, final) 상태로의 도달이 시스템의 초기조건에 의해 결정되지 않는다는 것을 의미한다. 즉 초기조건이 다르다고 하더라도 동일한 종국 상태가 상이한 초기조건에 의하여 도달될 수 있다는 것이다. 이 문장에서는 원인이 달라도 같은 결과에 도달할 수 있다는 의미이다.

조), 또는 이집트로 가서 피라미드가 어떻게 세워졌는지를 확인할 수 있다(9장 참조). 또는 세계의 미해독된 언어 중의 하나인 하라파에서 발견되는 수천 개의 문헌 속에 포함된 정보를 배우기 위하여 4천년 전 파키스탄의 인더스강 유역을 방문할 수 있다. 또는 찰스 다윈이나 칼 마르크스 또는 근대 역사과학의 다른 창립자들과 담소하기 위하여 19세기 후반의 런던에 가 볼 수도 있다.

그러나 여기서 중요한 점은 설사 시간을 거슬러 올라가 당시에 살았던 사람처럼 사라진 문화를 연구할 수 있다고 하더라도 여전히 문화복원의 한계는 있으며, 왜 그 문화는 그러한 형태가 되었으며 그리고 어떻게 문화가 인간의 이전 적응으로부터 진화하였는지와 같은 왜라고 하는 더 큰 문제가 남게된다.

시간, 인과관계, 그리고 문화사

발생해야 할 때 발생하는 일은 극히 드물며 나머지는 전혀 그렇지 않다.
신중한 역사가들이 이러한 결점을 바로잡아 줄 것이다.

마크 트웨인, 헤로도투스 등

과거를 복원하고자 하는 시도는 폼페이의 오래 전 죽은 시민을 연구할 때 그들이 사망한 날에 어떻게 살고 있었는지에만 흥미를 가질 수 있다는 의미에서 "정적(static)"이라고 할 수 있다. 그러나 과거를 분석하는 대부분의 시도는 일반적으로 시간의 흐름에 따른 문화 변동의 형태로 계기(繼起, sequence)란 의미를 내포한다. 어떠한 고고학 연구 계획에서도 고대의 문화를 복원하고 편년적 연속성으로 배열하는 것은 통상적으로 서로 보완적인 부분이다.

많은 세월 고고학은 문화, 특히 아무런 문자기록이 남지 않은 또는 부분적인 문자기록만 남은 문화의 역사를 복원하는 방법으로 간주되어 왔고, 오늘날에도 일부 학파, 특히 유럽에서는 그렇게 믿고 있다. 고고학을 기본적으로 이러한 관점에서 보는 사람은 고고학자와 전통적 사료편찬가 사이에서 각자가 연구하는 자료를 제외하고는 양자간의 본질적인 차이점을 전혀 보지 않는다. 예를 들면 역사학자가 문자기록 자료에 기초하여 기원전 15세기 아테네에서부터 로마공화국 말기까지의 문화적 연속성을 연대기에 싣듯이 고고학자는 도구와 유물의 분석에 기초하여 문자 언어가 사용되기 이전에 북부 유럽에서 존재하였던 별개의 또는 연속적인 문화를 복원하고 서술할 수 있다.

대부분의 사람들과 마찬가지로 고고학자들도 역사적 "최초"에 매혹된다. 학계에서 현재 진행중인 가장 치열한 논쟁은, 최초의 호모 사피엔스가 언제 출현하였는지, 신대륙에 언제 최초의 사람이 도착하였는지, 농경이 언제 처음 실시되었는지와 같은, 시간의 문제와 관계된다. 그러나 일반적으로 이들 사건은 이전 사건의 결과로 이루어진 것이며 이전 사건과 불가분의 관계를 갖는다. 시간이 우리의 앞[미래]과 뒤[과거]로 무한정으로 펼쳐있다고 보는 이러한 감각은 매우 오래된 것이나, 과거의 규모(scale)를 제대로 인식한 것은 상대적으로 근래의 일이다. 오늘날 교육받은 사람은 거의 누구나 우리 조상의 역사가 수 백만년을 거슬러 올라가고 우리 문명은 수 천년에 걸쳐 서서히 발전하였다는 것을 알고 받아들인다. 그러나 오랜 역사적 시간대에서의 우리의 위치에 대한 이러한 인식은 상당히 최근의 일이다. 우리와 우리의 세계가 수 백만년 동안 이곳에 존재하였다는 생각이 인정되거나 또는 적어도 널리 받아들여지게 된 것은 겨우 1세기 전부터이다. 19세기까지 대부분의 서구인들은 세계의 나이는 6천년 정도이고 거의 태초부터 우리의 조상들은 도시에서 살았고 농경에 종사하였고 국가와 제국을 조직화하였다는 성경의 암시를 받아들였다. 많은 학자들이 천지창조의 날짜에 대한 열쇠를 성경에서 찾았다. 제임스 어셔(James Usser, 1581~1656)는 구약성서의 인물과 자손의 나이를 계산하여 대홍수는 기원전 2349년, 세계의 창조는 정확히 기원전 4004년으로 연대를 정했다. 캠브리지대학 부총장이었던 존 라이트푸트(John Lightfoot, 1828~1889) 박사는 구약성서를 엄밀히 분석하여 우주는 기원전 3928년 9월 12일 아침 9시에 창조되었고 신은 다음날 토요일 아침에 휴식하였다고 결론지었다.

그러나 라이트푸트박사 시절에도 세계의 나이는 수 십만년 또는 그 이상 오래되었음에 틀림없다고 확신한 사람도 많다. 많은 유럽 도시들의 지표면 아래를 깊게 파 들어간 19세기의 발굴에서 맘모스, 동굴곰 같은 오래 전 멸종된 동물의 뼈가 발견되었으며, 이들 많은 동물뼈의 한 가운데에 석기가 있었다. 20세기초가 되면 인류의 아주 오랜 태고성(太古性, antiquity)은 명백해졌다. 그리고 오늘날 거의 모든 양식 있는 과학자들은 우리의 호미니드, 도구를 사용하는 조상의 역사가 수 백만년을 거슬러 올라간다고 인정한다.

그러나 우리의 조상이 정확히 언제부터 그리고 어디에서 살았는가라는 이러한 질문은 결국 각각의 선사문화를 시간과 공간상에 배치하고, 루이스 빈포드가 표현하였듯이, "종적인(generic) 유연성(有緣性)을 정확하게 밝히는 방식대로" 이들 모두를 배열하려는 목적으로 귀착된다.[11]

문화사는 예를 들어 문자기록이 있고 수많은 도시의 증거가 있는 로마제국을 다룰 때는 상당히 쉽고 정확하다. 그러나 아무런 문자기록도 없고 뼈와 거친 수석제(flint) 석기만을 우연히 남긴 선사시대 사람의 문화사는 어떻게 쓸 것인가?

문화사의 주된 목적은 각 유적(주거, 무덤, 또는 공방)으로부터 다량의 유물(석기, 토기, 그리고 사람이 남기거나 만든 모든 것)을 모아서 이들 토기와 석기 등을 만든 사람들 사이의 문화적 관련성에 대해 많은 과감한 추론을 하는데 있다.

현대의 화학적 연대측정 기술(2장 참조)은 모아진 유물들을 시간 축으로 배열하는 것을 도와주지만 많은 문화사는 단순한 유물의 비교에서 이루어진다. 예를 들어 필자와 동료가 한때 남서부 이란의 평원을 다섯 달 동안 걸어다니면서 그곳에서 발견된 수많은 고대 마을과 도시에서 깨진 토기편을 모은 적이 있었다. 대부분의 이들 오래된 주거지들은 지금은 부패한 쓰레기와 진흙벽돌로 이루어진 작은 언덕으로 바뀌어 수많은 토기편과 석기들이 흩어져 있다. 우리는 연대측정법을 통하여 서로 다른 시기에 사용된 토기 양식을 파악하였다. 숙련된 분석가라면 사사니안(Sasanian, c.A.D. 225~640) 토기편과 후기 우르크(Uruk, c. 3200 B.C.) 토기편을 쉽게 구분한다. 매일 토기 시료의 채집을 끝내면 우리는 토기편을 모두 꺼내 각 유적에서 채집된 토기 양식의 상이한 형식 수를 센다. 비슷한 종류의 토기가 있는 유적들은 거의 동시기에 점유되었으리라고 추측한다. 명백히 다른 토기양식이 있는 유적들은 서로 다른 시기에 점유되었다고 추측한다. 이러한 기초 위에서 이 지역의 여러 시기에 걸친 취락 지도가 만들어지고 3천년간의 문화사가 복원되며 인구밀도의 변화와 관개(灌漑) 체계, 전쟁과 경제적 붕괴의 가능성 등을 유추함으로써 복원작업이 완결된다. 다른 말로 이전에는 몰랐던 한 집단의 풍부하고 정서적으로 감동적인 역사가 거의 전적으로 토기편이 담긴 4134개의 자루를 통해서 추론되어진다.

그러한 문화사는 상기한 방법을 이용함으로써 과거의 대부분의 세계에서 어떠한 종류의 문화가 존재하였는지 대략 알 수 있다는 의미로 "효력을 발휘한다." 양식의 변화가 상대적으로 느린 초기 석기를 다룰 때에는 현대의 화학적 연대측정기술의 도움을 받아도 시간을 수 십만년 단위로 대략 범주화할 수 있을 뿐이다. 그럼에도 세계 대부분의 과거 문화들은 대략적인 시간적 계기로 순서대로 배열되어졌다.

문화사가 종종 세계의 모든 문화가 정점에 있는 서구사회로 올라가는 커다란 계단처럼 배열된 방식대로 기술된다는 것은 불가피하면서도 불행한 일이다. 19세기와 20세기초의 미국과 서유럽의 문화는 기술적으로 가장 "진보"하였기 때문에 고고학적 기록도 종종 현대의 서구 사람들이 문화를 처음 만든 동물로부터 진화하여왔던 방식으로 관찰되었다. 그리하여 문화사의 "설명", 예를 들면 농업과 도시사회의 출현은 이러한 발전이 많은 서구인들처럼 생활수준을 끊임없이 향상시키려 노력하는 선사시대 사람들의 "자연적"이고 필연적인 산물이었다고 추측하는 경향이 있다.

순전히 서술적이고 완전히 비논리적인 역사란 없다. 전적으로 가치중립적인 역사도 있을 수 없다. 특히 해석이 종종 증거를 훨씬 뛰어넘어 이루어지는 고고학적 역사에서는 더욱 그렇다. 그러나 고대 사회를 서술하기 위한 방법으로 실행될 때 고고학에서는 과거에 일어난 일을 단순히 복원하려고 노력하는 감각이 여전히 남아 있다. 예를 들면 개인의 정치적 신념이 어떠하던 간에 북미의 최초의 인간은 특정 시점과 장소에 들어왔다고 추정하여야 하며 합리적으로 그 시간과 장소를 결정하려고 노력할 수 있다. 투탄카멘 왕은 특정 시기에 재위하였다고 추정하여야만 하며 그 연대 폭이 합리적으로 결정되기를 희망할 수 있다. 사실 개인이 풀고싶은 질문을 선택하는 이유와 그러한 질문에 대답하는 용도는 본질적으로 정치적이고 주관적일 수 있으나, 대부분의 사람에게는 과거 선사시대의 주요한 사건과 문화를 서술하고 추론하기 위하여 고고학을 사용하려고 하는데 상식의 핵심이 있다.

고고학의 목적과 목표 II : 과거를 설명하기 위한 이론과 방법론적 틀로서의 고고학

과학은 아주 정교한 이론 체계와 오래된 구식 사고가 병존하면서
미래의 이데올로기에 대한 막연하고 모순된 예견을 포함하는
복잡하고 잡다한 역사적 과정이다. 과학의 일부 요소는
깔끔하게 기록된 서술문의 형태로 이용할 수 있는 반면에
다른 것들은 감추어지고 단지 새롭고 색다른 관점과의 대조와 비교로만 알려진다.

폴 페이어아벤드 Paul Feyerabend

　　단순히 고고학 유적을 시간상으로 배열하고 그러한 유적을 남긴 절멸된 사회에 대한 추론을 하는 것만으로 과거를 "설명"하지는 못한다. 그러나 우리가 과연 과거를 설명할 수 있을까? 무엇을 설명하려고 노력하여야 하며 그리고 어떻게 하여야 하는가? 농업의 기원(6장 참조) 같은 명백히 단순한 예를 들어보자. 우리의 조상은 수렵채취인으로서의 300만년이 경과한 후에 1만년 전쯤 식물을 순화하고 재배하기 시작하였다. 농업은 한 곳에서 발생하여 세계의 다른 지역으로 전파된 것은 아니다. 농업은 구대륙과 신대륙에서 거의 동시기의 여러 다른 장소에서 독립적으로 발생하였으며 야크에서 고양이, 밀에서 사탕무까지 수천 종을 포함하였다. 물론 어떤 사람들은 끈기 있게 고고학 연구를 하면 농업 기원의 원인－예를 들면 증가한 인구밀도와 마지막 빙하기가 끝난 후의 기후 변화가 결합된 것 같은－을 찾을 수 있다고 생각할지 모른다. 그러한 변화에 대한 증거는 그것 때문에 농업이 발생하였다는 것을 보여줄지도 모른다. 즉 그러한 원인은 왜 농업이 2만년 전도 5천년 전도 아니고 1만년 전쯤에 서남아시아에서 출현하였으며, 그리고 왜 농업이 처음에는 서남아시아 그리고 훨씬 늦게 북미의 서남부에서 실시되었는지를 설명해줄지 모른다. 그리고 만약 우리가 농업의 기원을 이러한 방식으로 설명할 수 있다면 문자, 도시, 전쟁, 국가 종교 등에 관한 비슷한 설명을 만들어내는 것도 가능성이 있어 보인다. 그러한 설명을 구성한 뒤에 우리는 이들을 한데 모아 인간과 역사에 대한 일련의 일반적 명제(命題)를 만들 수도 있을 것이다.

　　수 세기동안 몇몇 학자들은 우리가 과거를 단순히 서술하는 것 그 이상을 할 수 있다는 전제 위에서 연구를 해왔다. 즉 우리는 일반적 원칙 － 진화론적 역사과학에 의해 공식화된 통론 － 으로 과거를 이해할 수 있다는 것이다. 결국 현존하는 또는 가까운 과거에 존재하였던 사회에 대한 연구에 한정된 민족지학자와 달리 고고학자는 하나의 종(種)으로서의 300만년이 넘는 우리 역사에 대한 장기간에 걸친 변화를 연구할 수 있다. 고고학의 주된 자원이며 데이터 베이스는 바로 이러한 기나긴 시간적 깊이이다. 인간의 역사에서 유형을 보고 그러한 유형을 한정짓는 한정요소(limiting factor)를 규정지을 수 있다면 우리는 다양한 종류와 범주의 모든 인간 과거를 연구할 필요가 있을 것 같기 때문이다. 1960년대에 200년 전 발생한 프랑스혁명의 전반적인 역사적 충격에 대한 개인적 견해를 물어 보았을 때 모택동은 "말하기에는 아직 시간이 너무 이르다"라고 말한 것으로 알려졌다. 우리는 문화적 원동력이 장기간에 걸쳐 존재한다고 추측한다. 그러나 우리는 이제 300만년의 인간 과거에 대한 막대하고 정밀한 지식을 갖고 있으며 그리고 확실히 몇몇 주요한 변화는 설명되어져야 한다고 추정할 수 있다.

그러나 뒤에서 자세히 고찰하겠지만 사실 과거를 설명하려는 그러한 시도는 결코 단순하지도, 분명하지도 않다. 고고학은 이러한 점들로 과거를 설명할 수 있는지, 사실상 문화적 과정의 본질적 내용은 무엇인지, "설명"이란 무엇인지와 같은 이슈에 관하여 지금 커다란 정체성의 위기 속에 처해 있다. 이러한 철학적 질문의 기원은 사실 수 천년을 거슬러 올라간다.

과거를 이해하려는 시도의 짧은 역사

그것은 사랑, 죽음, 고문과 무한에 관한 것이다. 그것은 코메디이다.
우디 알렌

수 십만의 나그네쥐*가 틀릴 수는 없다
익명

선사시대의 피와 섹스 그리고 피라미드에 대해 궁금한 독자는 이 시점에서 과학과 역사의 철학에 뛰어들기가 주저될 수 있다. 그러나 서구 사상의 역사를 간략하게라도 살펴보지 않고서는 현대 고고학자가 무엇을, 왜 하고 있는지 이해하기란 전혀 불가능하다. 현대 고고학자들이 세계의 역사에 대해 어떻게 생각하는지 그리고 그것을 어떻게 해석하려고 하는지는 수 세기 전의 인식론(우리가 어떻게 아는지와 우리 지식의 성질과 한계에 대한 연구)적 전통과 불가피하게 연결된다. 아래에서 고찰되는 관념들은 고고학에만 관련된 것이 아니라 서구의 학문적 전통에서 모든 인문학과 사회과학에 퍼져있다.

세계의 문학은 우주에서의 우리의 위치를 이해하고 우리의 과거를 파악하려는 시도로 가득 차 있다. 특히 비교적 후대의, 그리고 파생된 형태의 구약성서에 반영되

---

* 나그네 쥐로 번역되는 레밍은 개체수가 급증하면 수 십만 마리가 한꺼번에 절벽으로 뛰어 내리거나 물에 빠져 자살한다.

어 있는 고대 중동지방의 문학은, 크나큰 변화는 신의 중재를 통해 야기되고, 사건의
궁극적 설명은 오로지 "어두운 유리 속에서"만 볼 수 있는 신의 의지에 의해서만 가
능한, 창조된 정적인 세계를 상정하였다. 경건한 기독교도와 이슬람교도에게는 역
사에 대한 신의 설계(계시)를 보다 분명히 볼 수 있다 하더라도 그것은 인간이 주도
할 수 있는 영역을 넘어선, 신에 의해 운명지어진 것이다. 옥스퍼드 학생이었던 해
어 M.E. Hare는 이러한 가능성에 대한 그의 반응을 아래와 같은 시로 표현하였다.

> 전에 이런 말을 한 사람이 있었다, "젠장!
> 나는 버스도 아니고 전차일 뿐
> 이미 정해진 홈을 따라 달리는 엔진이라는
> 생각이 든다."

만약 누군가가 세계의 사건들과 역사의 진로는 신의 의지의 난해한 표현이라고
믿는다면 역사란 분석 – 분석은 인식할 수 있는 원인에 대한 조사를 의미하기 때문
에 – 이 아니라 단순히 발생한 사건을 있는 그대로 기술하는 작업일 뿐이다.

우리가 아는 한, 고대 그리스인들은 신의 계시에 의해 이끌어지는 세계에서 원인
과 결과의 문제에 대하여 깊게 생각해본 최초의 사람이다(또는 단순히 그들의 생각
을 처음으로 기록한 사람일 수도 있다). 대부분의 근대 사상은 궁극적으로 고대 그
리스에서 연원하기 때문에 "우리는 모두 그리스인이다"라고 말해지기도 한다. 일
부 학자들은 그리스인들이 우리가 상식적으로 상정하는 것보다 훨씬 깊게 다른 문
화들의 영향을 받고 있다고 느끼기도 하지만,[12] 여러모로 보아 그리스인들은 세계
에 대해 이전 사람들과는 다른 사고를 한 것 같다. 예를 들어 투키디데스와 헤로도
투스는 우리가 아는 한 처음으로 여기저기 널리 여행하여 당시의 민족과 문화와 지
역들을 광범위하게 기술하였다. 예를 들면 기원전 5세기에 헤로도투스는 이집트를
방문하고 왜 나일강이 매년 봄마다 범람되는지 호기심을 느꼈다. 그리하여 헤로도
투스는 주로 바람, 비, 태양과 해양활동 등 자연적 원인으로 표현된 여러 가지 가능
성에 대한 분석을 진행하였다. 한마디로 헤로도투스는 나일강의 홍수를 단순히 신
의 거역할 수 없는 의지로 돌리지 않고 그것을 분석하였다. 비슷하게 투키디데스도
기원전 4세기 후반에 쓴 펠로폰네소스 전쟁의 역사에서 분쟁이 어떻게 시작되었는

지 설명하려고 노력하였다. 그는 관련된 인물들, 투쟁 세력의 전략과 당시의 경제적 현실을 서술하였다. 요약하면 그가 인과적 사슬이라고 생각한, 전쟁에 선행하는 사건들과 상황을 배열한 것은 현대의 역사가가 과거의 사건들을 설명하려고 노력하는 것과 같다. 고고학적으로 기초한 문화사는 엄밀히 이러한 논리에 근거한다. 이집트인, 수메르인, 그리고 많은 다른 민족들이 그들 역사의 한 측면을 기록하였지만 그들의 남아 있는 기록이 그리스인이 행한 것과 동일한 분석적 방식으로 세계나 역사를 다루지는 않았다. 투키디데스가 별다른 주석 없이도 우리에게 정상적이고 자연스럽게 느껴지는 것은 우리들 대부분이 문화적으로 그리스인이라는 증거이다. 그러나 사실 그리스인이 처음으로 널리 사용한 역사의 진로에 대한 이러한 종류의 현실적(real-world) 설명이 많은 타문화에서는 최근에서야 일반화되었다.[13]

근대 고고학이 그리스에 뿌리를 두고 있는 또 다른 중심적 이론은 진화이다. 진화론은 찰스 다윈에 의해 처음으로 명백히 서술되었으며 고대 그리스인은 이러한 관념에 대한 막연한 생각만 갖고 있었을 뿐이다. 그러나 이미 기원전 5세기에 아테네의 철학자인 엠페도클레스는 자연도태의 이론을 공식화하였다. 그리고 다른 그리스 학자들도, 세계는 매우 오래되었고 동식물은 시간이 흘러가면서 점차 변화한다는 사실을 어렴풋하나마 포함하고 있는, 지형학과 생물학의 기초 과학을 발달시켰다.

그러나 진화와 과학적 분석의 이러한 생각들은 고대 그리스인의 세계관의 보다 중심에 자리하는 개념, 즉 신의 본질과 "완벽"에 대한 그리스인의 사고에 기초한 "존재의 거대한 사슬(Great Chain of Being)" 또는 자연의 사다리(Scala Naturae)란 개념과는 일부 대조적이다.* 그리스 철학자들은 각각의 부분마다 엄격한 설계가 있는 것처럼 생각하였기 때문에 그들이 알고 있는 세계가 우연히 발생할 수 있다고는 상상할 수 없었다. 식물과 동물사이에 얽힌 상호의존성과 계절의 규칙성은 최고의 지성이 존재한다는 증거로 그들에게 비쳐졌다. 따라서 그들은 세계를 창조하였고 조정하는 완전한 존재로 신을 정의하였다. 그러나 완벽(perfection)에 대한 그리

---

*아리스토텔레스가 분류학적 체계로 제시한 자연의 사다리는 자연이라는 것은 무생물로부터 식물로, 식물에서 하등동물로, 하등동물에서 고등동물로, 결국 인류에 이르는 사다리 같은 연속체로 보고 그 복잡성의 단계는 절대적인 신이 부여한 영향력에 따른다고 본다. 사다리의 어느 하나의 단만 빠져도 전체의 자연은 붕괴되는 것이다

1.5 고대 그리스인의 세계관은 신의 "완벽"이
균형과 완전함에 반영된다는 것이다. 균
형과 완벽의 속성은 그들의 미술품에서
반영되며 기원전 460년경의 그리스 난파
선에서 발견된 청동조각상이 그 예이다.

스인의 개념은 오늘날 우리가 알고 있는 것과는 다소 의미가 다르다. 왜냐하면 그
리스인들은 완벽을 본질적으로 완전함(wholeness) 또는 완성(completeness)으로
이해하기 때문이며 전형적인 그리스 조각에서 바로 그러한 개념을 생생히 엿볼 수
있다(그림 1.5)

　아리스토텔레스는 특히 세계에 대한 관념을 완벽하게 완성된 "존재의 거대한 사
슬"로 법칙화하였다. 그는 자연 세계는 완전한 전체 우주 내에서의 상이한 단계
(level)를 표현하는 "영혼의 영향력"에 따라 이성적으로 정돈되었다고 결론지었다.
그리하여 말(馬)은 그런 대로 생각할 수 있기 때문에 해바라기보다 높은 수준이며,
사람은 신을 추론하고 이해할 수 있기 때문에 말보다 높다. 초기의 유럽학자들은
"존재의 거대한 사슬"이란 개념에 큰 영향을 받았다. 그들은 사슬에 "없어진 고리"
가 있다거나 사슬의 일부분이 없어진다는 것은 전혀 불가능하다고 생각하였다. 완
전한 존재로서의 신이 불완전한 세계를 창조할 리가 없으며, 신의 부양력이 이처럼
완벽한 수준이 붕괴되도록 내버려두지도 않는다. 이러한 개념은 유럽 문화의 핵심
에 여전히 자리하여 18세기 영국 시인인 알렉산더 포프(1688~1744)의 시에도 존

재의 사슬에 관한 표현이 등장한다.

> 신에서 시작되어
> 자연의 천계, 인간, 천사
> 동물, 새, 어류, 벌레들, 그리고 인간의 눈이나
> 망원경으로 볼 수 없는 존재로까지, 무한으로부터 그대까지,
> 그리고 그대로부터 무(無)까지 펼쳐진, 거대한 존재의 사슬이여!
>
> 우리가 신을 향해 치밀어 올라가면,
> 우리보다 못한 것들이 우리를 압박하든지
> 우주에 공백이 생기리라,
> 그리고 그 공백 때문에 한 고리가 끊어지면 그 거대한 사슬 전체가 파괴되리—
> 자연의 사슬에서 어디를 치든,
> 그게 열 번째든 만 번째든, 존재의 대사슬이 끊어지는 건 마찬가지니까.

존재의 거대한 사슬이란 이러한 관념은 모든 서구 문학과 과학에 퍼져서 오늘날의 우리 시대에까지 이어지고 있다. 예를 들면 그것은 미국 초등학교 교육에 진화에 대한 바람직한 대안으로 천지창조에 관한 성경 이야기를 개설하려고 현대판 십자군 운동을 반복적으로 이끌고 있는 사람들의 주장에서도 중요한 요소로 잔존한다.

존재의 거대한 사슬이란 개념은 진화론과 근대 고고학의 발견과는 조화하기 어렵다. 그리고 그것은 단순히 지난 세기에 밝혀진 인간 과거의 태고성에 관한 문제만은 아니다. 왜냐하면 신이 박테리아 하나하나, 참새 하나하나, 네안데르탈인 하나하나를 창조하고 부양한다면, 많은 사람들이 수천 종이 존재하고 번성하고 사라지는 일이 어떻게 일어날 수 있는지 질문할 것이다. 인간이 어떻게 저급한 유인원 종에서 진화를 하고 오래 전에 멸종된 인류 아종(亞種)으로 수 백만년을 살 수 있었을까? 그래서 거대한 사슬의 매력을 이해하기는 쉽다. 그것은 인간성을 창조주의 결작이지만 천사보다는 약간 낮은 존재로 자리 매긴다. 더욱이 그것은 왜 우리들이 여기에 있고 왜 세계는 놀랍도록 복잡하게 설계되어 있는지 설명하였다. 신은 그의 목적을 위하여 세계를 세부 하나하나까지 설계하였고 인류를 그의 창조물에 대한

집사의 위치에 앉혔다.

여러모로 지난 2백년간의 서구 철학은 근대에 서구에서 알려졌던 것처럼 "설계로부터의 논증"에 대한 증거로서 제시된 "존재의 거대한 사슬"이란 개념의 유효성에 대한 믿음을 점차적으로 상실해 가는 과정의 오랜 투쟁이었다. 이 설계로부터의 논증은 세계의 복잡성과 완벽성은 인간성과 역사가 신의 조절 아래 있다는 것을 증명한다는 확신이다. 그렇게 완벽하게 조절되고 작동되는 세계는 반드시 신과 부양자의 존재를 내포한다는 신념이다. 설계로부터의 논증은 여전히 서구의 기독교사회와 동구의 이슬람사회에서 강력한 힘을 갖고 있으나 수 세기동안 공격의 대상이 되어왔다.

계몽주의

17세기와 18세기의 계몽주의시대에 들어서면서 근대고고학의 지적인 기초가 확고하게 확립된다. 이어서 18세기와 19세기에는 세계와 역사를 설명하려고 시도하는 결정론, 유물론, 진화론이 과학적 방법과 결합된다.

과학적 방법에 대한 절대적 정의란 없다. 단지 몇 가지 가정과 함께 하는 지성의 상태(state of mind along with a few assumption)라고 말할 수 있을 뿐이다. 과학적 방법의 중심 개념은 전부는 아니라도 대부분의 사물과 사건은 증명될 수 있고 계측될 수 있는 물리적 동력에 의해 이해될 수 있다는 것이다. 또한 이들 법칙을 증명하고 계측할 수 있는 최선의 방법은 생각을 착상하고 과학적 실험이나 자료 분석을 통해 그것을 받아들이거나 기각하게 하는 것이다.

이러한 정의는 대부분의 사람에게는 단순한 상식에 불과하지만 역사적으로는 상당히 늦게 그리고 어렵게 깨달아진 것이다. 대부분의 고대인들과 많은 근대인들에게 세계란 과학으로는 결코 이해될 수 없는 현상과 동력으로 가득 차 있었다. 그들에게는 과학적으로 이해하고 설명될 수 없는 그러한 인간 존재의 양상, 예를 들어 우리가 실존하는 이유와 인간 영혼의 성질과 운명 같은 것이 사실상 가장 중요하였다.

그러나 17세기와 18세기의 학자들은 그리스인의 관념에 기초하여 자연적, 사회적, 역사적 현상을 관찰하였다. 또한 그들은 이들 현상의 원인에 대한 가설을 고안하였고 이어서 갈릴레오처럼 공을 건물 꼭대기에서 떨어뜨리거나 프랭크린처럼 번개가 치는 폭풍 속에 연을 띄우는 등의 방법으로 가설을 검증하였다. 이러한 분석에서 과학적으로 중요한 것은 생각을 일종의 실험이나 다른 대안적 해석을 통해 거짓 또는 모순의 여부를 밝혀내는 것이다. 즉 어떤 현상에 대한 설명은 절대적, 영원한 진리(참)가 아니라 새로운 연구결과에 의해 수정될 수 있는 가장 최근의 가설로 간주되어야 한다는 것이다.

과학의 이러한 성질에서 유물론적, 결정론적 요소란 역사적, 문화적 현상을 포함한 이 세상의 현상들이 인구 증가 · 유전적 돌연변이 · 오염 · 중력 같은 인식되고 측정될 수 있는 물질적 요인에 의해 어느 정도 결정되었다는 가정이다. 만약 이러한 세계관을 받아들인다면 사람들은 인간의 결정이나 신의 섭리에서가 아니라 현상의 속성을 좌우하는 인과적 관계와 과정에서 설명을 찾아야 한다. 진화론적 구성요소는 시간이 흐르면서 생물학적, 역사적, 그리고 정치적 세계에서 복잡성이 증가하여 왔고 앞으로도 증가할 것이라는 개념 - 고대적 개념 - 이었다.

서구 과학의 이러한 관념과 종교가 반드시 갈등을 빚은 것은 아니다. 계몽주의 학자 중 무신론자로 자청한 사람은 거의 없다. 벤자민 프랭클린은 18세기에 중요한 과학적 연구를 하였지만 "포도주는 신이 우리를 아주 많이 사랑하고 우리가 행복하길 원하는 끊임없는 증거이다"라고 매우 진지하게 말하였다. 18세기와 19세기초의 가장 다재다능한 지식인 중의 하나인 토마스 제퍼슨도 동시대의 다른 사람들과 마찬가지로, 우주를 움직이게 하지만 종종 작동에는 참견하지 않는 일종의 위대한 시계공(Great Clock-Maker)으로서의, 신의 존재를 믿었다. 제퍼슨은 신화적이거나 애매하다고 간주되는 부분을 모두 제거하고 필수적이고 중요하다고 생각되는 구절만을 남김으로서 사실상 성경을 편집하여 48쪽의 팜플렛인 "제퍼슨 성경"을 발행하였다.

계몽주의 학자들은 우주의 물리적 역학을 측정하는데 뛰어난 진전을 이루었으며 인간 역사의 역학도 열심히 찾았다. 그러나 그들 대부분은 신이 이들 역학을 창조하였고 작동시켰다는 신념과 그들의 과학 사이에서 아무런 갈등도 느끼지 못했다.

계몽주의는 근대 과학의 도가니 그 이상이었다. 계몽주의는 여러모로 특히 물질문화의 진보와 개념의 생각에 대한 서구의 사회적 관점이 처음으로 형성된 시기이다. 18세기가 끝날 무렵 과학은 자연세계가 수학과 물리학의 우아한 (즉 포괄적이면서 가장 단순한 술어로 정리된) 관념으로 이해될 수 있다는 것을 보여 주었다. 학자들이 도처에서 인간의 역사와 문화 기원의 문제를 이해하기 위하여 과학적 방법을 적용하기 시작하였다. 예를 들면 프랑스 철학자인 마르끼 드 꽁도르세(Marquis de Condorcet : 1743~1794)는 인간 사회조직의 역사를 좌우한다고 생각한 일련의 보편적 법칙을 제안하였고, 나아가 그의 분석을 이용하여 세계의 미래를 예측하려고까지 하였다.

물리과학의 모델을 역사에 직접 적용한다는 것은 이상하게 보일 수도 있으나 우리는 18세기 당시의 정신을 이해하여야만 한다. "상식"으로 볼 때 역사와 문화는 너무 복잡하여 단순한 수학 공식으로 설명할 수 없지만 태양이 주위를 돌고 있는 편평한 지구 위를 우리가 걷고 있다는 것도 당시의 상식이었다. 계몽주의 학자들은 한참 나중에서야 상식이 얼마나 믿을 수 없으며 우주의 신비가 어떻게 평범한 과학으로 환원될 수 있는지를 알게 되었다. 그 동안 그들 주변의 생물과학과 역사과학에서 커다란 진전이 이루어졌다.

프랑스에서는 조지 쿠비에(Georges Cuvier : 1769~1832)가 화석화된 뼈를 광범위하게 분석하여 수많은 동물종이 멸종되었고 생물세계에도 진화론적 패도가 있었을 것 같다고 주장하였다. 프랑스의 박물학자 장 라마르크(Jean Lamarck : 1744~1829)는 세계의 역사가 성경에서 묘사된 6천년 전보다 훨씬 오래되었다는 다양한 주장들을 발표하였으며, 이후의 진화론적 도식과 비슷한 방식으로 생물계를 가장 작은 무척추동물부터 인간까지 순서대로 배열하였다.

진화론적, 유물론적 가정에 기초한 과학적 고고학도 18세기 후반에 등장하였다. 섬 O.F. Suhm은 1776년에 "덴마크, 노르웨이, 그리고 홀스타인의 역사"란 책을 발행하였는데 이 책은 유럽의 여러 곳에서 고대인들이 처음에는 석기, 다음에는 청동기, 마지막에는 철기를 만들었다는 인식에 기초하고 있다. 이 삼시대 체계는 1836년에 고고학자 크리스티안 톰센이 최초로 분명하게 언급하였고 이어서 워사에(J. Worsae: 1821~1885)에 의해 정교화되었다.[14] 그러나 삼시대법의 실질적 기원은 이보다 훨씬 빠르다. 이미 로마의 위대한 학자인 루크레티우스(c.98~55 B.C.)가 "최초의 무기는 손과 손발톱, 그리고 이빨이었으며, 이어서 돌과 곤봉이 나타났다. 그리고 나서 철과 청동이 출현하였는데 청동이 먼저 나타났고 철의 사용은 늦게서야 알려졌다"라고 기록하였다. 장광쯔(張光直)가 지적하였듯이,[15] 루크레티우스와

거의 동시대의 중국학자인 우안 캉도 기본적으로 이와 비슷한 생각을 표현하였다.[16]

19세기 진화론, 유물론과 결정론

19세기 중엽 런던 지하철 건설공사를 위한 구제발굴결과 수많은 진기한 유물들이 발견되었는데 그 중에는 당시의 과학자들을 몹시 당혹하게 만든 동물뼈가 있었다. 키가 3.9m나 되는 큰코끼리 같은 동물뼈가, 영국 뿐 아니라 이제는 세계 어느 곳에서도 살지 않는 동굴곰 등 다른 많은 멸종된 동물뼈와 함께 출토되었다. 어떤 사람들은 "이 동물들이 노아 홍수 이전에 죽었다"라고 결론을 내렸다. 그러나 과학적인 해석을 추구한 사람들도 있다. 1830년대 영국에서는 윌리엄 스미스와 찰스 라이엘이 지구는 완만한 지질학적 과정-현재도 여전히 진행되고 있는- 의 작용을 통해 형성되었다는 것을 보여주려고 하였다. 지구의 오래된 나이를 점차 알게되면서 일부 과학자와 성직자들은 노아의 대홍수가 마지막인 일련의 격변의 존재를 믿게 되었기 때문에 라이엘의 공헌은 특히 중요하다. 격변설을 옹호하던 사람들은 지구 지층 깊이 묻혀 있는 동물뼈를 신이 세계를 여러 번 홍수로 "파괴"하였다는 증거로 받아들였다.

1848년 존 스튜어트 밀은 역사를 6단계의 발전과정으로 상정한 진화론적 분석을 발표하였다. 즉 (1) 사냥, (2) 유목, (3) 아시아적(중국과 중동의 위대한 관개문명을 의미함), (4) 그레코-로만, (5) 봉건주의, (6) 자본주의의 6단계이다. 밀은 이러한 단계를 결정짓는 경제적 요소를 광범위하게 분석함으로써 이 분류체계를 보완하였다.

비슷한 시기에 또 다른 영국인 허버트 스펜서가, 비록 서로의 구성개념은 크게 다르지만, 찰스 다윈이 "자연선택"의 개념을 생물 세계에 적용하기 수년 전에 이미 이 개념을 인간 사회에 적용하였다.

스펜서는 토마스 맬서스의 영향을 많이 받았다. 1798년 맬서스는 인간 사회-그리고 모든 생물학적 종-는 그들이 이용할 수 있는 식량 공급을 늘리는 것보다 훨씬 빠른 속도로 번식하는 경향이 있다고 언급하였다. 맬서스에 따르면 인간 집단에게 이러한 경향은 많은 사람들이 기아선상에 있고, 보다 "원시적"인 사회가 보다 "진보적"인 사회와의 생존투쟁에서 패하여 사라져가는 투쟁의 생활을 의미한다. 스펜서는 종국적으로는 자연선택이 완벽한 사회를 형성한다고 믿었다.

따라서 진보(progress)는 우연이 아니라 필연이다. 진보는 문화적 유물인 문명이 아니라 태아
의 발달 또는 꽃의 만개 같은 자연의 한 부분이다. 인류가 경험하였고 지금도 경험하고 있는 변용
(modification)은 모든 유기체적 창조의 기저에 깔려있는 법칙에 기인한다. 만약 인간 종이 계속 생
존하고 사물의 구성이 변화하지 않는다면 이러한 변용은 완전함으로 귀결된다······ 그래서 우리
가 악과 비도덕으로 부르는 것들은 확실히 사라지며 그래서 인간도 분명히 완전하게 된다.[17]

스펜서의 이러한 사회진화론적 관념은 초기 문명과 사회 형태에 대한 고고학적
분석에 영향을 미쳤지만 지금은 여러 가지 이유로 대부분 폐기되었다(7장 참조).
어떤 학자들은 스펜서를 인종차별주의자로 간주하면서 스펜서의 진보 개념이 사
회과학을 한 세기동안이나 오도하였다고 주장하였다. 그러나 스펜서는 탁월한 분
석가였으며 19세기 당시에는 아주 합리적으로 보였던 다음과 같은 가정에 영향을
끼쳤다. 즉 역사는 자연법칙에 종속되고 우리는 이러한 법칙을 알 수 있으며, 인
간사에 과학을 적용하여야만 진보할 수 있다는 가정이다. 후자는 바로 스펜서가 살
아온 경험이 그 자신에게 보여주었던 것이다.

토마스 헉슬리가 스펜서의 생물학원리(1864년) 초고를 읽고 나서 "진보"란 생물
학적 진화에 적용하기에는 잘못된 개념이라고 설득하였고 결국 스펜서도 진보 대
신 "영속(persistence)"이란 용어를 사용하였다. 그렇지만 그는 인간 역사에 대한
생각에서 역사가 근본적으로 보여 주는 것은 "진보"라는 생각을 떨쳐 버릴 수 없
다.[18]

찰스 다윈

그러한 생각을 갖지 않는다면 얼마나 어리석은가?
　헉슬리(다윈의 진화에 대한 관념을 언급하면서)[19]

1860년 6월 따뜻한 토요일 오후, 천여 명의 군중이 옥스포드에 모여 찰스 다윈의
생물학적 진화론에 대한 토론을 경청하였다. 수년간 다윈은 남미의 동식물을 연구
하였고 "변이를 통한 계승(descent with modification)"에 관한 개념을 다듬고 있었

다. 그러나 여러 가지 이유 때문에 다윈은 그의 견해를 발표하는 것을 망설였다. 다윈 이전에 대부분의 학자들은 동식물의 모든 변종은 신의 창조력의 직접적 산물이라고 추정하였으며 인류 자신도 창조의 특별한 행위로 간주하였다. 사실 앞에서 언급하였듯이 다윈보다 오래 전에 시작되어 다윈의 시대는 물론 오늘날까지도 이어지고 있는 "설계로부터의 논증"(우주의 복잡성과 상호연관성을 신적 창조자의 존재와 연결시키는)이란 관념은 서구 문명과 기타 다른 문화에서도 중요한 지적 풍조 중의 하나였다.

그러나 다윈의 연구는 생물체의 모든 수준에서 맹목적이고 치열한 경쟁의 세계를 밝혀냈기 때문에 서구의 지식인들은 설계로부터의 논증이란 사고를 거의 포기하게 되었다.

남미를 여행하면서 다윈은 에콰도르 근처의 갈라파고스 군도(群島)에 서식하는 동식물의 엄청난 다양성에 특히 감명을 받았다. 그는 그곳에서 서로 지리적으로 비슷하고 서로의 가시권에 있으면서도 아주 다른 동식물종이 서식하고 있는 섬들을 발견하였다. 왜 이렇게 작은 지역에 이렇게 많은 다양성이 존재하고 있는가?

이와 같은 사실들은 내 머리 속을 줄곧 떠나지 않았던, 종(種)이 점차로 변형된다는 가정 위에서만 설명될 수 있다는 것이 (약간의 숙고 끝에) 명백해졌다. 그러나 예를 들어 나무개구리가 나무를 기어오르고 종자가 섬모(纖毛)나 육과(肉果)에 의해 퍼져나가는 사실처럼, 각각의 유기체가 그

1.6 찰스 다윈(1809~1882)은 물리적 세계와 역사의 본질의 역학에 대한 인간의 인식을 영원히 바꾸어놓았다.

들의 생활환경에 멋지게 적응하는 수많은 사례들을 설명할 수 있는 것은 주변 상황의 작용도 아니고 유기체의 의지도 아니라는 것 역시 명백해졌다. 나는 늘 그러한 적응에 깊은 감명을 받았고 이러한 적응이 설명될 수 있기 전까지는 종이 변형되었다는 것을 간접적 증거에 의해 증명하려는 시도가 거의 쓸모 없는 일처럼 느껴졌다.[20]

다윈은 물론 농민들이 수 천년간 동물들을 소에서 우유 생산량을 늘리려는 것 같은 특정한 방식으로 품종을 개량하기 위하여 선택에 의한 번식을 이용하였다는 점은 알고 있었다. 그러나 이러한 변화는 이들 동물의 번식 유형에 대한 의도적 간섭의 결과였다. 그렇다면 그러한 선택이 자연세계에서 어떻게 발생할 수 있었을까?

다윈은 맬서스의 인구 "압력"이란 아이디어와 아담 스미스의 경제적 경쟁이란 개념에 영향을 받았다. 그리고 그는 생명의 모든 영역에서 존재하는 경쟁의 중요성에 크게 감명을 받았다.

동식물의 습관을 오랫동안 지속적으로 관찰하면서 도처에서 진행되고 있는 생존을 위한 투쟁을 이해할 준비가 충분히 되어 있었다. 그런데 어느 순간 이러한 상황에서는 유용한 변이는 보존되고 유용하지 않은 변이는 사라져버리는 경향이 있다는 생각이 갑자기 떠올랐다.[21]

이러한 관찰과 간결한 결론들을 갖고 다윈은 모든 범위의 골치 아픈 문제들에 대한 해답을 세상에 내놓았다. 왜 생물 세계에 그러한 다양성이 있는가? 이는 많은 상이한 환경들이 수 백만년간 지속되면서 생물학적 개체군이 이들 다양한 환경에 맞출 수 있는 자연선택을 허용하였기 때문이다. 왜 동식물은 시간의 흐름에 따라 변화하는가? 그들의 환경이 변하였고 일부 개체들이 보다 잘 생존할 수 있게 적응하여 그들의 개별적 특질들을 후대에 전달하였기 때문이다.

다윈은 생물학적 다양성이 발생하고 자연선택이 작동하는 매개로서 우리가 오늘날 알고 있는 유전적 메커니즘에 대해서는 전혀 몰랐다. 그리고 그는 유기체가 살아 있을 때 획득한 특질들이 후손에게 유전될 수 있다고 믿었다. 우리는 현재 획득형질의 유전이 잘못된 개념이라는 것을 안다. 우리는 또한 다윈이 다른 과학자들에게 학문적으로 큰 신세를 졌다는 것도 알고 있다.[22] 더욱이 이론생물학에서는 진화의 메커니즘에 대한 대논쟁이 진행중이다. 예를 들면 일부 학자는 존재하는 생물학적 체계가 유기체이던 개체군이던 종이던 간에 자연선택에 관한 고전적인 다윈적 관념으로서는 설명할 수 없는 양상으로서 진화론적 변화가 가능한 방향을 "제약"한다고 믿는다(예를 들어 브룩스와 윌리의 엔트로피로서의 진화 Evolution as Entropy를 참조). 그러나 이 모든 문제가 다윈의 위대한 학문적 업적의 가치를 떨어뜨리지는 않는다.

다윈은 신의 성질, 인간성과 역사에 대한 서구적 관념의 토대를 강타하였던 지적 혁명을 작동시켰으며 이 혁명은 현재까지도 지속되고 있다. 다윈과 동시대 사람들은 논리와 증거를 통하여 세계가 파충류에 의해 지배된 무수한 세월이 있었고 사람이 전혀 살지 않았던 영겁의 세월도 있었다는 것을 보여주었다. 그리하여 다윈은 사람들로 하여금 태고의 늪지에서 번식하고 싸우고 죽어간 수많은 세대의 뱀과 도마뱀, 공룡들이 어떻게 신의 영광을 찬양할 수 있으며, 그리고 만약 사람들이 다른 동물보다도 지적이지도 않고 상상력도 창조력도 없으며 종교적이지 않는 단순한 형태의 오래 전 조상으로부터 발달하였다면 왜 인간성을 창조의 특별한 행위라고 봐야만 하는지 의아하게 여기도록 만들었다.

앞에서 언급하였듯이 이러한 진화론적 관념과 기독교 또는 다른 종교들 사이에 반드시 갈등이 존재하는 것은 아니라는 점을 인식하는 것이 중요하다. 실제로 서구 과학의 창설자들은 대부분 그들이 죽을 때까지 참된 신앙인으로 머물렀다. 그들은 신이 신적인 그리고 미지의 계획을 완성하기 위하여 세계의 자연적 과정을 이용하였다고 단순히 추정하였다. 그리하여 오스트리아의 수도승인 그레고르 멘델(1822–1884)이 생물학적 진화의 유전적 기초를 침착하게 연구하면서도 신에 대한 믿음을 여전히 간직한 채 죽을 수 있었던 것이다. 다윈은 진화론적 과정을 통하여 사람들은 궁극적으로 이타적이고 완전히 개화된 시민이 될 수 있다고 생각하였으며, (비록 차라리 혼란스러운 불가지론자라고 고백하였지만) "결코 신의 존재를 부정하는 의미에서의 무신론자는 아니다"라고 말하였다.[23]

그러나 대다수의 사람들은 진화론이 내포하고 있는 내용에 충격을 받았고 당혹스러워 했다. 진화론적 생물학은 이제는 생물학에서 유일하게 일반적으로 인정된 이론이며 본질적인 정당성을 의심하는 과학자는 거의 없다. 그러나 1860년 옥스포드의 바로 그 방에서 다윈과 그의 옹호자인 토마스 헉슬리는 욕을 먹었고 조롱을 당하였다. 다윈의 생각에 대한 이 적대적인 반감이 오늘날까지도 이어지고 있으며,

1.7 19세기의 많은 만화가들이 생물학적 진화의 생각을 조롱하였다.

마르크스주의자인 프리드리히 엥겔스가 관찰한 것처럼 이러한 사실은 전혀 놀라운 일이 아니다.

다윈 이전에 강조된 것은······ 엄밀히 말하면 유기체적 자연의 조화로운 협동작업이며, 어떻게 식물계가 동물에게 양분과 산소를 공급하고 동물이 식물에게 거름과 암모니아를 공급하는가였다. 이들 똑같은 사람들이 도처에서 투쟁만을 목격하기 이전에는 다윈을 거의 인정할 수 없었다.[24]

어떤 의미에서 다윈의 생각은 갈릴레오의 혁명에 필적한다. 갈릴레오의 비판가는 갈릴레오가 목성을 도는 달이 있다고 말하였기 때문에 갈릴레오가 틀렸다는 것을 최종적으로 완벽하게 "증명"하였다. 이 비판가가 지적한 것처럼 만약 이들 달이 너무 작아서 보이지 않는다면 이들은 너무 작아서 지구에 영향을 줄 수 없다. 그리고 신이 지구를 전체 우주의 중심 축으로 설계하였기 때문에 따라서 목성은 달을 갖고 있지 않다. 갈릴레오는 지구가 우주의 중심이라는 것을 부정하면서 지구가 헤아릴 수 없이 많은 천체중의 하나에 불과하다는 것을 보여주었다. 마찬가지로 다윈 역시 우주에서 인간의 중심적 역할에 대한 명백한 주장은 하지 않았지만, 오늘날의 인간이 많은 관련된 생명 형태의 하나이며 항상 끊임없이 변화하는 "과도기적 형태"라는 것을 보여주었다.

다윈의 관념은 깊은 영향력을 발휘하여 모든 서구 예술과 과학에 스며들었다. 다윈과 동시대인인 마튜 아놀드 Matthew Arnold는 "도버해협"*이란 시에서, 세계에 대한 기독교적 믿음과 관점을 반짝이는 바다로 세계를 에워 쌓지만 진화론을 포함한 19세기의 혁명적 관념들이 도래하면서 퇴각하고 있는 조수(潮水)에 비유하였다.

> 신념의 바다도 한때는 만조였다오.
> 그래서 지구의 바닷가 둘레에
> 눈부신 코르셋의 주름모양 접혀 놓여 있었다오.
> 그러나 지금 나는 단지 들을 뿐이오
> 그 애수에 잠긴, 물러가는 바다의 긴 포효 소리만을.
> 밤바람의 숨결에 맞추어
> 광막한 황량한 물가로
> 어렴풋하게 노출된 조약돌 깔린 해변으로 퇴각하는 소리를.
> 아, 사랑이여, 우리 서로 진실합시다!
> 그처럼 다정하고, 그처럼 아름답고, 그처럼 새롭게
> 꿈나라처럼 우리 눈앞에 펼쳐져 있는 듯한 세계는

---

*도버해협 : 아놀드의 형이상학적, 종교적 고뇌가 어울린 시이다. 종교의 바다는 한때는 만조가 되어 온 세계를 평화 속에 있게 하였으나 지금은 썰물이다. 이 세상은 꿈나라처럼 아름답게 보이지만 실제로는 기쁨도 사랑도 평화도 없는 싸움으로 아우성치는 고통스럽고 어두운 광야 같은 것이다. 그래서 시인은 서로가 진실하게 살게 해 달라고 사랑에 호소한다.

실상 아무런 즐거움도, 사랑도, 빛도,
확실성도, 평화도, 고통의 해소도 없고.
우리는 상대방을 분간 못하는 군대들이 어둠 속에 싸우는
공격과 퇴각 나팔소리 뒤섞여 휩쓸린
어두워지는 광야 위에 있으니.

레오 톨스토이도 1910년 죽음을 앞두고 아들과 딸에게 쓴 편지에서 비슷한 충고를 하였다.

너희들이 다윈설, 진화론 그리고 생존을 위한 투쟁에 대해서 획득하였던 지식은 너희들에게 생명의 의미에 대해 설명해주지 않으며 너희들의 행동에 대한 어떠한 지침도 주지 않는다. 생명의 의미와 중요성에 대한 설명이 없는, 그리고 생명에서 기원한 신뢰할 수 있는 지침이 없는 생명이란 가여운 존재에 불과하다. 생명에 대해 생각하라. 나는 너희들을 사랑하기 때문에 내가 죽기 직전에 그것을 말한다.[26]

스티븐 제이 굴드가 지적하였듯이 톨스토이의 한탄은 불공평한 면이 있다. 진화론적 이론은, 설령 그러한 질문에 답하는 것이 인간적 견지에서 가능하다고 하더라도, 인간 존재의 궁극적 성질 또는 목적을 설명하려는 척 하지 않는다. 진화론적 이론은 단지 인간의 생물학과 사회에서 시간에 따른 변화에 대한 강력한 설명을 제공할 뿐이며 궁극적 인과율의 문제는 다른 형태의 연구나 믿음에 맡긴다.

그러나 진화론에 대한 최초의 반응에서 나타난 격정과 혐오, 그리고 진화론의 끊임없는 논쟁적 지위를 이해하려면 진화론이 우주의 설계가 신적인 창조자의 존재를 증명한다는 주장에 대해 단순히 이의를 제기하는 그 이상을 넘어선다는 점을 인정하여야만 한다. 진화론은 다른 많은 소중한 생각들에게도 의문을 던진다. 예를 들면 임신 중에 산모와 태아 사이에 교환된 피의 화학적 성질에 대한 최근의 연구는 엄마와 아기 사이에 일종의 진화론적 경쟁이 진행되고 있다고 제시한다.[27] 태아에게 충분한 영양과 산소를 공급하여서 태아가 제대로 성장하는 것이 여성에게도 유전적으로 유리하다. 그러나 장기적으로 자신의 건강을 희생하면서 태아에게 영양을 공급하는 것은 다른 아이를 가질 수 있는 기회를 감소시킨다. 따라서 미

래의 세대에서 그녀가 유전적으로 표현될 가능성을 감소시키기 때문에 여성에게
는 유전적으로 불리하다. 그러나 만약 엄마의 건강 – 따라서 태아를 보살필 능력 –
을 해치지만 않는다면, 엄마가 다른 아이를 가질 수 있는 능력은 고려하지 않고 엄
마로부터 가능한 많은 영양분을 뽑아 내는 것이 태아에게는 유리하다. 이러한 종
류의 다윈적 경쟁이 일어난다는 가정 하에서 과학자들은 산모 – 태아의 관계에서
혈중 가스와 화학 성분의 변동을 예측할 수 있다. 즉 태아는 엄마에게 일정량의 산
소와 영양분을 공급해달라고 신호를 보내지만 엄마의 신체는 태아의 복지를 엄마
의 건강 및 장기적 재생산 능력과 균형을 맞추는 수준에서 산소와 영양분을 공급
한다.

인간성의 가장 경건한 핵심적 관계에서 이렇게 명백히 냉정한 메커니즘이 존재
한다는 사실에 일부 사람들은 전율을 느꼈다. 그러나 다른 사람들은 이러한 사실이
야말로 자연적 과정을 설명하기 위한 다윈적 진화론의 영향력을 명백하게 예증하
는 것이라고 생각하였다. 또한 진화론의 여러 가지 형태들이 많은 현대인들에게 불
유쾌한 질문들을 제기하는데 이용되어 왔고 계속 이용중이다. 예를 들면 어떤 과학
자들은 인간의 "인종"은 태어날 때부터 지적인 능력에 유전적인 차이가 있으며 남
자와 여자도 마찬가지라고 주장하기 위하여 진화론에 의존하였다. 또 다른 진화론
자들은 엄마가 자식을 위하여 기꺼이 희생하는 것이 "사랑"에 기초한 것처럼 보이
지만, 미래의 세대에서 유전적으로 표현될 기회를 보호하기 때문에 선택되어진 유
전적 행동일지도 모른다고 주장하였다.

이러한 문제들은 3장에서 좀더 자세히 다루겠다. 여기에서 중요한 점은 우리가
우리의 우주, 우리의 과거, 현재와 미래를 어떻게 관찰할 지에 대한 진화론의 충격
이 매우 컸다는 것이다. 그 충격은 과학과 문화를 통하여 지금도 계속 울려 퍼지고
있으며, 인간의 도덕성과 가치에 대한 가장 소중하고 오래된 일부 개념에도 이의를
제기한다.

그러나 이러한 맥락에서 진화론이 "설계로부터의 논증"이 틀렸다고 증명할 수
는 없다고 인식하는 것이 중요하다. 진화론은 단지 어떻게 지구의 생물학적, 문화
적 역사가 발생하였는지에 대한 대안적 설명을 제공할 뿐이다. 진화론만큼이나 유
물론, 결정론도 우리의 세계를 구체화하는데 강력한 영향력을 발휘하지만 그럼에
도 비과학적 "지식"을 완전히 소멸시키지는 못하고 있다. 소설가인 가르시아 마르

께스가 쓴 소설의 등장인물은 "나는 신의 존재를 믿지는 않지만 그를 두려워한다"라고 말하였으며, 동일한 사고가 근대 문화 전반에 잔존한다.

비과학적 지식이 잔존하는 하나의 이유는 어떤 시각에서는 생명의 진화를 도저히 상상할 수 없기 때문이다. 예를 들면 만약 지구의 괘도가 5%만 태양에 가까웠어도 지구는 너무 뜨거워 생명이 진화하지 못하였을 것이다. 그리고 만약 지구가 1%만 멀리 떨어졌더라도 지구 위의 모든 물은 빙하로 가두어졌을 것이다. 왜 모든 연령의 많은 사람들이 지구는 인간을 위하여 만들어졌다는 결론을 내리는지 이해하기란 어렵지 않다. 일부 과학자들은 생물학적 생명에 필수적인 자기복제 화합물을 구성하는 복잡한 화학물질도 무작위적 과정에 의해 진화할 수 있었다는 것을 인정하나 이러한 일이 발생할 수 있기에는 지구 생명체의 수 억년의 역사가 너무 짧다고 간주한다. 그러므로 일부 과학자들은 지구가 우리 모두가 유래된 유기체적 미립자가 가득 찬 우주의 구름을 통과하였다는 가설을 세우기도 한다.

그러나 그러한 미묘한 논지는 다윈 시대의 사람들에게 알려지지 않았다. 다윈과 진화론자들은 우주론적 질문을 내놓았으며 강력한 답변을 제공하였다. 그들의 논의와 연구는 생물학적 종뿐만 아니라 도시, 배, 피라미드, 농장, 종교, 국회 등 모든 문화적인 것들이 이전의 단순한 형태에서 진화하였다는 것을 보여준다. 그리고 그것은 우리가 우주적 과정으로부터 중심성(centrality)이나 면제를 특별히 요구할 권리가 없다는 것을 의미한다. 다윈의 관념은 우리의 문화적, 체질적 진화를 모두 이해할 수 있는 어떤 원리가 존재하는지에 대해 물어볼 수 있는 계기가 되었다는 점이 특히 중요하다.

다윈설이 생물학적 우주가 어떻게 현재의 형태를 획득하게 되었는지에 대한 추상적 개념을 넘어선다는 사실을 인식하는 것도 중요하다. 다윈설은 문화와 역사에 적용될 때 매우 정치적인 도구가 될 수 있다. 19세기 후반 다윈설이 처음으로 널리 받아들여지게 되었을 때 일부 사람들은 당시에 만연한 서구 식민주의와 약탈을 "적자생존"의 표현으로 합리화하였다. "보다 고등의" 사회체계가 "원시적" 사회체계를 조절하고 지배하고 대체하는 것이 적자생존처럼 자연적이고 정당하다는 암시이다.

다윈은 어떤 의미에서는 "점진주의자(점진론자, gradualist)"라고 할 수 있다. 점진주의자는 진화가 변이를 통하여 정교하게 선별되며 어떤 변이는 영속하고 다른 변이는 절멸하면서 일정한 비율로 작동하는 것으로 파악한다. 생물학자인 스티븐 굴드와 다른 학자들은 진화적 과정의 점진주의적 시각을 "계단식 평형(punctuated equilibrium)" 또는 장기간의 매우 느린 변화가 누적된 급격한 변화의 시기란 개념으로 맞서왔다. 여기에서도 역시 이러한 생각들이 단지 생물학에만 적용되는 것은 아니다. 예를 들어 굴드 같은 진화론자들은 점진주의가 사회적 개혁의 완만하고 점진적인 속도를 정당화하는데 은연중에 이용되어 왔었다고 주장하였다.*

　요약하면 사람들이 역사와 우주에서 그들의 위치를 어떻게 바라보는지에 대하여 진화론만큼 강한 충격을 준 관념은 거의 없다. 진화론은 현대적 호모 사피엔스 사피엔스의 기원에서부터 "문명"의 발생에 이르기까지 우리가 이 책에서 다룰 거의 대부분의 토대가 된다. 단순한 수준에서는 문화적 진화를 부정할 수 없다. 예를 들어 더함은 문화적 진화를 "인간의 모든 문화체계가 혈통적으로 공통 조상의 문화와 관련된다는 명제"로 단순히 정의한다.[28] 그러나 더 큰 이슈는 문화가 어떻게 시간적, 공간적으로 변화하였고 변화하고 있는가이다.

역사유물론

[비판적 유물론의 목적은] 이해할 수 없는 경제적 결정론이란
스스로 만든 감방에서 사람들이 벗어나도록 도와주는 것이다.
알프레드 슈미트[29]

　슈미트의 언급이 만약 사실이라면 이것은 고고학과 역사적 분석의 현대적 중요성을 가장 강력하게 정당화한 것 같다. 마르크스주의자와 결정론자들은 노예, 빈곤, 폭력과 역사상 세계의 다른 죄악들이 결코 완전하게 이해될 수 없는 경제적 결정요소(결정체, determinants)의 결과라고 결론짓는다. 그들은 만약 이러한 결정요소가 분석되고 조회될 수 있다면 이러한 죄악들은 종국적으로 사라질 것이라고 제

---

*생물종들은 수백만 세대 동안 거의 변화되지 않는 정체를 보여준다. 긴 정체 기간들은 새로운 종 분화와 병행된 상대적으로 짧은, 급속한 진화적 변화의 사건으로 중단되곤 하는데 이러한 진화를 계단식 평형이라고 한다. 따라서 계단식 평형주의자는 화석기록의 비연속성을 진화의 양상으로 본다. 반면 다원주의적 개념을 갖고 있는 점진주의자들은 점진적이고 느린 유전적 변이의 축적과 느린 종의 분화를 주장하며, 연속적 화석기록의 결여는 화석기록의 미비로 간주한다.

1.8 칼 마르크스(1818-1883)는 사회의 경제적 기
초와, 정치제도, 사회구조 및 다른 문화적 특
징 사이의 고리를 밝힘으로써 인류학과 고고
학에 커다란 영향을 끼쳤다.

시한다.

　과거에 대한 고고학적 분석은 "결정론(determinism)"에 관한 다양한 개념에 큰
영향을 받았다. 인간의 역사와 문화에 적용된 결정론은 역사에서 일어났던 것은
(부분적으로, 또는 대부분, 또는 전적으로) 인간의 "자유의지" 또는 신의 영향과는
무관한 결정요소의 결과라는 생각에 대한 부정확한 집합적 용어이다.

　비록 동유럽에서는 레닌과 마르크스의 조각상이 그들의 철학에 기초하였다고
알려진 사회정치적 체계와 함께 현재 그리고 문자그대로 "역사의 쓰레기통"으로
버려지고 있지만 그렇다고 하여 역사분석의 마르크스주의 방법까지 폐기할 필요
는 없다. 마르크스주의를 정치적으로 파산된 이데올로기로 간주하는 고고학자들
조차도 유물론적 결정론의 많은 요소가 마르크스주의 사상에 기인하고 있다고 자
인한다. 마르크스주의 또는 적어도 유물론적 관념은 고고학자에게 "자연스러운"
것이다. 그것은 고고학자가 마르크스주의의 중심 개념인 "생산수단"의 기술을 구

성하는 집, 석기, 저장도구, 토기, 무기, 관개운하 및 기타 물적 잔존물의 더미 속에
서 평생을 보내기 때문이다.

과거에 대한 연구에 상당한 영향을 주었던 진화론적, 유물론적 생각이 인류학에
서 처음 표현된 것은 루이스 헨리 모르간(1818~81)의 저술에서이다. 모르간은 불,
활과 화살, 토기, 가축, 문자 등의 최초 사용에 기초하여 역사를 일련의 연속된 단
계들로 구분하였다. 칼 마르크스(1818~83)는 모르간과 다른 초창기 진화론자들의
영향을 받았으며, 19세기의 진화론은 유물론적 결정론에 대한 마르크스의 생각과
결합되면서 강력한 영향력을 발휘하게 된다.

유아론(唯我論)적은 아닐지라도 언제나 가장 다양한 모임 중의 하나가 마르크스
가 의미하는 바를 설명하려고 시도하는 개인이 모인 집단이다. 사람들은 마르크스
주의의 해석에 대한 논쟁에서 서로를 깔아뭉개며, 마르크스주의의 기본적 이데올
로기에 대한 신-마르크스주의 변형은 하도 다양하여 요약할 수조차 없다. 유머감각
과 훌륭한 독일어 사전을 갖고 있는 학생들도 막시즘에서 가장 중요한 "생산양식"
과 "생산관계"에 대한 마르크스의 원전을 읽고 나서도 이들 용어를 이해하기 위해
현대적 주석을 참고하여야만 한다. 플라톤적 관념론자의 경향을 강하게 갖고 있는
학자들은 마르크스주의 이론에서 관념론적 해석의 설득력에 대한 영감을 주장하
였다. 심지어 일부 인류학자들은 칼 마르크스의 저작을 읽는 것보다 그루초 마르크
스*의 쇼를 더 많이 본다는 사실도 놀라운 일은 아니다.

그러나 이 모든 것들이 도대체 고고학과 무슨 관계가 있었을까? 정확히 말하면
이렇다. 20세기의, 그리고 오늘날까지도 가장 영향력 있는 일부 고고학자들은 그들
의 분석에 마르크스주의적 사상을 이용하였다.[30] 종종 마르크스주의를 이용한 고
고학적 분석은 마르크스 자신이 공언한 것과는 매우 다르게 나타나지만 기본적으
로 역사적 유물론과 결정론에 대한 19세기 사상에 기원을 둔다.

나중에 7장에서 보겠지만 마르크스는 인간 역사의 대부분은 사회가 부(富)를 어
떻게 생산하고 분배하는가에 대한 분석의 토대 위에서 이해될 수 있다고 주장하였
다. 그는 전쟁·사회적 계급·가난·의회·종교·예술에 이르는 모든 것이, 주어진
사회의 기술·경제·환경, 그리고 사람들이 이러한 경제적·환경적 요소들과 관련

---

*그루초 마르크스 : 미국의 유명한 코미디언

하여 수립한 사회적 관계를 조사하면 설명될 수 있다는 것을 보여주려고 시도하였다. 근자에는 마르크스주의 이론에 대한 수많은 개정작업이 이루어지고 있다. 이러한 방향에서 가장 최근의 고고학적 흐름은 사람이 재화를 생산하고 소비하는데 관여하는 사회적 관계를 강조한다. 마르크스주의 고고학자들은 기후, 작물, 기술보다는 사회적 관계를 역사의 결정요소로 파악한다. 일부 보다 전통적인 마르크스주의와 차별되는 중요한 핵심은 역사적 분석이 비교연구적(comparative)이어야 한다는 것이다. 그들은 "모든 고대사회들을 서로간의 관계에서 포괄적으로 조망하는 것이 인간성의 역사적 발달에서 법칙성의 보편적 윤곽을 밝혀줄 것이다"라고 주장한다.[31] 그들은 고대 인간사회는 최초의 원시적 공산주의를 실행하였고 이어서 초기 농업공동체에서 필연적으로 잉여생산물이 생기면서 "엄격한 논리법(logical laws)에 의한 계급사회"가 형성되었다고 추정한다. 그들은 "사회가 적대적 계급으로 계층화되는 과정으로 " 귀결되는 원동력에 대한 분석이 "고대사회의 전체적 역사과정을 이해하기 위한 열쇠"를 제공하고 "모든 마르크스주의 역사가들은 생산관계는 생산수단의 발달수준에 의해 결정된다는 개념에 집착한다"라는 결론을 내린다.

현대 마르크스주의 고고학[32]에서는 이러한 가정과 관념의 많은 부분에 대한 논쟁이 진행되고 있다. 세부적 관점에서 차이가 크나 현대 마르크스주의 고고학자들은 대부분 사회적 갈등을 문화변화의 주요한 결정요소로 간주한다. 그들은 또한 과거에 대한 "인간 중심적" 관점을 창조하려고 노력한다. 인간 중심적 관점에서는 사람들이 그들의 행위와 신념이 외부의 경제적·환경적 요소의 단순한 산물인 피동적 요소가 아니라 대신 그들 스스로가 사회적 원동력과 문화변화의 매체가 된다.[33]

고고학에서 마르크스주의 관념의 현대적 표현은 7장에서 좀더 자세히 다루도록 한다. 여기서는 다양한 형태와 철학에서의 유물론적 결정론이 고고학에 오랫동안 상당한 영향을 미쳤다는 점만 언급해도 충분하다.

<u>20세기 전반의 고고학</u> 19세기 중반부터 20세기초까지 고고학은 "발견과 해독"의 주목할만한 시대로 들어섰다. 이집트의 상형문자와 메소포타미아의 쐐기문자가 처음으로 해독되었으며 주요한 고고학 발굴이 도처에서 이루어진 시기이다. 1922년 카나본과 하워드 카터가 이집트의 파라오 투탄카멘 무덤을 개봉하였으며, 같은 해 존 마샬이 인더스강 유역의 하라파 대문명을 발굴하기 시작하였다. 이 외

에도 이 시기에 세계 곳곳에서 놀라운 고고학적 발견이 이루어졌다.

고고학은 이 시대에 커다란 진보를 하였으나, 고고학이 오늘날에도 세계 여러 곳에서 학문에 부정적 이미지를 주고 있는 자민족중심과 제국주의적 방식으로 유럽인과 미국인에 의해 지배되었던 시기이기도 하다. 모든 서구 국가들이 어느 정도는 그랬지만 특히 영국과 프랑스는 다른 나라, 특히 그리스, 터키, 이집트, 이라크와 이란의 고대유물들을 도굴하였다. 유럽 정부들은 힘이 약한 정부들로부터 유물의 양여를 강제로 받아내기 위하여 고고학자들과 협력하였다. 영국과 프랑스가 이집트를 점령하였을 때 그들은 항상 자기 나라의 시민을 이집트 고대유물국(局)의 책임자로 임명하였다. 고고학자들은 때로는 그들의 정부를 위하여 스파이 활동도 하였다.[35]

비참한 대학살을 수반한 제1차 세계대전, 1930년대의 공황, 그리고 이 시대의 다른 참담한 사건들은 많은 지식인들의 환상을 깨트렸고, – 적어도 보다 이성적이고 도덕적으로 성장한, 어느 정도는 진보의 세계라는 의미에서의 – 인간의 사회적 진화란 개념에 대해 의문을 품게 되었다. 20세기의 전반은 실존주의의 시대이며 여러모로 이성주의가 거부된 시대이다. 투쟁과 무신론의 다원적 개념, 세계 전쟁의 비이성, 이 모든 것이 많은 사람들에게서 "설계로부터 논증"의 마지막 자취들을 파괴하여 버렸으며 우주적 고립이란 심오한 느낌으로 귀착되었다. 미국의 위대한 시인인 월리스 스티븐스(Wallace Stevens : 1879~1963)는 노래하였다.

> 귀 기울이는 이는 눈 속에서 귀를 기울이고,
> 그 자신이 아무 것도 아니니,
> 부재(不在)의 무(無)를 보고 실재(實在)하는 무(無)도 본다. [36]

20세기 전반의 철학적 경향은 고고학에도 영향을 미친다. 고고학자들은 자료에 대한 해석보다는 자료의 충실한 수집에 중점을 두는 비(非)이론적 학문에 만족하였다. 이 시기는 문화적 복원과 문화사의 "황금기"였다. 미국에서도 연방정부는 고고학 조사에 상당한 자금을 투자하였으며 부분적으로는 대공황기에 실업자들을 구제하는 역할도 하였다. 보다 많은 고고학적 자료가 축적되고 "사실이 스스로 말하도록 허용될" 때에만 선사시대의 문화적 발달을 설명할 수 있다는 인식이 널리 받아들여졌다. 그러나 1930년대에도 옛사람들이 어떻게 살았고 그들은 문화적으로 어떻게 연결되어 있는지에 대한 일련의 끊임없는 추론에만 고고학이 한정되고 있다는 생각에 대한 좌절감이 차츰 증가하고 있었다. 그리고 마르크스주의 고고학자인 고든 차일드와 같은 많은 고고학자들이 역사의 과학적 지식에 대한 연구를 계속하였다.[37]

고고학을 단순한 자료 수집과 기술에서 뛰어넘고자 하는 가장 초기의 그리고 가장 영향력 있는 시도 중의 하나가 줄리앙 스튜어드가 1949년에 발표한 고전적 논문인 "문화적 인과관계와 법칙: 초기 문명의 시험적 법칙화" 이다.[38] 스튜어드는 도시, 문자, 전쟁, 도시화 등의 진화에서 나타나는 전세계적인 유사성을 생태, 기술과 인구의 기본적 결정요소와 연결시키려고 시도하였다.

고고학 1960~1996

하나를 해독하면 또 다른 암호가 생긴다.[39]

● *신고고학* : 1960년경 이후 역사적 "과학" 으로서의 고고학이란 생각이 크게 부활하였다. 1960년대에 일부 고고학자들은 비록 고고학이 자연과학과 완전히 같은 종류의 과학이 될 수는 없지만 적어도 분석을 위해서는 자연과학과 같은 종류의 논리를 이용할 수 있다는 전제 위에서 고고학에 물리학과 화학의 논리적 방법을 도입하려고 시도하였다.

왜 물리학과 이들 다른 과학들이, 물리학을 시샘한다고 비난을 받을 정도까지 고고학을 위한 모델로서 관심을 끌게 되었는가? 그것은 물리학과 기타 자연과학들이 강력한 설명을 제공하기 때문이다. 자연과학자들은 물질계의 작용을 설명하기 위하여 상대성원리, 열역학원리 같은 제한된 수의 원리와 강력한 수학적 공식을 이용한다. 우리들은 일식과 월식, 열원자핵 폭발, 말라리아와 기타 다른 자연적 과정을 일으키는 원인이 무엇인지 알고 있기 때문에 이러한 힘들을 조절하고 텔레비전, 핵원자로, 그리고 유전자로 조절된 동식물을 만들 수 있다.

인간의 과거를 물리학 이론 같은 이론으로 이해하려는 시도는 서구 문화에서 오랜 역사를 갖고 있다. 고고학자들은 왜 최초의 인간과 유사한 동물이 도구를 사용하기 시작하였는지, 초기의 호미니드가 북부 온대지역으로 이동한 동인은 무엇인지, 왜 수렵채집에서 농경생활로 바뀌었는지, 그리고 무엇이 사람들로 하여금 도시를 세우고 문자를 발달시키고 의도적인 전쟁을 일으키게 하는지 같은, 요약하면 왜 역사가 그러한 모습으로 변화하였는지를 알고 싶어한다.

고고학을 강력한 과학으로 만들려고 시도한 학자 중에서 가장 영향력 높은 사람이 루이스 빈포드이다. 빈포드는 미시간대학교 학생시절에 인류학자인 레스리 화이트의 진화론적·유물론적 인류학[41]의 영향을 받았다. 그는 학계의 높은 반향을 일으킨 일련의 논문을 발표하면서 고고학자는 끝없는 발굴과 더불어 고대의 문화와 문화사를 복원하려는 시도에서 관심을 돌려 일반적 문화 과정의 연구에 집중하여야 한다고 주장하였다. 빈포드는 특히 문제 지향과 가설 검증의 중요성을 강조하였다. 예를 들면 농업경제가 세계 여러 곳에서 각기 독립적으로 출현한 것은 기후변화, 인구 증가 그리고 특정 환경에서의 다양한 문화적 적응의 결과라고 주장하였다. 그는 이어서 왜 농업이 그때 그 곳에서 출현하였는지를 설명하려는 시도에서 광범위한 고고학적 자료를 그의 가설과 연관시켰다.

빈포드와 다른 여러 고고학자들은 고고학을 문화적 변이의 모든 형태에 대한 가설이 검증될 수 있는 객관적이고 경험주의적 과학이 되도록 추구하였다. 과정주의 고고학이라고도 불리는 이러한 "신고고학"은 많은 다양한 관점과 방법론, 관념을 포함하지만 몇몇 공통적 요소를 갖고 있다. 첫째는 많은 고고학자들이 수학이 고고학분석에서 강력한 역할을 할 수 있다고 믿는다. 많은 상이한 형식의 수학적 분석이 고고학 자료에 적용되었으며 이들 중 일부는 다른 장에서 고찰될 것이다. 둘째 — 적어도 브루스 트리거가 "문화들 사이에서 나타나는 모든 중요한 상이성은 단순에서 복잡까지의 상이한 발달 상태로 간주할 수 있다"라는 가정으로 기술한 단순한 의미에서— 고고학을 과학으로 만들려는 거의 대부분의 시도는 고고학이 진화론적 과학이어야 한다고 생각하였다. 다윈의 진화론을 인간 사회에 적용하려는 시도가 여러 방면에서 시작되었으며 일부 고고학자들은 이러한 방법론에서 커다란 효용성을 찾았다. 셋째 신고고학은 문화생태학을 강조하였다. 예를 들면 주요한 문화적 변이의 원인을 기후 변화, 상이한 환경에서의 농업생산력의 변이성, 기술변화, 인구 같은 요소에서 찾았다. 그러나 문화생태학을 이용하는 대부분의 고고학자는 옛 문화는 인과관계의 유형이 복잡하게 상호 관련되어 있는 복합체계로 간주한다. 그리하여 만약 왜 옛 이라크인이 처음으로 식물을 재배하였는지 고찰한다면 거기에 대한 해답은 인구밀도의 변화, 기후변동, 기술 진보, 특정 식물종의 유전적 속성 같은 많은 다양한 요소들을 수반한다. 신고고학은 인간사회가 집단의 적응을 진척시키는 자기조절(regulating) 메커니즘을 갖고 있다고 가정한다. 예를 들면 대부분의 인간사회는 그들의 인구 대 자원 균형을 조절하기 위하여 출산 관리(birth control)의 수단을 발달시켜왔다. 출산 관리가 시행되는 강도는 자원이 변화함에 따라 변화할 수 있다. 문화를 체계로 보는 관점에서 문화란 환경으로부터의 영향에 열려 있는 자동조절식 실체이다. 이 모델에 기초한 설명은 종종 기능주의적(functional)이다. 즉 마치 생물학자가 피를 순환시키는 수단으로서 포유류 심장의 진화를 설명하는 것처럼, 고고학자도 모든 초기 문명에서 국가 종교가 발생하는 것을 군사적·종교적 목적을 위하여 대중을 조직하고 조절하기 위한 종교 같은 저비용, 관념적 메커니즘의 기능적 이익으로 설명할 수 있다.

고고학을 절멸된 복합문화 체계를 분석하기 위한 수학적·진화론적·생태학적 과학으로 재조직화하려는 시도는 현대 고고학에서 여전히 중요한 분야로 남아 있지만 "역사의 물리학"이 될 수 있다는 믿음은 전반적으로 사라졌다. 대부분의 고고학자는 인간의 역사가 핵 같은 세계의 물질적 현상과는 어느 정도 근본적으로 다르다고 인정한다. 인간 역사는 은하계나 아(亞)원자 미립자의 역사에는 통하지 않는 방식인 자연선택의 산물이다. 인간 역사란 정의상 시간과 공간에서의 특정한 한 장면인 반면 물리학과 화학의 원리들은 적어도 이론상으로는 모든 시대와 장소에 적용될 수 있다. 기체의 체적은 압력과 온도에 의해 결정된다는 것은 현재도 그리고 앞으로도 영원히 진리이며 이곳에서도 그리고 우주 어느 곳에서도 진리로 추정된다.

그러나 생물학, 인구유전학, 생태학과 다른 생명과학들은 지구의 특정한 장소에 있는 생명 형체의 역사적 계기를 다룬다. 이들 생명과학은 강력한 수학적인 설명적 학문이며 일부 고고학자들은 이들 학문과 비슷하게 고고학의 과학을 법칙화하려는 노력을 계속한다. 그러나 고고학에서는 자연과학과는 달리, 진화론과 인구역학이 생물학자를 통합하고 열역학이 물리학자를 결합하는 것과 같은 방식으로, 고고학에 종사하는 많은 사람들의 연구를 통합하고 집중시키는 "이론"이 없다. 그럼에도 불구하고 일부 학자들은 고고학을 통합할 수 있는 가능성을 다윈의 진화론에서 찾고 있으며 이 점은 7장에서 상세하게 다루어질 것이다.

절충적(Eclectic) 사회·역사과학으로서의 고고학　많은 학자들이 신고고학을 지나치게 "기능주의적"이라고 비판하였다. 기능주의란 종종 어떤 것의 기원과 진화를 그것이 역할하는 기능으로 설명하려고 시도한다. 전형적 예가 포유류의 심장을 피를 순환시키는 기능으로 설명하는 것이다. 고고학자도 문화 요소와 문화 변동을 설명하기 위하여 종종 기능주의적 주장을 이용하였다. 예를 들면 7장에서 보듯이 초기의 학자들은 고대 이집트 사회의 모든 측면을 문명 전체가 하나의 강과 관개농업에 의존한다는 사실에 귀착시켰다. 그들은 강력한 국가 정부는 거대한 인구를 부양하기 위한 식량을 공급하는데 필수적인 복잡한 관개체계를 건설하고 유지하고 관리하기 때문에 진화하였다고 제안하였다. 비슷한 맥락에서 여러 초기 국가에서 문자가 발달한 것은 홍수의 수위와 작물의 생산을 지속적으로 기록할 필요에 귀착한다.

그러나 특정한 형태의 문화가 특정한 환경에서 살기 위한 필요조건들을 이처럼 쉽게 기능적으로 설명할 수 있는가에 대한 문제점이 지난 10년간 제기되었다. 현대 고고학에서는 고대문화의 사회적 관계성과 이데올로기에 대한 분석과 이러한 관념들이 어떻게 문화를 형상화하였는지에 대한 관심이 증가하고 있다.

예를 들면 현대 고고학에서 중요한 주의(主義)중의 하나는 1960년대와 1970년대에 더욱 과학적이 되고자 하는 노력 속에서 대부분의 고고학자들이 고대사회의 이데올로기적 측면을 무시하였고 문화를 구성하는 이데올로기적 시스템의 영향력을 경시하였다는 것이다. 마르크시즘의 일부 형태에서 이데올로기−사회적 신분계층과 이러한 계층 속에서의 자신의 위치에 대한 사람들의 인식 같은−는 "허위의식(虛僞意識)"이며, 이러한 이데올로기는 문화 변동의 참된 원동력인 역사적·경제적 요소에 의해 결정되고 그리고 이들 요소를 단순히 반영할 뿐이다.

그러나 많은 현대 고고학자들은 이러한 인식의 유용성이나 타당성을 더 이상 받아들이지 않는다. 예를 들면 티모시 포커레트와 토마스 에머슨은 900년경 북미 중서부지방에 살았던 사람들이 족장의 권위를 합법화한 이데올로기를 전달하기 위해 토기에 특정한 문양을 새겼다는 주장을 입증하기 위해 다음과 같이 말하고 있다.

이데올로기는 "허위의식"도 아니고 단일화된 실체도 아니다. 그것은 전통적 그리고 우주론적 대상 (referents)의 독점적 소유를 통하여 사회적 신분을 합법화한 믿음과 가치, 논증적(discursive) 지식 체계 – 인지된 모델 – 로 보여진다 …… 이러한 믿음, 가치와 지식의 체계는 이해집단 속의 개인들이 사회적 지위에 대한 인식을 획득하는 수단이다 …… 이데올로기는 문화적 전통을 개인의 의식과 연결한다.[43]

　일부 고고학자들은 우리가 과연 얼마큼 과거의 이데올로기를 체계적, "과학적" 방식으로 분석할 수 있는지 의문을 품기도 하지만 대부분의 고고학자는 그러한 해석에 대한 시도가 고고학의 합법적인 한 부분이라는데 동의한다.

　이제 대부분의 현대 고고학자들은 고고학을 사회과학과 역사과학이 절충된 학문으로 간주한다. 이러한 관점에서 고고학자는 이데올로기와 행위에 초점을 맞추는 과거에 대한 분석적 그리고 부분적으로는 설명적인 과학을 법칙화하기 위하여 사회과학과 자연과학에서 끌어낸 다양한 이론과 방법론을 이용할 수 있다. 물론 여기에서의 "행위"는 고고학적 증거에 기초한 추론된 행위이다. 과거에 대해서 알기 위한 이러한 통합적 접근법의 목적은 과거에 대한 우리의 지식과 이해에 보탬이 될지 모르는 어떠한 방법, 기술 또는 이론도 이용하는 것이다.[44]

　지금의 남부 멕시코, 과테말라와 기타 인접 지역에 거주하였던 고대 마야의 고고학을 예로 들어보자. 고고학자들은 거의 1세기간이나 마야를 연구하였으며 마야에 대한 많은 지식을 얻을 수 있었다(11장 참조). 마야에 대해 가장 흥미로운 문제점 중의 하나가 900년경 이후의 어느 시점에서 그들의 독특한 문화가 갑자기 사라진 것처럼 보이는 것이다. 이러한 이유를 설명하기 위하여 고고학자들은 인구학, 전염병학, 농학, 그리고 다른 많은 과학에서 끌어낸 자료와 관념들을 이용하였다. 예를 들면 도로시 허슬러, 제레미 사브로프와 데일 룬게는 마야의 인구 증가, 기념비적 사원 및 다른 건물들을 짓기 위해 투여된 노동력, 농업 생산성을 모의 실험하기 위한 컴퓨터 모델을 고안하였다.[45] 이 모델에 따르면 마야는 인구 규모와 식량 공급 사이의 불균형이 점증하면서 식량 결핍을 겪기 시작하였지만 마야인들은 신을 달래기 위하여 더욱 많은 기념물을 건축함으로서 이 문제를 해결하려 하였고 결국은 인구가 더욱 급격하게 감소하게 되었다. 13장에서 다루겠지만 마야의 "붕괴"가 실제로는 마야문화의 붕괴와 소멸이라기보다는 인구밀도의 변화와 기타 문화 변동이었다는 증거가 있다. 그러나 여기에서 초점은 마야 역사에 대한 고고학적 분석이 다양한 증거와 기술에 의존한다는 것이다. 예를 들어 인공위성 영상과 항공 사진은 마야 옛 땅의 대부분을 덮고 있는 밀림을 투과하여 고대 경작지와 수로, 도로의 흔적을 찾는데 이용되어 왔다. 민족지학자들은 마야인의 현대 후손들을 연구하고 고대 문화의 유풍(遺風)을 발견하였다. 마야는 문자를 발달시켰기 때문에 문헌 학자들은 마야 역사에서 특정한 지배자와 사건들을 확인할 수 있었다. 미술사학자들은 마야 미술과 조각에서의 모티브를 평가하여 이것들을 마야의 사회적, 정치적 조직과 연관시켰다. 마야는 또한 고도로 추상적인 수준에서 분석이 이루어지기도 하였는데 예를 들면 콜린 렌프루는 현대의 "격변이론"으로 마야의 붕괴를 분석하였다.[46] 격변이론이란, 날씨 유형이던, 파이프를 통한 물 흐름의 난류 정도이던, 또는 고대 정치체계의 붕괴이던 간에, 체계의 상태에서 일어난 급격한 변화를 설명하려고 시도하는 고등 수학이론이다.

요약하면 고고학자들은 마야를 분석하고 그들의 역사를 편찬하기 위하여 발굴 및 고고학적 분석과 공동으로 많은 타분야의 분석 방법을 이용하였다. 마야에 대하여 사회과학적, 역사학적 접근법을 절충함으로써 우리들은 마야의 경제, 사회, 정치, 종교, 과학과, 역사의 일부 주요 사건들에 대한 설득력 있고 상세한 지식들을 얻을 수 있었다.

고고학의 절충주의적 접근법을 가장 잘 효과적으로 사용한 학자는 "전체론적(총체론적, holistic)" 고고학을 주창한 브루스 트리거이다.

고고학의 미래는 과정주의 고고학의 생태학적 결정론을 많은 후기과정주의 고고학자들의 호감을 받고 있는 역사적 특수주의로 대체하기보다는, 외관상으로는 대조적인 양 입장들을 효과적으로 통합하는데 있다. 필자가 제안한 통합은 인간 행위를 한정하는 요소들을 가능한 많이 조사할 것을 요구한다. 이는 과정주의 고고학자들이 주창한 외적 요소뿐 아니라 인간 존재를 위하여 필수불가결한 문화적 전통도 포함한다.[47]

그러나 많은 고고학자들에게 과거에 대한 이러한 종류의 절충주의적, 경험론적 접근방법은 장점보다 단점이 더 많다. 수많은 학자들이 문화 진화에 대한 어떤 생각의 효율성도 부정하며 과거를 분석하는데 객관성이 있을 수 있다는 생각마저 부정한다. 이러한 주장을 총칭하여 "후기(또는 탈)과정주의(post-processualism)"라고 부르는데 이는 문학과 조각 같은 다양한 분야에서 표현된 "후기모더니즘"과도 많은 공통성을 지닌다.

후기과정주의 고고학 : 후기모더니즘으로서의 고고학

> *우리는 과학적 고고학의 주관적 관념론을,*
> *과거의 사회적으로 구성된 세계와*
> *현재 우리가 살고 있는 세계의 다원적 특성을*
> *끊임없이 포괄하고 이해하려고 시도하는,*
> *과거와 현재에 대한 해석학적 지식이*
> *필요한 변증법적 과학으로 대체한다.*
>
> 마이클 샹크스, 크리스토퍼 틸리[46]

위의 난해한 인용문을 이해할 수 있겠는가? 이처럼 고고학에 대한 후기과정주의적 접근법은 묘사하기도 이해하기도 어렵다. 단일화된 접근법도 통합된 관점도 없기 때문에 사실 후기과정주의적 접근법의 핵심을 요약하고 포착하려는 어떠한 시도도 곤란한 것이 후기과정주의 특징 중의 하나이다.

만약 이 책을 읽는 독자들이 쟈크 데리다와 미셸 푸코 같은 학자들의 저서를 정독하지 않았다면 아래의 후기과정주의 고고학에 대한 논의를 충분히 이해하기가 어려울 것이다. 독자들은 또한 도대체 이러한 이론화(theorizing)들이 지난 과거가 남긴 뼈와 돌들과 무슨 관계가 있는지 의아해할지 모른다. 여기서 짚고 넘어갈 점은 많은 고고학자들도 이론을 세우는 작업이 과거에 대한 연구와는 전혀 무관하다고 말하고 있는 반면 반대로 많은 후기과정주의 고고학자들은 이론화야말로 모든 점에서 과거의 연구와 연관된다고 생각한다는 것이다.

후기과정주의란 이름은 실증주의적인 과정주의 고고학이 포기된 후에 이루어질 고고학의 종류라는 것을 내포한다는 점에서 약간은 과장적이고 선전적이다 이 책에서 보겠지만 대부분의 고고학자들에게 과정주의의 포기란 결코 촉박하지도 불가피하지도 않다.

샹크스와 틸리의 인용문이 제시하듯이 후기과정주의 고고학이 어떠한 고고학의 비전(vision)을 갖고 있는지 정확하게 설명하기 어렵다. 사실 후기과정주의 고고학자들이 대부분 동의하는 몇 안 되는 것 중의 하나가 과거에 대한 단일한(single) 관점은 있을 수 없다는 것이다.

이안 호더는 후기과정주의 고고학의 기원에 대하여 다음과 같이 기술하였다.

경험주의자와 실증주의자의 뼈대 안에서 우리가 헉스(Hawkes)의 "추론의 사다리"[49]를 기어 올라가기 시작하였을 때 환경, 기술, 경제에 대한 추론 등 모든 것이 좋아 보였다. 우리는 뭔가를 꼭 붙잡고 있다고 생각하였다. 보편적 일반화, 비문화적 과정, 객관적 자료, 그리고 독립적인 측정 장치들 같은 것 말이다. 사다리의 옆면은 단단하고 안정하게 느껴졌다. 그래서 우리는 같은 사닥다리를 자신을 갖고 계속 기어올라갔다. 우리는 사회 고고학의 단을 통과하였다. 모든 것이 좋아 보였다. 우리는 계속하여 이데올로기, 의례, 상징 그리고 정신의 고고학까지 올라갔다. 우리는 사다리 꼭대기에 도달하여 제일 윗단에 서서 주의를 둘러보고 더 이상 잡을 것이 없다는 것을 깨달았다.

고고학자는 그때 사다리에서 떨어지지 않기 위해서 두 가지 선택이 있었다. 그들은 재빨리 내려올 수 있다. 그리고 일부는 과정주의 고고학으로 퇴각하여 처음의 몇몇 단들을 계속 오르락 내리락하고 싶어할 수 있다. 또는 대안으로 상이한 추론 구조를 갖고 있는 다른 사다리로 뛰어 올라갈 수 있다.[50]

후기과정주의자들은 많은 다른 사다리들을 발견하였지만 전형적인 서구적 의미에서 "과학적"인 사다리는 하나도 없다. 대부분의 후기과정주의자들은 유물의 경험론적 과학에 대한 추구는 본질적으로 유니콘(unicorn)을 찾는 것이라고 믿는다.* 그들은 고고학이 방사성탄소 연대측정법 같은 몇몇 과학적 방법들을 사용할 수 있으나 그것은 항상 인본주의적으로 기획되며 근본적으로 관찰이 아닌 해석학적 과제가 될 것이라고 믿는다.

후기과정주의자들이 과정주의에서 확인한 두드러진 결점은 고고학이 유물의 중립적, 탈가치적 (value-free), 경험적 과학이 될 수 있다는 가정이다. 예를 들면 영(Young)이란 학자는 이러한 견해의 차이를, "역사는 과거에 일어났던 것"으로 생각하는 과정주의자와, 역사는 "현존 사회가 과거를 다루는 것"으로 믿는 후기과정주의자로 대조하여 설명하였다.

---

*유니콘 같은 전설의 동물을 찾는 것처럼 허황한 작업이라는 의미임.

브루스 트리거는 철학자인 래리 로든의 연구에 의존하여 미국과 영국 고고학에서 후기과정주의의 네 가지 주요 원칙을 확인하고 분석하였다.[51] 첫째는 "어느 누구도 세계를 객관적으로 지각하지 못한다. 즉 우리가 지각하는 것, 그리고 우리가 지각한 것을 우리가 해석하는 것은 더욱 더, 우리가 믿는 것에 완전히 또는 어느 정도 영향을 받는다." 두 번째 관련된 전제는 트리거가 "증거에 의한 이론의 미확인 (undetermination)"이라고 부른 것이다. 그는 이것을 "지각할 수 있는 자료 또는 관찰할 수 있는 증거는 강하게 품고 있는 믿음을 거의 반박할 수 없다"라는 가정으로 특징지었다.* 세 번째 전제는 "전체론(holism)" – "문제점이나 시스템의 어떤 한 부분을 이해하려면 먼저 전체를 이해하여야한다"는 관념 – 을 내포한다. 네 번째 전제는 "과학은 사회적 활동이다. 과학은 상식과 종교적 믿음, 심지어는 착각까지 포함하는 많은 종류의 지식 중의 한 부분일 뿐이다"는 원칙이다.

트리거가 그의 분석에서 언급하였듯이 이들 전제는 모두 적어도 어느 정도는 사실이며, 이것을 완전히 부정하는 고고학자는 거의 없다. 고고학에서 현대의 논쟁은 이러한 전제가 어느 정도 사실이며 어느 정도 고고학적 방법과 이론에 대한 의미를 갖고 있는지를 주요 테마로 다룬다.

트리거가 논한 추상적인 철학적 요점은 아마도 영국고고학자인 마이클 샹크스와 크리스토퍼 틸리의 연구에서 가장 잘 반영된다.[52] 데리다와 푸코[53]의 개념에 의존하여 샹크스와 틸리는 하나의 문헌에서 결정적인 단일한 의미를 추출할 수 없듯이 고고학적 기록에서도 경험적으로 입증되거나 결정적인 해석은 할 수 없다고 주장하였다. 그들은 우리가 과거를 창조하며 과거에 대한 우리의 해석은 우리 자신의 문화적 맥락에 의해 한정되고 발생한다고 주장하였다.

과거에 대한 고고학자들의 해석이 부분적으로는 그들 자신의 사회문화적 맥락의 기능이라는 것은 명백해 보인다. 고고학자들은 신전, 사회적 계층화, 집약적 저장, 사회적 계층화, 전쟁, 국가, 그리고 기술적으로는 존재하지 않는 다른 "것 (things)"들을 정기적으로 보고한다. 우리 자신의 문화는 어느 정도 우리가 과거로 만들어 내려는 것을 결정한다. 우리는 인골을 발굴하고, 인분을 추려내며, 시신을 계측하고, 음식 찌꺼기를 찾기 위하여 쓰레기를 체질하고, 문자를 해독하고, 건물을 측량하며, 그리고 모든 종류의 과학적 작업을 진행하지만, 결국 우리가 만들어

---

*결국 믿음이 강하면 아무리 자료가 나오고 반대되는 증거가 관찰되어도 그 믿음을 뒤집을 수는 없다는 뜻임.

낸 것은 우리 자신의 생활, 개성과 많은 관계가 있다.

사실, 일부 민족지학자들이 인간의 생활과 사회는 "원인보다는 단지 의미를 갖고 있다"라고 결론을 내렸듯이, 일부 고고학자들도 고고학은 인간 과거의 유형과 패도의 원인을 이해하려는 헛된 시도에 매달리지 말고 우리 자신을 위하여 과거의 의미를 평가하는데 중점을 두어야 한다고 생각한다. 이러한 형태의 분석은 "사회적 가치, 사회적 속박과 물질문화: 현대 맥주 캔의 디자인"[54]이라는 최근의 연구 제목에서 엿볼 수 있다. 이 연구에서 샹크스와 틸리는 만약 옛날 사람들이 물질에 부여한 그리고 단지 물질에만 집중한 그 의미를 무시한다면 과거의 의미는 결코 이해될 수 없으며 그러한 차이점을 고려하지 않은 비교 연구는 실패하게 된다고 보여주려 하였다. 샹크스와 틸리는 맥주 캔을 영국인과 스웨덴인 생활의 가장 평상적 물질 중의 하나로 고려한다. 그들은 두 나라 모두 술이 상업적 상품과 마약의 두 얼굴로 간주된다는 의미에서 모순점을 내포한다고 추정한다. 이들 두 나라는 캔의 스타일과 분배를 설명하는데 중요할지 모를 맥주에 대한 상이한 관념을 갖고 있다. 즉 영국에서는 일반적으로 술이 공공의 또는 개인적 관심의 대상으로 고려되지 않지만 스웨덴에서는 술의 소비가 적어도 정부에서는 가장 긴급한 사회적 병리중의 하나로 간주된다.

그들은 맥주병과 캔의 양적 분석을 통하여 영국의 맥주 캔은 다채롭고 동물과 자연주의적 테마를 선택하는 경향이 있는데 반해 스웨덴의 캔은 종종 단순한 기하학적 상징으로만 장식되는 점을 발견하였다. 그들은 다변량분석을 이용하여 영국과 스웨덴의 맥주를 나라별 그리고 나라간 군집으로 구분하였으며 이들 차이점을 광고, 산업화, 여성에 대한 태도, 공공의 음주에 대한 사회적 태도, 그리고 많은 다른 요소에서의 차이점과 관련시켰다.

이것은 하찮은 연구일지도 모른다. 그러나 샹크스와 틸리의 주안점은 우리가 사람들이 그들이 만든 물건에 부여한 의미를 알지 못한다면 과거의 일부 측면은 결코 이해할 수 없다는 것이다.

고고학적 이론의 이러한 "후기과정주의적" 형태는 영국과 스칸디나비아에 비해 미국에서는 영향력이 적지만 그들이 제기한 이슈는 도처의 이론적 모임에서 두드러지게 되었다. 사실 후기과정주의 고고학의 일부 요소는 문학 비평, 건축과 사회학 같은 많은 학문에서 발견되는 "후기모더니즘적" 관점에서 기원한다. 인류학과 고고학에서 "후기모더니즘"이 정확히 무엇을 의미하는지는 정의하기 어렵다.[55] 고고학자인 이안 호더의 글을 보자.

새로운 문화 양식의 명백한 "탄생"을 헤쳐나간다는 것은 문화변동을 배우는 학생으로서 고고학자의 마음을 완전히 사로잡는다. 그러나 무엇이 일어나고 있는지를 정의하고 이해한다는 것이 얼마나 어려운지 놀랍다. 내가 후기모더니즘을 한정하려고 노력하면 할수록 조리가 더 안서는 것 같다……양식(style)의 성장이 너무 빨라 한 개인이 그 양식을 특징짓기가 너무 어려우며, 궁극적으로 양식을 고착하려는 어떠한 시도도 실패한다.[56]

후기과정주의 고고학자들은 공통적으로 고고학을 완전히 정치적으로 간주한다. 예를 들면 고고학자 마크 레온은 미국 매릴랜드 주도(州都)인 아나폴리스의 초기 역사에 대한 고고학적 해석에서 그의 고고학적 작업이 현대의 미국 흑인들과 어떻게 연관되는지 그리고 그 도시의 고고학적 자료에 대한 그의 해석이 미국 흑인들에 대한 해석과 반드시 일치하는 것만은 아니라는 사실을 토론하였다.

미국 고고학자들은 이제서야 자료가 중립적이지 않다는 것을 내포하는, 지식에 대한 구조주의적 견해를 받아들이기 시작하였다……우리는 우리의 연구에 영향을 받은 비고고학자들과 진리의 가치(truth values)를 협상하는 데에 전혀 익숙해있지 않다. 그러나 그러한 협상이 고고학의 가치를 떨어뜨리지는 않는다……최종 결과는 고고학을 더욱 풍부하게 할 것이다. 그것은 자료에 대한 단일한 해석이 아닌 많은 해석들을 내놓을 것이다. 해석이 동일한 연구논문이 아니라 엄청나게 다른 많은 연구논문이 나올 것이다.[57]

후기과정주의적 관점은 많은 중요한 논쟁과 문제점들을 제기한다. 예를 들어 만약 "과학"이 서로 대립적인 주장들 중 어느 것이 진실인지를 평가하기 위한 고고학적 기록에 적용될 수 없고 텍스트에 대한 "정확한" 해석이 여러 가지가 동등하게 가능하다고 보자. 그렇다면 신대륙의 고고학적 기록이 아시아가 아니라 북미에서 기원하였다는 것을 보여준다고 믿는 아메리카 원주민들은, 그들이 1만년에서 2만년 전 사이에 신대륙으로 처음 들어왔다고 믿는 대부분의 고고학자들과 마찬가지로 동등한 진리에 대한 주장을 할 수 있다. 많은 고고학자들은 아트란티스의 위대한 문명의 자취가 해저에 묻혀있다거나, 스핑크스 밑의 바위를 파고 만든 동굴 속에 거대한 미발견의 도서관이 있다거나, 고대의 우주선이 귀중한 과학적 지식을 조상들에게 전해주었다거나, 고대의 메소포타미아인이 멕시코를 정복하기 위하여 티그리스-유프라테스 강에서부터 항해를 하였다고 믿거나 또는 다른 수많은 불가능을 신봉하는 비고고학자들과 충돌하여왔다.

이러한 생각들이 모두 똑같이 타당하다고 볼 수 있는가? 일부 후기모더니스트와 후기과정주의자들은 이와 같은 절대적 상대주의를 부정하지만, 만약 그들 중 일부가 주장하듯이 과학적 검증에 대한 "실증주의적" 관념이 고고학에 적용될 수 없다면 과거에 대한 "올바른" 또는 가장 정확한 읽기(reading)란 있을 수 없다.

고고학자들의 작업이 전형적인 의미에서는 "과학"이 아닐지도 모르나 대부분의 고고학자들은 과거에 대한 모든 해석이 과거에 실제로 일어난 것에 대한 정확도란 측면에서 모두 똑같이 타당하다는 생각은 거부한다. 모든 주장들은 나름대로의 근거와 의미가 있다. "옳다"는 것이 반드시 고대 메소포타미아인들이 중미에 도달하였는지 아닌지와 관련되는 것은 아니다. 여기에서 옳음, 타당성, 정확성이라는 것은 과거에 대하여 문화적으로 구성된 믿음을 의미한다고 이해될 수 있다.

수많은 후기모더니스트와 후기과정주의자들 간에도 스스로 "과학"을 하고 있다고 믿는 고고학자들이 오류를 범하고 있다는 믿음을 제외하고는 아마도 서로 동의하는 부분이 거의 없는 것 같다.

후기과정주의가 현대고고학에 준 가장 명백한 영향 중의 하나는 젠더(사회적 성, gender)와 소위 페미니스트 고고학에 대한 점증하는 관심이다. 요즘 활발히 진행되고 있는 젠더로서의 성과 섹스로서의 성에 대한 개념과 토론은 사실 오래 전부터 있었으며, 이 주제에 대한 토론 모두가 후기과정주의와 관련되는 것도 아니다. 예를 들면 3장에서 보겠지만 최초의 호미니드가 어떻게 진화하였는가에 대한 대부분의 가설에서 핵심적인 개념은 암컷과 수컷의 경제적 그리고 다른 행위에서의 관련성을 내포한다. 그리고 선사시대 후반에서 학자들은 유럽 신석기시대의 여성 조각상에서 고대 이집트 여인의 신분에 이르기까지 모든 것을 연구하여 왔다. 그러나 후기과정주의적 관점에 의한 현대의 페미니스트 고고학 연구는 이러한 전통적 연구와 여러 면에서 다르다. 생물학적 성은 상대적으로 단순하면서도 유용한 (물론 애매한 부분도 있지만) 이분법이다. 그리고 전문가라면 잘 보존된 인골이 남성인지 여성인지를 상당히 정확하게 결정할 수 있다. 갱신세 여성 조각상의 과장된 성적 특징은 의심할 바 없이 성적, 재생산적 능력을 표현한 것이다. 그러나 젠더란 문화적 구성개념이고 쉽게 규정할 수 없다. "레즈비언" "동성" "양성"이란 용어는 대체로 성적 관습에 부합하나 이들 젠더의 인식은 사회마다 급격하게 다르다. 젠더에 대한 인식을 형성한 장기간의 역사적 역동과 상이한 젠더와 성의 상호작용 과정은 더욱 추상적이다.

페미니스트고고학의 후기과정주의적 표현에서 가장 중요한 요소는 일부 형태의 경험론을 부정하는 것이다. 전통적 고고학은 고고학적 기록으로 남은 뼈와 석기를 젠더나 성과 연결시키기가 어렵다고 느꼈기 때문에 성과 젠더의 많은 측면들을 무시하였다. 예를 들면 이집트의 고고학 유적을 발굴하면서 마을유적을 발견하였다고 하자. 벽돌로 만든 집 바닥에는 불탄 뼈나 보리, 토기편 같은 일상생활의 잡동사니가 폐기되어 있으며 화덕자리, 변소, 가축축사 같은 것과 5천년 전 주민의 다른 자취들이 남아 있다. 합리적인 고고학적 분석에 의하여 언제 사람들이 여기 살았으며 그들이 무슨 음식을 먹었으며, 그들이 어떤 도구를 사용하였는지, 그들이 누구와 상품을 교역하였는지, 공동체의 규모가 어떠한지, 죽은 사람을 어떻게 처리하였는지를 추정할 수 있고 그들이 속한 문화의 많은 다른 측면들도 추정할 수 있다. 그러나 특정 유물을 사용한 사람들의 젠더와 당시 사회에서의 남자와 여자의 관계성을 추론하려는 어떠한 시도도 단순한 추측에 불과할지 모른다. 고대의 이집트 그림과 문헌을 통하여 당시의 남성과 여성이 매우 다른 종류의 일을 하였다고 일반화할 수도 있다. 그러나 이러한 일반화는 발굴된 고고학적 자료에 기초하여 식료를 추정하는 것보다도 근거가 더 미약하다.[58]

고고학적 기록에서 젠더의 증거가 되는 근거가 무엇이건간에 이 주제는 일부 복잡한 정치적, 사회적 암시를 수반한다. 여성들이 과거에 줄곧 모든 사회의 대부분의 재화와 서비스를 생산하였다는 증거가 고고학, 민족학과 역사학에서 많이 존재한다. 심지어 사냥이 주된 식량자원인 에스키모 같은 사회에서도 여성이 아이 돌보기, 식량 준비, 가죽 가공 그리고 많은 다른 행위의 형태로 노동을 제공한다. 농업사회에서도 역사시대 내내 여성들이 농사일을 하고, 토기·직물과 기타 수공업품을 생산하고, 아이를 돌보고, 그리고 천 가지의 다른 활동을 하면서, 대부분의 물질적 부(富)와 유용한 서비스를 제공하였다.[59] 그러나 역사시대 내내 이들 물품과 서비스가 종종 기본적 가족 단위를 벗어난 남성들, 부를 소비하고 재분배할 수 있는 권력을 갖고 있는 남성들에 의해 착복되었다. 이 불균형을 어떻게 설명할 것인가? 그리고 그것을 사회적 효율성 또는 생물학적 요인으로 설명하려는 시도가 반드시 그것을 정당화하기 위한 시도인가? 그리고 설사 우리가 권력자, 파라오, 승려 그리고 다른 남성 유력자에 집중된 세계의 선사시대와 역사시대를 쓴다고 하더라도 우리가 꼭 여성의 공헌을 무시하고 가치를 떨어트려야 되겠는가?

이것은 현대고고학에서 중요한 이슈이다. 정치적 행위와 서술로서 고고학에 대한 후기과정주의적 관념의 궁극적, 장기적인 영향력이 무엇이던 간에 젠더에 대한 고려는 숙고할만한 충분한 가치가 있는 주제를 제기하였다.

누가 과거를 소유하는가?   현대고고학에서 야외조사와 간행물은 대부분 서구 유럽과 아메리카 고고학자들에 의해 이루어진다. 그들 중 일부는 세계 도처의 수많은 상이한 문화와 집단의 과거를 해석할 수 있는 그들의 "권리"에 의문을 품기 시작하였다.

만약 고고학이 과학이라는 견해를 받아들인다면, 적어도 생물학·화학·인구학 그리고 다른 많은 과학처럼 중요한 것은 과학의 질이지 분석을 한 사람의 윤리적 또는 문화적 정체성이 아니다는 사실은 인정할 수 있다. 그러나 후기과정주의 고고학의 다양한 학문적 경향을 받아들인다면 많은 고고학자들이 타인의 과거를 "독점하는" 것이 비윤리적이라고 생각하는 것이 놀라운 일도 아니다. 예를 들면 랜들 맥과이어는 북미 고고학을 회고하면서 아래와 같은 의견을 제시하였다.

고고학자들이 그들의 연구대상인 과거의 인디언을 후손들(즉 현재의 인디언)과 재결합하고, 인디언의 요구사항에 대해 물어보고 이 요구사항을 들어줄 시대가 도달하였다…… 모든 고고학자들이 과거에 대한 우리의 인식을 바꾸어 줄 인디언과의 대화 과정을 시작할 필요가 있다. 우리들이 현존하는 아메리카 원주민들을 어떻게 취급할 것인지……그리고 우리들이 우리의 연구결과를 어떻게 서로와 일반 대중에게 전달할 것인지…… 가장 근본적으로, 고고학자들은 우리의 국가적 유산의 핵심 속에 있는 포섭(inclusion)과 배타(exclusion), 통합성과 다양성 사이의 모순을 인식할 필요가 있다.……사회진화론자와 물질문화 분석가들은 이러한 모순을 제기하는데 실패하였다. 전자는 인디언을 진화의 하급단계로 전락시켰으며 후자는 과거의 유물이 해석은 무한정 자유로울지라도 알려진 과거의 이미지를 제공하기 때문에 그것이 현재에도 영향력을 갖고 있다는 점을 인정하지 않았다.[60]

정치적 행위와 사회적으로 구축된 해석에 대한 그러한 요구는, 신대륙에 처음 사람이 들어온 시점과 도래경로, 적응양상, 신대륙에서 맘모스와 다른 대형동물의 멸종에 대한 인간의 역할, 북미에서 옥수수 농경이 정착된 과정과 같은 주제, 그리고 오늘날의 북미 고고학자들의 관심을 끄는 수많은 다른 연구주제를 연구하려고 하는 대부분의 고고학자들에게는 거의 영향력을 미치지 못할 것이다. 그러나 맥과이어와 비슷한 생각을 갖고 있는 고고학자들은 과거에 대한 "과학적" 연구의 윤리와 타당성에 의문을 던진다.

고고학의 목적 : 고고학자는 무엇을 원하는가?
결론과 요약

나는 신속히 답변할 수 있어서 기뻤다.
나는 모른다고 말하였다.

마크 트웨인 (1835~1910)

그래서, 우리 — 그리고 고고학과 세계 선사문화 — 는 과거로의 연구의 본질에 대한 이러한 대조적 사고와 방법론의 홍수 속에서 도대체 어디로 가야하는가? 우리는 과거에 대해서 무엇을 알 수 있으며 그리고 그것을 알려면 어떻게 해야 하는가?

앞에서 본 것처럼 상기 질문에 대한 답변은 역사는 신의 설계이며 궁극적으로는 알 수 없는 것이라는 불가지론에서부터 역사는 과학적 분석 방법의 주제이며 궁극적으로는 일반이론으로 설명할 수 있다는 생각까지 다양하다. 오늘날의 고고학자들은 역사적 과정을 추출하기 위하여 고안된 복잡한 컴퓨터 모델로 작업하고 있는 사람들도 있지만 고대문화의 인본주의적 해석을 제시하려고 노력하는 사람들, 과거에 대해서는 어떤 것도 과학적으로 알 수 없다고 믿지만 현대의 정치적 목적을 위하여 과거를 이용하는 사람들도 있고, 단지 흥미로운 물품들만 찾아다니는 사람들(고고학의 "황금 잔과 미이라" 또는 "우표 수집"파)도 여전히 존재한다.

이 책에서 취한 접근법은 트리거가 서술한 의미에서 "전체론적" 접근법이다. 즉 과거에 대한 복잡한 견해를 제공하고 동시에 과거에 대한 다양한 관점을 위한 비판적 접근법을 채택하도록 독자들을 자극할 것이라는 희망을 갖고, 이 책에서는 많은 상이한 종류의 증거와 이론적 관점이 설명되고 예증된다. 그러나 이 책에 깔려있는 기본적 가정과 전제는 과거에 대한 고고학적 연구는 "과학"의 형태로 유용하게 그리고 생산적으로 이루어질 수 있으며 과거에 대한 모든 해석이 반드시 똑같이 타당한 것은 아니다는 것이다.[61]

그리하여 이 책에서 제시된 전체론적 의미에서의 고고학은 많은 상이한 관점과 분석이 혼합되어 있다. 그러나 여기에서 제시된 다양한 종류의 "지식"이 모두 근본적으로 동일한 것은 아니다는 점을 명심하여야 한다. 2만년 전에 속하는 유럽의 유적에서 출토된 석기의 통계적 비교는, 돌과 뼈에 새겨지고 동굴 벽화에 채색된 상징의 해석과는 다른 방법으로 상이한 종류의 지식을 생산할 수 있다. 그러나 각각의 연구는 과거에 대한 우리의 이해를 증진시켜 줄 수 있고, 흥미롭고 교육적인 과제에 도움을 줄 수 있다.

저 자 주

1) Quoted in Daniel, *The Origins and Growth of Archaeology*, p.49.

2) From the film *Indiana Jones*, quoted in Bintliff, "Why Indiana Jones is Smarter than the Post-Processualists," p.100.

3) 좀더 자세한 내용은 7장 참조

4) See, for example, Shanks and Tilley, *Social Theory and Archaeology*.

5) See, for example, Rindos, *The Origins of Agriculture* ; Dunnel, "Evolution Theory and Archaeology."

6) 중개자(*The Go-Between*)

7) Harris and Weeks, *X-raying the Pharaohs*.

8) Reeves, *The Complete Tutankamun*, p.203.

9) Ceram, *Gods, Graves, and Scholars*, pp.8 – 9.[안경숙 역, 『역사와 신화의 재발굴』, 대원사, 1988]

10) Wenke et al., "Epipaleolithic and Neolithic Subsistence and Settlement in the Fayyum Oasis of Egypt."

11) Binford, "Archaeological Perspectives", p.8.

12) 그리스 과학과 철학은 다른 문화들로부터 들어온 요소를 통합하였다. 야금술, 기하학, 수학과 다른 많은 예술과 과학은 그리스문화를 수 천년 앞서는 긴 역사를 갖고 있다. 흑인 아테네사람인 마틴 버넬과 몇몇 학자들은 그리스의 지적인 성취는 이집트와 시리아·팔레스타인의 업적에 깊고 강하게 뿌리박고 있다고 주장하였으나 이 주장에 동의하는 학자는 많지 않다. 고대의 그리스 이외의 문화에서는 페리클레스의 정치적 총명, 아이스킬로스·소포클레스·아리스토파네스의 비극, 데모스테네스의 웅변, 아크로폴리스의 설계자인 잇티누스의 건축, 투키디데스와 헤로도투스의 역사, 소크라테스와 플라톤의 철학의 전조가 되는 것처럼 보이는 것이 거의 없다.

13) H.D.F. Kitto's *The Greeks*. 고대 그리스의 서구 사상에 대한 공헌을 탁월하게 요약한 책이다.

14) Daniel, *The Origins and Growth of Archaeology*, p.90.[김정배 역, 『고고학발달사』, 대원사, 1992]

15) Chang, *The Archaeology of Ancient China*, p.5.

16) Reviewed in Graslund, *The Birth of Prehistoric Chronology*, p.18.

17) Spencer, *Social Statics*, p.80.

18) Desmond, *Archetypes and Ancestors* pp.100 – 101.

19) 전(傳)

20), 21) Darwin, quoted in Adams, *Eternal Quest*, p.334. 335.

22) Eisley, *Darwin and the Mysterious Mr. X.*

23) Quoted in Desmond and Moore, *Darwin*, p.636.

24) Friedrich Engels, quoted in Meek, *Marx and Engels on Malthus*, p.186.

25) 예를 들어 미국 회화에 대한 진화론적 사상의 영향에 대한 분석은 다음 글 참조. K.A. Pyne, *Art and the Higher Life: Painting and Evolutionary Thought in Late 19th Century America*.

26) Quoted in Gould, "Kropotkin Was No Crackpot", p.12.

27) Genetic Tug-of war may explain many of the troubles of pregnancy", *New York Times*, 1993.7.20.

28) Durham, "Advances in Evolutionary Culture Theory", p.188.

29) Schmidt, *The Concept of Nature in Marx*, p.41.

30) E.g. V.G. Childe.

31) quoted from I.M. Daikonoff, *Early Antiquity*, pp.1 – 27.

32) R. McGuire, *A Marxist Archaeology*.

33) B. Trigger, "Marxism in Archaeology: Real or Spurious?" ; R. McGuire, *A Marxist Archaeology*; M. Spriggs, ed., *Marxist Perspectives in Archaeology*.

34) Daniel 앞 책.

35) 예를 들어 아라비아의 로렌스는 메소포타미아에서 울리와 함께 작업을 하면서 영국을 위한 스파이활동을 한 것으로 종종 비난받고 있다(see Brown and Cave, A Touch of Genius).

36) Wallace Stevens, *The Snow Man*.

37) G. Childe, *Man Make Himself*.

38) *American Anthropologist* 51:1 – 27.

39) 이 후기모더니즘의 격언을 변형한 문구가 여러 학자들에 의해 이용되었다. 예를 들어 David Lodge의 소설인 *Small World* p.3.

40) Watson, LeBlanc and Redman, *Explanation in Archaeology* ; also see Watson, et al. *Archaeological Explanation* ; Bamforth and Spauding, "Human Behaviour, Explanation, Archaeology, History, and Science"; Schiffer, "Some Issues in the Philosophy of Archaeology"

41) White, *The Science of Culture*.

42) Trigger, "Archaeology at the Crossroads: What' s New?" ; Bamforth and Spauding, "Human Behaviour, Explanation, Archaeology, History, and Science" ; *Salmon, Philosophy and Archaeology*.

43) Pauketat and Emerson, "The Ideology of Authority and the Power of the Pot", p.920.

44) A.R. Gould, *Recovering the past*. Schiffer, *Behaviour Archaeology*.

45) Hosler et al., "Simulation Model Development: A Case Study of the Classic Maya Collapse."

46) Renfrew, "Trajectory, Discontinuity and Morphogenesis: the Implication of Catastrophe Theory for Archaeology."

47) Trigger, "Distinguished Lecture in Archaeology: Constrain and Freedom", pp.562 – 63.

48) Shanks and Tilley, *Re-Constructing Archaeology*, p.243.

49) Hawkes, "Archaeological Theory and Method: Some suggestion from the Old World."

50) Hodder, "Postprocessual Archaeology and the Current Debate."

51) see Trigger, "Post-Processual Developments in Anglo-American Archaeology", pp.65–69.

52) see, for example, their *Social Theory and Archaeology* 참조.

53) see, for example, Derrida, *Writting and Difference*. 또는 *Foucault, The Foucault Reader*.

54) Shanks and Tilley, 앞 책, p.172.

55) 어니스트 겔러는 후기모더니즘을 정의하기가 어렵다고 하면서도 *Post-Modernism, Reason, and Religion*(pp.22–23)이란 그의 책에서 다음과 같은 견해를 남겨 놓았다. "포스트모더니즘은 최신의 운동(movement)이다. 그것은 강렬하며 현대풍이다. 여기에 더하여 그것이 도대체 무엇인지 전혀 분명하지 않다. 사실 명쾌함은 포스트모더니즘의 두드러진 속성 속에서도 드러나지 않는다. 그것은 일반적으로 실행할 수도 없고 그렇다고 실제로 거부할 수도 없다. 그러나 사람들이 포스트모더니즘의 속성을 올바르게 확인하였다고 확신하기 위하여 참조할 수 있는 포스트모더니스트의 선언서도, 교의의 39개조[영국 국교의 신조]도 아무래도 없는 듯하다… 이 운동과 생각은… 너무 미묘하고 불안정하여 정확히 포착하기도 파악하기도 어렵다. 모든 의미가 반대편으로 들어와서 내재된 모순을 강조하는 방식으로 원문분석된(deconstructed) 운동의 예리한 인식은…실제로 논거의 뚜렷한 윤곽과 모호하지 않은 계통적 서술(formulation)의 여지를 배제한다."

56) Hodder, *The Meaning of Things*, p.65.

57) Leone, "A Historical Archaeology of Capitalism" p.263. also see Wylie, "Matters of Face and Matters of Interest."

58) 드와이트 리드 Dwight Read가 관찰하였듯이 "문화적 구성개념으로서의 젠더는…… 관찰되지 않는다. 관찰되는 것은 개인의 행위를 통하여 물질적 객체의 관찰할 수 있는 세계에서 모방으로 이르게 되는 문화 체계에 젠더가 어떻게 깊숙이 묻혀 있는지에 대한 암시이다. 고고학이 직면하는 부단한 문제점은 문화에서 물질적 객체로 모방되어 만들어지는 것이 결코 유질동상(類質同像, isomorphism)이 아니라 종종 이체동형(異體同形, homomorphism)이며 더욱 빈번히는 여러 항목으로 이루어진 조직화과정을 혼합한 도형화(mapping)라는 점이다. 그러나 이것은 젠더의 구성개념에만 특유한 것이 아닌 어디에나 있는 문제점이다".

59) Brumfiel, "A Review of *Prehistory of the Americas*(by S.J. Fiedel)."

60) McGuire, "Archeology and the First Americans", p.828.

61) 비슷한 입장이 존 빈트리프에 의해서 주창되었다. 그는 최근에 대부분의 형태의 후기과정주의 고고학의 소멸을 예측하면서 "1990년대의 이론 고고학은 의심할 바 없이 '인지고고학'으로 가고 있다"는 견해를 피력하였다("Why Indiana Jones is Smarter than the Post-Processualists"). 렌프루와 빈트리프가 사용한 인지고고학의 감각은 사용할 수 있는 모든 분석방법이 유물론적 관점에 기초한 분석적 과학의 맥락에서 과거에 적용되어야 한다는 점에서 브루스 트리거에 의해 주창된 전체론적 고고학과 가깝다.

[역자 추가 참고문헌]

박선주, 『체질인류학』(제2장 진화란 무엇인가), 민음사, 1994.

브루스 트리거(성춘택 역), 『고고학사-사상과 이론』, 학연문화사, 1997.

최몽룡 · 최성락, 『인물로 본 고고학사』, 한올아카데미, 1997.

미셸 푸코 (이정우 역), 『지식의 고고학』, 민음사, 2001.

2장
고고학의 기초

그 어떤 것도 풀이 빛났었고
꽃이 영화로웠던 시간을 되돌릴 수 없지만
우리는 슬퍼하지 않고
뒤에 남은 것에서 힘을 찾으리라……

윌리엄 워즈워드(1770~1850)

'불멸의 암시(Intimation of Immortality)'라는 이 시에서 영국의 낭만주의 시인인 워즈워드는 인간의 불멸에 대한 희망은 태어나는 그 순간부터 부패의 과정에 있는 우리의 육체, 우리의 작품, 우리의 세계가 아닌 다른 곳에 두어야 한다는 인식을 표현하였다. 그것들은 모두 덧없는 것이다. "감방의 그늘이 성장하는 소년을 둘러싸기 시작한다"라는 그의 시 구절은 피할 수 없는 죽음이 항상 그곳에 조여오고 있다는 것을 의미한다.

철학자 버트란드 러셀은 불멸의 가망성에 대한 워즈워드의 희망을 전혀 공감하지 않았지만 피할 수 없는 부패에 대해서는 같은 느낌을 가졌다. 사후에 무슨 일이 일어나리라 생각하느냐는 질문에 러셀은 웃으면서 답했다. "내가 죽으면 나는 썩죠."

아마도 세상에서 썩고 부패한 세계의 오랜 기록들을 희망과 기쁨을 갖고 바라보는 유일한 사람은 고고학자들이다. 1장에서 우리는 과거와 역사에 대한 위대한 이론들, 역사가 왜 지금처럼 흘러왔는지에 대한 영향력 있는 사조(思潮)들을 일부 소개하였다. 사람들이 이들 이론들에 대해 어떻게 생각하던 간에, 과거에 대한 견해가 어떠하던 간에 이들 관념들은 과거의 물질적 자취와 연결되어야만 한다. 그리고 이 장에서는 고고학자들이 이들 위대한 관념들을 과거의 물질적 기록에 적용하기 위하여 개발한 방법들을 살펴보겠다.

🔲 고고학자와 고고학 연습

고고학이 어떻게 이루어지는지 자세히 살펴보기 전에, 실제로 고고학을 한 사람들을 먼저 살펴보자. 비행기안에서 또는 파티에서 어쩔 수 없이 직업을 밝혀야 할 순간이 왔을 때 고고학자들은 "나는 어렸을 때부터 고고학자가 되기를 원했다" 또는 "고고학자가 되는 것은 흥미로운 일임에 틀림없다"라고 말하곤 한다.

그러나 고고학자가 아닌 모든 사람들은 고고학자가 전문가가 되기 위하여 학부와 대학원에서 십여 년 이상의 세월을 보내야 한다거나, 고고학자가 발굴에서 보내는 시간보다 수천 배나 많은 시간을 학교에서 강의하고 연구비를 확보하고 완결된 연구에 대한 보고서를 작성하는데 보낸다는 사실을 실감하지 못한다.

미국에서 전문적 고고학자들은 대부분 대학원에서 보낸 평균 6년간의 세월에 대한 애매한 보답인 철학박사학위 "Ph.D."를 갖고 있다. "능력 있는 사람은 사회에서 일을 하고, 능력 없는 사람은 학교에서 가르쳐라"는 말은 중요한 전문가는 거의가 대학에서 교수직을 보유하고 있는 고고학에게는 적용되지 않는다. 대학의 교수직에 대한 경쟁이 1970년대 초 이후에 매우 치열해졌다. 초보 교수직은 연봉이 대부분 4만 달러를 넘지 못하며, 문자 그대로 교수 한자리에 수백 명의 학자들이 물밀듯 지원한다. 많은 사람들이 고고학에서 전문적인 생활을 하기 위하여 준비된 대학원에서 6년 이상의 세월을 보내지만 결국 대학에서의 자리를 찾지 못한다.

대부분의 북미 고고학자들은 인류학자로 교육되며 소수만이 이집트학, 앗시리아학, 고전학(고대그리스와 로마문화의 전문가) 같은 (언)어학자, 미술사학자, 성서학자이다. 이 구분은 사회과학과 인문과학의 관련성에 대한 문제점을 제기한다. 일부 인류학적 고고학자들은 그들의 학문이 사회과학이라고 간주하는데 반해 언어학자들은 그들의 연구가 인문과학의 일부라고 생각한다. 언어학자들은 고고학적 유물을 특히 성경, 그리스와 로마의 문헌, 이집트 상형문자 같은 고대 문헌과 관련시키는데 흥미를 갖는 경향이 있다. 이러한 상이한 관점이 엄격히 구별되지는 않는다. 인류학적 개념들이 인문과학에 통합되기 시작하며, 일부 인류학자들 역시 고대 언어를 자유로이 구사할 수 있다. 그러나 대부분의 학문분야에서와 마찬가지로 전문화는 훈련의 필요한 부분이다. 예를 들면 인류학과 이집트학에서 동시에 잘 훈련되기 위해서는 적어도 대학원에서 8년 내지 10년을 보내야하는데 이렇게 광범위한 준비를 시도하는 사람은 거의 없다.

인류학자인 북미 고고학자들은 대부분 일반적으로 "사회과학자"로 간주되나 사회과학자란 용어와 "인류학"은 점차 모호해진다. 인류학은 문자 그대로 "사람의 과학(또는 연구)"를 의미하지만 좀더 한정될 여지가 있다. 인류학은 오늘날에도 계속 여러 분야로 전문화되며 각 분야는 적어도 부분적으로는 세계 선사시대의 연구에 관련된다. 체질인류학자는 주로 인간과 유인원의 체질적 속성에서의 변이에 관여한다. 이들은 멸종된 초기 인류의 화석을 찾거나 현존하는 인간집단의 유전학을 연구하기도 하며, 사람을 제외한 영장류의 행위와 다른 특질들을 분석하는 영장류학자, 인간 집단의 상이한 환경(특히 안데스 고원지대 같은 극한 환경)에서의 적응을 연구하는 전문가, 기타 다른 많은 종류의 연구에 종사하는 학자들을 포함한다. 사회문화인류학자들은 살아있는 또는 최근의 인간 사회에 대한 연구에 집중한다. 문자가 없는 민족의 언어를 연구하는 자, 아마존 우림지대의 수렵채집인들로부터 남부 텍사스 술집의 후원자들까지 선택된 집단의 생활상을 분석하는 인간 사회의 전통적인 민족지적 연구를 하는 자 같은 매우 다양한 분야의 전문가를 포함한다.[1] 고고학자는 인류학 내에서 세 번째의 주요한 전문화를 대표한다. 대부분의 인류학적 고고학자들은 고고학 방법과 이론에 집중하면서 거기에 덧붙여 인류학의 다른 분야에서 대학원과정을 밟기도 한다. 고고학자들은 또한 대부분 수학, 지질학, 인구학 그리고 관련 학문에서 고등교육을 받는다.

인류학, 사회학, 심리학과 다른 사회과학을 구별하는데 이용되는 경계선이 최근에는 크게 흐릿해졌다. 많은 인류학자들에게는 인간만이 갖고 있는 지적, 행위적 능력인 "문화"의 개념이 인류학자들을 모두 단일한 학문으로 통합하는 결합조직으로 남아 있다. 그러나 또 많은 인류학자들에게 학문을 통합하는 강력한 이론적 구조란 존재하지 않는다.

유럽, 아시아와 아프리카에서 고고학은 미국에서처럼 사회문화인류학이나 체질인류학과 연결되지 않고 종종 독립된 대학 학과로 존재한다. 이들 나라에서 고고학은 종종 역사학의 한 형태로 간주되거나 일부 경우에는 고생물학 같은 자연과학으로 간주되기도 한다. 그러나 영국과 일부 유럽 국가에서 현대고고학은 점차 사회과학으로 생각되고 있으며, 반대로 미국에서 일부 고고학센터는 분리되어 생물학적, 지질학적 과학과 좀더 밀접하게 제휴하였다.

학문으로서의 고고학은 오랫동안 북미와 유럽 학자들에 의해 좌우되었다.[2] 그러나 인도, 일본, 중국, 이집트, 아르헨티나와 다른 많은 나라에서도 고고학 연구의 오랜 그리고 생산적인 전통이 있어 왔으며 고고학의 국제화도 점차 증가한다.

🔲 고고학적 기록 : 과거 분석의 기초 자료

사람은 지저분한 동물이다. 200만년 이전부터 우리의 선조들은 아프리카를 석기와 으깨진 동물뼈로 어지럽히기 시작하였으며, 그때 이후 우리는 세계를 우리가 남긴 쓰레기로 겹겹이 덮어나갔다. 엄밀히 말해서 200만년 전의 석기에서 오늘날의 썩지 않는 알루미늄캔에 이르기까지 그리고 우리 선조의 뼈뿐 아니라 그들이 먹은 동식물의 유존체까지 포함하는 이 모든 쓰레기가 바로 고고학적 기록을 구성한다.

고고학자는 고고학적 기록에서 무한한 의미를 본다. 사실 많은 고고학자들은 우리가 우리의 기원, 본성 그리고 심지어는 운명에 대하여 알 수 있는 것의 대부분이 이들 쓰레기더미에 내재된 유형에서 읽어져야 한다는 것을 대전제로 한다. 고고학자는 쓰레기의 내용, 공간적 배치, 그리고 퇴적과정에서 우리의 체질적, 문화적 진화를 형성한 요인들이 반영된 것을 볼 수 있다고 추정한다. 이 물질적인 고고학적 기록이 문자가 출현하기 이전, 우리 과거의 99%가 넘는 시기를 이해하기 위하여 우리가 갖고 있는 전부이다. 과거에 대한 문자 기록이 있는 시대에서도 고고학적 기록은 중요하다. 역사적 문헌은 일상적인 인간의 거짓말, 선전, 그리고 잘못된 생각으로 가득 차있다. 그러나 물질적인 잔존물은 실제 일어났던 사실에 대한 물질적 기록일 뿐으로 누가 일어났다고 말하거나 생각한 또는 일어났으면 하고 원한 것에 대한 기록은 아니다. 우리가 물질적 기록을 과연 과학적으로 그리고 객관적으로 분석할 수 있는지는 아래에서 보듯이 의문의 여지가 있다.

유물, 유구와 유적

모든 학문은 그들 자신의 전문용어가 있으며 고고학도 예외가 아니다. 고고학자는 고고학적 기록을 주로 유물에 의해 분석한다. 유물(遺物, artifacts)이란 인간의 행위에 의하여 물리적 특징 또는 공간에서의 위치가 결정된 사물로 정의될 수 있다. 그리하여 프랑스의 2만년 전 야영지에서 발견된 아름답게 생긴 돌창도 유물이며, 1천년 전 미시시피의 옥수수 밭에서 지친 미국 원주민이 던져버린 평범하고 가공되지 않은 돌멩이도 유물이다. 인간 행위의 아주 희미한 자취조차도 유물로 볼 수 있으며 수 백만 년 전 최초로 두발로 걸은 우리 조상들 몇몇이 탄자니아 라에톨리의 화산재로 덮인 평원을 어슬렁거리면서 남긴 발자국, 또는 우주인이 달에 남긴 발자국도 유물인 것이다.

물건들이 최근 것이라고 유물에서 제외되지는 않는다. 1970년대 초, 아리조나대학의 고고학자인 윌리엄 래스제와 많은 고고학도들이 물건들이 어떻게 버려지고 물건들이 쓰레기를 생산한 지역사회에 대하여 무엇을 말할 수 있을지를 확인하려는 시도에서 ─ 그리고 과거를 이해하는데 오늘날의 폐기행위가 갖는 의미를 파악하기 위하여 ─ 투산 주립 쓰레기장에 매일같이 쌓이고 도시 거리에 버려진 유물들을 분류하였다(그들은 무엇보다도 투산시(市)의 일반주민들이 엄청난 양의 음식을 소비하고, 놀랄 일도 아니지만 시내 쓰레기통에서 맥주 캔과 피임도구가 종종 같이 발견되며, 기타 쓰레기들이 주립 쓰레기장에서 수년동안 매우 잘 보존되고 있다는 사실도 배웠다).*

또 다른 일반적인 고고학 용어가 유구(遺構, feature)로 화덕자리, 벽, 변소, 매장 같은 이동할 수 없는 유물을 언급할 때 사용되며, 특정의 그리고 종종 반복되는 사회적 행위를 반영한다고 가정된다.[3]

아마도 가장 흔한 고고학 용어가 유적(遺蹟, site)일 것이다. 유적은 유물과 유구가 상대적으로 밀집 분포된 것을 언급하는데 일반적으로 사용되면서도 개념이 불명확한 용어이다. 오늘날은 천천히 분해되는 벽돌 건물의 거대한 토루와 수백만 점의 토기편들, 그리고 옛 도시의 쓰레기들로 구성되어 있지만 4천년 전에는

---

* 우리나라에서도 고 김원용 교수가 비슷한 목적에서 신앙촌 쓰레기를 연구한 적이 있다.

2.1 탄자니아의 라에톨리에서
　　발견된 호미니드 발자국으
　　로 화산재 속에서 보존되었
　　다. 이 발자국은 호미니드
　　가 360만년 전에 완전히 두
　　발로 걸었음을 증명한다.

대제국의 수도였던 이라크의 고대도시 바빌론도 유적이다. 반면 수십 점의 석기
와 동물뼈만이 170만년 전 몇몇 우리 조상들이 사냥하거나 주워 온 가젤영양을
해체한 장소라는 것을 알려 주는 올두바이 협곡에서의 여러 지역 중 한 곳도 유적
이다.

　고대의 마을과 도시 유적은 주거지 벽과 엄청난 양의 토기와 쓰레기들로 표시가
나기 때문에 쉽게 찾을 수 있다. 이 경우에 고고학적 기록이 상이한 취락들을 대표
하는 많은 별개의 유적들로 구성된 것으로 생각하는 것이 편리하지만, 실제로는 세
계 전체가 유물과 유구로 어질러 있다.

　세계의 고고학적 기록은 과거를 분석하기 위한 미가공된 자료이지만 그 속에서
의미를 발견하기 위해서는 광범위한 범위의 분석적 기술과, 많은 상이한 종류의 이
론, 가설과 관념들을 동원하여야 한다.

고고학적 기록의 형성

우리가 과거를 어떻게 분석하는지 이해할 수 있기 전에 과거가 어떻게 형성되었는지를 먼저 이해하여야 한다. 비록 선문답(논리적 추리의 부적절함을 명시하고 계몽을 제공하기 위한 정답 없는 수수께끼)처럼 들리겠지만, 여기에서의 "과거"란 단지 현재의 고고학적 기록일 뿐이다. 그러나 사실 우리는 단지 현재의 고고학적 기록에서만 과거를 볼 수 있다는 점에서 과거가 현재인 것이다.

고고학적 기록을 구성하는 유물, 유구와 유적은 내용과 시대에서 매우 다양하지만, 우리는 이 모두가 그것들을 창조한 사람의 행위와 자연의 힘이 복잡하게 상호작용하여서 형성되었다는 것을 이해하여만 한다.[4]

고고학적 기록의 형성에 있어서 문화적(cultural) 그리고 자연적(natural) 요소들 – 마이클 쉬퍼의 용어[5]로는 "C-Transforms"와 "N-Transforms" – 의 복잡한 상호작용을 풀기 위하여 많은 고고학적 노력과 창조력이 투자되었다. 왜냐하면 우리가 과거를 설명하려는 희망은 – 고고학적 기록의 의미에서 – 과거가 어떻게 창조되었는지를 이해할 수 있는 우리의 능력과 필수적으로 연결되어 있기 때문이다.

우리가 호모 사피엔스 사피엔스로 부르는 현생인류의 기원을 이해하려는 문제를 예로 들어보자. 현생인류의 기원에 대한 많은 "모델"(특정한 발달의 원인에 대한 일련의 연결된 가설들)들이 제시되었지만 그 중에서도 두 모델이 이 문제에 대한 현재의 연구에서 특히 영향력이 있다. 하나는 "아프리카 기원" "완전 교체" 또는 "이브" 모델[6] 등으로 불려지는 것으로 현 인류가 수 십만년 전 아프리카에서 처음 그리고 유일하게 기원하여 이후 나머지 세계로 이주하면서 다른 호미니드종들을 모두 대체하였고 그들과의 유전적 교환도 전혀 없거나 극소수에 불과하다는 모델이다. 또 다른 모델은 흔히 "다지역 진화" 모델[7]로 알려져 있는데 북아프리카가 수 백만년간 호미니드 이주의 도관(導管, conduit)이었으며 현 인류는 수 십만년 전 또는 아마도 백만년 전에 아프리카와 유럽, 아시아에 이주하였던 많은 상이한 인간 개체군의 전부 또는 일부 중에서 유전자 이동(gene flow)에 의해 발생하였다고 주장한다.

인간 기원에 대한 이들 모델과 관련된 증거들은 4장에서 상세히 다루겠다. 여기에서 중요한 점은 이들 모델이 상당히 흥미로우며 현대의 사회정치적 중요성까지 내포한다는 점이다. 예를 들면 어떤 학자들은 이들 모델의 일부를 "인종차별적

(racist)"으로 간주한다. 또한 우리가 이들 모델을 검증할 수 있는 유일한 길은 (비록 유전적 증거도 적절하지만) 고고학적 기록을 분석하는 것이다. 그리고 고고학적 기록을 분석하기 위하여 우리는 관련된 고고학적 기록을 생산한 문화적, 자연적 요소들의 뒤얽힌 배열을 가려내어야만 한다. 예를 들어 아프리카의 초기 호모 사피엔스 사피엔스가 도구 제작에서 약간 유리한 방법을 개발하였는데 이 때문에 그들이 수렵채집인으로 살고 있는 다른 형태의 인간들보다 약간 유리하게 되었고, 장기적으로 이러한 약간의 장점 때문에 다른 집단들을 대체하였을지도 모른다. 만약 그렇다면 우리는 석기나 식량 잔존물들 그리고 다른 고고학적 기록의 자료에서 이렇게 추측된 장점이 반영된 흔적을 찾을 수 있어야만 한다. 예를 들어 우리는 아프리카의 초기 호모 사피엔스 사피엔스와 관련된 유적에서 발견된 동물뼈를 분석하여, 당시 유럽과 아시아의 사냥 기술에 비해 보다 효과적인 사냥 기술이 아프리카에서 나타나는지 알아볼 수 있다. 그러나 문제는 이들 유적을 발생한 문화적, 자연적 요소들을 가려내는 것이다. 예를 들어 여러 아프리카 유적에서 사람뼈와 석기들이 동물뼈와 함께 동굴에서 발견되었다. 그러나 우리는 표범과 "자연"의 다른 육식동물들이 규칙적으로 동물을 사냥하고 사냥감을 동굴 속으로 갖고 돌아온다는 것을 알고 있다. 그렇다면 우리는 어떻게 어느 동물이 인간에 의해 사냥되고 어느 동물은 다른 동물에 의해 사냥되었는지 알 수 있을 것인가? 어떤 사람은 뼈에 남은 흔적들을 조사하여 석기로 도살한 증거가 있는지 보기 위해 현미경을 사용할 수도 있다. 그러나 표범이 이 동물을 사냥하였고 사람은 단순히 시체를 주워먹었다면 이를 어떻게 식별할 수 있을 것인가? 그리고 동물 이빨로 뼈에 남긴 자국과 사람이 석기나 골각기로 뼈에 남긴 자국을 구별하기도 항상 쉬운 것은 아니다.

현 인류의 기원과 관련된 고고학적 기록에는 다른 많은 애매함이 존재하며 문화적 요소와 자연적 요소를 가려내는 이러한 복잡성은 유적이 200만년 전이건 200년 전이건 거의 모든 고고학 프로젝트에서 발견된다. 문화적, 자연적 교란요인과 관련되는 중요한 문제들은 새로운 발굴이나 연구실의 분석에서 나온 고고학적 자료를 이용하여 효과적으로 검증될 수 있도록 법칙화된다. 이는 고고학 연습에서 명석함과 위대한 창조성이 요구된다고 할 정도로 어려운 작업이다.

고고학적 기록은 부패와 기타 다른 요소에 의해서 변질되기 때문에 종종 "불완전"한 것으로 간주된다. 그러나 그것은 고고학적 기록이 그것을 창조한 인간 사회에 의한 행위의 전체 역사를 완벽하게 반영할 수 있는 것으로 본다는 의미에서만 불완전하다. 고고학적 기록은 결코 과거의 완벽한 반영이 될 수 없다. 대신 고고학적 기록은 그 자신 문화적 그리고 자연적 동력의 산물이며, 이러한 의미에서 비록 이들 동력에 대한 우리의 지식은 항상 불완전하지만 고고학적 기록 자체는 실제로 "불완전"하지 않다.[8]

유물의 생산과 보존

세계의 고고학적 기록을 만들어낸 사건의 기본적인 순서는 석기에서나 오늘날의 최신식 컴퓨터에서나 동일하다. 사람들은 (1) 원료를 획득하고 (2) 이 원료를 여러 방법으로 변형하여 유물로 만들고 (3) 유물을 이용하고 (4) 그리고 나서 유물을 폐기한다.

이 순서의 각 단계에서 다양한 문화적, 자연적 요소들이 작용한다. 예를 들면 고대 메소포타미아에서 사람들은 진흙을 단순히 짚과 섞어 손이나 간단한 나무틀로 빚어서 자연적으로 말린 진흙벽돌로 만든 집에서 주로 살았다. 메소포타미아의 강렬한 태양, 집중 호우, 강한 바람, 그리고 지하수가 이들 흙벽돌과 흙벽돌로 만든 건물을 붕괴시키기 시작한다. 결국 건물은 폐기되고 다양한 문화적, 자연적 요소가 계속 건물에 작동된다. 나무로 만든 지붕 서까래, 돌로 만든 문지방, 그리고 심지어는 일부 흙벽돌마저도 다양한 용도로 재사용되기 위하여 정기적으로 옮겨졌다.

물건을 만들고 이용하고 재사용하고 폐기하는 이 과정은 실제로는 오늘날에도 전혀 차이가 없다. 예를 들면 세계 도처의 쓰레기 매립지는 타자기와 구식 컴퓨터로 채워지며, 이중 일부는 여분의 부속품을 찾기 위하여 뒤져지곤 한다. 비록 이들 기계가 대부분의 고대유물보다도 장기간 보존되겠지만 결국은 모두 문화적 · 자연적 요소의 결합 작용을 통해 파괴되어 버린다.

이들 재료가 얼마나 빨리 원래의 화학적 속성으로 환원되는지는 단순히 조립과 보존 상태에 달려있다. 열역학법칙에 의하면 물질은 결코 우주에서 파괴되지도 없어지지도 않는다. 그러나 이 법칙은 수 천년 전 이집트 삼각주의 온난하고 습윤한 땅에 묻힌 시신에 유일하게 남은 칼슘성분의 냄새를 찾고 있는 고고학자에게는 거의 위로가 되지 않는다. 좀더 건조하고 잘 보존된 맥락에서도 고고학적 잔존물은 여러 요인에 의해 파괴된다. 홍수에 의해 쓸려가기도 하고, 빙하에 의해 산산조각 나기도 하고, 쥐가 지하의 길을 내기 위해 파먹기도 하고, 지렁이가 움직여 놓기도

하고, 강과 바람 때문에 모래와 진흙으로 뒤덮이기도 한다.

그러나 가장 심각한 파괴는 동서고금을 막론하고 사람에 의해 이루어진다. 원래 이집트의 피라미드를 에워 쌓던 석회암제 제방이 중세시대에 약탈되어 건물재료로 이용되었다. 사실상 거의 모든 고대 세계에서 취락들이 이전 취락들의 폐허 위에 연속적으로 세워졌다. 우리 자신의 세대가 아마도 문화유산을 가장 심각하게 파괴하였을 것이다. 일부 지역에서는 새로운 건축행위가 일어날 때마다 유적이 파괴되곤 한다. 예를 들어 런던에서는 새로운 건물을 짓기 위한 기초공사 때문에 로마시대의 자취가 자주 파괴된다.

산업화는 일부 혜택이 있기는 하지만 과거에 대한 약탈에는 아무런 이익도 주지 못하였다. 세계 도처에서 흘러든 불법적 유물들이 뉴욕, 도쿄, 런던 그리고 다른 많은 도시에서 공개적으로 판매된다. 그러나 일부 나라에서 실시중인 미약한 벌금이나 벌칙마저도 도굴을 자백한 사람들에게만 적용되며, 많은 나라에서 주된 도굴범은 단순히 최소한의 생계를 꾸려나가려는 가난한 농부들이다.

도굴은 유물과 유구의 맥락을 무시하기 때문에 고고학적 기록으로 문화과정을 분석하려는 우리의 희망을 좌절시킨다. 그리하여 예를 들어 멕시코의 최초 문명의 기원을 연구하려면 공동체에서의 부의 분배가 측정될 수 있도록 매납된 부장품과 주거지의 내용을 세심하게 기록하는 방법으로 유적을 발굴하는 것이 필수적이다. 그러나 일단 도굴꾼이 주거지의 바닥면을 파헤쳐버리고 무덤에서 부장품을 약탈해버리면 이 유적의 인류학적 중요성은 영원히 사라진다.

자연적인 부패 과정도 유적에 영향을 끼친다. 그러나 유적이 도굴되지만 않는다면 이들 자연적 과정의 영향은 확인될 수 있고 해석할 때 참작될 수도 있다. 석기들은 거의 파괴되지 않지만 뼈, 가죽, 나무, 식물과 사람은 썩는다. 유기적 부패는 화학적 반응이다. 건조한 동굴, 두꺼운 화산재 밑, 토탄층, 영구동토층이나 깊고 어둡고 찬 물 속 같이, 부패의 화학반응을 일으키는 물, 열, pH 균형이나 산소가 충분하지 못한 곳에서 유기물질이 가장 잘 보존된다. 시베리아의 얼어버린 구덩이에서는 완전한 맘모스가 나왔으며, 유럽에서는 수 천년 전의 잘 보존된 사람 시신이 이탄지(그림 2.2)와 저습지, 그리고 한 경우에는 빙하 속에서도 발견되었다. 플로리다 윈도버 유적의 침수된 지층에서 발견된 8천년 전의 시신들은 그들의 유전자를 현재의 미국 원주민과 비교할 수 있을 정도로 뇌 조직의 보존상태가 양호하며 심지어

2.2 덴마크의 토탄 늪지에서 출토된 2천년 전에 교수형된 "톨룬드 남자(Tollund man)"는 산성이 약한 환경의 "절인(pickling)" 속성을 보여준다.

그들이 속한 언어군이 무엇인지, 그들의 조상이 언제 북미에 도달하였는지도 추측할 수 있게 되었다.

향후 고고학적 자료를 분석할 수 있는 기술이 얼마나 더 발전될지 아무도 모른다. 그래서 고고학자는 언젠가는 우리가 지금보다 훨씬 정교한 장비와 기술을 보유하리란 희망을 갖고 설령 중요한 유적을 파지 못하는 결과가 되더라도 유적을 가능한 많이 보존하는 것이 중요하다.

고고학의 연구계획

고고학자의 학문적 방향이 어떠할지라도 갱도용 헬멧을 쓰고 과거의 자취를 직접 조사할 사람이라면 누구나 적어도 두 가지 사항을 하여야 한다. 발굴이나 조사를 어디에서 할 것인가를 선택하고 발견한 것을 해석하여야 한다. 예를 들어 발굴할 장소를 선택하는 것은 흔히 "당신은 어디에서 무엇을 찾을지 어떻게 아는가요?"라고 묻는 일반인들이 상상하는 것처럼 그렇게 무계획적이고 추측으로 하는 절차는 아니다. 비록 아직도 많은 고대 유적들이 우연히 또는 비체계적인 탐험에서 발견되곤 하지만, 현대 고고학에서는 흥미로운 무엇인가가 발견되리란 공상적이고 낙천주의적 추정만 갖고 먼 곳까지 발굴단을 파견하지는 않는다. 예를 들어 1960년대에 멕시코시에서 지하철을 파면서 아즈테크 사원과 다른 건물들이 노출되었다. 그러나 고고학 유적들은 훨씬 더 체계적인 실지 답사의 과정을 통해 확인된다. 이집트나 멕시코에서 피라미드를 발견하려고 훈련된 고고학자를 파견하지는 않는다. 그러나 대부분의 고고학 유적들은 뚜렷하지도 않고 쉽게 접근할 수도 없다. 바람에 불려 쌓인 모래나 충적토에 의해 깊이 파묻히거나, 현대의 취락 아래에 묻혀 있거나, 멀리 떨어진 미답사의 지역에 위치하기도 하기 때문이다.

많은 고고학 답사와 발굴은 특정한 학문적 질문이나 문제의 맥락에서 이루어진다. 예를 들어 만약 고대 멕시코에서 옥수수 농경의 기원에 관심이 있다면 이 주제에 대해 쓰여진 많은 논저들을 읽고 나서 옥수수의 초기 변종이 어디에서 발견되는지 지도를 조사한다. 그리고 나서 옥수수 농경으로 전환된 몇 가지 가능한 원인들을 가설화한다. 이 가설을 형성하는 과정이 학문의 가장 창조적인 측면의 하나이다. 고고학자의 목표는 특정한 종류의 자료를 찾도록 그에게 유도된 문제를 해결하기 위한 일부 참신한 생각이나 방법을 개발하는 것이다. 다음에는 옥수수가 여러 가지 이유 때문에 저지대의 해안가와 특정한 공동체의 맥락에서 순화되었다는 가설을 만들 수 있다. 이어서 관련 유적들이 어느 곳에서 발견될 것인지를 확인하고 이 지역에서 이 문제를 연구하기 위한 답사나 발굴 프로그램을 설계할 수 있다.

모든 학술 연구가 이러한 문제 지향적 체제를 갖추는 것은 아니다. 학술연구는 종종 그 자체가 설명적이 되기도 한다. 한 지역을 택해서 그곳에서 중요한 유적이 발견될 수 있는지 알아보기 위하여 답사를 하기도 한다. 또한 최근에는 "문제 지향적" 고고학연구가 "공공(公共)" 고고학 또는 "CRM" 즉 문화자원관리(Cultural Resources Management)의 급격한 성장으로 대체되었다. 많은 나라에서 정부가 새로운 건설에 앞서 고고학적 그리고 역사적 기록에 대한 영향 분석이 선행되어야 하며 중요한 유적이 발견되면 조사가 이루어져야 한다고 법률화한다. 이러한 종류의 작업을 하기 위하여 세계 도처에서 수 백, 수 천의 고고학자들이 "공공(public) 고고학자"로 고용되었다.

"공공 고고학"은 종종 관련 정부로부터 충분한 재정적 지원을 받지만 전통적인 "문제 지향적" 고고학은 다른 곤란을 겪고 있다. 과거에 대한 흥미로운 관념은 고

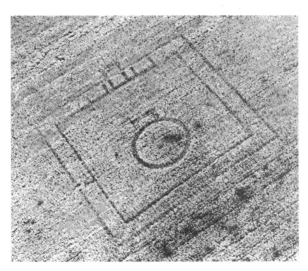

2.3 항공사진은 영국 햄프셔 헤이링섬에 있는 로마사원의 윤곽처럼 지상에서는 직접적으로 관찰되지 않는 고고학 유적을 종종 밝혀낸다. 1976년의 가뭄 동안 지표면 아래의 돌담 때문에 바로 위의 낟알이 바짝 말라버리는 바람에 돌담의 윤곽이 나타났다.

고학에서 계속 공급되지만 관련 연구를 하기 위한 돈은 더 이상 공급되지 않는다. 예를 들어 미국에서는 고고학자가 미국국립과학재단이나 국립인문학기금에, 정확히 어떤 종류의 고고학적 증거를 찾기를 희망하며 왜 그것이 중요한지를 설명하는 연구비 신청서류를 제출할 수 있다.[9] 이 신청은 동료 집단에 의해 판정되며 성공할 경우(현재는 국립과학재단에 제출한 고고학 제안서의 15% 정도만이 연구비가 지급됨) 돈을 수령하여 야외조사를 수행한다. 장기적인 연구 프로젝트를 지휘하는 고고학자들은 대부분 프로젝트를 계속할 수 있는 연구비를 확보하려고 (공공보조금을 얻기 위하여 제안서를 작성하거나 재단이나 개인 기증자 등에게 연구비를 요청하는 등) 매년 수개월을 허비하여야 한다.

<u>유적의 확인과 발굴</u>   실제로 유적의 위치를 확인하는 작업은 답사를 요구한다. 5명 또는 10명의 고고학자들이 지도나 항공사진으로 어느 정도 감을 잡은 다음에 일렬로 서서 선택된 지역을 걸어가면서 발견한 유적을 기록한다. 종종 항공사진과 다른 사진측량 제도기술이 고대의 농경지나 도로 그리고 지상에서는 보이지 않는 다른 유구들을 밝히는데 사용될 수 있다(그림 2.3). 그러나 일단 위치가 확인되면 프로젝트의 방편이나 목적에 따라 고고학 유적들은 단순히 지도에 표시되고 기록되거나 또는 발굴될 수 있다. 고고학 유적을 발굴하기 위하여 사용되는 방법은 관련

된 잔존물의 종류와 고고학자의 목적에 달려 있다. 일반적으로 첫 번째 단계는 발견된 유물과 유구가 정확한 삼차원의 좌표 위에서 기록될 수 있도록 유적의 상세한 지도를 만드는 것이다. 이어서 유적은 예를 들어 5×5미터 구획의 그리드로 분할하고 이들 구획의 샘플이 발굴을 위하여 선택된다. 실제 발굴은 역시 목적과 맥락에 따라 치과용 연장, 붓, 흙손, 꽃삽, 삽, 불도저 또는 다이나마이트로 이루어진다.

다른 직업과 마찬가지로 고고학자도 일종의 머피(Murphy) 법칙을 갖고 있다. 베테랑 야외 연구자는 가장 중요한 발견이 발굴을 계속할 자금이 떨어지는 시즌의 마지막 날 이루어지며, 특히 중요한 발견물은 일반적으로 가장 접근하기 어려운 곳에 위치하리라는 것을 경험상 안다. 고고학은 또한 고달픈 작업이 많으며, 많은 고고학 작업이 하루나 연중에서 적절치 않은 시간대에 일어난다. 뜨거운 여름날 하수구 관을 묻기 위하여 뒤뜰에서 도랑을 파본 사람은 누구나 야외고고학의 많은 전율을 이미 맛보았다.

2.4 시리아 고대도시인 텔 레이란(Leilan) 유적의 항공사진은 고고학 발굴의 방격(gird)법과 더불어 초기 도시의 복잡한 구조를 보여준다.

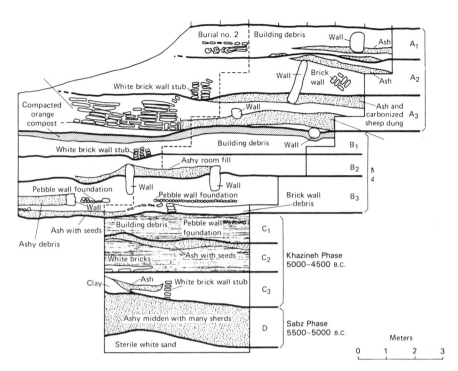

Burial no. 2   Building debris   Wall   Ash A_1

Wall   Brick wall   Ash A_2

White brick wall stub

Compacted orange compost

Wall   Ash and carbonized sheep dung A_3

Building debris   Wall B_1

White brick wall stub

Ashy room fill B_2

Wall   Wall

Pebble wall foundation   Wall   Pebble wall foundation   Brick wall debris B_3

Wall

Ash with seeds

Ashy debris

Building debris   Pebble wall foundation C_1

Ash with seeds C_2 Khazineh Phase 5000–4500 B.C.

White bricks

Clay   Ash   White brick wall stub C_3

Ashy midden with many sherds   D   Sabz Phase 5500–5000 B.C.

Sterile white sand

Meters
0   1   2   3

2.5 이 단면도는 이란의 데 루란 근처에 위치한 테페 사브즈(Tepe Sabz)에서 기원전 5500∼3500년
경 존속한 공동체의 퇴적 역사를 보여준다. 야외고고학의 기술은 흙벽돌, 석기, 재와 기타 잔해
가 뒤엉켜있는 속에서 문화층을 확인하고 해석할 수 있는 능력이다.

　고고학의 단순한 작업은 건강한 성인이라면 거의 누구나 할 수 있다. 가장 뛰어
난 야외고고학자는 공간적 관련성을 잘 포착하고 끈기가 많은 사람인 경향이 있다.
"신은 세밀함(details)에 있다"라고 위대한 건축가[10]가 말하였는데 같은 말이 고고
학에도 해당된다. 고고학자는 퇴적층을 예를 들어 25cm 정도 두께의 인위적 층으
로 나누어 연속적으로 벗겨나가기도 하지만 퇴적된 역순으로 상이한 퇴적층을 제
거함으로써 유적을 층위(그림 2.4, 2.5)에 따라 발굴하려고 노력한다.
　토마스 제퍼슨은 고고학에서 과학적인 층위적 발굴을 최초로 시도한 자로 인용
되곤 한다. 1784년에 제퍼슨은 버지니아 고향 근처의 인디안 무덤유적을 시굴구덩
이를 넣어 발굴하고, 이 유적이 많은 무덤과 매장들이 여러 시기에 걸쳐 중복되어
조성되었다는 것을 파악하였다. 제퍼슨은 유적의 층위에서 시간적 선후관계를 읽
을 수 있었으며 인골의 보존상 차이를 그 주검이 묻힌 상대적 시간과 관련시켰다.

또한 그는 이 조사를 특정 문제에 적용하였다. 즉 제퍼슨의 시대에는 많은 사람들이 분구를 조성한 사람("mound-builder")이 아메리카 원주민이 아니라 고대 유럽인이라고 생각한데 반해 그는 아메리카 원주민이 바로 이들 무덤을 지은 사람일 것 같다는 결론을 내렸다.

근대의 층위적 발굴기술은 제퍼슨의 발굴기술과 같은 논리에 기초한다. 예를 들어 팔레스타인의 타분(Tabun) 동굴에서는 네안데르탈인이 매년 몇 달씩 와서 불을 지피고 석기를 만들고 동물을 도살하면서 평범한 생활을 유지하였다. 사람이 살지 않을 때 다른 동물들이 동굴로 갖고 온 먹이와 지붕에서 떨어진 바위돌이 네안데르탈인의 퇴적층 위에 추가되었다. 그래서 네안데르탈인과 우리들과의 관련성에 관한 증거를 찾고 있었기 때문에 동굴이 점유된 시기에 걸쳐 발생한 식료와 도구 제작에서의 미세한 변화에 관심이 있었던 발굴자[12]는 단기간과 단일 사건들의 결과였던 층(層)을 분리하려고 노력하면서 퇴적층을 층위별로 하나씩 벗겨나갔다. 발굴자들은 네안데르탈인이 수 천년에 걸쳐 살았던 방식에서의 변화를 효과적으로 파악하려고 노력하였다.

아론 코플랜드[미국 작곡가]는 랄프 반 윌리엄[켈트민요를 즐겨 이용한 독일 작곡가]의 심포니를 듣는 것이 마치 55분 동안 암소를 계속 노려보는 것 같았다고 묘사하였다. 비록 고고학적 층위를 연구하는 것이 이보다는 덜 긴장된다고 하더라도 그것은 고고학에서 가장 중요한 활동 중의 하나이다. 층위학적 분석은 연속된 퇴적과정을 만들어낸 많은 상이한 과정을 분석자가 재구성할 것을 요구하며, 이는 상당한 기술, 끈기와 경험을 요구한다. 예를 들어 고고학자는 동굴 퇴적물에서 지상에서 땅을 파고 내려온 동물들의 미세한 흔적을 구분하려고 노력하여야 한다. 이들 동물들이 남긴 구멍에 후대의 목탄, 재와 유물이 채워져 원래의 퇴적층 연대와 혼동이 일어날 수 있기 때문이다. 일부 가장 복잡한 층위는 근동지방의 초기 마을과 읍락 유적에서 발견된다. 이곳에는 흙벽돌 건물이 수 세기에 걸쳐 세워지고 허물어지고 다시 세워지고 하여서, 가장 최근의 마을은 폐기된 건물과 벽, 거리, 서까래, 화덕, 그리고 일상생활과 관련되는 다른 시설물들이 수 천년 동안 퇴적된 10여 미터 이상 높이의 폐허 꼭대기에 형성된다.

그러한 유적에서의 발굴 기술과 층위적 분석은 끈기와 노력, 상상력을 요구한다. 영국 고고학자인 레오나드 울리경은 메소포타미아의 우르 유적을 발굴할 때 퇴적물을 일부 제거하자 분명히 무엇인가가 약탈된 도굴 구멍 두 개를 보았다. 그는 거기에 석고를 가득 부었고 석고가 단단해졌을 때 오래 전에 분해된 고대 악기의 나무틀을 완벽하게 찾을 수 있었다. 고대도시를 발굴하는 기술을 고안한 선구자 중의 한 사람이 영국 고고학자인 모티머 윌러경이다. 그는 인더스강 유역에 위치한 유적의 발굴을 층위적 기록을 남기기 위하여 아주 세심하게 진행한 결과 인더스강의 고대도시들이 시간이 흘러가면서 어떻게 성장하고 변화하였는지를 이해할 수 있었다.[13]

층위적 분석은 문화의 모든 측면에서 시간의 흐름에 따른 변화를 찾기 위한 기초 자료를 제공하기 때문에 야외고고학의 중요한 기본적 요소이다. 고고학자는 교란을 파악하고 층위를 제대로 읽을 수 있다면 최하층이 그 위의 상층보다 시간적으로 오래다고 추정할 수 있으며 그리하여 "시간"의 형태가 층위적 계기성에서 읽혀질 수 있다는 것을 안다. 그러나 이러한 변화의 성질을 이해하려면 이들 층위에서 발견된 물질과 유물의 분석을 하여야 한다.

고고학적 분석방법

한 세기 전만 하여도 대부분의 고고학자는 학문적으로 넓게 교육을 받았고 발굴과 연구실 분석을 포함하여 그들의 연구가 요구하는 분석의 대부분을 직접 하였다는 점에서 "만물박사 (generalists)"였다. 그러나 현대 문화의 극단적 전문화는 고고학에도 영향을 주어 오늘날 거의 모든 고고학자는 한정된 지역을 전문적으로 연구하거나 몇 종류의 전문적 기술을 갖고 있다. 각각의 고고학 유적은 독특하고 다시 재생될 수 없으며, 발굴된 자료를 이해하기 위해서는 많은 기술적 전문가가 필요하다. 오늘날 대부분의 발굴단에는 지질학자, 식물학자, 꽃가루분석가, 건축물 측량가, 동물뼈 전문가, 유물 제도사, 그리고 다른 많은 전문가들이 포함된다. 일단 발견된 유물을 보존하기 위해서는 화학과 다른 과학에서 고등교육을 받은 고도의 전문성을 갖추어야 한다. 이들 전문분야 중 극히 일부만 아래에서 언급하겠으며 나머지는 다른 장에서 특정 고고학적 문제와 관련하여 다루겠다.

옛 환경의 복원과 문화생태학

어떠한 고고학 분석에서도 첫 번째 단계는 고고학적 기록의 특정한 부분이 형성되었던 곳의 물리적 환경을 복원하는 것이다. 세계의 지형−지구 표면의 형상과 성분−과 기후는 우리 인간종이 존재하였던 수 백만년 동안 크게 변화하였으며, 고고학적 분석은 분석대상인 문화의 물리적 세계를 복원하려는 시도로 시작된다.

옛 기후는 종종 동식물 유체(遺體)로 복원될 수 있다. 동물유체의 분석은 대부분의 경우 고고학자가 인간의 식료와 지역 환경을 복원하려고 시도하는 복합적 학문이다. 일반적으로 동물유체의 분석가는 유적에서 발견된 동물뼈에서 확인되는 동물의 종류와 개체수를 파악한 다음에 관련 동물의 식량가치, 나이와 성, 식료의 변화와 동물의 체질적 특징을 측정하는 통계학적 방법을 이용한다.[15] 현대고고학에서 가장 오랫동안 뜨겁게 진행된 논쟁 중의 하나가 사람이 석기로 동물을 자르면서 남긴 흔적의 분석에 관한 것이다. 3장과 4장에서 논의될 여러 이유 때문에 인간의 기원을 이해하려면 유적에서 발견된 동물 유체가 당시 사람이 직접 사냥한 것인지 아니면 표범과 하이에나 같은 다른 동물들이 먹고 남긴 것인지를 구분하는 것이 중요하다.[16]

인간이란 종이 기원한 이래 식물은 인간에게 줄곧 중요한 식량 자원이었다. 그래서 식물유체의 분석은 고고학의 매우 중요한 부분이며, 특히 동식물이 어떻게 순화되었고 농업경제가 어떻게 진화되었는지를 연구할 때 그러하다.[17] 탄소는 화학적으로 안정되며, 그래서 탄화된 식물과 종자는 보존이 잘 된다. 탄화된 식물유체는 플로테이션(浮選法, flotation)으로 검출된다. 발굴된 토양을 물이나 다른 용액과 섞으면 탄화된 식물과 종자가 표면에 떠오르며, 뜬 것을 건져내어 분석할 수 있다.

식물자료는 당시의 기후와 식생에 대한 정보도 주기 때문에 중요하다. 예를 들어 우리들은 다양한 동물들이 언제 어느 곳에서 순화되었는지에 대한 논쟁이 있다는 것을 알고 있다(6장). 만약 순화된 곡물의 식물규소체가 동물 이빨에서 발견된다면 이 동물이 농업경제의 한 부분일 가능성이 크게 된다.

인간의 신체도 특히 미이라화되었다면 고고학자에게 중요한 정보원이다. 예를 들어 기원전 1천년쯤으로 추정되는 자연적으로 미이라화된 시신 7구가 북부 칠레의 모래언덕에서 발견되었는데 시신중 한 구에서는 코카 잎으로 만든 껌이 처음으로 발견되었고 다른 시신에서는 찬물에 오랫동안 잠수한 사람에 전형적인 내이(內耳) 뼈의 변화가 나타났다. 이밖에도 비록 그들의 식료 중 40% 가량이 바다 자원에서 확보되었지만 시신들은 농업적 음식물의 끈적한 전분과 연관된 충치와 빠진 이빨도 갖고 있다.[18]

인간 고병리학의 연구는 일반적으로 옛 사람들의 인구학과 건강에 대한 정보를 제공한다.[19]

고고학에서 급격히 성장하고 있는 기술적 전문분야가 지질고고학(geoarchaeology)으로 고고학과 지질학적 분석이 결합된 학문이다.[20] 지질학과 고고학은 두 학문 모두 자연 경관의 변천에 관심을 갖고 있기 때문에 여러 면에서 명백히 "자연스런" 결합이 이루어진다. 빙하, 변화하는 강우 유형, 그리고 자연의 여러 동력이 경관을 변화시키며 물론 사람도 그러하다. 지질학자는 대체로 고대의 물리적 환경을 다루며, 고고학자는 발견물을 해석하기 위해 이들 환경에 대한 지식이 요구된다.

지질고고학적 분석은 많은 상이한 종류의 질문과 기술을 수반한다. 예를 들어 이집트 삼각주에서는 많은 초기 공동체들이 매년 홍수로 퇴적된 수 미터 깊이의 충적토 밑에 묻혀있다. 더욱이 삼각주의 나일강 지류들은 여러 번 방향을 바꾸면서 미로같이 복잡한 강바닥을 땅 밑에 남겼다. 모래와 자갈로 이루어진 고대의 제방과 제방 위의 고고학 유적을 찾기 위해서 시추공, 인공위성 영상분석, 그리고 다른 많은 기술을 포함한 복잡한 지질학적 분석이 종종 요구된다.

지질고고학적 분석은 때로는 경관이나 사물의 변형이 자연적인 것인지 인위적인 것인지 결정하는데 이용되기도 한다. 또한 지질고고학자들은 층위의 연대를 측정하거나 고대의 기후와 강우 유형을 다루기도 한다.

어떤 특정 유적의 물리적 환경과 문화 생태를 복원하려면 종종 많은 전문가와의 협동 작업이 요구된다. 예를 들어 동굴 바닥 같은 일부 옛 유적에서 고고학적 기록이란 주로 한 지역을 계절적으로 반복하여 점유하면서 남긴 뼈조각, 불탄 씨앗과 기타 식물유체들, 석기제작과정에서 나온 부스러기 등을 포함한 퇴적층 속에 남아 있다. 엎질러진 음식, 사람의 쓰레기, 사육된 동물의 분뇨 등 인간의 생활과 연관된 이 모든 그리고 다른 많은 요소들이 사람이 살고 있는 지표면의 화학성분, 토양 조직과 내용을 변화시킨다. 지질고고학자는 그러한 유적의 상이한 지점에서 채취된 토양 시료의 화학조성을 측정하여 질소나 유기체가 분해되면서 생긴 성분이 상대적으로 높은 지점을 찾을 수 있다. 다른 전문가들은 인접한 지역에서 당시에 살았거나 소비되었던 동식물을 확인할 것이다.

유물분석

옛 건축물을 제외하면 고고학적 기록의 대부분은 석기와 토기편으로 이루어진다. 석기는 200만년 전에 처음 사용된 가장 이른 유물로서 현재까지도 사용되고 있다. 입자가 고운 돌덩이를 다른 돌이나 나무 또는 뼈망치로 적당한 각도에서 충분한 힘을 갖고 가격할 때 충격파가 돌에 전해지면서 원하는 크기와 형태의 격지가 떨어져 나온다. 매년 세계 도처의 교실에서 강사들이 이러한 과정을 실험해 보이면서 피를 흘리곤 하지만 약간만 연습하면 누구나 숙련된 석기제작자가 될 수 있다. 옛 석기를 분석하면서 많은 고고학자들이 석기를 만드는데 필요한 기술을 스스로 터득한다. 돌감 중에서는 입자가 고운 수석이나 흑요석에서 떨어져 나온 파편이 특히 날카롭다. 흑요석은 입자가 매우 고와 흑요석제 격지는 철기보다도 수백 배나 얇은 날을 만들 수 있다. 한 고고학자(워싱톤주립대학의 리차드 도터리교수)는 의사를 설득시켜 자신의 심장수술 때 일반적인 수술용 도구와 함께 흑요석제 석기를 사용한 결과 흑요석으로 한 절개가 훨씬 빨리 치유되었다고 주장하였다.

일부 고고학자들은 실험을 통하여 옛날에 사용된 거의 모든 종류의 석기들의 복제품을 생산할 수 있다. 흔한 연구 전략이 수석제 석기를 만들어 동물을 잘라내고 나무를 톱질하고 가죽을 다듬으며 구멍을 뚫는 작업에 사용한 다음 나타난 마손된 사용 흔적을 옛 유물에서 발견된 그것과 비교해보는 것이다. 때로는 이들 사용 흔적의 미세한 변이를 연구하기 위하여 주사전자현미경이 사용되기도 한다. 석기 이용의 형식과 사용 흔적의 특징 사이에 대략 일치하는 부분이 발견될 수 있으나 애매한 부분도 많다. 페트릭 번, 로렌스 켈리 등의 고고학자들은 상이한 사용에 의해 석기에 남은 흔적들이 얼마나 구별하기 어렵고 모호할 수 있는지를 보여 주었다.[21]

멕시코 고원지대에서의 석기 사용에 대한 브라이언 헤이든의 연구, 또는 쿵 부시멘이 그들의 사회적 집단을 확인하기 위하여 어떻게 돌창의 양식을 이용하는지에 대한 폴리 와이스너의 연구처럼,[22] 석기를 여전히 사용하고 있는 집단들의 민족지 자료는 아무리 조악해 보이는 석기라도 사회적 생활과 경제력에 대한 많은 정보를 반영할 수 있다는 것을 알려준다.[23]

토기는 석기보다 훨씬 늦게 사용되었으며 1만년 전경 세계 여러 곳에서 다량으로 나타나기 시작하였다. 그러나 토기는 과거에 엄청나게 많은 양이 사용되었기 때

2.6 기원전 4천년기 초, 이란에서 출토된 "Susa A" 양식의 단지는 초기의 문화적 복잡성이 등장하기 바로 이전 서남아시아에 널리 퍼져 있던 채색토기의 한 예이다.

문에 많은 고고학자들이 토기편을 분류하고 분석하는데 대부분의 일생을 보낸다. 토기는 처음에는 손으로 빚어 태양에서 말리거나 저온의 야외가마에서 구워졌으나 구대류의 여러 지역에서 물레와 고온의 굴가마가 발명되면서 마치 유리처럼 보이면서도 쉽게 부서지지 않는 단단한 도자기들이 제작되었다(그림 2.6).

토기는 토기를 만든 사람에 대한 많은 정보를 제공하기 때문에 고고학 연구의 중요한 부분을 차지한다.[24] 토기는 식료와 경제가 시간에 따라 어떻게 변하였는지 보여준다는 점에서 기능을 직접적으로 나타낸다. 예를 들어 데이비드 브라운은 다양한 토종 식물의 씨앗을 끓이는데 사용된 미국 동남부의 선사시대 토기가 농경이 발달함에 따라 형태가 어떻게 변하였는지, 그리고 토기가 이러한 종류의 식량 처리에서 발생하는 열과 역학적 압력을 견디기 위하여 어떻게 발달하는지를 기술하였다.[25]

토기는 거의 항상 양식(style)을 토대로 분석된다. 이 양식이란 관념은 정의하기가 어렵지만, 아래에서 논의되듯이 토기의 변화 양식은 고고학자가 고고학적 기록의 연대를 추정하기 위한 기초로 이용된다. 그러나 많은 고고학자들에게 토기 양식은 연대를 추정하기 위해 편리한 도구 그 이상의 것이다. 그들에게 유물의 양식적 장식은 고대의 인지적 세계에 들어갈 수 있는 중요한 수단이다. 역사 내내 사회는 난해하고 복잡한 의미와 효험을 보유한 양식을 물체에 부여하였다. 마야(13장)와 다른 모든 초기문명의 경우에서 보듯이 지배자는 권력을 묘사하고 전달하고 이행하는 메커니즘으로서 의복, 장신구와 명문(銘文)의 양식 같은 특정한 양식과 상징을 이용하였다. 모든 사회에서 양식은 사회적 의미를 고착하며 이들 집단이 그들의 문화를 한정하고 구축하는 강력한 수단이 된다. 사물의 양식, 언어와 개인적 행위는 사람들을 성·연령집단·민족집단·사회경제적 계층에 의해 그리고 다른 많은 중요한 방식으로 구분한다.[26] 예를 들어 티모시 포켓트와 토마스 에머슨은, 라메이 새김토기(Ramey Incised : 눈, 물고기, 화살과 추상적 물체의 형상이 새겨지고 900년경 미조리와 일리노이 지역에 살던 사람들이 사용하였던 토기)로 불리는 특정한 종류의 토기가 주로 식료품을 재분배하기 위한 용도이면서 동시에 엘리트의 관념을 전달하는데도 이용되었다고 주장하였다. 즉 이들 토기는 우주의 힘의 중재자로서 엘리트-토기의 원천-의 역할에 대한 살아있는 은유(隱喩)를 제공하였을지 모른다.[27]

비록 토기와 석기가 고고학적 기록의 대부분을 차지하지만 나무, 동물가죽, 금속, 광물 그리고 거의 모든 재질로 만들어진 유물도 수천, 수백만 년 동안 사용되어 왔다(그림 2.7).

___유물의 배열 Arranging Artifacts___   소설가인 루이스 보르헤스*는 고대 중국의 동물 분류가 아래와 같은 범주로 이루어졌다고 추정하였다.

> (a) 황제에 속하는 동물, (b) 미이라화된 동물, (c) 훈련받은 동물, (d) 젖을 빼는 돼지, (e) 인어, (f) 전설상의 동물, (g) 길 잃은 개, (h) 이 분류에 포함된 동물, (i) 미친 것처럼 떠는 동물, (j) 셀 수 없는 동물, (k) 고운 낙타털 붓으로 그려진 동물, (l) 기타, (m) 꽃병을 막 깨트린 동물, (n) 멀리서 보면 파리처럼 보이는 동물.[28]

상기한 동물분류로 연구하는 동물학자는 섬세한 감정이 발달될 수는 있겠지만 비교해부학을 연구하는데 이 체계를 이용한다면 무척 곤혹스러울 것이다. 과학이

---

* **루이스 보르헤스(Luis Borges)** : 아르헨티나의 라틴문학 작가

2.7 고고학적 기록의 많은 부분이 석기, 목기와 토기로 구성된다. 이 수석제 돌칼은 기원전 4000년경 이집트에서 출토된 것이다. 상아로 만든 손잡이에는 수십 마리의 정교한 동물상이 조각되어 있다. 토기와 토제의 작은 조각품도 기원전 3100년경 이집트에서 출토된 것이다.

나 또는 어떤 형태의 분석에서도 기본적인 절차는 특정한 종류의 연구 목적을 원활하게 하는 분류를 구축하는 것이다. 세계가 어떻게 작동되는지 이해하기 위해서는 비슷한 것들을 하나의 집단으로 묶어 이들 집단 사이의 관련성을 발견하여야 한다. 전자, 원소, 분자 같은 분류와 열역학법칙이 없는 현대 화학이나 물리학은 상상할 수도 없다. 마찬가지로 진화론적 생물학은 단지 염색체, 세포, 종의 개념과 개체군 유전학 이론 때문에 가능하다. 분류와 분석에 대한 이러한 개념은 매우 직선적이고 단순하다. 그러나 우리가 고고학자가 다루는 자료의 종류를 고려할 때 우리는 고고학적 분류와 분석이 다른 학문의 그것과 다소 다르다는 것을 발견한다. 고고학자의 깨진 토기편, 석기, 건물 초석은 원자와 세포와 같은 방식의 분류로는 계통이 세워지지 않았다. 칼륨(K) 원자는 일본인 화학자나 미국 화학자나 모두에게 정확히 동일한 것이다. 그러나 프랑스 고고학자가 남부 프랑스의 석기를 "주먹도끼(hand-axe)"로 기술하였을 때 이 유물은 중국 고고학자가 기술한 화북의 "주먹도끼(握斧)"와는 여러 면에서 다르다. 고고학적 분류는 일반적으로 자연과학의 단위보다는 훨씬 한정된 목적으로 구성되었다. 연구자에게 분석을 위해 세계를 어떻게 해체할 것인지를 말해주는 것은 생물학이건, 양자론이건, 마르크시즘이건 간에 이론이며, 고고학에서 유일한 이론은 상대적으로 취약한 행동 일반론(behavioral generalizations)이다.

현재의 고고학적 분류와 형식학은 대부분 내부-관찰적(inward-looking)이고 기술(記述)적이다. 그래서 한 유적의 유물을 다른 유적의 유물과 정확하게 비교하기가 어렵다. 이러한 현실은 사실 셰익스피어의 "안토니와 클레오파트라"에서 레피두스에게 악어를 기술해주려는 안토니의 노력을 연상시킨다.

레: 너의 악어는 어떠한 것이냐?

안: 그것은 자신의 모습대로 생겼습니다. 넓은 만큼 넓고 큰 만큼 크며 자신의 기관으로 움직입니다. 길러진 대로 먹고 원소가 일단 빠져나가면 윤회합니다.

레: 그것은 무슨 색인가?

안: 그 자신의 색깔입니다.

레: 그것은 이상한 뱀이구나.

안: 그렇습니다. 그리고 그것의 눈물은 축축합니다.

레: 이 묘사가 악어를 만족시킬까?

고고학에서 가장 흔한 분류중의 하나가 기능적 형식에 의한 것이다. 예를 들어 고고학자는 올두바이 협곡에서 출토된 175만년 전의 석기를 종종 "자르개(가로날 도끼, cleavers)" "긁개(scrapers)"와 "주먹도끼"로 범주화한다. 그러한 분류체계는 부분적으로는 우리의 최초 조상이 이들 석기를 실제로 어떻게 사용하였는가에 대한 생각에 기초한다. 특히 고고학자가 알려진 또는 현존하는 문화와 아주 다른 사람에 의해 남겨진 매우 오래된 옛 잔존물을 다룰 때, 상상력이 분명히 기능적 형식을 창조하는데 역할을 한다. 석기의 사용흔적을 분석하기 위한 고배율 현미경의 사용과 다른 기술적 진보 덕분에 고고학자는 유물의 기능을 추론하는 자신의 능력을 보다 신뢰한다. 그러나 이러한 형식학에는 항상 사색과 추론, 그리고 실수의 요소가 있게 마련이다.

널리 사용되는 또 다른 고고학적 분류법이 편년적(chronological) 형식이다. 편년적(또는 역사적) 형식은 유물 속성의 조합이 특정 시기에 한정된 것으로 알려진 유물에 이용된다. 우리는 토기 장식과 주거 건축 같은 양식적 요소가 시간상으로 제한된 분포를 갖고 있으며, 유물을 양식적 요소의 유사성에 근거한 집단으로 분류함으로써 고고학적 잔존물의 상대적 편년을 고안할 수 있다는 사실을 이미 알고 있다.

고고학자는 대부분의 분석에서 편년적 그리고 기능적 형식에 의존하면서 보다 효과적인 배열 체계를 계속 추구하고 있다. 현대고고학에서 유물을 분석적 단위로 배열하고 분류하는 논리와 메커니즘에 대한 논쟁이 계속되고 있는데 일부는 통계학적 접근을 강조하고 다른 쪽은 보다 형식학적인 방법을 강조한다.[20]

고고학에서의 계량적 방법

고고학자는 일단 고고학적 기록의 유물을 종류(class)나 형식으로 분류하고 나면 이들 종류와 형식의 시간과 공간 축에서의 분포상을 분석한다. 한 영화 장면에서 필드 W.C. Fields가 카드 패를 돌릴 때 장래가 기대되는 한 노름꾼이 "이것은 운

(chance)의 게임입니까?"라고 물어본다. 필드는 흉악스러운 눈을 깜박이면서 "내가 노는 방식은 아니네"라고 답변한다. 반면에 현대고고학은 우리가 발견한 것을 해석하기 위하여 확률 이론과 통계학을 이용하여야 한다는 점에서 여러모로 우연의 게임이다. 이러한 의미에서 운은 고고학자의 연구 대상물-고고학적 기록-의 형성과 직접적으로 관여된다. 예를 들어 170만년 전 얼굴 모양은 다르지만 목 아래로는 우리와 아주 닮아 보이는 한 개인이 소처럼 생긴 동물(아마도 다른 동물에 의해 사냥되고 부분적으로 먹혔던)로 간단한 점심을 하고 뼈 일부를 근처의 호수가로 던져버렸는데 그곳에서 루이스 리키가 1950년대에 그것을 발굴할 때까지 뼈가-자른 흔적이 생생한 채-그대로 보존되었다. 170만년 전쯤의 이 사람은 물론 다른 지역에도 동물뼈를 버렸지만 썩거나 하이에나에 의해 완전히 조각나버려 사라져버렸다. 물체의 보존 뿐 아니라 발견에도 운의 요소가 작용하는 것이다. 예를 들어 유럽 국가에서 대부분의 중요한 고고학 유적은 주요 도로에서 가까운 거리에 위치하며, 도로에서 멀리 떨어져 발견되지 않은 유적도 많이 있을 것이다. 운-좀더 엄밀히는 확률 통계학-은 또한 현대고고학의 분석방법의 한 부분이다. 고대 이란의 도시인 수사 같이 잘 알려진 유적은 1세기간에 걸친 발굴에서도 유적의 극히 일부분만 조사하였을 정도로 면적이 크기 때문에 고고학의 시간과 재정에서의 비용도 심각하게 고려되어야 한다. 수세기에 걸친 발굴과 재거주로 많은 유적이 파괴된 이집트에서도 수백 개의 거대한 유적들이 단지 부분적으로만 발굴이 완료되었을 뿐이다.

이러한 막대한 고고학적 기록에 직면하여 고고학자가 합리적으로 택할 수 있는 전략은 "표본조사(sample)"를 하는 것이다. 즉 이들 표본이 정확히 전체(모집단)를 반영하리란 희망에서 유적의 일부분만을 발굴하는 것이다.

대부분의 사람은 통계적 표본추출(sampling)이 무엇인지를 잘 알 것이다. 여론조사 기관은 수 천 명의 사람에게 선거에서 어떻게 투표 할 것인지를 주기적으로 물어보며 이 정보를 이용하여 모든 투표자의 투표 행위에 대한 매우 신뢰성 있는 추측을 한다. 표본으로 이용될 대상 인구수를 정하는 것이 유효한 통계적 분석을 위한 열쇠이다. 통계학 개론을 가르치는 교수는 평균적 성인이 하나의 고환과 하나의 가슴을 갖고 있다는 사실을 인용하면서 즐거워한다.* 표본추출이 선거에서 효

---

* 남자는 고환이 둘, 여자는 가슴이 둘 있으므로 평균하면 이렇게 된다.

과가 있는 이유 중의 하나는 여론 조사원이 표본을 "계층화" 한 것이다. 그들은 북부의 투표자가 남부의 투표자하고는 다르게 투표를 하며, 특정 집단은 다른 집단보다 투표를 더 좋아한다는 것을 이전의 선거에서 알고 있다. 그래서 그들은 이들 그리고 다른 아(亞)집단들이 균형적으로 대표될 수 있도록 그들의 표본을 분해하거나 계층화한다. 그리고 나서는 통계적 추론의 절차를 사용하여 선거 결과를 좀더 정확하게 추정할 수 있다.

고고학자도 또한 표본추출 이론과 절차를 사용한다. 만약 고고학자가 넓은 지역에서의 유적 수와 종류 같은 상대적으로 직선적인 정보를 알기 원한다면, 지역을 아(亞)지역 – 아마도 생태적 지대에 따라 지역을 계층화 함 – 으로 구분하고 모든 아지역의 10% 정도에 해당되는 유적의 수를 현장에 나가서 기록한다. 만약 단순히 유적 밀도의 추정이 목적이라면 그러한 절차만으로도 뛰어난 결과가 항상 얻어진다. 표본추출에서 심각한 문제는 고고학적 기록의 큰 규모와 복잡성에서 기원한다. 예를 들어 당신이 수석이나 흑요석 같은 소재의 교역이 고대 멕시코에서 국가가 처음 발생하는데 주된 역할을 하였다는 생각을 갖고 있다고 상정해보자. 당신의 생각을 검증할 수 있는 유일한 방법은 최초의 국가가 출현한 시기 동안 또는 바로 그 전에 점유하였던 유적에서 이들 물품의 양과 종류가 크게 증가하였는지를 판단하는 것이다. 이것을 통계적으로 정확하게 판단하기 위해서는 통계적으로 유효한 최소 표본수로 30 내지 40곳의 유적을 발굴하여야 하나 오늘날의 고고학 현실에서는 가능한 일이 아니다. 결과적으로 고고학자가 통계학과 확률모델을 이용하게 될 때 원칙을 강조하는 순수주의자가 될 수는 없다. 과거의 잔재가 대부분 부패되었고 고고학적 데이터를 수집하고 분석하는 비용이 크기 때문에 고고학자는 부정확한 데이터를 기초로 대략적인 추론을 함으로써 통계학과 확률 이론을 오용하는 경향이 있다. 어떤 월가(Wall Street)의 주식거래인(유람선의 술 취한 노름꾼조차)도 고고학자가 자신의 가설을 검증할 때 하는 확률에 돈을 걸지 않는다. 그러나 노름꾼과 주식투자자는 돈을 다루는데 반해 고고학자는 단지 역사와 과학만을 다룬다.

고고학자들은 유일한 현실적 타협을 선택하였다. 그들은 그들이 종종 최적의 통계적 추론을 위한 이론적 필요조건을 충족하지 못한다는 것을 알고 있고 그럼에도 완전하지는 않지만 유용한 결과가 얻어지리라 믿으면서 통계적 표본추출 기술을 사용한다. 다행히도 대부분의 통계적 표본추출 기술은 그 과정이 심하게 왜곡되어도 여전히 유용한 결과를 얻을 수 있다는 점에서 고고학에도 아주 필요한 방법이다.

현대고고학의 표본추출과 기타 다른 많은 면에 대한 고고학적 관심은 크게 보아 컴퓨터의 발명과 개발이 이루어낸 부수적 효과이다. 고고학에 대한 가장 단순한 통계학적 기술과 추론도 컴퓨터가 없다면 엄청난 시간이 소모된다. 고고학에서 계량화는 단순히 표본추출에만 해당되는 것은 아니며 대부분의 다른 방법론적 진보의 기초를 이룬다. 고고학적 기록은 매우 복잡하여 대부분의 경우 고고학자는 숫자로 나타낸 요약이나 계량적 도움이 없이는 뒤죽박죽된 자료에서 유형을 찾아내기란 불가능하다.

고고측정학 Archaeometry

컴퓨터는 쓸모가 없다. 그것은 단지 해답만 줄 뿐이다.
파블로 피카소(1881~1973)

유물과 유구를 발굴하고 분류하고 계측하는 원리는 많은 과학에 공통된 상대적으로 수월한 문제이다. 그러나 다른 학문과 마찬가지로 고고학도 유물과 나머지 고고학 기록을 측정하는 많은 전문화된 방식을 포함한다. 이 분야가 일반적으로 고고측정학(archaeometry)으로 명명된다.

고고학의 연대측정법   고고학에서 연대측정법의 주된 중요성은 문화변화를 분석하는데 있다. 예를 들면 어떤 학자들은 중동에서 수렵채집만으로는 더 이상 부양할 수 없을 정도까지 인구밀도가 증가하였기 때문에 사람들이 양과 염소를 사육하고 보리와 밀을 재배하기 시작하였다고 주장하였다(6장). 다른 학자들은 이 지역에서 농업의 기원과 인구밀도의 증가는 직접적으로 아무런 관계가 없다고 본다.

주요한 문화적 변용의 메커니즘에 대한 그러한 논쟁-가설을 검증하는-을 풀 수 있는 유일한 희망은 고고학적 기록을 살펴보는 것이다. 만약 우리가 농업이 처음 출현한 중동 지역에서 고고학적 답사를 수행하여 어떤 유적들이 어떤 시기동안에 점유되었고 유적의 규모가 어느 정도인지를 판단한다면 우리는 농업이 처음 출현한 1만년 전쯤 전후한 시기의 인구밀도를 측정할 수 있다. 만약 우리가 최초의 재배식물과 사육동물 그리고 농경도구를 찾은 그 시기와 바로 이전 시기의 인구밀도에서 아무런 의미 있는 증가가 없었다는 것을 발견한다면 인구밀도의 증가가 이 변화의 중요한 직접적 원인이었다는 생각을 기각할 수 있다. 요약하면 고대 문화에서 원인과 결과를 결정하려는 우리의 유일한 희망은 시간과 공간상에서 상호관계성을 밝히는 것이다.

그러나 상호관계를 밝히기 위하여 유물의 연대를 어떻게 측정할 것인가?

고고학자는 두 가지 상이한 종류의 연대측정법을 이용한다. 어떤 상황에서는 연대측정의 목적이, "그 집은 7,200년 전에 지어졌다"는 것처럼 해로 표현된 연대인 역(歷, chronometric)연대를 얻는 것이 목적이다. 많은 상황에서 역연대는 얻기도 힘들고 논쟁중인 문제에 단순히 불필요할 수도 있다. 이러한 상황을 위하여 고고학자는 여러 가지 상대연대측정법을 개발하였는데 그 목적은 유적이나 유물을 - 비록 그것들의 정확한 실제 나이는 몰라도 - 만들어진 순서대로 배열하는 것이다.

● 역연대측정(Chronometric dating, 절대연대측정) : 많은 고고학자들은 유물을 가리키면 유물이 만들어진 정확한 연대를 읽을 수 있는 마이크로칩이 채워진 자그만 포켓 크기의 장비를 꿈꾼다. 이것은 공상처럼 느껴지겠지만 현대의 물리화학적 연대측정법이 지난 10년간 크게 진보하였으며 연대 측정도 점차 신뢰도가 높아간다.[30]

아마도 가장 정확한, 그러면서도 기술적으로 간단한 형태의 역연대측정법은 나무나이테연대법(樹輪 또는 年輪年代法, dendrochronology)으로, 시간을 추론하기 위하여 연속된 나무나이테를 이용하는 것이다.[31] 대부분의 나무는 매년 가장자리에 "테"가 하나씩 더 붙는다. 그래서 우리가 나이테의 수를 세면 나무의 나이를 정확히 계산할 수 있다. 보통 나무는 건기보다 우기에 빨리 성장한다. 따라서 수 세기에 걸쳐 나이테의 폭에는 독특한 일련의 변화가 나타나며, 시간적으로 중복된 나무의 횡단면을 비교하여 정확한 연대를 구할 수 있다(그림 2.8). 들보, 기둥과 다른 목제 유물을 장기간 생존한 나무에서 얻어진 횡단면과 비교하면 유물을 만들기 위하여 나무가 잘라진 정확한 연대를 종종 쉽게 결정할 수 있다. 그러나 여기에도 장애물이 있다. 건조한 기후에서는 목재가 장기간 재사용되는 경향이 있고 그래서 나무가 실제로 베어진 연대가 가옥의 서까래로 사용된 시기보다 몇 세기 빠를 수도 있다. 또한 각 지역마다 기후가 다양하기 때문에 각 지역마다 나무나이테 연대측정을 위한 기록이 별도로 수립되어야한다. 현재 상세한 기록은 북서 아메리카와 일부 특

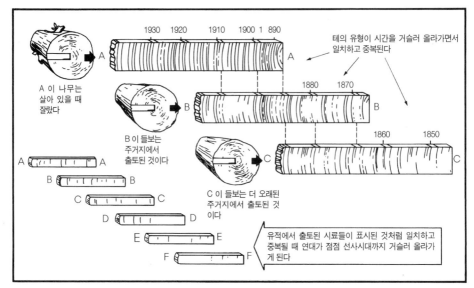

2.8 고고학에서 가장 정확한 연대는 나무나이테연대법에서 얻어진다. 그러나 세계의 많은 중요한
지역에서 나무나이테연대법에 의한 연속적인 시간축이 아직 설정되지 못하였으며, 메소포타
미아 같은 다른 지역에서는 수명이 긴 토종 나무가 없다.

정 지역에서만 얻을 수 있다.

가장 널리 사용되는 역연대측정 기술은 노벨화학상 수상가인 윌러드 리비
Willard Libby가 1940년대에 처음 개발한 이론인 14C, 또는 탄소−14 연대측정법이
다.[32] 태양의 방사선이 상층 대기권에 충돌할 때 대기권에 있는 소량의 질소(14N)
가 방사성 동위원소인 14C로 전환된다. 14C가 바람과 다른 요소들에 의해 대기권
으로 퍼져나가며, 살아있는 모든 생명체가 대기와 가스를 교환하므로 그들의 세포
에서 14C의 비율은 대기권의 비율과 동일하다. 생명체가 죽으면 세포 속에 축적된
14C가 질소로 바뀌기 시작한다. 14C의 양이 반으로 줄어드는 시간, 즉 반감기가 약
5730년이라는 사실을 알고 있기 때문에 세포 속에 남아있는 14C의 양을 측정함으
로써 유기체가 죽은 연대를 측정할 수 있다. 시료의 양이 많고 장비가 가장 최신식
이면 100,000년 전까지의 연대도 이론적으로는 가능하지만 일반적인 실험실 방법
으로는 약 50,000년 전의 연대까지 측정이 가능하다.

방사성탄소연대측정법은 나무와 목탄에 가장 잘 적용되나 종이, 가죽, 뼈, 토탄
그리고 다른 많은 유기물질들도 이 방법으로 연대를 측정할 수 있다. 낱알과 벼과

식물은 불에 타서 탄화가 되면, 보존도 잘되고 나무에 비해 수명도 짧기 때문에, 탁월한 고고학적 시료가 된다.

지난 5만년간 대기권에서 14C의 비율이 늘 일정하지는 않았다. 그래서 14C 연대는 나무나이테연대법을 통해 연대가 계산된 나무나이테에서의 14C 비율을 측정함으로써 "보정"되어야 한다. 다행히도 북부 캘리포니아의 브리슬콘 소나무 같은 일부 나무들은 수 천년 이상 생존한다. 그래서 나무 몸통의 속심이 나무나이테연대법으로 연대가 측정될 수 있고 이어서 각 나이테는 "보정곡선"을 만들기 위하여 방사성탄소연대가 측정될 수 있다.[33] 북부유럽의 토탄층에 수 천년간 가라앉아 있었던 통나무 덕분에 최근에는 이 지역에서도 7,000년 전까지 소급하는 방사성탄소 보정곡선을 계산할 수 있다. 그러나 방사성탄소법으로 연대가 측정된 시료들은 지하수나 매장된 석유 같은 요인들에서 기원한 오래된 또는 젊은 탄소로 오염될 가능성이 여전히 남아 있다.

1970년대에 들어서 여러 연구자가 시료의 연대를 측정하기 위하여 입자가속장치(AMS법, 또는 가속질량분광법)를 이용하면서 방사성탄소연대측정법에서 중요한 진보가 이루어졌다. 이전의 방법이 적어도 한줌 분량의 탄소를 요구한데 반해 이 방법은 아주 미세한 양의 시료에서도 신뢰성 있는 연대를 얻을 수 있다. 시료에서 오염물질이 좀더 쉽게 제거될 수 있고 개개의 시료는 작은 분량으로 나누어져 정확성을 기하기 위하여 여러 측정기관에서 동시에 연대를 측정해 볼 수 있다. 자연방사선과 관련된 문제들이 제거될 수 있기 때문에 보다 오래된 시료도 연대를 측정할 수 있다. 입자가속 연대측정은 아주 자그만 시료로도 연대가 측정될 수 있어 토기의 조리 그을음, 똥, 토기 바탕흙의 유기물질, 철기 슬러그, 직물, 그리고 많은 다른 물질에서도 신뢰성 있는 연대가 측정될 수 있다.

1989년 2월, 세계 여러 나라에서 모인 21명의 과학자가 채찍질을 당하고 십자가에 못 박힌 남자상이 나타나는 것처럼 보이는 옷인 "투린 수의(壽衣) the Shroud of Turin"를 방사성연대 측정한 결과를 보고하였다. 수 세기 동안 많은 사람들이 수의가 예수의 몸을 감싸는데 이용되었다고 믿었다. 과학자들은 수의에서 각각 우표 크기인 50mg정도의 시료 3건을 떼어내어 영국, 스위스와 미국에 있는 3곳의 연구실로 보냈다. 연구소의 과학자들은 모두 가속질량분광을 이용하여 수의에 사용된 아마포가 1260-1390년경 만들어졌다는 결론을 각기 독립적으로 내렸다.

방사성탄소연대측정의 해석이 그렇게 간단하지만은 않다. 리비는 방사성탄소법을 이집트 피라미드에서 나온 목재에 처음 시도하였다. 그리고 이어서 수 년에 걸쳐 수 천 개의 이집트 유물에 대한 방사성탄소 분석이 이루어졌다. 이집트의 방사성탄소 편년을 정밀하게 하려는 최근의 시도에서 저자는 다른 학자들[30]과 함께 22곳의 주요한 피라미드와 수 십 곳의 사원과 무덤에서 수 백 개의 시료를 채취하였다. 이 연구의 목적 중의 하나는 피라미드가 축조된 연대를 결정하는 것이다. 나일강 계곡의 엄청난 피라미드와 다른 기념물들이 구축된 것은 이들이 놀라운 규모의 시간과 에너지를 요구하기 때문에 문화변동의 결정적 부분이었음에 틀림없다. 그러나 이들 건조물들이 언제 지어졌으며, 나일강 홍수, 인접 국가의 정치적 발달 그리고 다른 중요한 사건들과 당시에 무슨 관련이 있었는지 우리가 어떻게 알 수 있는가?

피라미드가 언제 세워졌는지에 대하여 당시의 문헌들은 전혀 언급하고 있지 않다. 이집트학 학자들은 피라미드 주변 지역의 신전과 무덤의 명문에 있는 이름들을 근거로 피라미드의 연대를 추정하였다. 고대 왕의 목록이 발견되었고 특정 왕의 재위 기간도 종종 명문에 기록되었기에 이집트학 학자들은 파라오의 족보와 재위기간을 측정할 수 있었다. 때로는 특정한 왕의 재위기간 중에 있었던 특정한 천문학적 사건에 대한 기록이 남아 있기도 하다. 예를 들면 시리우스별이 특정한 시간과 우주공간에서 떠오르는 사건에 대한 기록이 있다. 그러한 사건은 정확한 연대를 측정할 수 있기 때문에 우리는 몇몇 왕의 연대를 아주 정확히 안다. 그러나 불행히도 그러한 천문학적 관찰은 피라미드가 건설된 시기에는 발견되지 않았다.

피라미드의 돌들을 접합하는데 사용된 모르타르는 물과 기타 물질들로 결합된 가루를 만들기 위하여 석고를 태워서 생산한 것으로 보인다. 그래서 불에서 기인한 탄소 조각들이 모르타르에서 발견된다. 만약 이들 탄화된 조각들에서 연대를 얻을 수 있으면 석고를 태우기 위한 연료를 얻기 위하여 덤불이나 나무가 언제 베어졌는지 추정할 수 있으며, 여기에서 피라미드의 연대 또한 추정할 수 있다. 만약 우리가 피라미드의 바닥에서 꼭대기까지 연속된 시료들을 채취한다면 피라미드를 축조하는데 걸린 시간도 어느 정도 파악할 수 있을 것이다.

연대측정에 필요한 자금을 확보하고 허가를 얻은 후에 우리는 쿠푸(Khufu)의 대피라미드를 첫 번째 대상으로 삼고 모르타르에서 탄소 조각을 추출하기 시작하였다. 6개월 후 우리는 17개의 대형 피라미드에서 수 백 점의 시료를 확보하였다. 일부 시료들은 먹는 배 크기만 하였고 다른 시료들은 미량의 탄소로 구성되었다. 우리는 큰 시료들은 전통적인 방사성탄소연대측정을 사용하는 남부감리교대학의 방사성탄소 연구실로 보냈으며, 미량의 시료들은 최근에 개발된 가속질량법으로 측정하기 위하여 스위스의 연구실로 보냈다. 우리는 학회에서 연구결과에 대한 논문을 발표하였는데, 대부분의 이집트학 학자, 실제로는 거의 모든 사람들이 우리의 방사성탄소연대가 피라미드의 실제 나이와는 거의 또는 전혀 관계가 없다고 알려주었다. 우리의 연대는 너무 올라가는데, 그 이유는 1) 고대의 이집트인들이 모르타르를 만들기 위한 연료에 오래된 나무를 사용하였거나, 2) 탄소가 상대적으로 많은 양의 방사성탄소를 자연적으로 흡수한 식물에서 왔거나, 3) 모르타르 그 자체가 탄소에 오염되었거나, 4) 우리가 사용한 보정연대곡선이 잘못되었기 때문일 것이다. 예를 들면 특정 시료를 위한 보정곡선에서 "파동(wiggles)" 때문에 그래프에서 세 개 이상의 다른 연대를 읽을 수 있고 이들 연대 중 어느 하나도 다른 연대보다 신뢰성이 높지 않을 수 있다.

실제로는 이러한 요소들이 모두 우리의 연대를 산출하는데 역할을 하였을 것이다. 그리고 비록 가능한 이들 요소 중 많은 부분을 제어하려고 노력하였지만 우리는 여전히 고왕조의 전통적인 편년이 잘못되었다고 결론을 내릴 수 있는 입장이 전혀 못된다. 1994-95년에 우리는 이집트로 돌아가서 수 백 점의 시료를 더 확보하였다. 그리고 우리는 요즘에는 분석된 자료의 식물학적 동정과 보다 세련된 표본추출 계획을 갖고 이집트의 방사성탄소연대 편년을 재조정할 수 있기를 희망하고 있다.

상기한 것처럼 어떠한 경우에도 방사성탄소연대측정은 아주 유용할 수 있지만 방사성탄소연대에 대한 해석 자체는 늘 어렵다. 가정과 부합하는 연대는 쉽게 받아들이면서도 그렇지 않은 연대들은 흔히 "교란된" 것으로 치부된다.

고고학적 연대측정의 또 다른 중요한 형태가 포타슘-아르곤(K-Ar)법이다. 포타슘-아르곤연대측정은 암석과 화산재에 소량 존재하는 칼륨($40K$)의 방사성 동위원소가 일정한 비율(반감기는 약 130만년)로 아르곤 가스($40Ar$)로 붕괴하는 사실에 기초한다. $40Ar$은 가스이므로 암석이 용암에서처럼 용해하면 빠져나간다. 그러나 암석이 다시 냉각될 때 $40Ar$은 암석 속에 갇힌다. $40Ar$대 $40K$의 비율을 측정하는 탐지 도구를 사용하면 암석이나 화산재가 냉각되고 응결된 시간을 측정할 수 있다.

40K의 반감기가 길기 때문에 포타슘-아르곤연대측정은 수 백만년된 물질의 연대를 측정하는데 사용될 수 있다. 100만년이 넘는 올두바이 협곡과 다른 유적들에서 발견된 우리 조상의 잔존물들은 이 방법으로 연대를 측정한다.

방사성탄소와 포타슘-아르곤 연대측정은 절대연대측정의 근간을 이루고 있으나 요즘 고고학자들은 화학적 변화를 비롯한 많은 다른 기술들도 이용한다. 물론 후자는 아직 에러가 크고 많은 수정을 요한다.

고지자기(古地磁氣)연대측정은 남극과 북극의 자성 위치가 여러 번 "역전" 되었다는 사실에 기초한다. 오늘날 북극은 양극이고 남극은 음극이지만 70만년경 전과 160만년 전 사이와 같은 일부 시기에는 자성이 역전되어 북극이 음극이 되고 남극이 양극이 된다. 자성을 띤 암석에는 이러한 극성(極性)의 변화에 대한 증거가 그대로 남아 있다. 따라서 예를 들면 자성을 띤 암석의 두 층 사이에 존재한 발견물들은 종종 연대가 측정될 수 있다.

열발광(熱發光, 열형광, "TL")연대측정 또한 상당히 유망하다. 기본원리는 점토, 실트와 다른 침전물은 자연적으로 방사성 원소를 포함한다. 그래서 토기가 소성되거나 유리가 용해될 때-일반적으로 물질이 일정 온도까지 가열될 때-이들 물질에서 자연적인 발광물질이 방출되면서 방사성 물질의 "시계"를 영으로 작동시킨다.* 이들 물질이 일단 냉각되면 물질 속 성분이 방사성 붕괴의 자연적 과정을 계속하지만 토기, 유리 등은 이제 자연적 방사(발광) 과정에 의해 방출된 전자를 포획한다. 이론상으로 만약 이들 물질이 재가열되고 일정한 종류의 에너지가 이 과정에서 방출되는 양을 아주 정확하게 계측한다면, 물질이 마지막으로 가열된 이후 얼마의 시간이 지났는지를 측정할 수 있다. 이 방법은 유물의 재료가 된 유기체가 죽은 연대-유물의 실연대와 많은 차이가 날 수도 있는-를 측정하는 방사성탄소법과는 대조적으로, 유물이 실제 만들어졌던 연대를 측정할 수 있는 커다란 장점이 있다. TL법을 좀더 개발하면 모닥불이나 햇볕에 구워진 지면까지도 이 방법으로 연대가 결정될 가능성도 있다. 예를 들어 최근 팔레스타인의 카프제 동굴에서 발견된 불의 흔적은 TL 연대측정에 의해 약 92,000년 전으로 추정할 수 있었다. 해부학적으로 현대적 인간이 이 불과 함께 매장되었기 때문에 이 분석은 이 곳에 네안데르탈인이

---

* 즉 물질이 일정 온도까지 가열되면 물질 속에 있는 방사성 성분이 전부 빠져나가 제로상태가 된다.

거주하기 이전부터 이미 현생인류가 살고 있었다는 강력한 증거를 제시한다. 이는 4장에서 살피겠지만 현생인류의 기원에 대한 토론에서 매우 중요한 역할을 한다.

"전자회전공명(Electron Spin Resonance)" 연대측정은 옛 뼈나 기타 물질에 포획된 전자를 측정한다는 점에서 TL법과 유사하다. 그러나 전자회전공명은 물질을 가열할 필요가 없다. 물질은 다양한 자장(磁場)에 놓여 있고, 물체와 자장 사이의 에너지 상호작용을 계측하는 것이다. 전자회전공명은 물체를 파괴할 필요가 없어 1g 미만의 조그만 시료에도 적용할 수 있다.

다른 물리적 연대측정법이 계속 개발되고 있으며 기존 방법의 개량작업도 진행중이다. 이러한 기술은 모두 오차기대치를 내포하며 여전히 다소 실험용이다. 그리하여 고고학자들은 비슷한 연대가 수렴되리라는 희망을 품고 가능한 많은 시료와 다양한 연대측정법을 동시에 사용하려는 경향이 있다. 17만년에서 7만년 전 사이에 해당하는 시기의 이집트에 대한 최근의 분석에서 프레드 벤도르프 등이 주도하는 프로젝트에 참여한 과학자들은, 탄산염과 이빨의 에나멜에 대한 우라늄계열연대측정, 침전물에 대한 열발광연대측정, 이빨 에나멜과 기타 물질에 대한 전자회전연대측정, 달걀 껍질의 아미노산분석 등을 포함한 다양한 종류의 연대측정법을 적용하였다.[36]

• *상대연대측정(Relative Dating)* : 초보자에게 고고학자가 할 수 있는 가장 감명적인 일 중의 하나가 토기의 자그만 조각을 한번만 쳐다보고도 대략적인 연대, 제작장소와 기원지를 말해주는 것이다.

이러한 종류의 상대연대측정은 "양식(style)"의 개념을 내포한다. 역사적으로 장인들은 그들이 만든 물건에 시간과 공간에 따라 달라지는 특질을 부여하였다. 그리고 이러한 양식적 요소의 분포는, 그 대상이 치마 길이이건 음악적 형태이건 석기이건 간에, 일정한 유형을 따르는 경향이 있다. 양식은 어떤 작은 지역에서 기원하여 인접한 지역으로 퍼져나가고 유행의 절정에 다다른 다음 사라진다(그림 2.9). 양식은 공유된 심미적 선호도와 상호작용의 비율을 어느 정도 반영한다. 예를 들면, 뉴욕 맨허탄 중심가의 옷 양식이 뉴저지의 조그만 시골마을보다 공간적으로는 더 멀리 떨어진 로마 베네토 거리의 옷 양식과 더 가까울 수도 있다. 즉 양식적 유사성이 공간적 거리와 일치하지 않을 수도 있는 것이다. 그리고 양식은 흔히 마지막 장소까지 퍼져나가기 훨씬 전에 애초의 기원지에서는 사라져버린다.

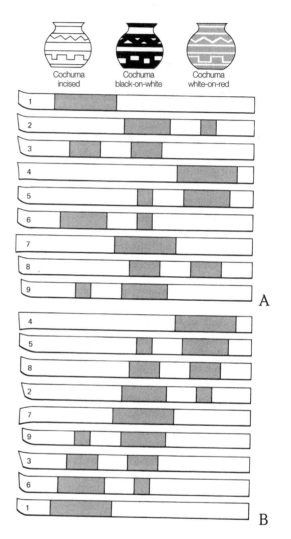

2.9 미국 서남부에서 출토된 세 종류의 토기 양식을 토대로 한 고고학유적 9곳의 상대적 순서배열. 각 유적에서 발견된 전체 토기에서 각 토기양식이 나타나는 비율이 종이띠 A에 폭으로 표시되었다. 대부분의 양식은 유행이 점차 증가하다가 다시 천천히 감소하는 경향이 있기 때문에 순서배열은 종이띠가 시간을 따라 "전함 모양"으로 분포하도록 배열함으로써 만들어질 수 있다. 아홉 유적의 추론된 순서가 B에 나타난다. 수많은 유적과 토기 양식을 이러한 종류의 그래프로 분류하기 위한 수학적 모델과 컴퓨터 프로그램이 개발되어 왔다. 아홉 유적을 순서대로 배열하는 가능수만 9! 즉 362,880이나 되기 때문에 그러한 수학적 도움이 종종 요구된다.

순서배열법(seriation)으로 흔히 불리는 상대연대측정은 종종 지표채집한 유물이 많은 곳에서 이용된다. 제프리 파슨 Jeffrey Parsons과 그의 학생들은 멕시코시 주변의 수많은 지역을 답사하여 12,000년 전부터 스페인 정복 때까지 이르는 수 천 개의 취락을 확인하였다. 대부분의 유적은 지표면에 토기편과 흑요석기들이 흩어진 소규모의 토루이다. 후기 아즈텍의 채색접시(Late Aztec Black-on-Orange dish, c.A.D. 900)와 중기 형성기의 민무늬단지(Middle Formative plainware, c. 550

B.C.) 사이의 양식 차이는 명백하기 때문에 누구도 며칠만 연구하면 이 시기 유적의 연대를 측정하는 방법을 배울 수 있다. 이것을 토대로 하여 파슨과 학생들은 수천 곳의 유적을 발굴하지 않고도 상대적 순서배열만으로 4~5개의 주요 시기로 분류할 수 있었다. 방사성탄소연대측정은 이러한 시기분류를 고정할 수 있는 절대연대를 제공하는데 이용될 수 있다. 그리고 유물 양식의 변천에 기초한 대부분의 편년은 발굴에서 얻어지는 바, 고고학자는 발굴에서 층위를 토대로 발견된 토기들을 시간에 따라 순서대로 배열할 수 있다. 그러나 토기 양식만이 순서배열을 구축하는 데 필요한 전부는 아니다. 상대적 순서배열을 정밀하게 하려면 상대적으로 좁은 지역에서 발견된 장식적 성격이 강한 (토기 같은) 유물에서 나온 막대한 양의 데이터가 일반적으로 필요하다. 그리고 순서배열은 초기의 석기 같이 장식이 거의 없는 유물들을 다룰 때에는 실효성이 크게 떨어지는 경향이 있다(그림 2.10).

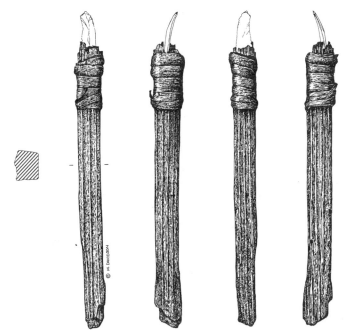

2.10 초기 석기.

고고학적 연구 계획과 야외 작업의 예

현대고고학 방법과 이론의 다양한 요소들을 살펴보았으니까 특정한 고고학 프로젝트의 한 예를 들어보는 것이 좋을 듯하다. 그러한 예로서 내가 1981년에 이집트에서 공동책임을 맡은 "파윰 고고학 프로젝트"를 제공한다. 나는 이 예를 현대고고학 방법론의 모델로 제시하는 것은 아니며 단지 당시에 어느 정도 전형적이었던 고고학의 한 모습을 보여주기 위해 인용한다.

이집트에서 전적으로 수행된 파윰 고고학 프로젝트의 직접적 원인은 사실 이란 혁명이었다. 나는 1970년대 초부터 여러 시즌에 걸쳐 이란에서 고고학적 연구를 수행하였으며, 1979년에도 그곳에서 연구를 계속하게 되어 있었는데 바로 그날 이란국왕이 이란에서 추방되고 이슬람 군대가 미국 대사관을 점령하였다. 나는 미국 국립과학재단의 연구기금을 처음으로 받았었고 이란당국의 허가만 떨어졌다면 혁명에도 불구하고 테헤란으로 떠났을 것이다. 그런데 결국 그러하지 못하였고 여기서 소개하지 못하는 일련의 괴상한 사건들을 거쳐 대신 운 좋게도 이집트로 갈 수 있었다. 이집트에서 나는 1980년에 기원전 5천년기 나일강변의 주요한 읍락이었던 엘-히베(el-Hibeh) 유적을 발굴하였다.[37]

나는 오랫동안 농업경제의 기원에 관심을 가져왔으며, 이집트의 농업기원에 대한 몇몇 새로운 아이디어에 무척 감명을 받았었다. 나는 왜 이집트에서는 보리와 밀농사가 근동지방보다 2천년이나 늦게 출현하였는지 궁금하였다. 그래서 이집트에 있는 동안 이집트 농업의 기원을 조사할 수 있는 장소를 물색하기 시작하였다.

이집트의 중요한 유적들은 대부분 수 십년 동안 발굴되었고 이미 다른 고고학자들이 연구하고 있었다. 그리고 개인이 이 유적 저 유적을 마음대로 결정하여 발굴할 수도 없다. 고 마이클 호프만 교수는 중부 이집트에 있는 파윰 오아시스의 미답사된 지역을 살펴보라고 권고하였다. 다른 고고학자들이 수 년간의 연구를 거쳐 그 유적에서 초기 농업의 증거를 찾았지만 당시에 누구도 그 곳을 정식으로 조사하지는 않았다.

나의 주된 관심이 농업의 기원이었지만 이 지역에서 모든 시기의 유적을 확인하기 위하여 전면적인 지역 답사를 하고 싶었다. 예를 들어 기원전 1천년기말에 속하는 대형 읍락의 자취들이 연구 지역의 많은 장소에서 발견되었다. 이집트에서 고고학 프로젝트를 하려면 고대 이집트 문자를 해독할 수 있는 이집트학 학자를 일반적으로 연구진에 포함시킨다. 나는 운 좋게도 파리 소르본대학원을 막 졸업한 메리 엘렌 레인박사를 충원할 수 있었다. 이집트 문화재청의 대리인과 함께 우리는 남부 파윰의 사막지대를 여러 번 답사하였지만 유적도 별로 찾지 못하고 식당에서 90피아스터짜리 음식을 먹고 치명적인 병만 걸렸다.

1920년대에 용감한 영국 고고학자인 거트루드 카튼-톰슨이 파윰 공원의 남쪽가를 답사하다가 신석기 양식의 석기들이 여기저기 흩어져 있는 것을 발견하였다. 어느 날 우리는 그녀가 답사한 곳 주변을 걷던 중 뼈가 무더기로 모인 곳을 보았다. 그것은 곧 하마의 뼈로 밝혀졌으며, 주변에 신석기 양식의 화살촉이 있는 것을 보고 우리는 매우 기뻤다. 지표조사 수 시간만에 집중적으로 퇴적된 화덕자리, 토기, 석기와 동물뼈를 발견하였으며, 유물의 양식으로 보아 기원전 7000년경 수렵채집인이 점유한 "종말기구석기(epipaleolithic)"와 기원전 5500년경 이집트 최초의 농민이 점유한 신석기의 두 시기가 섞여 있었다. 그리하여 우리는 이집트에서 가장 중요한 문화적 변화의 하나인 수렵채집에서 농업으로 전이되는 과정을 연구할 기회를 얻었다. 다른 고고학자들도 파윰에서 이 문제에 대하여 연구하였지만, 우리는 상기 전환과정을 분석할 수 있는 새롭고 중요한 자료들을 제공해준다고 생각되는 고고학적 기록이 잘 보존된 유적을 그곳에서 발견하였다.

카이로에 돌아와서 여러 주 동안 도서실에서 연구한 결과, 우리는 우리가 발견한 것이 중요하며 1년 뒤 1981년 여름에는 첫 번째 발굴을 시도하여야 한다고 확신하였다. 우리에게 필요한 전부는 20만달러의 조사비, 최소한 20명의 훈련된 고고학자들, 그리고 이집트 정부로부터의 허가였다.

유명한 악당인 윌리 서튼에게 왜 은행을 털었냐고 묻자 "그곳에 돈이 있어서이다"라고 느긋하게 대답하였다. 고고학자 역시 돈이 있는 곳에 가야만 한다. 그리고 비록 글을 쓰고 있는 요즈음에는 미국 정부가 고고학 연구를 위한 연구비 전액을 삭감하려 하고 있지만 이 시대에 돈은 정부의 수중에 있다. 연구제안서를 제출한 지 석 달 뒤에 우리는 미국의 국제개발기금과 국립과학재단에서 약 20만달러의 연구비를 수령하였다. 그리고 나서 우리는 연구진에 식물유체, 동물뼈와 지질학 분야의 전문가를 충원하였고, 현장 조사를 보조하기 위하여 8명의 대학원생을 선발하였다.

1981년 6월 4일 우리는 여러 대의 지프차와 트럭에 나눠 타고 카이로를 떠난 뒤

4시간만에 연구 지역에 도착하였다. 우리는 여름과 가을동안 파윰 호수의 푸른 물과 녹색의 야자수 숲이 바라보이는 대형의 회색 집에서 머물렀다. 부유한 카이론 가족의 별장인 우리 숙소는 사랑스러운 국제 양식의 건물로 물, 전기와 하수설비를 제외하고는 모든 편리시설을 다 갖추었다. 그러나 우리는 발전기를 구입하였고 지방관리가 고맙게도 3일마다 물트럭을 보내주었다. 그리고 우리의 개방된 오물 구덩이를 주기적으로 퍼낼 수 있는 즐거운 방법을 개발하였다.

"네가 무엇을 먹었는지 내게 말해주면 나는 네가 무엇을 하는 사람인지 말해주겠다"라고 프랑스의 식도락가인 브리앙 사바렝이 말하였다. 그러나 고고학의 야외조사에서는 개인마다 먹고 싶은 것을 준비해주지는 못한다. 경비도 한계가 있고 조사현장이 외져 있기 때문에 우리의 식단은 거의 전적으로 참치 캔 통조림, 넌덜나게 가공된 치즈 부산물, 쌀, 토마토, 그리고 주방장이 잡아 형언할 수 없는 요리로 만들어진 수백 마리의 닭으로만 구성되었다. 우리는 서로가 끊임없이 꾸며대는 상상 속의 음식이야기를 지루하게 들어야했다. 고고학 조사에서 신체적, 심리적 질병률이 일반적으로 높으며, 특히 씻을 수 있는 물이 부족하고 음식이 형편없을 때 더욱 그러하다. 우리 조사원들은 최소한 5종류의 박테리아와 기생충 감염에 걸렸으며 병 때문에 며칠을 손해보기도 하였다. 또한 나는 급성맹장염에 걸려 수술을 받기 위해 워싱턴국립대학의 지질학자인 페크리 하산교수가 사막을 가로질러 4시간 동안이나 기록적인 속도로 몰아붙인 트럭을 타고 카이로 병원에 실려가기까지 하였다.

6주간의 야외조사를 시작하였을 때 우리는 파윰에 순화된 동식물이 나타나기 바로 직전 시기인 콰루니안기(c.6500 B.C.)와 뒤이어 처음 농경인이 출현한 신석기시대의 파윰 A기에 이 지역에 살았던 사람들의 생활 양식을 가능한 정확하게 복원하는데 최대의 노력을 기울였다. 우리는 기원전 7천년과 기원후 1500년 사이에 파윰에 존재하였던 취락의 유형을 복원하고 이 긴 시간에 걸쳐 이들 취락 유형에서 발생한 변화를 설명하고 싶어하였다.

우리는 우리가 작업하고자 하는 지역의 지형도를 작성하기 시작하였다. 그리고 나서 표본추출 계획을 고안한 다음 한정된 표본추출 단위, 즉 수백 개의 5×5미터 그리드 안에 있는 모든 유물을 수집하였다. 파윰은 사하라 사막으로 둘러싸여 있으며 우리가 작업할 때의 평균기온은 섭씨 40도 이상이었다. 대낮에는 석기들이 종종 너무 뜨거워 봉투에 넣으려면 마치 요술을 부리듯 다루어야 했다. 저녁에는 숙소로 돌아와 유물을 분류하고 도면을 그리고 사진을 찍고 따뜻한 물을 마시고 서로 서로 에게 더위를 조심하라고 충고하기도 하였다. 어떤 경우에는 "문제는 더위가 아니 고 습기이다"라는 말이 전혀 사실이 아니었다. 9월이 되어 우리는 콰루니안과 파윰 A기 거주의 두드러진 특징인 화덕자리와 구덩이를 주로 발굴하기 시작하였다. 대 부분의 유구에서 탄화된 동물뼈, 식물유체와 기타 잔해들이 발견되었다.

농업이 파윰에서 어떻게, 왜 출현하였는지에 대한 우리의 "모델"을 평가하기 위 하여, 우리는 파윰의 선사시대에서 특정한 종류의 사건과 조건들에 대한 통계적 논 증을 할 수 있는 충분한 양의 증거를 수집하여야 했다. 논증의 상세한 내역은 생략 하겠으나 대부분의 고고학 프로젝트에서처럼 우리가 희망하였던 정보가 실제로 전부 발견된 것은 아니라는 사실을 강조하고 싶다. 그러나 대부분의 정보는 구할 수 있었고, 이 정보에 대한 예비적 분석은 여러 학술지에 수록되었고 다양한 학회 에서 발표하였다.[38] 우리는 세계 고고학적 기록의 이 부분에 대한 보다 완전한 분 석을 이루어내려는 희망을 갖고 그 후에도 더 많은 정보를 얻기 위하여 수시로 파 윰으로 돌아갔다.

카이로에서 발굴 시즌이 끝난 후 우리는 유물들을 이집트 박물관으로 가져가서 떠날 준비를 하였다. 야외에서의 궁핍 생활이 끝난 후에는 휴식을 취하는 것이 전 통인데 일부 조사원들은 로마에서 즐길 것인지 홍해의 클럽에서 즐길 것인지 고민 하기도 하였다. 대부분의 조사원은 귀향하여 새벽 4시를 지나서까지도 잘 수 있는 사치를 누렸다.

저자주

1) 도시고고학은 점점 더 중요한 연구분야가 되고 있다. See, for example, Aaron Fox, *Out of the Country : Language, Music, Emotion, and Sociability in a Texas Rural, Working-Class Communities*.

2) 오스트레일리아, 뉴질랜드와 다른 나라의 대학에서 가르치고 있는 많은 연구자들을 포함.

3) 고고학에서 여전히 사용되고 있기는 하지만 "feature"의 개념은 퇴적상의 층위에 기초한 용어를 선호하는 일부 고고학자들에 의해 폐기되었다. Harris, *Principles of Archaeological Stratigraphy*, 2nd ed.

4) Schiffer, *Formation Process of the Archaeological Record*.

5) 위 책.

6) See, for example, Frayer et al., "Theories of Modern Human Origins: The Paleontological Test", p.17.

7) 위 책, p.16.

8) Dunnel, "Science, Social Science, and Common Sense: The Agonizing Dilemma of Modern Archaeology".

9) 현재 미국 자연과학재단과 미국 국립인문학기금의 고고학 프로그램은 의회의 행위에 의해 사라질 위험에 처해있다.

10) 이는 Mies van der Rohe와 다른 사람들의 작품으로 전해진다.

11) 제퍼슨은 한때 "일월식을 계산할 수 있고 토지를 측량할 수 있으며 주요도로를 연결하고 건물을 설계할 수 있으며 사건도 심리하고 미뉴에트에 맞춰 춤을 추고 바이올린도 연주할 수 있는 32개의 제주를 가진 신사"로서 묘사되었다. James Parton, *Life of Thomas Jefferson*.

12) Jelinek, "The Tabun Cave and Paelolithic Man in the Levant".

13) Wheeler, *Archaeology from the Earth*.

14) Sease, *A Conservation Manual for the Field Archaeologists*.

15) Grayson, *Quantitative Zooarchaeology*.

16) Binford, "Human Ancestors: Changing Views of Their Behavior"; Bunn, "Archaeological Evidence for Meat-Eating by Plio-Pleistocene Hominids from Koobi Fora and Olduvai Gorge" and Shipman, "Early Hominid Lifestyle: Hunting and Gathering or Foraging and Scavenging?".

17) Dimbleby, *The Palynology of Archaeological Sites; Piperno, Phytolith Analysis*; Renfrew, *Paleoethnobotany;* Gilbert and Mielke, eds., *The Analysis of Prehistoric Diets;* and Bodner and Rowlett, "Separation of Bone, Charcoal, and Seeds by Chemical Flotation".

18), 19) Ortner and Aufderheide, eds. *Human Paleopathology: Current Syntheses and Future Options*.

20) Holliday, ed., *Soils in Archaeology: Landscape Evolution and Human Occupation*.

21) Vaughn, *Use-wear Analysis of Flaked Stone Tools; Keely, Experimental Determination of Stone Tool Use: A Microwear Analysis*.

22) Hayden, *Lithic Studies among the Contemporary Highland Maya:* Weisner, "Style and Social

Information in Kalahari Sun Projectile Points".

23) Gould, *Recovering the Past*.

24) 고고학적 분석에서 도자기의 역할에 대한 탁월한 개설은 *Rice, Pottery Analysis* 참조.

25) Braun, "Pots as Tools".

26) Conkey and Hasdorf eds., *The Use of Style in Archaeology* 중 Hodder, Plog, Wiesner의 글 참조

27) Pauketat and Emerson, "The Ideology of Authority and the Power of the Pot", p.935.

28) Jorge Luis Borges, Other Inquisition: 1937–1952, quoted in Alanderfer and Blashfield, *Cluster Analysis*, p.7.

29) Whallon and Brown, Essays on Archaeological Typology; Read, "The Substance of Archaeological Analysis and the Mold of Statistical Method: Enlightenment Out of Discordance?" pp.45-86; Dunnel, "Methodological Issues in Americanist Artifact Classification"; Adams, "Archaeological Classification: Theory versus Practice"; Deetz, Invitation to Archaeology; and Beck and Jones, "Bias and Archaeological Classification".

30) Beck, ed., *Dating in Exposed and Surface Contexts*.

31) Baillie, *Tree-Ring Dating*.

32) Libby, *Radiocarbon Dating*.

33) Taylor, *Radiocarbon Dating: An Archaeological Perspective;* Browman, "Isotopic Discrimination and Correction Factors in Radiocarbon Dating"; Gowlett, "The Archaeology of *Radiocarbon Accelerator Dating*". 최근까지 방사성탄소연대는 주로 이 방법이 처음 확립된 기준 연대인 A.D. 1950년 이전의 특정 연대로 발표된다. 종종 "B.P."는 보정된 방사성탄소 연대로, "bp"는 미보정된 연대로 이용된다("bp"는 "before present" 또는 "before physics"에 해당한다). 현재까지도 방사성탄소연대를 보고하는 보편적 기준이 여전히 없다.

34) Mark Lehner, Herbert Hass, White Wolfli, I. David Koch의 도움에도 감사드린다.

35) Michels, *Dating Methods in Archaeology;* Tite, Methods of Physical *Examination in Archaeology*.

36) Wendorf, Schild, Close et al., The Middle Paleolithic of Physical Examination in Archaeology.

37) 연구에 도움을 준 국립과학재단의 모리스와 루이스 슈와르츠, 그리고 국제개발기금의 담당자에게 감사드린다.

38) Wenke et al., "Epipaleolithic and Neolithic Subsistence and Settlement in the Fayyum Oasis of Egypt".

[역자 참고도서 추가]

鈴木公雄(윤환 역), 『고고학입문』, 학연문화사, 1994.

브라이언 페이건(이희준 역), 『고고학 세계로의 초대』, 사회평론, 2002.

이선복, 고고학개론, 『이론과 실천』, 1988.

최성락, 『한국고고학의 방법과 이론』, 학연문화사, 1998.

최몽룡 외, 『고고학연구방법론』, 서울대출판부, 1998.

3장

문화의 기원

악마의 제왕이 자연의 꼴사납고 낭비적이고 천박하고
잔혹한 짓에 대해 저술하였을 것 같은 책!

찰스 다윈

다윈은 상기한 진술을 하면서 자연과 진화에 대한 면밀한 연구는 신이 존재하지 않거나 또는 적어도 인간사에 대해 관여하지 않는다는 주장을 강력하게 옹호하는데 이용될 수 있다고 결론을 맺었다. 2장에서 언급된 것처럼 다윈은 자신의 연구결과를 통해 다른 종의 기원과 마찬가지로 인간종(種)의 기원도 모든 수준에서의 맹목적이고 잔인한 경쟁, 즉 "이빨과 발톱에 피가 물든"(다윈이 아니라 알프레드 테니슨경이 지은 구절*) 자연의 무수한 세월 속에서 발견되어진다고 확신하였다.

이 장에서 우리는 갱신세 아프리카의 경쟁적 세계에서 우리의 기원을, 즉 우리의 종인 호모(Homo)가 여러 종류의 복잡한 환경 속에 살았던 유인원의 많은 변종들 사이에서 어떻게 진화해 나갈 수 있었는지를 고찰하고자 한다.

🔳 문화적 기원의 문제

영화 2001: 스페이스 오딧세이는 수 백만년 전 침팬지를 닮은 우리의 아프리카 선조들이 어느 날 아침 일어나 보니 커다랗고 검고 아주 매끈하며 장방형으로 생긴 "돌비석(monolith)" 앞에 서 있는 생생한 장면을 보여준다. 그들은 놀라움과 당혹

---

* 제4장 마지막 쪽 참조

감 속에서 깩깩거리지만 이 돌이 어디에서 왔으며 무엇을 의미하는지 알 수 없었다. 영화의 후반부 장면에서 여전히 유인원처럼 생긴 영장류인 이들 짐승들의 후손은 다른 유인원의 두개골을 깨기 위하여 짐승의 다리뼈를 이용함으로써 도구를 "발견"한다. 피비린내 나는 싸움에서 이긴 그는 뼈를 하늘 방향으로 던지는데 그곳에서 뼈가 빙빙 돌면서 회전하고 있는 21세기 우주선으로 변환된다. 우주선은 달 탐험 중 발견된 다른 – 아마도 같은 – 돌비석을 조사하려는 사람을 태우고 있다.

아더 클라크의 고전적 소설을 각색한 스탠리 큐브릭의 이 영화는 아마도 돌비석을 인간의 진화와 개화, 또는 우주 지혜의 상징으로 이용한 것 같다. 영화는 인간 진화를 가능하게 한 추진력의 성질, 즉 자연적 과정, 초월자, 신 등에 대해 관객이 깊게 생각해 볼 수 있는 여지를 남긴다.

도구사용의 시작과, 과거와 미래의 성질과 중요성에 대한 인류학적 분석은 앞의 영화보다는 상상력이 훨씬 못 미치지만 제기한 근본적 질문은 유사하다. 아프리카 야생 유인원의 한 종류를 우주여행가로 변형시킨 요소는 무엇인가? 그리고 만약 그러한 요소가 있다면 그것은 무엇을 "의미"하는가?

물론 이러한 질문은 매우 오래된 역사를 가진 질문이다. 오래 전 그리스 철학자들은 우리가 수 백만년 전 아주 먼 우주에서 날라 온 홀씨(胞子)의 자손이며 그래서 기원의 질문에 대한 해답은 별에 있다고 생각하였다. 심지어 오늘날에도 일부 과학자들은 지구의 형성과 복잡한 현대문명 사이의 상대적으로 짧은 시간에 감명을 받아 지구의 생명이 우주 어느 곳의 생명에서, 아마도 지구의 괘도가 강력한 별의 폭발에서 발생한 자욱하고 복잡한 화학물질과 우연히 마주치면서 유래한 것이 아닐까 생각한다. 반대로 신을 믿는 사람들은 나이에 관계없이 누구나 우리와 세계는 신의 창조의 결과라고 확신하고 안도한다.

이러한 공론의 가치가 무엇이든 관계없이 인류학의 기본적 전제는 우리의 기원, 역사와 운명에 대한 어떠한 탐구도 기후, 유전적 특질, 문화 등의 현실적 요소에 대한 고려에서 시작되어야 한다는 것이다. 우리의 선조, 그들의 도구와 기타 물질적 증거의 흩어진 조각들을 세심하게 조사하고 분석하여야 우리의 과거와 본질에 대한 어떤 것을 과학적 의미로 일부나마 "알(know)" 수 있다는 가정에서 그러하다. 사실 인류학자는 인간 기원에 대한 조사를 할 때 침팬지의 성적 행위와 아프리카 수렵채집인의 요리법 같은 당혹스러울 정도로 평범한 주제에 집중하였다.

🗾 문화의 본질

지성이란 ······ 인공적 물질, 특히 도구를 만들기 위한
도구를 만들 수 있는 능력이다.

앙리 베르그송 [1]

만약 우리가 베르그송의 정의를 문자 그대로 받아들인다면 인간 "지성 (intelligence)"의 최초의 증거는 석기가 화산재 층에서 발견되었던 이디오피아의 260만년 전으로 거슬러 올라갈 수 있다고 결론지을 수 있다[2] 그러나 우리가 문화의 기원에 대해 말할 때 우리가 설명하려고 하는 것은 과연 무엇일까? 인류학자는 "문화적"이란 용어를 (비록 침팬지도 종종 "원문화적 protocultural"이라고 불리기도 하지만) 사람에게만 한정하여 사용한다. 그래서 문화의 기원은 본질적으로 우리를 인간이란 독특한 동물로 만든 인간적 특성의 기원이기도 하다. 그러나 그것은 인간성을 속성의 특정한 배열로 환원시키거나 또는 인간이 되는 본질을 파악하는 것보다도 어렵다. 예를 들어 로마 카톨릭의 신학자에게는 인간의 태아는 회임 후 6초가 되었건 6달이 되었건 불멸의 영혼이 스며들었기 때문에 본질적 속성에서 인간이다. 그러나 우리가 우리 스스로와 다른 생명형태를 구별하기 위해 관측할 수 있고 계측할 수 있는 속성은 무엇일까?

이러한 질문을 제기하는 사람은 대부분 본능적으로 인간 정신의 속성과 특히 인간 사고의 독특한 특징에 관심을 돌린다. "나는 생각한다. 고로 나는 존재한다"라는 데카르트의 유명한 구절은 이러한 생각의 전형적 표현이다.

전통적 견해에 따르면 인간은 상징을 다루는 능력에서 독특하며, 이 능력의 진화가 모든 인간적 성취의 기본이라는 것이다. 침팬지가 노는 것을 세심하게 연구한 사람은 누구나 이들 영장류와 친근감을 느낄 수 있다. 그래서 원(原)문화적이란 용어가 과장이 아닐지도 모른다. 그러나 문화의 기원을 분석할 때 중요한 것은 우리가 다른 영장류와 어떻게 다른가 이다. 그리고 대부분 이 차이는 우리의 정신적 능력─창조력, 직관, 논리, 미학─에서 찾을 수 있다. 예를 들어 인류학자인 레슬리 화이트는 비록 침팬지가 도구를 사용할 수 있고, 장난감 모조화폐와 컴퓨터를 사용하고 감정과 욕망을 표현하기 위한 언어를 신호할 수 있도록 가르칠 수 있는 영리한 동물이지만 기본적으로 우리와 두 가지 점에서 다르다고 주장하였다.[3] 첫째 침팬지는 예를 들어 "성수(聖水)" 또는 투표 참여 같은 추상적 수준의 상징을 사용할 수 없다. 둘째 인간을 제외한 동물은 아무리 영리하다고 하더라도 학습된 새로운 지식이 대를 이어 전달되면서 장기적으로 누적되는 경우는 거의 없다.

우리와 다른 모든 동물사이의 이러한 차이점을 단지 양적으로 간주하는 사람도 있지만 화이트에게는 질적인 것이다. 우리는 침팬지가 무엇을 보고 무엇을 "생각" 하는지 모른다. 그리고 화이트의 구분은 생각보다 덜 정확할지도 모른다. 그럼에도 불구하고 침팬지는 캔버스에 "근대 미술"의 뛰어난 모작을 물감으로 그려낼 수는 있으나 보다 구상주의적인 그림을 그릴 수 있는 재능은 없다. 그리고 침팬지가 미학적 반응―예를 들어 반 고흐의 풍경화나 명나라 도자기의 세련미의 감상―을 충분히 보이는 것 같지는 않다. 학습된 새로운 지식을 대대로 전달하는 능력은 더욱 복잡한 문제이다. 예를 들어 일본원숭이는 모래가 묻은 한 주먹의 낟알을 물로 씻어내는 방법을 배워 다음 세대의 어린 원숭이에게 가르쳤다고 보고되었으나 음식과 관련되는 이러한 단순한 행위조차도 부분적으로는 유전적으로 결정된다는 증거가 있다.[4] 설사 유전적으로 결정되지 않는다고 하더라도 그러한 행위는 아주 적은 규모이기 때문에 "인간이 되는 가장 특징적인 부분은 다른 사람의 축적되고 전달된 경험에서 이익을 얻는 능력이다"라는 말이 사실로 남는다.[5]

투비 Tooby와 드보아 DeVore는 인간의 지성과 행위에서의 특수성을 두 종류의 특징, 즉 인간에게 독특한 것과 다른 영장류와 공유하나 질적으로 크게 차이가 나는 것으로 구분하였다. 그들이 제시한 표*에서 처음의 15개 특징은 일부 감정적 능력과 결합하여 근본적으로 일반적 의미의 "지성"과 관련된다. 현생인류는 다른 영장류와 다르지만 우리의 초기 선조로 거슬러 올라갈수록 우리가 다른 영장류와 점점 닮아간다는 사실을 알고 있다. 우리는 또한 우리의 최초 선조의 상징 능력을 결코 직접적으로 확인할 수 없다는 사실도 인식하여야 한다. 즉 우리 종의 처음 300만년간의 "지성"은 두개골과 신체 크기의 변화를 계측하고 우리 선조가 사용한 석기와 다른 물질들의 잔존물을 통해서만 측정될 수 있다는 사실을 인식하여야 한다. 진화하는 상징적 능력에 대한 이러한 간접적인 반영이, 인류학자들이 분석할 수 있는 "문화"의 구성요소가 된다.

---

* 이 책에서는 저자의 실수로 누락되어 있음.

혹자는 도덕이 인간성에 대한 신학적 정의에서 초점이 되어있음에도 불구하고 왜 "도덕적" 감각을 인간 정신성의 특징적 속성에 포함하지 않는지 의아해 할지 모른다. 결코 도덕주의자가 아닌 마크 트웨인조차도 "사람은 부끄러워하는 또는 부끄러워할 필요가 있는 유일한 동물이다"라고 말하였다. 그러나 많은 과학자들은[6] 인간의 도덕 체계는 선천적이라기 보다는 학습된 것으로 간주하며, 우리가 "친구"와 "적"을 범주화할 수 있게 해주는 상징적 능력과 동일한 능력의 연장으로 도덕 체계가 진화된 것으로 간주한다.[7]

모든 시대의 철학자들은 우리가 인간 정신의 기원을 이해하려고 시도하기 위해 갖고 있는 유일한 도구가 바로 인간 정신이라는 패러독스를 다소 기발하게 우주론적으로 인식하였다. 거기에는 어떤 사람이 왜 돌이 정말 "거기에" 있는지 의아해하면서 그 돌을 발로 차게 만드는 형태의 분석과 같은 순환성이 내포되어 있다. 어떤 사람은 "물고기는 물을 절대로 발견한 동물이 아니다"라고 관찰하였다.[8] 그리고 우리도-우리가 다른 어떤 실체를 상상할 수 없기 때문에 실체를 볼 수 없다는-비슷한 상황에 있는지도 모른다. 이러한 주제에 관심이 있고 흥미를 쏟을 충분한 시간이 있는 독자들은 예수회 신부인 프레드릭 코플스톤의 역작인 "철학사" 2~9장을 참조하기 바란다.

그러나 우리가 알고 있는 것은 약 500만년 전의 우리 선조는 오늘날의 침팬지와 크게 다르지 않았으며 그럼에도 오늘날의 우리는 다른 모든 유인원들과 아주 다르다는 사실이다. 우리의 먼 태고성과 우리의 체질적·문화적 진화의 성질에 대한 지식과, 그러한 태고성과 성질을 설명하려는 시도는 상대적으로 최근에 발생한 일이다.

인간 기원의 초기 연구

1장에서 논하였듯이 인간의 태고성(太古性)을 발견한 충격은 무척 컸다.[9] 많은 학자들이 인간 중심의 세계가 근래에 창조되었다는 믿음을 상실하게 되었으며, 우리가 설치류, 파충류, 벌레, 그리고 궁극적으로는 나머지 우주를 차지하고 있는 무생명의 화학물질로부터 천천히 진화하여 온 무수한 세월의 심연을 자세히 들여다보게 되었다.

19세기가 끝날 무렵 인간종의 생물학적 진화에 대한 다윈의 생각(1장 참조)과 더불어 매우 오래된 지질학적 층에서 멸종동물의 뼈와 동반된 석기의 발견으로 인하여 많은 학자들은 인간종의 역사가 무척 오래되었다는 태고성을 믿게 되었다. 그렇지만 인간과 다른 영장류 사이의 중간단계에 해당하는 선조의 뼈가 발견되지 않았기 때문에 인간은 진화의 예외적 존재라고 여전히 믿을 수 있었다. 즉 우리는 이전에 생각했던 것보다는 매우 오래된 종이지만 그렇다고 다른 종처럼 진화 과정을 거친 종은 아니라고 믿었다.

그러나 다윈과 라이엘의 학설을 열심히 공부하였던 사람들은 "사라진 고리"의 첫 번째 화석이 발견되는 – 또는 이미 발견된 뼈 중에서 확인되는 – 것은 단지 시간문제일 뿐이라는 것을 알았다. 나이가 들어 더 이상 기다리는데 지친 프랑스 세관원이면서 학자였던 뷔쉐 드 뻬르뜨는 프랑스에서 처음으로 "대홍수 이전의 층(antediluvian)"을 발견하는 사람에게 200프랑의 보상을 걸었다. 그의 모험적인 일꾼들은 곧 그러한 잔존물 – 물론 모두 보상을 받으려는 희망에서 만들어낸 것 – 을 많이 "찾아내었다".

뻬르뜨는 현생 이전의 호미니드 뼈가 이미 수 년 전에 발견되었지만 그 가치가 무시되고 있었다는 사실을 몰랐다. 네안데르탈 어린이의 머리뼈 조각이 1829~30년 벨기에의 리에주(Leige) 근처에서 발견되었고 1848년에는 지브롤터의 채석장 공사에서, 턱끝이 들어가고 눈두덩이 두터우며 뼈가 두꺼운, 지금은 네안데르탈인으로 알고 있는, 머리뼈가 발견되었다. 당시 벨기에와 지브롤터의 발견은 별로 관심을 끌지 못하였다. 그러나 1865년 독일 뒤셀도르프 근처의 네안데르(Neander) 골짜기에 있는 동굴에서 머리뼈와 일부 다리뼈가 발견되었다(그림 3.1). 비록 독일의 위대한 해부학자인 루돌프 비르코프가 이들 유골이 초기 인간이 아닌 불구자의 뼈라고 판단하였지만 발견자인 요한 칼 풀로트는 처음부터 유골은 초기 인간의 형태라고 주장하였다. 그러나 비르코프의 견해는 그 유골을 고대켈트인, 구루병환자, 바보, 코사크족으로 파악한 여러 학자들의 견해와 더불어 오랫동안 이들 유골의 중요성을 간과하게 만들었다. 한 프랑스 석학은 심지어 네안데르탈인이 불구의 팔에서 비롯된 통증 때문에 계속 눈을 깜박거리게 되어 뼈가 경화되면서 두툼한 눈두덩이 형성되었다고 말하기까지 하였다.

1886년 벨기에의 스피동굴에서 네안데르탈인과 비슷한 뼈조각 두 점이 코뿔소·맘모스 등 오래 전에 멸종된 동물뼈, 석기와 함께 출토되었다. 역시 비르코프는 이 뼈가 초기 인류의 것이라는 것을 부정하였지만 이제는 대세가 기울어져 과

3.1 네안데르탈인의 유골은 1757년
독일 뒤셀도르프 근처의 네안데
르 골짜기에서 출토되었다. 옛사
람이 현생인류와 다르다는 이 증
거는 우주에서의 우리의 지위에
대한 전통적 관념에 대하여 진화
론적 관념과 증거가 가한 일종의
급습이었다.

학자들이 도처에서 초기 호미니드를 더 찾으려는 노력을 열렬히 기울이기 시작하
였다.

이들 과학자 중의 한 사람이 네덜란드의 젊은 의사인 외젠 뒤부아(Eugene
Dubois)로 수년간 수마트라의 황야를 헤맸지만 실패하고 자바로 전임된 이후에야
드디어 위대한 발견을 하였다. 1890년 그는 초기 인류의 아래턱뼈 조각을 발견하
였고 이어서 수년간 머리뼈와 대퇴골을 찾았다.

이어지는 30년 동안 뒤부아의 발견에 대한 격렬한 논쟁이 있었다. 어떤 권위자
들은 이 뼈가 불구자의 기형이거나 커다란 침팬지 것이라고 반대하였고 또 다른 학
자들은 그것을 우리 종의 초기 형태이고 현생인류의 직접적인 선조로 인식하였다.
뒤부아의 화석은 뇌용량이 1,040cc 정도로 현생인류보다 1/3 정도 적지만 현존 영
장류보다는 훨씬 크다. 당시 학자들은 설사 이 동물이 정말 사람의 조상이라고 하
더라도 우리 자신 그리고 "네안데르탈인"(뇌용량이 대부분의 현생인류보다는 약
간 더 큰)과는 상당한 차이가 있는 선조라는 것을 인지하였다.

1906년 독일 해부학자인 구스타프 슈발베가 호미니드의 연속적인 세 진화단계,
즉 피테칸트로푸스(뒤부아의 화석으로 대표되는 Pithecanthropine), 네안데르탈인,

그리고 현생인류의 세 단계를 상정하였다. 그러나 만약 호미니드의 이러한 연속적 진화 형태가 옳다면 아직 발견되지 않은 수많은 중간단계의 형식이 있을 것이라는 것도 분명해졌다(그림 3.2).

호미니드 진화의 최초 단계에 대한 인정은 레이몬드 다트가 이상하게 생긴 어린이의 거의 완전한 머리뼈를 발견한 1920년대에서야 이루어진다. 그것은 남아프리카 요하네스버그에서 30km 떨어진 타웅의 한 광산에서 채석된 돌 안에 쌓여 있었다. 머리뼈의 형태, 작은 용량, 원시적 이빨로 미루어 다트는 그가 인류의 가장 빠르고 가장 원시적인 조상 중 하나를 발견하였다고 믿었고, 이 화석을 오스트랄로피테쿠스 아프리카누스(Australopithcus africanus "아프리카의 남방 원숭이")라고 이름지었다. 유럽에서 가장 영향력 있던 일부 과학자들이 다트의 결론에 대한 공격을 하고 있는 동안 또 다른 중요한 발견이 이번에는 북부 중국의 베이징(北京) 근처 저우커우덴(周口店)으로 불리는 채석장에서 이루어졌다(그림 3.3). 수 세기 동안 이곳의 화석 뼈가 "용골(龍骨)"이라는 이름의 가루로 만들어져 최음제와 약재로 이용되어 왔었다.[10]

이들 화석에 대한 보다 과학적인 관심은 저우커우덴에서 출토된 사람 이빨처럼 생긴 것 하나를 영국 해부학자인 헨리 블랙에게 보낸 1921년에 촉진되었다. 블랙은 이빨이 호미니드의 초기 형태에 속한다고 인정하였고 그 결과 저우커우덴에 대한 발굴이 시작되었다. 많은 머리뼈 조각을 포함하여 모두 40개체분의 화석이 발견되었으며 이것들은 두뇌 크기, 얼굴 구조와 여러 특징에서 뒤부아가 자바에서 발견한 호미니드와 유사하였다. 이 발견은 앞서 슈발베가 제안한 피테칸드로푸스 단계에 부합되었으며 이 형식의 화석들에 시난드로푸스(Sinanthropus) 또는 호모 에렉투스(Homo erectus, "곧선 사람")란 이름을 붙였다.

그리하여 1930년대에는 적어도 일부 과학계에서는 오스트랄로피테사인스*, 호모 에렉투스, 네안데르탈인과 현생인류란 초기 호미니드의 네 범주를 인정하게 되었다. 그때 이후부터는 인류가 인간 이전 유인원의 어떤 형태에서 진화하였는지가 아니라, 이들 다양한 선조 형태는 무엇이며, 그들은 진화론적 역사에서 어떻게 유전적으로 관련되었으며, 인류 발생 이전의 영장류에서 호모 사피엔스 사피엔스가

* Australopithecines : 오스트랄로피테쿠스류의 총칭

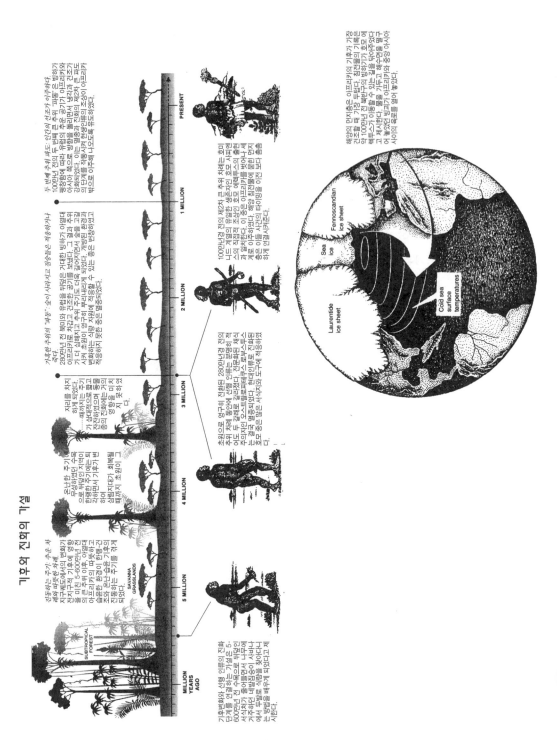

3.2 인류 진화의 일부 새로운 가설은 기후와 진화에 기초한다.

3.3 중국 저우커우덴의 발굴. 오른 쪽에 끈으로 돌려놓은 부분이 호미니드의 머리뼈가
발견된 곳이다.

나오게 된 진화론적 메커니즘은 무엇인지에 논쟁이 집중되었다. 오늘날 많은 학자
들이 자바의 호모 에렉투스, 네안데르탈인과 대부분의 오스트랄로피테사인스를
우리 자신의 선조와 관련이 없거나 거리가 먼 것으로 간주한다는 사실은 다소 얄궂
다(4장 참조). 그러나 이들 초기 발견물은 우리가 인간이 아닌 영장류에서 진화하
였다는 것을 증명하였다는 점에서 중요하다

　우리는 우리와 가까운 영장류, 우리 선조의 화석 뼈, 초기 석기와 우리 조상들이
남긴 다른 물질적 흔적에 대한 연구를 포함하여 우리의 기원에 대한 많은 종류의
증거를 갖고 있다. 그러나 우리는 수집된 증거를 조사하기 이전에 그것들을 해석하
기 위하여 이용하여야 하는 분석 원리 – 전문적으로는 진화론 – 를 먼저 고려하여야
한다. 인간 기원의 연구의 근저에 깔려 있는 기본적 전제는 500만년 전 우리의 선

조가 침팬지 같은 동물이었고 진화의 동력이 이들을 오늘날의 우리 모습으로 변화시켰다는 것이다. 그러나 이러한 동력은 과연 무엇이었을까?

진화론

다윈 등의 저서에서 나타나는 진화론의 기원은 1장에서 검토되었으나, 진화론이 어떻게 인간의 과거 – 그리고 이 지구 위의 모든 생물체 – 에 적용될 수 있는지를 이해하기 위해서는 진화론적 원리와 과정에 대한 보다 상세한 기술이 요구된다.[11]

진화론은 복잡하고 종종 수학적으로 표현되는 학문분야로 여기에서는 주 요소만 간단히 요약하여 설명하겠다.[12]

이 책의 대부분은 사람과 동식물의 생물학에 적용된 다윈설의 진화와 관련된다. 그러나 나중에 살펴보겠지만 많은 학자들이 생물종이 아닌 문화에도 진화론을 적용할 수 있는지를 연구하였다.

1장에서 언급된 것처럼 찰스 다윈은 진화론의 기본적 패러다임으로 지금까지도 유효한 기본적 관찰을 하였다. 그는 많은 동식물이 실제로 살 수 있는 개체수보다 더 많은 수를 번식하며, 게다가 어떠한 종에도 개체의 형태와 형질적 성질에서 많은 변이가 있다는 점에 주목하였다. 그는 또한 이러한 변이와, 개체가 생존과 번식에서 성공할 수 있는 갖가지 확률 사이에 뭔가 관련이 있다고 추론하였다. 마지막으로 다양한 환경의 형태로서의 자연이 이들 각각의 환경에서 개체의 상대적 "적응도(fitness)"에 기초하여 생존하고 번식할 수 있는 개체 일부를 선택하였던 과정이 "자연선택"이라는 결론을 내렸다. 이어서 다윈은 어떻게 이러한 일반적 과정이 무수한 세대 동안 작동하여 세계의 경외로와 보이는 생물적 다양성을 산출할 수 있었는지를 보여주려고 시도하였다.

그러나 개체에서 변이가 어떻게 발생하였고 개체변이가 어떻게 대대로 전달될 수 있었는지에 대해서는 다윈도 알지 못하였다. 이러한 문제에 대한 해답은 주로 그레고르 멘델(1822~1844)과 더불어 시작된 유전학자들이 제공하였다. 멘델은 완두의 색깔과 형태의 유전을 연구하였는데 일련의 믿을만한 실험을 거쳐 상이한 특질을 지닌 식물의 교배 결과를 예측할 수 있게 되었다.[13] 멘델과 후대의 학자들은 현재 우리가 "유전성의 미립자 이론(particulate theory of inheritance)"으로 부르는 것을 공식화하였다. 그것은 개별 유기체의 형질적 특질은 분리된 입자(공식적으로는 " "유전자"로 알려진)의 형태로 한 세대에서 다음 세대로 이어지며, 이러한 유전자는 각 세대에서 표현되지 않을 경우에도 표현할 수 있는 능력 자체는 계속 보유한다는 것이다. "분리의 법칙(law of segregation)"은 이들 유전자가 각각의 양친에서 각각 하나씩, 쌍으로 유전되는 것을 규정한다.

진화론의 의미에서 생명의 불로장수약은 DNA로 알려진 물질이다. 모든 동물 세포의 핵에는 디옥시리보핵산 또는 DNA로 구성된 꼰 실 모양의 염색체가 있다. DNA는 구아닌, 시토신, 아데닌, 티민의 네 염색체가 교대로 결합되어 있다(그림 3.4). 이러한 뉴클레오티드는 3개의 염기가 1조가 되어 20종의 아미노산을 만들어 내며, 아미노산은 모든 단백질 형성을 위한 건축용 블록이다. 이들 염기의 배열이 에이즈 바이러스에서 코끼리에 이르기까지 모든 생명체의 형질 구조를 결정한다 (그림 3.5). 정자와 난자를 제외한 모든 인간 세포는 그 자신을 위한 완벽한 유전 코드를 보유한다. 만약 특정인을 위한 전체 코드를 표현하는 DNA 가닥을 세포에서 뽑아 내어 직선화시킨다면 길이가 1.8m 정도나 될 것이다. 이 책을 읽는 독자는 누구나 독특한 DNA 배열을 갖고 있으며 그 배열은 전화번호부를 125권이나 가득 채울 정도이다. DNA는 또 다른 핵산인 RNA(리보핵산)와 더불어 세포의 작동을 지시하는데 필요한 모든 정보를 보유한다. DNA는 스스로 복제할 수 있는 능력을 갖고 있으며 진화의 주된 요소인 유전적 변화를 위한 잠재력도 제공한다.

유전변이의 두 가지 주 원천은 유전자 조환(genetic recombination)과 돌연변이(mutation)이다. 동물세포는 끊임없이 분열되며(유사분열) 유전적으로 자신과 똑같은 복제품을 생산하면서 성장하고 유지된다. 그러나 유사분열에서 양친의 유전 코드의 반만 지니는 난자와 정자가 만들어진다. 인간의 경우 몸의 각 세포에는 23쌍의 염색체, 전체 46개의 염색체가 있지만 난자와 정자 세포는 전체의 반만 전달하며, 그래서 새로 탄생한 사람은 각각 부친과 모친 쪽에서 23개의 염색체를 받게 된다. 이들 유전자는 수정 후 이리저리 섞여져서 재결합(조환)되며, 한 인간 부부에게서 나올 수 있는 유전적으로 독특한 자손의 총 인원은 $2^{23} \times 2^{23} = 2^{46}$ 또는 7조 정도나 된다.[14]

유전적 변이는 염색체에서의 돌연변이(DNA가 스스로를 복제할 때 일어나는 에러)에 의해서도 만들어진다. 돌연변이의 기원은 완전하게 알려져 있지는 않으나 일부는 모든 생명체가 피해를 입을 수 있는 우주선 충격을 통하여 발생하였을 가능성이

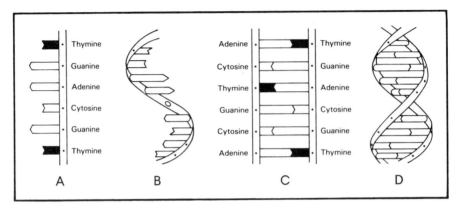

3.4 종의 생물적 특징을 결정하는 유전 코드는 2중의 나선 구조를 형성하기 위하여 2줄의 뉴
    클레오티드를 연결한 염기(티민, 구아닌, 아데닌, 시토신)의 배열에 자리한다. (A) 뉴클레
    오티드의 한쪽 사슬에서의 염기, (B) 꼬여진 한쪽 사슬, (C) 상대염기와 결합, (D) 결합되
    고 꼬여진 두 사슬

있다. DNA에 대한 초기 연구는 운이 나쁜 과일파리 개체군을 방사선에 노출시켜 눈
색깔, 날개 크기와 기타 특징이 괴기하게 결합된 돌연변이를 만들어내었다. 그리고
산업 공해, 대기에서의 오존 손실, 그리고 현대 환경에서의 기타 요소들 때문에 모든
살아있는 생명체에서 돌연변이가 더 많이 발생할 것이라고 믿는 것도 일리가 있다.

　진화론의 요소와 자연계에서의 변화를 설명하는 진화론의 힘을 보여주는 전형
적인 예로 그리 유쾌하지는 않지만 나방을 들어보자. 19세기 초반까지 나방의 영국
토착종(Biston betularia)은 회색과 흰색의 얼룩무늬를 띠고 있었는데, 그 무늬는 나
방이 영국의 이끼 덮인 나무껍질 위에서 쉴 때 나방을 천적인 새에서 보호할 수 있
는 가장 효과적인 위장 방법이다. 그러나 산업혁명의 매연으로 인하여 나방들이 서
식하는 전역의 나무들이 검게 되면서 위장 색의 효과가 감소되었다. 그런데 1840
년에 검은 나방－약간의 유전적 돌연변이의 결과－이 맨체스터 근처에서 나타났고
1895년경 이 곳 나방 개체군의 98%가 검은 색이라는 것이 발견되었다.[15] 다양한
색깔의 나방을 풀어놓고 다시 포획하여 생존한 비율을 조사하니 검은 그을음으로
덮인 나무에서는 검은 날개 색깔이 유리하다는 것이 증명되었다.

　사소한 것 같이 보여도 이 예는 진화론의 주요한 모든 요소들을 예증한다. 그것
은 적어도 유전적으로 결정된 특질에 기초하여 유기체가 시간이 흘러가면서 차별
적으로 생존한다는 가장 단순한 의미에서, 시간과 공간에 걸쳐 발생하는 생명 형태

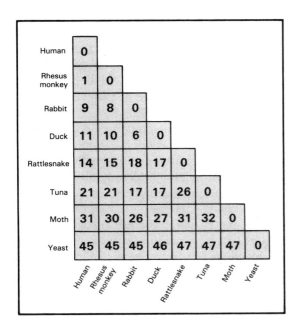

	Human	Rhesus monkey	Rabbit	Duck	Rattlesnake	Tuna	Moth	Yeast
Human	0							
Rhesus monkey	1	0						
Rabbit	9	8	0					
Duck	11	10	6	0				
Rattlesnake	14	15	18	17	0			
Tuna	21	21	17	17	26	0		
Moth	31	30	26	27	31	32	0	
Yeast	45	45	45	46	47	47	47	0

3.5 아미노산 배열. 유기체(사람, 원숭이, 토끼, 오리, 방울뱀, 다랑어, 나방, 효모)는 에너지 생산에 사용되는 효소인 색소단백질 시토크롬에 있는 아미노산의 배열이 서로 다르다. 그림의 숫자가 클수록 양자간의 차이가 크다.

에서의 생물적 변화를 자연선택으로 설명한다. 자연선택이 작동하기 위해서는 변이성, 즉 각각의 개체가 표현하는 형질적 형태와 독특한 유전적 결합에서의 개체간 차이가 존재하여서 시간의 흐름에 따라 보호색, 두뇌 크기, 본능적 이동 등에서의 변화와 같은 특질의 선택이 존재할 수 있어야 한다.

진화는 목표 지향적이 아니다는 사실을 인식하는 것이 중요하다. 앞서 영국 나방이 그들의 문제를 해결하기 위하여 의도적으로 검은 색을 만들 수는 없었다. 진화적 과정은 번식과 생존에서 개별적 나방이 갖고 있는 장점을 기초로 하여 이러한 색다른 착색의 유전적 잠재력을 단순히 그리고 맹목적으로 가려내었다. 이 지구 위에서 생명의 생물학적 역사는 무수히 많은 종이 멸종한 사실을 보여준다. 이러한 사실은 진화가 영국 나방의 예에서 이루어진 것처럼 깔끔하게 적응의 모든 문제를 해결해주지는 않는다는 점을 명백하게 보여준다.

그러나 현재에도 여전히 다윈주의와 소위 신-다윈주의로 불리는 이론의 유효성에 대한 강렬한 논쟁이 진행중이다. 일반적으로 생물학자는 다윈 관념의 본질적인 유효성은 의심하지 않으나 관련된 메커니즘에 대해서는 격렬하게 논박한다. 예를 들어 브룩스와 윌리가 최근에 저술한 "엔트로피로서의 진화(Evolution as

Entropy)"는 자연선택이 지향성 변화(directional change)에서 가장 중요한 요소는 아니라고 주장한다. 그들은 대신 현존하는 시스템-유기체, 개체군 또는 종이건 간에-이 진화가 발생할지 모르는 방향이나 가능한 "공간"을 한정하는 윤곽(configuration)을 나타낸다고 시사하였다. 이러한 주장은 이 책의 범위를 넘어서는 매우 추상적이고 근본적으로 수학적인 논의이다.

인류 기원 문제에 대한 진화론의 적용

대부분의 유전적 돌연변이는 돌연변이 유전자를 지닌 개체가 성공적으로 번식할 가능성이 줄어든다는 의미에서 "나쁜" 것처럼 보인다. 일부 돌연변이는 번식능력이나 "적응도"을 증가시키기에 "유익"하다 그러나 진화에서 좋고 나쁜 것은 전적으로 번식 성공에 의해 평가되며 그래서 환경에 따라 좋을 수도 나쁠 수도 있다. 예를 들어 겸상적혈구빈혈증-적혈구 세포가 기형인 유전적 상태-은 아프리카에서는 흔한 병이나 다른 지역에서는 드물다. 이러한 병에 쉽게 걸리는 유전자 조합을 갖고 태어난 사람들은 종종 어렸을 때 죽는다. 그런데 이 돌연변이를 수반한 또 다른 유전자 조합을 갖고 있는 사람들은 말라리아에 대하여 일부 면역을 갖고 있다. 그래서 겸상적혈구빈혈증은 개체군에서의 존재가, 비록 어떤 사람들은 죽음에 이르게 하지만, 말라리아가 오랫동안 치명적인 병이었던 지대에서는 이 유전자를 갖고 있는 일부 사람들이 생식연령까지 살 수 있도록 도와주기 때문에 살아 남았다. 마찬가지로 가래가 들끓고 숨쉬기가 매우 힘들게 만드는 담낭섬유증(cystic fibrosis)은 사망과 불구의 위험성에도 불구하고 이 유전자가 유전적으로 표현되면 일부 다른 질병의 효력을 완화시키기 때문에 계속 존속하였던 것 같다.[16] 예를 들어 콜레라와 다른 역병에서 오는 사망은 종종 담남섬유증이 감염되는 것처럼 탈수에서 비롯되고 사람들은 치명적인 양의 체액을 상실한다. 그래서 이 상실에 대한 저항성은 어떤 상황에서는 유리한 것으로 입증될 수 있다. 이러한 의미에서 "자연선택"은 대가(master)나 숙련된 장인은 분명 아니다.

생물학적 개체군을 통한 유전적 돌연변이의 전파와 영속화는 다양한 메커니즘에 의해 수행된다. 예를 들어 현대인에게서 나타나는 피부 색깔의 변이는 상이한 환경으로의 이주와 연이은 적응의 결과인 것 같다. 검은 피부는 인간의 피부가 햇빛에 직접 노출될 때 생기는 피부암과 만성적 질병에 대한 저항을 제공한다. 그래서 우리는 아프리카뿐 아니라 인도대륙과 멀리는 태평양제도에서까지 검은 피부색을 본다. 그러나 필수영양소인 비타민 D가 햇빛의 작용을 통해 피부에서 합성되는 사람과 상대적으로 어둡고 구름이 많은 환경에서는, 피부가 검은 사람이 비타민 D 함유 식료가 부족한 시기 – 예를 들어 겨울철 – 에는 불리할 것이다. 피부가 검었을 것으로 추정하는 아프리카의 초기인류가 짙은 색소형성이 비타민 D의 합성을 방해하는 환경으로 퍼져 나갔고, 결과적으로 자연선택에 의해 북유럽에 전형적인 금발의 갈색 눈을 지닌 사람의 형질 유형이 만들어졌다. 수 십만년 또는 수 백만년에 걸쳐 진행된 피부 색소형성에서의 자그마한 변이 덕분에 피부색이 옅은 사람들이 보다 온난한 환경에서 생존에 필요한 "적응도"를 약간 높일 수 있었다고 추측된다.

　이렇게 세계의 "인종"은 유전적으로 결정된 수 백 개의 특징에서 돌연변이에 작용한 자연선택과 더불어 형성되었다. 지리적인 장애가 이들 변이를 전달하고 전파를 억제하는 요소였다. 즉 사하라사막, 히말라야산맥과 기타 자연적 장애물이 서로 다른 지역에 사는 사람들 사이의 교배를 제한하는 바람에 현대의 "인종"이 진화하였다. 사람에 있어서 진화적 변이의 유형은, 변이가 쉽게 분리되어 구분되지 않는 연속변이(구배현상, cline)로 보면 가장 잘 이해될 수 있다. 예를 들어 피부색은 스웨덴에서부터 남아프리카에 이르기까지 연속변이에 따라 다양하게 변하지만 이러한 변이는 단지 "검다"와 "희다"로 대충 기술된다. 또한 피부색조, 눈썹형태, 코와 입술형태 같은 일부 특질들이 "인종"을 확인하는데 주로 이용되고 있지만 실제로는 시공간적으로 엄청나게 – 그리고 종종 서로 독립적으로 – 다양한 변이를 나타낸다. 예를 들어 남쪽 인디안, 서아프리카인, 태평양제도의 일부 원주민들은 상대적으로 검은 피부색을 공유하지만 코, 입술, 머리카락 등에서는 서로 매우 다르다.[17]

　체질적 형태에서의 변화는 성적 선택(sexual selection)에서도 올 수 있다. 개인이 어떤 특징에 관해서 짝을 작위적으로 선택하게 되면 진화적 변화가 일어날 수 있다. 공작 수컷에서 나타나는 것 같은 화려한 색깔과 과장된 생김새는 아마도 암컷이 수컷의 웅장한 외모를 선호하였기 때문에 나타난 선택적 결과일 것이다. 이러한 외모는 종종 우월한 건강과 특정 종류의 유전적 능력과 결부되기 때문에 유전적 "적응도"와 완전히 무관한 것만은 아니다. 일부 과학자들은 성적 선택이 남성의 성기와 여성의 가슴의 "과장된" 크기(다른 영장류와 비교하여) 같은 특징을 초래하였다고 본다.[18]

　현대의 개체군유전학은 복잡한 수리적 학문으로 대부분 이 책의 범위를 벗어난다. 그리고 진화론을 인간진화에 적용하는 것에 대한 많은 복잡한 논쟁이 현재에도 진행중이다.[19] 그러나 우리는 여기에서 문화의 기원과 동식물의 순화(6장)를 포함한 기타 형질적 변화에 대한 연구만을 다루겠다. 명심하여야 할 것은 (1)유전적 변이는 다양한 메커니즘을 통하여 지속적으로 발생하며, (2) 변화하는 환경, 성적 선택과 기타 다른 요소들이 유전적 변이를 "선택하고" 변이에 작용하며, 시간과 공간에 따라 번식이 성공할 확률이 달라지면서 진화적 변화를 야기한다는 것이다.

　비록 현대의 문화가 "자연선택"에 대한 장애물(예를 들어 현재 산업화된 나라에서 맹장염으로 죽은 사람은 거의 없다)이 되기도 하지만, 우리의 오랜 진화적 역사를 통하여 우리는 다른 어떤 생명체 못지 않게 진화적 동력의 산물이라고 할 수 있다. 현대인의 체질적 특징은 대부분 유전적 변화의 비용과 효과가 장기적으로는 미묘하게 균형을 이루게 만드는 복잡한 유전적 상호작용의 결과이다. 예를 들어 인간의 평균키를 생각해보자. 프로농구 선수와 중앙아프리카의 피그미가 증명하듯이 인간은 키가 2m이건 1m이건 상관없이 완전히 정상적인 생활을 영위할 수 있다. 그렇다면 왜 세상 사람들의 평균키가 1.5~1.8m 사이일까? 그리고 왜 사람들의 평균키는 성별과 지리적 위치에 따라 크게 차이가 날까? 왜 우리는 모두 키가 1.2m이거나 2m이지 않을까? 대부분의 인간 특질에서와 마찬가지로 인간 키에 영향을 끼치는 요인은 "환경" – 예를 들어 영양 – 에서 비롯된다. 예를 들어 북미의 고칼로리 식료를 섭취한 아시아계 미국인은 고향 사람들의 키보다 평균적으로 훨씬 크다. 그러나 키는 또한 부분적으로는 유전적으로 조절된다. 우리의 평균키가 2~2.4m나 1~1.2m가 아니고 1.5~1.8m인 것은 그 키가 복잡한 유전적 방정식에서 의미가 있기 때문이다. 선택적인 번식과 적절한 영양이 주어지면 사람들은 2m 이상 키가 자랄 수도 있다. 그러나 큰 체구의 번식 성공율에서의 장점이라든가 동굴곰과 간혹 부닥쳐서 이길 수 있거나 과일이 달린 큰 관목을 먼저 볼 수 있는 장점에도 불구하고, 그러한 체구를 유지하는데 드는 비용이 진화적으로 반드시 유리하지는 않다. 아프리카 우림에 사는 피그미가 체구가 적은 것은, 열대 우림에서는 대부분의 에너지가 사람들이 소화할 수 없는 셀룰로오스 형태로 저장되어 그들이 획득할 수 있는 식량자원이 매우 적은데 반응하여 진화한 때문인 듯 하다.

　인간의 식료란 또 하나의 측면을 살펴보자. 암과 그 밖의 질병에서 유발되는 현대의 사망률은 우리들 대부분이 진화론적 과정의 자연선택에 따라 맞추어진 잡식성 수렵채집인으로서의 요구에 부합하지 않는 식료를 섭취하면서 유발된 것이라는 과학적인 증거가 있다. 우리들 각자는 수렵채집인이 아프리카에서 세계 각지로 퍼져 나가면서 그들이 획득할 수 있었던 잡식성 식료로 성장하도록 자연적으로 선택되었던 사람들의 수 만세대의 직접적 후손이다. 많은 지역에서 매우 다양한 종류의 동물성, 식물성 먹이를 공반한 이들 식료는 섬유질과 과육은 풍부하지만 지방과 염류는 낮았을 것이다. 비록 우리 선조들의 음식물은 시간과 공간에 따라 아주 다양하였지만 대부분의 경우 오늘날 우리들이 먹는 음식물과는 매우 달랐을 것이다. "구석기시대의 처방(Paleolithic Prescription)" 이란 책에서 이튼(Eaton) 들은 "구석기시대 인간들은 일반적으로 비타민 C를 현재 권장되는 양보다 7배 이상을 먹었으며, 대부분의 비타민 C는 과일과 더불어 민들레 같은 흔한 "잡초"를 통하여 얻어졌던 것으로 보인다" 라고 시사하였다.

농민으로서의 7천년이란 짧은 기간이 우리의 기본적 생리와 신진대사에는 거의 영향을 주지 못했기 때문에 우리는 수렵채취 생활의 선조가 하였던 것처럼 광범위한 종류의 음식물을 먹어야한다는 논리가 나올지도 모른다. 그러나 슬프게도 진화적 방정식은 복잡한 것이다. 예를 들어 사람들은 옛날 수렵채취인이 그들의 음식물에 비타민 C를 많이 포함시켰다고 하여 이 비타민의 섭취를 크게 증가시킬지도 모른다. 그러나 개인이 40세 이전에 여러 번 성공적으로 어머니나 아버지가 될 수 있는 기회를 증진시킨 요소들-진화적 견지에서 매우 중요한 성취-이 70~80세까지 건강하고 행복하게 살도록 해주는 요소들과 같지 않을 수도 있다. 1만년 전쯤-진화적 견지에서는 단지 어제-까지만 하더라도 50세를 넘긴 사람이 거의 없었다. 개인이 성공적으로 유전자를 남길 수 있는 점에서 아마도 가장 중요한 것은 자식을 낳아서, 약간의 고기, 많은 식물성 식량, 그리고 현대의 의료과학이 위험하다고 간주할 수도 있는 운동제도로 자식을 성공적으로 양육하는 것이다.

일반적으로 인간의 생리는, 약간의 변이와 경감은 있지만, 거의 어떠한 종류의 음식물에도 적응될 수 있도록 수 백만년에 걸쳐 선택되어진 결과인 듯하다. 야외고고학자가 하루의 일과를 끝낸 후 마시는 아일랜드 커피도 여기에 포함된 4가지 기본 식료군인 지방, 설탕, 알콜과 카페인을 하루의 다른 시간 중 다른 식료에서 두루 확보하기만 하면 마시지 않고 참을 수 있다. 그러나 에스키모인은 긴 겨울동안에 주로 동물성 고기를 먹으면서 그들이 사냥한 물개와 그 밖의 동물의 위에서 발견한 식물찌꺼기로 영양분을 보충한다. 그리고 가난한 힌두인 농부들도 주로 채소, 쌀, 기름과 설탕으로 구성된 고기 없는 음식물을 먹고도 엄청난 인구 증가를 이룩할 수 있었다.

우리 조상이 어떤 음식물을 먹었던 간에, 우리는 정확한 양을 알 수 없는 "무작위 적(random)" 유전적 변화와 더불어 수렵채집인에게 "작용되었던(worked)" 것을 반영하는 유전적 패키지로 걷고 말하고 있다고 추정하여야 한다. 그래서 비록 개개 사람의 개개 특징 모두가 유전인자를 전달하는 경쟁적 가치로 설명될 수는 없지만 오늘날 우리의 유전적 특징 대부분은 [분명히 진화론적 자연선택과 관련되는] 이러한 용어로 설명되어져야만 한다. 예를 들어, 뇌가 커지면 지능이 높아지고 대뇌작용에서 장점도 있지만, 반대로 여자가 우리처럼 머리 큰 아기를 낳기 위해 골반이 확대되면 이동성이 감소되고 또한 뇌가 커지면 혈액을 공급하는데 비용이 높아지는 단점도 있다. 우리의 뇌 크기가 평균 1300cc인 것은 바로 이러한 장단점을 잘 균형있게 조절한 결과이다.

인간 진화에 대한 "적응주의자(adaptationist)"의 견해 – 오늘날 우리 현생인류가 갖고 있는 특징의 전부 또는 대부분은 성공적인 돌연변이가 선택적으로 축적된 결과라는 생각 – 는 많은 문제를 내포하고 있다. 사실 오늘날의 우리가 갖고 있는 특징 대부분은 특정 성질이나 특성에 대한 직접적인 선택의 결과가 아니라 무작위적인 유전적 변이의 결과일지 모른다. 인간의 어떠한 특성이나 행위도 거의 대부분이 어떤 종류의 가정된 진화론적 문제나 기회에 대한 해결책으로 설명되어질 수 있다.[20] 복잡한 생리적 또는 해부학적 진화를 위한 자연선택의 초점이 정확히 무엇인지를 확인하는 것도 종종 어렵다. 예를 들면 해밀톤은 남성과 여성, 사람과 다른 유인원 사이의 성적 차이는 대부분 – 우리의 성욕을 과장하기 위해서가 아니라, 우리가 수렵채취인으로서 오랫동안 걷고 종종 식량을 찾기 위해서 필요한 스테미너를 공급하기 위해서 – 성호르몬의 높은 수준을 유지하기 위한 장기적 선택의 결과라고 주장하였다.[21]

그러나 툴비와 드보아가 언급하였듯이, 큰 뇌와 두발걷기에서부터 도구사용과 상징적 능력에 이르기까지 현생인류를 특징짓는 대부분이 유전적으로 복잡하고 생물학적인 "비용이 많이 드는" 것들인데, 이는 이러한 특징들이 사실상 자연선택이란 복잡한 유형의 직접적 결과이며 적응이라는 사실을 제시한다.[22]

진화에 대한 이와 같은 단순한 소개만으로도 우주는 모든 것이 함께 조화롭게 움직이기 때문에 신에 의해 창조되어졌음에 틀림없다는 이론인 "설계로부터의 논증"이 왜 19세기 후반부터 거의 전세계적으로 과학자들에 의해 거부되었는지, 그리고 왜 전문적으로 교육을 받은 생물학자와 유전학자들은 인간이 단세포동물에서부터 진화하였고 지구상의 다른 모든 생명체와 유전적으로 관련된다는데 대해 의문을 품지 않는지를 쉽게 이해할 수 있다. 과학은 (1) 인간의 유전적 특질의 화학적 성질은 다른 생명체와 똑같이 작동하며, (2) 인간과 다른 동물간의 DNA 배열의 차이는 사소하여 예를 들면 사람과 쥐는 단지 2%만 다를 뿐이라는 사실을 보여준다. 사실 인간의 DNA 배열은 쥐, 식물, 개미, 공룡 등을 만들어내고 한때 만들어냈던 똑같은 유전자 코드를 포함하는데 이는 진화론적으로 정확히 예측될 수 있는 상황이다.

그러나 한편 왜 "설계로부터의 논증"이 그렇게 포기하기 어려웠는지도 쉽게 알 수 있다. 오늘날의 시점에서 과거를 돌아보면 진화는 사람의 보다 큰 뇌용량 같은 목표로 향하는 것처럼 보인다. 그러나 진화는 단순히 무작위적 변이의 사건이며 개인에서 개인으로 작용하는 것이다. 즉 성공적으로 번식하거나 번식하지 못하는 것은 전적으로 개인과 그의 유전적 물질이다.

생물학적 진화는 세상을 매우 복잡하게, 어떤 의미에서는 매우 아름답게 만들 수 있다. "자연선택"이 동식물을 특정한 목적을 위한 그리고 특정한 필요성에 부합하는 형태로 만들려는 이성적 동력에 따라 진행되는 것으로 보려는 경향도 있지만 이는 전적으로 잘못된 관점이다. 자연선택은 나중에 무엇이 필요하게 될지 "알지" 못한다. 이러한 의미에서 자연선택은 단순히 번식과 생존의 차등적 비율일 뿐이다.

만약 그렇다면 혈통 또는 계통에서 장기적으로 진화적 성공을 할 수 있는 열쇠는 무엇인가? 하나의 중요한 요소는 유전적 변이를 유지할 수 있는 능력이다. 전형적인 예가 호주에 토끼를 도입하면서 야기된 문제이다. 자연적인 천적이 없는 상태에서 토끼는 작물에 해를 가장 많이 끼치는 동물이 될 정도까지 개체수가 급증하였다. 토끼 수를 조절하려는 노력으로 병균을 도입하여 수 백만 마리를 죽였으나 유전적 변이 때문에 일부 개체들은 자연적으로 질병에 면역이 되었다. 후자의 토끼는 생존하였고 이 병에 저항력이 있는 개체군이 신속히 회복되었다.

에이즈 전염병이 증명하듯이 생명은 생존을 위한 생명 형태들간의 끊임없는 투쟁이다. 에이즈 바이러스의 "전략"은 형태를 신속히 바꾸고 발병을 늦추어 사람들이 다른 사람들에게 이미 바이러스를 전염시키고 난 뒤 한참 뒤에서야 괴롭히는 것이다. 그러나 분명 어떤 사람들은 바이러스에 자연적으로 면역이 될 것이고 아무리 전염병이 세상을 휩쓸어도 저항력이 있는 이들 사람들이 인구수를 다시 회복시킬 수 있을 것이다. 에이즈 바이러스가 지구의 모든 사람을 절멸시키리라고 걱정할 필요는 없다. 에이즈는 단순히 오랫동안 이어진 인간의 질병의 한 종류일 뿐이며 더욱 치명적인 질병이 도래할지도 모른다.

인간의 번식은 근친결혼이 문제가 되지 않는 한 유전적 변이가 더욱 증가될 것이다. 체코의 한 연구자는 근친결혼이 야기하는 문제에 대한 한 고전적 연구에서 동일한 체코 여자가 낳은 두 세트의 어린이를 비교하였다. 한 세트는 여자의 부친, 형제와 아들이 아버지가 된 161명으로 구성되었고, 다른 한 세트는 모친과 아무런 가족 관계가 없는 남자가 아버지인 어린이 95명으로 구성되었다. 근친결혼의 어린이는 태어날 때 또는 한 살 이전에 죽은 애가 3배 가량 많았고 정신질환, 귀머거리, 심장 이상과, 기타 만성적 질병에 12배 가량 많이 걸렸다. 또 다른 연구자는 4촌간에 낳은 어린이가 친족이 아닌 배우자의 어린이보다 2배 이상 유아사망률이 높다는 사실을 보여주었다.[23]

학자들은 많은 문화에서 발견된 "근친상간 금기"가 생물학적으로 기인한 것인지 또는 단지 문화적인 기반을 둔 심리적 구성개념인지에 대해 오랫동안 논쟁하였다.[24] 오늘날 많은 문화에서 사람들이 근친상간을 실시하고 있다는 것이 명백하며 우리는 그들이 과거에도 그랬던 것이 아닌가 의심한다. 그러나 이민, 혈연이 아닌 사람들 사이의 결혼, 그리고 그 밖의 요소들로 유전적 다양성을 유지하는 것은 명백히 생물학적 장점이 있는 것 같다.

진화론의 논쟁이 우리와 우리 선조에 적용되면서 불가피하게 우생학(개인을 선택결혼, 낙태 또는 사람 유전자의 직접적인 조정을 통하여 선택된 유전적 특징을 지닌 개인을 만들어내려는 시도)을 고려하지 않을 수 없게 되었다.

사람들은 유전적으로 선발된 특성이란 생각에 대하여 양면적인 가치를 갖고 있다. 예를 들어 우리는 해부학적 구조와 생리기능의 유전적으로 결정된 양상에 대해서 알고 있는 지식에 기초하여 평생동안 연습하지 않고도 모차르트 같은 위대한 음악가를 만들어낼 수 있고 배우지 않고도 뉴톤 같은 식견을 갖게 할 수도 있을 것이다. 다양한 종류의 "예능"에 대한 잠재력이 유전적으로 미리 결정된다는 이 생각은

많은 사회적 공작(engineering)의 궁극적인 가치에 이의를 제기하기 때문에 사회
개혁가에게는 특히 곤란할 것이다.

그러나 일종의 우생학은 이미 존재하고 있다. 매년 수 십만의 인간 태아가 다운
신드럼, 낭포성 섬유증, 헌팅턴병, 또는 기타 질병에 감염되어 있다는 유전적 테스
트를 받은 후 낙태되고 있다. 중국과 인도에서는 엄청나게 많은 태아들이 단지 여
자라는 이유만으로 낙태된다. 그리고 이러한 종류의 "우생학"은 크게 확산할 것이
라는 징조가 도처에 있다. 과학자들은 태아의 유전적 구조에서 개인이 나이가 들
면서 걸릴 수 있는 많은 다른 상황들, 예를 들면 알츠하이머, 조울병, 유방암, 대장
암, 비만증 같은 상황들을 지금 또는 조만간 정확히 예견할 수 있다. 또한 인간의
완전한 게놈 지도를 만들려는 현재의 시도가 완성되면 알콜중독, 동성애, 그리고
이전에는 주로 자연선택의 결과로 치부되었던 많은 다른 상황들도 예견할 수 있을
것이다.

만약 그렇다면 개인의 유전적 유형에 대한 단순한 분석(머리카락 하나, 손톱조각
하나, 개인의 어떠한 세포도 하나만 조사하면 가능하고 이는 현재 전혀 법적으로
보호되지 않는 프라이버시이다)만으로 결혼할 사람, 선거에서 투표로 선출한 사람,
개인의 교육에 대한 투자액, 그리고 많은 다른 선택에서 중요한 고려 사항이 될 수
있다.

단순하게 말해 유전적 특질에 대한 그러한 지식이 좋은가 나쁜가? 대답은 복잡
하고 궁극적으로는 가치의 문제이기 때문에 이 책을 읽는 독자는 누구나 이 점에
대한 논쟁이 늘어갈 것이라고 예상할 수 있다. 예를 들면 장기적인 진화 방정식에
서 우리의 최선의 "전략"은－우생학과 정반대의 프로그램인－가능한 많은 유전적
다양성을 유지하는 것이다. 어느 누구도 에이즈를 닮은 바이러스나 기타 질병에서
새로운 유전적 공포가 발생할지 예견할 수 없으며, 극히 일부 소수의 개인들만 그
러한 새로운 질병에 대하여 자연적인 유전적 면역을 가질지 모른다. 그리고 피부
암, 석면과 유기질 오염물질에 대한 노출, 또는 돌연변이에 의해 새롭게 나타난 일
부 질병에 대한, 아직은 존재하지 않는 돌연변이에 의한, 자연적 저항력이 우리가
하나의 종으로서 장기간 생존하기 위한 열쇠일 것이다.

진화는 단지 우리가 현재 잘 살아나가고 있다고 하여 결코 우리의 생존만을 위하
여 "과잉봉사"하는 것은 아니다.

🏛 문화 기원의 생태학적 맥락

황량한 한겨울,
차가운 바람이 윙윙대고,
대지는 쇳덩이처럼,
물은 돌처럼 단단했네;
오래 전
쓸쓸한 한겨울에 내린 눈 위에
또 다시 눈이 내리네

크리스티나 로제티(1830 – 1894)[25]

인간의 체질적, 문화적 진화에서 중요한 사실은 우리 종으로서의 결정적 발달 중 상당부분이 세계의 기후가 크게 요동치면서 평균적으로는 오늘날보다 추웠던 시기였던 500만년에서 1만년 전 사이에 아프리카와 남부유럽에서 발생하였다는 것이다. 우리의 첫 번째 직립(두발서기)선조 중 일부가 출현한 320만년 전쯤 대규모의 빙하가 북반부를 덮어나갔다. 이 빙하는 250만년 전쯤 더욱 커졌고, 우리의 조상들이 아프리카를 벗어났던 160만년 전쯤부터는 장기간의 극심한 추위, 즉 빙하기와 거의 요즘처럼 온난한 단기간의 간빙기가 반복되는 빙하시대로 들어섰다. 지난 160만년 동안의 기후변동기는 갱신세(Pleistocene) 또는 4기(Quaternary)로 알려져 있다. 기후가 변동한 이 시기와 우리 자신이 발달한 시기가 중복된다는 사실 때문에 학자들은 오랫동안 갱신세의 기후변화가 아마도 덩치가 더 크고 좀더 지혜로운 호미니드를 "선택하였던" 어렵고 힘든 환경을 야기함으로서 얼마간은 인간 진화를 직접적으로 다듬어나가지 않았나 의심하였다(그림 3.2). 그러나 기후변화와 인간변화 사이의 관계는 매우 복잡한 것처럼 보인다.

도시와 중앙난방으로 기후에서 피신한 현대의 개인에게는 추운 겨울이 약간 불편한 정도로만 느껴지지만 우리의 갱신세 조상들이 수 십만년 전의 남부 프랑스, 이태리, 중국, 그리고 오늘날에는 살만한 지역들에 살기 위해서는 당시의 잔인한 겨울을 이겨낼 수 있는 변통성과 강인성에 대한 도전이 요구되었다. 전진하고 퇴각하는 빙하, 그리고 빙하의 전진과 퇴각을 천천히 그러나 강력한 박동으로 작동하게 만드는 기후 체계가 인간 집단을 일부 지역으로 몰아넣고 다른 지역에서는 몰아내면서 지속적으로 유전자를 혼합하고 적응을 유도하여 우리의 문화적, 체질적 진화를 다듬어나갔다. 아프리카에서도 역시 갱신세의 커다란 기후변화가 때때로 이전에는 살만하였던 넓은 지역을 거대한 사막으로 바꾸었고 그리고 다시 사막을 삼림과 초원으로 변화시켰다.

전지구적인 평균기후는 지난 1400만년간 그전 어느 때 보다도 더욱 빠르게 오르내렸다. 그러나 때때로 1만년 정도의 간빙기가 있어 기후가 거의 오늘날 수준까지 올라갔다. 주 빙하기동안에도 기후가 상승하나 요즘 수준까지는 오르지 못하였던 짧은 온난기인 빙간기(氷間期)가 있었다. 고고학자들은 지난 1만년을 지칭하기 위하여 완신세(Holocene, 전신세)란 용어를 사용하지만 우리의 시대가 짧은 간빙기인지 장기적인 온난화 경향인지는 오로지 시간만이 말해줄 것이다.

빙하기 동안에 대빙원이 극지대와 고산지대로부터 퍼져 대부분의 고위도지대를 덮었다. 그리하여 가장 한랭한 시기 동안에는 대부분의 바다가 얼음으로 가두어져 해수면이 수 십 미터나 떨어졌고 오늘날 수 미터 바다 아래 있는 해안지역을 뭍으로 만들었다. 사람들이 세계 곳곳으로 퍼져나가도록 촉진하였던 대륙간 육교가 북미와 아시아, 유럽과 영국, 동남아와 태평양제도 사이에 형성되었다. 불행히도 갱신세 대빙원은 많은 결정적인 고고학적 유적을 박살내 버렸고 후빙기의 해수면 상승 역시 수많은 고고학적 유적들을 덮어버렸다.

빙하기 동안 지금은 상당히 온난한 많은 지역들이 빙하로 덮이거나 영구동토의 상황에 있었다. 중국의 일부 지역처럼 어떤 지역들은 오늘날보다 매우 건조하였다. 북미 같은 또 다른 지역에서는 빙하에서 녹아 내리는 물 때문에 호수와 삼림이 무성한 환경이 되었다. 갱신세의 커다란 기후 순환은 태양 방사에서의 변동, 조산활동, 지구 대기의 변화를 포함하는 여러 요소가 결합하여 일어난 것 같다.[26] 그러나 앞으로 수 십년 내에 세상은 "기후에 대하여는 누구나 이야기하나 아무도 기후가 어떻게 변할지 예측할 수 없다"는 판에 박은 문구가 무효화되는 것을 볼지 모른다. 우리는 산업혁명 이후 기후의 변화에 일련의 영향을 끼쳤던 것 같다. 다방면의 과학자들이 우리가 이미 "온실효과"(산업 오염의 결과로 평균적인 세계기후가 급격히 온난화함)의 결과를 보고 있다고 주장하였다. 일부 기상학자들은 이 책 독자의 일부가 여전히 생존하고 있을 21세기 중반경이 되면 뉴욕같은 해안도시들이 해수면 상승에 의해 부분적으로 범람될 것으로 예측한다.

우리 인간 종은 출현 후 처음 100만년간 또는 그 이상의 세월을 아프리카 그리고 아마도 아시아의 열대지역에서 보냈으며 우리는 100만년 전까지만 하더라도 그리고 아마 훨씬 늦게까지도 모두 아프리카인이었을 것이다. 설사 우리의 선조들이 100만년 이전에 아시아로 퍼져나간 증거가 확인된다고 하더라도 우리는 여전히 우리가 기원한 환경을 아프리카의 초원과 숲에서 찾아야만 한다.

여러 면에서 우리 종의 역사는 사바나 환경과 관련이 있어 보인다. 사바나는 나무가 드문드문 보이고 이따금 물웅덩이도 있는 상대적으로 편평하고 건조한 넓은 평원이며, 풀과 관목이 혼합된 식생이 얼룩말, 물소, 가젤영양 같은 초식동물의 대형무리를 부양한다. 나중에 살피겠지만 최초의 화석인류와 그들이 남긴 석기도 사바나를 가로지르는 호수와 냇가에서 발견되었다. 습하고 나무가 더 우거진 지역에서는 유물들이 보존되기도 발견되기도 어렵기 때문에 우리의 과거에서 사바나의 중요성이 과장되었을 수도 있다. 또한 숲에 사는 침팬지가 사바나 거주 침팬지보다 훨씬 더 다양한 도구를 사용하고, 더욱 협동적인 집단 사냥을 하며, 더 많은 협동과 음식 분배를 보여주는 것 같아 흥미롭다.[27] 그래서 인류의 최초 기원에서 사바나가 차지하는 중심적 역할은 실제라기보다는 외견상으로만 그렇게 보이는 허상일지도 모른다.

문화 기원의 증거

인간의 기원을 분석하기 위한 증거는 기본적으로 네 가지 종류가 있다. (1) 고생물학(paleontology)은 인류의 선조를 포함한 동물체의 옛날 형태를 연구한다. (2) 고고학(archaeology)은 우리 선조가 이용한 석기, 골각기 및 기타 도구를 포함하는 고고학적 기록을 분석한다. (3) 영장류동물학(primatology)은 인간과 먼 친척인 현생 영장류를 연구하는 학문이다. 영장류의 행위유형은 우리 선조의 행위에 대한 단서를 제공하며, 영장류의 유전자 조성은 우리의 공통적 혈통에 관한 문제를 해결하기 위하여 분자생물학적 방법으로 우리의 유전자조성과 비교될 수 있다. (4) 민족학(ethnology)은 현대 또는 근래의 수렵채집인에 대한 연구로 (비록 어떠한 현대의 인간 사회도 우리의 최초 선조와는 근본적으로 다르다고 간주되어야 하지만) 우리는 그들이 우리의 구석기 선조와 비슷한 환경과 유형에서 살고 있다고 가정한다.

인류학자는 이러한 네 종류의 증거를 이용하여 우리의 선조를 평범한 유인원에서 인간 존재로 바꾸어 놓는데 결합한 요인들에 관련된 가설인 "문화 기원의 모델"을 만들어 낸다.

인간 기원의 고생물학적 증거

최적의 인간 행위에는 9백 그램의 뇌 무게면 충분하다.
그 이상의 두뇌는 악행을 저지를 때 이용된다.

어니스트 후튼

19세기 사람들이 가장 받아들이기 어려웠던 생각 중의 하나가 종으로서의 우리가 인간이 아닌 영장류의 자손이라는 생각이다. 심지어 더 이른 선조는 작고 분홍색 코의 색욕적인 벌레먹는 동물이었던 것처럼 보이며 그 동물의 현대형인 뾰족뒤쥐(shrew)는 가장 사납고 효과적인 포식동물 중의 하나라는 사실을 그들이 그때 몰랐다는 것은 차라리 행운이었다.

공룡에서부터 나무뾰족뒤쥐를 거쳐 우리 자신에 이르는 전체적인 계기(繼起)로 보았을 때 이 지구 위에 살고 있는 동물의 진화에서 문화와 우리 자신의 체질적 형태의 출현을 이해할 수 있도록 도와주는 어떤 경향이 있는가? 하나의 가능한 답은 처음 문화를 잉태한 동물이 출현하기 이전 수 백만년 동안의 연속적인 동물형태에서 신체 크기와 뇌 크기의 비율을 비교함으로서 얻어진다. 해부학자인 헤리 제리슨은 각 동물의 전체 뇌 용적을 신체 크기의 2/3로 나눈 대뇌화지수(또는 뇌중량비)를 고안하였다. 간단한 이 지수가 전체 크기에서 뇌 용적의 비율을 표현한다. 인간의 평균 뇌 크기는 단지 수 백만년 만에 500cc에서 1450cc로 늘어날 정도로 그 증가 속도가 이례적으로 빠르지만, 전체적으로 보아 현생인류로서의 우리는 적어도 600만년 전에 시작하였던 과정, 즉 일부 동물 형태에서 신체에 비해 뇌가 차지하는 비중이 증가하고 아마도 지적 능력을 선호한 장기적인 자연선택을 수반하는 과정의 연장인 것 같다.

그러나 우리는 뇌 크기로 보면 정말 기형동물이기 때문에 이 장기적 진화과정에서 단지 또 다른 하나의 종 이상의 그 무엇인가를 나타낸다. 제리슨은 우리 자신을 포함한 여러 포유류에 대한 "대뇌화지수(뇌 크기와 서로간의 관련성을 설명하는)"의 목록(표 3.1)을 만들었다. 표에서 보이듯이 우리는 이 지수에서 우리와 가장 가까운 영장류 인척들과 엄청난 차이를 보이고 있다.

표 3.1 대뇌화지수 또는 신체/뇌 비율

영장류		신체/뇌 비율
고릴라(수컷)	1.53	(신체 172.4kg, 뇌 570g)
고릴라(암컷)	1.76	(신체 90.7kg, 뇌 426g)
침팬지(수컷)	2.48	(신체 56.7kg, 뇌 440g)
침팬지(암컷)	2.17	(신체 44.0kg, 뇌 325g)
인간(남성)	7.79	(신체 55.5kg, 뇌 1,361g)
인간(여성)	7.39	(신체 51.5kg, 뇌 1,228g)

왜 신체 대 뇌의 비율이 증가하는 방식으로 장기적 진화가 발생하였을까? 우리는 단지 이러한 발달이 분명 번식에서 유리하기 때문이라고 추측한다. 그러나 제리슨은 인간의 뇌 크기에 관해서 명심하여야 할 중요한 점은 매우 고도의 행위도 아주 작은 뇌 조직에 의해 제어된다는 사실이라고 강조한다. 하등척추동물의 행위적 적응은 여러 점에서 표유류의 행위적 적응만큼이나 뛰어나다. 포유류, 영장류와 인간종에서의 대뇌화는 행위의 개량과 연관하여서는 쉽게 설명될 수 없다. 아주 큰 양의 신경조직에 의해서만 이루어질 수 있는 종류의 정보 저장이 포유류에서 진화하였던 것은 틀림없다. 그러나 저장의 정확한 성질은 증명하기 어렵다. 더욱이 진화적 과정을 통한 뇌 조직의 "재편(rewiring)*"은 뇌 전체 크기가 증가하지 않아도 행위적 변화로 귀착될 수 있다.

왜 인간의 두개골 용적이 그렇게 급격하게 증가하였는지에 대한 일반적 설명은 대부분 경쟁과 연계된다. 리차드 알렉산더는 다소 환원주의적 견해를 취하면서 인간의 정신은 그 소유자의 유전적, 번식적 이익에 봉사하는 매체로서 진화하였다고 주장하였다.[28] 이러한 관점에서는 우리의 거대한 뇌가 우리의 유전인자를 전달하고 경쟁하기 위한 능력을 촉진하는 수단으로 진화하였다. 즉 인간이 정신적, 사회적 속성과 관련하여 그들의 선조 및 다른 모든 생물 종에서 크게 갈라진 이유를 그럴듯하게 설명할 수 있는 유일한 방법은 인간이 유일무이하게 자연에서 그들끼리 가장 큰 적대세력이─그들끼리 직접적으로 서로서로 경쟁하였다는 의미에서─되었다고 추정하는 것이다. 알렉산더에 따르면 인간끼리의 경쟁이 뇌의 크기를 증가

---

* 뇌 조직을 컴퓨터 같은 첨단기계의 복잡한 회로와 비교하여 배선을 바꾼다는 의미의 rewiring을 사용한 것임

시켰다. 알렉산더는 만약 인간이 멸종된다면 침팬지가 그들의 기질에서 가장 인간처럼 될 것이라고 주장한다. 우리 인간과의 경쟁 때문에 침팬지는 그들이 위치한 전문화 방향으로 진화한 것이다.

미래를 상상적으로 다룰 때 사람들은 엄청나게 큰 머리와 상대적으로 빈약한 몰골로 그려지곤 한다. 제린슨의 대뇌화지수 자료로 미루어 그것이 가능할까? 19세기의 많은 수술실에서는 태아의 머리가 너무 커 산모의 생명이 위험할 때 산모를 살리기 위하여 무시무시한 의료용 기구를 사용하여 태아의 머리를 부셨다(일부 민족지적 기록에 따르면 의료적 조치가 없다면 100명에 몇 명 꼴로 그러한 사태가 벌어진다). 요즘은 제왕절개술의 발달로 더 이상 그럴 필요가 없지만 아무리 유능한 산부인과 의사도 이러한 절차를 수행하는 것을 무서워한다.[29] 태아의 머리 크기와 산모의 골반 치수가 잘 맞지 않는 것은 제리슨이 확인한 경향에서 나타나지만, 인간의 뇌 크기는 사실 지난 10만년간 1300cc정도에서 고정되고 있다. 그러나 10만년은 지구상의 동물이 살아 온 전체 시간에 비하면 매우 짧은 기간이다. 그리고 대뇌화지수는 앞으로 수 백만년 동안 계속 증가하거나 또는 감소할지도 모른다. 여성 골반의 크기는 태어날 때의 머리 크기를 한정한다. 그러나 자연선택에 의해 유아시절에 머리가 급속히 커지는 사람이 만들어질 수도 있다. 반면 개인의 머리 크기, 또는 두개골 크기와 두개골 용량 사이의 관계가, 오늘날의 사회에서 어떤 사람이 얼마나 많은 생존가능하고 번식에 성공한 자식을 가질 것인가(우리의 진화적 상황에서는 근본적인 기준인)를 직접적으로 결정한다는 증거는 결코 없다.

"시간이 말해줄 것이다"라는 상투적 문구는 진화론적 연구에서 여전히 어느 정도 설득력이 있는 표현이다. 우리 인류 역시 어떤 의미에서는 지구에서 번식한 동물 생명체의 역사인 과거의 진화적 실험에서 "사라진 고리(missing links)"라고 할 수 있다.

그렇다면 또 하나의 질문이 제기된다. 사람들은 왜 그들이 생존하고 번식하는데 필요한 것 훨씬 이상으로 현명한가? 다음 장에서 다루겠지만 우리의 2/3 크기의 뇌를 가졌던 선조들이 성공적으로 석기와 다른 도구들을 만들었고, 엄청나게 많은 다른 동물들과 경쟁하였고, 자바에서 스페인에 이르는 지역을 그럭저럭 점유하였다는 결정적인 증거들을 우리는 갖고 있다. 50만년 전의 세계, 심지어는 10만년 전의 세계에서도 침팬지의 뇌보다 몇백cc정도만 큰 뇌로도 충분히 잘 살아날 수 있었다. 그렇다면 왜 우리는 양자역학, 아라비아의 동사 형태, 푸치니의 아리아, 에즈라 파운드의 시를 이해하기 위한 능력을 진화시켰던 것인가?

다시 한번 강조하는 바이지만 그러한 질문을 하려면 1만년 전 이전 수렵채집인으로서의 우리의 삶을 좀더 집중적으로 살펴보아야 한다. 지난 1만년 전에 출현한 농경과 도시화는, 갱신세의 우리 조상과 비교하면, 유전자에 기초한 우리의 정신상태에서 중요한 차이를 발생시키기에는 너무 짧은 기간이다.

●초기 영장류와 오스트랄로피테사인스

나는 모르나, 우리는 그를 '밥(Bob)' 이라고 부른다.
전 미국 국회의원 샘 어윈(그의 말 이름이 무엇인지 물어 보았을 때)[30]

고생물학적 증거로 되돌아가면 수많은 다양한 동물들이 2천만년 전까지 거슬러 올라가는 우리의 가계도(family tree)에 자리를 잡고 있다(그림 3.6). 멸종된 동물을 분류하는 것은 살아있는 동물을 분류하는 것보다 훨씬 논란이 많다. 그러나 전통적 분류에서 우리는 영장류목(primate order), 유인원아목(anthropoid suborder)에 속

3.6 동남아시아의 나무뾰족뒤쥐는 우리를 포함한 모든 영장류의 선조로 추정되는 벌레먹는 자그마한 쥐모양 동물과 상당히 닮았다.

하며 사람과 원숭이(ape, monkey)가 포함된다. 영장류의 다른 아목은 프로시미안 (prosimian)으로 여우원숭이, 안경원숭이 등이 포함된다. 우리는 호미노이드초과 (Hominoidea superfamily), 호미니드(인류)과(hominidae family)에 속하며 사람과 더불어 적어도 수 백만년 전까지 거슬러 올라가는 우리의 선조들이 여기에 포함된다. 호미니드는 성성원숭이과(pongidae)와 마이오세(Miocene, 2500-500만년경 전)의 어느 시점에서 분리되었다. 당시의 영장류는 적어도 16종의 호미노이드를 포함하며 그중 일부가 나무에 거주하는 네발 달린 동물로 우리의 유전적 라인에 있었을지도 모른다. 최근 엘윈 사이몬스는 이집트에서 카토피테쿠스(Catopithecus) 로 분류된 3600만년 전의 영장류를 발견하였으며 그것이 "인간 계보의 바닥, 뿌리 근처에 위치한다"라고 주장하였다.[31] 다람쥐 크기의 이 동물은 여우원숭이 같은 하등영장류와 구분되는 납작얼굴과 융합된 앞머리뼈 같은 다소 고등의 영장류 특징을 보유한다.

우리는 인간 계열이 다른 영장류와 언제 갈라졌는지를 결정하기 위해 화석 증거를 분자생물학적 증거와 결합할 수 있다. 콘로이의 DNA 분석에 의하면 긴팔원숭이(gibbon)는 1200만년 전쯤 우리 계열 및 다른 원숭이와 갈라졌으며, 오랑우탄은 1000만년경 전 고릴라 · 침팬지 · 사람 계열과 분리되었으며, 인간은 침팬지 및 고릴라와 500만년 전쯤 갈라졌다.[32]

이러한 연대추정과 계기성은 핵 유전자 물질에서의 변화율 추정에 기초하며 동물계에서의 이 변화율은 매우 다양한 것으로 알려져 있다(예를 들면 변화율은 설치류가 인간보다 훨씬 빠르다). 그러나 인간과 침팬지가 갈라진 시점에 대해서는 여러 분석 기술이 비슷한 연대치를 내놓고 있다. 그런데 우리의 조상이 500만년 전에 가까운 시점부터 두발걷기를 하였다는 증거가 일부 나오고 있기 때문에 분자시계를 어떻게 해서든 보정할 필요가 있을 것 같다.

어쨌든 문화의 진화에서 결정적 시기는 오스트랄로피테사인스가 처음 출현한 500만년 전과 세계의 모든 호미니드가 우리의 직접적 선조인 호모의 단일 종에 속하였던 50만년전 사이이다*

---

* 500 ~ 400만년 전 사이에 해당하는 오스트랄로피테쿠스 라미두스는 1995년부터 아르디피테쿠스 라미두스 Ardipithecus ramidus란 별개의 속으로 분류되고 있다. 라미두스를 제외하면 오스트랄로피테쿠스는 대개 400만년 전 이후에 존재한다

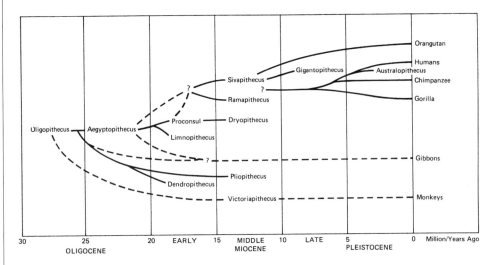

3.7 우리 선조 후보들의 유전적 관계를 단순화시킨 가설적 복원

　　고인류학자들은 400만년에서 100만년 전 사이의 시기에 초기 호미니드의 다양
한 종을 인지하고 있다. 꽤 많은 학자들이 초기 호미니드에서 적어도 아파렌시스
(afarensis), 아프리카누스(africanus), 로부스투스(robustus), 보이세이(boissei)를
포함하는 오스트랄로피테쿠스 4종을 인정한다. 이들 종은 여러 가지 해부학적 세
부형태와 존속 시기에서 차이가 있는 것처럼 보이며, 그들의 계통과 출계는 다양한
도식으로 배열되는데 그중 한 예가 그림 3.7에 보인다.

　　이들을 하나의 같은 속으로 분류한 것은 그들이 모두 (1) 비록 우리처럼 해부학
적으로 직립자세에 아주 잘 적합하지는 않지만 대부분의 시간을 두 다리로 서서 걸
었으며, (2) 고릴라나 침팬지보다는 약간 큰 뇌를 갖고 있었고, (3) 아프리카에서 살
았으며, (4) 치아의 여러 구조(예: 아마도 음식을 편리하게 갈 수 있게 하기 위한 어
금니의 평평한 면 등)가 우리와 유사하고 침팬지나 고릴라하고는 다르기 때문이
다. 학자들은 오스트랄로피테사인스가 어느 한 종이라도 석기를 사용하였는지에
대해서 논쟁 중이다. 그들의 화석이 간혹 석기와 함께 발견되고 있으나 공반 관계
가 애매하기 때문이다.

〈초기 오스트랄로피테사인스〉

　　문화기원에 관한 대부분의 이야기는 380만년 전을 넘어서부터 시작되는 것 같

다. 메리 리키는 당시 우리 선조들이 두 발로 서서 걸었음을 보여주는 사람의 발자
국을 케냐의 라에톨리에서 발견하였다. 두 명의 오스트랄로피테쿠스 아파렌시스
가 남긴 이 발자국으로 미루어 그들은 우리보다 엉덩이를 좀더 좌우로 뒤뚱거리면
서 다소 웅크린 모양으로 걸은 것처럼 보이므로 현대인만큼 걷는 모양이 맵시가 있
었던 것 같지는 않다. 그러나 그들은 분명 키가 1.4m와 1.5m인 직립한 생물체로
서로 다른 시간대에 이 하상(河床)을 걸어 다녔다.

두발걷기는 일종의 운명이다. 이제 손이 자유롭게 도구를 다룰 수 있고, 넓어진
시야가 미리 계획할(planning) 수 있는 시간과 거리의 감각을 제공한다. 사지와 두
개골의 배열이 인간에 가까워지면서 이제 영장류가 인간 같은 것으로 "변환" 되려
면 뇌 조직만 좀더 추가되면 되는 것 같다.

그러나 라에톨리 발자국 이후 100만년이 경과할 때까지도 석기를 사용하였다는
증거는 전혀 없기 때문에 도구가 존재하지 않는 직립 자세는 뭔가 다른 의미를 내
포한다. 이는 대략 체구가 우리(실제로는 우리의 2/3정도)만하고 시력, 후각, 보행
자세 등에서 우리와 비슷한 동물이 무서운 포식동물이 우글대는 세상에서 경쟁할
수 있었다는 것을 의미한다. 370만년 전의 이들 영장류는 스피드도, 발톱도, 송곳
니도, 밤눈도, 보호색도 없이 번성하였다. 라에톨리의 오스트랄로피테쿠스 아파렌
시스가 살았던 호수 바닥을 가로질러 걸어가노라면 아프리카 평원에서 오스트탈
로피테사인스와 경쟁하였던 호랑이, 코뿔소, 코끼리 등의 동물들이 보인다. 그렇게
붙임성 없는 오스트랄로피테쿠스가 어떻게 이러한 환경에서 생존할 수 있었는지
의아하다. 아마도 그들은 지혜, 보호적 인간관계, (작대기와 자연석을 이용하는) 침
팬지보다는 약간 뛰어난 도구사용 능력을 포함하는 문화적 행위란 결정적 요소의
원초적 형태를 이미 갖고 있었는지도 모른다.

만약 당시의 우리 선조가 이제 막 시작된 이러한 인간적 능력을 정말 갖고 있었
다면, 왜 문화가 출현하였는지에 대한 우리의 답변은, 사바나 환경에서의 생활과
두발걷기를 촉진하였던 기후의 미세한 변화에서 놓쳐버렸을지도 모른다. 우리 선
조가 숲의 거주자로 계속 남았다면 강한 어깨와 손힘(握力)과 민첩함을 선호하는
지속적인 자연선택이 있었을 것이다. 그리고 그들이 일단 사바나를 향하여 이동하
기 시작하면 자연선택에 의하여 그들이 다시 네발걷기로 쉽게 되돌아갈 수 없을 지
점까지 진화하였을지 모른다.

만약 초기 오스트랄로피테사인스의 증거로 라에톨리의 발자국만 있다면 우리는 인간 진화에서 결정적인 이 단계의 실상에 대해 거의 알지 못하였을 것이다. 그러나 최근 이들 개체 – 그리고 아마도 그들 선조의 일부 – 의 인골 자료가 점점 증가하고 있다. 가장 이른 오스트랄로피테사인스는 인간 계열을 창시한 후보 중의 하나로 꼽힐 수 있으며, 그들은 410만년부터 300만년 전 사이의 연대를 갖고 있는 화석으로 대표된다.

이디오피아의 하다 지역에서 우리는 25살 내지 35살난 여자 호미니드인 "루시"(비틀즈 노래 이름을 따라 명명된)를 포함한 상당한 양의 초기 인류를 발견하였다. 약 318만년 전, 루시는 키가 1.2~1.5m 정도밖에 안되지만 체구와 형태적 특징이 매우 다양한 영장류 집단의 일원으로 이디오피아의 강 유역을 따라 성큼성큼 걷고 있었다. 루시 및 그녀의 친지들과 결부된 석기는 한 점도 발견되지 않았다. 석기가 없기 때문에 루시와 그녀의 집단 – 발견자 중 하나인 도날드 요한슨이 붙여준 이름을 사용하면 "첫 번째 가족" – 에 대해서 별로 알지 못한다. 서로 다른 뼈의 숫자를 계산하여 본 결과 루시의 집단에는 4명의 어린이를 포함하여 최소 13명의 사람이 있었다. 지질학적 증거도 거의 없고 호미니드 근처에서 다른 동물뼈도 발견되지 않아 첫 번째 가족이 순간적인 범람으로 좁은 골짜기에 갇혔을 가능성이 제기되나 자료가 적어 우리는 결코 진실을 알 수 없다.

그러나 만약 "루시"와 그 집단이 두발로 걸었다면 두발걷기의 역사는 얼마나 거슬러 올라갈 수 있을까? 두발걷기라는 이 위대한 형질전환을 조명할 수 있는 증거들이 최근 여러 군데서 발견되기 시작하였다. 1990년과 1994년 사이에 하다 지역에서 특히 잘 보존된 두개골을 비롯한 53개체분의 호미니드가 발견되어 루시에 대한 일부 해석을 확증하는 것 같았으나 다시 새로운 문제가 제기되었다. 인류학자인 윌리엄 킴벨, 도날드 요한슨과 요을 랙은 루시보다도 100만년이나 빠른, 현재까지 발견된 가장 오래된 호미니드의 거의 완전한 뼈를 발견하였다.[33] 두개골의 연대는 그것이 화성암의 두 층 사이에서 발견되어 결정되었다. 바위가 칼륨(K)을 포함하기 때문에 칼륨의 방사성 붕괴율을 측정하면 각 층의 연대를 정확히 알 수 있다(제2장 참조). 이 두개골은 유인원처럼 턱이 튀어 나왔으며, 뇌용량도 적고, 눈두덩 뼈도 두껍게 튀어나와 사람보다는 유인원에 더 가까운 두개골이다.

팀 화이트는 가장 빠른 하다 화석의 일부를 초기 오스트랄로피테사인스와는 다르다는 전제하에 아르디피테쿠스 라미두스(Ardipithecus ramidus)라는 새로운 속(屬)으로 분류하였다. 하다의 이 화석은 유인원 같은 몸체와 작은 두뇌, 하지만 두발로 걷는 선행 인류의 종이 거의 100만년간 중요한 해부학적 형태 변화 없이 존재하였다는 사실을 제공한다. 오스트랄로피테사인스를 우리 인간 종으로 전환시켰던 진화의 동력이 무엇이던 간에 그 당시에 적어도 지성이란 면에서는 천천히 진보하였거나 아직은 존재하지 않았던 듯 하다. 사람처럼 두발로 걸었지만 루시와 친구들의 몸 대 뇌의 비율은 어떠한 완전한 지성적 또는 정신적 삶도 배제할 정도로 작다. 루시의 뇌는 소프트볼보다 약간 클 정도이며, 그녀나 동료가 도구를 사용하였다는 증거도, 문화적이었다는 증거도 없다. 그러나 이들 오스트랄로피테사인스가 유인원보다 그렇게 크지 않은 뇌를 갖고 있었다는 사실이 이러한 점에 대한 결정적 증거는 아니다. 인간의 뇌는 아마도 크기에서의 증가와 더불어 내부적 "재편(rewiring)"에 의해 진화하였을 것이고, 우리는 후자가 어떻게 야기되었는지에 대해서는 거의 모른다.

고인류학에서 늘 그러하듯이 우리는 시료의 편차에 대해서도 조심하여야만 한다. 오스트랄로피테쿠스 아파렌시스의 시료는 증가하고 있지만 우리가 시료를 채집한 지리적 범위와 기나긴 시간 폭을 감안하면 모든 결론은 가설적인 것으로 받아들여야만 한다. 예를 들어 킴벨, 요한슨과 락크는 원시적이나마 두발로 걷는 이 짐승들은 수 백만년이 지나도록 별개의 혈통(lineage)으로 분화되지 않았다고 주장한다. 그들은 그들의 발견이 그 지역에서 발견된 선행 인류의 모든 표본이 동일 종이고 단 수컷이 암컷보다 현저하게 클 뿐이라는 그들의 견해를 지지한다고 말한다. 그러나 이 견해를 반박하는 학자들도 있다. 그들은 이들 화석을 단일 종으로 분류하기에는 화석의 크기와 여러 특징에서 차이가 너무 크다고 믿는다. 후자에 의하면 보다 큰 뼈를 가진 크고 강건한 종이 작고 연약한 종과 같은 지역에서 공존하였으며 전자는 혈통이 끊겼지만 후자가 사람으로 진화하였다고 본다. 그들의 관점에서는 두 개의 상이한 혈통이 루시 시대 이전, 300만년보다 훨씬 이전에 이미 갈라졌다는 것이다.

우리의 선조가 400만년 전에 이미 두발로 서서 걸었다는 견해를 지지하는 또 다른 화석이 최근 케냐에서 발견되었다. 1995년 8월 인류학자인 미브 리키가 서북 케냐의 투르카나 호수 지역에서 390~410만년 전으로 측정되는 호미니드 화석의 턱,

치아, 그리고 귀 부분을 포함하는 머리뼈조각과 다리뼈를 발견하였다.[34] 리키는 이 화석을 오스트랄로피테쿠스 아나멘시스(A. anamensis)로 명명하였다. 이들 화석은 기존에 알려진 다른 초기 선조들에 비해 두개골과 치아구조에서 원시적 성질을 보유하고 있는데, 하악골의 치열(齒列)이 거의 평행하고*, 송곳니의 뿌리가 길고 튼튼하며, 어금니가 넓게 벌어지고, 귀가 바깥쪽으로 작게 타원형으로 열려있다.

그러나 리키는 "반면 팔다리뼈는 상대적으로 현대적인 형태를 갖고 있으며 다리뼈의 모습은 인간의 선조가 이렇게 이른 시기부터 두발로 걸었음을 나타낸다"라고 언급한다. 리키는 또한 새로 발견된 이 화석이 여러 면에서 "루시"와 팀 화이트가 아르디피테쿠스 라미두스로 명명한 가장 이른 하다 화석과의 중간적 형태를 띠고 있다고 말하였다.

초기 인류가 두발로 걸었다는 설득력 있는 증거가 또 하나 있다. 문자 그대로 또는 비유적으로, 인간의 발보다 잘 걷는 것(pedestrian)은 찾기 힘들다. 그러나 사람이 두발로 걷는(兩足) 동물이 되었던 (혹은 이미 되어버린) 결정적 시기에 대한 고고학적 기록은 단지 보존상태가 그런대로 좋은 발 관절뼈 네 마디뿐이다. 남아프리카의 스테르크폰테인 동굴에서 출토된 이 뼈는 350만년경 전으로 추정되며,[35] 인간의 두발서기의 기원에 대한 또 다른 논쟁을 유발시켰다(그림 3.8). 오스트랄로피테사인스의 것으로 보이는 이 뼈로 미루어 당시의 호미니드는 여전히 나무를 기어 오를 수 있는 능력을 유지하였던 것 같다. 보존된 뼈 중의 하나는 엄지발가락인데, 이는 이 개체가 유인원형과 인간형의 이동 능력을 모두 보유하였음을 제시한다. 근본적인 해부학적 구조는 서서 걷는 개체의 것임에 틀림없으나 엄지발가락은 유인원에서처럼 옆으로 크게 벌어져 나무를 탈 수 있게 매우 유연하고 맞잡을 수 있는 대향성(對向性) 구조이다.

현생인류와 같은 완전한 두발걷기는 훨씬 후대에서야 나타난다고 주장하는 학자들도 있지만, 아프리카 여러 곳에서의 증거에 따르면 두발걷기는 늦어도 350만년 전에는 확립되었다.

이상의 내용을 요약하면 인간의 두발걷기는 400만년 전 또는 그 이전으로도 올라갈 가능성이 있지만 왜 두발걷기가 발생하였는가에 대해서는 막연한 추측만 있

---

*아래턱 모양이 침팬지는 U자형이며 사람은 포물선형인데 아마넨시스는 U자형에 가깝다(그림 3.11)

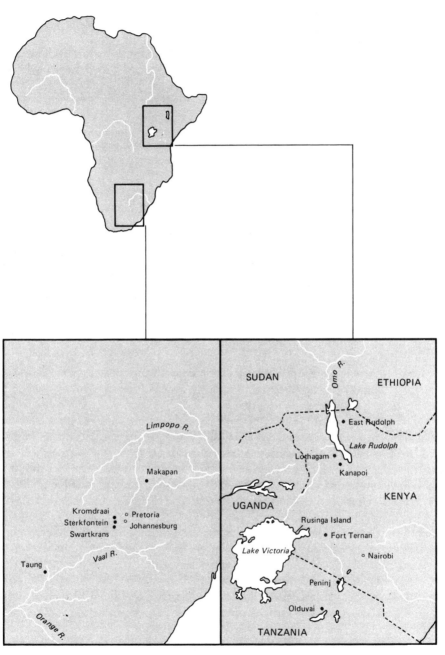

3.8 동아프리카와 남아프리카의 초기 호미니드 유적 분포

을 뿐이다. 아마도 이들 동물이 기후 변화로 사바나에서 살게 된 것이 주된 요인일 것이다. 어쨌든 이들 오스트랄로피테사인스에 대해 가장 중요한 점은 그들이 두발로 걸었고, 두발걷기가 문화의 진화에 자극이 되었던 아니었던 간에 우리의 선조들은 두발걷기 이후에 곧 출현하였으며, 이것이 우연한 상호관계는 아니었다고 추정할 만한 이유가 있다.

● 호모의 출현

원숭이는 거울을 들여다 볼 때 원숭이를 본다는 점에서는
사람보다 우월하다

말콤 드 까잘

오스트랄로피테쿠스와 호모(사람속)의 경우처럼 연속된 호미니드를 두 집단으로 분류하고 서로 다른 이름을 붙이는 어떠한 생물학적 분류에서도 어느 정도의 인위성이 필연적으로 수반된다. 우리가 자료를 아주 오도하지 않은 이상 우리가 첫 번째 호모라고 부른 것은 오스트랄로피테사인스의 종과 아종의 교배에서 발생하였으며, 그래서 이들 두 개의 다른 종명은 점진적으로 축적된 해부학적 차이를 집합적으로 기술한 것이다.

호모가 오스트랄로피테사인스를 계승하였다는 것은 이제 확실한 것 같다. 오스트랄로피테사인스와 초기 호모의 관련성에 대하여는 중요한 논쟁들이 남아 있다. 그러나 양자의 유전적 관계가 어떠하던 간에 여러 증거들이 초기 호모가 (1) 루시와 동료들보다 한참 늦은 250만년 전 이후에 출현하였으며, (2) 오스트랄로피테사인스보다 다소 큰 뇌(즉 600cc 정도이거나 그 이상)를 갖고 있으며, (3) 석기를 제작하였고 – 또는 적어도 그들 중 일부 집단이 그랬고, (4) 아프리카를 벗어난 첫 번째 호미니드였다는 견해를 일반적으로 지지한다. 초기의 호모는 대개 호모 하빌리스 (Homo habilis) 또는 호모 에렉투스(Homo erectus) 중의 어느 하나로 귀속된다.

지금까지 알려진 가장 이른 석기는 2~3백만년 전 사이에 속하며, 이 석기가 호모로의 전이에서 중요한 표지일지 모른다. 루시를 포함한 다른 모든 영장류도 의심할 나위 없이 여러 가지 목적을 위하여 나무막대기나 자연석을 이용하지만 석기를 만든다는 것은 미가공된 자연돌덩이리들 속에서 완성된 유물을 머리 속에서 미리 그려보는 것을 필요로 한다. 석기가 처음 만들어졌을 때에는 두벌걷기 뿐 아니라 뇌 크기의 증가도 이미 진행 중이었으므로 석기의 제작은 인간성으로의 전체 여정 중에서 다소 후반부에 속한다. 토스는 "유인원의 도구 사용이 진화를 선호하는 방향으로 직접적으로 선택된 것은 아니며 오히려 문제를 푸는 능력이 시간이 흐름에 따라 점차 증가하면서 생긴 부산물이다"라고 제안하였다.[36] 그러나 일단 인간이 석기를 만든 다음에는 그 능력이 그들이 진화하고 전세계로 퍼져나가는 속도에 중요한 요소가 되었다. 200만년 전의 세렌게티 평원에서 키가 1.2m 정도인 호미니드가 이제 막 사냥되었거나 졸고 있는 사자가 잡아먹고 남긴 작은 영양 시체에서 영양가 있는 부분을 떼어내려고 애쓰는 모습을 상상하면 도구가 우리 선조에게 있어서 얼마나 중요한지가 잘 이해될 수 있을 것이다. 콘돌 독수리와 고기를 주워먹는 다른 동물들이 이미 약탈한 후에야 손톱, 발톱을 이용하여 남은 고기를 뜯어먹고자 시도한다. 루시의 상대적으로 강한 이빨로도 그 작업은 힘들었을 것이다. 가장 영양가 높은 부분인 간, 뇌와 다른 내장들은 가죽과 살과 뼈의 두터운 층으로 보호되어 우리 선조가 할 수밖에 없었던 나약한 찢는 동작만으로는 한계가 있다. 그러나 이 지역 여기저기에 널려져 있는 석영암 자갈돌 하나에서 떼어낸 조각만으로도 여러 명의 생명을 구할 수 있는 식량을 즉석에서 얻을 수 있다.

석기를 사용하고 만든 최초의 호미니드는 아마도 오스트랄로피테사인스의 한 종(용암 덩어리를 서로 부딪쳐 때어 내어 만든 단순한 석기가 이디오피아의 250만년 전 화산재 층 밑에서 발견됨[37])이거나 초기 호모이었을 것이다. 그러나 최초의 도구제작자가 어떤 종이었냐는 여전히 문제가 많고 논쟁중이다. 우리가 만약 최초 호모의 완전한 유골을 많이 갖고 있다면 이러한 논쟁의 일부는 해결될 수 있으나 실제로는 충분한 표본을 갖고 있지 못하다. 인류학자는 대부분 호모 하빌리스란 범주를 이용하여 호모 에렉투스와 우리 현생인류로 계통이 이어지는 종을 언급하며, 대표적인 예가 188만년 전경으로 추정되는 KNM-ER 1470 두개골*이다. 호모 하빌리스의 뇌용량은 작은 오스트랄로피테사인스와 호모 에렉투스의 중간쯤에 속하는 660cc 정도이며 남아프리카와 이디오피아에서 표본이 확인되고 있으나 새로운 발견이 이루어지면 분류학적 위치가 변화할 수도 있다.[38] 호모 하빌리스의 두개골과 다리뼈 일부((OH 62로 알려진 화석)가 최근 올두바이의 180만년 전경으로 추정되

---

* 1972년 케냐의 쿠비포라에서 출토된 화석으로 최근에는 호모 루돌펜시스로 분리하기도 한다.

는 지층에서 발견되었는데 호모 하빌리스 전반에 대한 흥미로운 의문점을 제기한다. 첫 번째는 이 화석이 여자 성인인데도 키는 1미터에 불과하여 그보다 130만년 전에 살았고 키가 1.1~1.2m 사이였던 "루시"보다도 작다. 우리는 호미니드의 키가 인류의 진화와 더불어 점차 커 가는 경향을 알고 있기 때문에 인간의 키가 사바나의 강한 선택적 압력 아래서 점진적으로 꾸준히 증가하였을 것이라고 믿어 왔다. 그런데 OH 62는 이 경향이 일정하지 않을 수도 있다는 것을 보여준다. 단순히 OH 62만 예외적으로 작은 사람이었을 수도 있다. 그러나 OH 62는 골격학적으로 루시와 매우 유사하며, 일반적으로 180만년 전까지는 초기 호모와 오스트랄로피테사인스와의 체구 차이가 매우 작았던 것으로 간주할 수 있다.

1984년, 리처드 리키가 이끈 팀이 투르카나 호수 서쪽에서 호모 에렉투스(KNM-WT 15000)를 발견하였는데 160만년 전 정도로 추정되는 거의 완전한 상태의 화석이었다.[39] 그때까지 알려졌던 다른 화석들에 비해 이때 이미 이렇게 현대적이고 "총명한" 호미니드가 존재하였다는 것은 다소 놀라운 사실이다(이 문제는 다음 4장에서 좀더 자세히 다루겠다).

인간의 혈통에 대한 이러한 많은 논쟁들은 의심할 여지없이 앞으로도 계속 진행될 것이다(그림 3.9). 그리고 현재 시점에서 확실한 것은 300만년부터 150만년 전까지 키 1.25~1.75m의 두발로 걷는 영장류가 아프리카, 중동과 아마도 동쪽 멀리 중국의 초원과 숲을 돌아 다녔으며 적어도 이들 중 일부가 도구를 제작하였다는 사실이다.

<u>문화의 기원에 대한 고고학적 증거</u>　만약 그림 3.9에 나타나는 계통발생의 하나가 옳다고 가정한다면 우리의 선조가 실제 어떻게 살았으며 시간적으로 어떻게 변화하였는지를 파악하기 위해 고고학적 기록을 먼저 살펴 볼 수 있다. 항상 그렇듯이 문제는 빈약한 증거에 있다. 아마도 우리의 기원을 상세히 이해할 수 있는 유일한 방법은 2~3백만년 전 동아프리카 사바나의 물가 주변에서 저녁 무렵 모여 있던 초기 호미니드를 화산이 폭발하여 덮어버린 폼페이 같은 유적을 찾는 것이다. 만약 당시 호미니드가 먹이감을 주워오거나 사냥하여 그것을 석기로 잘라내고 먹이가 떨어져서 자고 있는 동료들에게 나누어 준 후에 화산폭발이 일어났다면 과학적으로 더욱 유용할 것이다.

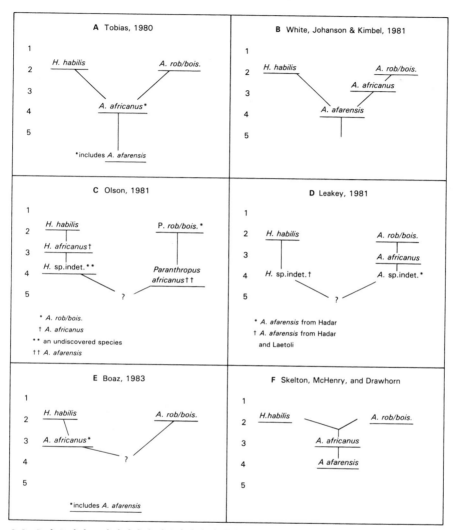

3.9 초기 호미니드 사이에서의 계통발생적 관계에 대한 가설적 복원 여섯 가지

이와 같은 초기 호미니드 유적이 아직까지는 전혀 발견되지 않았지만 어딘가에 존재할 가능성은 있다. 1902년 마티니크섬에서 화산 폭발로 섬 일대에 용암, 재와 각종 잔해가 폭포처럼 쏟아지면서 28,000명이 단 몇 분만에 사망하였다. 그리고 우리들은 폼페이에 남겨진 놀라운 고고학적 증거들을 보고 있다. 그러나 현재로서는 문화의 진화가 처음 시작된 시기에 대한 직접적인 고고학적 증거는 매우 미약하다.

단지 몇몇 소규모의 유적들이 있을 뿐이며 그나마도 거의 모두가 남아프리카와 동아프리카에 위치한다.

500만년 전쯤 거대한 호수가 동아프리카 중부, 현재 세렝게티 고원의 130 평방 km 가량을 뒤덮었다. 우리의 호미니드 선조를 포함한 많은 동물들이 아주 오랫동안 이 호수 주변에서 살았으며, 그 결과 오늘날에는 그들의 화석화된 뼈가 과거의 호숫가와 호수 바닥을 형성한 흑색점토층 속에 두텁게 분포하고 있다. 이 곳에서 문화를 잉태한 동물들이 출현하기 50만년 전쯤, 호수와 주변 지역에는 극적인 지질학적 활동이 전개되었다. 호수 근처의 화산이 수 백만년 동안 폭발하고 있었고 특히 150만년 전쯤에는 화산 활동이 맹렬하여 화산에서 분출한 용암과 재가 호수의 남부를 수 미터 두께로 덮어버렸다. 비슷한 폭발이 수 천년간 지속되었으며 오늘날 우리는 중첩된 재층의 두께를 계측하여 개별적 화산폭발의 강도를 측정할 수 있다. 이러한 화산폭발이 발생한 동안과 그 후의 이 곳 기후는 건조한 시대와 습윤한 시대가 반복되는 주기가 시작되었다. 이렇게 화산 활동과 기후 변화가 수 백만년 동안 반복되면서 원래의 호수와 주변 땅들은 모래와 재와 호수침전물로 이루어진 100미터 두께의 퇴적층으로 바뀌었고, 그 표면이 현재의 세렝게티 고원이다. 옛 하천이 여러 지점에서 이 고원을 침식하여 올두바이 협곡이 만들어졌고 퇴적층 속에 묻혀 있던 초기 호미니드의 화석과 유물들이 집중된 유구가 많이 노출되었다. 이들 유적들이 호모 종이 출현할 무렵의 인간 활동을 가장 잘 보여주는 고고학적 기록이다.[40]

대표적인 유적이 DK I 유적으로 방사성연대에 의해 175만년 전으로 측정되었으며 올두바이 협곡에서 가장 오래된 유적 중의 하나이다. 유적은 뼈, 가공·미가공된 돌과 기타 다른 잔해들이 수 미터 두께로 퇴적된 층으로 구성되었다. 퇴적양상이 하도 복잡하여 호미니드의 점유층을 확실히 분리할 수 있을 정도로 층위를 구분하기는 어렵다.

DK I에서 가장 두드러진 고고학적 유구는 돌과 뼈가 집중되어 있는 반원형의 돌무더기이다. 지름이 3m 정도 되고 구멍이 많이 뚫린 현무암덩어리로 이루어진 이 유구는 바람을 막기 위한 기초*나 기타 다른 임시적 구조로 해석되기도 하지만 결

---

* 천막이 바람에 날아가지 않게 주변을 눌러 놓은 돌

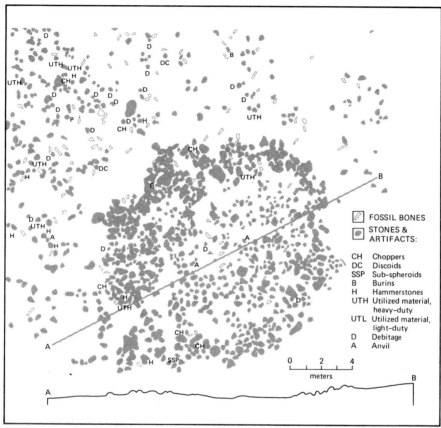

3.10 DK I 유적. 원형의 돌무지와 거주면 잔존물의 평면도. 유물을 포함한 돌은 회색으로, 화석
은 윤곽선으로 표현하였다. 이 유적은 175만년 전 호미니드가 세운 근거지이거나 바람막이
였을지 모르나 증거는 애매하다.(CH 찍개, DC 원반형석기, SSP 여러면 둥근석기, B 새기개,
H 망치돌, UTH 큰 작업에 쓰인 재료, UTL 작은 작업에 쓰인 재료, D 부스러기, A 모룻돌)

정적인 증거는 없다. 여기에서 발견된 도구는 올두바이 I층 및 II층에서 출토된
석기와 유사하다. 거칠게 떼어낸 수백 점의 돌 중 일부는 사용한 흔적이 나타나며
나머지는 단순히 제작과정의 부산물이다. 이 유적은 다양한 석기와 동물뼈가 많이
출토되어 호미니드의 근거지로 보기도 하나 증거는 여전히 명확하지 않다.[41]

또 다른 올두바이 유적인 FLK I도 매우 중요하다. 여러 층에서 루이스 리키가 진
잔드로푸스(Zinjanthropus) 또는 오스트랄로피테쿠스 보이세이(A. boisei)라고 명
명하였으나 많은 인류학자들이 석기 제작자라고 보지는 않았던 초기 호미니드의

화석을 포함하여 다양한 종류의 호미니드 화석이 같이 발견되었기 때문이다. "진 잔드로푸스층"은 1036m² 범위에 수천 점의 가공된 돌 조각과 포유류 동물뼈 3500 점이 분포되어 있었다. 가운데 있는 지름 5m의 원형에 가까운 작업 공간에 많은 석 기와 뼈조각이 집중되어 있어 임시 주거 또는 야영지의 흔적으로 추측된다.

아프리카에서 200만년 전쯤의 석기가 반출된 유적은 매우 드물지만 쿠비 포라에 서는 늦어도 230만년 전으로 추정되는 조잡한 석기가 출토되었다.

올두바이, 쿠비 포라, 그리고 다른 몇몇 유적에서 출토된 이들 초기 석기들은 우 리 선조들의 특질을 일부나마 암시한다. 니콜라스 토스의 올두완(Olduwan) 석기 연구에 따르면 170만년 전 올두바이의 우리 조상들은 주로 오른손잡이였다.[42] 즉 격지를 떼어낼 때 몸돌을 어떻게 잡고 있었는지를 보여주는 석기 흔적에 기초하면 올두바이의 호미니드는 90%가 오른손잡이로 현대인과 비슷한 비율을 나타낸다. 토스는 또한 고고학자들이 올두바이의 대형 "몸돌석기"가 도구 제작의 최종 목적 이라는 잘못된 생각을 갖고 있다고 비판하였다. 그는 올두바이에서 출토된 소위 "주먹도끼"의 사용흔적을 분석해보니 실제 사용을 나타내는 흔적은 거의 없으며 따라서 도구 제작의 대상물은 격지이고 주먹도끼와 기타 몸돌석기는 많은 경우 도 구 제작의 부산물이라고 주장하였다.

이들 도구가 어디에 사용되었을까라는 질문은 우리의 초기 진화의 본질에 대한 논쟁에서 중심적 역할을 담당한다.

비교 영장류동물학과 문화의 기원

많은 연구자들이 인간 진화를 침팬지가 한쪽 끝에서 들어오고
현대의 수렵채집인이 다른 쪽 끝으로 빠져나가는
긴 통로로 바라본다.

투비 · 드보와 [43]

우리의 기원을 연구하는데 영장류 연구를 이용하려면 우리가 영장류와 다른 점 을 명확히 규정하여야 한다. 투비와 드보와는 우리가 다른 현대 영장류와 근본적으 로 다른 점을 (1) 두발걷기, (2) 적절한 상황에서 남성의 집중적인 부성적 투자와, 여성의 모성적 투자의 증가, (3) 사냥과 고기 소비 정도 (4) 생활사(life history)에서의 변화와 연결되는, 수명의 연장, 자식에 대한 투자 기간의 증가, 유아 양육기간(어린 자식을 부모가 육체적으로 그리고 직접적으로 보호하는 기간)에서의 현저한 증가, (5) 열대우림에서 사바나지역에 이르는, 그리고 최종적으로는 모든 다른 육상의, 생태지역으로의 확장, (6) 항상 성적 수용이 가능한 숨겨진 배란주기, 이상의 여섯 가지 영역으로 나열한다.

침팬지와 우리 자신이 늦으면 500만년 전까지도 공통된 조상을 가지고 있었다면 이러한 차이는 어떻게 발생하였는가?

어떤 학자들은 현대의 영장류를 연구한다고 해서 우리의 기원에 대해서는 별로 도움이 되지 않는다고 생각하는 반면 어떤 학자들은 인간적인 모든 것에 대한 원형적(prototypical) 행위를 영장류에서 찾고자 한다. 예를 들면 테레키는 짐승사냥, 음식공유, 협동, 물건의 운반, 평생의 혈연적 유대, 성에 의한 노동 분업, 근친상간 금기, 도구제작, 언어적 능력, 오랜 기억의 유지 등 사람이 하는 사실상 모든 것을 인간 이외의 영장류도 행한다고 주장한다.[44]

영장류동물학의 연구를 인간 기원의 질문에 적용하는데 있어서의 주된 문제점은, 밀렵꾼이 남아 있는 이들 동물 집단을 절멸시키고 있다는 사실과는 별개로, 그들을 순수하게 과학적인 절차를 따라 관찰하지 않는데 있다. 관찰자들은 부분적으로는 그들 자신의 개인적 관점에서 영장류의 호전성, 권세 등을 바라보며 그래서 문화기원에 관한 그들의 모델은 객관성에 의심의 여지가 남는다.

침팬지와 유사한 선조로부터 사람이 출현되는 체질적 변화부터 살펴보자. 다리는 신체 크기에 비해 크게 길어져야 한다. 엉덩이와 무릎 관절은 두발걷기가 가능하도록 위치가 바꾸어져야 한다. 척추뼈는 두발로 걸을 때의 충격에서 뇌를 보호하기 위하여 S자 모양의 곡도로 발전하여야 한다. 얼굴, 턱과 치아는 초기 영장류의 U자형 배열, 돌출된 송곳니와 앞니의 구조에서, 축소된 송곳니와 어금니, 찢기보다 갈기에 적응된 곡선적인 인간의 치열로 변화하여야 한다(그림 3.11). 우리는 유인원으로부터 오랫동안 진화해 나오면서 체모의 대부분이 없어졌으며, 우리의 성적 기관과 행위도 크게 변하였고, 우리의 뇌는 크게 팽창하였고 아마도 "재조직" 되었다.

신체 크기란 단순한 문제부터 먼저 살펴보자. 많은 영장류 종을 조사해 본 결과 이성간의 크기 차이가 심한 경우는 그렇게 흔하지 않다.[45] 그래서 "현저한 형태적, 행위적 동종이형(同種異形, dimorphism)은 영장류의 원시적 특징이 아니라 생활의

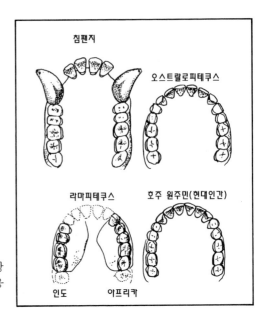

3.11 이빨은 모든 신체 부분 중에서 가장
잘 보존되며 영장류의 음식물과 적응
에 대한 유용한 척도이다.

특정 유형과 관련하여 특정 종(種)에서 진화한 것이다."[46] 어떠한 생활 유형이 동
종이형을 발생시켰는지에 대한 단서를 현존하는 영장류의 성별 체구 차이에서 찾
아 볼 수 있다. 나무에서 대부분의 생활을 보내는 긴팔원숭이(gibbon)는 암컷과 수
컷의 체구가 거의 같다. 반면 시간의 일부를 땅 위에서 보내는 침팬지는 일반적으
로 수컷이 암컷보다 크다. 거의 전적으로 육상에서 생활하는 고릴라는 수컷이 암컷
보다 평균적으로 거의 두 배 이상 크다. 왜 암수의 체구 차이가 생활의 영역과 연관
성을 나타내는가?

　암수의 동종이형이 발생하고 아울러 호모 사피엔스 사피엔스의 암수 모두의 체
구가 전체적으로 커지는 방향으로 진화한 것은 아마도 포식동물에 대한 방어의 필
요성에서 비롯된 듯 하다. 우리의 선조들은 표범 등의 대형 고양이과 동물과 그 밖
의 육식동물에 의한 경쟁과 약탈이 심각하였을 사바나 유형의 개방된 환경에서 분
명 진화하였다. 그래서 이러한 환경에서의 인류의 진화가 체구가 좀더 커지는 방향
으로 나아갔다는 것이 전혀 놀라운 사실은 아니다. 인간이 총이나 조잡한 창이라도
갖고 있으면 어느 정도 적당히 방어를 할 수 있으나 도구 사용이 적절한 선까지 도
달하기 이전에는 신체 크기의 증가를 선호하는 강력하고 직접적인 자연선택이 분
명 존재하였다. 최초로 도구를 사용한 선조는 겨우 키가 1~2m, 몸무게가 27~

32kg 정도에 불과하여 주변의 다른 동물들을 감안하면 정말 변변찮은 경쟁자이었다. 오늘날 아프리카 사바나에서 비비원숭이 개체군은 때때로 표범이나 사자에 잡아먹히면서도 부분적으로는 강한 앞니와 어금니, 뛰어난 체력 때문에 생존할 수 있다. 그러나 천만년 전 우리의 먼 선조들은 이러한 이빨에 의한 방어력을 아마 상실하였을 것이다. 또 다른 요소는 암컷이 체구가 큰 수컷과 짝을 짓는 것을 선호한 탓인지 모른다. 덩치가 큰 개체는 먹이를 마련하고 방어하는 능력과 이러한 자질을 가진 새끼를 낳을 수 있는 능력이 보다 뛰어났을지 모른다.

그러나 영장류의 체질적 특질과 특히 사회적 행위를 그들의 물리적 환경이란 특질에 기초하여 결론을 도출한다는 것은 매우 애매하고도 어려운 작업이다. 어떤 동물종에서는 암수의 동종이형이 음식물을 섭취하는 전략에서의 암컷과 수컷의 차이와 연결되는 것처럼 보인다. 이러한 점이 우리의 초기 영장류 선조에게도 어느 정도 중요하였을지는 모르나, 도구의 사용이 시작되고 인간의 사회조직이 배태되자마자 암컷과 수컷이 먹는 식량의 종류는 상당히 중복되었을 것이다.[47] 그럼에도 불구하고 초기 호미니드의 암컷과 수컷은, 수컷이 사냥을, 암컷이 채집을 전문으로 하기 시작하자마자 점점 더 다른 자연선택의 압력에 놓이게 되었을 것이다. 전문화는 비교적 늦게 그리고 산발적으로 출현하였던 것 같다.

크룩크는 인간에서의 동종이형이 사망률의 차이와 결부될지 모른다고 지적한다. 현대의 인구에서도 여아 100명당 남아 120명 – 이중 105명만 태어나지만 – 이 수태된다(첫해 사망률도 남아가 25% 높다).[48] 더욱이 남성이 여성보다 심장도 강하고 적혈구도 많다. 이러한 요소들이 방어, 여성의 교미 선택, 그리고 여성을 차지하기 위한 남성간의 경쟁으로 해석될 수 있다.

인간 이외의 영장류와 비교하여 보면 인간들 사이에서 암수 동종이형의 또 다른 양상, 즉 남성과 여성을 구별하게 하는 제2차 성징이 특히 흥미롭다. 인간의 여성들에게서는 젖가슴이 남성들보다 매우 크다. 실제로 남성과 여성의 젖가슴을 특징 짓는 크기, 형태 및 기타 차이점들이 다른 영장류보다 아주 두드러지며, 젖가슴이 첫 번째 임신에서보다 사춘기 때 처음 커지는 것은 인간만이 그러하다.[49] 증가된 가슴 크기에 대한 선택은 에로틱한 역할을 포함한 복잡한 일단의 요소들을 수반하는 것처럼 보인다. 로즈 프리쉬는 여성 젖가슴의 어울리지 않게 큰 크기는 "신체의 열을 식히는 냉각 기관"으로서의 역할 때문에 진화하였을지 모른다고 말하기까지

하였다.50) 젖가슴의 크기가 인간답게 효과적으로 기능을 하는 것과는 아무런 관계가 없기 때문에 그 크기를 단순히 젖의 생산량으로는 설명할 수 없다. 비슷하게 남자의 성기도 고릴라를 포함한 다른 어떤 영장류의 성기보다 훨씬 크다. 그 밖에도 인간의 여성은 남성보다 피부도 곱고 목소리도 높으며 체모가 적다-비록 다른 영장류에 비교하면 남성도 현저하게 체모가 없지만-.

이러한 특질의 기원에 대한 많은 설명이 있어 왔다. 예를 들어 인간과 다른 영장류 사이의 주된 차이, 그리고 많은 사람들이 인간의 기원에 직접적으로 연결시키는 그 차이는 인간의 여성에는 발정기가 따로 없다는 것이다. 즉 여성의 성교에 대한 수용성이 배란에 앞서 발생하는 에스트로겐* 수치의 증가와 함께 늘어난 것 같지는 않다. 그렇다면 이것을 어떻게 설명하여야 하는가? "체모의 감소, 피부 탄력성을 수반한 촉감의 변화와 증가된 피부 민감성으로의 진화론적 발달은 아마도 성교시, 특히 마주보는 체위에서 신체 접촉의 민감한 반응을 증가시키는 것과 관련된다. 마찬가지로 젊은 여성의 젖가슴은 팔다리의 윤곽, 피부색 같은 다른 특징들과 함께 남성들을 시각적으로 성적으로 유혹한다. 매끈한 팔다리, 피부색 같은 특징들은 과거 남성들에 의한 이성의 직접적 선택에 기인하였을지 모르지만 젖가슴은 아마도 성적인 보답을 향상시키고 성적인 사랑을 유도하고 남녀 한 쌍의 유대를 유지하는 효과 때문에 양성 모두에게서 선택되었을 것이다. 여성한테 오르가즘이 존재하고 포유류에 전형적인 발정기가 없는 것도 같은 이유에서일 것이다. 서로 관련된 이러한 모든 변화는 씨앗을 먹고 나중에는 부분적으로 잡식성이 된 원인(原人, protohominid)이 사바나같이 열린 환경에서 사회조직에서의 변화와 함께 적응해 나가는 맥락으로 볼 수 있는 가능성이 크기 때문에 기능적으로 중요하다"라는 주장도 있다.51)

일부 학자들은 영장류의 성행위에서 암컷의 선택권을 강조하였다. 스몰이 언급한 것처럼 "대부분의 암컷 영장류는 임신을 위한다고 보기에는 과도한 성행위의 유형을 보여주며… 성적으로는 독단적이고 종종 '난잡' 하다."52) 그러나 영장류 난자가 수정 가능한 짧은 기간, 불임 정자의 비율, 그리고 심지어 오스트랄로피테쿠스의 시대에서도 섹스가 오로지 번식만을 위한 행위가 아니었을 가능성을 포함한

---

* 에스트로겐 : 여성호르몬의 일종

제반 요소들을 감안하면 "과도한" 성행위를 정의하기란 어렵다.

우리의 영장류 친지들이 갖고 있던 체모를 우리가 갖고 있지 않은 것은 생각보다 급진적인 발달이다. 노출된 피부는 성적인 민감함을 증가시킬지도 모르고 체모의 상실은 역설적으로 수분의 보존에도 도움이 될 수 있다. 그러나 노출된 피부는 피부암과 다른 질병의 위험을 증가시키며, 어떤 침팬지도 견디면서 살아갈 수 없을 정도로 신체가 해충에 노출된다.

우리 자신과 다른 영장류 사이의 또 다른 기본적 차이, 그리고 그 차이에 대한 그럴싸한 이유는 비비원숭이와 침팬지를 비교해보면 명확하다. 비비는 다양한 환경에 거주하나 가장 신뢰할 만 하고 완전한 정보는 중앙아프리카와 동아프리카의 사바나에 적응한 무리에서 얻어진다. 비비무리에서 가장 나이 많은 수컷들이 식량과 섹스에 대한 거의 무제한적 접근권을 가지며, 그들의 특권을 공격적인 행위로서 보호한다. 나이 적은 수컷들은, 비록 호색적인 암컷과 성적인 관계를 맺으려고 시도함으로써 끊임없이 권세를 시험해 보지만, 그들보다 서열이 높은 수컷들이 묵인하여야만 암컷에 접근할 수 있다. 이는 종종 우두머리 수컷을 자극하여 위협적인 몸짓과 거친 표현을 하게 한다. 과일이나 알처럼 식량이 먹음직 하나 양이 한정될 경우 우두머리 수컷과 암컷이 그들이 원하는 것을 먼저 갖는다. 애미와 새끼는 식량을 공유할지 모르나 성장한 비비들 사이에서 체계적인 식량 공유란 없다.

비비 무리가 사바나나 개방된 환경을 가로질러 이동할 때, 나이와 성에 따라 각각의 위치가 정해진다. 젊은 수컷들이 주변에 위치하고 우두머리 수컷들은 전면 중앙, 어른 암컷들은 어른 수컷들의 뒤에 서며, 딸린 새끼들은 성인 암컷 근처에 배치한다. 이는 물론 효과적인 방어 편성이며 집단의 영속을 좌우하는 암컷과 새끼들을 가장 잘 보호할 수 있다. 젊은 수컷들은 번식에 필요한 수보다도 훨씬 많다. 그래서 그들이 포식동물에게 많이 잡혀 먹혀도 집단의 안정성은 크게 흔들리지 않는다. 비비 무리가 나무가 많은 지역으로 이동할 때는 배치가 보다 유연해지고 분산적이라는데 의미가 있는데, 이는 크게 놀라운 일은 아니지만, 지세(地勢)가 비비의 행위를 결정하는 중요한 요소이고 사바나의 환경이 집단의 응집력과 계층화를 유발한다는 사실을 암시한다(비록 숲에 거주하는 침팬지는 사바나에 거주하는 침팬지보다도 아마도 집단 사냥, 도구 사용과 협동을 더 많이 나타내는 것 같지만).[53]

일부 비비집단은 무리에서 거주한 기간에 따라 우열의 위계(dominance

hierarchies)*을 구축하는 것 같다. 일반적으로 비비는 우리가 이전에 생각했던 것보다 우열의 위계와 공격성에서 좀더 다양하고 융통성이 있는 것 같다.

우리의 영장류 선조에서 어떻게 문화를 꽃피운 개체가 발달하였는지를 설명하기 위해서는 이러한 우열의 위계에 반하게 작용하여, 식량 공유, 노동 분업, 남녀 일대일 관계의 형성을 비롯한 독특한 인간 가족 구조를 촉진하였던 요소나 조건들을 살펴보아야만 한다.

우리는 침팬지와 보다 가깝고 우리의 영장류 선조들도 사바나보다는 산림 환경에 보다 잘 적응되었을 것이기 때문에 우리 자신의 선조에 대한 비비의 관련성은 다소 제한적일지 모른다.

침팬지도 다양한 환경에서 거주하며 그들의 행위에 대한 일반화는 비비의 경우에서만큼 위험하다. 탄자니아 산림, 특히 곰베천(Gombe Stream) 계곡에 있는 침팬지에 대한 연구가 가장 많이 이루어졌다.[54] 이들 침팬지의 많은 무리들이 이들을 관찰하는 사람들에 의해 주기적으로 먹이가 공급되고 있다. 그리고 대부분의 무리들이 현대의 개발로 인해 온전한 서식처와 보다 먼 집단과의 상호작용으로부터 차단되고 있기 때문에 이들 영장류가 원래 자연적 상태에서의 행위를 완전하게 반영할 수 있으리라고 기대할 수는 없다. 그러나 이 지역의 침팬지가 사바나 거주의 비비와는 매우 다르게 행동한다는 것은 분명하다. 식량과 섹스에 대한 접근이 훨씬 융통성 있게 운용되며 우열의 위계 관계가 발달하였다는 증거도 별로 없다. 암컷이 최고 21일 동안 섹스를 받아들인 한 경우에 침팬지 무리의 수컷들은 젊은 수컷이나 나이든 수컷이나 할 것 없이 모두 일렬로 줄을 서서 암컷에 구애하였지만 사소한 다툼밖에 발생하지 않았다.[55] 이것이 늘 전형적인 행위는 아니다. 많은 경우 아직 미숙한 수컷은 일부 암컷과의 짝짓기가 효과적으로 금지되지만 비비에 비하면 침팬지는 성적 문제에서는 아주 방탕하다. 엄격히 말해 침팬지는 진정한 발정기가 없으나 섹스를 수용하는 기간의 길고 짧은 주기는 있다.

또한 비슷하게 세력권(텃세권, territoriality)의 감소도 있다. 침팬지는 종종 혼자 또는 한두 마리와 함께 숲 속의 길을 따라 수 km를 달리며, 개체들이 하나의 소규

---

* 순위제, 또는 우위 열위의 관계로도 번역되며, 집단적 동물사회에서 구성원 상호간의 인지에 기초를 둔 우열관계를 유지하여 투쟁이나 혼란을 피하고 있는 체제를 말함

모 무리를 떠나 다른 무리와 어울려 사는 경우도 빈번하다. 침팬지는 일부 관찰자들이 부러워할 정도로 섹스와 세력권에 대해서 정말로 관대하다. "침팬지는 호모 사피엔스 급진파가 단지 꿈만 꾸던 것, 즉 평화롭고 경쟁이 없으며 강제적이 아니고 소유권이 없으며 평등하고 질투심 없고 난혼(亂婚)의, 압제 없는 공동생활체를 성공적으로 성취한 것처럼 보인다."56)

이는 다소 이상화된 그림일지 모른다. 침팬지는 정교한 위협 의식을 갖고 있으며 잘 발달된 위계에 따라 서로를 협박한다. 그밖에 침팬지는 정기적으로 물체−주로 나무작대기 또는 돌이나 잡동사니를 던짐−를 무기로 사용하는 인간 이외의 유일한 동물이다.57) 그들은 식량이나 암컷, 때로는 서열을 놓고 싸우며 자기 동족을 먹는다고 알려진 유일한 영장류로 살아 있는 어린 침팬지를 잡아먹는 경우가 여러 번 목격되었다.58) 침팬지 수컷은 자신의 혈육이 아닌 새끼를 살해한 증거도 일부 있는데 이는 다른 유전자를 희생하여 자기 자신의 유전자가 지속되도록 하는 매우 효과적인 수단이다. 그러나 증거를 재조사해보니 이러한 주장은 미심쩍은 부분이 많다.59)

테이너는 야생 침팬지가 견과류를 편평한 뿌리나 돌 위에 놓고 막대기나 바위돌로 부딪쳐서 열매를 깨는 것을 보고, "어느 정도 지능이 있는 옛 유인원은 채집활동 중에 그러한 기회주의적 도구를 이용하는 단계에서 식물성식료를 채집할 때 도구를 보다 규칙적으로 사용하는 단계까지 발전하였을 수 있다"고 제안하였다.60) 그녀는 또한 암컷 침팬지가 수컷보다 열매를 깨는 데 도구를 더 많이 이용한다고 지적한다. 더욱이 암컷은 수컷보다 도구를 좀더 복잡한 방식으로 이용하며, 암놈새끼에게 도구를 사용하는 방법을 가르치고 심지어는 도구를 갖다주기까지 한다.61)

로버트 아드레이의 "아프리카 창세기(African Genesis)", 데스몬드 모리스의 "벌거벗은 원숭이 (Naked Ape)" 같은 책은 우리의 정신, 해부학적 구조와 생리는 대부분이 수 백만년에 걸친 피비린내 나고 잔인한 사냥과 도살의 결과라는 것을 효과적인 논증으로 제시한다. 사실, 만약 우리가 침팬지의 사냥 행위를 관찰하면, 정서적인 내용과 그 함축적 의미에서, 사냥과 고기 먹기가 식량을 얻는 유일한 수단이 아닐지도 모른다고 알게 될 것이다. 영장류연구자인 테레키는 침팬지의 사냥 행위를 관찰하고서 사냥, 발정의 상실, 경제적 호혜성, 그리고 인간의 가족 구조는 서로 밀접하게 관련되어 있을 것 같다는 사실을 발견하였다.62) 어른 수컷 침팬지들은 종종 서로 협력하여 작은 포유류를 사냥하며 위계가 낮은 수컷이 종종 사냥을 주도한다는 사실에서 예증되듯이 이 때는 우열의 위계가 부분적으로 정지된다. 비록 암컷과 어린 침팬지들은 사냥에 거의 참여하지 않지만 사냥을 한 수컷들이 종종 그들에게 고기를 주며 임신한 암컷들은 보다 쉽게 고기를 얻어먹을 수 있다.[63] 사이몬스는 암컷이 수컷에게서 받는 고기의 양은 암컷이 발정기에 있는 기간의 길이와 직접적으로 비례하며, 자연선택은 다른 수컷에게 손해를 끼치면서도 그들의 번식 성공을 증가시키기 위해 남는 고기를 이용하였던 수컷을 선호하였을 것 같다고 제시한다.[64]

그러나 이러한 약간의 한정된 관찰만 가지고 우리의 모든 진화론적 역사를 해독할 때는 매우 조심하여야 한다. 발정기의 상실, 사냥과 식량 공유 사이의 중요한 연계를 가정하기 전에 좀더 많은 연구가 이루어져야 할 것이다.[65]

테레키는 침팬지의 사냥에 대한 최근의 연구를 검토하면서 사냥을 하는 동안 침팬지들이 서로 협력적인 행위를 한다고 해서 사냥감이 더 많이 잡힌 것은 아니라고 지적한다. 그는 무엇이 협력인지 정의하기 어렵고 효율성을 측정하기도 어렵기에 이 문제는 논쟁의 여지가 있다고 주장한다.[66] 그는 또한 성적 수용성, 혈연적 유대, 그리고 사회적 지위, 이 모두가 도살이 이루어진 후 고기를 어떻게 분배할 것인지를 결정한다고 결론지었다. 그는 전적으로 사냥 행위에만 좌우되지 않는 노동의 성적 분업이 침팬지들 사이에 존재한다고 제시한다. 그는 암컷 침팬지가 수컷보다 훨씬 더 많은 시간을 개미와 다른 무척추동물을 모으는데 소비한다는 것을 보여주는 여러 가지 연구를 검토하였다. 이는 인간의 사냥 집단과 수렵 집단 사이에 노동의 뚜렷한 분업이 나타나는 전조라고 테레키는 주장한다.

많은 수의 앤스로포이드 영장류(예: 붉은털원숭이)에서 거의 모든 수컷들은 그들이 태어난 집단을 떠나 짝을 짓기 위해 다른 집단에 합류하며, 모든 암컷은 생애 내내 그들이 출생한 집단에 머무른다.[67] 멜닉과 휠저는 만약 이러한 행위가 종의 교배유형이라면 핵DNA에 작용하는 돌연변이에서 기인한 유전자 변화가 모든 개체군을 통해 급격히 분산되어지지만, 반면 미토콘드리아DNA에서처럼 암컷에 의해서만 전해지는 다른 유전자 변화는 더욱 한정되고 다른 장소에 있는 집단들 사이에서 커다란 상이성을 나타낸다고 지적한다.[68]

민족지와 초기 호미니드 경제의 연구   250~100만년 전쯤 올두바이 협곡과 다른 일부 유적에서 나타난 증거를 갖고 우리는 특히 (1) 석기 사용의 진화, (2) 인간

뇌 크기의 배가(倍加) (3) 얼굴 및 다른 체질적 특징의 변화와 증가된 신장, (4) 구대륙의 온대지역으로의 호미니드 이동에 대한 원인을 설명하여야 한다.

이러한 변화에 대한 설명, 특히 이들 변환의 경제적 기초는 치열한 논쟁거리이다. 여기에서 문제가 되는 것은 거의 모든 인간 진화의 바로 그 기초이기도 하다. 그것은 우리가 우리를 올두바이 협곡의 호미니드로 연결되는 모든 세대에 대략 200만년에 걸쳐 작동한 자연선택의 체질적 산물이라고 추정하여야하기 때문이다. 이들 이슈에 대한 논쟁은 초기 호모가 사냥을 전혀 하지 않았는지, 일부라도 했는지, 또는 많이 하였는지 여부와 그들이 사회적 관계성에서 얼마만큼 현생인류와 닮았는지에 집중되었다.[69] 이러한 자연선택의 동력과 환경이 어떠하였는지를 이해하려고 노력하면서 인류학자들은 남부, 동부 아프리카의 사바나에서 최근까지도 수렵채취인으로 살고 있는 사람들, 특히 칼라하리 부시맨의 민족지적 연구에 크게 의존하였다. 어떤 인류학자들은 현존 수렵채집인의 행위가 우리의 호미니드 선조에 대해서 거의 아무 것도 말해주지 못한다고 느낀다.[70] 에드윈 윔슨은 우리가 이들 원주민에 대해 알고 있는 거의 모든 것이 서구의 잘못된 인식으로 오염되었다고 주장한다.[71] 그러나 칼라하리 수렵채집인과 여타 수렵채집인은 적어도 이러한 종류의 환경에 살았던 우리의 선조에게 열렸을 몇 가지 가능성은 예시한다.

아프리카 사바나의 생태에 대한 연구에 따르면 주워먹기(scavenging)*가 초기 호미니드의 생업에서 중요한 역할을 하였을 것 같다. 아프리카의 사바나는 먹을 것이 있으면 기회 닿는 대로 이것저것 먹는 동물에게 유리한 환경이었을 것이다. 즉 초기 호미니드는 "움직이거나 최근에 어느 정도 움직였으면 먹는다"는 원리에 잘 적응되었을 것이다. 셸러와 로우더는 세렌게티 고원에서 건기동안 며칠을 보냈는데 (식육동물이 사냥한 것 같지는 않은, 즉 자연사하였을) 죽은 물소, 사자가 잡았던 사냥감 일부, 쉽게 잡을 수 있는 무기력한 동물들 약간을 포함한 먹을 수 있는 고기를 많이 발견하였다.[72] 블러멘샤인은 우리의 선조가 사자가 잡은 사냥감과 그 밖의 시체에서 뇌와 골수를 얻고자 노력하였다고 가정한다면 주워먹기가 가능하였을 것이고 그럴만한 가치도 있었을 것이라고 생각하였다.[73] 그는 어린 가젤 같은 작은 짐승들의 시신은 주워먹기 동물(scavenger)이 하루도 안 걸려 완전히 먹어 치우지만 성장한

---

* 썩은 고기를 주워먹는 행위를 뜻하며 충북대 박선주 교수의 번역을 따름

물소 같은 큰 짐승들은 4일 정도 중요한 먹이감으로 유지되며 만약 이 후에도 사자, 하이에나, 독수리 등이 시체를 먹지 않으면 악취가 나서 "시세"가 폭락하게 된다는 것을 발견하였다.

설령 주워먹기를 하지 않아도 우리의 선조는, 동물가족 중에서 가장 이기적이고 약탈적이며 탐욕스런 구성원으로서의 우리 인간의 최근 역사와 일치하는 방식으로, 사냥에 드는 수고와 위험을 사자에게 하도급 주는 방법을 개발하였을지도 모른다. 오코넬과 그의 동료들은 북부 탄자니아에 살고 있는 수렵채집인인 하자(Hadza)족도 단순히 소리만 지름으로서 사자를 놀라게 하여 쫓아버리고 사자가 잡은 고기를 주워먹는 행위를 종종 목격하였다.[74]

칼라하리 사막의 수렵채집인들은 인구밀도를 낮게 유지하며 듬성듬성 분포한다. 덥고 건조한 환경의 낮은 생산성을 그들의 단순한 기술(화살, 뒤지개 등)로 극복하기 위해 그들은 연중 대부분을 25명 내외의 규모로 종종 한 캠프에서 다른 캠프로 옮겨다니면서 지낸다. 식료의 대부분은 식물성 식료, 남생이와 다른 작은 사냥감으로 구성되나 때로는 기린과 기타 큰 짐승들도 여러 명의 남자들이 협동하여 사냥한다. 비록 여자들이 식물, 알, 어린 새, 거북과 작은 짐승들을 채집하고 가공함으로서 집단의 식량을 대부분 준비하지만, 부시맨과 호주 원주민을 포함한 알려진 대부분의 수렵채집사회에서 남자들이 큰 짐승의 사냥을 모두 담당한다.

칼라하리 부시맨은 또한 노동 분업의 가치를 예증한다. 복잡한 업무는 축구를 하던 슈퍼컴퓨터를 작동하던 간에 각자가 개별적으로 일을 하는 것보다 여러 사람이 일을 나누어 하는 것이 효과적이라는 것을 우리 모두는 알고 있다. 칼라하리 사람들도 일을 남자 할 일, 여자 할 일, 어린이를 포함한 모든 사람이 할 일로 나눈다.

수렵채집인의 경제 생활은 또한 호혜성의 원리에 의해 지배된다. 즉 식량과 다른 자원들을 같은 혈연의 사람들 사이에서 교환하면서 무리에서 어떤 개인이나 가족을 괴롭힐지도 모르는 주기적인 식량부족에 대처한다.

대부분의 수렵채집사회와 마찬가지로 부시맨은 적어도 어느 정도는 영역적이다. 그들은 늘 그런 것은 아니지만 일반적으로, 상대적으로 한정된 지역, 흔히 근거지 또는 수원(水源)을 중심으로 25~30km 안에서 이동한다. 자원이 균등하게 분포하지 않는 한, 어느 정도의 영역성은 분명히 유리하다. 그리고 이 영역에서 나가도록 강요당한 집단은 예측할 수 없는 자원공급, 그리고 아마도 그들이 침범한 영역에 살고 있는 집단의 적대행위에 직면하게 될 것이다. 그래서 초기 호미니드에 대한 어떠한 모델이나 복원도 그들이 적어도 느슨하게라도 영역성을 갖고 있을 것이라는 가정 하에 이루어져야 한다.

수렵채집인의 인구밀도는 직접적으로 획득가능한 자원에 의해 결정되며 우리에게는 잔인해 보이는 인구조절 방법으로 조절된다. 예를 들어 호주 대부분의 원주민 인구밀도(또는 적어도 최근 수 십년 전까지는 존재하였던 인구밀도)는 단순히 각 지역에서의 평균 강우량만으로도 꽤 정확히 예측할 수 있다. 인구와 자원 사이의 균형은 주로 혼인 관습과 여아 살해에 의해 유지된다. 버드셀은 모든 아기의 15~30%가 주로 할머니에 의해 죽임을 당하는데 태어나자마자 아기의 코와 입을 손으로 눌러 숨 한번 못 쉬고 죽게 한다고 한다.[75] 그녀는 엄마가 일하는 동안에 한 아기 이상을 보살펴서는 안 된다는, 집단의 불문율을 실행한다.

쿵족의 유아 양육에 대한 연구에 의하면 집단이 취할 수 있는 가장 강력한 출산율 조절은 단순한 자연적 메커니즘이다. 쿵족의 여성은 잠자는 시간을 포함하여 하루에 60번씩이나 아기에게 젖을 먹이는데 이 젖먹이는 빈도가 배란을 억제하도록 호르몬 수준을 조절한다. 스코트랜드 여성의 연구는 그들이 하루에 겨우 여섯 번 정도 아이에게 젖을 먹이며 이 횟수는 배란을 억제하는데 효과가 적다는 것을 보여준다.[76]

페트리샤 타운센드는 뉴기니아의 수렵채집인에 관한 연구에서 여성이 한 집단이 필요한 식량의 90% 이상을 조달하지만 그럼에도 그 사회는 부계(父系)가 강하다는 것을 관찰하였다.[77] 타운센드는 이 집단의 여성이 대개 사춘기가 되면 바로 결혼하고 6명의 자식을 갖는다는 것을 발견하였다. 말라리아와 다른 질병 때문에 자식들의 43% 정도가 어려서 사망하는데, 아마도 악의적 무관심 탓에 여아들은 남아들보다 병으로 훨씬 많이 죽는다. 필요하다고 생각되면 여아들은 태어나자마자 덩굴로 목을 감아 죽여버린다.

대부분의 수렵채집인들은 인구수를 연간 평균적으로 부양할 수 있는 수보다 훨씬 못 미치는 수준으로 유지하며, 연로한 사람들이 집단의 크기를 조절하여야 하였던 최악의 겨울과 최장의 가뭄을 기억하고 있다. 어떤 사람들은 나이든 사람이 죽으면 사전이 불타버리는 것 같다고 말하였으며 이 말은 수렵채집인들에게도 유효하다.

요약하면, 비록 그들이 정신성과 기타 여러 면에서 초기 호모와는 현저하게 다르다는 것을 우리는 알고 있지만, 칼라하리 부시맨과 현존하는 다른 수렵채집인들은 아프리카 지역에 살았던 우리 선조들의 고고학적 잔존물을 해석하는데 어느 정도 일반적 지침은 줄 수도 있다.

🏛 문화 기원의 모델

거리는 아무 것도 아니다. 단지 첫 번째 발걸음이 어려울 뿐이다.

마르크와제 드퐁

(성 데니스가 그의 머리를 자신의 손으로 들고 6마일을 걸었다는 전설에 대해 언급하면서)

여기서는 인간 이외의 영장류를 우리 스스로와 비교하면서 문화 진화의 첫 단계에 대한 일반적 설명을 법칙화하려는 여러 시도들을 살펴보자. 많은 사람들이 이 문제를 고려하였으며, 그것은 문화적 변화를 야기한 동력과 인간성의 기본적 본성을 건드리기 때문에 정치적으로도 연루된 주제이다. 문화의 기원에 대한 어떤 설명도 완전하거나 결정적이지 않지만 많은 설명들은 나름대로의 흥미로운 면을 갖고 있다.

침팬지 같은 동물에서 인간을 만들어내었던 요소들을 설명하는데 있어서 가장 큰 어려움은 현재는 더 이상 존재하지 않는 생태계에서 수 백만년 동안 존재하였던 자연선택의 유형을 복원하려고 노력할 필요가 있다는 것이다.

최근 오웬 러브조이는 진화적 산물로서의 두발걷기가 본질적으로는 성의 문제이고 먹이 구하기의 경제라고 주장하였다.[78] 그가 지적한 것처럼 여러 모로 두발걷기는 성공할 것 같지 않은 발달인 것처럼 보인다. 그것은 이동하기에 느린 방법이며 바로 서 있는 것만으로도 에너지가 많이 소모된다. 또한 우리는 네 발로 걷고 반쯤 서있는 동물로서 진화하였기 때문에 두발걷기는 어떤 점에서는 부자연스런 이동 방법이다. 우리의 척추는 한쪽 끝이 고정되고 다른 끝은 받쳐지지 않은 상태로 되어 있는 외팔보 다리 모양의 구조로, 이 구조가 두발걷기에 맞게 성공적으로 변형되었다고 하지만 우리는 디스크와 허리통증, 건막류*, 탈장, 팔다리의 불충분한 혈액순환, 그리고 많은 산모들이 출산에서 어려움을 겪는 줄어든 산도(産道)를 포

---

* 건막류 : 엄지발가락 안쪽의 염증

함한 많은 문제점들을 상속받았다. 두발걷기가 그렇게 문제가 많다면 왜 그것이 출현하여야만 하였을까? 러브조이는 모든 유인원은 먹이를 잡으려고 손을 계속 사용함에 따라 "능숙한 손(handedness)"의 필요에 대한 자연선택 덕분에 잠재적으로 반(半)직립 동물이 되었다고 주장한다. 그리고 만약 진화상의 서식지가 단거리를 폭발적 속도로 달리는데 별로 도움이 되지 않는다면 두발걷기가 장기간의 조직적인 수렵과 채집에는 아주 효과적이다.

러브조이는 영장류의 후반부 역사를 통하여 번식 전략의 진화가 있었다는데 주목한다. 그것은 암컷이 갖는 자식의 수를 줄이고 대신 자식 하나 하나에 대한 부양 투자를 늘리는 쪽으로의 경향이었으며, 그래서 그들이 생존하고 이어서 번식할 수 있는 기회가 좀더 나아져 가는 것이다. 생태학자들은 이를 수천 마리의 새끼를 낳지만 그중 소수만이 살아남는 집파리 같은 동물의 "r-전략"에 반대되는 "k-전략"이라고 부른다.

러브조이 주장의 핵심은 두발걷기가 번식의 성공을 증가시키는 수단이었기 때문에 네발걷기 대신 선택되었다는 것이다. 두발걷기는 우리 선조들이 먹이 제공, 보호, 훈련의 형태로 높은 수준의 양육적 투자를 유지하면서 더 많은 자식을 갖도록 해준다. 이는 어미가 자식을 보살피는데는 더 많은 시간과 에너지를 투자하면서 자신의 먹이를 얻는데는 에너지를 덜 쓰도록 해주는 사회조직과 경제적 적응을 발전시킴으로서 성취된다. 러브조이는 암컷이 짧은 터울로 태어난 여러 자식들을 성공적으로 기를 수 있는 하나의 방법은 수컷이 암컷한테 주기적으로 먹이를 제공하고, 많은 자식들을 기르는 과제에 참가하도록 유인하는 것이라고 주장하였다. 그리고 그것은 수컷들 사이의 경쟁을 잘 조절하여 무리가 잔인하고 미친 듯이 시샘하는 개체들로 흩어지지 않는 수준에서 이 모두를 해내도록 하여야 한다는 것이다. 이는 다른 영장류 집단들에 흔한 우열의 위계와 경쟁이 억제되어야만 한다는 것을 의미한다. 만약 개체들이 인지된 "매력"에서 차이가 나기 시작하여 외모와 개성의 질이 성적 선호도와 "사랑"의 느낌에서 중요한 역할을 하면 이것이 가능할 수도 있다. 인간집단에서 갈등을 억제하는 장점은 인간이 배란과 성적 수용성을 숨긴다는 사실과도 관련될지 모른다.

그러나 여러 분야의 학자들이 주장하듯이 두발걷기의 부정적 측면이 우리 선조들의 증가된 지능과 보다 나은 도구제작 능력으로 보상된다면 어떻게 두발걷기가 뇌 크기 그리고 아마도 사고력에서 어떠한 의미 있는 증가도 발생하기 이전에 먼저 나타날 수 있단 말인가?

드바인은 산업사회에서 살고 있지 않는 사람들은 종종 하루에 수 마일을 걷는다는 데 주목한다. 그는 사슴이 녹초가 되어 쓰러질 때까지－종종 283km까지－몰아서 사슴을 사냥하는 멕시코의 타라후마라족을 언급하고 사람이 24시간동안 달린 기록이 169km나 된다는데 유의한다.[79] 요약하면 인간은 두발로 걷게 되면서 네발로 걷는 동물이 갖고 있는 속도와 힘의 일부를 희생하지만, 우리의 두발걷기 초기 선조조차도 속도와 거리에서 많은 사냥감들을 앞설 수 있었을 것이며 그래서 두발걷기는 나름대로의 장점을 갖는다는 것이다.

만약 이 모두가 사실이라면 아마도 침팬지보다 뛰어난 수준의 도구 사용이 발달하기 이전에 두발걷기가 시작되었을 것이다. 만약 섹스가 식량 분배의 유인책으로 충족되었다면, 도구 사용과 사냥과 함께, 또는 관계없이, 식량 분배는 암컷이 성적으로 반응할 수 있는 기간을 늘려주는 경향이 있었을 것이다. 그리고 이는 여러 면에서 중요한 진화적 변화였다. 인간 여성은 한 달에 3일이란 상대적으로 예측할 수 없는 짧은 기간동안만 임신이 가능하며 그래서 성공적으로 임신을 하려면 적어도 주당 여러 차례의 성교를 하여야만 한다. 그림 3.12가 예증하듯이 러브조이는 이 모든 발달들을 모두 "문화"로 향하는 진화적 전진으로 결합시킨다.

러브조이의 모델은 많은 비판을 받았다. 킨제이가 주목하였듯이 침팬지의 연구는 어린 침팬지와 식량을 가장 빈번히 나누는 주체가 수컷이 아니라 암컷이라는 것을 보여준다.[80] 또 다른 문제는 러브조이가 초기 호미니드에서 단혼(일부일처)적 유형을 제시한데 반해, 영장류 수컷과 암컷 체구에서의 상당한 차이는 복혼(일부다처)적 교미 유형에서 수놈 사이의 경쟁과 결부되는 것 같다는 것이다. 러브조이의 모델은 문제의 여지가 많으나 아마도 그가 초점을 맞춘 관계성은 문화 기원에 대한 어떤 설명에도 중심적인 것일 거다. 두발걷기, 지능, 인간의 가족구조와 성행위는 인간의 진화에서 상호 밀접하게 관련된 것처럼 보인다.[81] 여러 면에서 인간의 성적 차이는 우리 자신과 다른 원숭이들을 가장 근본적으로 구별짓는 것처럼 보이며, 이러한 차이가 암컷과 수컷의 약간은 다른 진화적 유형을 제시하는 것 같다.

성적인 행위와 문화의 다른 측면들간의 연계에 대한 논쟁에 대한 분석에서 도날드 사이몬스는 남녀 성행위의 일관된 비교에 기초하여 인간 기원의 문제를 주창하였다.[82] 사이몬스는 남녀의 주된 차이를 다음과 같이 요약하였다. (1) 동성간의 경쟁은 일반적으로 여성보다 남성 사이에서 훨씬 더 치열하며, 문자가 없는 사회에서는 아마 여자를 둘러싼 경쟁이 폭력의 가장 중요한 단일 요인일 것이다. (2) 남자는 일부다처의 경향이 있는 반면 여자는 이 점에서는 다소 관용적이며 상황에 따라 일부일처, 일부다처, 일처다부적 결혼에 똑같게 만족할지 모른다. (3) 거의 보편적으로 남자는 배우자의 성적 질투를 경험한다. 여자는 이 점에서는 보다 관용적이나 특정한 상황에서는 성적 질투에 대한 여자의 경험이 남자들만큼 강할 수 있다. (4) 여자가 남자나 남성의 성기를 보는 것보다 남자가 여자나 여성의 성기를 볼 때 훨씬 더 성적으로 동요되는 것 같다. (5) 남자에게는 특히 젊음과 결부되는 신체적 특징이 여자의 성적 매력을 결정짓는 아주 중요한 요소이다. 여성에게는 신체적 특징이 남성의 성적 매력을 결정짓는데 크게 중요한 요소는 아니며, 정치적, 경제적 용맹이 더욱 중요하고 젊음은 상대적으로 중요하지 않다. (6) 남자들은, 여자들보다 훨씬 더 많이, 다양성을 위하여 수많은 섹스 상대를 원하는 경향이 있다("여자의 순결은 남자의 가장 위대한 발명이다"라는 코르넬리아 오티스 스키너의 비평이 상기되지만). (7) 모든 문화에서, 성적 행위에서 오는 즐거움과는 관계없이, 성교는 본질적으로 여자가 남자에게 주는 서비스나 호의로 간주되며 역은 성립되지 않는다.[83]

많은 학자들이 남녀 사이의 이러한 명백한 성적 차이가 또한 지능의 측면을 수반한다고 믿고 있지만 이 점에 대한 증거는 결코 뚜렷하지 않다.[84]

그러나 위에서 제시된 특질의 유전적 기초에 대한 증거가 없는 상태에서, 그리고 부계사회가 인간의 역사를 지배하였다는 사실을 감안하면, 이러한 특질들이 어느 하나라도 문화적 구성개념이 아니라 생물학적 근거가 있는 것이라고 말할 수는 없다. 인간의 성행위가 엄청나게 다양하고 가변적이라는 것을 인정하면서도 사이몬스는 이러한 남녀간의 명백한 행위적 차이와 성적행위의 문화적 양상에, 강한 생물학적, 유전적, 진화적 근거가 있다고 생각한다. 수 백만년 동안 가능한 많은 젊은 여자들과 성교를 하였던 남자들이, 만약 그 결과 생긴 자식들을 번식 연령까지 기를 수 있었다면, 진화적으로도 유리하였다. 러브조이의 모델은 최초의 단혼적 짝짓기에 기초하였으나 민족지적 증거는 사람의 짝짓기 유형이 본래는 수 백만년 동안 다혼제였다고 제시한다. 수렵채집사회의 사회조직은 대부분 남자가 귀환하고 나

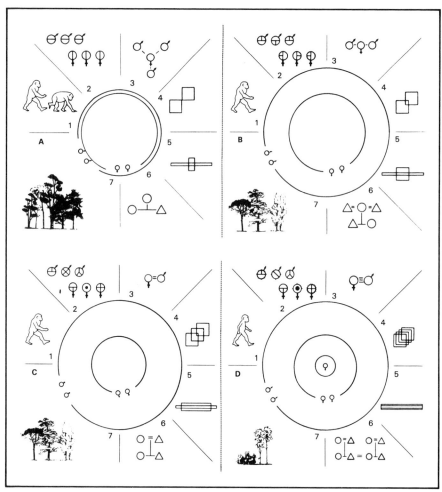

3.12 위의 도식은 인간 진화에 관한 오웬 러브조이의 모델 양상을 도식화한 것이다. 왼쪽에서 오른쪽으로 읽어 내
려가는 이 도식은 시간의 흐름을 따른 계기를 반영한다. 각 도식의 구역 1은 두발서기 자체의 진화를 추적한
다. 구역 2는 이성을 유혹하는(誘性的, epigamic) 성적 매력이 점점 차별화되는 것을 반영한다. 기호는 성적
짝짓기에서 선택될 가능성이 점차 높아지게 되는, 개인의 점증하는 차별성을 나타낸다. 이는 구역 3에서 보
이는 짝짓기 유형에서 반영된다. 여기에서 수컷은 처음에는 여러 암컷과 가리지 않고 교미를 하나 나중에는
특정 암컷의 배우자가 된다. 구역 4는 유아 출산 간격의 변화하는 유형을 묘사한다. A에서는 중복 없이 유아
사이에 1~2년의 간격이 있다. B, C, D는 여러 명의 어린 자식들을 갖는 인간 가족으로의 진행을 보여준다.
구역 5는 이러한 변화가 어떻게 성적 행위에서의 변화를 수반하는지 나타낸다. 각 도식에서 암컷의 월경주
기는 긴 막대기로 표현되는데 가운데의 네모는 성행위를 받아들이는 기간이다. A에서 거의 모든 성행위는
암컷의 발정기에서만 일어난다. 그러나 이후 성행위가 가능한 기간이 차츰 증가하여 D에서는 성행위 기간이
발정기와는 거의 무관하게 된다. 구역 6에서는 이러한 변화와 연계하여 친족관계가 어떻게 변하는지를 보여
준다. A에서 유일한 친족 결속은 어미와 자식 사이이다. B에서는 암수관계가 시작되나 진정한 유대는 아직
없다. D에서는 그러한 암수 짝의 유대가 여러 있다. 이러한 변화 모두는 구역 7에서 예시된 변화하는 물리적
환경의 맥락에서 발생한다. 우리의 선행 인류들이 살았던 열대의 숲이 점차 건조하고 개방적인 사바나와 삼
림지대로 변화하였다. 각 도식 중앙에 있는 동그라미들은 식량 구하기와 이동과 관계를 갖는다. 안쪽 원은
암컷과 딸린 새끼가 시간을 보내는, 집단의 중심 영역의 범위를 정한다. 바깥 원은 집단의 바깥 경계를 나타
내며 어른 수컷이 식량을 구하러 가장 멀리까지 나간다. A에서 두 원은 거의 같은 크기이다. 암컷은 수컷이
먹이를 구해주지 않으므로 직접 먹이를 구해야 하기 때문이다. B에서는 수컷이 중심 지역에서부터 좀더 넓
게 움직이며 기르는 새끼들이 많아지기 시작한 암컷에게 좀더 많은 먹이를 남긴다. C에서는 이 행위가 보다
강해진다. 이제 수컷은 배우자를 위하여 먹이를 갖고 돌아오며 이는 수컷이 보다 먼 지역까지 식량을 구하러
다니게 한다. 암컷은 딸린 새끼들이 더 많아져 집단의 중심지에 좀더 가깝게 머물러야 한다. D에서는 어미가
새끼들을 친척들한테 맡기고 스스로 먹이를 찾으러 멀리 다닐 수 있는 진정한 근거지가 설립된다.

서 다른 남자의 아이들의 부양자가 된 것을 알지 못한 체 긴 사냥 여행을 떠나게 되어 있다는 관찰을 감안하면, 진화론적 용어에서 진짜 패자는 다른 남성의 자손을 부양한 남성이다.

마샬 사린스는 섹스, 식량과 인간사회의 서로 뒤얽힌 양상들을 아래와 같이 요약하였다.

성적 매력은 인간 사교성의 결정요소로 남는다. 그러나 그것은 식량 추구와 경제에 종속하게 되었다. 초기 문명사회에서 가장 중요한 발전은 친척관계, 나아가 상호부조적 관계를 위하여 근친상간 금지를 통한 섹스의 엄격한 억압과 운하화(canalization, 水路化)*이었다. 영장류의 성행위는 인간사회에서 경제적, 그리고 어느 정도는 방어적 유대의 인척관계를 강화하는데 이용된다. 모든 혼인 설계는 주로 인간의 경제적 설계를 위하여 난혼적 행위를 저지하고 규제하기 위한 장치이다.[85]

존 투비와 어번 드보아는 문화기원과 이어지는 인간진화의 갖가지 모델들은 만약 우리의 수 백만년 전 선조가 다른 동물을 사냥하거나 이미 사냥된 먹이를 찾아 헤매는데 걸리는 시간을 늘리기 시작하였다고 가정한다면 가장 그럴듯해 보인다고 주장하였다. "만약 사냥이 호미니드 주워먹기의 주요한 부분이었다면 호미니드 진화의 별난 양상들을 상당 부분 고상하게 그리고 경제적으로 설명할 수 있을 것이다"[86]

그들은 수컷의 새끼 양육에 대한 투자로부터 논의를 시작한다. 앞에서 언급하였듯이 영장류에서는 수컷이 그들의 새끼에게 먹이를 제공하려고 막대한 에너지를 투자하는 일은 매우 이례적인데 인간은 그렇게 한다. 투비와 드보아는 배우자와 새끼를 위하여 칼로리가 낮은 식물성 식량을 멀리서부터 나르는 것은 경제적으로 효과적이지 못한데 비해, 고기는 높은 칼로리의 영양물이 응축된 형태라 운반하기가 보다 유리하다는 것에 주목한다. 투비와 드보아는 또한 "수컷간의 협력(coalition)"은 집단 사냥의 이득 때문에 발달되었을지 모른다고 지적한다. 그들은 모든 인간

---

*유전학에서는 상이한 유전적, 환경적 배경 아래에서도 표현형을 어느 결정된 방향으로 이끄는 후생적 메커니즘을 뜻하나 여기서는 문화적 메커니즘으로 성행위를 정해진 방향으로 조절한다는 의미 같음

집단에서 식물성 식량이 전형적인 교환, 분배와 호혜의 대상으로 이용된 증거는 거의 없다고 주장한다. 식물성 식량은 매우 다양한 형태와 크기로 나오며, 동물은 에너지 비용과 즉각적인 필요에 기초하여 식물성 식량을 모으는 경향이 있다. 그러나 고기는 "식물성 식량과 달리 따로따로 분리된(discrete) 양으로 나온다. 사냥감 하나 전체를 포획하거나 놓쳐버린다……사냥 성공에서의 다양성, 그리고 고기는 종종 잡은 사람이 쉽게 소비할 수 있는 양을 초과한 큰 덩어리로 나온다는 사실이 규모가 큰 사회집단 사이에서 거치(据置)된 보답을 통한 위험 분배와 식량 교환, 그리고 식량 분배가 이루어지는 원인에 대한 편리한 설명을 제공한다."[87]

인간들 사이에서의 노동의 현저한 남녀 분업에 대하여 투비와 드보아는 남성과 여성이 모으는 먹이 종류의 극단적인 분화는 남녀 사이에 먹이 교환이 있었기에 가능하였다고 주장한다. "만약 남성이 기회주의적 사냥에서 집중적 사냥으로 전략을 바꾸었다면, 그 결과가 좀더 많은 (안정된, 식물성) 식량 자원을 활용하는 여성과 더불어 인간에게서 발견되는 노동의 극단적인 남녀분업일 것이다…… 이러한 행위의 진화는 다른 영장류로부터 어떠한 질적인 도약도 요구하지 않는다. 예를 들어 침팬지에서도…… 발정기의 암컷은 수컷이 사냥한 고기를 일부나마 얻어먹는다."[88]

또한 투비와 드보아는 인간 집단에서 "근거지(home base)" 형태의 주거가 처음 출현하는 것도 사냥에 필요한 적응의 결과라고 보았다. 이들에 따르면 주로 식물성 식량을 먹고사는 영장류는 근거지가 별로 도움이 되지 않는다. 그러나 사냥꾼에게는 사냥의 산발적, 불규칙적, 그리고 예측할 수 없는 성질 때문에 근거지가 있는 것이 유리하다. 그곳은 누구나 알고 있는 귀환장소이며 고기가 배분되는 곳이다. 그들은 석기사용도 동물 사냥과 도살의 필요성에 수반되었을 가능성이 높은 것으로 본다.[89]

사람 뇌의 과장된 크기에 관하여 그들은 사람의 뇌가 신진대사에는 극히 비용이 많이 드는 기관이라고 주목한다. "이 비용은 호미니드의 확장된 뇌가 대신 새로운 종류의 식료를 풍부하게 할 경우에만 정당화될 수 있을지 모른다. 우리는 모든 육식동물은 포식동물이 아닌 동물들보다 현저하게 큰 대뇌화 지수를 갖고 있다는 것을 알고 있다…… 고기에서 발견되는 일부 영양소는 뇌조직에 특히 중요하며, 이들 영양소는 식물성 식량으로부터는 확보되기 어렵고 체내에서 합성되기도 어렵다."[90] 그들은 또한 "개방된 환경에서 사는 영장류 중 가장 덩치가 큰 사바나비비가 인간 이외의 영장류 중에서는 가장 높은 비율로 사냥을 한다"는 점에서 사냥은 "폰지

드(pongid) - 호미니드" 계열에 연결될지도 모른다고 언급한다. 그러나 이는 논란의 여지가 많은 주장이다. 우리와 가장 가까운 친척인 침팬지는 사바나가 아닌 숲의 환경에서 도구의 사용과 다양성, 집단 사냥과 식량 분배를 가장 잘 보여주고 있기 때문이다.[91] 마지막으로 그들은 인간의 넓은 지리적 분포는 단지 고기먹기와 사냥 때문에 가능하였다고 언급한다. 즉 "조리가 안된 식물성 식량만 먹고사는 현생 인류"란 그러한 식료에서 발생하는 여러 가지의 영양학적 결핍 때문에 사실상 불가능하다는 것이다.[92]

이러한 형태의 작은 짐승 사냥과 고기 주워먹기는 집단적 협력을 조장하고, 우열의 위계를 감소시키며, 정보전달 체계를 향상시키고, 고기와 식물성 식량을 가공하기 위한 석기의 발달을 촉진시켰을 것이다.

이상 이들 모델을 요약하면 두발걷기, 인간의 성행위, 사회적 네트워크, 확대된 두뇌, 영역성, 사냥, 그리고 그 밖의 다양한 요인들이 모두 상호 복합적인 유형으로 연관되면서 "루시"와 하다 등의 화석에서 나타나는 종류의 동물로 귀착되었을지 모른다. 이들 호미니드는 근본적인 면에서 "문화적"으로 되기 위하여 반드시 도구 사용자일 필요는 없다. 사냥과 육류 섭취가 그들에게 중요하였을 것 같으나 이것을 증명할 수 있는 직접적인 증거는 갖고 있지 않다.

증거의 분석

우리는 어떻게 이 모든 민족지적, 고고학적, 영장류동물학적, 고생물학적 증거들을 통합하여 우리의 기원을 연구하는데 이용할 수 있을 것인가? 우선 우리는 진화론적 분석에서 일부 개체들이 그들의 유전인자를 전달하여 시간이 지나면서 우리의 뇌 크기가 증가하고 인간 동물로서의 다른 모든 특질들이 형성될 수 있게 한 요소들에 집중하여야 한다. 일단 차별적 번식을 조사하기 시작하였으면 어떻게 식량이 획득되고 분배되고 소비되는지를 직접 살펴야 한다.

현재 고고학에서는 동일한 뼈와 돌무더기를 놓고서도 사냥의 결정적 증거이다, 고기 주워먹기의 결정적 증거이다, 아니 전혀 결정적인 증거가 되지 못한다라고 치열한 논쟁이 진행중이다.[93] 단지 석기가 동물뼈와 함께 출토되고 동물뼈 일부에 석기로 자른 흔적이 분명히 보일 때 혹자는 이를 우리의 선조들이 동물을 도살하고 잡아먹은 당연한 증거라고 생각할 수도 있다. 그러나 어떤 고고학자가 석기의 자른 흔적이라고 본 것이 다른 고고학자가 보기에는 하이에나가 물어뜯은 흔적이기도 하다. 여러 가지 원인에 의해 다양한 종류와 규모로 뼈의 변형이 일어나기 때문에 완전히 다른 해석이 생기는 것이다.

동물을 사냥한 것인지 주워먹은 것인지 아는 것이 왜 그렇게 중요한가? 우리는 여기서 다시 우리를 체질적으로 그리고 어느 정도는 정신적으로 형성한 요소들을 직접적으로 다루게 된다. 인류학자들이 초기 인류의 경제에 대하여 논할 때 그들은 인류 진화의 원동력 중의 하나에 대하여 논하는 것이다.

초기 호미니드의 사냥은 오늘날의 사냥과는 매우 달랐을 것이다. 불공평하지만 오늘날의 우리는 총으로 동물을 사냥한다. 고성능 소총만 갖고 있으면 어느 곳에서도 사슴을 즉각 죽일 수 있다. 그것은 코끼리 배를 창자로 찌르고 출혈과다로 죽을 때까지 굶고 기다리는 것과는 다소 다른 일이다. 우리는 아프리카의 피그미 집단과 칼라하리 부시맨 등의 연구에서 사람들이 매우 조잡한 창 등의 도구들을 갖고도 주기적으로 대형 동물을 죽일 수 있다는 사실을 알고 있다. 그러나 언제부터 우리의 호미니드 선조들이 식량의 주된 원천으로서 체계적인 사냥을 시작하였는지는 의문이다.

200~150만년 전 사이에 석기와 동물뼈가 공간적으로 같이 분포한 유일한 예인, 올두바이 협곡에서 출토된 증거에 관해서는 의견이 첨예하게 대립된다. 예를 들어 빈포드는 진잔드로푸스층에 대하여 "뼈부위별 빈도자료*와 자른 자국 자료는 모두 이전에 약탈된 짐승 시체에서 남은 고기를 주워먹은 것과 가장 일치한다"라는 결론을 내렸다.[94] 반면 번과 그의 아내인 크롤은 유적이 아마도 주워먹기와 함께 상당 규모의 사냥이 이루어진 것을 반영하며 동물뼈 부위의 분포에서도 식량 분배의 증거가 일부 있다라고 주장한다.[95]

뼈를 석기로 잘라보는 연구실의 신중한 실험과 고배율 현미경을 갖고도 인간과 동물의 행위를 구별하기가 힘든 것 같다. 호미니드는 동물을 사냥하고 도살하였을지도 모른다. 그리고 나서 아마도 도구와 도살 기술이 그리 효과적이지 못하여 상당히 많은 양의 고기를 하이에나 등이 주워먹도록 내버렸을지도 모른다[96] 반대로 사자나 하이에나가 많은 동물들을 잡고 나서 일부만 먹은 뒤 사람들이 남은 고기를

---

* 권학수 1998 참조

뜯어먹었을지도 모른다.

투비는 고기를 주워먹은 초기 호미니드가 얻을 수 있는 부분은 극히 한정되어 아마도 주로 건기에 물가에서 사자가 남긴 중형 크기 동물의 골수, 뇌와 머리로 이루어졌을 것이라고 언급한다.[97]

최근 고기 주워먹기에 대한 관심이 급증한 것은 사냥이 어렵고 위험하고 발달된 기능이고 호미니드 진화에서 늦게까지 나타났을 것 같지 않은 정교한 능력에 의존한다는 가정에 암묵적으로 입각하고 있다. 주워먹기는 사냥에 비해 "쉽고", 따라서 바보 같은 초기 호미니드가 고기를 먹기 위한 길로 들어서는 자연적인 첫 번째 발걸음인 것처럼 보인다. 그러나 주워먹기의 생태학은 전혀 이 관점을 지지하지 않는다.

비록 인간 진화에서 주워먹기의 역할이 선택적으로는 사소한 것(즉 사냥에 부속되는 보충)처럼 보이지만 대형 동물유체의 차별적인 보존상 편차 때문에 동물뼈 갖춤새(assemblage)가 형성되어지는 과정에서의 역할이 중요하였을지 모른다. 불러맨샤인의 연구[98]에 따르면 대부분 대형동물의 뼈는 주워먹을 만한 가치가 있고, 또한 대형동물은 체구가 크기 때문에 선신세/갱신세의 호미니드가 사냥으로 잡았을 것 같지는 않다.[99]

올두바이 등의 유적에서 석기와 동물뼈가 한데 모아지게 만든 요소와 상황에 대한 논쟁은 물론 앞으로도 계속 진행될 것이다. 현 시점에서 사람이 뼈에 남긴 흔적과 동물이 남긴 흔적을 구별하거나 사람이 동물을 도살하였을 때 동물이 어떠한 상태(살았는지 죽었는지)였는지 결정할 수 있는 확실한 방법도 없다.

도구 자체도 형태가 아주 다양하다. 도구는 확실히 사냥한 동물이던, 주워먹은 동물이건 간에, 동물을 도살하는데 유용하다. "창" 같은 석기의 결여는 이들 초기 인간들이 큰 짐승을 잡을 수 있는 수단이 없었다는 것을 의미할지도 모른다. 그러나 도구 중 일부는 창끝으로 사용되었을지도 모르며 또는 나무창을 사용하였을 수도 있다. 또는 앞서 언급한 것처럼 그들이 사냥을 하지 않았을지도 모른다.

초기 갱신세의 인간들이 말을 할 수 있었을까?   아마 그랬을지도 모른다. 대학교 교수들은 철저하게 우유부단하다고 말해도 좋을 정도까지 모든 것에 단서를 붙이는 불유쾌한 취미로 악명이 높다. 그러나 그것이 인간 분석의 본질이며, 우리가 제목에서와 같은 질문을 던질 때의 바른 답은 그것이 부분적으로는 "언어 (speech)"를 어떻게 정의하느냐에 달려있다고 보아야 한다. 예를 들어 침팬지는 말을 할 수 있을까? 그들은 분명히 그들이 내는 소리를 통하여 서로서로 엄청난 양의 정보를 주고받는다. 그리고 그들은 우리가 생각하는 것보다 훨씬 더 많은 의사소통을 할지 모른다. 만약 우리가 언어를 통하여 의미를 전달하는 인간의 능력이 침팬지와 윈스턴 처칠의 능력 사이의 연속체 위에 놓여질 수 있다는 합리적 입장을 취한다면, 우리 자신의 능력에 필적하는 능력이 언제 처음 진화하였으며 그 이유는 무엇인지 물어볼 수 있다.

　여러 학자들이 현재처럼 능숙한 언어는 단지 5만년 전쯤 한정된 수의 호미니드 종들(아마도 한 종)에서 출현하였다고 믿는다.[100] 일부 학자들은 심지어 올두바이 협곡의 도구제작자들도 침팬지보다는 훨씬 능숙하게 구두로 대화를 나눌 수 있었다고 믿는다. 이 문제점에 대하여 우리는 아마도 앞으로도 현재 우리가 알고 있는 것보다 훨씬 더 많이 알기는 어려울 것이다. 초기 호미니드의 뇌가 우리보다 훨씬 용량이 적다는 것을 감안하면, 언어와 가장 관련 깊은 뇌 영역으로 뇌 좌측에 위치한 브로카(Broca)와 베르니케(Wernice) 부위는 거의 분명히 초기 호미니드에서는 발달되지 않았다. 그러나 언어가 단순히 뇌 용량만의 문제는 아니다. 다른 동물의 해부학적 구조와 달리 인간의 후두(목구멍의 공기통로)와 인두(목구멍의 음식통로)는 인후(목구멍)보다 낮은 곳에 자리하므로 우리는 숨쉬기와 삼키기를 동시에 할 수 없다. 우리는 대부분 음식을 잘못 삼켜 숨이 막힐 뻔한 적이 있다. 이러한 기묘한 배치의 장점은 그것이 다양한 종류의 소리가 나올 수 있도록 성대를 위한 상대적으로 큰 공간을 제공하는 것이다. 이러한 인간의 음성 기관을 초기 호미니드가 어느 정도까지 발전시켰는지에 대한 측정이 컴퓨터 모델을 토대로 이루어졌으나, 그들이 이 점에서 우리와 얼마나 닮았는지 확신할 수 있을 정도로 관련된 해부학적 구조의 시료가 충분하지는 않다.

　왜 사람들은 그들의 언어 능력에 따라 생존과 번식의 성공 가능성이 좋아지고 나빠지고 하는 것일까? 그럴싸한 이유들이 많이 제시될 수 있다. 먼 곳에서 획득할 수 있는 자원, 갈등의 해결, 기술적 방법, 또는 어떠한 종류의 사건에 대하여 한 사람에게서 다른 사람으로, 또는 한 집단에서 다른 집단으로 전달되는 정보만으로도 생존과 번식의 기회를 향상시킬 수 있다. 쿵 부시맨이 이러한 문제의 가이드가 될 수 있다면 언어는 기술 수준이 낮은 이 지역에서조차도 매우 중요한 적응성 도구이며, 아울러 부시맨 생활 양식의 엄청난 따분함을 언어가 크게 완화시켰을 것이다.

● *호미니드의 아프리카로부터 최초 방산*: "문화"를 어떻게 정의하더라도 150만년 전쯤에는 "문화"가 분명 존재하였다. 우리 자신의 부류에서 가장 작은 뇌를 가진 호미니드가 아프리카에 거주하였고, 그들의 석기갖춤새로 보아 이들 호미니드는 갖가지 목적에 따라 갖가지 형태의 석기를 제작할 수 있었으며 때로는 수 km 떨어진 곳에서 재료를 갖고 와 도구를 만들거나 도구로 사용하기도 하였다.

그러나 이들 초기 호미니드가 과연 당시에 아프리카를 이미 떠날 수 있었는지가 그들에 대한 가장 중요한 의문점 중의 하나이다.

파키스탄, 중국, 자바 등지에서의 발견은 호미니드가 늦어도 150만년 전쯤에는 세계의 온난한 지방에 걸쳐서 분포하였을 가능성을 제기한다. 갱신세의 낮아진 해수면이 멀리 동남아 도서지방까지 풍부한 연안의 생태적 적소를 열면서 호미니드의 확산을 촉진하였다.

아프리카 외부에서 초기 호미니드의 가장 신뢰할만한 증거는 뒤부아가 자바에서 발견한 직립원인(Homo erectus) 화석이다. 그런데 자바원인이 발견되었다고 추정되는 퇴적층과 화석에 붙어 있는 퇴적물의 연대를 최근 재측정해보니 170만년 전이란 연대가 나왔다.[101]

재측정된 연대를 신뢰하는 학자들도 있지만 이 연대에 대한 회의도 존재한다. 이들 화석이 발견된 정확한 장소가 애매하고 화석에 붙은 침전물도 화석 자체와는 무관한 오래된 지층에서 유래하였을 수 있기 때문이다. 자바원인이 석기와 함께 발견된 예가 하나도 없다는 사실도 곤혹스러운 점 중의 하나이다.

200만년 전으로 추정되는 층에서 석기가 나타났다고 하는 파키스탄에서의 발견[102]도 자바의 자료와 잘 부합될 수도 있다. 호미니드가 아프리카에서 멀리 아시아까지 도달하는데는 수많은 세월이 걸리고 우리는 그들이 이동한 길을 따라 증거를 찾아야만 하기 때문이다. 도구는 유난히 거친 규암제 자갈이나 발견자는 그것들이 도구, 즉 석기라는 "반박할 수 없는" 증거로 간주한다. 그들은 그들의 발견에 대한 가능한 해석을 다음과 같이 제기한다. "① 호모 하빌리스가 멀리 동쪽으로 파키스탄까지 분포하였거나, ② 호모 에렉투스가 적어도 호모 하빌리스만큼 오래된 아시아 계통이거나 아직은 미확인된 또 다른 도구 제작자이다. 이 발견은 초기의 도구 제작이 아프리카인 뿐 아니라 아시아인의 특질이기도 하다는 것을 분명히 내포한다."[103]

　파키스탄 자료의 연대가 정확하지 않더라도 초기 호미니드가 매우 다양한 환경에서 거주할 수 있었다는 점은 분명하다. 그들은 새로운 생태적 적소로 팽창하는데 성공한 종이었다. 가장 보수적이면서도 신뢰성 있는 견해로 정리하면, 호미니드는 처음에는 두발걷기, 그리고 이어서 도구 사용과 그 밖의 문화적 행위를 아프리카에서 발전시켰고, 그리고 나서 인구가 오랫동안 천천히 증가하고 집단이 분리되고 조금씩 단거리를 이동해나가는 과정에서 구대륙의 따뜻한 주변지역을 따라 확산하게 되었고 결국 호미니드가 남아프리카에서부터 자바까지 발견될 수 있게 되었다.

요약과 결론

　로마의 시인 호라티우스는 우리가 그저 "티끌과 환영(pulvis et umbra)"에 불과하다고 말하였는데, 이 말은 우리를 우리의 시작으로 연결하는 화석의 긴 줄에서는 확실히 유효하다. 우리의 진화를 완전한 형체로 만들었던 요소란 없다. 기후 변화, 사바나에서의 적응, 고기 주워먹기, 사냥, 성적 욕구의 충동, 도구 사용, 이들 모두와 많은 그 밖의 요소들이 우리의 진화적 실험에서 사용된 요소들이었던 것 같다. 그러나 우리의 과거에서 가장 중요한 원동력과 환경을 확인하기에는 증거가 여전히 너무 미약하다.

　인과관계와 종의 분류에 대한 이 모든 문제점들과의 싸움에서 벗어나서 마침내 합의에 도달하였다고 하더라도, 여전히 똑같이 중요하고 난해한, 인간의 체질적·문화적 진화의 방식과 속도의 본성이란 질문이 남게 될 것이다. 질문은 이렇다. 즉 인간의 뇌 용량(그림 3.13), 기술적 효율성, 행정의 중앙집권화와 도시화 같은 것들에서의 진화가 균일한 속도로 천천히 발생하였는지 또는 급격한 변화의 기간들에 의해 중단된 장기간의 안정기가 있는 것일까? 로버트 맥 에덤스가 초기 국가의 맥락에서 이야기한 것처럼 "경사로(ramp)" 또는 일련의 "계단(steps)"이란 직유가 우리의 진화적 역사를 가장 잘 기술하는 것인가?[104]

　일면 간단해 보이는 이 질문이 꽤 음울한 정치적 이슈를 수반한다. 혹자는 인간의 행위를 대체로 적응과 자연선택의 결과로 간주하는 것은 인간의 행위가 사회적

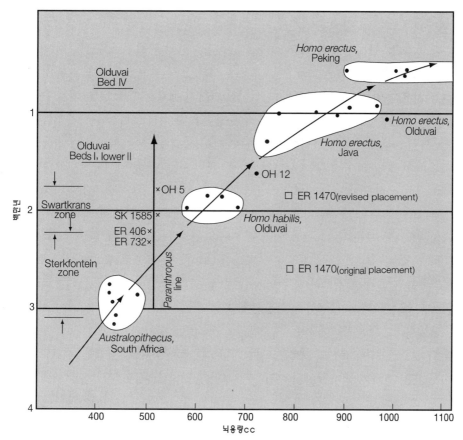

3.13. 진화적 기준으로 보면 시간의 흐름에 따른 우리 선조들의 뇌용량 증가는 엄청나고 빠르다. 그러나 지난 10만년간 증가율은 완만해졌으며, 우리는 인간 출산과 이동의 역학이 허용한 한계점에 도달하였는지도 모른다.

변화의 범위를 벗어나고 호전성, 인종적 차별 등이 유전적으로 내재할지 모른다는 것을 의미한다고 걱정한다. 어떤 사람들은 변증법적 발달로서의 마르크스주의 개념은 오스트랄로피테쿠스에서 우리 자신으로의 체질적 변화 같은 사항에서도 체질적 특징이 상대적으로 신속히 변화하였던 시기들에 의해 중단되었던 장기간의 안정기를 보여주는 발달 유형이 찾아져야 한다는 것을 의미한다고 생각한다. 그리하여 굴드와 엘드레즈는 "어떠한 호미니드 분류군 내부에서도 점진론(gradualism)*

---

*진화에서의 점진론은 후손은 조상의 지속적이고 점진적인 변형을 거쳐 생겨난다는 주장임

은 인지되지 않는다"라고 주장한다.[105] 그러나 400만년 전부터 우리 현생인류에 이르기까지 호미니드 화석에 대한 계측치를 분석하였던 크로닌 등은 "정체(stasis)" 또는 "계단식 도약(punctuation)"의 증거를 전혀 찾지 못하였으며, 인간의 진화는 일부 시기에는 진화속도가 변화하는 점진적 변화의 예로서 가장 잘 이해될 수 있다고 생각한다.[106]* 이렇게 경합하는 여러 주장들을 결정적으로 검증하기 위해서는 수백 구의 초기 호미니드 화석이 필요하며, 적어도 그 화석 중 일부는 우리가 현재 아무런 정보를 갖고 있지 않는 시간적 "공백"에 속하는 것이어야 한다.

헤너버그는 인간의 뇌용량이 증가하는 비율의 문제와 정확한 연대의 결여에 대한 흥미로우면서도 참신한 접근법을 발표하였다. 그는 350만년 전 이후 인간 화석 집단의 추정된 연대를, 뇌용량은 시간의 흐름에 따라 대략 같은 비율(회귀곡선으로 불리는 통계학 기법에 의해 측정된 비율)로 점진적으로 증가한다는 가정아래 예측된 이들 화석 각각의 연대**와 대비하여 점을 찍어 보았다.[107] 분석 결과에 의하면, 일부 화석 연대의 측정이 잘못되었다고 가정한다면, 시간의 흐름에 따른 인간 뇌용량의 증가는 실제로 점진적이고 대략 같은 비율이었다.

이러한 모든 이슈만큼이나 중요한 것은 이 이슈들이 어떤 의미에서는 인간의 지성적 역사에 있어서의 기본적인 진보를 모두 상세히 논하였다는 것이다. 인간 진화의 속도가 어떠하였던 간에 이제 우리는 인간 진화의 형태와 메커니즘과 결과를 150년 전의 사람들이 생각할 수 있었던 것보다는 훨씬 더 뚜렷하게 파악하고 있다.

---

*계단식 평행론에서는 고립된 작은 집단에서는 상당히 빠른 속도의 분화, 즉 계단식 도약이 발생하여 새로운 종이 출현하고 나머지 집단에서는 분화전후에도 변화가 거의 없다고 (stasis) 본다.
＊＊ 즉 회귀곡선에 의한 기대 연대

저자주

1) Bergson, *L' Evolution Creatrice*.

2) 미국형질인류학회의 연례 학술대회에서 실레시 세모 Semaw가 발표한 논문을 뉴욕 타임 즈가 보도한 기사에서 인용하였다. 논문이 실린 학술지는 이 책을 쓸 때까지 확보할 수 없 었다.

3) White, *The Science of Culture*.

4) Wheatley, "Cultural Behavior and Extractive Foraging in *Macaca fascicularis*."

5) Brace, *The Stages of Human Evolution*, p.51.

6) See, for example, Alexander "The Search for a General Theory of Behavior."

7) Alexander, "Evolution and Culture."

8) 여러 논문에서 인용됨.

9) Grayson, *The Establishment of Human Antiquity*.

10) Von Koenigswald, "Early Man in Java,"; Harrison, "Present Status and Problems for Paleolithic Studies in Borneo and Adjacent Islands," pp.54-55.

11) Campbell, *Human Evolution: An Introduction to Man's Adaptation*. 사람에 적용된 진화론을 탁월하게 소개한 책임.

12) Farraro et al., Anthropology: *An Applied Perspective, esp.* pp.59-71. 초보자들에게 인류학에 서의 진화론을 쉽게 그리고 많은 사진자료로 소개해 줌.

13) 멘델이 그의 데이터를 왜곡하였다고 믿을 만한 충분한 이유가 있다. 그의 실험결과가 수학 적으로 너무나 "완벽하여", "우연적(chance)" 변이가 발생할 수 있는 기대치를 보여주지 않 기 때문이다. 그렇더라도 그의 총괄적인 공헌은 인정되어야 한다. Thomas, *Refiguring Anthropology*, pp.288-91.

14, 15) Birdsell, *Human Evolution*.

16) 책을 쓸 때까지 발간되지 않은 글들은 여러 신문기사에서 발췌함.

17) Brace et al. "Clines and Clusters Versus 'Race': A Test in Ancient Egypt and of a Death on Nile."

18) Crook, "Sexual Selection, Dimorphism, and Social Organization in Primates."

19) 예를 들어 Evolutionary Anthropology, 3(1), 1994에 실린 Tatterssal과 Wolpoff의 교환을 참조.

20) Lewontin, Sociobiology as in Adaptationist Program.

21) Hamilton, "Revising Evolutionary Narratives: A Consideration of Alternative Assumptions about Sexual Selection and Competition for Mates."

22) Tooby and DeVore, "The Reconstruction of Hominid Behavior Evolution," pp.215-17.

23) Van de Berghe, "Sex Differentiation and Infant Care: A Rejoinder to Sharlotte Neely Williams."

24) Reviewed in, for example, Shepher, *Incest, a Biosocial View*.

25) 영국의 19세기 시인인 로세티는 크리스마스 케롤이란 시에서 예수가 탄생한 날을 묘사하고 있으나 갱신세를 언급한 것은 아니다.

26) Bowen, *Quaternary Geology; Flint, Glacial and Quaternary Geology*.

27) Boesch-Achermann and Boesch, "Hominization in the Rainforest: The Chimpanzee's Piece of the Puzzle."

28) Alexander, "Evolution and Culture."

29) 이 점에 관한 일부 일화는 토마스 모르간 박사의 신세를 짐.

30) 傳(전)

31) 신문기사에서 인용.

32) Conroy, *Primate Evolution*.

33) 신문기사에서 인용.

34) from C-reuter@clarinet.com, August 16, 1995, 12 : 37 : 22.

35) *Science*, July 28, 1995.

36) Toth, "The Oldowan Reconsidered: A Close Look at Early Stone Artifact."

37) 미국형질인류학회의 연례 학술대회에서 실레시 세모가 발표한 논문을 뉴욕 타임스가 보도한 기사에서 인용하였다. 논문이 실린 학술지는 시간 관계상 확보할 수 없었으나, 아르곤-아르곤 크리스탈 레이저 융합법으로 얻어진 연대는 안정적인 것 같다.

38) Stringer, "Middle Pleistocene Hominid Variability; Clark, Some Thoughts on Black Skull."

39) Brown, Harris and Walker, "Early Homo erectus Skeleton."

40) Potts, *Early Homo Activities at Olduvai*.

41) Reviewed in Isaac, "The Archaeology of Human Origins: Studies of the Lower Pleistocene in East Africa 1971 – 1981."

42) Toth, "The Oldowan Reconsidered."

43) Tooby and DeVore, "The Reconstruction of Hominid Behavior Evolution," pp.215 – 17.

44) Teleki, "The Omnivorous Diet."

45, 46) Crook, "Sexual Selection, Dimorphism, and Social Organization in Primates," p.235.

47) Pianka, *Evolutionary Ecology*.

48) Crook, 앞 책.

49) Anderson, "The Reproductive Role of the Human Breast."

50) Frisch, "Comment on P. Anderson, 'The Reproductive Role of the Human Breast.'"

51) Crook, 앞 책, p.254.

52) Small, "Female Primate Sexual Behavior and Conception," p.81.; idem., *Female Primate*:

Studies by Women Primatologists.

53) Boesch-Achermann and Boesch, "Hominization in the Rainforest: The Chimpanzee's Piece of the Puzzle."

54) Goodall, *The Chimpanzees of Gombe.*

55, 57) van Lawick-Goodall, "Some Aspects of Aggressive Behavior in a Group of Free-Living Chimpanzees."

56) van den Berghe, "Sex differentiation and Infant Care: A Rejoinder to Sharlotte Neely Williams," p.772.

58) van Lawick-Goodall, "The Behavior of Free-Living Chimpanzees in the Combe Stream Area"; idem., "Some Aspects of Aggressive Behavior in a Group of Free-Living Chimpanzees"; idem, "The Behavior of Chimpanzees in their Natural Habitat."

59) Barlett, Sussman, and Cheverud, "Infant Killing in Primates: A Review of Observed Cases with Specific Reference to the Sexual Selection Hypothesis."

60) Tanner, "The Chimpanzee Model Revisited and the Gathering Hypothesis," p.20.

61) Ibid., citing Boesch and Boesch, "Sex Differences in the Use of Natural Hammers," and Boesch and Boesch, "Possible Causes of Sex Differences in the Use of Natural Hammers by Wild Chimpanzees."

62, 63) Teleki, "The Omnivorous Diet."

64) Symons, *The Evolution of Human Sexuality*, pp.96-141.

65) 다소 다른 시각은 다음 글 참조. Martin and Voorhies, *The Female of the Species.*

66) Teleki, "The Omnivorous Diet and Eclectic Feeding Habits of Chimpanzees in Gombe National Park, Tanzania."

67) Melnick and Hoelzer, "What is mtDNA Good for in the Study of Primate Evolution?" p.2 ; Clutton-Brock, "Female Transfer and Inbreeding Avoidance in Social Mammals."

68) Melnick and Hoelzer, "What is mtDNA Good for in the Study of Primate Evolution?"

69) Binford, "Human Ancestors."

70) Lovejoy, "Models of Human Evolution."

71) Wilmsen, *Land Filled with Flies: A Political Economy of the Kalahari.*

72) Schaller and Lowther, "The Relevance of Carnivore Behavior of the Study of Early Hominids."

73) Birdsell, "Characteristics of the Early Hominid Scavenging Niche."

74) O'connell et al., "Hadza Scavenging: Implication for Plio/Pleistocene Hominid Subsistence."

75) Birdsell, "Ecological Influence an Australian Aboriginal Social Organization."

76) Anderson, "The Reproductive Role of the Human Breast," p.31.

77) Townsend, "New Guinea Sago Gatherers: A Study of Demography in Relation to Subsistence."

78) Lovejoy, "Hominid Origins: The Role of the Bipedalism."

79) Devine. "The Versatility of Human Locomotion."

80) Kinzey, *The Evolution of Human Behavior: Primate Models*, p.x.

81) Tooby and DeVore, "The Reconstruction of Hominid Behavior Evolution," pp.215－17.

82) Symons, *The Evolution of Human Sexuality*.

83) ibid, pp.27-28.

84) Itzkoff, Why Human Vary in Intelligence. 일부 학자들은 남녀간 차이를 유전적, 그리고 신진 대사에 연계된 것이라고 제시한다. 예를 들어 사이모 이트츠고프는 미국의 남녀는 지능테 스트에서 비슷한 평균치를 보여주지만 여자의 점수가 변이가 작다고 지적한다. 아이큐 점 수의 분포는 남녀 모두 동일한 평균치의 정상적인 종모양 곡선이나 이 곡선의 양 극단에 분 포하는 여성은 극히 적다. 그는 이러한 현상을 여성이 갖고 있는 여분의 X 염색체－다른 생 리적 요소에서 여성의 생물학적 안정성이 상대적으로 큰 원천－와 연결한다.

85) Sahlins, *Stone Age Economics*, p.xxx.

86) Tooby and DeVore, "The Reconstruction of Hominid Behavior Evolution," pp.223.

87－90) ibid., pp.223－25.

91) Boesch-Achermann and Boesch, "Hominization in the Rainforest: The Chimpanzee's Piece of the Puzzle."

92) Tooby and Devore, 앞 글, p.226.

93) Binford, "Fact and Fiction about the Zinjanthropus Floor: Data, Arguments, and Interpretations"; Bunn and Kroll, "Reply to L. Binford 'Fact and Fiction about the Zinjanthropus Floor: Data, Arguments, and Interpretations'"; Zeleznik et al., "On Systematic Butchery by Pio/Peistocene Hominids."

94) Binford, "Fact and Fiction about the Zinjanthropus Floor: Data, Arguments, and Interpretations," p.135

95) Bunn and Kroll, "Reply to L. Binford 'Fact and Fiction about the Zinjanthropus Floor: Data, Arguments, and Interpretations.'"

96) Potts, "On Butchery by Olduvai Hominids."

97) Tooby, "Comment on Characteristics of the Early Hominid Scavenging Niche, by R.J. Blumenschine."

98) Blumenschine, "Characteristics of the Early Hominid Scavenging Niche."

99) Tooby, "Comment on Characteristics of the Early Hominid Scavenging Niche, by R.J. Blumenschine," pp.399－400.

100) Reviewed in Lieberman, *Uniquely Human: The Evolution of Speech, Thought, and Selfless Behavior*.

101) de Vos et al., "Dating Hominid Site in Indonesia."

102) Dennel et al., "Late Pliocene Artefacts from Northern Pakistan; idem., Early Tool-Making in Asia: Two Million Year Old Artefacts in Pakistan."

103) Dennel et al., "Late Pliocene Artefacts from Northern Pakistan," p.498.

104) Adams, *The Evolution of Urban Society*.

105) Gould and Eldredge, "Punctuated Equilibria: The Tempo and Mode of Evolution Reconsidered."

106) Cronin et al., "Tempo and Mode in Hominid Evolution."

107) Henneberg, "Morphological and Geological Dating of Early Hominid Fossils Compared."

[역자 추가문헌]

도널드 요한슨, 『최초의 인간 루시』, 푸른숲, 1996.
로저 레윈(박선주 역), 『인류의 시대』(제1부), 해안, 1996.
리처드 리키(황현숙 역), 『인류의 기원』(1~4), 두산동아, 1995.
프리데만 슈렝크 · 티모시브로매지(장혜경 역), 『아담의 조상』, 해냄, 2003.
권학수, 「구석기시대 동물뼈 해석의 방법론적 고찰」, 한국고고학보 38, 1998.
박선주, 『체질인류학』(제3~8장), 민음사, 1994.
박선주, 『고인류학』(제2~5장), 아르케, 1999.

4장

호모 사피엔스 사피엔스의 기원

남자(man)는 유인원과 인간 사이의 잃어버린 고리이다.

익명

우주에서 바라보면 지구의 녹색과 청색으로 물들은 아름다움이 우주의 차갑고 검은 무한의 틀 속에 들어온다. 우주에서 이렇게 지구를 바라볼 때 많은 우주비행사들이 우리에게 공통된 인간성과 운명에 대하여 (기술자로서는 의외로 시적으로) 곰곰히 생각해보게 된다. 우리가 우리의 수 백만 년에 걸친 공통 조상들을 되돌아보고 우리의 영장류 선조의 부서진 뼈 속에 분명히 나타난 미발달된 인간성에 대하여 묵상할 때 이와 비슷한 상념이 발생한다. 그리고 길고 위험한 길을 향한 도정에서 용감하게 싸워 결국은 "성공하여" "우리"가 된, 우리의 선조에 대한 감상적인 환상으로 빠지게 된다. 대부분의 진화 방정식에서 그러하듯이 가장 격렬한 경쟁은 동일 종에 속한 개체군 사이에 있다. 시간과 상황의 모든 사건들과 상이한 경쟁 능력의 체(sieve)를 통과하여 그들의 유전자를 우리에게 구현하였다는 의미에서 우리는 "승리한" 사람들의 후손이다. 그러나 지구가 출현한 이후부터 우연과 무작위성이 생물학적 우주를 아주 예상할 수 없는 방식으로 영향을 끼쳤던 것 같으며, 우리는 일어날 듯 싶지 않았던 우연한 사건들이 연이어 일어난 덕분에 여기 존재하고 있는 것처럼 보인다.[1]

우리는 바다에서 출현한 최초의 생명체에서 수 천만년 전에 살았던 나무뾰족뒤쥐를 거쳐 우리의 마지막 영장류 선조에 이르기까지 지구의 옛 생명체 모두에서 우리의 기원에 대한 자취를 찾아 볼 수 있다. 그러나 단지 200만년에서 100만년 전 사이의 결정적인 시기에 우리의 종인 호모가 세계에서 가장 유력한 영장류가 되었으며, 수 십만 년 전에서야 우리 자신과 연결될 수 있는 호모 사피엔스로 명명된 인간이 출현하였다. "우리와 닮은 사람"인 호모 사피엔스 사피엔스의 마지막 명예는 약 15만년 전 이후에 살았던 인간 중 일부에만 부여되며, 우리만이 인간성을 구성한 것은 3만년 전에 불과하다.

만약 우리가 정말로 너 자신을 알라는 소크라테스의 격언을 따르길 원한다면, 우리는 우리 선조의 선행 인류 형태로부터 우리의 인간성을 만들어낸 동력과 상황은 무엇인지, 그리고 이러한 지식이 우리 스스로와 미래에 대하여 무엇을 말해주는지를 질문하여야 한다.

🔳 호모 사피엔스 : 기원에 대한 모델

"믿을 수 없어요" 앨리스가 말하였다. "믿을 수 없다고?" 왕비가 말하였다.
…… "다시 시도해 봐. 숨을 길게 쉬고 눈을 감아." 앨리스가 웃었다.
"시도해 봐야 소용없어요." 앨리스가 말하였다. "불가능한 일을 믿을 수는 없어요".
"그렇게 많은 연습을 할 필요는 없을거야. 내가 네 나이 때 하루에 30분만 연습하였어.
아, 때로는 아침식사 이전에 많게는 6개나 불가능한 것을 믿었었지." 왕비가 말했다.

루이스 캐롤, 거울유리를 통하여 Through looking-glass

우리가 아프리카의 초기 호미니드에서 어떻게 우리의 호모 사피엔스 사피엔스로 변화하였는지에 대한 현재의 주요한 "모델들"(즉 자료에 대한 일련의 연결된 가정, 가설과 해석)은 모두 어느 정도 극적인 신념이 있어야만 믿을 수 있는 시나리오들이다.

기원에 대한 대부분의 모델들은 기본적으로 두 가지 대조적 가설의 변형이다. 곧 주류가 될 것처럼 보이는 하나의 모델은 "아프리카 기원," "완전 교체," "노아의 방주," 또는 "이브" 모델 등으로 다양하게 표현되는 것이다.[2] 이 모델은 현생인류가 아프리카에서 처음 그리고 유일하게, 그리고 단지 십여만 년 전에 한 차례 진화하였으며, 그리고 나서 나머지 세계로 이주하여 다른 형태의 호미니드와 전혀 또는 거의 유전자 교환을 하지 않은 채 그들을 대체하였다고 규정한다(그림 4.1).

대립되는 모델은 흔히 "연속성," "다지역 진화," 또는 "촛대" 모델로 알려졌는데[3]

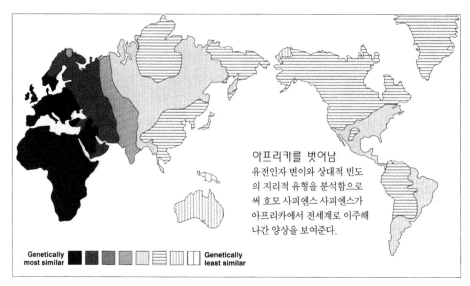

아프리카를 벗어남
유전인자 변이와 상대적 빈도
의 지리적 유형을 분석함으로
써 호모 사피엔스 사피엔스가
아프리카에서 전세계로 이주해
나간 양상을 보여준다.

Genetically most similar　　　　Genetically least similar

4.1 "아프리카 기원" 또는 "이브" 모델은 현생인류가 십여만 년 전 아프리카에서 처음 진화하였으며, 그리고 나서 나머지 세계로 이주하여 유전자 교환을 전혀 또는 거의 하지 않은 채 다른 모든 호미니드 형태를 대체하였다고 규정한다.

"모든 현대의 인구집단들이 궁극적으로는 아프리카에서 근원한 것으로 거슬러 올라갈 수 있지만, 현재로의 유전적 기여는 변화하는 네트워크(web)를 통하여 지역과 시간에 따라 다르다"고 본다.[4] 그리하여 이 모델은 현생인류의 기원이 아프리카에서만 발생하였다는 것을 부정한다. 이 가설의 기본적인 생각은 100만년에서 200만년 전 사이의 어떤 시기에 우리의 호모속 선조가 아프리카, 중동, 아시아, 그리고 아마도 유럽 남단의, 온난한 위도로 퍼져나갔다는 것이다. 수 천년이 지나면서 이들 집단은 각각의 지방과 상이한 환경에 적응하면서 얼마간 분기하기 시작하였으나, 호모의 전 분포구역에 걸쳐 모든 인간집단을 어느 정도까지는 서로 연결시키는 "유전자 교류"(즉 교배와 이주를 통한 유전자 이동)의 결과로서 호모 사피엔스로 진화하였다. 그들은 일반적(generaliged)* 수렵채취인으로서 비슷한 진화적 선택압력에 놓여 있었기 때문에 3만년 전에 모두가 호모 사피엔스 사피엔스란 하나의 종으로 진화되었으며 단지 약간의 체질적 차이로 현대의 유럽인, 아프리카인, 아시아인으로 구분되게 되었다는 설이다.

* 전문적(specialiged)에 대칭되는 의미

레슬리 에일로는 이 모델들의 두 변형을 다음과 같이 정의하였다. (1) "(아프리칸) 이종교배(hybridization)와 교체 모델"은 현생인류의 기원을 아프리카에서 찾는다는 점에서 "완전 교체" 모델과 유사하나 이주한 아프리카인과 아프리카 바깥 토착주민 사이의 이종교배를 인정한다.[5] (2) "동화(assimilation)" 모델도 현생인류의 아프리카 기원을 인정하나 메커니즘으로서 아프리카인에 의한 교체와 이주를 거부하고 대신 유전자 이동, 혼합, 그리고 진화의 지역적 유형을 메커니즘의 요인으로 제시한다. 그리하여 아시아 같은 일부 지역에서의 현생인류는 주로 유전적으로는 "아프리카인"이나, 지난 100만년에 걸친 지역적인 유전적 연속성도 일부 갖고 있다.

현생인류의 기원에 대한 이러한 상이한 견해는 오랜 역사를 갖고 있다. 예를 들면 루이스 리키는 1930년대에 프란츠 바이덴라이히가 주장하여 당시에 널리 인정되었던 다지역 기원설에 반대되는 아프리카 기원설을 1960년대에 이미 주장하였다.[6] 바이덴라이히는 현생인류는 세계 도처에서 연속적인 유전자 이동을 반영하는 체질적 특징을 보여주며, 적어도 4곳의 중심지에서는 유전적 연속성이 오늘날의 주요 "인종"에서 관찰되는 차이를 만들만큼 충분하다는 견해를 발표하였다.[7],[8]

하웰은 이 견해에 반대하였다. "바이덴라이히는 적어도 4종의 상이하게 진화한 인간 변종을 갖고 있다. 그들은 서로 떨어져서 살고 있고, 이따금 생각난 듯이 앞으로 이동하며, 그들 자신의 독특한 형태를 만들었다…… 그런데 이들 네 갈래가 결국 도처에서 같은 종류의 사람을 만들어냈다. 그리고 놀랍게도 모두가 동시에 결승 테이프에 가슴을 밀었다."[9]

그러나 프레이어·울포프·손·스미스와 포페는 하웰이 바이덴라이히(그리고 일부 오늘날의 학자들)의 견해를 다소 오해하였다고 지적한다.[10] 바이덴라이히와 그에 동조하는 많은 후계자들은 갱신세 후기에 구대륙 전역에서 유전자 이동과 일부 이주를 통해 집단간의 유전자 교환이 지속되었다고 가정하였다.

이들 경쟁적 모델의 여러 버전을 포함하여 인류 진화에 대한 모든 설은 서로 다소 다른 가정 위에 설정되어 있다. 예를 들어 인간 이외의 다른 종이 넓은 분포 구역에 걸쳐 "수렴적(convergent)*" 유형으로 하나의 종에서 다른 종으로 진화한 예는 극히 드물기 때문에 왜 인간만은 다를 것이라고 기대하여야 하는가? 만약 인간

---

* 서로 다른 집단들이 하나 이상의 특성에서 유사하게 진화했을 때를 수렴진화(convergent evolution)라고 함.

이 정말 바이덴라이히가 상정한 것처럼 전세계적으로 수렴적 유형으로 진화하였다면 그것은 그들 모두가 비슷한 생태적 적소, 즉 "문화"를 공유하였기 때문일 것이라고 답변할 수도 있다. 지역적 진화가 한 방향으로 수렴하게 유지할 수 있는 유전자 이동을 지탱하기 위해서는 각 세대 당 적어도 한 사람의 이주자는 발생하여야 한다. 그러나 많은 학자들은 이주와 교배와 수렴진화가 호모 사피엔스 사피엔스를 북중국과 남아프리카처럼 그렇게 멀리 떨어진 지역에서 같은 시간대에 같은 형태로 만들어낼 만큼 충분하였는지에 대해서 의문을 품고 있다.

광범위한 지역에 걸친 그리고 오랜 기간을 통한 수렴적 인간진화의 유형을 가정한다는 점에서 다지역 진화 모델의 근본적인 문제점이 남는다. 그러나 아래에서 보듯이 아프리카 기원 모델 역시 일부 모호한 가정을 내포하고 있다.

궁극적으로 이들 모델 중 어느 것이 옳던 간에, 여러 학자들은 같은 자료를 이용하고도 이들 모델 중 어느 것이 자료에 부합하는지에 대해 상이한 결론을 제각기 내놓는다. 사실 많은 학자들이 이러한 논쟁을 풀기에는 현재의 자료가 불충분하다고 간주한다. 그러나 그렇게 해결이 안된 논쟁에서 물증과 논의를 돌이켜 보는 것이 전혀 쓸모 없는 일은 아니다. 지적 논쟁의 해결은 종종 추가 자료 못지 않게 관점의 전환(다윈이 한 예)에서도 얻어진다. 진화 과정의 성질에 대해서는 근본적인 연구가 지속될 것이며, 이 연구는 새로운 화석과 도구의 발견과 더불어 이러한 논쟁을 언젠가는 해결해줄 것이다.

현생인류 기원 모델의 사회정치학적 의미

현생인류 기원에 대한 여러 모델들에 대한 상세한 증거를 알아보기 이전에 우리는 왜 그러한 논쟁이 중요한 것인가를 물어볼 수 있다. 이들 상반되는 두 가설 중 어느 하나가 보다 정확하다고 해서 그것이 무슨 중요성이 있단 말인가?

정치에 관심이 많은 우리 시대에서 상기한 경합적 가설들은 인간 기원의 특정 사실에 대하여 내놓은 흥미로운 질문들 말고도 인종주의적 주장과 여타 사회정치적 논쟁에 말려 있다.[11] 예를 들어 다지역 진화 모델의 일부 버전은, 여러 인간 집단이 시간적·공간적으로 유전적으로 분리되어, 인간의 선천적인 인지 능력에서 집단 간에 의미 있는 차이가 발생하였다고 규정한다. (비록 다지역 진화 모델이 가장 옳다고 믿는 사람을 포함한 학자들 대부분이 현생인류의 "인종"이 인지능력에서 의미 있는 차이가 존재한다는 증거를 보지 못하였음에도 불구하고 말이다.[12]) 반대로 대부분의 아프리카 기원 모델 버전은 모든 인간이 유전적인 면에서 상대적으로 가깝고 근래에 관련이 있으며, "인종"을 정의하는데 이용된 체질적 특질은 최근에 진화한 피상적인 차이로 규정한다.

그러나 아프리카 기원의 완전 교체설의 일부 버전 역시 그렇게 멀지 않은 과거의 시점에 하나의 소규모 집단이나 단지 한 개인에게서 유전자의 돌연변이가 있었으며, 이 돌연변이가 정신성 또는 다른 특질에서 많은 장점이 있어 이 집단의 또는 개인의 유전자가 다른 모든 "덜 적응한(less-fit)" 유전자들을 대체할 수 있었다고 추정한다. 만약 그렇다면 그러한 사건은 상이한 인긴 집단들과 관련되는, 유전적으로 기초한 지적 능력에 대한 현재의 논쟁과 무관하지 않다. 유전자의 돌연변이는 결국 생명의 연속적인 실재(fact)이다. 인간의 유전자에 대한 현재의 연구는 다양한 종류의 질병과 생물학적 이상(예를 들면 유방암, 고혈압, 혈액형 등)에 걸리기 쉬운 민족집단 사이의 차이를 계속해서 밝혀낸다. 그리고 왜 이러한 집단간 차이가 반드시 인간 정신성의 생물학적 차이와 관련되어야 하는지 아무런 이유도 없다. 그럼에도 불구하고, 어떤 학자들은 오늘날 "인종"이 문화적 "소양"에서 차이가 난다고 일부 사람들이 느끼는 것을 다양한 종류의 환경에서의 상이한 진화적 역사에서 기인한다고 주장한다.[13] 그들은 빙하시대 유럽에서 사람들을 더욱 "적합하게" 만든 유전적으로 배태된 특질과 행위의 종류가 동아프리카의 더운 평원에서 배태되었던 것들과는 다르며, 이러한 차이는 오늘날의 주민들에게서도 볼 수 있다고 추정한다.[14] 대부분의 학자들은 그러한 시나리오가 사실일지 모른다는 암시만으로도 극히 기분이 언짢으며 더욱 중요한 것은 그것이 사실이라는 증거를 확보한 학자도 없다.[15] 대부분의 과학자들은 먼저 "인종"의 개념을 거부하고, 대신 상이한 피상적 – 그리고 종종 관련이 없는 – 특질(예를 들면 피부색과 머리결의 정도)에서 집단간의 차이가 광범위하게 중복되는 현상을 확인할 뿐이다. 또한 세포구조, 유전적 특질, 또는 생리에서의 차이에 기초하여 분리될 수 있는 전통적 의미에서의 "인종"이란 사실상 존재하지 않는다.

이러한 사회정치적 관심 이상으로 호모 사피엔스 사피엔스의 기원에 대한 상반된 모델들은 유전학, 진화론적 생태학과 인류학을 포함하는 많은 흥미로운 과학적 질문들을 야기한다.

그러나 현생인류 기원에 대한 이러한 가설들을 평가하고 이해하려면 먼저 최초의 호모가 출현한 이후부터 호모 사피엔스가 처음 출현하기 이전까지의 인간의 진화 역사를 재검토하여야 한다.

▨ 인간의 진화와 방산 : 180?∼30만년 전

우리 조상들이 약 150만년 전 아프리카를 처음 떠났을 때 그들 중 일부는 정상적 현대인의 최저치에 근접하는 뇌용량을 보유하였다. 그들은 다양한 종류의 효과적인 석기를 만들고 사용할 수 있었으며, 일부는 벌써 아프리카에서 훨씬 떨어진 곳에서도 살고 있었다. 호미니드가 150만년 이전에 아프리카를 떠났다는 증거들에 대한 논쟁은 앞으로도 계속될 것이다. 그러나 100만년 전이 지나자마자 우리 선조들이 아프리카에서 인도네시아에 이르는 구대륙 남반부의 대부분을 점유하였다는 충분한 증거가 있다. 이곳은 동식물상이 풍부하고 식량의 확보에서도 계절적인 어려움이 거의 없는 서식지로 열대에 사는 동물들과 마찬가지로 우리 인간도 잘 적응하였던 곳이다. 그러나 우리의 호미니드 선조들이 아프리카의 뜨거운 사바나와, 유럽과 아시아의 따뜻한 주변 지역으로 퍼져나가는 동안 여전히 세계의 많은 비옥한 지대들은 알려지지 않았고 접촉도 없었다.

그러나 100만년에서 50만년 전 사이에 인간들은 북반부의 온대지역을 점거하기 시작하였다. 그들은 왜 그들이 진화하여 온 열대 환경을 벗어나기 시작하였을까? 그 대답은 아마도 수렵-채집 무리의 본질에 있을 것이다. 민족지적 연구에 의하면 원시적 기술수준의 수렵채집인 집단은 그들의 인구를 부양할 수 있는 넓은 땅이 필요하며, 인구가 증가하면 무리가 분할되면서 "파생(子, daughter)"집단이 원래의 영역에서 벗어난 새로운 땅을 찾아 나선다.

3장에서 언급하였듯이 근친결혼을 6촌 이상으로 한정하면 장기적으로 집단의 건강에 유리하다. 우리는 "근친상간 금기"가 언제부터 효과적으로 인식되었는지는 결코 알 수 없지만 인간이 세계의 넓은 지역으로 퍼져나가면서 근친상간을 억누르는 효과가 있었을 것이다.

어쨌든 장기간에 걸친 집단의 이러한 분화 과정과 더불어 도구의 효율성이 차츰

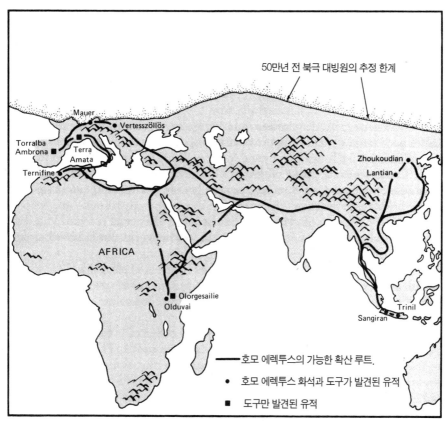

50만년 전 북극 대빙원의 추정 한계

──── 호모 에렉투스의 가능한 확산 루트.

● 호모 에렉투스 화석과 도구가 발견된 유적

■ 도구만 발견된 유적

4.2 호모 에렉투스 유적의 분포. 호모 에렉투스는 온대 기후를 침입한 첫 번째 호미니드였으며 여기에 표시된 것보다 훨씬 광범위하게 분포하였을 것이다. 지금은 바다 밑에 가라 않은 육교가 호모 에렉투스의 이동을 촉진시켰다.

진화하면서 구대륙의 따뜻한 지역에 사람들이 거주하게 되었고 온대의 북쪽 지역까지도 퍼져나갔다(그림 4.2).

어떤 호미니드가 중동과 아시아로 처음 진출하였는지에 대한 문제부터 시작하자. 가장 유력한 후보는 최근까지 호모 에렉투스(Homo erectus)*로 일반적으로 알려진 호미니드인 것 같다. 호모 에렉투스로 분류된 개체들은 키가 1.6m를 넘는 예도 있지만 대부분은 1.3m 이내이며 (몸통과 다리의 형태와 비율은 우리와 여러모로 다르지만) 완전

───────

*호모 에렉투스(Homo erectus) : 곧선사람, 직립원인

히 서서 걷고, 뇌용량은 700~1225cc에 달한다.[16] 우리 현생인류와 비교하면 이들 호미
니드는 머리통이 납작하고 두개골의 뼈가 두꺼우며 눈두덩이 크고 턱끝이 거의 없다.

아쉽게도 형질인류학자들은 호모 에렉투스란 학명에 대해서 많은 곤혹을 느끼
고 있다.

> 호모 에렉투스가 별도의 독립된 종으로 존재하는가 아니면 호모 사피엔스에 포함하여야 하는
> 가? 호모 하빌리스로부터 출현한 계열에서 벗어나 호모 사피엔스의 근원이 되는 중간단계의 종인
> 가? 아니면 호모 사피엔스의 진화와는 아무런 관계가 없는 멸종된 존재인가? 호모 에렉투스는 존
> 재하는 동안에 거의 또는 전혀 형태적 변화가 발생하지 않은 "정적 사건(static event)"[계단식 평형
> 론의]의 좋은 예인가? 유럽의 화석에도 전형적인 호모 에렉투스가 존재하는가? … 아시아의 호모
> 에렉투스는 아프리카에서의 호모 사피엔스의 진화와는 무관하고, 아프리카에서 엄밀한 의미의 호
> 모 에렉투스는 존재하지 않는가?[17]

이러저러한 문제점들을 고려하여 어떤 인류학자들은 호모 에렉투스는 약 150만
년 전 아프리카의 주된 호모 계열에서 갈라진 동아시아의 호미니드만을 지칭하고
이 시기 아프리카의 사람들은 호모 에르가스터(Homo ergaster)로 명명하여야 한다
는 가설을 제시하였다.[18] 다른 학자들은 150~50만년 전 사이에 속하는 아시아, 아
프리카와 유럽의 모든 호미니드들을 호모 에렉투스로 통합한다.

여기에서는 150~50만년 전에 살았던 인간 모두를 호모 에렉투스라고 부르기로
하나 이 명칭은 분류 방법이 개량됨에 따라 바뀔 수도 있다.

호모의 초기 방산과 이주

만약 자바의 모조케르토와 산기란 출토 호모 에렉투스의 연대가 정확하다면 이
들 호미니드들은 이 곳에 180~160만년 전쯤 도달하였으며 따라서 아프리카에서
는 이보다 수 십만년 이전에 호모 에렉투스가 존재하였어야 한다. 북부 케냐 투르
카나 호수의 서안에서 160만년 전에 죽은 11살 소년은 두개골(KNM-ER3733으로
알려진)을 포함하여 전신이 가장 잘 보존된 예 중의 하나로 당시 우리 선조에 관한
많은 정보를 제공해준다. 소년은 키가 요즘의 동년배 소년보다 큰 1.6m이지만 두

개골 용량은 우리의 절반인 800cc정도에 불과하고 눈두덩도 매우 두껍다. 하지만 화석은 전체적으로 우리와 매우 유사해 보이기 때문에 우리 선조는 정신성이 현재와 비슷해지기 훨씬 전부터 이미 우리와 유사한 신체를 발달시켰음을 보여준다.

이 소년과 공반된 석기는 없지만 한참 늦은 시기(빨라도 60만년 전)의 유럽에서는 호모 에렉투스와 공반되는 아슐리안형(프랑스 아슐 유적의 이름에서 유래) 석기가 100만년 이전의 다른 많은 동아프리카 유적에서 이미 존재하였다.[19] 예를 들면 케냐 투르카나 호수의 쿠비 포라에서는 호모 화석과 도살흔적이 보이는 동물뼈

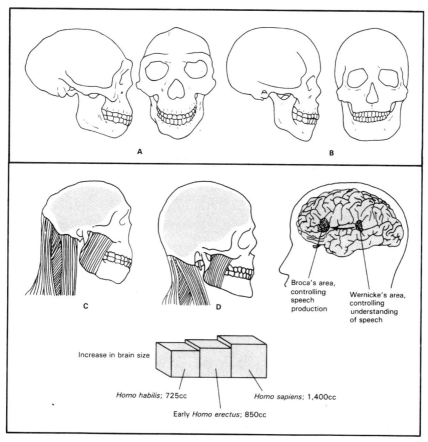

4.3 호모 에렉투스 두개골(A)은 현생인류(B)에 비해 길고 낮으며 눈두덩이 두터우며 턱은 튀어 나왔으나 턱끝(chin)이 없다. 호모 에렉투스(C)에서 현생인류(D)로의 전환과정에 뇌는 증가하였고 머리와 목을 연결하는 힘줄이 변화하였다. 언어 영역에서의 발달에서와 같이 뇌의 내부 구조도 변화하였을 것으로 짐작된다.

들이 대규모로 출토되었다. 석기들도 부분부분 모여 있는데 일부에는 지름 5~
10m 범위에 10점에서 100점까지의 석기들이 집중되어 있다.[20]

　아프리카의 초기 호모 에렉투스와 공반하는 주먹도끼와 여타 석기들은 이전 100
만년간 오스트랄로피테사인스와 연관되는 도구들보다 주요한 기술적 진보가 있었
다. 이렇게 발달한 기술 덕분에 호미니드들이 온난한 위도에서 추운 위도, 그리고
보다 험난한 기후지대로 퍼져나갔는지 모른다. "아슐리안 주먹도끼"는 기술적 진
보에서 보면 경이로운 요소가 아닐지도 모르지만 인간의 지적인 진화를 반영하는
것처럼 보이는 많은 특징들을 보유한다. 첫째, 그것은 올두바이 양식의 석기보다
더 많은 가공(제작의 보다 정확한 단계)을 필요로 한다. 기술적으로 획기적 진전인
것처럼 보이지 않을 수도 있지만, 다소 추상적 의미에서, 아슐리안 주먹도끼는 제
작자가 미가공된 원석에서 뭔가를 "볼" 것을 요구한다. 즉 완성되었을 때는 원 재
료와는 아주 다른 모습의 것을 예견한다는 것이다. 또한 많은 경우에 아슐리안 주
먹도끼는 이전 석기보다 균형 면에서 보다 규격화되어 있고 다양한 크기와 형태로
만들어진다. 어떤 경우에는 수석(燧石)과 단단한 돌을 효과적으로 이용하기 위해
서 일련의 격지를 떼어내어 날을 사용한 후 날이 뭉툭하게 되면 다시 많은 격지를
떼어낸다. 그러나 아슐리안 주먹도끼는 종종 주먹에 쥘 수 있거나 조금 더 큰 크기
이다. 이와 같은 실용적 도구에서는 가능한 이상적인 크기에 가까운 비율로 만드는
것이 기능적으로 효율적이고 효과적이다. 도구의 "양식적" 측면은 주어진 치수에
서 광범위하게 변하지만, "기능적" 측면은 최적(도구의 기능적 관점과 제작비용의
관점 모두에서 최적)의 수치에 매우 가까이 수렴한다. 만약 단순히 황소의 대퇴골
을 부셔서 골수를 먹으려한다면 너무 무겁지도 작지도 않은 타격력이 있는 적당한
크기의 돌이면 충분할 것이다. 그러나 아슐리안 주먹도끼의 표준화된 크기로 보아
주먹도끼는 기능적으로 최적의 비율과 크기에 집중되기 시작하였다.

　그러나 이 주먹도끼의 기능은 아직 명확하지 않다. 아마도 이 도구는 다양한 용
도로 이용되었겠지만 전문화된 도구인 것처럼 보인다. 많은 주먹도끼는 자루를 달
아 사용하기에는 너무 무겁다. 종종 동물뼈와 함께 발견되는데 이러한 현상이 단순
한 우연으로 보기는 어렵고 이 도구의 주된 기능이 도살용이었을 가능성이 크다.

　아슐리안 주먹도끼는 종종 다른 종류의 석기들과 함께 발견된다(보존은 되지 않
았지만 다양한 종류의 나무와 뼈로 만든 도구도 사용되었으리라). 주먹도끼는 당

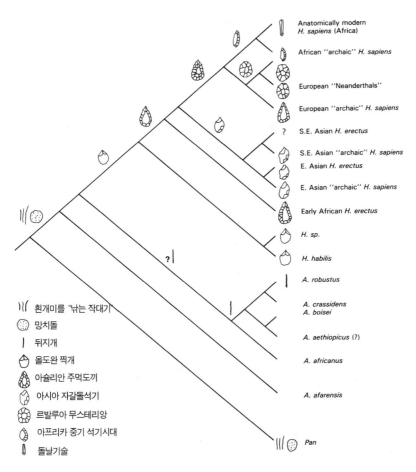

Anatomically modern
H. sapiens (Africa)

African "archaic" H. sapiens

European "Neanderthals"

European "archaic" H. sapiens

? S.E. Asian H. erectus

S.E. Asian "archaic" H. sapiens

E. Asian H. erectus

E. Asian "archaic" H. sapiens

Early African H. erectus

H. sp.

H. habilis

A. robustus

A. crassidens
A. boisei

A. aethiopicus (?)

A. africanus

A. afarensis

Pan

))(흰개미를 "낚는 작대기"
⬡ 망치돌
| 뒤지개
◔ 올도완 찍개
◬ 아슐리안 주먹도끼
◔ 아시아 자갈돌석기
⬡ 르발루아 무스테리앙
◊ 아프리카 중기 석기시대
▯ 돌날기술

4.4 인간 진화의 분기도. 선은 상이한 호미니드에서 발견되는 유전적, 문화적 관련 정
도와 석기의 양식을 반영한다.

시 "스위스 군대용" 칼 같은 만능용은 아니었겠지만 중요한 도구였음에 틀림없다.
분포범위가 특히 인상적인데 서유럽과 아프리카의 대부분, 멀리 동쪽으로는 인도
에 이르기까지 발견되었다(그림 4.4). 반면 "찍개 (choppers)"가 주된 도구로 사용
되는 동남아시아와 동아시아에서는 주먹도끼가 별로 출토되지 않고 형태도 다소
다르다. 왜 이러한 기술적 차이가 나타나는지 이유가 분명치 않다. 단순히 초기 호
모의 상이한 문화를 나타내는 분계(分界)와 연결되는 양식적 차이인가? 아니면 기
후가 보다 온난하고 숲이 우거진 아시아에서는 사냥보다 식물성 식량에 집중하면
서 발생한 기능적 차이인가? 포페는 찍개 전통은 대나무의 자연적 분포와 중복되

므로 찍개가 대나무나 이 곳에 분포하는 다른 동식물을 처리하는데 이용되었으리라 주장하였다.[21]

그러나 아시아 찍개 전통의 단순성은 과장되었을 가능성이 높다. 예를 들어 중국의 저우커우뎬 유적에서 발굴된 석기를 보면 70만년에서 23만년 전 사이에 석기제작에서 중요한 진보가 있었음을 알 수 있다. 그리하여 마지막 단계에는 뚜르개, 찌르개, 찍개를 포함하여 서구의 주먹도끼 공작만큼 "정교"하고 효과적인 석기들이 출현한다.

이 외에도 해결이 안된 문제들이 많아 남아있다. 사실 당시 사람들의 생업경제는 확실한 증거보다는 추측에 의해서 복원되는 경향이 있으며 아주 다른 해석이 대립되기도 한다. 어떤 학자들은 호모 에렉투스는 기본적으로 사냥꾼이었으며, 사냥이란 생활 양식에 대한 요구가 우리 자신으로 향하는 인류 진화의 주된 요소로 작동하였다고 생각한다. 반면 다른 학자들은 호모 에렉투스가 여전히 주워먹기나 기회주의적 사냥꾼에 머물렀다고 믿고 있다.

이러한 논쟁과 관련하여 흥미로운 유적이 케냐 나이로비 근처의 올로게세일리에(Olorgesailie)이다. 많은 석기와 동물뼈가 조금씩 여러 군데 집중되어 지금은 사라진 호수가 주변을 따라 분포하고 있다. 대부분의 석기는 자르개(Cleaver)*와 주먹도끼이며, 일부는 쪼고 무디어진 흔적이 상당히 남아 있다. 석기들과 함께 여러 종의 대형 포유류 동물뼈가 발견되었는데 이중에는 하마 그리고 신기하게도 멸종된 비비가 63 개체나 발견되었다. 화덕자리도 불에 탄 뼈도 없었지만 미세한 목탄편이 유적 전체에 깔려 있었다. 목탄편이 사람의 행위에 의한 것인지 자연적으로 발생한 것인지는 확실하지 않다. 유적의 연대는 포타슘-아르곤법으로 48만년 전으로 측정되었다.[22]

그린 이삭은 고대의 호미니드—아마도 호모 에렉투스—가 비비 무리를 아마도 밤에 소음을 내어 겁을 준 다음 도망가려는 무리들을 곤봉으로 때려 포획하였다고 추측하였다. 패트 십맨 역시 이 유적을 사냥의 산물로 해석하였다.[23] 만약 올로게세일리에가 이들이 제시한 것처럼 비비를 사냥한 호미니드와 관련된 유적이라면 우리는 호모 에렉투스의 언어적, 신체적 용맹성을 과소평가하였으리라. 우리 체구

---

* 주먹도끼와 달리 끝 부분에 가로방향의 날이 달려 있어 가로날도끼로 부르기도 하며, 무엇을 자를 때 사용하였다고 하며 자르개로 번역한다.

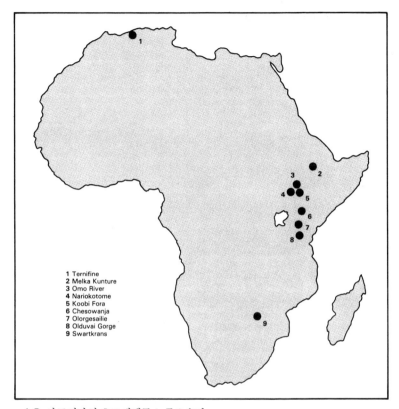

1 Ternifine
2 Melka Kunture
3 Omo River
4 Nariokotome
5 Koobi Fora
6 Chesowanja
7 Olorgesailie
8 Olduvai Gorge
9 Swartkrans

4.5 아프리카의 호모에렉투스 주요유적

의 2/3밖에 되지 않는 호미니드가 밤에 돌과 곤봉을 들고 나가 비비를 63 마리나 사냥하였다고 상상한다는 것은 매우 시사적이다.

　그러나 루이스 빈포드는 다른 초기 유적과 마찬가지로 이 유적이 정말로 호미니드가 다른 동물을 사냥하고 도살한 장소였는지에 대해 의혹을 제기하였다. 일반적으로 현재의 기술 가지고는 사람이 사냥하고 도살한 유적과 다른 종류의 자연적 문화적 요인에 의해 형성된 유적을 쉽게 구분할 수 없다고 그는 주장하였다. 올두바이와 올로게세일리에의 증거는 단순히 다른 동물이 사냥한 먹이를 호미니드가 주워먹으면서, 특히 주로 골수를 추출하기 위하여 석기로 뼈를 으깨면서 남겨진 것일지도 모른다. 빈포드는 초기 호미니드가 인간처럼 복잡한 유형으로 음식을 분배하였거나 근거지를 갖고 먹이를 찾아다녔다는 증거를 전혀 보지 못하였다.[24]

　다시 한번 비고고학자들은 왜 인류학자들이 아프리카에서 50만년 전에 살았던 사람들이 어떻게 생계를 유지하였는지에 대해 이렇게 심각하게 토론하는지 의아해 할 것이다. 그러나 어떤 관점에서 보면 우리는 우리가 먹은 것으로 생존할 뿐 아니라 현생인류로서의 우리도 지난 수 백만년에 걸쳐 특히 식량을 확보하는 방법 같은 기본적 문제에 적용된 자연선택의 산물이라고 하겠다.

온대 생태지구로의 침입

지난 100만년간 수 차례에 걸쳐 북부 유럽과 아시아의 기후는 현재보다 훨씬 온난하였다. 80만년 또는 90만년 전 독일과 프랑스는 원숭이가 울창한 숲을 헤집고 다닐 정도로 따뜻하였다. 그러나 다른 시기에는 알프스 산맥과 다른 산악지대에서 빙하가 확장되어 내려왔으며 대부분의 북유럽은 툰드라지대였다.

인간 집단들이 온난한 시기동안 북쪽으로 진출하였고 그들 중 일부는 수 만년간 그곳에서 머물면서 점차 장기적으로 추워지는 경향에 직면하였으리라 상상할 수 있다. 아마도 기후의 변화 속도가 완만한 탓에 어느 개인도 변화를 의식하지 못하였을 것이다. 그러나 매년 조금씩 기후가 추워지고 빙하가 밀려오면서 그들은 남쪽으로 후퇴하거나 바뀐 기후에 적응해야 하였다. 좀더 북쪽의 기후대로 진출한 우리의 선조들이 팽창하는 빙하기동안에 그곳에서 생존하기 위하여서는 불과 옷, 계절적 사냥을 다룰 수 있어야 했다. 불은 필수적이었을 것이다. 온기를 유지할 뿐 아니라 음식도 요리하고 곰이나 다른 식육류를 북반부에서는 가장 안전하고 따뜻한 장소인 동굴과 바위그늘에서 몰아내어야 했다.

기후는 현대의 기술이 직접적 효과를 완화시킬 수 있기 시작한 아주 최근까지도 사람들에게 체질적, 문화적으로 강한 영향을 미쳤다. 갱신세에 북쪽 기후대로 이동한 사람들은 자연선택을 통해 수 만년에 걸쳐 차츰 피부색이 희게 되고 몸이 통통해졌다. 음식에서 얻은 에너지의 80%가 체온을 유지하는데 쓰이며, 구형(球形)이 같은 체적의 다른 형태보다 열의 손실이 느리다는 것은 물리학의 분명한 사실이다. 지난 세기동안 사람들이 지속적으로 이주를 하였음에도 신체 형태와 평균온도 사이의 관계가 높으며 동아프리카의 와투시와 북극의 이누이트가 가장 대표적인 예이다.[25]

북쪽 사람들의 흰 피부는 비타민 D에 대한 의존과 가장 직접적으로 관련된다. 비타민 D는 일부 음식에 존재하나 햇빛이 피부에 닿아야 사람의 몸에서 합성될 수 있다. 그러나 피부가 희면 검은 피부보다 암, 좌창, 건선에 걸리기 쉽다. 그래서 북유럽 사람들이 북부지방의 어둡고 긴 겨울 동안 비타민 D를 생산하는데 필요한 흰 피부로 선택된 것이 순전히 축복 받은 일만은 아니다. 또한 나중에 찾아온 추운 기후는 많은 미묘한 유전적 변화, 예를 들면 동굴같이 안개 많은 환경 속에서 장기간 살 수 있는 저항성 같은 것을 발생시켰다. 여러 가지의 혈액형 같은 분명히 사소한 사항들도 우리가 분리시킬 수 없는 요인들에 대응하여 이때 발생하였을지 모른다. 예를 들어 O형은 여러 질병과 골절 같은 특정 종류에까지도 저항성이 높은 것 같으나 26) 각각의 혈액형이 언제 그리고 어떻게 진화하였는지는 아직 모른다.

그러나 불의 초기 사용에 관한 최적의 증거는 유럽이 아닌 온대 아프리카에서 처음 나온다. 남아프리카의 스와르트크란스에서는 100만년 전, 이르게는 160만년 전까지 올라가는 호모 에렉투스와 함께 불에 대한 최초의 증거가 보고되었다.27) 불에 대한 증거는 100만년 전쯤에 해당하는 케냐의 체소완자에서도 나온다. 문제는 고고학적 자료에서 분명히 나타나는 불을 사람이 조절한 것인지 여부, 즉 불의 흔적이 인위적인 것인지 자연적인 것인지를 분명히 증명하기가 어렵다는 점이다. 자연적 요인에 의한 불은 산업화 이전 세계의 대부분의 지역에서 흔히 발생하였다.

북쪽 기후에서 산다는 것은 단순히 온기를 유지하는 것 이상의 문제를 야기한다. 겨울에 사람들이 소비할 수 있는 식물이 대부분 사라지기 때문에, 우리 같은 동물이 식량을 확보할 수 있는 길은 단 두 가지이다. 하나는 식량을 저장하는 것이고 다른 하나는 사냥하거나, 물고기를 잡거나, 다른 동물들을 주워먹는 것이다. 아프리카의 사바나와 다른 온난한 환경에서는 수렵채집문화에서도 여자들이 식량의 대부분을 조달하며, 심지어는 임산부, 어린이, 노인들도 자신들의 식량 대부분을 연중 채집할 수 있다. 그러나 그러한 자급자족은 눈이 6개월 이상 지표면을 덮어버리는 북쪽 지방에서는 가능하지 않다. 이러한 환경에 적용하려면 분명 식량분배와 협동이 일반적인 강력한 사회 체계가 중요하였을 것이다.28)

그러나 온대 환경의 이러한 요구가 현생인류의 진화와 직접적으로 연관된 변화를 야기하였을 것 같지는 않다. 뇌용량의 증가, 석기와 불의 사용, 그리고 효과적인 문화적 적응의 다른 징후들이 이미 오래 전 아프리카에서 존재하였을 가능성 때문이다. 불의 제어는 아마도 남아프리카에서 동아시아에 이르기까지 여러 집단에서 독자적으로 창조되었을 것이다.

초기 인류가 아프리카를 벗어나 유럽과 아시아로 퍼져나간 루트를 고려할 때 자바의 모조케르토와 산기란의 180~160만년이란 연대는 많은 의문점을 제기한다. 연대가 옳다면 왜 아프리카와 인도네시아 사이에 살고 있던 사람들의 증거가 거의 없는지 설명하여야 한다. 현재까지의 증거로 보면 이 연대는 과장되었을 가능성이 높다. 아프리카와 다른 세계를 연결하는 육교 근처에서 현재까지 알려진 가장 빠른 유적들이 거의 모두가 100만년 전을 넘지 않기 때문이다.

지금은 이스라엘 치하에 있는 갈릴레이 호수의 남쪽 3킬로에 위치한 우바이디야에는 14개의 독특한 고고학적 유물복합체가 있는데 모두 64만년 전보다 이르며 상한이 100만년 전까지 올라갈지도 모른다(동물뼈에 기초한 일부 연대는 200만년 전까지도 올라간다).[29] 여기에서 발견된 석기들은 올두바이 협곡의 중기와 후기 II층의 석기들과 매우 유사하며 주로 찍개, 둥근찍개(多角面圓球, spheroids), 주먹도끼와 사용된 격지들로 구성되어 있다. 리처드 클라인은 갱신세의 여러 시기에서 동지중해 지역은 기후와 동물상이 인접한 아프리카와 매우 유사하다는 점에서 아프리카의 일부로 간주될 수 있다고 언급하였다.[30] 따라서 아프리카 밖의 가장 이른 연대들이 동지중해 연안에서 발견된다는 것이 전혀 놀라운 일은 아니다. 그러나 유럽에서 초기 호모의 자취들이 거의 발견되지 않는다는 사실은 흥미롭다. 만약 호모가 100만년 전 직후에 북중국에 도달하였다면 그들이 남유럽의 온대지역으로 확산하지 못할 환경적 이유는 분명 없다. 일부 학자들은 대부분의 온대 유럽지역은 50만년 전 이후에야 사람이 살았다고 믿고 있지만, 클라인은 스페인의 쿠에바 빅토리아와 그란 돌리아에서 최근 발견된 사람 화석들이 "인간의 유럽 진출이 거의 100만년 전까지 올라갈 수 있다는 것을 제시한다"는 점에 주목한다.[31] 예를 들면 그란 돌리아(아타푸에르카로 불리는 곳에 있는 동굴 유적)에서 유돌드 카보넬과 스페인 학자들이 지금까지 알려진 가장 오래된 유럽 사람을 발견하였다.[32] 머리뼈 조각, 이빨, 턱, 손발 뼈를 포함한 36점의 사람뼈가 발견되었는데 성인과 어린이를 포함하여 최소한 4개체의 인골을 나타낸다. 화석의 연대는 암석의 자기층을 측정하는 고지자기 연대측정법(2장 참조)을 사용하여 측정하였다. 지구의 자기장은 여러 번 남극과 북극이 역전되었으며 이러한 사건의 불규칙한 연대가 잘 알려져 있다. 아타푸에르카 화석은 78만년 전에 발생하였다고 알려진 지자기 역전 층 바로 밑에서 발견되었다.

만약 많은 학자들이 믿고 있듯이 이 연대가 정확하다면 이들 화석은 많은 질문들을 제기한다. 뼈는 호모 에렉투스와 아주 비슷해 보이지는 않는다. 화석을 발견한 스페인 학자들은 이 화석이 지금까지 알려진 어떤 사람 형태와도 닮지 않았으나 네안데르탈사람의 선조를 대표할 수 있다고 주장한다. 석기는 아프리카 호모 에렉투스의 석기보다도 원시적으로 보인다.

아타푸에르카 화석은 유럽을 식민지화하려다가 실패한 예 중의 하나일지도 모른다. 초기 인류들이 때때로 유럽으로 이주하였지만 갱신세 유럽의 혹독한 겨울과 기타 어려움에 직면하여 더 이상 존속하지는 못하였을 수 있다.

연대가 안정된 유럽의 다른 초기 유적으로 화산 분출물이 동물뼈와 함께 출토된 석기 퇴적층을 덮은 중부 이태리의 이세르니아 라 피네타가 있다. 찍개, 격지, 긁개가 코끼리, 들소 등의 동물뼈 사이에서 발견되었다. 동물과 화산퇴적물로 보아 50만년 전 또는 아마 훨씬 이전으로 추정된다.[33] 영국 남부의 박스그로브에서 출토된 사람의 넓적다리뼈도 50만년 전으로 추정되며 유럽의 많은 다른 유적들도 이 연대에 속한다. 사람들이 영국처럼 북쪽까지 이미 50만년 전에 진출하였다면 지중해에서는 60만년 전 이전부터 이동해 나왔으리라 기대할 수 있다. 고고학적, 고인류학적 자료에서 보존의 변덕성까지 고려하면 북유럽에 상당수의 사람들이 70만년 전 또는 그 이전에도 존재하였을 가능성이 크다. 그러나 현재까지의 증거에 기초한다면 사람들이 50만년 전까지는 북유럽의 온대지대에 주기적으로 그리고 의미 있는 정도의 규모로 거주하지는 않았을 것 같다.

만약 사람들이 자바에 170만년 전에 있었다면 동시기에 아프리카에서 아시아의 남부 해안을 따른 루트에 유적들이 집중하였을 가능성을 기대할 수 있으나 여기에 대한 증거는 거의 없다. 태국의 반메타 유적에서 발견된 약간의 석기들은 70만년 전으로 보이며, 화중(華中)의 란티엔(藍田)과 켄시아워(陳家窩) 유적*에서도 60만년 전으로 측정되는 호모 에렉투스의 뼈가 발견되었으나 보다 남쪽 지역에는 90만년 이전에 인간이 거주하였다는 신뢰할만한 증거는 거의 없다. 갱신세 말의 해수면 상승 같은 요소들이 자바에 이르는 남쪽 바닷가의 100만년 이전 유적들을 바다 밑에 잠기게 하였다고 볼 수도 있지만, 인도네시아의 170만년 전이란 연대가 잘못되

---

*실제로는 중국 딤서성 藍田縣의 公玉嶺과 陳家窩 유적에서 60~70만년 전의 화석인골이 발견되었는데, 전자는 30세 전후의 여성, 후자는 노년 여성이며 양자 모두를 란티엔 사람(藍田人)이라고 부른다.

었을 가능성 역시 존재한다.

어쨌든 우리는 인간이 늦어도 100만년 전에는 동아시아에까지 존재하였다는 강력한 증거를 가지고 있다. 그런데 만약 호모가 유럽 본 대륙에 50만년 전까지도 도달하지 못하였다면 우리는 이러한 불균형에 대한 설명을 찾아야 한다. 부분적으로는 유럽의 보다 계절적이고 가혹한 기후로 설명할 수도 있으나 여전히 미스터리로 남는다.

인간이 온대 환경에서 거주한 과정을 분석하기 위한 중요한 유적이 북경에서 서남쪽으로 43킬로 떨어진 동굴유적인 저우커우뎬(周口店:龍骨의 언덕이라는 의미)이다. 1927년과 37년 사이에 발굴자들은 붕괴된 동굴 수천 평방미터를 폭파시키고 조사하였다. 이 발굴과 후대의 조사에서 40개체의 호미니드, 100,000점의 석기, 수도 없이 많은 동물뼈, 많은 화덕자리와 재층이 놀랍게도 50m가 넘는 퇴적층에서 층위적으로 쌓여 있었다. 이 모든 것이 문화적 잔존물은 아니며 호미니드와 교대로 동굴을 이용한 동굴곰 등의 다른 동물들도 많은 동물들을 사냥하여 끌고 왔을 것이다. 그러나 저우커우뎬은 어떤 다른 알려진 호모 에렉투스 유적보다 여러 층으로 중첩된 문화층을 갖고 있다. 동물상과 호미니드의 분석과 다양한 연대측정방법(피션-트랙, 우라늄계열, 고지자기, 열형광 등을 포함하는)으로 연대를 측정하였으나 분석된 연대가 서로 모순되는 것이 많다. 최근 우 루캉과 지아 람포는 이들 연대를 종합적으로 분석하여 최하층은 70만년 전, 최상층은 23만년 전이라는 결론을 내렸다.[34]

저우커우뎬에서 발견된 14구의 두개골, 6점의 머리뼈 조각, 10점의 턱뼈, 147점의 이빨, 그리고 관련된 팔다리뼈는 모두 호모 에렉투스에서 나온 것으로 보인다. 뇌 용량은 자바의 호모 에렉투스보다는 약간 큰 775∼1300cc(평균 1040cc)이며, 이빨 크기는 우리와 오스트랄로피테쿠스 사이에 속한다(실제로 이 이빨들은 호주의 현존 원주민보다 약간 더 클 뿐이다). 발견된 약간의 다리뼈에 기초하여 저우커우뎬 호미니드는 키가 152cm로 측정되었는데 수 천년 전 사람들의 평균키보다 2∼5cm 정도 적을 뿐이다.

우와 람포는 저우커우뎬, 유안모(元謨), 윤시안, 헤시안(和縣) 등 중국에서 발견된 모든 호모 에렉투스의 위 앞니가 단면에서 삽처럼 휘어진 "삽 형태(shovel-shaped)"라는데 주목한다. 그들은 이 특징이 현존 몽골로이드 주민에서 가장 높은 빈도로 출현하는 반면 다른 곳에서는 빈도가 아주 낮다는 점에 주목하고 중국의 호모 에렉투스가 현대 중국인의 유전적 선조라고 결론지었다. 이 점은 아래에서 좀더 자세히 다루어진다.

저우커우덴에서 발견된 10만여 점의 석기들은 대부분 석영제의 단순한 격지나 찍개이지만, 창끝으로 쓰였을 찌르개, 뚜르개, 격지를 포함하여 보다 전문화된 도구들도 있다. 유적이 점유되는 기간에 걸쳐 70만년 전의 단순한 찍개류가 잔손질과 준비된 몸돌 떼기*를 포함한 정교한 종류의 도구로 대체된다.[35]

저우커우텐은 호미니드가 사냥을 나가고 사냥감을 갖고 와서 요리하고 먹은 근거지였을지도 모른다. 석기와 함께 반출된 수 십만 점의 동물뼈는 주로 사슴의 뼈이나, 코끼리, 하마, 비버, 들소, 곰, 말의 뼈를 포함한다. 유적에서 발견된 다량의 탄화된 팽나무 열매는 주식으로 이용되었을 가능성이 크며, 화분분석에 의하면 당시에 가래나무, 개암나무, 잣나무의 견과류 열매도 확보할 수 있었다. 이러한 발견으로 미루어 우리는 지금까지 초기 호미니드 식료의 왜곡된 묘사만을 보고 있었을 수 있다. 그들은 아마도 고기보다도 훨씬 다량의 식물성 식량을 먹었을 것이나 그들이 불을 이용하여 식물성 식량을 요리한 후에야 우리가 식물성 식량의 흔적[탄화물]들을 발견할 수 있다. 화분분석을 통해 식료로 이용되었을 가능성이 있는 식물의 종류를 일부나마 파악할 수 있겠지만, 많은 식물성 식량이 고고학적으로 확인될 수 있는 형태로 보존되지는 않는다.

그러나 저우커우덴에서 불의 존재는 다소 문제가 남아 있다. 빈포드와 스톤은 유적에서 발견된 뼈의 대부분은 동굴에서 살았던 동물들(예 : 곰)이 남긴 것이라고 주장한다. 또한 사람들은 유적의 뼈로 나타나는 동물들을 직접 사냥한 것이 아니라 주워먹었을 뿐이며, 불과 관련되었다고 본 증거들도 대부분은 실제 박쥐 똥일지 모른다고 주장하였다.[36]

그러나 많은 다른 학자들은 이 유적이 당시의 직립원인이 성공적인 사냥꾼이었다는 부정할 수 없는 증거를 제시하고 있다고 믿는다.

이 유적에서 발견된 두개골은 어느 하나도 얼굴뼈가 남아 있지 않으며, 각 두개골의 아래 부분은 아마도 뇌수를 얻으려고 부순 듯 보인다. 그러나 수많은 학자들이 이러한 뼈의 변형이 식인풍습을 의미한다는 생각에 의문을 품는다. 예를 들어

---

* 준비된 몸돌(다듬몸돌, prepared core)이란 격지를 쉽게 떼내기 위해 미리 주변을 돌아가면서 떼려 내어 면을 고르게 다음은 몸돌을 말함.

아렌스(Arens)도 과거이건 현재이건 어떠한 문화에서도 식인이 장기간에 걸친 일상적 풍습이었다는 인식을 부정한다.[37] 생태학적으로 계획적인 식인풍습은 서투른 식량획득 전략이기 때문에 그의 견해가 맞을 것 같다.[38] 다른 동물들과 비교해서 사람들은 사람에서 얻을 수 있는 식량의 양을 파악하기가 어려우며, 그래서 만약 식인풍습이 빈번하다면 비축된 식량[즉 사람고기]을 매우 빨리 고갈시킬 위험성이 있다. 호모 에렉투스의 유해와 유물에서 풍부한 의례적 생활을 제시하는 증거는 거의 없지만, 많은 다른 인간 집단이 그러하였듯이 호모 에렉투스도 적어도 의례적인 식인풍습을 행하였을 가능성은 여전히 고려되어야 한다.

만약 우리가 저우커우뎬의 호미니드 화석을 갖고 있다면 그들에 대한 상기 의문점 중 일부는 해결될 수 있다. 그러나 불행히도 모든 호미니드 화석이 2차 세계대전이 발생하기 직전 일본이 중국을 침략하였을 때 베이징에서 미국 함정으로 옮기는 중 사라져버렸다. 어딘가 남아 있다는 설도 있지만 현재까지는 화석의 행방을 전혀 알 수 없다.[39] 다행히도 북경원인은 처음 발견되었을 때 독일의 위대한 해부학자인 프란즈 바이덴라이히가 탁월한 석고 틀을 모두 만들어 났고 세부적인 특징까지 자세히 기술하여 놓았다.

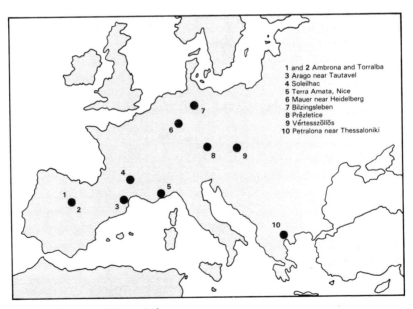

4.6 유럽의 호모 에렉투스 유적

저우커우덴은 우리 조상들이 북쪽의 기후에 적응하기 위하여 불과 옷의 사용을 터득한 증거를 제시할지 모른다. 같은 시기 유럽의 자료들은 호미니드가 구대륙의 모든 온대 지대를 파고들었다는 것을 보여준다. 수 십만년 전 유럽에서의 적응을 가장 잘 보여주는 증거는 아마도 마드리드 동북쪽의 계곡에서 1.5km 정도 떨어진 곳에 위치한 토랄바와 암브로나 유적일 것이다(그림 4.6). 죽은 짐승 주워먹기와 사냥을 고고학적으로 구분하기가 매우 어렵다는 점을 감안하면, 유럽에서 초기 인류 생활의 일반적 성격에 대한 신뢰할만한 증거로 간주될 수 있는 유적은 하나도 없다. 그러나 많은 학자들은 토랄바와 암브로나를 적어도 중부 갱신세 유럽의 일부 집단들이 대형동물(big-game) 사냥에 종사한 증거로 간주한다. 1960년대 초 클라크 하우엘이 토랄바를 발굴하여 수백 점의 꽃가루, 7천여 점의 석기, 수많은 동물뼈(그러나 인골은 없음)를 채집하였다. 어떤 학자들은 화분자료에 근거하여 토랄바의 연대를 40만년 전이라고 추정하나, 20만년 전에 불과하다고 믿는 학자들도 있다. 화분분석은 또한 유적이 점유되었을 때 이 지역이 춥고 습윤한 계곡이었다는 것을 보여준다.[40)

사슴 25마리, 말 25마리, 야생소 10마리, 무소 여러 마리분과 함께 최소 30마리분의 코끼리 유체가 토랄바에서 발견되었다. 이들 동물뼈는 거의 모든 골격이 해체되었고, 대부분의 뼈가 골수를 얻기 위하여 으깨지거나 쪼개졌다. 코끼리는 머리뼈가 거의 없고 살코기가 붙어 있는 뼈들만 남아 있어 다소 떨어진 곳에서 사냥을 하고 도살한 다음 이곳으로 끌고 온 것 같으며 아마도 대규모 협동작업의 노력이 있었음을 암시한다.

토랄바에서는 불에 탄 다량의 탄화물들이 뼈와 석기들과 섞여 발견되어서 당시 사람들이 불을 질러 동물들을 유적의 늪지 쪽으로 몰아 붙였을 가능성이 제기되었다. 탄화물과 다른 잔해들 사이에는 나무 조각들도 보존된 채 흩어져 있다. 그래서 일부 학자는 나무가 도살한 고기를 요리하려고 유적으로 갖고 온 것이라고 추측하였다. 그러나 유적에서는 화덕자리도, 재가 집중되거나 함몰된 부분도 전혀 발견되지 않았다.

동물들을 늪지로 몰고 사냥하고 도살하는 과정은 자욱한 연기, 울부짖으면서 미친 듯이 날뛰는 동물들, 쫓아가면서 소리를 지르는 호미니드들의 모습과 함께 매우 장관이었으리라. 그러나 작고 미련하며 장비도 별로 갖추지 못한 당시 사람들이 어떻게 이렇게 큰 동물들을 죽일 수 있었을까? 유적에서 돌창은 한 점도 출토되지 않았다. 그러나 프리맨은 동물들을 뼈 사이에서 발견된 많은 돌로 던져 죽였거나 나무창으로 찔러 죽였을 것이라고 주장하였다.[41] 호모 에렉투스는 고사하고 어떤 인간도 돌을 던져서 또는 긴 나무창으로 찔러 자기보다 3~4배나 큰 코끼리를 죽였다고 상상하기는 다소 어렵다. 그러나 만약 그들이 정말로 그러하였다면 그것은 수십만년 전 스페인 계곡에서 상연된 히치코크식의 환상적 장면이었으리라.

토랄바의 층위는 복잡하며, 유적은 하나가 아닌 여러 개의 상이한 사냥 에피소드가 중첩된 것인지도 모른다. 사실 많은 고고학자들이 토랄바와 암브로나에서 발견된 동물들이 대부분 도살된 흔적이 보이지 않고, 불을 의도적으로 이용한 증거도 미약하며, 남은 고기를 주워먹는 소규모의 인간 집단도 이러한 유적을 창조할 수 있다는 견해를 제시하였다.[42]

1965년 프랑스 지중해 해안 쪽에 있는 니세의 테라 아마타[43]로 불리는 도로에서 불도저로 작업을 하던 중 21곳의 유적이 노출되었다. 유적의 연대는 30만년 전으로 추정되며 당시는 지중해 수면이 지금보다 25m 높고 현재보다 다소 한랭 습윤한 기후였다. 유적 발굴자인 앙리 드 럼레이는 테라 아마타의 주민들이 길이 8~15m, 폭 4~6m 크기의 큰 오두막집을 건조한 증거로 해석되는 흔적을 발견하였다. 오두막집들은 대부분 평면이 타원형이고 10~20명의 사람이 거주한 것으로 추정된다. 집 자체는 전혀 남아 있지 않았지만 럼레이는 모래 위에 남은 기둥구멍의 긴 열, 벽을 에워싸는데 이용한 돌무더기라고 생각되는 것을 발견하였다. 재와 유기체 잔해로 덮인 화덕자리와 집의 바닥면도 여러 군데 있었다. 단 화덕자리 근처의 일부 지점에는 잔해가 상대적으로 없어 아마도 사람들이 잠을 잔 장소였을 것 같다.[44]

고고학자인 파올라 빌라는 별개의 생활면들이 자연적 요인에 의해 뒤섞였을지 모른다는 증거에 기초하여 유적에 오두막집이 지어졌다는 럼레이의 해석에 의문을 제기하였다.[45] 이는 중요한 지적이다. 왜냐면 럼레이가 테라 아마타의 잔존물에서 본 것 같은 종류의 계획된 오두막집 구조의 흔적은 3만년 전까지도 거의 존재하지 않으며, 어떤 연구자들은 항구적 구조의 건물을 오로지 호모 사피엔스하고 연관시키기 때문이다.[46]

테라 아마타에서 출토된 화석화된 인분(人糞)의 분석에서 늦봄과 초여름에 꽃이 피는 식물의 화분이 발견되었는데 이는 유적이 매년 이맘때 일시적으로 점유되었음을 의미한다. 유적에서 발견된 동물뼈는 대부분 수사슴, 코끼리, 곰, 야생염소 (ibex)와 무소의 뼈이나, 새, 거북, 토끼, 설치류의 뼈와 약간의 물고기와 조개도 포함한다.

유적에서 발견된 도구는 당시 아프리카와 유럽 도처에서 발견되는 석기와 같은 양면 가공된 대형 아슐리안 석기이다. 골각기도 약간 있다. 불행히도 테라 아마타에서 사람뼈는 발견되지 않았지만 호모 에렉투스의 유적으로 보아도 될 것 같다. 발굴시 발자국 하나가 발견되었는데 형태가 키가 153cm인 현대인과 유사하다.

테라 아마타의 주민은 딸기류나 견과류의 열매와 기타 식물성 식량을 채집하고 알이나 조개와 작은 사냥감을 주워 모으고, 중·대형의 동물을 사냥하거나 주워먹으면서 변화하는 계절에 따라 이곳저곳 방랑하는 수렵채집인이었을 것이다.

북유럽에서 또 하나의 중요한 유적이 헝가리 부다페스트 서쪽의 채석장인 베르테스죌뢰스(Vértesszöllös) 유적이다. 최근 우라늄계열 연대측정으로 유적이 185,000년 전으로 자리 매겼으나,[47] 35만년까지 올려보는 학자들도 있다. 유적이 처음 점유되었을 때는 온천의 제방에 자리하고 있었는데 온천 주변에서 인간의 점유와 관계되는 여러 개의 유물포함층이 발견되었다. 1960년대의 발굴에서는 3천점의 석기, 으깨지고 불에 탄 많은 동물뼈, 그리고 한 호미니드의 척추뼈와 다른 호미니드의 이빨 몇 점이 출토되었다.[48] 추정된 뇌용량은 1115~1437cc로 호모 에렉투스로는 큰 편에 속한다. 그래서 일부 학자는 이 화석을 호모 사피엔스의 고졸형 (archaic form, 또는 옛슬기사람)으로 파악하기도 한다.* 유적에서 화덕자리는 발견되지 않았지만 이 곳의 불탄 뼈는 불의 사용을 암시한다.

수 십만년 전에 해당하는 많은 다른 유적들이 아시아와 유럽 곳곳에서 발견되고 있다. 요약하면 30만년 전쯤에는 사람들이 영국에서 북중국, 남아프리카에서 인도네시아에까지 구대륙의 대부분 지역에 걸쳐 살았다. 이 지역 중 일부, 특히 아프리카에는 100만년 이상 인간이 점유하였으며, 사람들은 수 십만년 동안 주변의 변경 지역까지도 진출하였던 것 같다.

지금까지 고찰한 거의 모든 증거들은 우리가 이 장에서 시작한 인간 기원에 관한 4가지의 경쟁적인 가설 각각과 조화될 수 있다. 초기 호모의 일부 형태가 아프리카를 떠나서 100만년에서 50만년 전 사이에 유럽과 아시아를 점령하였다. 많은 학자

---

* 최근에는 유럽의 고졸형 호모 사피엔스를 호모 하이델베르겐시스로 독립시키는 견해도 있다.

들이 지역적 진화 패턴을 관찰하였는데 인간 집단들은 영국에서 남아프리카와 인도네시아에 이르는 여러 종류의 환경을 이용하면서 각 지역에서 다양한 방식의 삶을 유지함에 따라 일부 공통점도 있지만 일부 상사성도 나타나고 있다.

약 30만년 이전의 우리 선조에 대해서는 학술적 견해가 어느 정도 일치하지만, "다음에 무슨 일이 일어났는데?"라는 질문을 다루게되면 그러한 견해 일치는 사라져 버린다.

■ 중기/후기 구석기 전환기 (c. 300,000~35,000 B.P.)

나는 진리라고 생각하오. 다양한 톤으로
낭랑한 하프 소리에 맞추어 노래하는 그와 함께,
인간들이 그들의 죽은 자신을 디딤돌로 딛고서
더욱 높은 것으로 부활한다는 사실을.[49]

알프레드 테니슨경의 추모시(In Memoriam)에서,

저우커우뎬, 토랄바-암브로나 그리고 앞서 기술된 여러 유적들에서 알 수 있듯이 수 십만년 전의 호모는 도구 사용, 사회 체계와 경제에서 여러모로 현대의 수렵인, 채집인과 비슷한 것처럼 보이지만 이들에게서는 이질적인 무엇인가도 분명 존재한다. 우리는 의례 또는 복잡한 상징성을 나타내는 유물을 찾고 있으나 단 하나의 소조상도, 벽화도, 바위그림도, 심지어는 정교하게 만든 석기조차도 확실히 호모 에렉투스에 속한다고 볼 수 있는 것은 없다. 30만년 전 이후가 되서야 사람들은 정교한 석기를 제작하였고, 일부는 조금만 사용하여도 망가질 정도의 아주 정교한 석기를 만들었다. 그러한 도구는 부분적으로는 아름다운 것을 창조하는 기쁨만으로 만들어졌음에 틀림없다. 그러나 호모 에렉투스의 도구는 단순하고 효율적이면서 실용적인 물체를 벗어나지 못하였다.

아마 더욱 두드러진 것은 호모 에렉투스에 속하는 시신의 의례적 처리나 매장이 전혀 알려지지 않았다는 사실이다. 적어도 지난 3만년 동안은 거의 세계 도처에서 죽음은 인간의 감정을 발로할 수 있는 기회였다. 그리고 이 기간동안은 가장 단순한 형태의 수렵인과 채집인들 조차도 구덩이를 파서 시신을 묻거나 몸 위에 약간의

석기 또는 조가비를 올려놓음으로써 죽은 사람을 처리하였다. 그러나 세계 어느 곳의 호모 에렉투스도 호의의 표현과 약간의 식량과 함께 내세로 보내는 것은 고사하고 의도적으로 매장된 예 조차 하나도 없다.

호모 에렉투스에서 이러한 여러 종류의 공들인 행위가 모두 결핍된 것은 여러 가지 상이한 방식으로 해석될 수 있다. 호모 에렉투스는 두뇌가 우리의 2/3정도에 불과하므로 단지 경험을 우리처럼 상징화하고 일반화할 수 있는 정신적 능력이 없을 수 있다. 특히 호모 에렉투스의 언어능력은 극히 제한되었을지 모른다.[50] 반면 호모 에렉투스는 심미적, 종교적, 사회적 자극에 대한 잠재력 역량은 있지만 그러한 연출을 유도하지 않는 환경에서 살았기 때문일 수도 있다. 렌델 화이트가 관찰하였듯이 구석기 "예술"같은, 상상력의 물질적 형태에 대한 민족지적 관찰에 따르면 이러한 심미적 표현은 정치적 권위와 사회적 차별성에 관계되는 것이다.[51] 그리고 그러한 차별성이 중요한 사회적 조건이 중기와 후기 갱신세에 들어서야 막 나타나기 시작하였을지도 모른다.

심미적, 의례적, 그리고 사회적 감정에 대한 재능은 바로 위대한 문명의 발생을 가능하게 하는 정신적 특질이기 때문에 그러한 감정의 진화는 인류의 진화에서 매우 중요한 역할을 한다. 그래서 우리는 특히 이 장에서 이들 감정이 처음 출현하는 (고고학적 기록에 처음 반영되는) 상황과 거기에 수반하는 중요한 문화적 발달에 관심을 갖는다. 예를 들어 리처드 클라인은 3만년 전쯤 작은 입상(立像)과 고도의 양식화된 석기 및 기타 분명한 문화적 변화의 형태로 나타난 예술의 "폭발"은 해부학적 현대인류-클라인의 생각에는 이러한 지적 능력을 가진 첫 번째의 사람인-의 세계 도처로의 이주를 반영한다고 주장한다.[52]

30만년에서 3만년 전 사이에 호모 사피엔스가 호모의 선행 사피엔스(pre-sapiens) 형태로부터 체질적, 행태적으로 갈라졌던 복합적 도정을 집합적으로 "중/후기 구석기 전환기"로 명명한다.[53] 이 "전환기(transition)"에는 인간의 체질적 특질과 물질문화에서 많은 급격한 변화가 보인다. (1) 인간 평균 뇌 크기가 1100cc에서 1400cc로 증가(비록 지역적 변이가 크고, 현생인류에서 정상적으로 작동하는 뇌 크기의 범위가 최소 1000cc에서 2000cc 사이지만), (2) 덜 강건한 골격, 더 튀어나온 턱끝, 작아지거나 없어진 눈두덩, 작아진 치아, 더욱 둥글어진 두개골,[54] (3) 인구수와 인구밀도의 증가, (4) 많은 기술 혁신, 예를 들어 활과 화살, 창투척기

(atlatl), 다양한 형태의 골각기와 목기, 한정된 돌감에서 최대한의 날을 만드는 방법 등, (5) 뼈나 돌로 만든 조상(彫像), 아름다운 벽화와 암각화, 매장 기술, 개인 장신구로 사용된 물체 등에서의 심미적 표현의 증가, (6) 일반화된 사냥유형으로부터 일부 지역에서는 사슴, 순록, 말 같은 군집성 포유동물 무리에 대한 집중적 사냥유형으로의 전환, (7) 국지적 무리사회의 넓고 자유로운 경계를 넘어서 일종의 지역적인 "민족적(ethnic)" 정체성[55]의 첫 번째 징후를 나타내는 유물 양식과 외래 물품 교역의 출현으로, 이는 한마디로 중/후기 구석기 전환기 동안 사회적 관계성의 "완전한 재구성"을 반영하는 변화이다.[56]

그렇다면, 이렇게 매우 중요한 시간과 상황 속에서 우리의 선조들은 어떻게 변화되었는가라는 질문이 분명히 나오게 된다. 이 질문을 고려하려면 이 장을 열면서 시작한 현생인류의 기원에 대한 대조적인 가설들로 다시 되돌아가야 한다.

앞에서 언급하였듯이 "완전 교체", "아프리카 기원" 또는 "이브" 모델은 현생인류가 단지 십여만년 전 아프리카에서 처음 그리고 유일하게 진화하였고 이후 다른 호미니드 형태를 그들과 거의 또는 전혀 유전적 교환을 갖지 않은 채 모두 대체하면서 나머지 세계로 이주하였다고 주장한다. 만약 이 모델이 옳다면, 유럽과 아시아에서 수 십만년 전에 존재하였던 많은 유적들과 화석의 주인공들이 우리의 체질적 또는 문화적 유산과는 거의 아무런 관계가 없다는 결론이 나온다.

이것은 많은 인류학자들이 인정하기 곤란한 전제이다. 우리가 인간 진화에 대해서 알고 있다고 생각하는 것의 상당히 많은 부분이 중국의 저우커우뎬, 스페인의 토랄바-암브로나 같은 유적에서 도출되었기 때문이다. 그러나 만약 "아프리카 기원" 모델이 옳다면 이 유적들은 유전적으로 우리와 전혀 관계없는, 그리고 문화적으로도 우리와 거의 관계없다고 추측되는 어떤 인간 형태에 의해 창조되었다.

반대로 "다지역 진화", "연속" 또는 "촛대" 모델은 200만년에서 100만년 전 사이의 언젠가 우리의 종으로서의 호모 선조가 아프리카, 중동, 아시아, 그리고 아마도 유럽의 남단까지를 포함한 온난한 지역으로 확산되었으며, 그후 많은 세월이 흐르면서 이들 집단이 국지적 그리고 상이한 환경 속에서 적응함에 따라 다소 분기하기 시작하였음에도 불구하고 (호모의 모든 서식지에 걸쳐 모든 인간 집단을 어느 정도 연결하는 유전자 이동의 결과, 그리고 일반화된 수렵채취인으로서의 유사한 진화적 선택의 영향력 아래 있었기 때문에) 모두 호모 사피엔스의 방향으로 진화하였다고 제안한

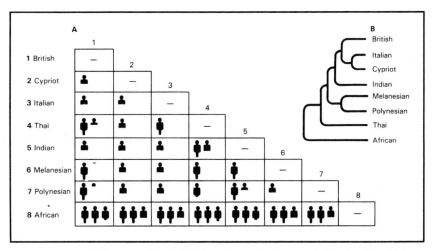

4.7 (A) DNA 분석은 현존 집단 사이의 유전적 거리를 제시하는데 이용되었다. 그림에서
집단간의 유전적 거리는 8개의 집단에서 개인 600명의 샘플에 기초한다. 두 집단 사
이의 거리에서 심볼이 적으면 적을수록 유전적 거리는 짧고 추정된 관련성은 가깝
다. (B) 이 자료가 가계도로 배열되었다. 이 자료는 모든 현생인류가 선사시대 아프
리카에서 동종번식된(inbred) 한 소규모 집단의 유전적 후손이라는 것을 제시한다.

다. 결과적으로 3만년 전쯤 그들 모두는 현대의 유럽인을 현대의 중국인과 구별하는
체질적 차이는 그대로 지닌 채 하나의 종인 호모 사피엔스로 수렴되었다고 본다.

이러한 기본적 모델에서 파생된 두 가지 이설은 앞에서 이미 설명한 바 있다. 그
렇다면 이들 모델 중 어느 입장이 좀더 많은 증거를 확보하고 있는가?

현생인류 기원의 분자생물학적 증거

우리 선조들의 화석은 인간의 기원에 대한 가설을 평가하기 위한 가장 직접적인 증
거인 것처럼 보인다. 그러나 화석으로 남은 뼈는 단지 이전에 살았던 개인들의 광물
적 주형일 뿐이며, 그들 모습의 형태와 크기에서의 미묘한 차이의 의미에 대한 논쟁은
끝이 없으며 대부분 해결되기도 어렵다. 대안적 접근은 우리 시대로 되돌아서서 연구
하는 방법으로, 오늘날의 사람들을 관찰하고 그들의 생물학적 근연도(近緣度 또는 연
관계수)가 우리 기원에 대한 다양한 아이디어들과 부합하는지 살펴보는 것이다.

<그림 4.7>은 그러한 대안적 분석의 한 형태를 보여준다. 즉 그림은 세계의 현존

민족들 사이에서의 생물학적으로 유사한 정도를 표현한다. 근연도의 이러한 차이가 어떻게, 언제 출현하였으며, 그 차이는 무엇을 "의미"하는가?

세계에서 살고 있는 모든 사람들이 유전적으로 연관되어 있으며 어느 정도 우리 모두가 선조라고 주장할 수 있는 개인이 존재하였다는 것은 피할 수 없는 유전학적 사실이다. 유일한 논쟁점은 그 선조가 얼마나 오래 전에, 그리고 어디에서 살았느냐 하는 것이다. 어떤 학자들은 유전적 증거에 기초하여 오늘날 살고 있는 우리 모두는 약 20만년 전 이내에 살았던 공통된 여성 선조를 갖고 있다고 주장하였다. 이 "아프리카 이브설"은 인간의 세포에서 세포 기능을 유지하는 에너지가 생산되는 미토콘드리아에서 취해진 DNA의 연구에 기초한다. "mtDNA"란 용어는 미토콘드리아 DNA의 약자이다. 미토콘드리아 DNA는 모두 모친 난자의 미토콘드리아에 있고 따라서 수정하는 동안 주입된 정자의 유전자의 영향을 받지 않는다는 점에서 핵 DNA와 다르다. 그리하여 미토콘드리아 DNA는 단지 모계를 통하여만 유전된다. 미토콘드리아 DNA는 핵 DNA보다 높은 비율로 무작위적 돌연변이가 발생하며, 이는 다음 세대로 전해지는 유전자 코드를 복제할 때의 사소한 실수로 표현된다. 그래서 우리는 예를 들면 뉴기니아 고지대에 있는 수렵채취인의 소규모의 고립된 동일 집단에서도 동일한 미토콘드리아 DNA를 보유한 두 사람을 기대할 수 없다. 그리고 미토콘드리아 DNA에서의 사소한 유전적 돌연변이가 시간에 따라 누적되기 때문에 우리는 어떤 두 사람도 공통의 조상에서 분리된 시간이 길면 길수록 미토콘드리아 DNA에서의 차이가 증가하리라 예측한다.

미토콘드리아 DNA에서의 변화의 축적에 대한 유추로 어린이의 성(姓)이 주로 부친에서만 오는 많은 서구 문화에서의 성의 운명을 보자. 만약 남자가 어린이를 갖지 않거나 딸만 있게되면 그가 개인적으로 갖고 있는 성은 "사라진다"(물론 같은 성을 갖고 있는 다른 사람들이 있겠지만). 비슷하게 만약 여자가 아이가 없거나 아들만 있으면 미토콘드리아 DNA는 "사라진다."[57]

현존 인간 집단의 근연성을 테스트하기 위한 초기 연구에서 칸, 스톤킹과 월슨은 미국, 아시아, 유럽, 중동, 뉴기니아와 호주에 사는 여성 147명의 태반을 채집하고 이 시료에서 미토콘드리아 DNA를 추출한 다음 이를 상호 비교하였다. 그들은 오늘날 살고 있는 모든 사람은 14만년에서 29만년 전 사이에(아마도 약 20만년 전에) 살았던 "미토콘드리아 이브"의 후손이라는 결론을 내렸다. 미토콘드리아 DNA가 오늘날의 아프리카에서 변이가 가장 많고, 미토콘드리아 DNA의 이러한 차이는 아프리카에서 가장 오랫동안 축적되어왔다고 추정되기 때문에, 그들은 아프리카를 이 여성의 고향으로 확인하였다. 만약 공통의 모계 조상에 대한 20만년 전이란 연대 추정이 옳다면 유럽과 아시아에서 20만년 이전에 살았던 사람들은 생물학적, 문화적 계통의 측면에서 우리와 거의 아무런 관계도 없었을 것 같다. 이 연구 이후 다른 연구자들이 분석된 사람의 시료 수를 늘리고 유전적 유사성을 계측하는 다양한 방법을 사용하였으며,[58] 일부 학자들은 그들의 증거를 이용하여 오늘날 세계의 모든 사람이 일·이십여 만년 전에 살았던 몇몇 아프리카인에서 유래한다는 결론을 내렸다.*

그러나 많은 학자들이 이러한 미토콘드리아 DNA와 관련된 연구에 이의를 제기한다. 만약 이러한 평가가 정확하다면 적어도 다음의 세 가지 사항이 참이어야 한다. (1) 한 세대의 시간(즉 모친과 딸의 연령 사이의 평균 연수)이 정확히 측정되어야만 한다. (2) 유전자 차이가 축적되는 비율의 의미에서 분자 "시계"가 다른 포유류에서와 마찬가지로 우리 사람과(Hominidae)에서도 균일하게 빠른 속도로 작동하여야 한다. (3) 핵산의 구성성분인 뉴클레오티드 치환이 시간의 흐름에 따라 일정하여야만 한다. 최근에는 이 가정들 모두가 공격을 받고 있다. 돈 멜닉과 가이 휠저는 미토콘드리아 DNA 시계와 관련되는 여러 문제점이 "지나간 진화론적 사건의 연대 추정을 믿을 수 없게 만들었다"라고 주장하면서 미토콘드리아 DNA 시계의 이용에 대해 강하게 경고한다.[59] 프레이어 등[60]도 미토콘드리아 DNA의 돌연변이 비율에 대한 가정을 강력하게 비판하고, 만약 지금 우리 모두가 공유하는 미토콘드리아 DNA의 기원에 대한 분자 "시계"의 시작 시간이 80만년 전으로 소급된다면 그때서야 분자생물학적 증거와 화석, 고고학적 기록 사이에 부합이 잘 이루어질 것이라고 주장한다.

미토콘드리아 DNA에 기초한 유전적 근연도를 나타내는 그래프의 해석에 대한 이러한 논쟁의 상세한 해설은 이 책의 영역을 넘어서며, 특정 종류의 전문적인 수학적 지식이 없는 사람들은 이해하기 어렵다. 혈통과 유전적 근연도를 보여주는 패

---

* 미국 애머리대 의대 교수인 더글러스 월리스는 미토콘드리아 DNA분석을 통해 현생인류가 14만 4천년전 아프리카에서 분화하였다고 주장하면서, 현생인류가 아시아로 넘어간 시기를 73,000~56,000년 전으로 추정하였다. 그는 또한 현존하는 인류는 모두 18명의 서로 다른 모계에서 출발하였다고 본다. 반면 옥스포드대의 브라이언 사이커스 교수는 미토콘드리아 DNA 돌연변이가 1만년마다 한 번씩 발생한다고 보고 16만년 전 최초의 현생인류가 탄생하였다고 주장한다.

턴에서 유사성을 측정하고 유사성의 패턴을 배열하기 위해서는 다양한 수학적 기술이 요구되며, 이러한 기술의 적절성에 대한 논쟁도 계속중이다. 예를 들어 프레이어와 그의 동료들은 "이브의 아프리카 기원 또는 다른 단일한 지리적 중심지 기원을 뒷받침하는 통계적으로 신뢰할만한 미토콘드리아 DNA 증거는 없다"라고 결론짓는다.[61]

인간 기원의 모델과 유전적 증거의 해석에 대한 이와 같은 상반된 모델들을 평가하기 위해서 우리들은 적어도 뼈와 석기의 모호하고 단편적인 기록이나마 살펴 볼 수 있다.

현생인류 기원의 고고학적 증거와 화석 : 완전 교체 모델의 검증

완전 교체 모델이 참이 아니라는 것을 증명할 수 있다는 점에서 이 모델을 일단 "영(零)가설"로 간주하자. 비록 완전 교체 모델을 노골적으로 옹호하던 학자들 중에서 최근 그들 모델의 관점을 의심하는 사람들도 일부 있기는 하지만,[62] 이 모델은 적어도 분명히 검증해 볼 수 있는 장점을 갖고 있다. 예를 들어 만약 완전 교체 모델이 정확하다면 우리는 다양한 종류의 특정한 증거를 기대할 수 있다.[63]

첫째, 알려진 가장 이른 호모 사피엔스 사피엔스는 아프리카에서 발견되어야 하며, "현생" 인류가 세계의 다른 지역에서 출현하기 앞서 아프리카에서만 살았다는 증거가 있어야 한다.

둘째, 완전 교체 모델을 검증할 수 있는 두 번째 함축은 현생인류의 초기 아프리카인과 그들이 대체한 사람들 사이의 유전적 혼합과 관련된 해부학적 증거가 없어야 한다는 것이다. 즉 아프리카를 제외하면, 약 40만년에서 30만년 전 사이의 시기에 (체질적 형태가 초기 호모와 호모 사피엔스 사피엔스의 혼혈로 보이는) "과도기적" 형태의 인간이 없어야 한다.

셋째, 아프리카 밖에서 최초의 현생인류는 그곳에 처음 살았던 지역 주민이 아니라 아프리카 선조와 닮아야 한다. 또한 교체가 발생한 고고학적 기록과 화석에서, 그리고 또한 그들이 아프리카를 벗어난 길을 반영하는 지리적 유형에서도 초기 호모에서 호모 사피엔스 사피엔스로의 "급격한" 변화에 대한 증거가 있어야 한다.

넷째, 아프리카 밖의 지역에서 교체가 발생하기 전후한 시간 동안 해부학적 연속성의 증거가 없어야만 한다. 즉 우리는 예를 들어 중국의 저우커우뎬에서 30만년 전, 5만년 전, 그리고 오늘날에 살았던 사람의 체질적 형태에서 연속된 유사성을 기대해서는 안된다.

다섯째, 우리는 왜 아프리카인이 구대륙 전역에 걸쳐 잘 적응하고 있었던 호미니드를 몰아낼 수 있었는지에 대한 증거를 찾아야만 한다. 우리는 기술, 두개골 크기와 형태, 동물자원 이용 패턴, 유적 밀도와 입지에서, 또는 고고학적 기록의 다른 속성에서 왜 이러한 교체가 신속하고 완전한지를 설명해줄 수 있는 일부 증거들을 찾을 것이다. 프레이어와 그의 동료들이 언급하였듯이[64] 훨씬 뛰어난 기술과 많은 치명적 질병을 동반한 유럽인의 아메리카 정복에서조차 북단의 알라스카에서 남단의 티에라 델 푸에고까지 아메리카의 많은 토착 원주민이 수렵채취인으로 잔존하였으며 일부 수렵채취인은 오늘날까지도 명맥을 유지하고 있다. 그렇다면 아프리카의 초기 호모 사피엔스 사피엔스가 다른 인간들을 모두 멸종으로 이끌게 한 어떤 장점을 보유하였다는 증거는 무엇인가?

이들 다섯 가지 범주의 증거 모두가 얼마간은 애매하다는 사실을 인식하는 것이 중요하다. 예를 들어 무엇이 "과도기적" 두개골이며, 고고학적 기록에서 "급격한" 변화란 어떻게 생긴 것인가? 이러한 종류의 용어가 무엇을 의미하는지에 대해서는 각각의 학자들이 서로 다른 견해를 갖고 있다. 또한 보존상의 변덕과 고고학적 연구의 강도에서의 차이(예를 들어 파키스탄보다 서유럽에서 훨씬 많은 고고학적 연구가 이루어지고 있다)를 감안하면 표본의 편차나 오차에 의해 쉽게 사실이 오도될 수 있다. 더욱이 아프리카의 초기 호모 사피엔스 사피엔스가 다른 호미니드 형태를 대체할 수 있도록 만든 장점이 무엇이던 간에, 설령 교체가 정말 발생하였다고 하더라도 고고학적 기록에 대한 현재의 지식을 감안하면 그러한 장점이 고고학적 기록에서 쉽게 보일 것 같지는 않다. 예를 들어 만약 이른 시기의 아프리카 사람들이 일부 유전적 돌연변이와 이 돌연변이에 대한 가벼운 문화적 적응 때문에 출산율이 단순히 약간 높아졌을 뿐 다른 장점은 전혀 없었더라도 그들이 수 십만년 내에 다른 모든 호미니드를 대체할 수 있는 가능성이 존재한다. 비록 후대에는 유전자 이동이 빈번하였기 때문에 왜 인접한 집단 사이에 상호교배가 발생하지 않았는지에 대한 설명이 여전히 필요하지만 말이다. 마지막으로 과학의 기본 논리는 가설이 "입증될" 수 없다고 규정한다. 사람은 가설이 그릇됨을 증명하려고 시도하며, 결국

과학이 갈망할 수 있는 모든 것은 우리에게 현존하는 "최적"의 모델 - 자료에 잘 "부합"한다는 의미에서 정의된 "최적" - 을 가리키는 것이다.

우리는 완전 교체 모델의 상기한 다섯 가지 함축을 검증하기 위해 복잡한 종류의 증거들을 조사할 것이다. 그리고 이 개관이 결론에 이르지 못한다는 점을 미리 독자에게 경고한다. 즉 사려깊은 과학자들이라도 똑같은 증거를 해석하면서 서로 의견이 다를 수 있다.

___아프리카로부터의 증거___   완전 교체 모델의 한가지 함축은 최초의 현생인류가 아프리카에서 출현하여야 한다는 것이다. 이것이 사실일까? 현재까지 가장 이른 호모 사피엔스 사피엔스에 속하는 최적의 후보는 남아프리카의 클라시즈 리버 마우스(Klasies River Mouth) 동굴에서 다량의 석기와 동물뼈 그리고 반복된 점유의 증거와 함께 발견된 인골편이다.

우라늄계열 연대와 심해 시추공에서 추출된 연대와의 상관성으로 보아 이 화석은 125,000∼95,000년 전 사이에 해당하는 것 같다. 결정적으로 중요한 얼굴의 형태는 전체 뼈 중 4구에서만 보존되었다. 클라시즈의 인간 화석을 분석한 학자들은 저마다 놀랍도록 상이한 결론을 내리고 있다. 어떤 학자들은 이들 뼈에서 여러 가지 고졸적 특징은 보았지만 현생인류적 특징은 거의 찾지 못하였기 때문에, 이들 개체가 세계 도처에서 출현한 호모 사피엔스 사피엔스보다 선행하는 현생인류로 보기는 어렵다는 입장이다. 반면 유적의 발굴자인 싱어와 와이머는 여기에서 발견된 호모 사피엔스 사피엔스의 하악골이 "세계의 어느 유적에서 출토된 것보다 가장 이른 현생인류"라고 결론을 내렸으며, 유적에서 발견된 많은 돌찌르개는 사실상 창을 이용한 사냥을 암시한다고 덧붙였다.[65]

호모 사피엔스의 초기 호미니드 화석은 이디오피아의 바도와 오모, 탄자니아의 라에톨리, 케냐의 칸제라,[66] 잠비아의 카브웨 또는 브로큰 힐, 남아프리카의 보더 동굴 및 다른 여러 유적에서 발견되었다. 그러나 각 유적마다 적어도 일부 학자들은 연대가 믿을 수 없다고 간주하거나 매우 단편적인 화석 조각에서 현대성이 나타나는 정도에 동의하지 않는다.[67] 예를 들어 프레이어와 그의 동료들은 "아프리카의 화석기록에서 이브설을 지원하는 것은 거의 없다"라고 주장한다.[68] 그러나 다른 학자들은 20∼10만년 전 사이의 기간에 해당하는 아프리카의 인간 화석에서 명

백한 현대적 생김새를 보며, 호모 사피엔스 사피엔스의 진화가 천천히 그리고 지속
적으로 이루어졌으며 이 시기가 끝날 무렵, 그리고 7만년 전에는 확실히 이러한 진
화가 거의 마무리되었다고 결론짓는다.[69]

　　그러나 완전 교체 모델은 호모 사피엔스 사피엔스가 반드시 10만년 전에 아프리
카에 출현하였을 것을 요구하지는 않는다. 리처드 클라인은 실제로 모든 다른 인간
형태들을 대체한 호모 사피엔스 사피엔스가 아프리카에서 5만년 전 이후, 또는 아
마도 3만년 전 직후에 출현하였을 뿐이라는 의견을 제시하였다. 3만년 전은 중동과
유럽에서 벽화, 작은 조각품, 조개와 뼈 장신구, 그리고 아름답게 제작된 도구란 의
미에서 "예술"이 출현한 시점이며, 고고학적 유적에서 표준화된 도구 형태와 고도
로 조직화된 활동 영역을 볼 수 있는 시기이기도 하다.

　　5~4만년 전쯤 고고학적 기록에서 나타나는 급격한 변화는 완전한 현생인류의 행위가 개시됨
을 가리킨다. 이 때 이전에는 인간의 형태와 행위가 천천히, 균형이 잡힌 채로 진화하였다. 이 시기
이후 행위적(문화적) 진화는 급격히 촉진된 반면, 근본적인 형태적 진화는 정지되었다. 지금까지

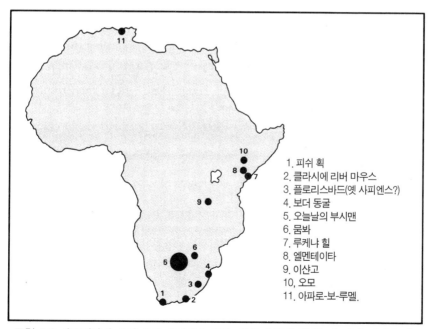

　　　　　　　　　　　　　　　1. 피쉬 획
　　　　　　　　　　　　　　　2. 클라시에 리버 마우스
　　　　　　　　　　　　　　　3. 플로리스바드(옛 사피엔스?)
　　　　　　　　　　　　　　　4. 보더 동굴
　　　　　　　　　　　　　　　5. 오늘날의 부시맨
　　　　　　　　　　　　　　　6. 뭄봐
　　　　　　　　　　　　　　　7. 루케냐 힐
　　　　　　　　　　　　　　　8. 엘멘테이타
　　　　　　　　　　　　　　　9. 이샨고
　　　　　　　　　　　　　　　10, 오모
　　　　　　　　　　　　　　　11. 아파로-보-루멜.

그림 4.8 아프리카의 초기 호모 사피엔스 유적. 일부 유적의 연대는 논란의 여지가 있
다. 대부분의 유적은 120,000~60,000 B.P. 사이로 추정된다.

분석된 증거에 의하면 완전한 현대적 행위의 열쇠가 되는 고고학적 표지는 아프리카에서…… 15
만년에서 5만년 전 사이에…… 처음 출현하였다. 같은 기간 유라시아의 유일한 주민은 네안데르
탈인과 고졸적 사람, 즉 옛슬기사람이었다. 새로운 고고학적 특질들(예: "예술", 복합유적 등의 출
현)은 문화에 대한 완전히 현생인류다운 능력이 발달되었음을 효과적으로 알려준다. 그리고 왜 해
부학적으로 현생인류인 아프리카인이 5만년 전부터 고졸적인 유라시아인을 거의 또는 완전히 대
체하였는가를 설명해 주는 것은 거의 분명히 이 문화적 수용능력, 또는 좀더 광범위하게는 이 뒤
에 숨어있는 인지와 의사 소통의 능력이다.[70]

   클라인의 가설에서 하나의 흥미로운 암시는 이들 호모 사피엔스 사피엔스가 현생
인류처럼 보이면서도 훨씬 원시적인 호모 사피엔스, 예를 들면 10만년 전 오모의 클
라시즈와 아프리카 여러 곳에서 살았던 호모 사피엔스 역시 대체할 수 있었다는 것
이다(그림 4.8). 클라인은 이들 호모 사피엔스 사피엔스가 5만년 전 이후 다른 모든
형태의 호모를 대체할 수 있는 능력의 원인이 되었던 돌연변이가, "예술"과 그들이
사용한 표준화된 도구와 그들의 일상 활동을 조직화하였던 방식에서 분명히 나타나
듯이, 단지 개념화하고 의사 소통할 수 있는 능력의 증가일지 모른다고 제시한다.
그러한 변화는 인간 두개골의 형태나 크기에서는 전혀 반영되지 않고, 도구가 만들
어지고 이용되고 폐기되어지는 방식에서만 매우 미묘하게 반영되었을지 모른다.

   클라인이 제시한 것처럼 10만년전 이후, 또는 5만년과 3만년전 사이의 아프리카
유적들에서 "예술"과 다른 향상된 개념적 기술에 대한 유물상의 증거가 있는가? 감
질나는 단편적 증거들이 제시되어 왔지만 항상 그렇듯이 증거는 애매하다. 앨리슨
브룩스와 그녀의 연구팀은 이미 9만년 전 자이레의 강가에서 메기를 창으로 찔러
잡는데 이용하였을 것으로 보이는 미늘 작살을 포함한 정교한 뼈연장을 발견하였
다고 보고한다.[71] 이런 방식의 물고기잡이는 유럽에서는 한참 늦게 발달한 것 같다.
그래서 사람들은 이것이 호모 사피엔스 사피엔스가 유일하게 아프리카에서 진화하
였다는 생각을 지지하는 증거로 간주할지 모른다. 구멍 뚫린 타조알 장식, 동물뼈와
여러 형태의 석기도 발견되었으나 이 증거를 토대로 아프리카 바깥의 다른 인간들
이 소유한 것 보다 훨씬 많은 인지적 능력이 당시에 있었다고 주장하기는 어렵다.

   그래서 요약하면 아프리카의 증거는 여전히 모호하다. 10만년 전에 고졸적 옛
호모에서 호모 사피엔스로의 전환이 제시되나 아프리카만이 이러한 형태적 변화

의 유일한 장소인지는 분명치 않으며, 아프리카인이 다른 모든 호미니드를 멸종으로 몰아낼 수 있는 장점이 무엇이었는지를 보여주는 물질적인 증거도 없다.*

동아시아와 호주로부터의 증거   만약 완전 교체 모델이 옳다면 초기 인간 적응의 이 먼 변두리에서 살았던 인간의 체질형에서도 급격한 변화가 나타나야 한다. 즉 예를 들어 90만년 전쯤 인도네시아와 주변 지역에 분명히 살았던 사람들이 10만년 전쯤(그리고 아마도 훨씬 늦게) 아프리카 타입의 호모 사피엔스 사피엔스에 의해 갑자기 대체되었을 것이다. 더욱이 여기서 아프리카인과 아시아인의 혼혈에 대한 증거도 없어야 하고, 현대적 호모 사피엔스 사피엔스로 향하는 아시아 원주민의 체질적 진화에서 어떠한 연속적 유형도 없어야 한다. 우리는 도구와 다른 고고학적 기록에서도 교체에 대한 증거를 일부 기대할 수 있을지 모른다.

먼저 후기 갱신세 구대륙의 가장 먼 변두리인 호주부터 살펴보자. 현재 그곳에 늦어도 5만년 전, 그리고 아마도 6만년 전에는 사람들이 도달하였다는 설득력 있는 증거가 있다.[72] 만약 아프리카에서 "완전 교체"가 20만년 전쯤에 발생하였다면, 세계 주민들의 교체가 시작되고 14만년 정도가 지나서야 호주에 사람들이 이주하였기 때문에, 이들 초기 호주인은 이전 수 십만년 동안의 중국인과 다른 아시아인들-예를 들면 북경원인과 자바원인-과 체질적 유사성을 거의 보이지 않는다고 기대할 수 있을지 모른다. 그러나 클라인이 제시하였듯이 교체가 5만년 전 이후에서야 발생하였다면 이들 호주인들은 초기와 후기 사람들의 혼혈일지 모르며, 그들 중 일부가 이 시기의 아프리카인과 가깝게 연결된다.

일부 인류학자들은 동아시아의 화석과 고고학적 기록이 완전 교체 모델을 부정하는 설득력 있는 증거를 구성한다고 생각한다. 예를 들어 포페, 월포프, 손[73] 등은 호주의 초기 주민과 자바원인 사이의 강한 유사성이 존재하고, 그들 모두가 동시대(즉 대략 40만년에서 50만년 전)의 아프리카인과는 매우 다르다는 것을 확인한다.

---

* 현생인류 아프리카 기원설의 경우 유전자 분석에서 제시된 15~16만년 전과 클라시즈 화석의 10만년 전 사이의 수 만년 공백을 메꾸어 줄 수 있는 화석이 최근 발견되어 주목을 끈다. 팀 화이트는 에디오피아에서 1997년 발견된 어른 2명과 아이 1명의 두개골을 현생인류의 직계조상으로 추정하고 "호모 사피엔스 이달투"란 이름을 붙였는데 이르곤 연대 측정 결과 16만~15만 4천년 전의 연대가 측정되었다(Tim White etc. Pleistocene Homo sapiens from middle Awash, Ethiopia. *Nature* Vol.423. 2003.6).

그들은 아시아 주민에서는 높은 빈도로 나타나지만 아프리카인에서는 매우 낮은 빈도로 나타나는, 앞니 단면의 "삽" 형태 같은 체질적 특질에 초점을 맞춘다.[74] 프레이어와 동료들도 자바에서 얼굴과 두개골의 매우 독특한 결합이 있으며 이 "지역적 특징의 독특한 결합······ 적어도 70만년간 안정되었으며, 반면 다른 특징들은 계속 진화하였다. 가장 시기가 늦은 자바 화석은 현생인류의 범위에 도달한 확장된 뇌를 갖고 있다"라고 결론지었다.[75] 이러한 해부학적 연속성의 유형은 다지역 진화/연속설에 기초하여야 설명될 수 있을 것이다.

다지역 진화/연속설의 주창자들은 동북아시아에서 현생인류 뇌용량의 점진적인 지역적 진화 뿐 아니라 인간의 체질적 형태에서도 연속성을 강하게 보여주는 증거를 인지한다. 저우커우뎬, 따리(大荔), 진뉴산(金牛山), 윤시안(勛縣)에서 출토된 두개골과 기타 다른 곳에서 출토된 뼈 조각들이 여기에 대한 기본적인 증거를 형성한다.

완전 교체 모델의 주창자들은 이러한 해석에 동의하지 않는다. 일부 학자들은 아시아의 초기 인간들이 "현대적" 호모 사피엔스 사피엔스로의 진화를 보여준다는 주장은 극히 한정된 체질적 특질의 편향된 선택과 자료의 부적절한 통계처리에 기초하였다고 반박한다. 그들은 또한 아시아의 화석들이 단편적이고 아마도 편향된 기록에 불과할 것이라고 강조한다.

동아시아의 고고학적 기록에서 기술이나 다른 적응의 면에서의 분명한 장점을 나타내는 증거는 거의 없다. 40만년 전쯤부터 아시아의 석기는 강한 유사성을 보여주며, 아프리카와 유럽의 도구와의 일부 차이는 좀더 시간을 거슬러 올라가는 것 같다. 물론 침투한 아프리카인들이 그들이 대체한 집단의 석기 기술을 채용하였을 수도 있으나 그랬을 것 같지는 않다.

아시아의 증거를 요약하면 학자들은 이들 자료가 인간 기원에 대한 다양한 가설을 어느 정도 지지하는지에 대해 완전히 의견을 달리한다. 그리고 이러한 논쟁은 부족하고 단편적인 인간 화석에 대한 통계적 분석의 추상적 개념에 의해 결정된다. 동아시아의 석기는 수 십만년에 걸친 유사성을 보이면서 다른 지역의 석기와는 구분되는 차이점을 갖고 있다는 점에서 다지역 진화/연속설을 지지하는 것처럼 보인다. 그러나 만약 클라인이 제시한 것처럼 아프리카인에 의한 교체가 동아시아에서 5만년 전 이후에 발생하였다면 고고학적 증거는 더욱 모호해진다. 이 시기의 신뢰할 만한 연대를 가진 약간의 발굴유적은 구멍 뚫린 조개와 기타 유물의 형태에서 "양식"이 널리 이용되었다는 암시를 일부 보여준다. 그러나 이러한 변화가 아프리카인의 침입을 나타내는 것인지는 결코 분명하지 않다.

서아시아와 유럽으로부터의 증거   우리는 세계의 어느 다른 지역보다 유럽과 서아시아의 선사시대에 대해 훨씬 더 많은 것을 알고 있다. 그렇다면 인류 진화의 증거에 대한 해석이 훨씬 더 통일되어 있으리라고 낙천적으로 생각할 수도 있으나 실제로는 유럽과 서아시아 증거에 대한 의견의 불일치가 아프리카와 동아시아보다도 훨씬 더 강하다.

거의 모든 학자들이 동의하는 부분도 있다. (1) 유럽과 서아시아에 늦어도 50만 년 전에는 사람들이 살고 있었지만 그들은 호모 사피엔스 사피엔스가 아니다. (2) 우리와 중요한 특질에서 해부학적으로 다른 별개의 인간종인 "네안데르탈인"이 10만년에서 4만년 전쯤 사이에 유럽, 서아시아, 그리고 아마도 북아프리카에서도 살았다. (3) 3만년 전, 네안데르탈인과, 다른 독특한 체질적 형태의 인간들은 호모 사피엔스 사피엔스를 제외하고는 모두 사라졌다.

증거를 검토하기 위해서는 혼란스러울 정도로 많은 유적이름, 화석이름, 기술의 형식 등에 대한 논의가 요구된다. 이러한 모든 자료에 초점을 맞추어 일관성을 유지하려면 우리는 다시 한번 위에서 명시된 자료의 종류들이 완전 교체 모델의 토대에서 기대될 수 있는 것으로 가정할 수 있다. 즉 우리는 아프리카인이 20만년 전쯤 이후의 어느 시점에서 서아시아와 유럽을 침입하였고, 지능, 기술 등에서의 약간의 장점을 갖고 이들 지역에 살고 있던 토착민들을 절멸시킬 수 있었다는 것을 유럽의 화석과 고고학적 기록에서 볼 수 있는가?

이 질문에 관계되는 증거를 조사하려면 우리는 유럽과 서아시아에 인간 거주가 시작된 시점까지 거슬러 올라가야 한다. 앞 장에서 언급된 것처럼 중동에서 50만년 전보다 올라가는 유적(예: 이스라엘의 우바이디야)은 많지 않다. 그리고 유럽에서는 일부 단편적인 화석과 고고학적 유적들이 확실히 50만년 전 이전에 속하는 것 같다. 이러한 잔존물을 남긴 사람은 누구이며 그들은 현생인류와 유전적으로 연결되는가?

우선 호미니드의 체질적 형태부터 시작하자. 크리스 스트링어와 에릭 트링카우스는 50만년에서 3만년 전 사이의 화석 대부분을 형태적으로 닮은 순서대로 배열하였다.[76] 1단계 호미니드는 50만년 전쯤 되는 것 같으나 이들 화석들은 대부분 연대측정이 곤란하다. 약간의 1단계 화석이 유럽에서 출토되었다. 트링카우스는 이들 중 일부는 지금까지 호모 에렉투스로 분류되었고 나머지는 네안데르탈인의 특질을 갖고 있는 것처럼 보이나 집단으로서의 그들은 현생인류의 형태(예를 들어 뇌용량의 증가, 어금니 평균 크기의 축소 등)로 일관되게 점차 변화하는 것처럼 보인다는데 주목한다.

유럽에서는 이들 1단계의 호미니드에 이어서 1단계 같은 일부 고졸한 특징이 잔존하면서 동시에 네안데르탈인과도 약간은 닮아 보이는 과도기적 단계에 속하는 집단들이 나타난다. 이 1～2단계의 과도기적 화석에 속하는 좋은 예가 영국 런던에서 그리 멀지 않은 테임즈 강변의 스완스콤 유적이다. 1935년 시멘트공장의 노동자가 강둑의 자갈층에서 뒷머리뼈를 발견하였고 이듬해에 이 뼈와 정확하게 부합되는 왼쪽 앞머리뼈가 근처에서 찾아졌다. 이후 1944년, 프랑스에 대한 연합군 공습의 준비와 관련된 발굴에서 같은 머리뼈의 나머지 조각이 첫 번째 발견에서 25미터 떨어진 지점에서 발견되었다. 프랑스 공습을 위한 임시부두 건설용 콘크리트로 이용된 자갈에 더 많은 호미니드 뼈들이 포함되었을 가능성이 크다.

이 뼈가 포함된 같은 자갈층에서 멸종된 형태의 코끼리, 사슴, 무소, 돼지의 뼈가 출토되었는데 이들 동물뼈의 존재는 화학적 분석과 지질학적 증거와 더불어 유적의 연대를 225,000년 전쯤의 간빙기로 추정하게 한다. 이 간빙기에는 말, 코끼리, 무소와 기타 다른 대형동물들이 많이 서식하여 영국을 일반적 수렵－채집집단을 위한 이상적인 장소로 만들었다.[77] 영국과 아일랜드는 갱신세 동안 여러 차례에 걸쳐 유럽과 육교로 연결되어 있었기 때문에 이들 호미니드가 어떻게 그곳에 있었는지를 설명하는데는 아무런 문제가 없다.

스완스콤의 머리뼈는 20～25세 여성의 것 같으며, 뇌용량은 1,325cc 정도로 현생인류의 범위 중 작은 쪽에 속한다.[78] 머리뼈가 발견된 층에서는 프랑스와 아프리카의 아슐리안 유물복합체의 주먹도끼와 매우 유사한 석기가 있으나, 아래층에서는 격지와 찍개만 보인다. 비슷한 격지와 찍개가 영국 도처에서 발견되었으며 이들 석기는 흔히 클락토니안 유물복합체(Clactonian assemblage)로 언급된다.[79] 창끝과 비슷한 목기도 클락톤 유적에서 발견되었는데, 이는 현재까지 발견된 가장 이른 목제 유물로 연대는 40～20만년 전으로 보고 있다. 투척용 돌찌르개는 저우커우뎬,

4.9 프랑스 아라고 화석. 21세 정도의 남자로 네안데르탈인보다 굳세 보이는 얼굴생김새를 갖고 있으며 호모 에렉투스와 호모 사피엔스의 중간적 형태로 추정된다.

스완스콤, 또는 15만년 이전의 어느 유적에서도 발견되지 않았다. 따라서 만약 추정된 용도가 옳다면 이 나무 창끝은 이들 중기 갱신세 사람들이 동물들을 어떻게 사냥할 수 있었는지에 대한 열쇠일지도 모른다. 만약 동물이 늪에 빠졌다면 물론 유쾌한 작업은 아니었겠지만 나무창으로 여러 번 찔러 상처를 내어 죽일 수 있었을 것이다.

그러나 여기에도 사냥 대 주워먹기와 관련된 통상적 논쟁이 있다. 루이스 빈포드는 스완스콤 동물뼈의 자른 흔적과 다른 특징들을 분석하고 나서 "스완스콤 동물상은 죽은 시체 앞에서 남은 고기를 주워먹고 있는 호미니드를 나타낸다"라고 주장하였다.[80]

스완스콤 호미니드는 흔히 독일의 슈타인하임 출토 화석과 같은 생물학적 집단으로 간주된다. 25만년 전으로 추정되는 슈타인하임의 화석은 뇌 크기와 얼굴 특징이 호모 에렉투스와 우리 자신의 중간쯤 위치하는 젊은 여성에 속하는 것 같다. 불행히도 슈타인하임의 화석은 석기를 반출하지 않아 이 유적을 남부 영국 출토의 자료와 비교할 수 없다. 그렇지만 이 개체와 호모 에렉투스 사이의 체질적 차이는 적어도 호모 에렉투스에서 호모 사피엔스로의 전이가 30만년에서 25만년 전 사이에 서유럽의 여러 지역에서 진행되었을 가능성을 제기한다.

프랑스 피레네의 동굴유적의 발굴에서 두개골(아라고 두개골) 하나와 하악골 두점이 출토되었는데 20만년 전에 속하며 호모 에렉투스와 유럽의 네안데르탈인 사이의 간격을 채워 줄 것처럼 보인다.[81] 두개골은 동아시아 호모 에렉투스의 체질적 특징도 일부 보유하나 후자에서 흔히 발견되는 원시적인 시상돌기는 없다. 이빨과 하악골의 큰 크기, 아래턱의 구조는 "전형적인"(서유럽) 네안데르탈인 얼굴생김새의 징조를 보이는 것 같다.

늦은 시기의 호모 화석은 동독의 빌징스레벤에서도 발견되었다. 반출된 석기는 전형적인 아슐리안 유물복합체와는 아주 다른, 소형 석기와 대형 석기가 복합된 다소 비전형적인 유물복합체이다. 실제로 스보보다는 아라고, 베르테스죌뢰스. 빌징스레벤에서 발견된 소형 석기군은 춥고 트인 경관에 적응하는 과정에서 발생하였으며 따라서 숲이 많은 지역에서 사용된 도구와는 다를 수 있다고 주장하였다.[82]

일반적으로 20만년 전 무렵 유럽에서의 석기 기술, 식료, 유적 입지, 집단의 평균 크기 등은 수 십만년 전의 그것과 큰 차이가 없다. 그러나 인구밀도는 분명히 증가하였고 주민들이 더욱 다양한 생태적 적소로 이동함에 따라 그들과 연결된 석기의 다양성도 증가하였다.

최근까지도 유럽의 이들 다양한 호모 사피엔스는 결국 우리 호모 사피엔스 사피엔스로 종착되는 변화를 대표하는 것으로 간주되어 왔으나 최근의 증거는 이러한 해석에 대하여 많은 의문을 제기한다. 이들 고졸적(옛) 호모 화석을 해석할 때 핵심적 요소가 네안데르탈인이다.

네안데르탈인

네안데르탈인에 대한 어떤 것도 단순한 것이 없다. 그들이 13만년에서 3만 5천년 전까지 살았다는 증거는 있지만 확실한 시기는 한정하기 어렵다. 네안데르탈인은 대부분 유럽과 서아시아에 살았고 일부는 아시아 중부까지도 진출하였다. 그러나 그들의 특징적인 체질적 특질은 부분적으로 아프리카와 동아시아의 화석에서도 나타나는 것처럼 보인다. "전형적" 또는 서구의 네안데르탈인은 우리 현생인류와 여러 가지 체질적 특징에서 다르고 아프리카, 동아시아, 호주의 동시대인들과도 다르다. 그러나 이러한 체질적 차이의 정도와 중요성에 대해서는 학자들마다 견해가 틀리다. 어떤 학자들은 네안데르탈인이 우리만큼 유창하게 말을 할 수 있었다고 생각한다. 다른 학자들은 네안데르탈인이 정상적인 사람이 말하는데 필요한 지적 능력도 발음 기관도 갖고 있지 않다고 생각한다. 학자들은 그들에게 무슨 일이 "일어났는지"에 대해, 즉 우리가 그들의 후손인지 아니면 그들이 우리 조상과의 경쟁에서 도태되었는지에 대해 격렬한 논쟁을 벌이고 있다.

인간 진화 단계에서 네안데르탈이란 이름이 주어진 화석은 독일 남동부 뒤셀도르프 근처의 네안더(Neander) 계곡에서 1856년에 처음 발견되었다. 그리고 그것은 그때까지 확인된 현생인류 이전의 첫 번째 화석에 속하였기 때문에 네안데르탈인은 인간 진화의 개념에 대한 최초의 적개심을 대부분 뒤집어썼다(실제 네안데르탈인 화석은 그 전에도 발견되었지만 관심을 끌지 못하였다). 애초부터 인류학자, 서기, 그리고 많은 사람들이 네안데르탈인은 우월해 보이는 우리 자신의 선조와는 직접적으로 관련되지 않고, 인간 발달의 궤도에서 벗어난 별도의 존재로 간주하였다.

로링 브레이스는 우리 자신이 진화한 주 계열에서 네안데르탈인을 탈락시켰던 초기의 분류는 19세기 프랑스 고생물학의 실수에 기인한다고 주장하였다.[83] 브레이스의 연구에 따르면 네안데르탈인의 역사에서 결정적 실수를 저지른 이는 프랑스 고생물학자인 마르셀렝 부울이다. 그는 1911년과 1913년 사이에 네안데르탈인을 휜 다리, 구부정한 허리에 유인원 같이 아주 멍청해 보이는 존재로 묘사한 연구들을 발표하였다. 그는 실제로 네안데르탈인이 걸으면서 동시에 껌을 씹을 수 없다거나 또는 쉴새없이 침을 흘린다고는 결코 진술하지 않았다. 그러나 부울은 "원숭이 같은," "원시적인," 그리고 "열등한"이란 단어를 자주 사용하였기에 그도 그리고 후대의 학자들까지도 네안데르탈인을 우리의 선조로 받아드리기를 꺼렸던 것이다.

그러나 부울의 책이 발간되기 전후에 일부 학자들은 네안데르탈인이 호모 에렉투스와 호모 사피엔스 사피엔스의 일부 집단을 연결하는 고리가 되지 않을까 의심하였다. 1957년 네안데르탈인에 관한 학술대회에서 네안데르탈인의 평균 두뇌 크기가 현대의 일부 인간집단보다 크며, 그들의 두뇌가 구조적으로 열등하다거나 그들이 직립하지 못하였다는 결론을 내릴 근거가 전혀 없다는 증거가 제출되었다. 사실 "만약 그가 목욕하고, 면도하고. 현대식의 옷을 입은 채 뉴욕 지하철에 서있으면 다른 시민들로부터 얼마나 관심을 끌 수 있을지 의문이다"라는 주장도 나왔다.[84]

그러나 우리 자신과 네안데르탈인 사이에는 분명한 차이가 있다. 양자를 구분하는데 주로 사용되는 특징들은 다음과 같다. (1) 턱(끝)이 뒤쪽으로 들어가거나 또는 전혀 없다. (2) 광대뼈가 크고, 눈굼(眼窩) 위에서 미간을 가로질러 연결되는 눈두덩이 잘 발달해 있다. (3) 아래 얼굴*이 앞으로 튀어나왔다. (4) 앞니가 대부분의

---

* 실제로는 얼굴 중간부분

현대 인간집단보다 크고 넓적하며, 씹는 기관(詛嚼器官)이 강건하다. (5) 체구는
작지만(평균 150㎝ 정도) 단단하고 힘있어 보이며, 사지뼈는 억세고 약간 휘어있
다. (6) 두개골 용량은 "전형적" 서구인의 평균보다는 약간 크지만 현대인의 범위
에 속한다.

에릭 트링카우스는 네안데르탈인의 치아 크기 및 형태와 머리가 우리와 여러모
로 분명히 또는 미세하게 다르다는 것을 보여주었다.[85] 그는 네안데르탈인의 돌출
된 얼굴은 부분적으로는 "지지대(vise)로서 앞니의 사용을 촉진하기 위한" 자연선
택에 의해 선택된 특질로 해석하였다.*[86] 네안데르탈인은 얻을 수만 있다면 설탕
에 절인 사과도 옥수수속을 먹는데도 아무런 문제가 없었을 것이다. 그들은 아마
현재의 에스키모처럼 입 속에 고기를 가득 집어넣은 다음 씹기 전에 여분의 고기를

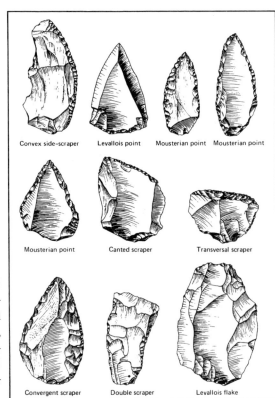

4.10 무스테리안기의 전형적인 석기
    종류(긁개 종류 : convex 볼록
    날, canted 비낀날, transversal
    가로날, convergent 모듬날,
    double 쌍날). 네안데르탈인은
    다양한 목적을 위하여 효과적
    이지만 특별하게 정교하지는
    않은 석기들을 제작하였다.

돌칼로 잘라내는 식으로 고기를 먹었을 것이다.

네안데르탈인의 다리와 하반신 골격에 기초하여 트링카우스는 보행과 관계되는 해부학적 구조의 총체적인 인상이 "허벅지뼈에서처럼 힘이 크게 실릴 뿐 아니라 불규칙한 지면에서 오랫동안 서 있을 수 있도록 적용된 구조"라고 결론지었다. 트링카우스는 네안데르탈인 다리의 해부학적 구조는 "그들이……이른 시기의 현생인류가 그랬던 것보다 훨씬 더 많이……걷는 시간의 매우 많은 부분을 평원을 가로질러 이동하는데 사용하였다고 제시한다"라고 결론짓는다.[87] 네안데르탈인이 럭비의 훌륭한 최전방공격수가 되기에는 키가 다소 작지만 엄청난 팔힘(비록 공을 잡을 수 있는 능력이 우리보다 다소 떨어지지만)을 고려하면 레슬링선수나 야구 투수의 슈퍼스타가 될 수 있을 것이다

네안데르탈인은 숙련된 석기제작자였다. 그들이 남긴 도구들 대부분은 무스테리안 석기공작(프랑스 남부의 무스티에 Le Moustier 유적을 따라 명명)에 속하며 여러 종류의 독특한 양식적, 기능적 요소들을 포함한다(그림 4.10). 프랑스 서남부의 도르도뉴 지방에 있는 수 십 곳의 무스테리안 유적들은 동굴, 바위그늘, 한데유적들로 구성되며, 여기에서 가장 크고 복잡한 유적 중 하나가 도르도뉴강 근처의 콩브 그르날 계곡에 있는 동굴이다. 프랑수와 보르드는 이 동굴에서 64개의 중첩된 주거층을 발견하였는데 85,000년에서 45,000년 전 사이에 해당하는 시기로 중간에 사람이 거주하지 않았던 시기도 약간 있다. 최하층은 스완스콤에서 발견된 아슐리안 석기와 유사한 석기를 포함한다. 그러나 후대의 다른 층들에서는 네안데르탈인과 흔히 연결되는 전형적인 무스테리안 석기들이 모두 나타난다. 이 동굴에서는 19,000점 이상의 무스테리안 석기들이 채집되었고 분석되었으며, 석기들은 층위에 따라 독특한 양상을 띠고 있다. 어떤 층들은 격지 같은 작은 돌조각을 많이 포함하며, 다른 층들에서는 "톱니날(denticulated)" 도구들이 다량 집중되었다. 더욱이 층위적 분석결과 특정 형식의 도구가 많은 다른 형식의 도구들과 공간적으로 결합되는 경향이 있다는 사실을 밝혀내었다. 예를 들어 상대적으로 찌르개를 많이 포함하는 층들은 상대적으로 많은 양의 긁개나 격지를 보통 포함하지만 톱니날도구는 거의 포함하지 않는다.

---

* 앞니를 도구로서 집중적으로 사용한 것과 관련된다는 의미임.

　도구의 이러한 다양성은 상대적으로 중요하지 않은 것처럼 보일지 모르지만 바로 이점이 고고학 이론의 발달과 인간 기원의 현대적 관점에 대한 근본적인 이슈에 연루된 오랜 논쟁의 중심이었다. 무스테리안 도구의 특정 사례가 실제보다 과장된 질문의 한 부분이 되었다. 즉 우리는 옛 유물에서 어떻게 다양성을 측정하고 해석할 수 있을 것인가 하는 질문이다. 프랑수와 보르드는 무스테리안 도구의 연구를 위한 발굴과 분석으로 많은 세월을 보낸 후에 이 시기에 대한 연구의 근간을 이루는 형식학을 확립하였다. 보르드는 모든 무스테리안 도구를 특정 형식의 상대적 빈도에 근거하여 네 범주*로 분류하였다.[88] 보르드는 네안데르탈인 도구의 다양성에 대하여 여러 가지 설명을 고려하였다. 예를 들어 다양성은 시간이나 기후의 차이 또는 한 해의 계절적 차이를 반영할 수 있다. 그러나 그는 고고학적 증거를 토대로 이러한 가능성을 부정하였으며, 결국 상이한 네 가지의 도구 조합은 별개의 네 가지 문화전통 또는 "종족(tribes)"의 잔존물이며, 이러한 문화전통이 특정 종류의 도구 제작을 발달시켰고 이 독특한 표현들이 3만년의 무스테리안 시기에 걸쳐 계속 유지되었다는 결론을 내렸다. 무스테리안에 대한 보르드의 관점은, 네안데르탈의 상이한 부족들이, 각 집단은 도구 제작의 독특한 양식을 유지하고 다른 집단과는 비정기적으로 흔히 적개심을 갖고 만나면서, 구대륙의 많은 지역을 수 만년간 대대로 방랑하였다는 것이다.

　빈포드 부부는 이러한 견해에 의문을 나타내면서 무스테리안 도구의 다양성은 주로 네안데르탈인이 그들이 처한 환경의 요구에 성공적으로 대처하기 위하여 수행하여야 했던 상이한 과제의 반영이라고 추정하였다.[89] 그들은 세 군데의 멀리 떨어진 유적, 즉 시리아의 다마스쿠스 근처의 자브루드 바위그늘, 이스라엘의 무가레-에스-슈바비크 동굴, 프랑스의 우쁘빌 야외유적에서 출토된 무스테리안 도구를 통계적 분석하여 그들의 해석에 대한 검증을 시도하였다. 각 유적은 별개의 점유를 나타내는 여러 개의 상이한 층을 포함하고 있는데 세 유적의 전체 층은 16개이다. 각 유적에서 출토된 석기들은 보르드의 체계에 따라 분류되었고, 이들 도구 조합이 단순히 양식적 전통을 따른 것이 아니라 상이한 경제적 활동에 사용되었다는 증거를 찾기 위하여 통계적 처리를 하였다. 그들이 사용한 요인분석(factor analysis)은

---

* 전형적 무스테리안, 사랑티안 또는 퀴나-페라시 무스테리안, 톱니날 무스테리안, 아슐리안 전통의 무스테리안

상이한 유적의 상이한 층에서 어떠한 석기 형식이 서로 결합하여 발견되는지를 결정하는데 사용되는 통계학적 방법이다. 이 분석을 근거로 그들은 여러 개의 상이한 "도구세트(tool kit)"을 규정하였는데 도구세트의 가정된 기능은 도구의 준비, 목공 작업, 도살, 그리고 다양한 여타 작업을 포함한다.

빈포드의 연구는 고고학 자료의 통계적 분석에 대한 흥미를 자극하였다. 그때 이후 많은 고고학자들이 고고학 자료에 발달된 통계적 기법을 적용하였으며, 고고학의 참된 과학적 형태를 창조하는데 큰 역할을 하였다. 그러나 네안데르탈인 도구 제작의 변이성과 생업의 정확한 성질은 여전히 논쟁거리로 남아 있다. 물론 도구에서 나타나는 변이의 상당부분이 도구가 사용되는 특정 기능과 연관되었을 가능성은 매우 높다. 그러나 이러한 기능을 구체적으로 복원하는데는 많은 해석상의 문제점이 연루된다. 네안데르탈인이 체계적인 사냥꾼이었는지 아닌지도 논쟁이 되어 왔다. 빈포드는 사슴이나 순록 같은 중대형 크기 동물의 주기적 사냥은 호모 사피엔스 사피엔스가 출현하기 바로 이전에 인간 경제의 중요한 부분이 되어 있었다는 결론을 내렸다.[90]

네안데르탈인의 문화와 사회　마치 이른 시기의 고고학자들이 네안데르탈인의 지능과 자세에 가한 모욕이 충분하지 않았던 듯이, 일부 인류학자들은 네안데르탈인이 정상적인 인간 언어에 필요한 범위의 소리를 낼 수 있는지에 대해 의문을 품었다. 리베르만과 크레린은 전형적 네안데르탈인의 계측에 기초한 모의실험(컴퓨터 시뮬레이션)과 비교를 위한 침팬지와 인간 유아의 음성 기관을 이용하여 네안데르탈인의 음성 기관을 복원하였다. 그들은 서유럽의 네안데르탈인이 e같은 일부 모음과 그리고 아마도 b, d 같은 일부 순치음도 낼 수 있었다는 결론을 내렸다.[91] 다른 학자들은 네안데르탈인이 말을 할 수 있다는 자체에 대해서도 의심하였다. 프레이어와 윌포프는 혀뼈(舌骨)의 크기와 형태 그리고 네안데르탈인의 다른 해부학적 구조가 현대인과는 상당히 다르다는 점으로 보아 그들이 우리보다 언어적 능력이 한참 떨어진다는 오랜 관념에 이의를 제기하였다.[92]

고고학자들은 네안데르탈인이 언어적 능력이 어떠하던 간에 적어도 시신을 매장할 만큼은 인간적이라고 오랫동안 믿어왔다. 프랑스의 라 샤펠-오-생 발굴에서는 네안데르탈인 시신이 들소 다리를 가슴 위에 올려놓은 채 좁은 구덩이 안에 놓여 있었으며, 구덩이는 고기와 도구의 제물을 나타내는 듯한 동물뼈, 석기와 다른 잔해들로 채워졌다. 프랑스 라 페라시 바위그늘에서도 네안데르탈인의 "묘지"가 발견되었는데 그 곳에는 한 남자와 한 여성, 두 어린이와 두 유아가 함께 묻혔다. 남자의 가슴 위에는 편평한 판돌이 놓여졌고 여자는 굽혀묻기(屈葬)의 자세이며, 바위그늘 안쪽에는 어린이의 두개골과 뼈가 1구씩 서로 1미터 정도 떨어진 별도의 구덩이 속에 묻혀 있었다. 이탈리아의 몬테 치르체오에서는 밑 부분에 커다란 구멍이 뚫린 네안데르탈인 두개골이 둥글게 돌린 돌 가운데에 안치되어 있었으나 이 구멍이 의례적 식인풍습의 증거인지는 전혀 명확하지 않다*. 이라크의 샤니다르 동굴에서는 네안데르탈인 유골의 주변 토양이 다량의 꽃가루를 포함하고 있었다. 그리하여 발굴자인 랄프 솔레키와 화분분석가인 르루아-구랑은 시신의 머리 부분에 꽃이 놓였다고 주장한다.

그러나 여기 및 다른 경우에서 동일한 증거가 학자에 따라 서로 달리 해석되기도 한다. 조건이 아무리 좋아도 고고학 발굴이란 토양의 질감과 색에서 미세한 변화의 중요성을 판단하는 어지럽고 모호한 작업인데, 네안데르탈인의 동굴 무덤은 발굴하기도 해석하기도 어렵기로 악명이 높다. 그러한 동굴은 단지 사람만의 집이 아니라 헤아릴 수 없이 수많은 세대동안 동굴곰, 설치류 동물과 여타 동물들의 집이기도 하였다. 자연적으로 발생하는 천장의 붕괴와 퇴적물의 침전은 층서(層序)적 상황을 헷갈리게 만든다. 그래서 한 고고학자가 가슴 위에 납작한 돌을 올려놓고 구덩이 속에 조심스럽게 묻힌 네안데르탈인을 발견할지 모르는 곳에서, 다른 고고학자는 단순히 숨을 거두고 난 후 동굴 천장에서 떨어진 돌과 다른 잔해로 덮인 네안데르탈인의 증거를 관찰할지도 모른다. 그래서 어떤 학자들은 네안데르탈인이 죽음에 대하여 인간 같은 감정과 의례를 바친다고 믿는 반면, 다른 학자들은 네안데르탈인이 의도적으로 매장되었다는 어떠한 증거도 보지 못한다.[93] 예를 들어 리처드 클라인은 네안데르탈인이 실제로 그들의 주검을 묻은 것은 사실이나 단지 위생적 처리일 뿐 의례적 측면은 거의 없었다는 의견을 제시하였다.[94] 로렌스 스트라우스는 네안데르탈인의 매장은 매우 예외적인 사건이라고 결론지었으면서 호모 사피엔스 사피엔스 조차도 그들의 시신을 항상 매장하지는 않는다는 유익한 지적을 한다.[95]

---

* 발견자인 알베르트 블랑과 세르지오 세르지는 뇌수를 꺼내기 위한 이 구멍을 식인풍습과 관련된 의식의 산물이라고 해석하였지만 이 구멍이 늑대 같은 식육동물이 갉아먹어서 생긴 것으로 보는 입장도 있다.

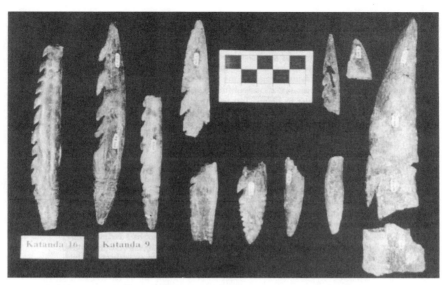

4.11 사진제공 : 존 옐렌. [계절적 어로를 증명하는 중기 구석기시대의 어로 도구. 사진에 보이는 뼈작살은 아프리카 자이레의 9만년 전으로 추정되는 카탄다 Katanda 유적에서 물고기 뼈와 함께 출토된 것이다. 아시아도 마찬가지지만 유럽에서 뼈작살은 후기 구석기 말에 처음 나타나고 있었기 때문에 카탄다의 자료는 현생인류의 아프리카 기원설을 뒷받침하는 증거로 주목받고 있다]

 네안데르탈인이 장애인에 무관심하지 않았다는 훌륭한 증거가 있다. 일부 네안데르탈인은 분명히 관절염으로 무척 고생하거나 팔다리를 잃기도 하여서 집단의 식량 공급에 별 공헌을 할 수 없었다. 그럼에도 그들은 그들이 속한 사회의 다른 구성원에 의해 부양되었음에 틀림없다. 사회적 관심이란 이러한 감명 깊은 연출에도 불구하고 네안데르탈인은 또한 서로 서로를 죽이고 도살하고 심지어는 잡아먹기까지 하였다는 증거 또한 있다. 유고슬라비아의 크라피나 발굴에서는 남녀 성인과 어린이를 포함하는 12명의 네안데르탈인이 두개골과 뼈가 으깨지고 갈라진 채 발견되었다. 그러나 트링카우스는 식인풍습이 실제로 실시되었는지에 대해서는 여전히 의문을 품는다.[96)

 네안데르탈인은 분명히 수렵채집인이었지만 그들이 활용한 자원의 종류는 매우 다양하였음에 틀림없다. 그러나 고고학적 기록은 동물성 식료 쪽으로 편중되어 있다. 그것은 지금까지 발견되고 발굴된 네안데르탈인 유적 대부분에서 석기와 더불어 많은 양의 동물뼈가 출토되었지만 식물성 식량유체나 나무로 만든 도구들은 거

4.12 존 시 Shea(1988)는 많은 석제 찌르개가 창에서 기대될 수 있는 것 같은 빠른 속도의 충격이 가해진 전형적 손상유형을 보인다는 사실을 밝혀내었다. 사진에 보이는 깨진 유형은 이스라엘의 하요님 동굴 출토의 르발루아 찌르개를 촬영한 것이다. 이러한 증거는 이 지역에서 5~10만년 전에 살았던 사람들이 창을 갖고 상당한 수준의 체계적인 대형동물 사냥을 하였다는 것을 보여준다.

의 보존되지 않고 쉽게 발견되지도 않기 때문이다.

네안데르탈인의 인구밀도는 낮았던 것 같다. 그리고 대부분의 네안데르탈인은 25~50명 정도 규모의 집단 속에서 생활하였고 때때로 배우자 교환을 위해 다른 무리와 만났던 것 같다. 그들은 사냥감을 쫓아 계절적으로 이동하는 능숙한 사냥꾼이었다(그림 4.11). 그러나 그들은 아마도 대부분의 서식지에서 알이나 새, 식물 그리고 다른 작은 자원들을 채집하려고 넓은 지역을 뒤지고 다녔을 것이다. 그들은 다른 육식류 동물과의 사냥 경쟁에서는 매우 성공적이었지만(그림 4.12), 때로는 같은 서식지 내의 무서운 식육류 동물들에게 져서 쫓겨나기도 했다. 거대한 동굴곰, 검치 호랑이, 늑대가 때로는 불운한 네안데르탈인을 "골라내었다". "어떤 날은 네가 곰을 잡아먹고 어떤 날은 곰이 너를 잡아먹는다"는 격언이 그들에게는 결코 공허한 상투적 문구가 아니었을 것이다.

트링카우스는 유럽과 중동의 인골 166구를 포함하여 40구의 완전한 네안데르탈인 인골을 조사하면서 그들의 추정 사망 나이를 남미의 야노마모 수렵채집인, 남아프리카의 쿵 부시맨 같은 민족지적 집단과 북미, 일본, 멕시코 그리고 기타 지역에서 고고학적으로 검출된 인골들을 포함한 다양한 집단의 사망 나이와 비교하였다.[97] 사망 나이를 추정하는데 따르는 편차 등의 문제점과 기타 요소들을 모두 유념하면서도 트링카우스는 네안데르탈인이 상대적으로 "청년 사망률"[98]이 매우 높다고 결론지었는데, 이는 네안데르탈인이 다른 집단보다 높은 비율로 젊은 나이에 사망하였다는 것을 의미한다. 트링카우스는 이러한 사망률 유형이 상대적으로 높은 수준의 적응 스트레스를 포함한 다양한 요소의 결과일지 모른다고 추측하였다.

거의 모든 네안데르탈인이 팔에 안겼던 유아시절을 제외하고는 높은 수준의 이동
성이 요구되었을 것이다.

<u>네안데르탈인과 호모 사피엔스 사피엔스</u>   윌리엄 골딩은 그의 소설 후계자(The
Inheritors)에서 평화롭고 평등하면서 채식을 하는 네안데르탈인이 사악하고 고기
를 먹으며 술을 마시는 호모 사피엔스 사피엔스의 힘에 눌려 멸종에 직면하게 된
과거의 세계를 상상하였다. 완전 대체 모델의 이 소설적 버전에는 이러한 상상적인
갈등을 인간 조건에 대한 서술로 끌어올리려고 시도된 명백한 상징적 표현들이 산
재해 있다. 그러나 이것은 또한 많은 질문을 야기하는 흥미로운 인류학적 시나리오
이기도 하다. 예를 들어 인간들은 오랜 동안 생활의 극히 제한된 영역에서만 민주
적, 평등적 정신을 표현하여 왔는데 그중 하나, 또는 적어도 하나가, 성적인 교제이
다. 즉 그들은 어떠한 "인종"과 공존하던 즉시 그리고 지속적으로 잡종번식(이종
교배)을 하였다. 그렇다면 네안데르탈인과 다른 인간 종도 교배를 하였을까?

이러한 질문은 우리들에게 다시 인간 기원에 대한 상반된 모델을 상기시킨다. 이
미 언급하였듯이 일부 학자들은 어떤 네안데르탈인 유전자도 동시대의 현생인류
집단에는 나타나지 않았다고 믿는 반면, 다른 학자들은 네안데르탈인 유전자의 일
부 또는 많은 부분이 현대의 유럽 주민들에게까지 전해졌다고 생각한다(그림 4.13).

누구의 주장이 맞을까? 먼저 네안데르탈인이 3만년 전 이후 어느 시점에 체질형
으로 완전히 "사라졌다"는 흥미로운 사실부터 시작하자. 이 시기 이후의 네안데르
탈인 화석은 전혀 발견되지 않았으며, 일부 유적에서는 네안데르탈인과 연관된다
고 일반적으로 믿어왔던 도구 형식들이 양식상 후기 구석기의 다른 도구들을 포함
하는 층들 아래에서 발견되었다. 네안데르탈인은 대부분의 유럽 지역과 중동에서
수 만년간 성공적으로 살았었다. 그런데 왜 그들은 사라져야 했는가?

현재 인류학자들은 네안데르탈인의 소멸에 대한 두 가지 가능한 설명을 심각하
게 고려하고 있으며, 마이클 데이는 이를 아래와 같이 요약하였다.[99] 인류의 네안
데르탈인 단계(Neanderthal Phase of Man) 가설은 네안데르탈인을 호모 에렉투스
와 현생인류 사이에 놓으면서 우리 계열의 직접적 선조 형태의 하나로 간주하며,
오늘날의 유럽인 선조는 유전적으로 네안데르탈인에 직접 연결된다는 것을 함축
한다. 서유럽에서 45,000년에서 25,000년 전 사이의 시기에 해당하는 호미니드 화

4.13 인류 기원에 대한 하나의 가설. 네안데르탈인이 주된 인간 계통에서 갈라지는지는 논쟁의 여지가 남아 있다.

석이 거의 없어 이 시기동안에 이들 주민의 체질적 형태에 어떠한 변화가 일어났는지에 대해 우리는 잘 알지 못한다. 브레이스는 무스테리안 도구의 효율성이 향상되면서, 네안데르탈인과 현생인류의 해부학적 구조에서 가장 큰 차이점인 무거운 저작(詛嚼)기관에 대한 선택적 압력을 크게 완화시켰다고 제안하였다.[100] 대부분의 네안데르탈인 치아구조는 앞니가 크게 마모되어 있으며, 이 과정은 무스테리안 초기에서 막 시작되었을지 모른다.

네안데르탈인과 우리 자신과의 주된 차이점은 머리와 얼굴의 크기와 형태이다. 그러나 네안데르탈인의 골격, 특히 사지뼈와 엉덩이뼈도 현생인류와는 크기와 형태에서 다르다. 예를 들어 네안데르탈인 다리뼈의 비트는 힘은 현생인류의 두 배나 된다.[101] 도구가 이빨에 대한 선택적 압력을 바꾸는데 역할을 하였을지 모른다. 그러나 어떻게 도구 또는 기타 요소가 골격을 바꾸었을까? 이러한 면에서 어떠한 자연선택의 동력이 그러한 변화를 야기하였는지, 또는 실제로 그러한 동력이 작동하였는지 조차 우리는 솔직히 모른다. 프레드 스미스 같은 일부 학자들은 남부와 중부 유럽의 네안데르탈인 화석 모두가 현대적 호미니드의 방향으로 형태적 변화를 나타낸다고 주장한다.[102]

선(先)-네안데르탈(Pre-Neanderthal) 가설은 "네안데르탈인이 추위에 대한 저항에 점점 전문화되어간 선-네안데르탈인 군집에서 발생하였으며, 그리고 심각한 자연도태와 제한된 유전자 이동의 결과 '전형적' 네안데르탈인이 고립되었다"고 제시한다.[103] 이 견해에 따르면 네안데르탈인은 추운 기후에 적응하는 방향으로서의 독특한 특징으로 진화하였고, 세계의 다른 지역에 살고있던 사람들과 거의 유전자의 교류가 없어 유전적 차이가 생기게 되었다. 그러나 결국 그들은 보다 현대적으로 생긴 사람들에 의해 흡수되거나 대체되었다.

만약 네안데르탈인이 아프리카 밖으로 나온 현대적 호모 사피엔스 사피엔스에 완전히 대체되었다면 이 멸종은 단순히 도구 제작 능력 또는 다른 기술에서의 약간의 차이가 아닌 사회적 변혁을 수반하였을 것이다. 예를 들면 올가 소퍼는 유라시아에서 중기에서 후기구석기로의 전환기는 현생인류 가족 구조의 출현과 성에 의한 노동 분업을 수반하였다고 주장한다.[104] 그녀는 네안데르탈인이 남긴 유적이 규모가 작고, 다양한 나이와 성이 모인 집단에서의 사람들이 통합되고 확장된 가족 단위로 상이한 작업을 한다면 기대될 수 있는 독특한 유물의 모듬새(cluster)가 나타나지 않는다는 점을 제기하였다. 그녀는 또한 네안데르탈 유적에서는 지역 내에서 구할 수 있는 원료로 만들어진 유물들이 주로 출토되며, 네안데르탈인은 식량을 아주 먼 거리에서 옮겨오지는 않았다고 언급한다. 더욱이 소조상이나 다른 매개물로 표현될 수 있는 상징적 능력에 대한 증거가 전혀 없다는 점도 특히 중요하다. 반대로 소퍼는 호모 사피엔스 사피엔스는 기능적으로 분화되고 통합된 집단을 반영하는 유물의 집중현상과 성에 의한 노동의 명백한 분업이 존재하는 사회에 대한 확연한 증거가 나타나는 유적들을 남겼다고 제시하였다. 그녀의 견해에 따르면 유럽에서 호모 사피엔스 사피엔스 집단은 네안데르탈인 집단보다 훨씬 복잡한 계절적 주기로 이동하였다. 원료, 도구와 음식을 보다 멀고 보다 복잡한 이동 유형으로 운반하였고, 그들 스스로를 훨씬 더 상징적으로 표현하였으며, 우리가 알고 있는 모든 수렵-채취 집단의 기본적인 조직 원리인 일종의 친족(kinship) 관계를 발달시켰다. 소퍼는 네안데르탈인과 호모 사피엔스 사피엔스 간의 이러한 차이점 중 일부는 그들의 뼈에서도 나타난다고 보았다. 우리는 노동의 성적 분업이 발달함에 따라 남녀가 상이한 선택적 압력에 직면하기 때문에 남녀 사이의 체구와 형태적 차이가 촉진되었으리라 생각할 수 있다. 소퍼는 네안데르탈인의 남녀는 모두 반복된 스트레스에 쫓기어 강인한 체구를 갖고 있고 유아 사망률이 높은데 반해, 호모 사피엔스 사피엔스는 성에 따른 체질적 차이가 보다 크며, 스트레스와 유아 사망률도 적었다고 간주하였다.

네안데르탈인과 이른 시기의 다른 호모 사피엔스와의 관계에 대한 이러저러한 견해들, 그리고 이들 양자와 우리 자신과의 관계는 고고학적 자료를 이용하여도 결정적으로 검증될 수 없다. 그것은 고고학적 자료에도 여전히 많은 공백과 편차가 있기 때문이다. 그러나 네안데르탈인에 대한 이러한 논쟁 중 적어도 일부나마 어느 정도 합리적인 토대를 제공해줄 수 있는 증거들이 최근 발견되었다. 여기에 핵심적인 유적이 카프제이다. 헬레네 발라다스와 그의 동료들은 이스라엘의 나자레 근처 카프제 동굴에서 다소 현대적으로 보이는 호모 사피엔스의 뼈를 포함한 층에서 출토된 20점의 불탄 수석제 석기의 연대를 알아내기 위하여 열형광연대측정법을 사용하였다.[105] 또 다른 종류의 인골들이 카프제에서 발견되었으며 이들 중 일부에 전자공명연대측정이 이루어졌다.[106] 여러 학자들이 이 분석에 기초하여 현생인류의 초기 형태가 네안데르탈인이 이 지역에 거주하기 이전의 적어도 3만년 전인,

92,000년 전에 여기에서 살았다는 결론을 내렸다. 발라다스와 동료들은 네안데르탈인이 중동에 6만년 전쯤 들어왔으며 아마도 갱신세 동안에 빙하가 팽창함에 따라 지중해지역으로 이동하였다고 추측하였다. 그리하여 만약 DNA 증거가 제시하듯이 현생인류가 카프제에 도달하기 오래 전에 아프리카에서 진화하였다면, 네안데르탈인은 125,000년 전에 유럽 전역에서 살고 있었기 때문에 카프제 지역은 네안데르탈인과 초기 현생인류 사이의 접촉 지역이었을지 모른다.

그러나 카프제의 연대는 많은 의문점을 불러일으킨다. 현생인류가 중동에서 기원하였다는 분자생물학적이나 유전적인 증거는 없다. 그래서 이 지역에서 이른 시기의 어떠한 현대적 호모 사피엔스 사피엔스도 아프리카인, 또는 가능성은 훨씬 적지만 유럽인으로부터 기원하였다고 상정된다. 트링카우스가 언급하였듯이 만약 초기의 현생인류가 92,000년 전 중동에 도달하였다면, 중동에서 네안데르탈인이 60,000년에서 36,000년 전 사이에는 분명히 존재하였기 때문에, 그곳에서 그들이 수 만년 동안 네안데르탈인과 어떤 관계를 갖고 살았음에 틀림없다.[107]

카프제의 인간 화석은 주변 유적, 특히 스쿨, 타분과 케바라 동굴 유적에서 출토된 증거와 관련해서 이해되어야만 한다. 스쿨 출토 인골의 새로운 연대는 상한연대가 10만년 전까지 올라갈지 모르며 스쿨과 타분의 다른 화석들도 사람들이 6만년에서 4만년 전 사이에 유적을 반복적으로 점유하였음을 보여준다.

그럼 10만년에서 4만년 전 사이에 팔레스타인에서 살았던 그들은 누구인가? 그들은 우리와 무슨 관계에 있나? 이 화석들이 포함하고 있는 연대의 커다란 상이성, 그들이 대표하는 나이와 성의 문제, 그리고 화석 자체의 단편적 성격 등을 고려하면 이 인간 화석들의 유전적 관계에 대한 격렬한 논쟁이 벌어지고 있다는 사실이 놀라운 일은 아니다. 어떤 학자들은 그들을 네안데르탈인과 호모 사피엔스 사피엔스의 혼혈로 파악하는가 하면 다른 학자들은 이 화석들을 네안데르탈인에는 없는 특징들도 일부 있지만 현생인류보다는 네안데르탈인에 가깝게 분류한다.

여기에서 핵심은 완전 교체 모델의 옹호자들이 이 화석들을 네안데르탈인과 이보다 우월한 호모 사피엔스 사피엔스의 서로 다른 두 종에 각각 속하는 것으로 보고 양자가 교배가 아닌 교체되는 과정에 있는 것으로 본다는 점이다. 그들은 이들 호미니드 머리뼈에 나타나는 일부 "현대적" 요소는 인정하지만 머리뼈 외에 치골 길이 같은 다른 중요한 요소들에서 이들 팔레스타나인들과 네안데르탈인사이에는 공통되는 점이 거의 없다고 인식한다. 그러나 다른 학자들은 이들이 같은 종에 속하며 해부학적 변이는 "현대 도시에서 일상적으로 발견되는 것보다도 적은, 종종 훨씬 적은" 정도의 차이에 불과하다고 믿는다.[108]

그러나 호모 사피엔스 사피엔스가 다른 인간들을 대체한 시점이 만약 3만년 전에 발생하였다면 카프제의 가장 빠른 "현대적" 호모 사피엔스 또한 그 역시 대체된 고졸적(옛) 인간 집단의 구성원이었을 수 있다.

해부학에서의 이러한 모호한 해석을 염두에 두면 도구는 어떠한가? 완전 교체 모델의 초기 버전을 완강하게 고집하는 학자들도 팔레스타인 출토 유물에서 외래적 문화요소를 찾는데는 어려움을 겪고 있다. 제작된 도구의 종류, 사냥감의 종류 그리고 문화의 다른 측면들에는 커다란 연속성이 존재하는 것 같다.[109]

여러 가지 점에서 갱신세의 동부 지중해는 인접성, 기후와 생태의 유사성 등을 고려하면 "아프리카"의 일부로 간주될 수 있다.[110] 그렇다면 동부 지중해에서 발생한 사건에 대한 해석에서 이러한 종류의 모호함을 예상할 수 있다. 그러나 유럽은 어떠한가?

역시 의견이 다양하다. 어떤 학자들은 네안데르탈인이 우리에게 아무런 중요한 기여를 남기지 못한 고졸적 인간 형태(옛 슬기사람)로 파악하며, 일부 학자들은 현대의 유럽인은 아프리카인과 네안데르탈인 유전자의 혼합을 나타낸다고 믿는다.[111] 또 다른 학자들은 네안데르탈인 화석 기록에서 현생인류로 향한 진화의 증거를 보며 네안데르탈인이 지역적 진화와 유럽 외의 다른 집단과의 유전적 교환을 거치면서 유럽의 현생인류가 되었다고 믿는다.[112]

이러한 다양한 생각의 타당성에 대한 논쟁의 배경은 하비 브리커가 후기 구석기의 "전형적" 모델이라 불렀던 것까지 거슬러 올라간다.[113] 이 모델의 기원은 1868년 남부 프랑스의 레제지 마을 근처에서 철도를 넓히는 작업을 하던 중 크로마뇽이라고 불리던 바위그늘에서 매우 오래된 것으로 보이는 인간 화석이 5구 발견되었던 시점에서 찾을 수 있다. 첫 번째 네안데르탈인은 그보다 수년 전에 발견되었으며, 그렇게 야만적으로 보이는 짐승으로부터 우리가 기원하였다는데 대한 불유쾌한 감정이 당시에 이미 표면으로 드러나기 시작하였다. 그러나 발견된 바위그늘의 이름을 따라 크로마뇽인으로 명명한, 레제지 근처에서 발견된 인골은 체질적으로 현대 유럽인과 매우 유사한 개체로 증명되었다. 매우 오래 전 사람임에도 19세기 유럽인들이

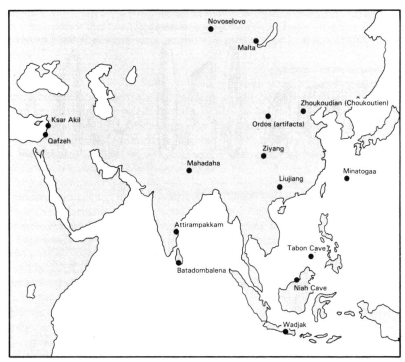

4.14 아시아의 초기 호모 사피엔스. 유적들은 대부분 10만년에서 5만년 전 사이로
추정되었다.

강한 혈연의식과 심지어 긍지마저도 느낄 수 있었던 인종에 속하는 사람이었다. 크
로마뇽인의 두개골 평균 용량은 1500cc로 네안데르탈인뿐 아니라 이 책의 평균 독자
보다도 크다.[114] 존경스러운 이들 선조가 발견되면서 선사시대에 대한 관심이 크게
진작되었고 아마츄어 고고학자들이 곧 유럽 전역의 유적을 순례하기 시작하였다.

프랑스 고고학자들은 처음으로 후기 구석기시대를 "밀개(end-scraper)," "새기
개(burin)" 같은 특정 형식의 도구들, 긴 돌날 석기, 그리고 다양한 종류의 골각기
와 상아제 유물에 토대를 둔 시기로 한정하였다. 동남아시아와 사하라사막 이남의
아프리카를 포함하는 많은 지역에서 이러한 도구들이 알려지지 않았기 때문에 그
들은 후자의 지역들이 후기구석기를 "소유하지" 않았다는 결론을 내렸고 심지어
는 이들 지역 중 일부는 문화적으로 "지체되었다"고 주장하기까지 하였다. 그러나
이후 계속된 조사에서 "후기 구석기" 기술은 세계의 많은 지역에 침투되었음을 알

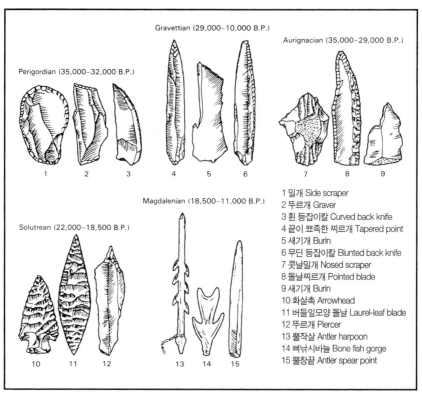

Gravettian (29,000–10,000 B.P.)

Aurignacian (35,000–29,000 B.P.)

Perigordian (35,000–32,000 B.P.)

Magdalenian (18,500–11,000 B.P.)

Solutrean (22,000–18,500 B.P.)

1 밀개 Side scraper
2 뚜르개 Graver
3 휜 등잡이칼 Curved back knife
4 끝이 뾰족한 찌르개 Tapered point
5 새기개 Burin
6 무딘 등잡이칼 Blunted back knife
7 콧날밀개 Nosed scraper
8 돌날찌르개 Pointed blade
9 새기개 Burin
10 화살촉 Arrowhead
11 버들잎모양 돌날 Laurel-leaf blade
12 뚜르개 Piercer
13 뿔작살 Antler harpoon
14 뼈낚시바늘 Bone fish gorge
15 뿔창끝 Antler spear point

4.15 35000~11000년 전 유럽의 도구 세트. 후기 갱신세의 점차적으로 다양화된 경제
는 이전 시기에 비교하여 다양해지고 정교해진 도구 세트에 반영된다.

게 되었고, 최근의 고고학적 발견들은 석기 형식과 호미니드 유형을 직접적으로 바로 연결시키는 것에 대해서도 이의를 제기한다. 인간의 형식과 석기의 형식이 일치하는지의 여부는 중요한 문제이다. 예를 들어 팔레스타인의 카프제(그림 4.14)와 중국의 저우커우덴에서 출토된 석기의 연속성과 달리 유럽의 고고학적 기록은 상대적으로 급격한 변화를 보여준다. 많은 유적에서 네안데르탈인이 존재한 시기에 해당하는 "무스테리안" 도구의 문화층이 호모 사피엔스 사피엔스의 산물일 수도 있고 아닐지도 모르는 질적으로 다른 석기들과 기타 잔존물들을 포함하는 문화층 아래에 놓여 있는 것으로 나타난다.[115] 그러나 이러한 현상이 한 집단의 다른 집단에 의한 교체를 반영하는가?

이 주제에 대한 대부분의 논쟁은 석기기술에 대한 논쟁과 관련된다. "오리나시

안(Aurignacian)" 도구 세트(그림 4.15)는 4만년에서 3만년 전쯤 사이(일부 연대는
이 범위 밖에 있음)에 해당하는 유럽 전역과 중동의 유적에서 발견되었다.[116] 전문
가 눈에는 이들 오리나시안 도구들이 유럽과 중동의 동일 지역에 걸쳐 전통적으로
네안데르탈인과 결부되는 무스테리안 도구들과는 완전히 달라 보인다. 무스테리
안 도구들은 주로 규질암(chert) 계통의 격지로 만들어지는데 반해 오리나시안 도
구들은 많은 돌날, 작은 돌날, 새기개, 그리고 기타 독특한 도구들을 포함한다. 무
스테리안 도구를 만든 사람들과 오리나시안 도구를 만든 사람들이 종종 동일한 곳
에서 기원한 수석(flint)을 이용하였고 종종 같은 종류의 동물을 사냥하기도 하였
다. 그러나 이 두 종류의 석기 공작은 매우 다른 방식과 급격히 다른 형태로 만들어
졌다. 무스테리안 도구가 점차 오리나시안 도구로 발전하였다는 증거는 없다. 많
은 유적에서 오리나시안 유물복합체는 무스테리안 도구를 포함하는 문화층 바로
위에 놓여있다. 단지 가장 시기가 늦은 오리나시안 도구들만이 현대적 호모 사피엔
스 사피엔스와 함께 발견되며, 그래서 우리들은 가장 이른 시기의 오리나시안은 네
안데르탈인과 관련될지도 모른다는 가능성은 열어 놓고 있다.

　최근에 방사성탄소와 우라늄계열 연대측정으로 스페인의 많은 오리나시안 유적
들을 집중적으로 연대측정하고 이를 유럽과 중동의 유적들과 비교한 스트라우스
의 분석은 "다른 유럽지역에서는 스페인 만큼 연대가 올라가는 오리나시안 유물복
합체가 거의 없다"는 사실을 밝혀내었다.[117] 혹자는 "그래서 뭐가 어쨌다고?"라고
물을지도 모른다. 그것은 연대의 이러한 유형이 네안데르탈인이 아프리카로부터
퍼져 나와 우월한 기술로 네안데르탈인을 갑자기 대체한 사람들에 의해 멸종으로
내몰렸다는 생각과 모순될지 모르기 때문이다. 만약 현생인류의 아프리카 기원론
이란 이 시나리오가 정확하다면 아프리카를 떠난 현대적 호모 사피엔스 사피엔스
가 중동에 처음 도착하였고 이어서 그들의 후손들과 후손들의 후손들이 대를 이어
가면서 동유럽으로 이주한 다음에서야 유럽 서남단의 스페인으로 들어갔을 것 같
기 때문에 그렇다면 스페인의 오리나시안 유적들이 연대가 가장 젊어야한다고 추
측할 수 있다. 반대로 만약 사람들이 아프리카를 벗어나 지브랄타 해협을 건너 스
페인에 처음 도착하였다면 남부 스페인에서 많은 후기구석기 유적들을 기대할 것
이나 실제로는 그러한 유적이 하나도 없다. 스트라우스가 언급하였듯이 "현재의
편년적 상황을 감안하면 스페인의 연대들을 설명하기 위해서는 그러한 이주가 거,

의 동시에 발생하였을 것을 요구한다. 초기 오리나시안 유적의 이용 가능한 편년상의 연대를 기초로 하여 자신 있게 복원될 수 있는 이주유형은 없다."[118]

네안데르탈인과 우리 자신과의 관계에 대한 이러한 논쟁에서 또 하나의 주요 유적이 프랑스의 생 세제르(Saint-Cesaire)이다. 이 곳에서는 36,000년 전쯤 사람이 거주하였는데 이 연대는 바로 네안데르탈인이 고고학적 기록에서 사라지는 시기이다. 문제는 이 유적에서 발견된 도구는 양식적, 기능적 속성에서 후기구석기에 속하는 듯하나 반출된 사람 화석은 일부 학자들이 보기에 네안데르탈인으로 여겨진다는 것이다. 일부 학자들은 이 인골의 해부학적 구조를 분석한 결과 네안데르탈인의 현생인류로 진화하는 과정을 보여주는 "전환기적" 형태를 발견하였고 주장하였다. 반면 다른 학자들은 이미 이 시기에는 완전한 형태의 현생인류가 다른 곳에서 잘 알려져 있으므로 생 세제르의 화석이 네안데르탈인이며 "전환기적"이 될 수 없다는 결론을 내린다.[119] 트링카우스의 언급을 인용해보자.

> 만약 샤텔페로니안 공작이 단지 네안데르탈인에 의해 제작되었고, 모든 오리나시안 유물복합체가 초기 현생인류의 산물이라면…… 샤텔페로니안과 초기 오리나시안 유물복합체의 동시성과 간층성(interstratification)을 고려하면, 서유럽에서 이들 두 인간집단은 시간적인 중복이 있었음에 틀림없다.… 설령 직접적인 생물학적-기술적 제휴를 추정할 수 없다고 하더라도 네안데르탈인이 서유럽에서 35,000년 전 이후까지도 존속하였고 초기 현생인류가 적어도 30,000년 전쯤에는 그곳에 존재하였다는 것이 여전히 분명하다.[120]

상기 주장의 중요성은 5,000년이란 세월은 네안데르탈인과 현생인류 사이에서 발생하였다고 관찰된 체질적 변화가 일어나기에는 너무 짧은 시간이라는 것이다. 유럽에서 현생인류와 결부되는 가장 오래된 유물은 오리나시안기에 속한다. 스페인의 아브리 로마니에서 오리나시안 양식의 도구들이 발견되는 최하층의 방사성탄소연대는 37,000년 전이나 우라늄계열의 연대는 40,000년 전까지도 올라가며, 무스테리안 유물을 포함하는 보다 이른 층을 "급격히" 대체한다.[121]

그러나 다른 인류학자들은 단순히 네안데르탈인이 현생인류로 진화하였으며, 후기구석기의 도구와 늦은 형태의 네안데르탈인이 결부되는 것은 외부에서 유럽으로의 유전자 유입이 계속 있었다고 하더라도 지역적 진화과정이 발생하였다면 당연히 기대될 수 있는 사항이라고 주장한다. 예를 들어 프레드 스미스는 유고슬라비아의 크라피나와 빈디자유적, 그리고 중부유럽의 다른 유적들에서 발견된 네안데르탈인의 눈두덩 뼈가 시간이 흘러감에 따라 크기가 점차 줄어드는 분명한 징후를 관찰한다.[122]

네안데르탈인의 소멸에 대한 이 문제를 스페인의 고고학적 기록에 적용한 래리 스트라우스는 아프리카에서 확산되어 온 현생인류가 이 지역에서 네안데르탈인을 급격히 대체하였다는 가정이 고고학적 기록과는 잘 부합되지 않는다는 사실을 지적하였다.[123]

어떤 학자들은 네안데르탈인과 우리와의 관계에 대한 논쟁에서 키와 신체 비율에 초점을 맞춘다. 3만년 전 이후의 유럽 크로마뇽인은 평균적으로 네안데르탈인보다 팔다리가 훨씬 길다. 상대적으로 긴 팔다리는 더위에 대한 적응(오늘날 아프리카의 딘카족에서처럼)과 관련되며 반면 짧은 팔다리는 에스키모와 다른 북아시아 민족들처럼 추위에 대한 적응과 관련된다. 그러나 "문화"가 의복, 불 등의 형태로 인간에 대한 기후의 직접적인 영향을 중화시킨다는 점을 감안하면 체구와 신장 사이에 직접적인 방정식을 만들기는 어렵다. 네안데르탈인 이후의 갱신세 유럽인 중에서 가장 큰 키는 갱신세 중 가장 추운 기후였던 2만년 전 직후에 나타난 것 같다. 그러나 이 때는 보다 짧고 땅딸막한 형태를 선호하는 자연선택을 예상할 수 있는 시기이다. 그리고 이후에도 기후가 따뜻해지는데도 불구하고 예상과 달리 키는 오히려 줄어드는 것처럼 보인다.[124] 키는 식료와 다른 요소들에 직접적으로 관련되므로 모든 경우에서 키와 기후 사이에 분명한 상관관계를 예상해서는 안 된다. 물론 장기적으로 보면 그러한 상관관계를 예상할 수 있으나 이 경우에도 관계는 이주, 기술, 그리고 경제적 차이 등에 의해 조절된다.

유럽과 아프리카에서 두개골 이외의 인골 자료는 매우 한정되어 키와 팔다리 비율의 체계적인 통계적 비교가 어렵다. 그리고 그 나마의 증거도 국지적 기후에 대한 적응과 영양에서의 변이가 크다고 추정되기 때문에 더욱 복잡해진다.

● 현생인류 기원의 모델─요약 : 현생인류 기원의 모델들에 대한 가장 최근의 학문적 논쟁은[125] 매우 상이한 결론을 드러낸다. 학자들은 특정 화석의 특정한 특징

의 크기와 형태에서 기본적인 진화론적 과정의 성질에 이르기까지 모든 사항에 대해 치열하게 논쟁한다.

이들 논쟁들이 증거에 기초하여 모든 사람들을 만족시키지는 결코 못할 듯 하다. 이러한 애매함에 직면하여 프랜시스 태커레이는 아래와 같은 가능성을 고려해 볼 것을 제안한다.

모든 현생인류는 그들의 기원을 호모 에렉투스의 후손까지 거슬러 올라갈 수 있으나, 호모 에렉투스의 선조 개체군과 호모 사피엔스의 후손 개체군 모두 기후와 서식처의 많은 변화에 반응하여 팽창하고 수축하였다. 그 결과 유전자 풀의 맥락에서 "기원" 이란 바로 그 개념은 결코 정확히 결정될 수 없다. 일부 지역에서는 연속성이 발생하였고, 다른 지역에서는 교체가 발생하였다. 그러나 최종적(net) 효과는 우리가 오늘날 호모 사피엔스로 지칭하는 단일 종 안에서 매우 높은 정도의 형태학적 변이성이다.[126]

후기 구석기시대의 삶, 예술, 그리고 의례

예술에 대해 글을 쓴다는 것은 건축물 주변에서 춤을 추는 것과 같다.
익명가

1868년 스페인의 싼텐더 항구 근처에서 사냥개가 큰돌 틈새에 빠지자 사냥꾼이 개를 구하기 위해 바위를 치우다 동굴 입구를 발견하였다. 알타미라로 알려진 이 동굴이 위치한 땅의 주인은, 스페인 귀족 출신의 아마츄어 고고학자로, 직접 동굴을 파 보기로 하였다. 소문에 따르면 그는 석기들을 약간 발견하기는 했으나, 12살 딸아이가 그곳에 가서 천장을 힐끗 바라보기 전까지는 동굴 벽화의 존재를 몰랐다고 한다. 등잔불이 빛날 때 소녀는 아름다운 동물들의 모습을 보았다. 천장 중앙에 위치한 그림은 약 25마리의 동물들로 주로 들소, 몇몇 말과 사슴, 늑대, 멧돼지의 무리였다. 자연 그대로의 모습에 가까운 이 그림들은 암갈색, 노란색, 붉은색과 검은색으로 그려졌고 동굴 천장의 천연적인 윤곽은 동물의 형태를 강조하는데 이용되곤 하였다. 예를 들어 들소의 둥근 엉덩이는 천장의 돌출한 바위부분에 그려져 3차원적 효과를 창출하였다.[127]

알타미라 동굴의 발견에 대한 당시 학자들의 반응은 거의 한결같이 부정적이었

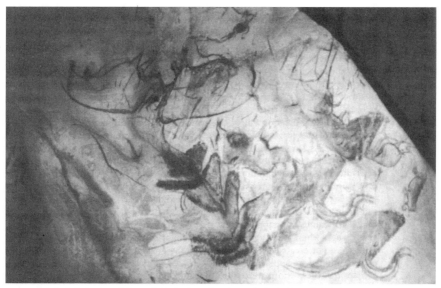

4.16 구석기시대 동굴미술은 사냥의 성공 확률을 높이기 위해 그려지거나 또는 단순히 심미적 감수성의 표현으로 그려졌을지도 모른다. 그 목적이 무엇이던 간에 그것은 분명 뛰어난 미술이다.

다. 당시 존경받던 어떤 선사학자는 동굴벽화의 발견자인 돈 마르세리노가 이 그림들을 위조하기 위해 미술과 학생을 고용하였다는 암시까지 하였으며, 또 다른 학자는 단순히 '근대학파의 2류 학생의' 그림이라는 표현으로 동굴벽화를 무시하였다. 비평가들에 의해 매도당하자 돈은 결국 동굴을 자물쇠로 잠가버렸고, 그의 발견이 진짜 구석기시대의 표현예술로 받아들여지는 것을 보지 못한 채 1888년 사망하였다. 그가 죽은지 수년 후, 더욱더 많은 그림들과 다른 예술품들이 발견되자 알타미라의 태고성이 결국 인정되었으며, 지금은 대부분 그림들의 연대가 약 34,000년에서 12,000년 전 사이에 속한 것으로 추정한다. 분석에 의하면 동굴벽화의 색깔은 황토나 이산화망간 같은 광물성 천연염료에 피, 소변, 식물성 주스 같은 접착제를 혼합하여 만들어냈으며, 동물 털로 만든 붓 같은 도구나 또는 안료와 윤활제로 만든 일종의 크레용으로 색을 칠하였다. 어떤 그림들은 동물기름을 바른 표면 위에 가루로 만든 안료를 대롱으로 불어넣어 만들어졌을 가능성도 있다. 이들 그림들은 대부분 동물 기름을 채운 돌그릇 램프에 지의류, 풀, 향나무로 만든 심지를 태워 얻는 불빛으로 동굴의 어두운 깊숙한 곳에서 창작되었다[128].

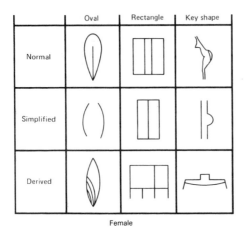

4.17 많은 동굴 그림들은 성적(性的) 기관을 사실주의적으로 표현하며, 일부 학자들은 추상적 도안을 양식화된 성적 표현으로 해석하기도 한다. 르루아-구랑은 여기 상징의 세 그룹이 남녀의 성을 전형적 형태, 단순화된 형태, 그리고 파생된 형태로 표현한 것이라고 주장한다.

제2차 세계대전동안 크기 면에서 알타미라 벽화에 견줄만한 것이 프랑스의 라스코 동굴에서 발견되었다. 연구자들은 라스코 벽화의 연대를 기원전 15,000년경으로 추정하고 있으나 아마도 벽화는 여러 차례, 그리고 훨씬 더 오랜 시간동안 그려졌을지도 모른다. 다양한 종류의 동물들이 여기에 묘사되었으며 상상의 동물처럼 보이는 것들도 있다. 동물들은 종종 마치 움직이고 있는 것처럼 그려졌으며, 총체적인 광경은 매우 인상적이다(그림 4.16). 이들 그림과 다른 후기구석기 동굴벽화에서 보여지는 흥미로운 사실 중 하나는 동물들은 매우 사실적으로 표현주의적 화법으로 묘사되는데 반하여, 인간의 형상은 단순한 막대기 모양으로 그려지거나 또는 반인반수의 초자연적 모습으로 그려지는 것이다.

알타미라와 라스코 발견 이후 조각품, 그림 및 기타 구석기시대 예술품들이 세계 도처에서 발견되었으며, 많은 학자들은 이들 그림과 형상이 무엇을 의미하는지를 알려고 노력해왔다(그림 4.17). 우리는 이미 오래 전에 죽은 구석기시대 예술가들의 생각을 결코 알 수 없을 것이라는 공격을 인정하여야 한다. 물론 빈센트 반 고흐나 다른 예술가들의 작품에 대해서도 마찬가지 이야기를 할 수 있다. 그들의 미적 표현을 예술가들조차도 결코 완전하게 이성적으로 이해할 수 없다는 점을 감안하면 말이다. 그러나 반 고흐의 작품도 구석기시대 예술도 주제, 기술, 또는 양식이 되는 대로 임의대로 이루어졌을 것이라고 생각할 수는 없다. 예술은 우리에게 예술가에 대한 뭔가를 말해주고 있다고 기대할 수 있다. 그리고 어떤 경우에도 단지 석기, 집터, 그리고 다른 기술적·환경적 잔존물로만 옛사람들을 분석한다면 뭔가 아주 불만족스러울 것이다. 고고학자를 포함한 대부분의 사람들은 옛사람들의 "마음(minds)"을 알고 싶어하며, 이는 그들의 예술을 통해서 가장 쉽게 접근될 수 있는 듯하다.

사람들은 구석기시대 예술이란 용어를 동굴벽화, 바위조각품, 조각된 동물 뼈, 상아 조상, 그리고 토제품 등 다양한 범위에 적용한다. 마가렛 콘키가 언급하였듯이,[129] 우리가 미학을 경제적 기능에서 분리하여 생각하는 것처럼 미적 표현 모두가 기본적으로 본질상 심미적 행위라고 생각할 필요는 없다. 웅장한 동굴벽화에 대한 초창기의 해석은 벽화가 사냥과 다른 활동의 성공을 확신하기 위해 행해진 감응(感應)적 주술의 표현이라는 것이었다. 후기 구석기시대 사람들은 창에 찔리고 덫에 잡힌 동물들을 그림으로써 그들이 이들 동물을 죽이고 잡을 기회가 더 중가된다고 생각했을지도 모른다. 많은 그림들이 작업 조건이 매우 불편하였을 작고 감춰진 통로에 위치하기 때문에 이 그림들이 일반 관중의 보는 즐거움을 위해서 창조되지는 않았다. 또한 많은 그림들이 다른 그림들, 심지어는 더 오래된 그림들 위에 중첩되어 그려져 있는데 아마도 이러한 노력은 단순한 미적 행위가 아니라 사실상 의례적 행위였을 것이다. 그리고 덜 위험한 사냥감보다는 맘모스처럼 사냥할 때 두려움을 주는 동물들이 더 많이 그려지는 점도 주목할 만하다.[130] 후기 구석기시대의 화가가 가장 널리 이용한 주제는 식량과 성이며, 특히 식량이 가장 큰 관심을 끌었다.

남녀 성기의 모티브 유행과 더불어, 내장을 꺼낸 들소, 껑충 뛰는 사슴과 기타 사냥 장면들은 이들 스페인과 프랑스의 최초 인상파화가들이 남자였다고 믿게 만든다. 그러나 최근 엘리자베스 피셔는 실제 동굴벽화에서는 여성의 성기가 더욱 빈번하게 등장한다는 점을 내세워 화가들이 대부분 여자였을 가능성이 높다고 주장하였다.[131] 그녀는 일부 고고학자들이 달력의 도안으로 본 선(線) 표시들도 월경주기의 기록일지 모른다고 생각한다.[132] 그러나 후기 구석기시대의 유물과 동굴에서 발견된 많은 새긴 선들과 표시들이 사실은 달력이나 천문학과 관련된 표시라고 하더라도 놀랄만한 일은 아니다. 겨울의 도래나 동식물을 구할 수 없는 계절을 극복할 수 없을 정도로 구석기시대의 수렵채집집단이 그렇게 어리석지는 않았을 것이다.

앙드레 르루아-구랑은 동굴 안에서 사자, 맘모스, 들소, 순록, 그리고 다른 동물들이 나타나는 상대적 빈도를 그림 속 표현과의 관계 속에서 연구하면서 구석기시대 예술에 대한 상기한 경제적 해석을 비판한다. 그는 이 그림들이 구석기인들이 그들의 세상을 배열하는 유형을 다양하게 반영하는 우주론적 의미에서 제작되었다는 결론을 내렸다.[133]

최근 구석기시대 예술에 대한 여러 가지의 대안적 설명들이 제시되고 있다. 루이스 윌리엄스와 도슨은 많은 구석기시대 예술은 약물이나 명상을 통해 변화된(또는 "entopic") 의식 상태에 놓여진 사람들의 창조물이었다고 주장했다.[134] 그들은 현존 수렵채집인의 민족지적 연구에 따르면 그림과 조각품은 환각, 혼수상태 같은 변화된 의식상태에서 만들어진다고 지적하였다. 그들은 또한 의식이 바뀐 상황에서 지각되는 이미지는 "사실적" 구상주의 형상과 환상적 비구상주의 형상 모두를 포함하는 인간 정신 해부학의 특징이며, 사람들은 이 이미지들을 그들 마음속의 벽과 천장에 투영하는 경향이 있다고 주장한다. 그리하여 "투영된 정신적 이미지를 좀더 완전히 경험하기 위하여 모래나 동굴의 부드러운 벽에 손가락으로 그려나간 것이 그 이미지를 '고정시키는' 행위였으며 미술사에서의 첫 걸음이었을 것이다. 그들은 단지 그 이미지에 접촉하였고 이미 그곳에 존재하던 것을 표시하였을 뿐이다."[135]

다른 학자들은 구석기시대 예술의 번성은 지적으로 덜 발달된 네안데르탈인을 대체한 우리 선조, 즉 현생인류가 정신적으로 성숙한 결과라고 주장하였다.[136]

구석기시대의 조각상과 회화에 대한 연구는 고고학이 반드시 과학적이고 탈문화적 (culture-free) 분석이 이루어지는 중립적 학문인 것만은 아니라는 이안 호더의 생각을 논증한다.[137] 종종 구석기시대 예술은 오늘날의 관찰자들이 원시인들의 생각과 정신을 읽으려고 노력한다는 점에서 일종의 로르샤 테스트*이다. 그러나 그들은 아마도 원시인의 정신보다는 그들 자신의 정신에 관하여 더 많을 사실을 배웠을 것이다. 어쨌든 콘키가 언급하였듯이 "구석기시대 예술은 아마도 '문화적'이란 말을 제외하고는 어떠한 포괄적인 용어로도 설명될 수 없는 매우 다양하고 풍

---

* **로르샤 테스트** : 잉크의 얼룩 같은 무의미한 무늬를 해석시켜 사람의 성격 등을 알아내는 검사

부한 물질문화의 목록이다." 138)

그러나 존 헬버슨은 "만일 구석기시대 예술이 내 생각대로 아무런 실용적 기능이 없다면 그것은 인간이 실습으로부터 자유로워진 최초의 문화적 작업일지도 모른다. 그러므로 그것은 놀이의 일반적 범주에 속하고 마음의 놀이란 특정한 범주에 속한다"라고 주장한다. 139)

서유럽의 예술을 후기 갱신세의 다른 지역들과 비교해 보면 큰 차이점이 있다. 아시아에서는 2차원적인 회화미술은 거의 없으며, 대부분 소 조상 같은 3차원적 미술일 뿐이다.140)

랜들 화이트는 중기에서 후기 구석기시대로 이어지는 시기에 속하는 동굴벽화와 심미적으로 중요한 다른 유물들에 대한 많은 해석들을 요약하면서 다음과 같이 결론지었다 :

물질적 표현들이 오리나시안문화의 사람들과 후기 구석기시대 그리고 그 이후의 모든 후손들에 의해 가치를 평가받게 된 이유는 기술 혁신, 인간과 땅의 점점 더 긴장되는 관계, 그리고 내부적 · 외부적으로 분화된 사회정치적 세상의 출현이란 혼합물(amalgam) 속에서 찾아질 듯 하다.141)

▨ 인간의 세계 식민지 개척 : 2만년쯤에서 1만년 전까지

동물의 상승 경향에서 하나의 주요 요인은 방랑의 힘이었다.
One main factor in the upward trend of animal life has been the power of wanders

알프레드 노스 화이트해드

만일 지구가 알려진 다른 천체들과 같은 운명이라면, 수 백만년 동안 이 푸르고 아름다운 세상에 머물렀던 어떤 인간들도, 이집트의 피라미드, 중국의 만리장성과 그 밖의 다른 모든 인간의 유물들과 자연적 구조물들과 함께, 그들을 구성한 원소로 전환될 것이며, 그리고 빛도 없고 시간도 없는 "블랙 홀"의 원소로서 영원을 보낼 수 있는 그러한 밀도로 압축되어 버릴 것이다.

그러나 우리의 인간 역사에서는, 우리 후손들이 그러한 운명의 날이 오기 오래 전에 이미 다른 세계를 식민지로 개척할 것이라고 예견할 수 있다. 그러나 우리가

4.18. 12,000년 전쯤 갱신세가 끝날 무렵, 수렵채집인들은 세계의 거의 모든 지역으로 퍼져나가 지역적 환경에 적응하였다. 8100~5400 B.P. 사이로 추정되는 이 동아프리카(소말리아) 매장유적은 부장품-이 경우 얼룩영양의 머리뼈-이 있는 무덤으로서는 아프리카에서 현재까지 알려진 최초의 예이다.

이들 먼 후손들과 간신히 연결된다고 하더라도 "우리"의 어떤 부분들은 시공간을 통해 영원히 사라져 버릴지도 모른다.

아마도 "우리의 시작에서 우리의 끝이 있으리라." 우리 선조들은 언제나 움직이고 이동하여 식민지를 개척해왔다. 우리 선조들은 대대로 이어 가면서 아프리카를 떠나 유럽과 아시아를 탐사하고 아메리카, 호주, 그리고 이 행성의 가장 끝 부분에까지 정착하였다(그림4.18). 이 책을 읽는 많은 독자들은 인간이 달 위에 식민지를 개척하는 모습을 볼 수 있기를 기대할 수도 있다. 그리고 컴퓨터와 약간의 수학 실력만 있으면 누구나 지구에서 달까지 이동하는데 걸리는 시간을 계산할 수 있다. 급격히 팽창하는 지수함수는 우리 우주의 인상적인 양상이다. 단 하나의 돌연변이 바이러스가 조만간 엄청난 수로 증폭하여 체계 전체로 확산될 수 있다. 이러한 유추가 싫겠지만 우리는 같은 방식으로 우주를 "전염"시킬지도 모른다.

물론 확실한 건 없다. 엄청나게 큰 위기(Big Crunch)에 의해 빅뱅이 올지도 모르고, 그러면 어떤 종류의 원소가 잔존하고 진화할 것인지는 아무도 모른다.

이 모든 것들은 지난 수 백만년의 강인한 수렵채취인들과 관계없는 듯 보일지 모르나 우리는 우리 모두가 부분으로 속해있는 장기적 성장 함수에 의해 그들과 연결되어 있다.

이 책의 여러 장에서 특정한 인간 진보에 관한 주요 질문에 초점을 맞추었다: 왜 문화가 진화하였으며, 어떻게 호모 사피엔스 사피엔스가 유일한 호미니드로 남게 되었는가? 그러나 이 장에서 우리는 단지 우리 조상이 세계 전체로 확산된 것만을 다루고자 한다. 만일 우리가 "왜" 그들이 세계를 식민지로 개척했는가 라고 묻는다면 우리는 에드먼드 힐러리가 왜 에베레스트산을 등정하였는가에 대해 산이 그곳에 있어 올랐노라고 대답한 것처럼 "그것이 거기에 있기 때문이다" 라는 답변을 할 뿐이다. 한 집단이 성장과 이주를 통해 적절한 환경을 식민지로 개척하는 과정을 보여주는 간단한 인구통계학적 모델들도 있으며 그러한 공식으로 우리 조상들의 여행을 적절하게 "설명"할 수 있을지도 모른다. 그러나 또한 저 산 또는 계곡 저편엔 무엇이 있을까 보고 싶어하는 내재된 욕망으로서의 인간의 여행에 대한 "본능" 또한 부인하기 어렵다. 앞장에서 살펴봤듯이 유전자의 교환을 통해 유전적 변이성을 유지하는 것이 오랜 기간 살아남는데 커다란 이점들을 제공한다.

학자들은 많은 문화에서 발견되는 "근친상간 금지"가 생물학적으로 기초를 둔 것인지 또는 단지 문화적으로 발달된 심리학적 구성개념인지 오랜 동안 논쟁해 왔다. 그러나 사촌 또는 그보다 더 가까운 친척간의 결혼은 유전적 요인의 사망과 정신지체라는 끔찍한 대가를 치른다는 것이 분명한 사실처럼 보인다. 자연도태가 우리자신을 포함한 어떤 종의 이주와 분산이 "좋은"지를 "알" 수 있는 방법은 아니나, 어떤 점에서는 확실히 그렇다.

그래서 만일 실제 여행을 하고자 하는 본능적인 욕망이 인간에 있다면 장기적인 진화적 성공은 확산과 다양성에서 오기 때문에 진화의 관점에서는 "적응적"일 것이다. 우리 조상들은 양자 모두 성취했다. 그들은 갱신세가 끝나기 전에 거의 모든 세계에 침투하였고 비록 그들이 단일 종으로 남았지만 체질적 형태와 문화적 적응에서 크나큰 다양성을 발전시켰다.

한편으로 우리 조상들이 세계를 식민지로 개척하면서 획득한 외형적 다양성은 전체 인간 진화에서 가장 사소한 것이다. 다른 한편으로 피부색, 얼굴형태와 기타 다른 특징들에서의 외형적 차이와 이것들과 수반하는 문화적 차이는 – 인간의 변이성은 "인종"이란 관념과 뒤얽혀 있기 때문에 – 오늘날 세상에서 사회경제적, 정치적으로 더욱 큰 중요성을 갖고 있다. 많은 학자들에 의해 "인종"이란 개념이 부정되었음에도 불구하고 "인종"이란 개념은 유전자 이동이 빈번히 발생하여 체질적 외모의 분명한 차이가 모두 사라져 버리기 전까지는 – 수 백년은 아니더라도 수 십년 동안은 – 우리에게 남아있을 것이다. 대부분의 인류학자들은 "인종"이란 개념을 좋아하지 않는다. 왜냐면 인종과 결부되는 부정적인 사회적 문제는 제쳐놓더라도, 대부분의 사람들이 인종을 정의하기 위해 사용하는 특성들은 피상적이며, 다차원적인 잠재적 다양성을 강제적으로 분류하기에는 형식학적으로도 거칠며, 다양한 집단들의 내재하는 유전적 관계들을 여러 가지 방법으로 연관시키기도 빈약한 것으로 나타나기 때문이다.[142] 예를 들어 호주의 원주민과 서부 아프리카인의 피부색은 모두 "검"지만, 두 집단의 유전적 근연성은 서부 아프리카인과 스칸디나비아인 사이의 그것보다 훨씬 적을지도 모른다. 피부색, 머리카락의 "곱슬한" 정도, 코 모양과 눈 모양 등의 체질적 특징은 지리적인 연속변이(clines, 句配現狀)에 맞춰지는 경향이 있다. 즉 그것들은 불연속적인 것이 아니라 시간적, 공간적으로 점진적으로 연속되는 변이성을 나타낸다는 것이다. 그리고 집단내의 변이("多形性 polymorphism")가 집단들 사이의 변이("多型性 polytypy")보다 큰 경우도 종종 있다.[143]

그러나 좋던 나쁘던 지난 3만년간에 걸친 우리 조상들의 이주와 방산(放散)이 오늘날 문화적 세계에서 중요한 부분으로 남아있는 집단간 차이점을 만들었거나 또는 계속 유지시켜 왔다.

이 장에서 우리는 갱신세가 끝날 무렵부터 현재의 지질기인 "완신세 Holocene"로 들어가는 시기까지의 세계를 조사하였다. 우리 자신의 시대인 지난 1만년간이 단지 빙하가 다시 우리 세상을 덮치기 이전의 또 다른 단기간의 간빙기일 뿐인지, 또는 우리 자신이 만든 매연, 공해와 기타 오염물질들이 세상을 오염시켜 추위와 따뜻함의 장엄한 주기가 오랜 동안 붕괴될 기간인지는 시간이 지나봐야 알 수 있을 것이다.

후기 갱신세의 기후와 지질

만일 우리가 빙하 속에서 잘 보존되어 있는 3만년 전 무렵 사람을 운 좋게 발견한다면 우리는 아마도 그들과 우리 사이에 차이점을 거의 찾지 못할 것이다. 세계 여러 곳에서 인간의 치아는 지난 3만년 동안 점점 작아졌으며 우리의 외양과 생리 기능의 또 다른 측면에서도 약간의 미묘한 변화가 발생하였다. 그러나 우리가 체질적으로 3만년 전 사람들과 별다른 큰 차이가 있는 것은 아니다. 인간의 뇌 크기는 당시 사람들보다 약간 더 크지만 지적인 능력에서 근본적인 차이가 있었을 것 같지는 않다.

3만년 전까지 사람들은 구대륙과 호주의 거의 모든 지역에서 살고 있었다. 그들은 아메리카대륙에도 12,000년 전에는 분명히 도착하였으나 그 이전의 점유에 대한 증거는 여전히 논쟁중이다(다음 장 참조).

어떤 시기에는 육지와 육지를 연결하는 길이 생겨 사람들이 동남아시아에서 자바, 수마트라, 그리고 보르네오와 같이 지금은 섬이 된 많은 지역으로 걸어갈 수 있었기 때문에 해수면 변동이 이러한 확산에 일부 역할을 하였다. 비록 어떤 개인도 감지하지 못할 정도의 아주 느린 상승률이었지만 해수면 상승도 사람들을 이주하도록 만들었다. 티엘은 올라오는 물 때문에 침수될 위험에 처한 섬 지역 사람들이 5만년 전 또는 그 이전에 호주를 개척하기 위한 여행을 떠나게 되었다고 주장한다.[144] 다른 곳에서도 사람들은 지중해 동쪽연안과 지금의 영국 해협 아래 놓인 넓은 평원 같은 다른 많은 저지대를 포기하여야만 했었다.

이러한 기후의 변동과 뒤이은 지형과 생태의 변화는 인간의 창조성을 다양한 형태로 이끌어내는 적응적 도전들을 제공하고 인간 개체군들을 혼합하고 이동하도록 작용하는 거대한 엔진으로 생각될 수 있다. 그러나 사람들은 결코 우연히 발생한 기후와 생태적 변화의 단순한 수동적인 희생양은 아니었다. 인간은 지구에서 아주 오랜 동안 살아갈 기술을 발전시켰을 뿐 아니라 이러한 적응의 필요불가결한 부분인 사회적 체계 또한 발달시켰다.

후기 갱신세의 유럽인

약 3만년부터 1만년 전 사이 유럽에서는 기나긴 추위가 시작되었다. 일부 극심한 한냉기도 있었지만 대부분 여름은 서늘했고 겨울은 상대적으로 온화했다. 유럽의 풍요로운 초원과 혼합림은 순록, 사슴, 들소, 황소, 야생염소, 털코뿔소와 맘모스를 포함하는 많은 수의 초식동물을 부양했다. 이 시기에 프랑스에서는 특히 도르도뉴강과 베제르강이 합류하는 지점 근처에서 사람들이 밀집하여 서식하였던 것으로 보인다. 세상에서 가장 아름다웠던 곳 중의 하나였던 이곳은 물 좋고 숲이 우거진 석회암지대로, 살기에 안성맞춤인 동굴과 바위그늘이 벌집처럼 곳곳에 존재한다. 후기 구석기시대 사람들은 맘모스, 말과 다른 많은 동물들을 사냥하였으나 특히 순록이 그들의 주식이었다. 많은 유적에서 출토된 동물 뼈의 99%가 순록의 것이다. 순록 가죽으로 텐트의 덮개와 옷을 만들었으며, 순록의 뿔은 이곳 구석기인들을 유명하게 만든 길고 우아한 돌날을 만들기 위해 사용된 바통(batons) 또는 망치가 되었다. 그리고 순록의 뼈는 낚시바늘, 바늘, 송곳과 다른 중요한 도구들을 만들기 위한 재료였다.

매년 순록은 하나의 기후 지대에서 다른 기후 지대로 방목지를 따라 먼 거리를 여행한다. 그래서 남부 프랑스의 후기 구석기시대 사람들은 이 순록떼를 통하여 그들이 결코 보지 못하였던 땅을 활용할 수 있었다. 순록은 어린잎을 뜯어먹기 위해 매년 북쪽 멀리까지 이동을 하였으며 그리고 나서 그들이 수확될 수 있는 겨울에 남부 프랑스로 돌아왔다.

후기 구석기 동안 유럽, 중동과 기타 지역들은 순록, 들소, 말, 들소 같은 거대한 초식성 포유동물들을 사냥할 수 있는 조건 때문에 인간 집단의 평균 크기가 상대적으로 컸을지도 모른다. 이들 짐승들을 효과적으로 사냥할 수 있는 기술은 몰이로, 많은 사람들이 함께 협력하여 한 무리의 짐승들을 절벽이나 늪으로 몰아 넣었다. 그렇게 대량 살상된 짐승들을 해체하기 위해서도 많은 사람들이 필요하다. 그리고 또한 이러한 상황에서는 동물의 이동 경로를 따라 위치한 특별히 좋은 장소를 방어하려면 규모가 큰 집단이 유리하였을 것이다.

갱신세의 마지막 천년동안 전체적인 인구는 유럽의 일부 지역-그리고 아마도 유라시아의 대부분의 지역-에서도 증가하였다. 이러한 인구 증가에는 몇 가지 요인들이 중요하였을 것이다. 간접떼기와 돌날떼기 기술과 더불어 이 시기의 석기제작 기술은 이전의 공작(工作)보다 훨씬 더 효율적이었다. 창던지개(atlatls)도 널리 이용되었는데, 손으로 창을 던지면 60m 정도 나가는데 비해 창던지개를 이용하면 150m나 나가기 때문에 당시가 사냥감에 크게 의존한 점을 고려하면 매우 중요한 기술적 혁신이다. 마지막으로 활과 화살 또한 사냥의 효율성을 높이는데 크게 이바지하였다. 활과 화살에 대한 최초의 증거들은, 10,000 B.P.경으로 추정되는 나무 화살이 수백 점 출토된, 독일 함부르크 근처의 스텔무어(Stellmoor) 유적에서 발견되었다. 그러나 활과 화살의 조합은 아마도 1만년 전쯤 훨씬 이전부터 여러 곳에서 각기 독립적으로 발명되었을 것이다.

후기 구석기시대의 생활은 생각보다는 다소 힘들었다. 발로와는 유럽과 아시아의 유적들에서 추출된 76구의 후기 구석기시대 인골을 분석한 결과 이들의 반도 21살까지 살지 못하였으며 12%만이 40살을 넘겼고 단 한 명의 여성도 30살을 넘기지 못했다는 것을 발견했다.[145] 사실, 이들 인골에 의해 제시된 연령별, 성별 분포는 네안데르탈인의 비교자료에서 기대할 수 있는 것과 크게 다르지 않다.[146] 그러나 더욱 심각한 것은 많은 유골에서 구루병, 영양실조, 다른 질병과 기형의 증거가 나타난다. 또한 후기 구석기시대 사람들은 자연적인 인구조절에 만족하지 않고 때로는 서로를 살해하였던 것으로 보인다. 예를 들어 유고슬라비아의 풀라 근처에 있는 산달자II 유적(12,000 B.P)에서는 29명의 유골이 부서지고 쪼개진 상태로 발견되었다. 그 밖의 곳에서도 화살과 창으로 상처를 입은 부정할 수 없는 증거들이 있다.

14,000년 전쯤 서유럽의 사람들은 매년 강을 거슬러 이동해 오는 수많은 연어를 수확하기 위한 물고기용 올가미를 개발하였다. 유럽에서 물고기의 활용이 상대적으로 늦은 것은 선사시대 남동부 북아메리카에서도 동일한 현상이다. 그곳 아메리카 원주민들은 주변의 개천과 호수에서 넘쳐나는 물고기들을 거의 완전히 무시하고 수천년 동안 주로 순록, 홍합과 다양한 식물성 식료에 의존하는 생활을 하고 있었다. 설령 연어가 무스테리안 시기와 후기 구석기시대 전엽에 유럽 일대의 강에서 대량으로 존재하였다고 하더라도 당시 사람들은 순록과 다른 동물들에 의존하는 적응양식을 유지하고 있었기에 연어의 활용은 차단되었을 것이다. 연어는 매우 계절성이 강한데 비해, 순록과 다른 사냥감은 적어도 일부는 일년 내내 잡을 수 있다는 점에서 인간이 보다 기댈 수 있는 자원이었을 것이다. 사실 연어잡이는 순록 사냥의 계절과 중복되어 피했을지도 모른다. 그리고 결과적으로 당시 사람들은 다른 자원을 활용하기 위하여 연어가 가장 몰려오는 시점에는 강에서 멀리 떨어져 살았을지도 모른다. 아마도 가장 중요한 것은 연어를 성공적으로 잡기 위해서는 대규모의 기술적 재적응이 필요하였을 점이다. 특히 연어를 한 마리 한 마리씩 잡는 것은 생산적이지 못하다. 아마도 연어는 그물, 어살, 건조대, 훈제용 선반, 그리고 다른 대규모의 처리기술이 널리 사용되기 시작한 후에야 실제적으로 이용되었을 것이다.

대부분의 갱신세 시기 동안 전 세계의 인구밀도가 점차적으로 증가하였기 때문

에 후기 구석기시대 사람들이 인구 압력에 의해 순록과 연어 같은 새로운 자원을
개척하도록 강요되었다고는 보기 어렵다. 오히려 상황은 그 반대인 것 같다. 사람
들이 강에서 넘쳐나는 풍부한 연어떼, 순록 무리와 다른 자원들을 활용할 수 있는
방법을 개발하기 시작함에 따라서 더 큰 인구 집단이 부양될 수 있었다. 그리고 평
균적으로 생식연령까지 사는 자손의 수나 또는 출생률이 조그만 증가하여도 장기
적으로는 인구밀도가 크게 늘어나게 된다.

  그리고 후기 갱신세에 인구가 늘어났던 곳이 단지 프랑스나 유럽의 생태학적으로
풍요로운 지역만은 아니었다. 예를 들어 올가 소퍼는 중앙러시아 평원의 매서운 겨
울에 적응한 세대들의 창조적 능력을 기록하였다.[147] 동유럽의 후기 구석기문화를
대표하는 것 중의 하나는 모스코바에서 동남쪽으로 약 470km 떨어진 돈강 유역에
중심을 둔 코스텐스키-베르세보(Kostenki-Bershevo) 문화이다. 약 25,000년에서
11,000년 전쯤, 코스텐스키-베르세보 지역은 바위그늘도, 동굴도, 다른 자연적 서식
지도 없으며, 그나마 불을 지피기 위한 나무마저도 한정된 확 트인 초지 환경이었다.
이곳 사람들은 1m 가량 깊이의 구덩이를 파고 맘모스 뼈와 상아를 둥그렇게 올린

4.19. 돌니 베스토니세의 27,000년 전 취락 복원은 사람들이 동유럽의 몹시 추운 평원을 어떻게
     점거하였는지를 보여준다.

4. 20. 오스트리아 빌렌도르프에서 출토된 비너
스상. 후기구석기인들은 대부분의 미술
에서 인간의 다산을 축복하였던 것처럼
보인다.

후 그 위를 가죽으로 덮은 움집이 있는 베이스 캠프를 포함한 다양한 고고학적 유적
들을 남겼다(그림 4.19). 갱신세 러시아의 혹독한 겨울을 나기 위해서는 끊임없이 불
을 지펴야 했을 것이고 이들 유적에서 발견된 재가 된 많은 양의 뼈는 구하기 힘든
나무 대신에 종종 맘모스 뼈가 불쏘시개로 이용된 것을 보여준다. 일부 발굴된 움집
내부에는 상대적으로 대형의 화덕자리가 여러 개 있어 여러 가족들이 함께 겨울을
지냈을 것 같다. 코스텐스키 유적의 사람들은 주로 맘모스나 말, 때로는 들소나 순록
도 포함하는 큰 짐승을 사냥하여 살았다. 이들 유적에서 많이 발견되는 늑대나 여우
뼈들은 의복용 털을 위한 이들 동물의 사냥을 반영한다. 그 밖의 다른 후기 구석기시
대 유적들과 마찬가지로 코스텐스키 사람들도 "비너스"상(보통 과장된 2차적 성적
특징을 수반하는 여성상)을 비롯한 다양한 종류의 장식품들을 만들었다(그림 4.20).
　중부와 동부 유럽 대부분의 지역에서, 큰 짐승 사냥은 수 만년 동안 그래왔던 것
처럼 수많은 수렵과 채집 집단의 주된 생업이었다.[148] 그러나 중부와 동부 유럽의
맘모스 사냥꾼들은 아마도 서부 유럽과 중동지역의 동시대 사람들과는 달리 상대
적으로 큰 집단으로 모여 살지는 않았던 것 같다. 맘모스는 순록, 말, 또는 야생소

처럼 떼를 이루어 서식하지는 않았을 것이고 따라서 맘모스 사냥은 단지 몇 사람의 공동 작업이면 충분하였을 것이다.

후기 갱신세의 아시아인

최근까지 동아시아에서 후기 구석기시대 유적으로 알려진 곳은 드물다. 저우커우뎬 유적에서 1만년 전으로 추정되는 층을 발굴한 결과 7구 가량의 인골−모두 살해되었으나 명확히 잡혀 먹힌 것은 아닌−이 발견되었다. 한 구는 화살이나 창으로 정확히 두개골에 상처를 입어 죽었고 또 다른 한 구는 큰돌에 머리를 맞아 죽었다. 다른 곳에서는 자바 중부의 와드자 (Wadjah)에서 두개골 2구가 출토되었으나 연대추정이 어렵다.

수백 곳의 후기 구석기시대 유적들이 일본에서 발견되었다. 이들 유적의 연대측정은 쉽지 않지만 유럽 후기 구석기시대의 전형적인 돌날과 새기개 공작이 일본, 특히 시베리아에서 연결되는 북부 지역에서 잘 나타난다.

동남아시아에서 가장 이른 석기는 약 23,000 B.P.로 측정된, 베트남 북부의 손비안(Sovian) 유물복합체일지도 모른다.[149] 그러나 약 12,000년 전쯤의 호아빈(Hoabinhian)* 석기가 이 지역에서 최초로 널리 퍼진 후기 구석기 석기공작이다.

아시아의 선사시대에서 가장 호기심을 자극하는 문제중의 하나는 인간이 언제부터 호주에 살기 시작하였는가 이다. 네안데르탈인이 여전히 유럽을 지배하던 세계에 살고 있던 사람들이 표류에 의하였던지 배를 타고 갔던지 수영을 하였던지 어떠한 방법으로도 호주로 떠났다는 것을 우리는 상상해야만 한다. 구석기시대 빙하에 의해 전세계적 규모로 하강된 해수면 깊이를 최대로 계산하여도 당시 사람들이 일부 매우 깊은 바다를 건너지 않고는 호주로 갈 수가 없기 때문에 지리학적으로 다른 가능성은 없는 것처럼 보인다. 수영도 현실적으로 가능성이 없다. 아마도 바닷가에서 고기를 잡던 수많은 어민들이 수 천, 수 만년에 걸쳐 태풍과 홍수에 의해 바다로 휩쓸려가고 익사한 다음에 몇몇 운 좋은 표류자가 드디어 호주 해안에 도달하게 되었을지도 모른다.

어쨌든 6만년에서 3만년 전 사이에 호주 원주민의 조상들이 바다를 적어도 몇 킬

* **호아빈** : 베트남 고고학자들은 호아빈 석기공작을 신석기시대라고 주장하고 있으나 호아빈에서 농경의 증거는 극히 애매하며 토기도 말기단계에서야 나타난다.

로미터는 가로질러 이럭저럭 호주에 도착하였다. 난파된 어부의 배가 우연히 호주와 뉴기니의 해안가로 표류했을 가능성도 있지만, 현존 원주민들의 유전적 다양성과 일반적인 출산율을 고려한 컴퓨터 모의실험에 의하면 단지 보트 한 척이나 두 명 정도의 개척자가 그 지역 현존 원주민들의 창시자로 추정된다.[150] 그곳에서 발견된 선사시대 사람들은 5만년 전의 건장한 체구의 사람들과 2만년 이전의 왜소한 사람들의 두 집단으로 구분되며,[151] 따라서 학자들은 이들 상이한 두 집단에 의해 이곳의 이주가 이루어졌다고 믿는다. 아메리카의 동시대인들처럼 후기 갱신세의 호주사람들도 크고 작은 많은 동물종들이 멸종하기 시작할 때 살았었다. 그래서 이러한 멸종 유형에서 그들이 담당한 역할에 대한 논쟁이 여전히 남아있다.

　호주 원주민은 인간 본성의 고찰에 대한 기막힌 주제를 제공한다. 생각해봐라! 이 사람들은 생태적으로 다양한 대륙에서 4만년 이상을 거의 완전히 격리된 상태에서 살았다. 그리고 17세기에 유럽인들이 이들과 처음 조우하였을 때 원주민의 기술은 네안데르탈인의 정교함에도 미치지 못하여 겨우 단순한 석기와 초보적인 나무도구 정도였다. 그러나 그들은 인류학과 박사과정 학생들도 이해하려면 애를 먹는 – 아마도 결코 이해하지 못할지도 모르는 – 복잡한 친족 체계와 우주론을 발전시켰다.

3만년 전의 세계

　3만년 전 이후 세계는 단지 하나의 인간 종, 즉 호모 사피엔스 사피엔스 – 우리 자신 – 만이 거주하였고, 우리 조상들은 구대륙의 거의 모든 자연환경, 그리고 아마도 신대륙까지도 삶의 영역을 넓혀 나갔다. 이렇듯 거대한 팽창을 하면서 사람들은 돌과 뼈와 기타 다른 재료들로 다양한 종류의 도구를 발전시켰다. 이들 도구는 대부분 오래 전에 사라지고 고고학적 물질로만 남아 있다. 낚시 바늘과 미늘 작살의 증거는 많은 사람들이 마침내 그들의 식탁에 물고기를 추가하였다는 것을 보여준다. 물고기는 겉보기에는 확실한 선택이지만 3만년 전경까지는 그리고 이후에도 많은 사람들이 고르지 않았던 식료이다. 많은 환경에서 물고기는 다른 식량의 부족한 부분을 크게 보충할 수 있고 따라서 훨씬 더 많은 인구를 매우 안정되게 부양한다. 창던지개 같은 다른 기술적 진보들도 많은 집단들의 사냥 솜씨를 크게 향상시켰으며, 식물성 식료의 활용 또한 아마도 효율성이 빠르게 향상되었을 것이다.

🖼 요약과 결론

우리는 150만년 전쯤 아프리카와 아시아의 온난한 가장자리를 따라 퍼져나가면서 조잡한 석기, 우리보다 훨씬 떨어지는 지적능력, 그리고 아마도 초보적이었을 인간적 사회 구조를 갖고도 적절한 삶을 유지하였던 인간들로 이 장을 시작하였다.

우리는 겨우 3만년 전 후기 갱신세에 우리 친척의 형태로 등장한 우리 자신으로 이 장을 효과적으로 마감한다. 150만년의 이 기간동안 일어났던 일에 대하여 우리는 많은 자료를 갖고 있으나 가장 중요한 진화론적 유형과 동력의 일부라도 확실히 묘사하기엔 여전히 자료가 충분하지 않다. 매년 인류학자들은 그들의 연구를 토론하기 위해 세계 곳곳에서 학술회의를 개최한다. 그리고 작년과 그 이전 해와 마찬가지로 올해에도 그들은 현생인류의 기원에 대해 논쟁할 것이다. 이 장에서처럼 이들 논쟁들은 아무런 실제적 해결 없이 끝날 것이다. 몇몇 인류학자들은 이들 인간기원의 모델 중 어느 하나가 정확하다고 확신하기도 하겠지만 어느 누구도 진실은 알지 못한다. 설령 관련된 인간화석의 발견이 열 배 이상 증가한다고 하더라도 이들 논쟁은 앞으로도 매년 계속될 것 같다. 예를 들어 만일 리처드 클라인의 주장이 옳다면,[152] 현생인류의 기원은 동아프리카인의 한 집단이 다른 모든 인간집단보다 탁월한 방법으로 시간, 공간, 그리고 인간적 가능성을 개념화하도록 해준 하나의 돌연변이—아마도 한 개인에서의 돌연변이—로부터 직접 발생하였을지도 모른다. 이러한 돌연변이가 발생하였을 수도 있고 머리뼈 조각에 아무런 흔적도 남기지 않을 수도 있다. 반면 만약 인간진화의 다지역기원설을 주창하고 있는 프레이어, 월포프, 손, 스미스와 포페가 옳다면, 그들은 분명 그들의 동료들을 확신시키기 위한 더 많은 추가 자료들을 필요로 할 것이다.

그러나 앞에서 언급하였듯이 해결되지 않는 논쟁으로 논의를 하고 증거를 재검토하는 일이 반드시 무의미한 것만은 아니다. 우리의 기원의 본질과 역사에 관한 이렇게 상충되는 생각들 속에서 우리는 어떻게 "과학"이 운용되는지 볼 수 있고 이러한 지적인 문제들의 중요성을 파악할 수 있다. 현재 우리의 성격에서부터 질병에 대한 민감성까지, 인간적인 조건의 일부 측면에 대한 유전적 기초를 확인하는데 새로운 돌파구를 마련하였다는 발표가 하루가 멀다하고 쏟아지고 있다. 우리가 우리의 유전자, 우리의 역사와 운명의 발현이라는 점에서 우리는 지난 수 십만, 수 백만년에 걸쳐 이루어진 자연선택의 산물이다. 물론 자연선택의 동력과 유전적 유형이 바로 현대인의 기원에 관한 논쟁에서의 기초 자료들이다.

　유전학적 연구의 속도를 감안하면 우리가 결국 네안데르탈인을 재창조할 수 있게 되리라는 것이 불가능하지는 않다. 그러나 우리가 네안데르탈인을 재창조하여 그 또는 그녀에게 학력 적성검사(SAT)를 보게 할 때까지는 이들이 진정 어떠한 사람이며, 그들이 무엇을 할 수 있는지, 그리고 우리와 어떻게 연관되는지에 관한 논쟁을 결정적으로 매듭지을 수는 없을 것이다.

　40만년에서 3만년 전 사이에 발생한 뇌 크기의 증가와 기타 변화들의 원인을 조사하면 우리는 진화론적 변화율이 종종 한 종의 서식범위 주변부(margins)에서 가장 높게 나타난다는데 주목할지 모른다. 영국, 북유럽, 그리고 아마도 유라시아의 북부 지역까지도 멀리 퍼져나가 사냥, 주워먹기와 채집의 다양한 형태로 전문화하기 시작했던 호미니드 무리로서의 호모(Homo)의 경우가 바로 그럴지 모른다. 현대인의 뇌 크기와 가까운 스완스콤과 스타인하임의 인골들은 북반부 변경지역을 따라서 발전한 그러한 양상을 반영하고 있는지도 모른다. 대부분의 수렵채집사회에서 뇌 크기와 얼굴 구조에서의 이러한 변화가 광범위한 지역에 빠르게 유포될 수 있었을 정도로 유전자의 이동이 충분히 높았을 것이다. 예를 들어 마이클 데이는 스완스콤 화석이 유럽 네안데르탈인 진화의 근본을 이루었던 호모 에렉투스와 호모 사피엔스 사이의 전환기적 형태를 지닌 여성의 예로 가장 잘 간주될 수 있다고 제시한다.[153]

　그러나 초기 인간처럼 문화적 동물의 "가장자리"는 단순히 지리적으로가 아니라, 문화적으로 그리고 기술적으로 정의될 수 있다. 뇌 크기는 세계의 추운 변방에서가 아니라 아프리카에서 가장 급속도로 증가하였을 것 같다. 뇌 조직은 다량의 에너지와 산소를 소비하므로 "비용"이 상대적으로 높다. 또한 머리가 큰 새끼를 낳는다는 것은 산모의 이동성을 감소시키는 골반뼈 구조를 요구한다. 호모 에렉투스는 분명 효과적인 주워먹기 동물이며, (적어도 작은 사냥감은 잡은)사냥꾼이며, 채취인이며, 도구 제작자였기 때문에 늘어난 뇌 크기는 아마도 사냥이나 도구제작에서 중요한 문제해결 능력의 향상보다는 감정적 능력의 증가와 관련될 것이다. 집단 자체를 많은 다른 무리들과 수백 명의 개인들을 포함하는 사회적 네트워크의 한 부분으로서 조직할 수 있는 커다란 장점이 갱신세의 수렵채집집단에서 발생하였으며, 아마도 증가된 뇌 크기는 많은 "일가친척"에 대한 감정을 일반화시킬 수 있는 자연선택의 장점과 관계가 있었을 것이다.

어떤 경우든 오늘날 "보통" 사람들 사이에서도 나타나는 두개골 용량의 커다란 변이성, 그리고 인간의 뇌 크기가 일반적으로 약 10만년 전까지 아주 균일하게 증가해 왔던 것처럼 보이는 사실은 이러한 현상을 너무 단순하게 해석하는 것에 대해 경고한다.

200만년에서 10만년 전 사이에 기술적 변화가 상대적으로 완만하게 이루어진 것을 설명하기 위해서는 우리는 당시의 우리의 조상들이 지적으로 떨어질 뿐만 아니라 인구수도 매우 적었다는 사실을 염두에 두어야 한다. 비록 기술적 혁신이 새로운 아이디어를 창조할 수 있는 지성을 가진 자의 수로 나타나는 단순한 산물은 아니다고 하더라도, 전기와 후기 갱신세의 단순한 수렵채집경제에서는 혁신과 인구수 사이에 강한 연관성이 존재한다. 50만년 전까지도 전세계의 인구는 백만 명 정도를 넘지 않았을 것이다. 또한 당시 사람들의 평균 수명은 훨씬 짧은 추세라 나이 삼십을 넘긴 사람이 거의 없었다. 그리고, 어떤 나이의 젊은이도 믿지 않겠지만, 사람들은 30살은 넘어야 많은 것을 배우고 상당한 창조성도 유지한다.

마지막으로, 만일 우리가 뼈와 돌 그리고 우리의 과거에 대한 실제적인 분석적 질문들 그 이상에 대해 알고 싶다면 우리는 여기에 제시된 증거가 함축한 의미들을 심사숙고해야한다. 여기서 그리고 3장에서 마주친 우리 조상들의 원동력에 대한 사실들과 모델들이 아름다운 세상과 삶이라는 인상을 거의 소멸시켰다고 언급할 만 하다. 우리 기원의 어두운 진실이 다윈에 의해 최초로 부각된 이후에 우리가 우리의 전 모습 파충류부터 출현한 수단으로서 "이빨과 발톱이 피로 물든, 자연"이란 생각이 사람들을 소름끼치게 해왔다. 그래서 다윈과 동시대인으로 다윈의 생각에서 영감을 얻은 알프레드 테니슨이 세계와 우주의 정신적으로 상처 입은 이 감상을 예술적으로 표현한 문장으로 이 장을 끝내는 것이 적당할 듯하다.

> 하나님과 자연은 그렇다면 다투고 있는가?
> 자연은 그렇게 사악한 꿈을 주는가?
> 자연은 종(type)에는 주의를 기울이는 같으면서도
> 단 하나의 생명에는 그렇게도 부주의하는 듯.

나는 도처에서 자연의 행동 속에 보이는
은밀한 의미를 생각하고
수많은 씨들 중에서
자연이 종종 선택하여 생산하는 것을 발견하고서

나는 내가 든든히 밟고 있는 곳에서 비틀거린다.
그리고 걱정의 무거운 중압으로
어둠을 통과하여 하나님께로 미끄러져 가는
위대한 세계의 제단 계단들 위에 쓰러진다.

나는 신앙의 절름거리는 손들을 뻗쳐서 더듬는다.
그리고 먼지와 왕겨를 모으고
내가 감지하는 만유의 주님을 소리쳐 부른다.
그리고 희미하게나마 더 큰 소망을 신뢰한다.

"생물의 종에 대단히 주의가 깊다구요?"
하지만 아닙니다.
자연은 울부짖는다. "천 종의 생물은 가버렸다고
나는 아무 것도 돌보기 않고 모든 것은 가버릴 것이라고"

"그대는 그대를 나에게 나타나게 해준다.
나는 소생시키고 죽음을 가져온다.
영혼은 단지 호흡을 의미한다.
나는 더 이상은 모른다." 그리고 그는

자연의 마지막 작품인 인간
그의 눈에 훌륭한 목적으로 아름답게 보였던 인간
그는 찬송을 쓸쓸한 하늘에 올려 보냈고
무익한 기도의 신전을 건축했다.

그는 하나님은 사람이심을 정말로 믿었고
창조의 종국적 섭리를 사랑한다.
비록 자연이 이빨과 발톱으로 잔학하게
약탈하며 그의 신조에 비명을 울리지만-

그는 무수한 불행을 겪었고 사랑했고
진리와 정의를 위해서 싸웠던 그가
황폐한 흙 주위로 불리어가서
무정한 산 속에 흔적이 찍혀져 남을 것인가?

더 이상은 안 그래? 그때 괴물은 꿈이며 불협화음.
그들의 끈적끈적한 흙 속에서
서로의 무게를 다는 초기시대의 용들은
그와 어울리는 원숙한 음악이었다.

(추모시 In Memoriam*에서)

---

* 영국 빅토리아 시대의 계관시인인 알프레드 테니슨卿(1809-1892)은 친구이자 누이 약혼자인 Hallam이 불의의 사고로
  젊은 나이에 사망하자 인생의 삶과 죽음의 문제, 인간의 영원한 삶을 명상하면서 그의 죽음을 애도한 시가 '인 메모리
  엄'이다. 이성을 기초로 하는 과학의 힘과 전능하신 하나님을 믿는 그의 신앙과의 갈등이 시에서 보인다. 진화론을 믿
  으면서 비관론에 빠지기도 하였던 그가 결국은 창조주께서 인간을 고귀한 존재로 창조하셨으며 사람도 죽으면 하늘의
  영원한 나라에서 살 수 있다는 신념으로 회귀하게 된다. 이상의 내용과 시 번역은 "추모시 In Memoriam"(박세근, 탑출
  판사, 1986)에서 인용한 것임

저자주

1) Gould, *Wonderful Life*.

2) See, for example, Frayer et al., "Theories of Modern Human Origins: The Paleontological Test," p.17.

3, 4) bid., p.17, p.17-18.

5) Aiello cites Brauer "Africa's Place in the Evolution of *Homo sapiens*."

6) Leaky, *Olduvai Gorge*.

7) Weidenreich, *Apes, Giants, and Man*.

8) See also Coon.

9) Howelld(quoted in Frayer et al., "Theories of Modern Human Origins: The Paleontological Test," p.15).

10) Frayer, Wolpoff, Thorne, Smith and Pope, "Theories of Modern Human Origins: The Paleontological Test," p.15

11) See, for example, Lieberman and Jackson, "Race and Three Models of Human Origin," Table 1; also see Gamble, *Timewalkers: The Prehistory of Global Colonization*.

12) See Brace et al., "Clines and Clusters Versus 'Race' : A Test in Ancient Egypt and the Case of a Death on the Nile."

13) Hermstein and Murray, *The Bell Curve*.

14) Rushton, *Race, Evolution, and Behavior: A Life History Perspective*.

15) See, for example, book reviews of Rushton, *Race, Evolution, and Behavior: A Life History Perspective*.

16) Day, *Guide to Fossil Man*, p.238.

17) ibid., p.409.

18) Klein, "Anatomy, Behavior, and Modern Human Origins."

19) Reviewed in Day, *Guide to Fossil Man*, p.238.

20) Issac, "The Archaeology of Human Origins," p.60.

21) Pope, "Bamboo and Human Evolution."

22) Issac, "Sorting Out the Muddle in the Middle- An Anthropologist's Post-Conference Appraisal," p.504.

23) Shipman, "Early Hominid Lifestyle."

24) Binford, *Bones: Ancient Men and Modern Myths*, p.294 ; idem., "Human Ancestors."

25) Roberts, "Body Weight, Race and Climate."

26) Jorgensen, "A Contribution of the Hypothesis of a Little More Fitness of Blood Group O."

27) Conroy, 1990.

28) Binford, "Human Ancestors: Changing Views of Their Behavior."

29) Bar-Yosef, "Archaeological Occurrences in the Middle Pleistocene of Israel."

30) Klein, "Anatomy, Behavior, and Modern Human Origins."

31) ibid, p.178.

32) 여기 카보넬의 리포트는 뉴스에서 취하였다. 논문은 Science에 실려 있다.

33) Sevink et al., "A Note on the Approximately 730,000 year-old Mammal Fauna and Associated Human Activity Sites near Isernia, Central Italy."

34, 35) Wu Rukang and Jia Lampo, "China in the Period of *Homo habilis and Homo erectus*."

36) Binford and Stone, "Zhoukoudian: A Closer Look."

37) Arens, *The Man-Eating Myth*.

38) Garn and Block, "The Limited Nutritional value of Cannibalism."

39) Shapiro, *Peking Man*.

40, 41) Freeman, "Acheulian Sites and Stratigraphy in Iberia and the Maghreb," p.664.

42) 위 글 682쪽에서는 큰 규모의 사냥꾼 집단을 상정하지만 반대되는 의견도 있다. Binford, "Human Ancestors,"; James, "Hominid Use of Fire,"; Shipman and Rose, "Evidence of Butchery and Hominid Activities at Torralba and Ambrona."

43.) de Lumley, H., "A Paleolithic Camp at Nice"; Villa, *Terra Amata and the Middle Pleistocene Archaeological Record of Southern France*.

44) de Lumley, "A Paleolithic Camp at Nice."

45) Villa, *Terra Amata and the Middle Pleistocene Archaeological Record of Southern France*.

46) Klein, "Anatomy, Behavior, and Modern Human Origins."

47) Day, *Guide to Fossil Man*, p.100.

48) Reviewed in Howell, "Observation on the Earlier Phases of the European Lower Paleolithic."

49) Tennyson은 여기서 괴테에 대해 언급하고 있다.

50) Bender, "Comment on G. Krantz(CA 21:773-79)."

51) White, "Beyond Art: Toward an Understanding of the Origins of Material Representation in Europe," p.560.

52) Klein, "Anatomy, Behavior, and Modern Human Origins."

53) White, "Rethinking the Middle/Upper Paleolithic Transition."

54) Lieberman, "Testing Hypothesis about Recent Human Evolution from Skulls."

55) Wobst, "Stylistic Behavior and Information Exchange."

56) White, "Rethinking the Middle/Upper Paleolithic Transition."

57) Ferraro et al., *Anthropology*, p.129.

58) Aiello, "The Fossil Evidence for Modern Human Origins in Africa: A Revised View."

59) Melnick and Hoelzer, "What is mtDNA Good for in the Study of Primate Evolution?" p.9.

60) Frayer et al. "Theories of Modern Human Origins: The Paelontological Test."

61) ibid, p.39.

62) See, for example, Brauer, "Africa's Place in the Evolution of *Homo sapiens*".

63, 64) 아래의 증거들은 프레이어 등의 글(주 60, pp.19-20)에서 인용함

65, 66) Singer and Wymer, *The Middle Stone Age at Klasies River Mouth in South Africa*.

67) Frayer et al., "Theories of Modern Human Origins: The Paelontological Test."

68) ibid., p.36

69) Deacon, "Southern Africa and Modern Human Origins"; Deacon and Schuurman, "The Origin of Modern People: The Evidence from Klasie River"; Brauer, "Africa's place in the Evolution of *Homo sapiens*."

70) Klein, "Anatomy, Behavior, and Modern Human Origins."

71) *Science*의 뉴스 기사에서 인용.

72) Frankel, Remains to be Seen.

73) Pope, "The Antiquity and Paeloenvironment of the Asian Hominidae"; Wolpoff et al., "Modern *Homo sapiens* Origins: A General Theroy of Hominid Evolution Involving the Fossol Evidence from East Asia"; Thorne, "The Arrival of Man in Australia."

74) 이브설의 옹호자들이 앞니의 "shovelling"에 대한 아프리카의 자료를 고의적으로 오도해 해석하였다는 주장에 대해서는 Frayer et al.("Theories of Modern Human Origins: The Paelontological Test")의 표 2를 보시오.

75) Frayer et al., "Theories of Modern Human Origins: The Paelontological Test."

76) Stringer et al., "The Significance of the Fossil Hominid from Petralona, Greece"; Trinkhaus, "Evolutionary Continuity among Archaic *Homo sapiens*."

77) Day, *Guide to Fossil Man*, p.20.

78.) ibid., p.22.

79) Roe, *The Lower and Middle Paleolithic Periods in Britain*.

80) Binford, "Human Ancestors," pp.316-17.

81) de Lumley, "Ante-Neanderthals of Western Europe."

82) Svoboda, "Lithic Industries of the Arago, Vertesszollos, and Bilzingsleben Hominids: Comparison and Evolutionary Interpretation."

83) Brace, "The Fate of the Classic Neanderthals: A Consideration of Human Catastrophism."

84) Straus and Cave, "Pathology and the Posture of Neanderthal Man."

85) Trinkhaus, "The Neandertals and Modern Human Origins."

86, 87) ibid., p. 203, 205.

88) Bordes, *Typologie du Paleolithique ancien et moyen.*

89) Binford and Binford, "A Preliminary Analysis of Functional Variability in the Mousterian of Levallois Facies."

90) Binford, "Human Ancestors," p.319.

91) .Lieberman and Crelin, "On the Speech of Neanderthals."

92) Frayer and Wolpoff, "Comments on Glottogenesis and Modern *Homo sapiens.*"

93) 이 주제에 대한 증거와 반대 의견에 대한 검토는 see Gargett, "Grave Shortcomings: The Evidence for Neanderthal Burial"; Chase and Dibble, "Middle Paleolithic Symbolism"; Brace, "Review of *Shanidar: The First Flower People*, by R. Solecki," p.86.

94) Klein, "Anatomy, Behavior, and Modern Human Origins."

95) Straus, "*Iberia before the Iberians: The Stone Age Prehistory of Cantabrian Spain.*"

96) Trinkhaus, "The Neandertals and Modern Human Origins."

97) Trinkhaus, "Neanderthal Mortality Patterns"

98) ibid., p.121.

99) Day, Guide to Fossil Man, pp.414-16.

100) Brace, *The Stages of Human Evolution: Human and Cultural Origins*; Smith and Ranyard, "Evolution of the Supraorbital Region in Upper Pleistocene Fossil Hominids from South-Central Europe."

101) Lovejoy and Trinkhaus, "Strength of Robusticity of the Neanderthal Tibia."

102) Smith, "Upper Pleistocene Hominid Evolution in South-Central Europe: A Review of the Evidence and Analysis of Trends."

103) *Day, Guide to Fossil Man*, p.415; Trinkhaus and Howells, "The Neanderthals."

104) Soffer, "Ancestral Lifeways in Eurasia- the Middle and Upper Paleolithic Records."

105) Valladas et al., Thermoluminescence Dating of Mousterian 'Proto-Cro-Magnon' Remains.

106) Schwarcz, "Chronology of Modern Humans in the Levant."

107) Trinkhaus, quoted in B. Bower, "an Earlier Dawn for Modern Humans?" p.138.

108) Frayer et al., "Theories of Modern Human Origins: The Paelontological Test," p.37.

109) Bar-Yosef, "Late Pleistocene Adaptations in the Levant"; Shea, "Spear Points from the Middle Paleolithic of the Levant"; summarized in Frayer et al., "Theories of Modern Human Origins: The Paelontological Test," p.20.

110) Klein, Anatomy, Behavior, and Modern Human Origins.

111) Brauer, Gunter, The Evolution of Modern Humans: A Comparison of the African and Non-

African Evidence.

112) Frayer et al., "Theories of Modern Human Origins: The Paelontological Test."

113) Bricker, "Upper Paleolithic Archaeology."

114) Klein personal communication.

115) Reviewed in Straus, "Upper Paleolithic Origins and Radiocarbon Calibration: More New Evidence from Spain."

116) ibid., p.197.

117) ibid., p.196.

118) ibid.

119) Leveque and Vandermeersch, "Les Decouvertes de Restes Humains."

120) Trinkhaus, "The Neandertals and Modern Human Origins," p.198.

121) Bischoff et al., "Dating of the Basal-Aurignacian Sandwich at Abric Romani(Cantalunya, Spain) by Radiocarbon and Uranium-series."

122) Smith, "Upper Pleistocene Hominid Evolution in South-Central Europe: A Review of th Evidence and Analysis of Trends."

123) Straus, "Upper Paleolithic Origins and Radiocarbon Calibration: More New Evidence from Spain."

124) Frayer et al., "Theories of Modern Human Origins: The Paelontological Test," p.32.

125) 예를 들어 *Current Anthropology* 36(2):159-197의 토론 참조.

126) Thackeray, *Current Anthropology* 36(2):185.

127) Prideaux et al., *Cro-Magnon Man*, pp.91-94.

128) De Beaune, "Paleolithic Lamps and Their Specialization: A Hypothesis."

129) Conkey, "New Approaches in the Search for Meaning? A Review of Research in Paleolithic Art."

130) Rice and Patterson, "Cave Art and Bones: Exploring the Interrelationships," p.98.

131) Fisher, *Woman's Creation*.

132) Marshack, "Some Implication of the Paleolithic Symbolic Evidence for the Origin of Language."

133) Leroi-Gourhan, "The Evolution of Paleolithic Art."

134) Lewis-Williams and Dowson, "The Signs of All Times: Entopic Phenomena in Upper Paleolithic Art."

135) ibid., p.215(emphasis theirs)

136) See, for example, Pfeiffer, "Cro-magnons Were Really Us, Working Out Strategies for Survival."

137) Hodder, Reading the Past; also see Straus, *Iberia before the Iberians: The Stone Age Prehistory of Cantabrian Spain*.

138) Conkey, "New Approaches in the Search for Meaning? A Review of Research in Paleolithic Art," p.422.

139) Halverson, "Art for Art's Sake in the Paleolithic," p.71

140) Bednarik, "Paleoart and Archaeological Myths."

141) White, "Beyond Art: Toward an Understanding of the Origins of Material Representation in Europe," p.560.

142) Marks, *Human Biodiversity: Genes, Race and History*.

143) Marks, *Human Biodiversity: Genes, Race and History*; Brace et al., "Clines and Clusters Versus Race: A Test in Ancient Egypt and the Case of a Death on the Nile."

144) Thiel, "Early Settlement of the Philippines, Eastern Indonesia, and Australian-New Guinea: A New Approach."

145, 146) Vallois. "The Social Life of Early Man: The Evidence of the Skeletons."

147) Soffer, *The Upper Paleolithic of the Central Russian Plain*.

148) See, for example, Klein, *Ice-Age Hunters of the Ukraine*; Soffer, *The Upper Paleolithic of the Central Russian Plain*.

149) Bellwood, *The Prehistory of the Indo-Malaysian Archipelago*; Sonviian assemblage-Vietnam.

150) White and O'Connell, "Australian Prehistory: New Aspects of Antiquity."

151) Thorne, "The Arrival of Man in Australia."

152) Klein, "Anatomy, Behavior, and Modern Human Origins."

153) Day, *Guide to Fossil Man*.

[역자 추가문헌]

로저 레윈(박선주 역), 『인류의 시대』(6,7), 해안, 1996.

리처드 리키(황현숙 역), 『인류의 기원』(5~8), 두산동아, 1995.

애덤 쿠퍼(유명기 역), 『네안데르탈인 지하철 타다』

에릭 트링카우스(윤소영 역), 『네안데르탈』 I · II, 금호문화, 1997.

박선주, 『고인류학』(제5~6장), 아르케, 1999.

5장
첫번째 아메리카인

> 해가 뜨자 바닷가는 …… 체구도 좋고 용모도 좋은……
> 젊은 사람들로 가득 메워졌다. 나는 원주민 중 일부가 코에 구멍을 뚫어
> 고리를 달고 있는 것을 보았기 때문에 그들이 금을 갖고 있는지 몹시 알고 싶었다……
> 나는 그들에게 금을 좀 갖고 오게 하려고 시도하였으나
> 그들은 그들이 왜 가야만 하는지 이해할 수 없었다.
>
> 크리스토퍼 콜롬부스(1492년 10월 13일)

콜롬부스도 신대륙의 "발견자들" 대부분도 그곳에서 "인디안"을 만나고도 놀라지 않았다. 그들이 인도, 혹은 아마도 일본에 닿았다고 믿었기 때문이다. 그러나 유럽인들이 그들이 오리엔트에 있지 않다는 것을 깨닫고 신대륙 문화의 풍부한 다양성을 알게되면서 바로 아메리카 원주민의 기원에 관한 문제로 고민하기 시작하였다. 그 당시 대부분 유럽인의 결정적 권위서인 성경이 이상하게도 이 "두번째-지구"의 존재에 대해서는 아무런 언급이 없었다. 그래서 유럽인들은 인디안들이 어떻게 그들이 기원하였을 에덴의 동산에서 신대륙에 도착하였는지에 대해 고민하기 시작하였다. 초기의 탐험가들은 이집트와 아메리카 원주민 문화의 "유사성", 예를 들면 이집트, 멕시코와 미시시피 계곡에서 발견된 대형 피라미드에 깊은 감명을 받았다. 그리하여 일부 탐험가들은 아메리카 원주민이 이집트인의 아버지로 간주되어 왔었던, 노아의 아들중 하나인 햄의 후손들이라고 결론지었다.[1] 아메리카 원주민은 로마시대 팔레스타인에서 추방되었던 "이스라엘의 사라진 부족"의 후손이라는 생각도 당시에 유행하였다.[2] "잃어버린 부족"이란 생각은 말일성도(모르몬교도) 교회의 교의로 합쳐지면서 모르몬 경전은 아메리카 원주민이 콜롬부스

보다 수 백년 전에 배를 타고 신대륙으로 건너온 이스라엘 부족의 후예라고 설명하였다. 다른 사람들은 아메리카 원주민이 수 천년 전 화산 폭발로 바다 속으로 가라앉은 아틀란티스에서 탈출한 사람들의 후손이라고 믿었다.

그러나 1590년경 스페인 예수회의 요세 드 아코스타가 아메리카 원주민이 아시아에서 왔다는 견해를 처음 피력하였으며, 1781년에 토마스 제퍼슨은 오늘날의 학자들도 정확하다고 평가할 정도로 신대륙으로의 이주를 묘사할 수 있었다.

캄차카반도에서 켈리포니아로 해안을 따라 항해한 쿡 선장의 최근 발견은 아시아와 아메리카의 두 대륙이 매우 좁은 해협에 의해 분리되어 있다는 사실을 입증하였다. 그래서 아시아에서 주민들이 아메리카로 건너올 수도 있으며, 아메리카 인디안과 아시아 동부 주민들 사이의 유사성은 전자가 후자의 후손이거나 아니면 후자가 전자의 후손이었으리라고 추측할 수 있게 하여준다. 즉 에스키모인들은 같은 얼굴모습과 언어의 동일성으로 보아 그린랜드인에서 기원하였음에 틀림없고 이들 역시 구대륙의 북반부에서 왔으리라.[3]

아메리카 원주민의 기원에 관한 단서를 찾으면서 제퍼슨과 당시의 일부 학자들은 아메리카 원주민이 검은 갈색의 눈, 검고 곧은 머리칼, 유럽인들에 비해서는 넓은 광대뼈 등 체질적으로 아시아 인종과 매우 가깝다는 사실에 감명을 받았다 (그림 5.1). 그러나 차이점 역시 분명한데 에스키모와 알류트족을 제외하고는 대부분의 아메리카 원주민이 동아시아인보다는 내안각췌피(속눈꺼풀)가 뚜렷하지 않으며 코도 상대적으로 높다.

유럽인들은 또한 신대륙의 언어가 매우 다양하며 – 일부 경우에서는 인접한 집단끼리도 전혀 다른 언어를 쓰고 있다 – 그리고 아메리카 원주민의 어떤 언어도

5.1 아메리카 원주민의 초기 사진. 아메리카인과 아시아인들 사이의 체질적 유사성은 그들의 공통 기원을 반영한다.

구대륙 언어와 분명한 유사성을 보여주는 것은 전혀 없었다. 그리하여 비록 아메리카 원주민이 아시아인의 후손일 가능성이 높다고 하더라도 그러한 체질적, 언어적 분화가 발생하려면 매우 오랫동안 아메리카에서 거주하였음에 틀림없다고 확신하였다.

신대륙에 사람들이 늦어도 12,000년 전부터 살았다는 점은 오랫동안 명백하였다. 1908년에 뉴멕시코의 협곡을 따라 말을 타고 가던 한 카우보이가 폴솜(Folsom)읍 근처에서 지하 16미터 깊이에서 노출된 약간의 "화살촉"과 동물뼈를 발견하였다. 당시 발견물은 1925년에 이르러서야 콜로라도 자연사박물관 관장인 피긴스의 관심을 끌게 되었고, 피긴스는 이 유적에 대한 장기적인 연차 발굴을 시작하였다.[4] 밑(基部)이 깊게 홈이 진(바닥에 가까운 양 측면에서 날 방향으로 긴 격지를 떼어내어 만든) 투척용 찌르개("fluted" projectile point)가 1만년 전쯤 멸종되었던 들소의 갈비뼈에 박힌 채 처음 발견되었다. 많은 고고학자들과 다른 연구자들이 인간이 신대륙에 그렇게 오래 전에 출현하였다는 생각에 회의적이었으나, 피긴스는 위원회의 고고학자들이 직접 발굴에 참여하여 모든 활동을 감시하도록 하면서 결국 누구도 이 유물이 가짜라는 주장을 하지 않게 되었다.

1932년에 또 다른 중요한 발견이, 이번에는 뉴멕시코의 클로비스(Clovis)읍 근처에서 이루어졌다. 여기에서도 대형 돌날석기가 멸종동물과 함께 발견되었다. 그러나 이곳에서는 폴솜에서 출토된 것과는 약간 상이한 유물(그림 5.2)이 "폴솜" 찌르개보다 아래층에서 출토되었다. 분석결과 가장 이른 클로비스형 유물에는 12,000년 전의 연대가 제시되었으며, 몇 년만에 클로비스 찌르개와 크기, 형태, 양식에서 유사한 유물들이 북미 여러 곳에서 발견되었다. 이후 클로비

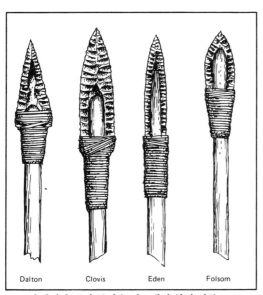

Dalton　Clovis　Eden　Folsom

5.2 아메리카 초기 투척용 찌르개의 형식 일부

스 유물과 유사한 돌(石製) 찌르개들이 북극에서 남미 남단에 이르기까지 남북아
메리카 전역에서 발견되었다.

　　이리하여 초기 아메리카인에 관한 논쟁은 12,000년 전쯤에는 존재하였던 클로비
스 문화 이전에 아메리카에 누군가가 거주하고 있었는지 아닌지에 대한 질문으로
초점이 바뀌게 되었다.

　　오늘날에는 최초의 아메리카인이 동아시아에서 육지 루트를 경유하여 왔다는
견해가 일반적으로 인정된다. 그리하여 "아메리카 원주민(Native Americans)"이란
용어는 다소 틀린 명칭이 되었다. 인간이 진화하여온 긴 역사에 비교하면 신대륙에
처음 사람이 도달한 때와 콜롬부스의 발견사이의 시간차는 상대적으로 사소한 것
이기 때문이다. 모든 아메리카인은 이주민이며, 심지어 오늘날의 아메리카 원주민
도 아메리카에 대한 최초의 소유권을 설득력 있게 주장하기 어렵다. 대부분의 현존
아메리카 원주민은 최초의 이주민이 들어온 후 수 천년이 지나서 새로이 이주해 들
어와 심지어는 이전 주민들을 대체하였을지도 모르는 집단의 후손이기 때문이다.

🖼 아메리카의 최초 식민지화

　　아메리카에 사람이 최초로 이주한 문제를 분석할 때는 주로 아래의 연관된 네 가
지 질문에 초점을 맞춘다. 구대륙인중 누가 첫 번째 아메리카인의 조상이었을까?
그들은 언제 신대륙으로 처음 들어와 아한대와 온대지역을 개척하였을까? 그들은
어떤 루트를 따라 북미와 남미를 식민지로 개척하였을까? 처음 연쇄적으로 이동하
여 온 사람들은 어떤 종류의 기술과 경제를 갖고 있었을까?

　　이러한 질문들은, 본질적으로는 중요하지만 더 이상의 큰 의미는 없는 질문에 대
하여 불충분한 자료를 갖고 연구하는 공론(空論)의 주제인, 다소 단순한 경험주의
적 문제인 것처럼 보인다. 첫 번째 아메리카인이 신대륙에 도착한 것이 30,000년
전이든 13,000년 전이든 주제의 총괄적 개요에서는 그리 큰 차이가 없을지 모른다.

　　그러나 신대륙의 식민지화는 이러한 단순한 질문들이 제기하는 것보다 훨씬 큰
중요성을 지닌다. 가장 중요한 것은 신대륙 초기 이주민들의 이어지는 역사가 구대
류으로부터의 영향에서 대부분 독립되었다는 사실이다. 그들이 언제 도착하였던

간에 신대륙 사람들은 구대륙의 역사와 비교될 수 있는 오래되고 풍부한 문화적 역사의 예를 우리에게 제공한다. 더욱이 신대륙의 식민지화는, 구석기고고학에서 가장 복잡한 이슈 중의 하나인, 인간의 적응방산(adaptive radiation)*의 과정과 성질을 수반한다. 모든 동물종들은 그들이 적응할 수 있는 한계에 도달할 때까지 "자연히" 전세계로 방산하는 것처럼 보인다. 코끼리와 같은 일부 열대 종은 추위에 적응된 아종(亞種)으로 진화하여 구대륙과 신대륙의 북쪽 멀리까지 퍼져나갔다. 그러나 이러한 진화적 적응조차도 얼음 덮인 극지방에서까지 거대한 체구를 지탱할 수 있는 동물을 만들어낼 수는 없었다. 진화적 변화는 적응의 한계를 따라 가장 빨리 발생하는 것처럼 보인다. 그러나 멸종 동물의 진화적 변화율을 측정하기란 어렵다.

인간의 이주유형과 적응방산은 진화하는 체질적 특성과 문화가 복잡하게 혼합되어 이루어진다. 그리하여 신대륙의 고고학적 기록은 거대하고 매우 다양한 경관을 따라 이루어진 인간의 복잡한 적응과정을 상세히 연구할 수 있는 기회를 제공한다.

왜 사람들이 아메리카에 왔는지는 한번도 문제가 된 적이 없다. 다른 동물종과 마찬가지로 사람도 그들이 적응할 수 있는 곳은 "자연적으로" 침투한 것처럼 보인다. 이전 장에서 기술한 "분가(分家, budding-off)" 과정은 아마도 아메리카의 이주에도 적용될 수 있을 것이다. 민족지적 연구에 의하면 수렵채집 집단은 종종 인구수가 일정규모로 증가하다가, 집단 구성원들 사이에 갈등이 빚어지거나 자원이 너무 부족하게 되는 시점이 오면 사회적 단위가 분할되면서 일부 구성원은 새로운 영역을 찾아 나선다. 북아시아의 기나긴 겨울밤은 어떤 사람들과 친족 관계를 맺을지를 곰곰이 생각해보거나 지평선 너머 에덴의 동산이 있는지 깊이 생각할 수 있는 충분한 기회를 제공했을 것이다. 결과적으로 수많은 세월동안 집단이 분할되고 인구가 증가하고 소규모 집단간의 사회적 상호작용이 이루어지면서 세계 곳곳에 사람이 들어차게 되었다.

어떻게 사람들이 처음 북미에 도달하였는지에 대한 의문이 남아있다. 앞장에서 보았듯이 사람들은 확실히 3만년 훨씬 전부터 호주에 살고 있었으며 보트를 제외하고는 그곳에 도달할 수 있는 다른 방법이 없는 것처럼 보이기 때문이다. 그러나

---

*적응방산(adaptive radiation) : 생물의 한 종이 환경에 적응해 나가는 과정에서 식성이나 생활방식에 따라 형태적 · 기능적으로 다양하게 분화하는 현상

최초의 아메리카인은 고전적인 방식대로 걸어서 그곳까지 여행을 했다는 강력한 증거가 있다.

아시아로부터 신대륙으로의 식민지화에 대한 어떤 설명도 이들 이주민들이 직면하여야 했던 물리적 환경을 고려하여야 하며, 최근의 연구는 이 점에 대한 많은 전통적인 견해에 이의를 제기하고 있다(그림 5.3).

오늘날 에스키모는 가죽으로 만든 보트만 갖고도 시베리아와 아메리카를 나누는 90km의 광활한 바다를 쉽게 가로지른다. 그리고 최근엔 한 미국여성이 몸에 기름을 듬뿍 바르고 알래스카에서 시베리아까지 수영을 하였다. 그러나 그렇게 바다를 건너는 일은 갱신세의 대부분 기간에는 필요 없었을 것이다. 지난 100만년간 빙하가 확장하면서 막대한 양의 물이 얼음으로 변하였고 그 결과 베링 해협의 바닥이 1500~3000km까지 들어 날 정도로 해수면이 낮아졌다. 보통 베링지아 Beringia(그림 5.4)로 불리는 이 바다육교는 지난 6만년동안 최소한 4번은 열렸을 것이다.

베링지아가 수렵채집인들에게 제공하였을 자원의 종류는 이주민이 건너간 시기에 달려있을 것이다. 다양한 시기에 해류가 동 시베리아에서 바다육교를 거쳐서 알래스카 중부에 이르기까지 빙하가 없는 툰드라로 덮인 자연경관을 만들었다. 이러한 상황은 갱신세 동안에 아시아로부터 아메리카로 건너간 비-북극권에 적응된 많은 동물 종에서 반영된다. 1만년 이전에 사슴, 들소, 낙타, 곰, 여우, 맘모스, 큰사슴(moose), 순록(caribou), 그리고 설치류까지도 시베리아에서 신대륙으로 건너왔다. 반대로 아메리카에서 아시아로 돌아온 여우와 마못(woodchucks)도 있으며, 전기 갱신세 동안에는 현존하는 말, 늑대와 기타 동물들의 조상에 해당하는 동물들도 건너왔다.[5] 어떤 시기에는 베링지아가 특별히 풍요롭지 않았을 수 있으며, 대부분의 지역이 건조하고 황폐하여 심지어 먼지 폭풍이 일어났을 가능성까지 있다.[6] 그러나 다른 기간에는 갱신세의 짧지만 따뜻한 여름을 이용하여 이주자들이 이 바다육교의 해안선을 따라 서식하는 물고기, 새, 바다짐승과 더불어 사향소(musk-oxen)와 다른 대형 초식동물들을 발견하였을지 모른다.

알래스카 내륙과 캐나다는 중기 위스콘신* 간빙기 동안은 다소 풍부한 환경이었다. 그리고 때때로 인간은 이 기간동안 빙하가 없는 좁은 통로를 통하여 남미까지

---

*위스콘신 : 유럽의 뷔름기에 해당하는 북미의 마지막 빙하기

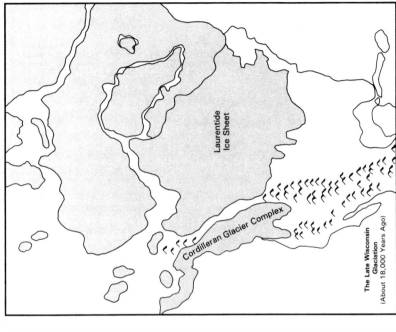

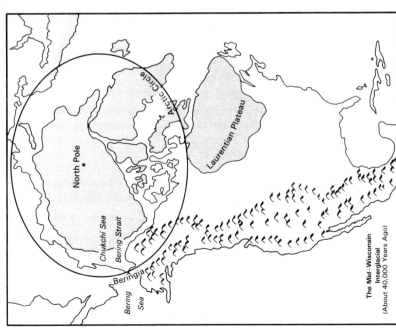

5.3 60,000년에서 12,000년 전 사이에 세계의 기후는 여러 차례 따뜻해져서 극지방과 신대륙의 남쪽 지방 사이에 길을 열어 놓았다. 식민 지화의 가능한 두 시기는 40,000년 전쯤의 중기 위스콘신 간빙기 동안과 18,000년 전쯤의 후기 위스콘신 빙하기 이후의 시기이다.

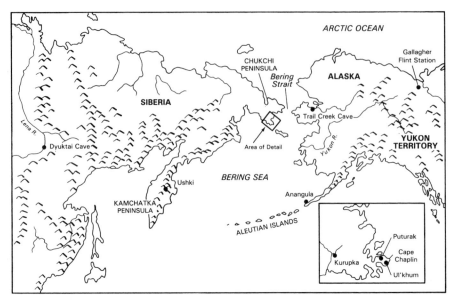

5.4 시베리아의 여러 고고학적 유적들은 첫 번째 아메리카인의 선조와 관련된 문화에 속할지 모른다.

내려갔는지도 모른다. 베링지아 동쪽 끝에 뚫은 화분분석용 시추공에 의하면 대부분의 고고학자들이 최초의 아메리카인이 도착하였다고 생각하는 시간인 30,000년 전부터 14,000년전 까지,[7] "베링지아의 경관은 거의 헐벗은 북극권 사막이나 황량한 툰드라로 이루어졌으며, 산악 지역은 풀과 낮은 관목이 드문드문 자라고 있었다. 이는 후기 위스콘신의 베링지아 지역 환경이 오늘날의 북극 중심만큼이나 황량하였다는 사실을 제시한다."[8]

대부분의 갱신세 동안 합쳐진 대빙원에 의해 [즉 동쪽의 로렌타이드 대빙원과 서쪽의 코딜레런 대빙원이 합쳐지면서] 길이 가로막혀 있었다고 추측되기 때문에 남쪽으로의 이주는 단지 몇 차례밖에 없었다고 생각되어 왔었다(그림 5.5). 설령 이들 대빙원이 남쪽으로 가는 길을 완전히 막지 않았다고 하더라도 빙하 사이에 열린 협소한 통로가 —낮은 인구밀도라도 부양하려면 넓은 땅이 필요한— 수렵채집인 집단을 부양하기에는 식량이 너무 부족하였을 것이라고 많은 전문가들은 본다.

그러나 요즘 어떤 학자들은 북미의 2~3개의 주 빙하가 여러 번 극성기에 도달하였고 이전에 생각한 것보다 더 빠르게 형성되었으며, 아마도 이전 추정치보다 빙하

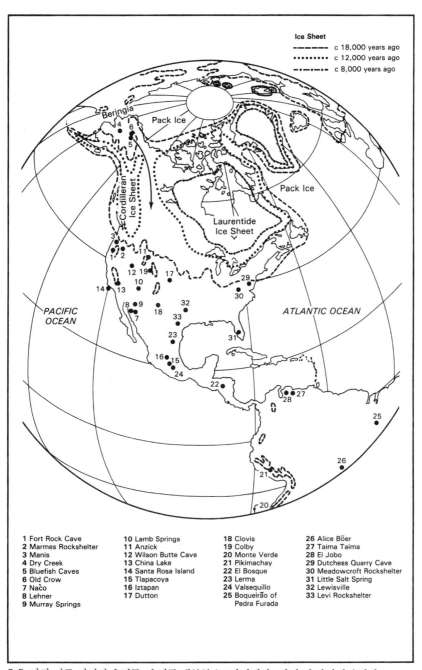

Ice Sheet

- - - - - c 18,000 years ago
· · · · · · c 12,000 years ago
- · - · - c 8,000 years ago

Beringia

Pack Ice

Cordilleran Ice Sheet

Pack Ice

Laurentide Ice Sheet

PACIFIC OCEAN

ATLANTIC OCEAN

1 Fort Rock Cave	10 Lamb Springs	18 Clovis	26 Alice Böer
2 Marmes Rockshelter	11 Anzick	19 Colby	27 Taima Taima
3 Manis	12 Wilson Butte Cave	20 Monte Verde	28 El Jobo
4 Dry Creek	13 China Lake	21 Pikimachay	29 Dutchess Quarry Cave
5 Bluefish Caves	14 Santa Rosa Island	22 El Bosque	30 Meadowcroft Rockshelter
6 Old Crow	15 Tlapacoya	23 Lerma	31 Little Salt Spring
7 Naco	16 Iztapan	24 Valsequillo	32 Lewisville
8 Lehner	17 Dutton	25 Boqueirão of Pedra Furada	33 Levi Rockshelter
9 Murray Springs			

5.5 가장 이른 시기의 유적들. 유적들 대부분은 2만년에서 1만년 전 사이에 속한다.

두께가 얇았으리라고 믿는다.9) 만약 그렇다면 22,000~18,000년 전쯤 후기 갱신세의 가장 추웠던 동안조차도 북미가 이전에 생각했던 것보다는 그렇게 인간이 이주하기에 끔찍한 장소가 아니었을 것이다. 빙하가 여러 번 팽창하고 수축하면서 사람과 동물들을 바꾸어 놓았으며, 프래드마크가 언급하였듯이 어떤 경우에는 남부 캐나다와 북부 미국에 거주하던 사람들이 빙하가 팽창됨에 따라 베링지아로 되돌아가야만 했을 때도 있었을 수 있다.10)

　최초의 아메리카인이 선택한 정확한 이동경로는 알 수 없지만 가장 그럴듯한 코스는 바다육교의 해안을 따라 브룩스 산맥(Brooks Range) 북쪽의 알래스카로 건너간 다음, 유콘강 유역을 따라 올라가서 맥켄지강 유역으로, 그리고 그곳에서 남쪽으로 방향을 틀어 로키산맥의 동쪽 사면을 따라 다코타로 들어간 다음 계속 남쪽으로 가는 길이다. 육교의 바닷가에는 물고기, 새, 새알, 무척추동물과, 많은 식물성 식료의 형태로 자원이 풍부했을 수 있다. 만일 당시의 집단이 이 길로 왔다면 후빙기의 해수면 상승으로 고대 해안선이 물 속에 잠겼기 때문에 그들의 여행을 고고학적으로 파악하기는 힘들 것 같다. 태평양 해안의 루트도 기술적으로 가능하지만 이 유적들 역시 현재 바닷가 앞 바다 속 깊이 숨어 있기 때문에 우리한테는 증거가 없다.11)

　만약 이주자들이 주로 해안을 따라 바다육교를 건넜다면 남쪽으로 이주하는 집단은 조간대(潮間帶) 지역에서 요구되는 일반적 사냥, 어로와 채취 경제의 일부 요소를 유지하였을 것으로 기대할 수 있다. 반면 만약 그들이 바다육교의 내륙을 통과하여 건너왔다면 대형 사냥감의 수렵에 훨씬 많이 의존하였을 것이다. 이주자들이 어떠한 적응을 하였던 간에 그들이 남쪽으로 지속적으로 이동하였던 것은 분명 아니다. 앞서 언급한 분가 과정은 새로운 종이 빈 적소(適所)로 이동할 때 흔히 해당되는 경우이다. 인간이 처음 바다육교에 발을 디딘 시간과 최초의 집단이 북미의 중위도지방에 도착한 해 사이에 수 천년의 세월이 지나갔을지도 모른다.

　북극권 빙하에서 불어재치는 북풍은 갱신세 북미의 기후를 오늘날과는 아주 다르게 만들었다. 네바다와 유타주의 대부분은 보너빌(Bonneville) 호수로 덮였는데, 현재는 이 호수의 아주 일부분만 대염호(The Great Salt Lake)로 남아 있다. 와이오밍, 아이오와, 그리고 대평원의 다른 부분들은 소나무, 낙엽송, 가문비나무로 덮인 거대한 숲과, 우거진 초원이었다. 남쪽으로 미시시피강과 로키산맥 사이의 지역은

Bison
Preptoceras
Tapirus
Mylohyus
Tanupolama
Cervalces
Bootherium
Platygonus
Neochoerus
Camelops
Glyptodon
Geochelone
Smilodon
Ursus arctos
Mammut americanum
Paramaylodon
Megalonyx
Mammusthus primigenius
Nothrotherium
Eremotherium
Castoroides
1 meter

5.6 갱신세 아메리카의 일부 대형 포유류 짐승. 스케일은 상대적 크기를 나타낸다.

초원과 호수와 자작·오리나무숲이 신록의 모자이크처럼 펼쳐 있었다. 북미의 동부에는 거대한 침엽수림이 빙하기 빙하의 끝 쪽에서부터 오하이오강 하류 유역까지 뻗어 나갔다. 14,000~12,000년 전의 이 황야에 서식하던 동물들은 오늘날의 사냥꾼의 관점에서는 거의 천국과 흡사하다. 요새 곰 크기 만한 비버의 일종인 캐스트로이드(Castoroides)와 함께 키가 3m가 넘는 큰사슴을 많은 습지에서 발견할 수 있었다(그림 5.6). 미국 동남부의 삼림 주변에는 오늘날의 기린만큼이나 큰 괴기한 동물인 거대한 땅늘보(ground sloths)가 대량 서식하고 있었다. 좀더 탁 트인 지역에서는 높이 솟은 뿔을 가진 들소, 순록(caribou), 사향소와, 키가 4m를 넘기도 하는 맘모스의 엄청난 무리가 있었다. 동쪽과 남쪽의 좀더 숲이 우거진 지역은 맘모스의 사촌이면서 맘모스보다 더 혼자서 다니기 좋아하고 자라난 풀보다는 연한 잎을 즐겨 먹는 동물인 마스토돈(mastodon)이 있었다. 이들 대형 짐승들과 더불어 토끼, 아르마딜로(armadillos), 새, 낙타, 패커리멧돼지(peccaries)와 기타 다른 동물들이 있었다. 그리고 그러한 이동하는 동물들을 유인하는 육식동물 역시 매우 인상적이었다. 무시무시한 늑대들이 신대륙의 대부분을 떼를 지어 돌아다녔으며, 요즘 사자만한 표범(panther)과 날카로운 송곳니가 있는 고양이과 두 종-한 종은 덩치가 사자만한- 또한 그러하였다.[12]

그리하여 이 사나운 육식동물들이 사냥을 전문화하려는 인간들에게는 분명 만만치 않은 경쟁 상대였기 때문에 최초의 아메리카인이 "비어있는 적소"에 거의 들어가지 못하였다. 중남미 역시 갱신세 동안과 바로 직후 후빙기 초에는 풍부한 사냥감이 보존되었다. 그러나 아마존 유역의 열대우림, 북미의 남부와 동부의 거대한 침엽수림 등은 대부분의 에너지가 먹을 수도 없고 영양분도 없는 섬유소의 형태로 전환되어 원시적인 수렵채집인들이 섭취할 먹이가 거의 없었을 것이다.

신대륙이 제공한 환경과 자원의 이러한 감을 갖고 우리는 최초 아메리칸인의 생물학적 조상, 최초 이주의 연대와 지리, 그리고 이주의 경제적 기술적 토대에 관하여 제기된 질문에 대한 답변을 시도할 수 있다. 그러기 위하여 우리는 다음과 같은 여러 범주의 증거에 호소할 수 있다. (1) 아메리카 원주민과 관련되는 구대륙 옛 집단의 체질인류학적 연구, (2) 신대륙과 이주자들이 건너왔을 구대륙 지역 양쪽의 고고학적 기록들, (3) 언어학적 증거- 신대륙의 토착언어는 최초 아메리카인의 문화적 기원, 문화적 관련성과 이주 유형을 제공한다.

신대륙의 식민지화 문제를 연구하는 학자들은 모두 이와 같은 범주의 증거를 사용하지만 그들이 내린 결론은 서로 엄청나게 다르다.[13]

체질인류학적 증거

10만년 전쯤 구대륙 사람들은 신대륙으로 이주하는데 필요한 의복, 불과 도구를 제작하는 기술을 모두 가졌던 것으로 보인다. 그러나 집중적인 연구에도 불구하고 우리 자신과 같은 종인 호모 사피엔스 사피엔스에 포함되지 않는 사람화석을 신대륙에서 찾는데는 실패하였다. 그리고 중동과 유럽에 호모 사피엔스 사피엔스가 처음 나타난 시점이 35,000년 전쯤이므로 그 이후에야 아메리카 원주민이 건너왔을 것이라고 추측할 수 있을 것이다. 그러나 사실 우리는 최초의 호모 사피엔스 사피엔스가 언제 동아시아 지역에 출현했는지 잘 모른다. 그들이 중동이나 유럽에 나타나기 전에 이미 동아시아에 있었는지도 모른다.[14]

체질인류학적 자료에 의하면 물론 아메리카 원주민의 구대륙 조상은 동아시아인이며, 거의 확실히 알래스카 근처 지역의 구석기인이었을 것이다. 그러나 이들 동아시아인의 유전적 조상들에 관한 의문은 여전히 남는다. 예를 들어 그들이 일본의 서쪽 해안인 동해안 지역으로부터 온 사람들일까? 중국 중원에서 온 중국인인가? 아니면 북부 유라시아에서 동쪽으로 이주해온 서아시아인이었을까?

많은 학자들이 아메리카 원주민의 기원을 확인하려는 희망을 갖고 초기와 현존 아메리카 원주민들의 치아, 두개골과 기타 신체적 특질들을 분석하여왔다. 동아시아의 주민들이 언제부터 낮은 코, 상대적으로 편평한 얼굴 윤곽, 속쌍꺼풀의 특징을 발전시켰는지는 확실치 않다. 그러나 아메리카원주민은 대부분 코가 높고 전형적 몽골로이드와는 눈 모양도 다르다. 따라서 이러한 차이점들은 아메리카인과 이들 몽골로이드와의 관계가 생각보다 그렇게 가깝지 않거나 또는 아메리카인이 아시아 주민이 그들의 독특한 특징을 형성하기 이전에 이주를 하였기 때문에 생긴 것으로도 볼 수 있다. 그리고 우리가 에머린드(Amerind) 주민에서 대조적으로 보는 것은 여러 상이한 인간 집단에 의한 연속적인 이주의 결과임이 분명하다. 우리는 이러한 외형적인 체질적 특징에서의 진화론적 변화율을 측정할 만한 증거는 거의 갖고 있지 않으며 따라서 체질적 특징의 변이도 해석하기가 힘들다.[15]

터너는 다양한 주민 집단의 치아를 분석하여 <그림 5.7>에 제시된 분포도를 발표하였다. 치아는 보존이 잘되고, 상대적으로 단순한 유전인자로 조정되면서도 변화하는 선택적 상황에서 상대적으로 빨리 변하는 형태적 특성을 가지고 있다. <그림 5.7>은 다양한 집단에서 삽으로 퍼낸(shoveling)−앞니 안쪽의 표면이 말리거나 이랑모양으로 된 정도−형태의 앞니가 존재하는 상대빈도를 나타낸다. 이 특성 하나만으로 북부 중국인이 아메리카 원주민의 조상임을 명확히 볼 수 있다.[16] 터너는 삽모양 앞니를 포함한 치아의 다른 많은 특징들과, 앞니와 어금니의 뿌리 수에서의 변이성을 살펴보았다. 다량의 치아 시료에서 많은 종류의 측정치를 비교해 본 결과 터너는 다음과 같은 결론을 내렸다. (1) 신대륙 집단들은 유럽인보다는 아시아인에 가깝다. (2) 모든 신대륙 집단들은 구대륙 집단들보다는 서로가 더 닮았다. (3) 치

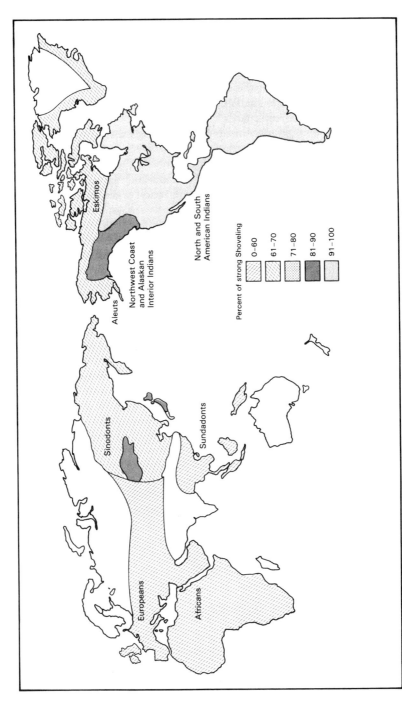

5.7 인간 이빨 형태의 변이는 유전적 선조를 반영한다. 앞니의 단면이 모선을 이루는 "shoveling"은 동북아시아와 신대륙 사람들에게서 가장 빈도가 높게 발생하며, 그들을 세계의 다른 사람들과 구분한다. 이 증거는 신대륙이 아시아로부터 세 번의 연속적인 이주에 의해 식민지화되었다는 견해를 지지한다.

아의 변이성은 남미보다 북미에서 크다. (4) 신대륙 사람들은 세 "군(cluster)"으로 구분된다.[17]

　터너가 언급하였듯이 이러한 특질은 모두 북부 중국*에서 아메리카로 세 차례에 걸친 별도의 이주가 있었다고 생각하면 이해가 간다. 그러나 이러한 종류의 신체적 특징에서의 변화율을 측정하여 얼마나 오래 전에 아메리카로의 이주가 시작되었는지 측정하기란 매우 어렵다. 그러나 터너의 계산에 따르면 신대륙으로의 최초 이주는 약 12,000년 전이며 훨씬 이후 두 차례의 이주물결이 더 있었다고 추정된다.

　서로 독립된 이러한 이주 유형은 가장 이른 시기로 알려진 아메리카인의 치아, 두개골과 인골의 계측치를 다른 지역의 다양한 주민들과 비교하여 복잡한 통계적 분석을 시도한 스틸레와 파월의 연구에서도 반영되는 것처럼 보인다. 그들의 연구결과에 의하면 최초의 아메리카인은 보다 후대의 아메리카 원주민과 북아시아인과는 체질적으로 다소 달라, 머리뼈가 좀더 길고 좁으며 얼굴은 보다 짧고 좁다.[18]

　DNA가 초기 호미니드가 갈라진 연대를 추정하는데 이용되어 왔던 것처럼(3장과 4장 참조), 아메리카 원주민의 유전적 다양성도 신대륙이 언제, 누구에 의해 개척되었는지에 관한 증거로서 간주되어 왔다. 시베리아인과 아메리카 원주민 양쪽의 DNA분석을 토대로 몇몇 학자들을 아메리카 식민지화의 기원을 34,000년에서 17,000년 전 사이에 발생한 것으로 결론지었다. 그러나 항상 그렇듯 이러한 추정들은 확실치 않으며 논쟁의 여지가 있다.[19]

　아메리카 원주민의 체질인류학에 대한 이와 같은 다양한 연구는 현대적 호모 사피엔스 사피엔스의 기원 문제(4장)와 일부 관련되어 흥미롭다. 터너는 일반적인 치아형태를 토대로 하여 북아시아인과 아메리카인을 시노돈트(sinodonts)로, 동남아시아인을 순단돈트(sundadont)라고 명명하였으며 양쪽 모두 유럽인들과 상이하게 다르다고 하였다. 4장에서 언급하였듯이 일부 학자들은 아시아인에서의 이러한 시노돈트와 순단돈트 유형의 흔적이 수 십만년을 거슬러 올라간다고 보고, 이를 토대로 오늘날의 우리 모두는 이들 초기 아시아인을 모두 대체한 아프리카인의 후손이라는 생각에 반기를 들고 있다.

―――――――――――――

＊북부 중국 : 만주를 포함한 현재 중국영토의 북부를 지칭하나 실제로는 러시아 극동지역까지 포함한 것임.

언어학적 증거

많은 학자들이 아메리카 원주민의 언어를 조사하여 신대륙 개척의 연대와 유형을 추정하고자 노력해왔다. 영어, 그리스어, 페르시아어 등의 언어들 사이의 유사성이 인도-유럽공통어족의 원시 언어에서 비롯된 것처럼 아메리카 원주민의 언어들도 공통 기원의 징후가 제시되어 왔다. 최근 이 문제에 대한 논란 많은 분석이 조셉 그린버그에 의해 이루어졌는데 그는 신대륙의 언어들은 이주의 세 시기를 반영한다고 주장한다. 즉 최초의 이주집단은 애머린드(Amerind)[American Indian에서 파생된 용어]와 연결되며, 이어서 나-덴 어족(Na-Dene speakers)으로 불리는 집단이 들어오고, 이후 에스키모-알루이트 어족(Eskimo-Aleut speakers)이 마지막으로 이주하였다고 본다. 이들 세 언어 집단은 각기 별도의 구대륙 어족(語族)에서 기원하였을 가능성이 높다. 그리고 논쟁의 여지는 있지만 전세계의 모든 언어가 하나의 어족으로 거슬러 올라갈 수 있다는 증거가 일부 있다.[21] 그러나 치아의 연구에서처럼 언어 변화를 토대로 한 신대륙 개척의 시기 추정은 상당히 사변적(speculative)인 것으로 간주되어야 할 것이다. 그린버그의 세 언어 집단은 세 시기에 걸쳐 이주하였다고 보는 고고학적, 그리고 치아에 의한 증거와도 잘 맞는 것처럼 보인다. 그러나 현대 언어에 기초한 고대 언어들 사이의 유사성 추정과 더불어 시간의 흐름에 따른 언어 분기의 속도나 비율을 추정하는 것도 항상 사변적이다.

고고학적 증거

혹자는 치아와 언어 등에 있어서 변화율 추정의 모호성을 감안하여, 뼈와 돌 같은 단단하고 훌륭한 고고학적 자료가 신대륙 이주를 연구하는데 보다 튼튼한 기초가 될 것이라고 생각할지도 모른다. 하지만 고고학적 기록도 첫 번째 아메리카인의 연대, 이주 경로와 적응에 관한 이러한 질문들과 논쟁을 풀지 못하는 것이 현실이다.

현 시점에서 기원전 13,000년경 이전에 사람들이 신대륙과 알래스카 남쪽에 있었다는 결정적인 증거는 없다. 그러나 수많은 유적들의 연대가 여러 가지 상이한 방법을 통해 기원전 13,000년과 10,000년 전 사이로 측정되었기 때문에 사람들이 그 무렵에 그곳에 있었다는 것은 확실하다.

그러나 이 연대 이전의 이주에 대한 증거는, 호기심은 자극하지만, 신빙성이 거의 없다. 어떤 이는 기원전 13,000년 이전에 확실히 속하는 유적들이 아시아에서는 수백 곳 이상 발견되는 반면 아메리카에서는 그렇게까지 올라가는 유적이 없기 때문에 이 부정적인 증거를 그대로 받아들이면 아메리카에는 그렇게 이른 유적이 전혀 없을 것이라고 생각할 수도 있다. 그러나 사람들이 기원전 13,000년보다 오래 전에 신대륙에 살기는 하였는데 단지 아직까지 발견된 어떤 흔적도 남겨 놓지 않았을 가능성도 부정할 수 없다. 예를 들어 북미 동부에서 식량자원이 풍부한 테네시, 앨라배마와 오하이오 유역 등의 지역은 지표면이 노출된 지가 매우 오래되어 그곳에서 발견된 유물들은 연대측정이 어렵다.

이곳 지표에서 채집된 조잡한 "자갈돌석기"들은 매우 오래된 거주 흔적을 보여주는 유일한 예이다. 이 자갈돌 석기들은 다른 유물들과 비교하면 단순성과 극도의 고색을 보여주며, (논란은 있지만) 방사성탄소연대로 기원전 19,600년과 14,150년 사이로 측정된, 페루에서 발견된 조잡한 자갈돌석기 및 기타 석기들과 흡사하다. 일부 학자들은 최초의 신대륙문화를 선(先)-투척용 찌르개 단계(Pre-Projectile Point Stage)로 특징지웠다.[22] 이들 유물들은 형태도 단순하고 찌르개도 없기 때문에 최초의 이주자는 고도로 전문화된 대형짐승 사냥꾼이 아닐지도 모르며, 이러한 사실은 그들이 갱신세의 온난기 동안에 일반적 수렵채집인으로서 건너왔음을 제시한다. 물론 우리가 확신할 수는 없다. 성공적인 대형짐승 사냥꾼들(호모 에렉투스 같은)도 조잡한 석기를 사용하였기 때문이다. 그러나 이 자갈돌석기들이 전문적인 수렵 또는 도살용 도구로 보이진 않는다. 도살된 동물 뼈도 발견되지 않았으며 전문화된 사냥을 제시하는 어떠한 환경적 상황도 존재하지 않았다.

하지만 이 자갈돌석기 유물복합체를 제외하면 신대륙 식민지 개척의 시기에 관한 대부분의 논쟁은 특정한 방사성탄소 연대측정에 대한 믿음에 귀착된다. 비록 방사성탄소 연대측정법이 전세계적으로 널리 정확한 것으로 나타나지만(2장 참조), 기름 성분의 침투나 숯 성분 침전을 통한 자연적 오염으로부터 무능력한 실험실 기사에 이르기까지 다양한 원인에서 비롯되는 오차 때문에 단 하나의 방사성탄소 연대만으로는 잘못된 해석이 나올 수도 있다. 예를 들어 방사성탄소 연대측정이 처음 이집트 자료에 이루어졌을 때 이집트학 학자들은 이들 "과학적" 연대가 왕의 연대표, 유물 양식 등에서 얻은 명백히 비과학적인 잡동사니 증거들과 모순되었기 때문에 인정하기를 거부하였다. 그러나 이집트학 학자들이 옳았다. 고고학자들이 방사성탄소연대가 대기 속 방사성탄소 양의 과거 변동을 감안하여 보정되어야 한다는 사실을 발견하기 전 까지는 이들 방사성연대가 실제 연대보다는 수세기가 늦게 측정되었다.

그래서 우리는 신대륙의 개별적인 연대에 대해서는 적절히 의심을 갖고 고려하여야만 하며 단지 일반적인 유형에만 신뢰를 부여할 수 있다.[23]

만일 개별적인 방사성탄소연대가 항상 어느 정도 의심을 받게 된다면 신대륙 식민지 개척의 연대를 분명하게 측정할 수 있는 유일한 대안은 구대륙 유물의 양식과 유적을 신대륙의 초기 유적 및 유물과 비교해보는 방법일 것이다. 그러나 실제 우리가 관찰해보면 북아시아인과 초기 아메리카인의 석기는 서로 매우 유사함을 알 수 있다.

북아시아

우리는 북동 시베리아에서부터 지금은 바다 속에 잠긴 바다육교를 따라 알래스카까지 그리고 이어서 빙원 사이로 남쪽으로 뻗어 내리는 지역에서 고고학적 유적들이 잇달아 발견되길 기대할지도 모른다. 만일 초기 이주민들이 대형동물의 사냥꾼이었다면 우리는 많은 유적에서 동물 뼈, 화덕자리, 그리고 동물들을 죽이고 처리하는데 적합한 석기들이 집중되어 있기를 기대했을 것이다. 거의 모든 고고학적 연구에서 그러하듯이 애석하게도 현실과 이상 사이의 거리가 특히 이 경우에서 더 크다. 어떤 유적들은 이 유형에 적합한 것처럼 보이지만 결정적인 증거는 전혀 없다. 무엇보다도 동북시베리아에서의 학술조사가 여전히 크게 미흡하다. 북극의 가혹한 날씨는 제쳐놓더라도 대륙간(ICBM) 미사일 격납고와 레이더 기지의 한복판에서 조사를 하여야 하는 정치적 문제 때문에 최근까지도 대부분의 서구학자들은 이곳의 학술조사를 단념하였다. 그런데도 러시아 학자들은[24] 이곳에서 조사를 훌륭히 수행해 왔으며, 이제 시베리아는 서구학자들에게도 개방되었으니까 공동연구에 의해 갱신세 동아시아와 북아메리카 제문화의 문화적 관계를 명백하게 하여야 한다.

지금까지의 증거에 의하면 4만년 전경까지 시베리아는 인구밀도가 극히 낮았거나 사람이 전혀 거주하지 않았다. 최소한 움집이 발달되기 전까지 혹한의 내륙 늪지와 숲은 식민지화에 장벽이 되었을 것 같다. 어쨌든 동북시베리아에서 알려진 가장 이른 유적은 연대가 약 23,000년 전으로 추정되며 맘모스 및 다른 대형 동물들을 사냥하는데 중점을 둔 생활을 반영한다. 구대륙 전역에 걸쳐 대형동물 사냥꾼과 결부된 도구 형식인, 투척용 찌르개, 긁개, 새기개가 이 시기의 말타, 아폰토바 고라 II 같은 시베리아 유적에서 가장 널리 발견되는 도구들이다. 14,750년 전의 방사성탄소연대를 갖고 있는 말타유적의 퇴적층에서 출토된 석기에는 클로비스형 찌르개가 없다. 그러나 비록 정교하게 제작된 대형 투척용 찌르개가 많이 나타나지는 않지만 말타의 석기는 초기 아메리카의 유물복합체와 유사한 느낌이 든다.[25] 해인스는 심지어 말타가 동유럽인이 시베리아를 가로질러 신대륙으로 이주하였던 중간지점을 나타낼 가능성을 제시하기도 하였다. 그는 클로비스 유물복합체와 후기 갱신세의 동유럽 석기공작 사이에 유사성이 존재하기 때문에 상기 주장이 그럴 듯하다고 생각한다.[26]

캄차카반도의 우스키(Ushki) 호숫가에 대한 디코브의 연구는 가능성 있는 아메리카 선조들에 대한 증거를 일부나마 제공한다. 디코브는 사람들이 가죽이나 나무를 덮어 살았던 대형 캠프처럼 보이는 자취를 발견하였다. 한 캠프의 중앙에는 천여 점의 연석제 구슬, 같은 재료의 드리개 장식 몇 점, 그리고 약간의 호박제 구슬과 함께 보존 상태가 좋지 않은 사람 뼈 조각들이 발견된 구덩무덤이 있었다. 무덤은 전체가 붉은 황토로 덮여 있었는데 이 황토는 아마도 피 또는 시신의 생전 안색을 흉내내기 위해 사용되었을 것이다.

이 유적은 약 14,300년에서 13,600년 전 사이의 방사성탄소연대가 측정되었으나 디코브는 다른 연대측정법과 지하수 오염 정도를 고려하여 실제 연대는 이보다 최소한 1,500년에서 2,000년 가량 빠를 것으로 판단한다. 이 유적을 아메리카와 연결시키는 입장에서는 디코브가 약 13,000~11,000년 전의 북미 대분지에서 나온 것과 닮은 형식의 양면가공 잎(葉)모양 돌찌르개를 발견했다는 점이 중요하다. 양면가공의 잎모양 찌르개는 시베리아 알덴강의 둑타이(Dyuktai) 동굴 유적에서도 발견되었다. 이들 찌르개는 15,000년 전쯤으로 추정되며 알래스카와 서부 캐나다의 유적에서도 나타난다.

디코브는 베링지아로 가는 도중에 있었을 다른 유적들에서 발견된 증거를 종합하여 "18,000년 전쯤 마지막 빙하기의 극성기가 지난 후에야 아시아로부터 중요한

인구 이동이 있었다는 보수적 견해를 부정할 만한" 증거는 전혀 없다는 결론을 내렸다.[27]

남북 아메리카

바다육교의 아메리카 쪽에서의 증거 또한 다소 단편적이다. 알래스카와 북부 캐나다의 기후는 조사를 매우 어렵게 만든다. 그리고 더 남쪽에는 대빙원이 끊임없이 얼었다 녹았다 하며, 대빙원에서 흘러내리는 광대한 하천망이 캐나다의 회랑지대를 따라 분포한 땅의 대부분을 완전히 파괴하였다. 의심할 여지없이 이 곳의 많은 유적들이 오래 전에 물과 얼음으로 씻겨 내려가 버렸다.

얄궂게도 아메리카에서 12,000 B.P. 이전에 가장 확실히 속한다고 주장되는 유적은 훨씬 남쪽, 남중부 칠레에 있는 몬테 베르데이다(그림 5.5). 여기서 톰 딜러해이와 그의 조사단은 방사성탄소연대로 약 13,000년 전으로 측정된 야영지를 발굴했는데 이 연대에 속하는 층위 밑에서 또 다른 문화층을 발견하였다. 따라서 후자의 연대는 훨씬 더 오래되었을 것이며 발굴자에 따르면 33,000년 전까지 올라갈지도 모른다.[28]

몬테 베르데는 동시대의 대부분의 유적과 달리 동굴이나 바위그늘이 아니라는 점이 특히 흥미롭다. 유적은 한랭하고 삼림 지역에 위치한 야외유적으로 토탄 늪으로 덮인 덕분에 보존이 잘 되었다. 사람 발자국, 야영지의 통나무 기둥, 동물가죽, 수많은 식물유체와 다른 많은 잔존물뿐 아니라, 마스토돈(mastodon, 巨象)의 살점까지도 손상되지 않은 상태로 발견되었다. 유적에서 출토된 거의 모든 뼈는 다른 곳에서 사냥한 후 큰 고기 덩어리로 분해하여 집으로 운반해 온 것으로 보이는 마스토돈 7마리에서 나온 것이다. 수많은 식물들이 식용으로 이용되었고 몇몇 약용식물들도 야영지의 잔해더미에서 발견되었다. 유적에서 발견된 소금, 역청, 외래식물, 그리고 다른 생활용품들의 존재는 다른 집단과의 교역을 암시한다. 딜러해이는 몬테 베르데 유적에 30~50명 정도의 사람들이 동시에 살았으며 이들은 나무세공, 석기제작과 다른 기술들에 있어서 인상적인 수준의 직업적 전문화를 보인다고 추정하였다.

몬테 베르데가 정말 방사성탄소연대가 제시하는 것처럼 그렇게 오래되었다면 이 유적은 신대륙에서 가장 중요한 유적 중의 하나이다. 만일 사람들이 13,000

B.P.에 그곳에 있었다면 그들은 신대륙에 이 연대보다는 훨씬 일찍 들어 왔었어야 한다. 그리고 만일 그들이 몬테 베르데가 보여주는 것처럼 거의 정주적인 공동체에서 살았다면 수렵채취경제의 많은 모델들이 신대륙의 초기 주민들에게는 적용되지 않는 경우가 많았을지도 모른다. 그리고 만일 방사성탄소 연대측정법에 의해 34,000 B.P.로 추정된 유적의 층이 정말로 그렇게 오래되었다면 신대륙 식민지 개척에 관한 대부분의 논쟁은 요점에서 벗어나 있다고 볼 수 있다.

몬테 베르데의 연대는 브라질 동부의 뻬드라 푸라다 근처에 위치한 유적의 화덕자리에서 검출된 방사성탄소연대에서 얼마간 지지를 받고 있다. 이곳에서는 수많은 석기와 동물뼈가 약 32,000년에서 17,000년 전에 이르는 12건의 일관된 연대가 산출된 층위에서 목탄과 함께 발견되었다.[29]

신대륙 유적의 가장 이른 연대 중 일부는 고고학자인 리처드 맥나이쉬가 발굴한 필키마체이 동굴에서 나왔는데, 출토된 조잡한 석기와 동물뼈와 관련된 방사성탄소연대는 22,000년 전까지 올라간다.[30] 동일 유적의 12,000년 전 층에서 석기들과 몇몇 멸종동물이 같이 출토된 것은 틀림없지만 일부 고고학자들은 22,000년까지 올라가는 유적의 가장 이른 층이 정말로 인간의 점유에 의해서 이루어진 것인지는 의문을 품고 있으며 페루의 모든 초기 유적들의 연대들도 다소 애매하다고 본다.[31] 그러나 11,000 B.P. 무렵에는 남미의 대부분을, 브라질 내부처럼 어려운 환경에서조차도, 광범위하게 침투해 들어간 증거가 압도적으로 존재한다.[32]

가장 논쟁적이고 잠재적으로 중요한 신대륙 초기 유적 중의 하나가 펜실베니아주 에버라 근처의 메도우크로프트 바위그늘인데 이 곳에는 오하이오강의 지류에 의해 공급된 여러 층의 충적 침전물이 퇴적되어 있다. 삼릉(三稜)형의 돌날, 바구니 세공품과 화덕자리를 포함하여 인간이 살았던 분명한 흔적들이 충적 침전물 속에 많이 산재되어 있다. 수 천년에 걸친 재점유의 결과로 도구, 뼈, 바구니와 다른 잔해들로 이루어진 5미터가 넘는 두께의 층이 케이크 모양으로 층층이 퇴적되어 있다. 문제는 메도우크로프트를 최초로 점유한 연대가 얼마나 올라갈 수 있는지 이다. 이 유적은 잘 발굴되었고 유물의 출처(혼입 여부)에 대한 의문도 없다. 바닥 근처에서 나온 탄화된 바구니의 방사성탄소연대는 19,200±2,400 B.P.와 19,150±800 B.P.가 측정되었다. 이 바구니 아래의 층에서 검출된 목탄에서는 37,000년 전까지 올라가는 연대가 나오고 있으나 공반 유물이 없다. 불행히도 이 시료들이 지하수에 의해 오염되었을지 모르며 유적의 층서를 잘못 이해하였다는 주장도 있다.[33] 이 유적에서 발견된 뼈의 종류도 얼마간의 문제를 야기하였는데 이는 이들 뼈가 후기 갱신세에 미국 동북지방까지 밀려왔을 빙하 근처에서 살았을 것으로 기대되는 동물들의 뼈가 아닌 것 같다는 점에서이다.

메도우크로프트의 최하층에서 출토된 석기는 12,000년 전의 전형적인 클로비스 유물복합체에 가깝지만 돌날의 크기와 형식이 일부 다르다. 아도바지오는 메도우크로프트의 석기를 다른 유적의 석기와 비교하였으며, 전자가 구대륙의 석기공작과 클로비스 같은 북미의 초기 문화 사이의 연결고리에 해당하는 것이 아닐까 생각한다.[34]

그러나 만일 메도우크로프트의 이른 연대들이 인정된다면 사람들이 마지막 빙하기가 닥치기 이전에 미국에 있었다는 것을 의미한다. 이는 대빙원이 사실 인간의 이동에 아무런 장애가 되지 못하였고 발견된 유적의 희소성은 부적절한 조사와 낮은 인구밀도 그리고 유적의 후퇴적 과정에 의한 파괴에 기인한다는 것을 암시한다.

만약 사람들이 3만년 이전에 신대륙에 들어갔다면 이 시기에 해당하는 고고학적 유적들이 더 많이 발견되지 않았다는 점이 놀랍게 보일 수도 있다. 구대륙에서는 수백 곳의 유적이 이 연대에 속하는데도 말이다. 그러나 유럽과 구대륙의 다른 지역에서는 사람들이 신대륙으로 들어가기 이전 수 십만년 전부터 인구밀도가 조금씩 누적되어 왔었다. 게다가 유럽의 이 시기 유적들은 대부분 동굴과 바위그늘에서 발견되는데 반해 신대륙으로 이동하였을 루트에서는 동굴과 바위그늘이 거의 없다. 다른 한편 최초의 아메리카인은 추운 기후에 대한 적응에 성공하여 동굴이 필요 없었을지도 모른다. 시베리아에서 베링지아를 거쳐 알래스카로 가는 길을 따라서는 동굴이 전혀 없기 때문에 그들의 선조가 실제 그러한 적응을 하였음에 틀림없다.

북미의 동쪽지역에서 초기 유적들을 찾는데 있어서 또 다른 문제점은 미시시피강 하류역의 대부분이 충적활동이 심하여 많은 유적들이 땅 속 수십 미터 아래 묻혀있다는 것이다. 그리고 대빙원이 전혀 진출하지 않았던 남부와 동부의 나머지 지역에서는 현 지표면의 연대가 수 백만년이나 올라간다. 그리하여 이들 지역 전역에서 토양의 퇴적이 수 백만년 동안 천천히 이루어졌기 때문에 음료수병과 고대 유물이 사실상 같은 토양에서 발견될 수도 있다. 더욱이 뼈와 연대추정이 가능한 다른 자료들은 이렇게 습기차고 노출된 조건에서 잘 남아있지 않는다.

그래도, 북미에는 클로비스 이전의 거주가 보존될 수 있는 적합한 고토양층이 있으며 많은 의심을 잠재울 만한 확실한 유적은 아직 발견되지 못했다. 그래서 아마도 논쟁은 더욱 설득력 있는 증거가 발견 될 때까지 – 그리고 설령 발견된다고 하더라도 – 계속될 것이다.

데이비드 휘트리와 로날드 돈은 베링지아를 통해 북미로 들어간 주민들의 가설적 이주와 출산율의 값을 구하고 이를 거의 모든 고고학자들이 동의하는 연대가 주어진 유적들과 비교하였다. 그들은 "클로비스 최초(Clovis-first) 이주 가설을 그러한 가설을 주창하는 사람들이 인정하는 경험적 증거와 부합시키기가 불가능하다"는 결론을 내린다.[35]

<u>초기 아메리카인의 경제</u>   신대륙의 중위도와 남위도 지방에 사람들이 도달한 후 수 천년동안 인구 밀도는 아마 극히 낮았을 것이다. 그리고 대부분의 무리들은 의심할 바 없이 그들의 조상들이 더 북쪽 지역에서 적응하였던 환경과 동일한 숲과 초원이 혼합된 환경에서 머물렀다. 하지만 그들은 12,000년 전쯤 많은 종류의 환경에 적응을 하면서 생업 전략에서 많은 다양성을 보여주기 시작했다.

고고학자들은 이들 초기 아메리카 문화들에 대한 복원이 이들 문화가 남긴 고고학적 기록의 성질 때문에 다소 부정확할지 모른다고 생각한다. 가장 찾기 쉬운 고고학적 유적들은 대형 석기와 대형 동물의 뼈가 발견된 곳이며, 신대륙의 많은 초기 유적들이 이러한 종류에 속한다. 즉 수많은 석기들이 맘모스, 들소와, 다른 뼈들과 섞여 종종 사냥꾼들이 이들 동물을 숨어서 기다린 냇가나 소택지 근처에서 발견된다. 그러나 뚜렷이 드러나지 않는 유적들도 많이 있을 듯하다. 많은 양의 동물 뼈나 인상적인 석기들에 의해 표시가 나지 않아 쉽게 발견되지 않은 유적들 말이다.

예를 들어 1987년에 워싱턴주의 사과 과수원에 위치한 클로비스형 유적(리치 유적)은 새로운 나무를 심기 위한 구덩이를 팠을 때 아름답고 아주 큰 석기들이 출토되어서 빛을 보았다. 그러나 만일 이곳이 단순히 조잡한 자갈돌 석기만 포함하는 초기 유적이었다면 유적으로 인식되기가 매우 힘들었을 것이다. 즉 초기 아메리카인의 고고학적 기록을 알아보는데는 극심한 편차가 있는 것 같다. 예를 들어 뉴욕과 매사추세츠에 있는 툰드라 지역의 집단들은 전문적인 순록 사냥을 하였다는 증거가 일부 있는데도 불구하고 많은 고고학자들은 클로비스와 폴솜 사람들이 주로 대형동물의 사냥꾼이었다는 가정조차 의문을 품는다.[36) 멜처는 미국 남동부의 많은 곳에서 밑이 오목하게 들어간 찌르개를 많이 남긴 사람들은 아마도 찌르개를 창끝이 아니라 손잡이 칼로 사용하였을 일반적 채취인들이었다고 주장한다.[37)

기원전 11,000년경에 해당하는 여러 유적들이 멕시코에서도 발견되었는데 대부분의 유적들은 맘모스를 사냥하고 도살하면서 남은 잔해로 구성되었다. 이들 유적에서 발견된 맘모스의 밀도는 전문으로 대형동물을 사냥하는 경제를 반영할지도 모른다. 그러나 당시 대부분의 멕시코사람들은 아마도 일반적 수렵채집인들이었을 것이며, 단지 맘모스뼈가 덩치도 크고 보존도 잘되기 때문에 유적에서 많이 발견될 뿐이다. 맥나이쉬가 지적한 것처럼 이들 초기 사냥꾼들은 아마도 평생 맘모스 한 마리 정도나 잡았을 것이며, 맘모스를 사냥한 사건을 줄곧 화제에 올렸을 것이다.

그러나 어떤 사람들은 대형 동물들을 도살하여 먹은 것만은 틀림없다. 앨런 브리안이 발굴한 베네수엘라의 타이마-타이마 유적에서는 치골 구멍에 큰 돌찌르개가 박힌 어린 마스토돈의 뼈가 발견되었다. 갈비뼈 안쪽의 자른 자국은 사냥꾼이 내부기관을 제거하기 위해 동물 사체 속으로 기어들어 갔던 것을 나타낸다.[38) 마스토돈의 머리는 사라졌으며, 자른 자국은 앞다리에서 고기가 발라진 곳을 보여준다. 대형 마스토돈의 다리뼈가 어린 마스토돈을 절단하기 위한 받침대로 사용되었다. 동물뼈 근처에서는 식물유체도 유적이 습해서 보존되었는데 잘라진 끝 부분과 압축된 정도로 보아 마스토돈의 위 내용물로 간주되며 방사성탄소로 13,000년 전의 연대가 측정되었다.

아마도 초기 아메리카인에 의한 대형동물 사냥을 증명하는 가장 직접적인 방법은 도구 자체에 남아있는 동물 조직의 잔류물을 찾는 것일 것이며, 몇몇 경우에는 이러한 분석이 가능하다. 워싱턴주 동부에 있는 리치유적에서 출토된 홈진(fluted) 대형 찌르개 중 적어도 하나에 피-소과, 아마도 맘모스의 피-의 흔적이 발견되었다.

대부분 11,000년에서 8,000년 전 사이로 추정되는, 드라이 크릭, 트레일 크릭 등과 같은 북극 지방의 유적에서도 사냥의 또 다른 증거가 나온다. 이 유적들은 빙하가 없는 지역에 있던 사냥캠프인 것 같으며, 양면가공의 돌칼, 잔돌날, 그리고 말·들소·산토끼·오리 및 기타 동물들의 뼈들에 의해 찾아진다. 이때까지 이들 북극권 사냥꾼들은 그들을 부양한 풍부한 동물무리와 빙하가 차츰 물러나면서 죽음의 길을 따라 가고 있었는지 모른다.[39]

기원전 8000년 직후에 적어도 아메리카 서부의 몇몇 집단들은 의심할 여지없이 대형동물 사냥에 전문화되어 있었다. 그들은 종종, 많은 사람들이 협력하여 들소무리나 다른 동물들을 놀라게 해 절벽으로 몰아가서 한꺼번에 몽땅 죽이는, "급습(jump) 사냥"을 실시하였다. 마땅한 절벽이 없는 곳에서는 쉽게 죽일 수 있는 자연적인 막다른 길로 동물들을 몰았다. 고고학자는 이러한 전략을 반영하는 유적에서 분명한 도살흔적이 많이 나타난 수 백 마리의 들소뼈를 찾는다. 사냥꾼이 동물로부터 고기를 발라내는 방식으로 미루어 그들은 동물의 영양학적 가치를 빈틈없이 이해하고 있었다.[40] 이들 사냥꾼은 고기를 말리는 방법으로 많은 양의 남은 식량을 축적할 수 있었으며, 들소의 가죽, 피혁과 뼈도 많은 쓸모를 지녔다.

초기 아메리카인의 다양한 적응을 보여주는 좋은 예가 서부사막(Desert West)이다. 서부사막은 로키산맥과 시에라네바다 및 캐스케이드 산줄기 사이의 지역에 해당하며 캐나다에서 남부 멕시코까지 퍼져있다.[41] 12,000년 전쯤, 대빙원이 여전히 미국의 북쪽 경계선을 따라 1km 높이로 남아 있었을 때 서부사막의 일부는 아마도 오늘날보다 더 춥고 다습했을 것이며 많은 호수와 늪지를 갖고 있었다. 그리고 나서 12,000년에서 10,000년 전 사이에 호수는 수축되었고 강은 더 이상 흐르지 않았으며 샘도 마르기 시작하였다.

서부사막은 대부분의 다른 북미 지역보다는 동식물상이 다양하지 않지만 지난 1만년간 대부분을 사슴, 순록, 엘크, 큰뿔양 등의 무리 뿐 아니라 다람쥐, 토끼, 마멋, 나무쥐, 패커리멧돼지와 기타 다른 작은 동물들을 포함하는 거대한 동물군을 부양하였다. 이 곳에서는 해바라기, 피클위드(pickleweed), 유카(yucca), 북미산 잣과 다른 식물성 식료들도 계절적으로 구할 수 있다. 서부사막의 구릉과 산마루를 오르락내리락 하면 자원의 다양성이 특히 높아진다. 단 하루만 올라가도 사막의 기후에서 고지대의 한대성 고산식물의 환경까지 경험할 수 있다. 서부 사막에 살던 선사인들의 생업에서 특히 중요한 요소는 갱신세의 많은 시기동안 이곳에 존재하였을 호수와 늪이었다. 물고기, 물새, 무척추동물, 습지식물, 그리고 다른 많은 자원들이 식민지화가 시작되자마자 활용되었고 오늘날까지도 이곳에 인간의 정착을 결정하는데 중요한 역할을 해왔다. 그래서 일반적으로 이 서부사막은 선사시대 주민들이 사막이란 다소 극단적인 느낌을 주는 자연환경 속에서도 생업전략, 인구밀도, 기술과 계절적 이동 등에 적응해왔던 많은 방식들을 연구할 기회를 고고학자에게 제공한다.

만일 아메리카의 다른 초기유적들에 제시된 30,000~15,000년의 연대를 받아들인다면 이 시기에 서부사막에도 사람 무리들이 있지 않았을까 생각해 볼 수도 있으나 증거는 거의 없다. 서부사막에 대한 고고학적 연구가 더 잘 알려지게 되면 보다 이른 초기 정착의 증거들이 발견될 가능성은 존재하지만, 현재로서는 연대에 신빙성이 있는 초기 유적들은 모두 12,000~10,000년 전 사이에 속한다. 서부사막의 많은 바위그늘과 동굴들이 후기 갱신세 동안 호수 속에 잠겼으며, 그래서 전기 유적들의 대부분은 "한데" 유적이어서 찾기도 힘들고 연대를 추정하기도 어려운지 모른다.

서부사막에서 자료가 처음으로 잘 남아 있는 문화는 12,000년 전쯤 대평원에 등장한 클로비스 찌르개와 매우 닮은 형태의 석기로 대표된다. 이 유물들은 서부사막의 여러 장소에서 발견되었으나 거의 대부분은 지표채집품으로 이들 문화의 연대나 경제 등에 대해 말해줄 수 있는 동식물유체를 전혀 수반하지 않았다. 이 찌르개와 종종 같이 출토되는 유물로는 새기개, 뚜르개와 다른 형식의 투척용 찌르개가 있다.

11,000~8,000년 전쯤 서부사막의 많은 사람들이 분명히 호수와 늪의 자원에 의존하는 경제를 조직했다. 반면 좀더 메마른 지역에 살고 있던 집단들은 아마도 보다 일반화된 수렵채집 전략을 채용했을 것이다. 나무기둥과 이엉으로 엮은 가옥의 잔해가 일부 지역에서 발견되었으나 당시 유적들의 크기, 입지와 내용으로 보면 서부사막의 사람들은 연중 대부분을 작은 무리로 살았고 이용할 수 있는 다른 자원들을 획득하기 위하여 복잡한 계절적 이동전략을 운영하였다는 것을 알 수 있다.

9,000~2,500년 전의 문화들은 놀라울 정도로 다양한 생업 기술과 전략을 발전시켜 나갔다. 그리고 서부사막의 건조함 때문에 유물들이 잘 보존되어 그들의 생활 방식을 상당히 자세하게 복원할 수 있다. 노루가죽으로 만든 신, 직물로 짠 샌들, 나무곤봉, 바구니 공예품, 갈판, 창모양 찌르개 및 다른 많은 유물들과 더불어 가죽 옷 조각들도 발견되었다.

9,000~2,500년 전으로 추정되는 유적에서 출토된 동식물유체를 분석해보니 꿩

장히 다양한 식료가 밝혀졌다. 토끼, 쥐와 다람쥐가 덫-아마도 그물 모양으로 짠-에 걸렸고 들소, 영양과 산양도 때때로 잡혔다. 물가 유적에서는 농병아리, 펠리칸, 왜가리, 오리, 백조, 거위, 그리고 매와 갈가마귀까지도 잡아먹었던 것으로 보인다. 서부사막 유적에서 발견된 갈판과 뒤지개(掘棒)의 수는 대부분의 수렵채집인들과 마찬가지로 식료의 대부분을 식물성 식량으로 제공받았음을 제시한다. 예를 들어 유타주의 호굽(Hogup) 동굴에서는 피클위드 씨를 다량 포함하고 있는 인분(人糞)이 발견되었으며, 고고학적 퇴적층은 다육다즙한 식물을 먹고 뱉어 화석화된 섬유질과 씹고 버린 피클위드 껍질로 노랗게 물들었다. 이들 식물은 서부사막의 다른 유적에서도 엄청나게 많은 양이 발견되어 당시 식량과 음료 모두에 중요한 역할을 하였음을 말해준다.

네바다의 스피릿 동굴에서 발견된 인간 미라는 최근 최신식 설비로 방사성탄소 연대를 측정한 결과 놀랍게도 9400년 전이란 연대가 나왔다.[42] 이 남자는 노루가죽 신을 신고 늪지 식물로 맵시 있게 직조된 수의에 쌓인 체 묻혔다. 직조("마름모꼴 피복 diamond plating"으로 알려진 방법)가 하도 정교하여 마치 당시 사람들이 베틀을 이미 능숙하게 사용하고 있었던 것처럼 보인다. 이 개인은 키가 160cm 정도이며 두개골이 골절되어 고통을 받았었다. 그리고 설령 그가 두개골이 골절된 이후에 의식을 다시 찾았더라도 두통보다 이빨의 커다란 종양 때문에 훨씬 더 괴로웠을지 모른다. 그는 현대의 아메리카 원주민과 체질적, 유전적으로 많이 다른 것처럼 보인다. 그는 요즘 아메리카 원주민보다는 동남아시아 사람들과 더 닮아 보이는 긴 두개골과 작은 얼굴을 가졌다.

서부사막에서는 일반화된 수렵채집 생활 방식이 오늘날까지도 지속되고 있다. 다만 환경이 좋은 약간의 지역에서는 순화된 옥수수, 콩과 호박에 기초한 원경적(horticultural) 생활 방식이 약 2,000년 전부터 시작되었다.

북미 동부에서 최초로 특색 있고 널리 분포하는 도구는 대형 투척용 돌찌르개로 대표된다. 이 찌르개는 대부분 길이가 12~30cm이고 때로는 바닥이 만입되어 있다. 이전에 많은 고고학자들이 이들 동부 지역 찌르개가 폴솜과 클로비스 찌르개를 모방한 것이라고 생각하였으나 지금은 이들 대형 찌르개가 동부 산림지대에서 대평원만큼 일찍 -또는 보다 이른 시기에- 발생하였고 동부에서 더 많이 사용되었다는 것이 분명해졌다. 예를 들어 앨라배마주 한 곳에서만 북미의 서부 전체보다 더

많은 양의 찌르개가 산출되었다.[43]

　　최초의 아메리카인들이 북미의 동쪽 지역에 발을 들여놓았을 때와 이 곳에서 옥수수-콩-호박 농업(15장)이 기원한 때 사이의 수 천년 동안 사람들은 많은 독창적인 방식으로 다양한 환경에 적응해 나갔다. 북미 동부의 삼림과 다른 생태지구들은 식량자원이 풍부한 것처럼 보일지 모르나 빽빽한 숲에서는 수렵채취인이 활용할 수 있는 자원이 상대적으로 적기 때문에 동부의 인구밀도는 몇 세기동안 낮게 유지되었을 것 같다. 그러나 동부와 중서부 전역에는 견과가 열리는 나무들이 풍부하게 서식하여 확실한 자원을 제공하였으며, 견과류 열매가 딸기류, 사슴, 다람쥐, 조개, 물고기와 기타 다른 많은 식량들과 결합되면 안정적인 삶의 기초를 형성할 수 있다. 아마도 이러한 초기 아메리카인의 적응을 가장 잘 반영한 예가 일리노이강 유역의 코스터 유적에서 나온 증거일 것이다. 기원전 7500년경 최초로 이 유적을 점유하였던 사람들이 적어도 기원전 2500년경까지 여러 차례 이 곳에서 살았다. 수천년간 코스터 유적을 점유하였던 사람들은 북미 동부의 다른 곳에 거주하였던 동시대 사람들과 마찬가지로 여러 방면에서 변화가 있었다. 첫째, 주민수가 증가하였다. 물론 속도는 느리지만 세대를 거쳐가면서 인구가 조금씩 증가하였다. 둘째, 이들은 새로운 종류의 석기를 추가하고, 진흙과 기둥과 이엉으로 만든 보다 영구적인 형태의 가옥을 짓고, 희귀한 구리제품으로 이웃 집단과 교역을 하고, 그밖에 다양한 종류의 도구를 만들면서 기술을 천천히 향상시켰다. 셋째, 그들은 또한 주변 환경의 자원을 자유롭게 혼합하고 배합할 수 있게 되었다. 매년 가을의 견과류 수확은 그들에게 안정적이고 영양가 있는 식량의 기초를 제공하였고 다양한 종류의 사냥감, 과실, 식물, 물고기, 조개, 철새와 기타 식량으로 견과류를 보충하였다.[44]

　갱신세의 멸종　마지막 빙하기가 끝나는 12,000년 전 이후 신대륙 전역에 걸친 수렵채집사회의 확산과 동시에 많은 동물종의 멸종이 발생한다. 그리고 10,000년 전쯤 맘모스, 마스토돈, 긴뿔들소, 맥(tapir), 말, 큰땅늘보, 늑대, 낙타, 그리고 다른 많은 동물들이 모두 또는 거의 대부분 사라져 버렸다. 물론 멸종은 자연적인 진화적 발달이고 알려진 생물학적 과정으로 설명될 수도 있다. 그러나 신대륙에서 멸종되기 시작한 동물종의 수가 많고 매우 짧은 기간동안 동물들이 멸종되어서 일부 학자들은 인간의 사냥이 갱신세 직후에 많은 신대륙 동물들을 멸종으로 이끌었다

는 결론을 내렸다.[45]

그러나 사람들은 이러한 멸종과 거의 또는 전혀 관계가 없을지도 모른다. 북미의 35곳 초기 유적에서 검출된 시료에서 발견된 동물뼈는 주로 실제 멸종된 종인 맘모스와 들소의 뼈이다. 그러나 같은 시기에 멸종되었던 다른 많은 대형동물들은 이들 유적에서 전혀 발견되지 않거나 매우 한정된 수량만 발견되었다. 아마 더욱 중요한 사실은 사냥감의 대상이 된 동물들만이 죽어 없어진 유일한 동물종이 아니라는 것이다. 도날드 그래이슨은 무수히 많은 종의 조류 또한 이 시기에 멸종되었음을 보여주었으며, 사람들이 여기에 어떤 역할도 할 수 있었으리라고는 믿기 어렵다.[46] 또한 마스토돈 같은 일부 "대형 사냥감"들은 사람이 있을 때 북미의 남부와 동부에서 살았고 갱신세가 끝나자마자 곧 멸종된 것으로 알려졌으나 이들 동물의 뼈가 인간 활동의 증거와 결합하여 발견된 예는 거의 없다. 그래서 적어도 일부 대형동물들은 인간의 큰 간섭 없이도 멸종된 것으로 보인다. 마지막으로 대부분의 큰 동물들이 멸종된 10,000년에서 8000년 전 사이에 몰이나 급습 같이 동물들을 멸종으로 이끌 가능성이 높은 사냥 기술이 사용되었다는 고고학적 증거가 전혀 없다는데 우리는 또한 주목하여야 한다.

켈리와 토드는 클로비스인들은 대부분의 알려진 수렵채취인들과 달리 고기를 저장하기 위한 가공기술을 거의 보유하지 못한 듯하며 대신 좋은 수석으로 만든 양면가공 석기들을 이용한 효과적인 사냥에 의존하였고 한 지역의 자원이 고갈되면 다른 지역으로 서식지를 이동하였다고 주장하면서 과잉살육 모델에 대한 대안을 제시하였다.[47] 그들은 갱신세 멸종의 유형은 사람들이 신대륙에 들어가지 않았더라도 비슷하였을 것이란 의견을 내놓았다.

만일 우리가 이러한 멸종의 가장 중요한 요소에서 인간의 사냥을 배제한다면 다른 어떤 대안을 내놓을 수 있을까? 많은 대안들이 제시되어 왔지만 정말 만족할만한 대안은 하나도 없다. 분명 지금의 후빙기는 급격한 기후 변화의 시기였으며, 의심할 여지없이 이 기후변화는 어떤 중요한 의미를 갖는다. 그러나 지난 7만년 동안 멸종된 31종의 포유류 중 단지 7종만이 신대륙에 들어갔다. 나머지 동물들은 모두, 마지막 빙하 퇴각 이후의 후빙기 만큼이나 충분히 극적이었던, 이전 간빙기의 기후 변화에도 그럭저럭 적응하였다. 그런데 왜 마지막 빙하기 이후에 멸종되었을까?

어떤 학자는 신대륙 동물들이 베링의 육로길이 열렸던 마지막 틈새 동안에 구대류으로부터 도입된 전염병에 의해 대거 죽게 되었다고 주장한다. 이는 유럽인들에 의해 도입된 천연두, 홍역과 다른 질병들에 의해 아메리칸 원주민들이 치명적으로 감염되었던 사건을 연상시킨다. 하지만 그러한 전염병이 동물종을 항상 멸종으로 이끄는 것만은 아니다. 전염병은 광범위한 지역에 걸쳐 토착 개체군을 대폭 감소시키지만 일반적으로 소규모의 피난처에서 질병에 저항한 개체들이 살아남아 결국 종을 다시 복구한다.

그래이슨이 지적하였듯이 이러한 갱신세 멸종은 매우 미묘하고 현재까지 알려지지 않은 차원의 기후변화와 인간이 상호작용하여 발생한 결과였다.[48]

기원전 5000년경 무렵 빙하는 미국 동부의 동식물상이─인간 활동에 의해 변화된 곳을 제외하고는─오늘날의 모습과 매우 흡사하다고 말할 수 있을 지점까지 퇴각하였으며, 변화하는 환경에 대한 광범위한 문화적 재적응이 있었다.

일반적으로 아메리카의 초기 완신세는 문화적 전문화의 시기로, 기술, 사회체계와 생업체계가 다양하고 변화하는 환경에 부합하는 방향으로 진화하였다. 유적의 방사성탄소연대가 말해주듯이 12,000 B.P. 이후에는 신대륙의 전 지역에, 멀리 남쪽으로 아르헨티나 남부에 이르기까지 사람들이 거주하였다.

인구밀도의 증가는 신대륙의 여러 곳에서 일어났으며, 제15장에서 다루겠지만 7,000년 전 무렵 일부 수렵채집사회는 이미 식물을 재배하고 농경의 복합문화로 넘어가는 과정에 있었다.

🖼 요약과 결론

몬테 베르데 같은 초기 유적의 증거에도 불구하고 대부분의 고고학자들은 여전히 신대륙 이주의 정확한 연대는 아직 결정되지 않았다고 간주한다. 우리는 12,000년 전에는 상당 규모의 사람들이 이곳에 살았으며 수 천년 안에 생산성이 보다 높은 신대륙 지역을 대부분 점거하면서 문화적으로 다변화하기 시작하였다는 것을 안다. 기원전 12000년경 이후에 거대한 파도처럼 밀려온 대형동물의 멸종이 인간의 활동과 많은 관계가 있는 것 같지는 않다.

신대륙의 최초 식민지화는 획기적인 발전처럼 보일지도 모르나 사실 그것은 후

기 갱신세 동안에 발생한 인간 종의 거대한 방산의 한 양상에 불과하다. 호주에서
부터 남미와 시베리아와 북극에 이르기까지 사람들은 세계를 식민지로 개척하였
고 많은 다양한 환경에 적응하였다.

저자주

1) Stewart, *The People of America*, p.60.

2) *Cat Ballou*란 영화에서 아이디어를 얻음.

3) Stewart, *The People of America*, p.70. 제퍼슨은 아메리카에서 아시아로 그리고 다시 돌아오는 이동 루트가 가능하다고 생각하였다.

4) Figgins, "The Antiquity of Man in America"

5) Hagg, "The Bering Strait Land Bridge", p.269.

6) Cwyner and Ritchie, "Arctic Step-Tundra: A Yukon Perspective"; also see Dixon, *Quest fot the Origins of the First Americans*.

7) Dixon, *Quest for the Origins of the First Americans*.

8) Fladmark, "Getting One' s Berings," p.14.

9) ibid

10) ibid, p.16.

11) Fladmark, *British Columbian Prehistory;* idem., "Getting One' s Berings," p.14.

12) Martin and Wright, *Pleistocene Extinction: The Search for a Cause*, pp.32－33.

13) Reviewed in Irving, "Context and Chronology of Early Man in the Americas."

14) Bellwood, *The Prehistory of the Indo-Malaysian Archipelago*.

15) Marks, *Human Biodiversity: Genes, Race, and History*.

16) Turner, "Tell-tale Teeth."

17) Turner, "Tell-tale Teeth"; Greenberg, Turner and Zegura, "The Settlement of the Americas: A Comparison of the Linguistics, Dental, and Genetic Evidence," p.484.

18.) Stelle and Powell, "Paleobiology of the First Americans."

19) Crawford, "DNA Variability and Human Evolution."

20) Greenberg, Turner and Zegura, "The Settlement of the Americas: A Comparison of the Linguistics, Dental, and Genetic Evidence."

21) Ruhlen, "Voices from the Past."

22) Krieger, "Early Man in the New World."

23) Gowlett, "The Archaeology of Radiocarbon Accelerator Dating."

24) See, for example, Larichev et al., "The Upper Paleolithic of Northern Asia: Achievements, Problems, and Perspectives III: Northeast Siberia and the Russian Far East."

25, 26) Haynes, "Geofacts and Fancy," p.12.

27) Dikov, "On the Road to America," p.15.

28) Dillehay, "By the Banks of the Chinchihuapi."

29) Guidon, "Cliff Notes."

30) MacNeish, *The Science of Archaeology?*, p.203.

31) Vescelius, "Early and/or Not-so-Early Man in Peru: Guitarreto Cave Revisited."

32) Schmitz, "Prehistoric Hunters and Gatherers of Brazil."

33) Dincauze, "The Meadowcroft Papers"; cf. Adovasio et al., "The Meadowcroft Papers: A Response to Dincauze."

34) Adovasio and Carlisle, "Pennsylvania Pioneers."

35) Whitley and Dorn, "New Perspectives on the Clovis vs. Pre-Clovis Controversy."

36) Meltzer, "Late Pleistocene Human Adaptations in Eastern North America."

37) Ibid., p.43.

38) Bryan, "The First Americans."

39) Hopkins et al., *Paleoecology of Beringia*.

40) Speth, "Les strategies alimentaires des chasseurs-cueilleurs."

41) 서부 사막 고고학은 제닝 저서 참조. Jennings, *The Prehistory of North-America*, 2nd Ed.

42) 골드버그의 신문기사(뉴욕 타임즈 5.27, 1996) "Oldest Mummy Found on Museum Shelf"에서 인용.

43) Dragoo, "Some Aspects of Eastern North American Prehistory: A Review 1975."

44) Struever and Holton, *Koster: Americans in Search of Their Past*.

45) Martin and Wright, *Pleistocene Extinction;* Haynes, "Elephant Hunting in North America"; Moismann and Martin, "Simulating Overkill by Paleoindians"; Martin and Klein, Quaternary Extinctions: *A Prehistoric Revolution*.

46) Grayson, "Pleistocene Avifaunas and the Overkill Hypothesis."

47) Kelly and Todd, "Coming into the Country: Early Paeloindian Hunting and Mobility"; Whitley and Dorn, "New Perspectives on the Clovis vs. Pre-Clovis Controversy," p.642.

48) Grayson, "Death by Natural Causes."

49) Orquera, "Advances in the Archaeology of the Pampa and Patagona."

6장
농업의 기원

가장 큰 사건은 아무런 계획도 없이 일어난다.
큰 실수가 우연히 이익이 될 수도 있다……
세상의 중요한 사건은 의도적으로 야기된 것이 아니다. 일어났을 뿐이다.

죠지 리히텐버그

이해할만한 일이지만 지구를 방문한 외계인은 인간들이 자연스럽게 그리고 본능적으로 식물을 재배한다는 결론을 내릴지도 모른다. 그 또는 그녀는 가장 가난한 나라의 초라한 판자집에서부터 세계의 가장 부유한 대도시의 푸른 공원에 이르기까지 거의 모든 가옥과 지역사회가 꽃과 재배식물로 꾸며진 것을 볼 것이다. 그리고 이 방문인은 지구가 만들어낸 "문명"이 식물에서 에너지를 추출할 수 있는 인간 능력의 산물이라고 금방 알아챌 것이다.

그러나 식물재배가 인간 레퍼토리(정보창고)의 본능적인 부분은 결코 아니었다. 사실 그것은 우리 종이 지구에 존재한 시간의 1%에도 훨씬 미치지 못하는 비교적 최근에 일어난 인간 행위이다. 그러면서도 그것은 사람이 살아온 방식에 급진적 변화를 수반하였다. 처음 도구를 사용한 아프리카의 호미니드에서 2만년 전 프랑스 동굴 벽화인으로 이어지는 수 백만년의 세월은 엄청난 변화의 시기이다. 인간 두뇌의 크기가 3배로 늘어나고, 조잡한 석기가 인상적인 전문화된 석기로 대체되었으며, 우리의 선조는 대부분의 세계를 점령할 수 있었다. 그러나 200만년 전 간신히 인간티가 나는 호미니드에서 단지 1만년 전의 창조적인 수렵채취인에 이르기까지 갱신세의 모든 사회들은 하나의 중요한 점에서 모두 동일하다. 그들은 식량을 채집하고 사냥함으로써 삶을 꾸려나갔으며 식량을 생산하지는 않았다. 즉 "농사"는 하지 않았던 것이다.

이제 약간의 자부심을 갖고 우리들의 과거 수렵채집 조상들의 적응능력과 지구력을 살펴보자. 그들은 북극의 빙하에서 아마존의 정글에 이르는 거의 모든 종류의 환경에서 수 백만년 동안 수렵채집인으로서 살아왔다. 그러기 위해서는 많은 경우 환경에 대한 어마어마한 지식, 복잡하면서도 이동 가능한 기술, 그리고 이동을 필요로 하는 삶이 필요하다. 로버트 켈리가 언급하였듯이 "인간에게 필요한 물건을 모두 공급할 수 있는 에덴의 동산은 지구 어느 곳에도 없다. 인간이 이러한 문제점을 극복하기 위해 사용한 최초의 수단이 바로 이동성이다."[1]

심지어 오늘날까지도 소수의 수렵채집사회가 현대 국가의 변두리에서 잔존하고 있다. 그러나 수렵채집의 생활양식은 최초의 농민이 출현한 이래 점점 더 좁은 지역으로 위축되기 시작하였다. 1만년 전 직후 멀리 떨어진 세계 여러 곳에서 사람들이 약간의 동식물종을 순화하기 시작하였다. 동시에 그들은 마을을 세워서 그곳에서 연중 생활하기 시작하였으며 그들이 가둔 가축과 그들이 재배한 식물에 의존하여 살기 시작하였다. 대부분의 환경에서 이러한 농업경제는 수렵과 채집보다 훨씬 많은 양의 식량을 생산하고 의지할 수 있게 만들었다. 오늘날 수렵채집인들은 단지 아마존유역, 북극권, 그리고 수렵채집이 농업보다 생산적인(또는 최근까지 생산적이었던) 극히 일부 지역에만 존재하며, 이들 제한된 지역에서조차 수렵채집인들은 이웃한 농업경제에 부분적으로 의존하고 있다.

세계 여기저기서 발생한 인간 생활양식에서의 이 거대한 변화의 역사를 살펴 볼 때 두 가지 기묘한 사실이 떠오른다. 하나는 역사상 가장 크고 복잡한 문명은 모두 보리·밀·조·벼·옥수수·감자의 여섯 식물종 중 한두 종의 재배에 기초하였다는 점이다. 수수, 호밀, 콩류, 얌, 타로, 그리고 수천 종이 넘는 다른 식물들도 많은 사람의 생존에 꼭 필요하였으며 가축 또한 열량과 동력의 중요한 원천이었지만 오로지 앞에서 언급한 6종의 재배식물만이 "문명"의 주된 엔진이었다. 두 번째로 "농업혁명"의 특히 중요한 특징 중 하나는 농업이 빠르게 그리고 널리 퍼졌을 뿐 아니라 세계 여러 곳에서 거의 동시에 독립적으로 발생하였다는 사실이다. 수 백만년 동안 우리의 선조들은 단지 수렵과 채집에 의존하여 생계를 유지하였는데 10,000

년 전부터 3,500년 전까지의 겨우 수 천년 사이에 세계 도처의 사람들이 – 서로간에 어떠한 명백한 연결도 없이 – 작물을 기르기 시작하였다. 예를 들어 안데스의 감자, 멕시코의 옥수수, 서남아시아의 밀, 중국의 쌀, 그리고 다른 많은 지역에서의 다른 많은 작물에 의존한 농업경제가 수립되기 시작하였다.

매우 제한된 수의 생물종이 세계 식량의 대부분을 제공하고, 식물과 동물이 세계의 상이한 지역에서 동시에 순화되었다는 사실은 중요한 질문들을 제기한다. 예를 들어 세계 도처에서 사람의 주식이 되었던 이들 특정의 식물들에 뭔가 아주 특별한 것이 있는가? 아니면 특별한 시점에 사람과 특정 식물종 사이의 연관관계가 우연히 발생한 것인가? 그리고 왜 사람들은 이들 재배식물에 의존한 생활로 바꾸게 되었는가? 농업은 인간사에서 엄청난 중요성을 갖고 있기 때문에, 혹자는 농업경제를 산출한 요소 역시 틀림없이 똑같이 중대한 사항이었을 것이라고 추측하는 논리적 오류에 빠질 수 있다. 아마 그랬을 수도 있지만 현 시점에서 우리들은 정답을 모른다. 아마도 기후, 인구밀도, 기술상의 약간의 변화가 "농업혁명"을 촉발시켰을지도 모른다. 우리는 가장 중요한 재배종이 처음 언제 그리고 어디에서 출현하였는지는 대충 안다. 그러나 왜 그 재배종이 그곳에서 그때 출현하였는지에 대해서는 여전히 이해가 부족하다. 농업 기원에 대한 일반적 설명은 모두 기후 변화, 증가된 인구밀도, 향상된 기술이란 세 가지 기본적 요소에 의존한다. 그러나 이들 요소들을 결합하여 세계의 농업 기원 모두를 설득력 있게 설명하기란 여전히 어렵다.

이 장에서는 우리는 초기 순화와 농경의 일부 증거들을 재검토하고 왜 사람들이 그렇게 오랜 세월의 수렵채집생활 이후에 농민이 되었는지, 왜 농업이 세계 여러 곳에서 거의 동시에 발생하였는지, 그리고 농업경제가 어떻게 세계를 지배하게 되었는지에 대한 보다 추상적인 질문들을 살펴보도록 한다.[2]

▓ 농업, 순화, 그리고 정주 공동체

농업의 기원에 대한 토론은 많은 전문용어를 수반하는데 이들 용어 중 일부는 다소 모호하고 기술적(記述的)이다. 예를 들어 "작물"과 "잡초"의 차이는 정확한 생물학적 개념이라기보다 어느 의미에서는 문화적 구성개념이다. 미국의 저명한 식물학자인 루터 버뱅크는 단순히 인간에 대한 쓰임새가 아직 발견되지 않은 식물을 잡초라고 정의하였다. 유전학자인 블럼러와 바이언도 잡초를 "인간의 영향 또는 '교란'에서 혜택을 받는 비재배 식물종"으로 정의하였으나[3] 잡초의 의미에는 작물 생산량을 감소시키는 식물이라는 경제적 개념도 포함하고 있다고 언급한다. "농경(farming)"과 "순화된(domesticated)"이라는 문화적 용어뿐 아니라 특정 동식물에 주어진 종의 이름조차 역동적이고 다차원적으로 깔려있는 변이성을 정적인 범주(static categories)에 강제로 집어넣으려는 시도이다. "수렵-채취인"대 "농업인"과 "야생"대 "순화"라는 단순한 "대칭적 용어"가 실재로는 내재된 연속적인 변이성을 위장한다.[4]

그래서 전문용어에서 다소 정확성을 더하는 것이 유용하다. 농업(Agriculture)이란 관념에서의 주된 개념은 동식물의 생산력과 유용성을 늘리기 위하여 주어진 환경을 변경하려는 인간의 의도를 수반한다.[5] 수천년 동안 사람들은 밭의 잡초를 뽑고, 허수아비를 세우고, 돼지를 우리에 넣고, 기타 수많은 농사일의 노동을 통하여 더 많은 식량을 얻고자 한다. 그러나 수렵채집인 역시 동식물의 환경을 변경한다. 예를 들어 일부 수렵채집인들은 특정 동식물을 위한 서식지를 열어주기 위해 불을 지른다. 다른 수렵채집인들은 단순히 야생종을 채집하고 먹는 것만으로도 다른 동식물의 환경을 변경하고 이들의 유전자 풀(pool)에 영향을 끼친다. 그러나 농업은 생산력을 증가시키기 위한 목적으로 종종 동식물 환경을 체계적이고 의도적으로 변경한다. 순화와 마찬가지로 농업의 정의는 상대적이다. 한쪽 극단은 한 집단이 야생밀 군락 근처의 잡초를 억제하려는 단순한 노력 정도에 머무른다. 반면 다른 쪽 극단에는 작물이 잘 고른 밭에서 잡초억제용 농약과 비료로 재배되며, 컴퓨터가 먹이 소모와 성장 비율이 최대치까지 도달하도록 결정해주는 수준까지 닭을 닭장에서 기르는 현대적 농업관련 사업이 자리한다.

재배(경작, cultivation)란 용어는 종종 농업의 개념 대신 또는 그것과 결합하여 사용된다. 블럼러와 바이언은 재배를 "종자, 구근, 새싹 등에서 식물을 자라게 하는 것"으로 정의한다.[6] 그들은 재배식물이 항상 순화되는 것은 아니며, 어떤 경우에서는(야생식물의) 재배가 오랫동안 순화에 선행할 수 있다고 언급한다.

많은 정의에서 순화(domestication)의 요점은 상리공생이다. 예를 들어 데이비드 린도스는 순화를 "어떤 주어진 생물종이 원래의 유전자 풀에서 갈라져서 그것을 먹고사는 동물과 공생적 보호와 산포(散布) 관계를 설립"하는 것으로 정의하였다.[7] 사람들이 동식물을 순화할 때 이들 동식물의 생활환(life cycle)에 적극적으로 간섭함으로서 이들 유기체의 후속 세대들이 사람과 점점 더 밀접한 관계를 맺고 더욱 유용하게 만든다. 사람들은 이들 동식물의 생활환에 끼어 들면서 어떤 점에서는 그들의 비순화된 근연종보다 자연에 덜 "적합한" 동식물을 만들어낸다. 예를 들어 순화된 옥수수는 종자가 모두 옥수수속에 주렁주렁 달려 있어 사람의 간섭이 없으면 그대로 식물에 단단히 붙어 있기 때문에 종자를 퍼트릴 수 있는 효과적인 자연적 메커니즘을 더 이상 갖고 있지 않다. 비슷하게 서남아시아의 여러 가지 양들은 수 천년 동안 선택적으로 사육되면서 꼬리의 지방 무게만 5내지 8파운드에 달해 교미를 하려면 반드시 사람의 도움이 필요하다.

일반적으로 인간은 이들 식물의 휴면(休眠, dormancy) 주기, 산포 메커니즘, 그리고 그들을 식용하는 동물에 대한 물리적·화학적 방어망을 변경함으로써 식물의 자연적 순환 주기에 간섭한다.[8] 사람은 동물종도 고기, 젖 산출량, 털, 유순함, 견인력과 환경 적응력 같이 인간에게 유용한 특징들을 크게 키우는 방향으로 바꾼다.

그러나 우리가 순화와 농업에서 생각하는 종류의 상호공리적 관계는 인간과 그들의 동식물성 식량에만 독특한 것이 아니며 인간의 지능에만 의존하지도 않는다. 데이비드 린도스는 아프리카의 재배자(cultivator) 개미는 개미집 안의 특별한 방에 대개 식물 부스러기, 잘린 잎, 꽃과 배설물로 특별한 모판을 준비한다고 지적하였다. 개미는 방 내부의 성장 조건에 대해 매우 세심하다. 즉 개미는 많은 환기 통로들을 파는데 환기 통로들은 방 내부의 온습도를 조절하기 위하여 열었다 닫았다 한다. 모판을 만들기 위하여 개미는 배양물질을 씹어 흐늘흐늘한 덩어리를 만들고 이것을 방안에 차곡차곡 쌓는다. 그리고 나서 이전에 미리 마련된 모판에서 번식균(propagules)을 새로운 모판에 옮겨 심는다. 모판은 계속 관리된다. 개미는 낯선 균류를 제거하고 항문과 타액 분비물을 추가하는데 후자는 균류의 성장에 명백히 긍정적 영향을 끼친다. 이러한 재배 행위는 균류가, 소위 구경(球莖)양배추(kohlrabi) 구조물이라 불리는, 작고 하얀 둥근 물체를 생산하도록 조장한다. 이러한 구조물이 개미 집단의 주식이다.[9]

이들 개미 사이에서 [인간의 경작지에 존재하는] 조그만 허수아비나 탑모양 저장고(silos)는 보이지 않지만 그러나 린도스의 지적은 타당하다. 개미와 양육되는 종들과의 생태학적 관계란 관점에서 개미는 우리와 크게 다르지 않다. 그리고 만약 이것이 사실이라면 린도스가 관찰한 취지는 분명하다. 즉 우리가 인간에게만 존재하는 독특한 행위라고 간주한 순화와 농업이 실제로는 관련된 유기체의 지혜나 의지에 상관없이 자연 선택에 의해 "고정될" 수 있는 다소 평범한 생태학적 관계라는 것이다. 사실 "순화"란 어느 정도 관점의 문제이다. 예를 들어 만약 순화를 곡물의 관점에서 본다면 사람은 곡물이 세계를 공략하기 위한 탁월한 장치임이 입증되었다. 야생상태로는 근동의 자그마한 지역에 한정되어 있던 밀이, 사람들이 밀에 의존하게 하는 방식으로 사람을 "순화함"으로써, 남미에서 중앙 러시아에 이르기까지 서식처를 넓혀나갈 수 있었다. 우리가 현존 동식물의 잡종인 순화종(domesticates)의 창시자인 것과 마찬가지로 우리들은 바로 그들의 창조물이기도 하다. 즉 우리는 그들과 상호진화적 포옹 속에 같이 맞물려있는 것이다. 우리는 농업과 정주 생활로의 이행에서 사람들이 그들이 의존하는 식물과 동물을 물리적으로 변화시킨 것처럼 그들 스스로도 물리적으로 변화되어 버린 미묘한 진화적 원동력을 본다.[10] 농업경제는 콜레라 같은 치명적 질병의 진화도 받아들이면서 이들 질병에 유전적으로 취약한 무수한 사람들을 "도태시켰다". 농업에 의한 식료는 일반적으로 치주와 치아 질병을 증가시키며 튼튼한 치열에 대한 선발을 감소시킨다. 그래서 농업이 세계 도처로 퍼지면서 사람 치아의 크기와 힘이 점차 줄어들고 치열 건강도 나빠지게 된다.

　　인간 의도의 중요성이란 이 이슈는 농업 기원의 연구에서 중요한 논쟁 거리로 남는다. 우리는 농민들이 바라는 변화를 성취하기 위하여 끊임없이 그리고 의도적으로 동식물을 교묘하게 조작하는 시대에 살고 있다. 그래서 일부 학자들이 이와 똑같은 의도성이 농업 기원에서 중요한 요소라고 생각한다고 하여 놀랄 일은 아니다.[11] 사람들이 동식물종을 순화하기 시작한 것은 사람에게 더욱 유용하게 만들려는 욕망이나 의지에서가 아니라, 동식물을 이용하는 과정에서 상대적으로 사소하고 우연한 변화가 발생하면서 비롯되었을지도 모른다. 그러나 10,000년 전경 이전에는 낮은 인구밀도와 이동 생활 양식 때문에 오늘날의 옥수수와 꼬리가 살찐 양으로 나타난 돌연변이의 성질이 지속될 수 있을 만큼 충분히 동식물 개체군을 이용하지는 못하였다.

대부분의 경우 순화는 우연한 창조물이 아니라 상대적으로 장기간에 걸친 과정이다. 다음에 설명하겠지만 예를 들어 옥수수의 야생선조종이 옥수수열매처럼 생긴 것으로 바뀌는데 수 천년이 걸렸다. 그리고 순화는 흔히 동식물종과 인간 소비자와의 관계가 변화함에 따라 동식물종의 형질적 특징이 변화해 나가는 장기간의 과정에서 발생한다. 일부 학자들은 보리와 밀의 순화가 수 세기가 걸린다고 주장하는 반면 어떤 학자들은 그 순화가 몇 년 만에도 이루어질 수 있다고 믿는다(그림 6.1). 그리고 동식물을 순화하려는 인간의 의도는 고고학적으로 추출될 수도 없고 순화의 개념에 논리적으로 중요한 것도 아니다. 린도스가 지적하였듯이 "사람들은 순화를 허용하는 (식물과 동물에서의) 변이를 창조할 수 없으며 단지 선택할 수 있을 뿐이다. 그리고 그들은 그들이 선택한 결과물이 얼마나 중요하게 될 것인지도 모른다."[12] 이러한 관점에 따르면 인간의 의도와 목적 지향적 행위는 중요하면서도 고고학적으로 추출할 수 없고 대부분의 경우에는 상수(常數)로 처리되어야 한다. 즉 농업이 한 지역에서는 출현하고 다른 지역에서는 출현하지 않았다고 하여 후자에서 사람들이 상황을 분석하고 적응의 문제점을 해결하는데 실패하였다고 믿을 이유는 없다. 그리고 사람들이 순화와 농업으로 유도되는 적응을 하였다고 생각한 것이 다른 관점에서는 별로 중요하지 않을 수 있다. 중요한 것은 이러저러한 종류의 식량을 먹고 계절적으로 한 지역에서 다른 지역으로 이동하는 따위의 의미에서 사람들이 실제로 무엇을 하였는가 이다. 그러나 여기에 동의하지 않는 학자들도 있으며, 이들은 인간의 의도가 거의 처음부터 "가속화" 시켰던 과정으로서 순화된 동식물종의 기원을 바라본다.[13]

앞에서 언급한 것처럼 농업의 기원 문제를 연구하는데 있어 또 다른 이슈는 왜 사람들이 순화와 재배를 위해 특정 종들만을 선택하였는지를 알아보는 것이다. 우리는 이 질문을 서남아시아에서처럼 농업이 독자적으로 출현한 특정 지역에서의 경제적 방식을 고려하면서 이장 뒷부분에서 다루도록 한다. 그러나 농업경제를 산출하는데 있어서 인간의 의도성이 아무리 중요하더라도 인간의 음식과 맛에 대한 "선호"가 농업 기원에서는 거의 역할을 하지 못한다는 점을 인식할 필요가 있다. 사실 음식 선호와, 먹는 음식과 인간과의 다양한 상호작용의 또 다른 문화적 측면들은 인간 행동을 좌우하는 이데올로기와 경제적 영향력이 혼합된 흥미로운 예이다. 예를 들면 구더기 고기, 소의 생피, 삭힌 어두, 태운 염소내장, 다랑어 국수 냄비

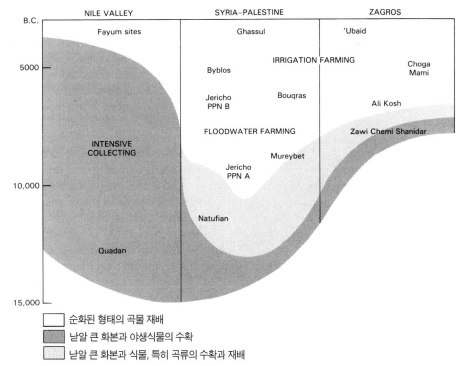

6.1 세계는 15,000년경 이전부터 낟알 큰 화본과 식물과 사람 사이에서 진화하였던 공생적 관계에 의해 영원히 변화되었다. 농업은 이러한 관계의 마지막 진화 단계일 뿐이지만 밀과 보리의 순화에 의해 가능해진 대규모의 안정적인 수확이 과거와 현대의 문명이 진화할 수 있는 기초가 되었다.

요리, 양의 눈, 양파 수프에 부글부글 끓인 돼지불고기 등은 오늘날 밀라노나 파리의 레스토랑에서 맛있게 먹는 요리들이다. 음식 선호와 식량 생산의 주요한 결정요소는 보통 경제적인 조건이다. 지역의 슈퍼마켓이 뉴질랜드산 양고기에는 특별 할인가격을 제공하지만 북미산 사냥개에는 그렇지 않는 이유는 고기의 맛보다는 이들 동물을 기르는데 드는 경제적 측면(그리고 그들이 처음 순화되었던 옛 사회의 경제적 조건) 및 문화적 이데올로기의 우연성과 관계가 깊다. 음식 선호가 맛과 느낌이란 타고난 예민함과 복잡성을 반영하기보다는 주로 "유행"과 문화적 구성개념이라는 것을 가장 신빙성 있게 증명하는 예가 바로 가까운 거리에 있는 37가지의 다양한 전체요리가 준비되고 가격도 적절한 뷔페 레스토랑을 제쳐두고 맥도날드에서 햄버거를 사려고 줄서 있는 군중이다.

  아래에서 보다시피 복잡한 종류의 요인들에 의해 왜 특정 종들은 재배와 순화가 이루어지고 다른 종들은 그렇지 않은지가 결정된다. 역사적 견지에서 보아 농업에 관해 가장 중요한 사항 중의 하나는 농업이 단순히 많은 양의 식량을 생산한다기 보다는, 신뢰할 수 있고 예측 가능한 양의 식량을 공급함으로써 인구밀도가 증가하고 사람들이 세계의 많은 지역에서 같은 장소에서 연중 살 수 있는, 즉 정주 공동체 생활을 가능하게 한다는 점이다. 그러한 공동체는 서남아시아에서 농업이나 순화된 보리와 밀보다 아마도 1,000년만큼이나 먼저 출현하였다. 반면 중미에서는 최초의 정주성 또는 농업 공동체가 출현하기 수 천년 이전부터 적어도 5종의 식물종이 순화의 과정에 있었다. 그러나 양 경우 모두 농업으로의 전이는 한 곳의 특정 장소에서 영구적으로 거주하도록 강한 압력을 행사한다.

정주 생활은 흔히 상설적 구조의 건축을 수반한다. 농업이 출현하기 이전 수 백만년 동안 사람들은 간단한 막집(shelter)을 세우거나 동굴에서 살았다. 그러나 동물이 이동하고 야생 식물이 계절에 따라 바뀌는 등 먹이를 따라 옮겨야 했기에 그들은 연중(年中) 일부분을 거의 매번 다른 캠프로 이동하였다. 세계의 많은 지역에서 사람들은 그들의 인구밀도를 연중 가장 빈곤한 계절에도 생존할 수 있는 수준으로 낮추기 위해 연중 일부 시점에 계절적 집단으로 분할하여 친척들과 떨어져 살아야만 했을 것이다. 10,000년 전경 인간 사회는 교역망, 그리고 아마도 집단이 연중 대부분의 시간을 같이 살게 엮어주는 집단적 유대에 의해 함께 결속된다. 전통적으로 고고학자는 이 시기의 사람들이 평등하고 단지 무리사회와 부족의 단순한 형태로 조직된 것으로 가정하였다. 그러나 우리는 이것이 사실인지 실제로는 모른다. 다음 장에서 살펴보겠지만 식량과 다른 자원들이 풍부하고 믿을만하면 우리의 선조들은 오직 한 방향으로만 반응하였다. 즉 그들은 부와 권력과 명예에 접근하는데 있어서 그들 자신과 그들이 속한 사회 집단 사이의 차별성을 극대화시키는 사회 시스템을 보유한다.

지난 십여년 동안 정주(성)와 이동(성)의 개념에 대한 철저한 재고가 있었다.[14] 이제 고고학자는 인간 삶의 양 극단적 배치로서의 정주와 이동이란 개념이 적응의 근저에 있는 복잡성을 왜곡하고 너무 단순화시킨다는 점을 인식하였다. 전통적으로 "수렵채집인"으로 불리며 이동성이 있다고 추정되는 사람들의 고고학적 기록이 지금은 많은 상이한 종류의 이동성을 반영하고 있는 것으로 인정된다. 예를 들어 베팅어와 바움호프[15]는 아메리카 서부에 사는 수렵채집 집단의 이동성 유형을 여행가(travelers)부터 가공업자(processor)까지의 연속체로 상정한다. 여행가는 이동성이 크고 대형 사냥감처럼 높은 보상의 자원에 집중하는 반면, 가공업자는 이동성이 적으며 자원, 특히 식물성 식량의 다양성에 집중한다. 베팅어와 바움호프는 이러한 연속체를 따라 여러 지점의 집단들이 인구구조(예: 인구조절 기제로서 유아살해의 유행) 같은 다른 문화적 요소에서도 커다란 차이점을 반영한다고 제안한다. 정주사회의 개념 역시 유형학적으로 오도된 구성개념이다. 로버트 켈리가 주목하였듯이 "어떤 사회도, 심지어 오늘날의 산업사회조차도 정주하지 않는다. 사람들은 여러 가지 방법으로 이동한다."16)

그러나 우리의 선조가 같은 촌락(village)에서 연중 살기 시작하였을 때 사람, 식물, 동물간에 이전에는 존재하지 않았던 복잡한 세트의 관계가 형성된다. 촌락생활은 인간집단에 많은 영향을 끼친다. 수렵채취사회에 비해 촌락 공동체는 일반적으로 출산율이 높고 치명적 질병에 걸릴 가능성도 높다. 그리고 경제적 기본 단위는 집단이 아니라 가족이다. 촌락 생활은 또한 물질적 재화의 축적도 가능하게 한다. 촌락 농업은 일단 설립되면 엄청난 "관성(inertia)"이 있다. 농업의 본질은 믿을 만한 매우 한정된 종류의 생물종에만 온 힘을 집중하기 때문에 사람들이 농업경제에서 다른 종류의 경제로 쉽게 이동하는 것은 극히 제한된 일부 환경에서만 가능하다. 대부분의 농업경제에서 농업생산에 방해가 되는 행위는 곧 폐기된다. 예를 들어 덴마크에서 인골의 화학조성을 분석해보니 바닷가의 한 지역에서 기원전 4천년 이전의 사람들은 주로 바다 자원을 먹고살았는데 그 이후로는 사람들이 그들의 촌락이 물고기와 다른 바다 자원이 풍부한 바닷가에서 수 백미터 밖에 떨어지지 않았는데도 불구하고 거의 전적으로 농산물에만 의존하였다.17)

브라이언 버드가 언급한 것처럼 많은 고고학자의 관심이 수렵채집에서 농업으로의 최초 전이과정에 집중되어 있었지만,18) "초기 정주 촌락에서 많은 인구를 통합하고 유지하기 위해 창조된 사회적, 경제적 메커니즘"19)에 대해서는 거의 알려진 바가 없다. 촌락 생활로의 변화는 사람들이 서로와 세계를 다루는 방식에서의 급진적 변화이며, 그것은 완전히 새로운 사회조직을 만들었다.

여기에서 이들 최초의 마을 사람들이 새로운 환경에서 생계를 세우고 그들 스스로를 사회적으로 조직하면서 부닥치는 모든 문제점들을, 또는 이러한 새로운 필요에 대응하기 위하여 발전시킨 광범위한 새로운 행위들을, 확인하려고 의식적으로 노력한다면 그것은 아마도 잘못된 생각일 것이다. 우리는 사람들이 항상 경제를 가장 효과적으로 종합하는 완전히 이성적인 소비자라고 간주할 수는 없다. 또한 농업의 기원을 단순히 모든 가능성을 조사하고 그들의 기술에 기초한 최적의 경제를 구성한 사람들의 자연적 산물로 설명할 수도 없다. 그러나 문화적인 것은 무엇이나다 어느 정도 자연선택에 종속되며, 그래서 우리는 농업을— 적어도 부분적이라도— "효과있는(worked)" 행위의 소산으로 간주하여야 한다.

▨ 순화, 농업과 정주 공동체의 기원에 대한 가설

땅은 너로 인하여 저주를 받고 너는 종신토록 수고하여야 그 소산을 먹으리라
땅이 네게 가시덤불과 엉겅퀴를 낼 것이라 너의 먹을 것은 밭의 채소인즉
네가 얼굴에 땀이 흘러야 식물을 먹고 필경은 흙으로 돌아가리니

(창세기 3장 : 17 ~18)

우선, 우리는 누군가 외계에서 와서 사람들에게 농업을 가르쳤다거나, 고대 시리아에 살던 누군가 훌륭한 생각이 떠올라 그것을 세계로 퍼트렸다거나, 또는 사람들이 단순히 동물을 추적하는데 싫증이 나서 좀더 편한 생활 방식을 원했기 때문에 사람들이 식물을 재배하고 동물을 길렀다는 생각은 버릴 수 있다.

야자나무에서 감자에 이르기까지 광범위한 종류의 재배식물들이 세계 여러 곳의 비슷한 위도에서 거의 동시에 출현한 점, 그리고 대부분의 지역에서 수렵과 채집에서 농업으로 전환되는데 수 천년이 걸린 점 등을 감안하면 위의 시나리오는 터무니없다. 변이성이 많기는 하지만 수렵인과 채집인은 원시적 농업의 종사자보다 여가시간이 더 많은 경향이 있다. 도시 변두리의 정원사도 잘 알다시피 농사는 힘든 일이다. 더욱이 수렵채취인은 그들의 운명을 향상시키기 위한 지속적인 노력에—또는 대성당을 설계하거나 현악사중주를 작곡하는 따위에—시간을 쓰는 것 같지도 않다. 세계 도처의 수렵채취 집단에 대한 연구를 보면 그들은 남는 시간을 거의—그들 대부분이 이미 완벽하게 터득한 기술인—이야기하고 잠자는데 사용한다.[20]

그럼에도 농업이 수렵채취보다 편안한 생활 방식이므로 사람들이 농민이 되었다는 생각은-특히 대부분의 서구인들에게는-이러한 신화를 의심하기가 어려울 정도로 매우 그럴듯하게 들린다.

농업의 세계적인 기원은 복잡한 진화적, 역사적 사건을 구성하며, 그래서 기계적 용어로 분석하기가 어렵다. 즉 진화적 계기(繼起)는 정의에 의하면 본래부터 그 자체로는 예측될 수 없는 것이다. 결국 누구도 10억년 전 세계의 동물상으로부터 호랑이-또는 우리-의 진화를 예측할 수 없다. 자연도태가 작동중인 역사에서 물리학처럼 기계적 그리고 결정론적으로 설명될 수 있는 것은 전혀 없다.

그러나 농업의 기원은 신 · 구대륙 여러 곳에서 거의 동시에 비슷한 환경에서 독립적으로 발생하였기 때문에 다소 기계적 그리고 결정론적으로 판단하려는 경향이 있다. 농업의 기원 문제를 다루는 사람은 누구나 세 가지 범주의 증거에서 깊은 인상을 받는다. 첫째 세계의 기후가 순화와 농업이 구대륙에서 처음 출현하기 막 이전에 크게 변화하였다. 둘째, 농업이 기원하기 이전의 수 십만년 동안 세계의 인구밀도 또한 증가하였다. 셋째, 인간종의 전체 역사를 걸쳐 인간의 기술도 여러 방면에서 진보한 것처럼 보인다. 따라서 기후 변화와 인구 증가가 농업 기원에 관한 모델 대부분에 포함된 것이 놀라운 일은 아니다. 그리고 많은 가설에서 도구 제작에 대한 지식의 축적이 농업으로의 전이에서 중요한 요소라고 제시한다.

농업 기원에 대한 초기 가설

농업 기원에 관한 첫 번째 가설 중에 호주인 고고학자 고든 차일드(1892~1957)와 연관된 생각인 소위 "오아시스 가설"이 있다. 차일드는 약 10,000년 전의 갱신세 종말과 결부된 기후 변화와 연결시켜 농업의 기원을 설명하려고 시도하였다. 차일드와 그의 추종자들은 세계가 차츰 따뜻하고 건조해짐에 따라 사람, 동물과 식물이 오아시스 주변에서 함께 근접하여 살아야 했고 인간 집단은 새로운 식량 자원을 찾아야하는 스트레스에 놓였는데, 동식물과의 이러한 근접성과 새로운 식량에 대한 필요에서 동물의 가축화가 발생하고 이어서 농경이 발생하였다고 주장하였다.[22]

그런데 보리와 밀의 야생 선조종이 후빙기(post-Pleistocene)의 오아시스가 집중되어 있으리라 생각되었던 지역에서는 자라지 않았다는 사실이 증명되었고 또한 농업이 시작되었을 때 대부분의 서남아시아와 중앙아시아에서는 사막과 오아시스가 형성되지 않았다는 증거가 발표되면서 오아시스 가설의 정확성에 의문이 제기되었다. 그러나 최근에 다시 여러 학자들이 기후에 대한 증거를 재평가하면서 후빙기의 강우량과 기타 다른 기후 요소들의 변화 유형이 농업의 기원에서 일정한 역할을 하였다는 일반적 생각에 지지를 보낸다.[23]

이집트에서의 최근 연구는 강우량 유형에서의 변화가 사람들을 오아시스에서 몰아내어 나일강 유역으로 가게 하였으며, 그곳에서 서남아시아에서 처음 순화되었던 밀과 보리를 재배하는 농민이 되었을 것 같다고 제시한다.[24]

그러나 농업이 출현하지 않았던 지난 수 십만년의 기간 동안에도 많은 기후 변화의 시대가 존재하였기에 마지막 기후변화 시기에 독특하고 유일무이한 뭔가가 있었거나 아니면 다른 추가적 요소들이 있었어야만 한다. 또한 순화와 농업은 안데스 고지대의 추운 계곡에서부터 팔레스타인 남부의 평원과 동남아시아의 습한 저지대에 이르기까지 매우 다양한 범위의 환경에서 출현하였다. 만약 기후변화가 농업 기원에 대하여 그렇게 강력한 힘을 발휘하였다면 어떻게 기후변화가 그렇게 다양한 범위의 서식처에 영향을 주어 농업이라는 똑같은 결과를 만들어낼 수 있었는가? 갱신세 종말기의 기후변화가 미세한 점에서 독특하여 겨울과 여름의 온도차, 성장기간 등과 같은 기후 양상에 영향을 미쳤을 가능성도 부정할 수는 없다. 후기 갱신세와 오늘날의 평균 온도 변화가 몇도 가량 나고 비슷한 온도 차이가 과거에 여러 번 있었다는 것을 알았다고 하여 갱신세 종말기의 기후변화의 특정 양상이 일부 지역에서의 농업 기원을 설명할 수 있는 가능성을 배제하지는 못한다.[25] 그러나 다른 한편, 순화는 많은 상이한 환경과 많은 상이한 생물종에 관여하기 때문에 기후변화가 세계적 현상으로서의 농업 발전의 주된 그리고 가장 직접적인 요인이 될 것 같지는 않다.

농업기원에 대한 또 다른 초기의 생각은 "자연서식지 가설(Natural Habitat Hypothesis)"로 명명되었다. 1926년에 헤롤드 피크와 허버트 플러어는 최초의 순화작물과 농업인은 유프라테스강의 상류역에서 출현하였다고 주장하였는데 그들은 이곳이 보리와 밀 야생종의 "자연 서식지"라는 것을 알았기 때문이다. 1950년대 초에 시카고대학의 로버트 브레이드우드는 후빙기의 기후변화를 밝히고 초기 농경 공동체를 찾을 목적으로 북부 메소포타미아에서 일련의 발굴을 조직하였다. 브레이드우드의 조사단은 처음으로 고고학 뿐 아니라 식물학, 지질학, 동물학 분야의 전문가를 포함하였으며, 이러한 학제적 접근은 매우 성공적인 연구 전략임이 증명되었다.

북부 이라크의 구릉지대에 있는 마을인 자르모에서의 발굴에서 브레이드우드는 그때까지 발견되었던 것보다 훨씬 이른 시기인 기원전 6500년경으로 추정되는 농업 취락을 밝혀내었다.[26] 기원전 6500년경, 자르모는 말린 점토로 벽을 쌓은 수십 채의 작은 집으로 이루어진 마을이었는데 그 곳에는 부분적으로 달팽이, 피스타치오 열매, 도토리 같은 야생 동식물에 의존하면서 동시에 염소 또는 양을 가축으로 길렀던 것으로 보이는 사람들이 150명 정도 살고 있었다. 브레이드우드는 또한 자르모에서 제분용 석기, 돌날로 만든 낫, 저장 구덩이와 함께 부분적으로 순화된 밀의 유체도 발견하였다. 브레이드우드는 이러한 자연 서식지대에서 사람과 동식물 사이의 상호작용이 수 세대에 걸쳐 누적적으로 효과를 발휘하여 농업으로 이르게 되었다는 견해를 제시하였다.

농업의 기원에 관한 브레이드우드의 체계적 연구는 그 당시로는 매우 드문 예이었다. 그리고 그는 농업이 출현하게 된 정확한 메커니즘을 이해하려고 애쓰면서 이 문제에 대한 다음 단계의 연구를 위한 결정적인 증거를 제공하였다. 최초 농업공동체 중 일부는 자연 서식지의 가운데가 아니라 오히려 그 주변이나 바깥쪽에서 출현하였다는 증거는[27] 농업이 단지 보리와 말의 자연 군락을 이용하던 사람들의 자연적 결과가 아닐 가능성을 제기하였다.

또한 식물학자인 잭 하란은 1966년에 동부 아나톨리아 고원에서 실시한 일련의 실험에서 수석제 돌날을 나무 손잡이에 끼워서 만든 조악한 낫을 이용하여 1시간 당 3kg의 비율로 야생 엠머(emmer)밀을 수확할 수 있었다.[28] 너댓 명의 가족이 몇 주만 수확하면 일년 내내 먹을 수 있는 낟알을 채집할 수 있었을 것 같다. 이는 보리와 밀의 자연 서식지에 살던 사람들은 야생 상태에서도 충분한 양의 낟알을 거둘 수 있으므로 굳이 그것을 순화하거나 농사지을 동기가 희박하였으리라 추측할 수 있게 해준다.

농업 기원에 대한 초기 가설들을 특히 인상적으로 종합하고 부연한 것이 루이스 빈포드의 "주변지구(Edge-Zone) 가설" 이다. 이 가설은 결점이 많고 다소 진부하다고 널리 간주되고 있지만 이후의 모델들이 대부분 여기에 대한 반응으로 쓰여졌다는 점에서 여전히 중요하다. 빈포드는 최초의 농민이 출현하기 전에 야생동식물을 이용하지만 우리가 순화로 인식하는 방식으로는 바꾸어 놓지 않으면서 자연 환경과 평형상태(equilibrium)를 이루고 있는 수렵채집 집단이 먼저 존재하고 있었다고 추정하였다.

그러면 무엇이 이러한 과거의 평형상태를 무너트리는가? 빈포드는 한 지역에서 인구 구조의 변화가 발생하면 그곳의 집단이 다른 집단의 영역으로 침범하게 되고, 그러면 후자의 일부 지역에서 평형상태가 흔들리고 인구 밀도가 증가하게 되면서 생산성을 증가시키기 위하여 자연 환경을 조절하는 새로운 수단이 선호되는 시점에 도달하게 되는 경우가 바로 여기에 해당한다고 주장한다. 그는 서남아시아가 매우 다른 종류의 기후와 동식물 군락이 근접하여 병렬한 생태학적 모자이크라고 언급하고 후기 갱신세의 수렵채집인들이 인구 규모를 조절하기 위한 주된 메커니즘으로 분가(分家)를 이용하였다고 제시한다. 세계의 여러 지역에서 주목되는 이 현상은, 일정한 수까지 인구 크기를 서서히 증가시키다가 자원이 부족하거나 분쟁이 생기게 되면 집단을 분할하여 사람들의 반을 다른—보통 인접한—영역으로 이주시키는 집단과 연계된다. 분가는 또한 새로운 자원이나 생업 기술—순화와 농업 같은—로 새로운 적소(適所)가 개척될 경우에도 인구조절의 주된 메커니즘이 될 수 있다.[29]

빈포드는 변화하는 인구 증가율을 감안하면 분가의 결과로서 순화와 농업이 유도될 수 있었을 것이라고 주장한다.

> 수용지대(분가에 의해 집단 일부가 이동할 곳)에 이미 존재하고 있던 주민의 관점에서 보면 이주집단의 침입으로 기존의 평형상태 체계가 흔들리게 되고 인구밀도가 식량 자원의 감소가 예견되는 수준까지 증가하였을지도 모른다. 이러한 상황에서는 수용집단에서 생산성을 높이기 위한 수단들을 장려하는 압력이 현저하게 증가할 수 있다. 반면 이주집단은 새로운 환경에 적응하여야만 하였다…… 두 집단 모두 보다 효율성 높은 생업 기술의 발달을 촉진시키는 강한 선택적 압력이 있었을 것이다.[30]

그리하여 빈포드는 순화나 농업 같은 문화적 혁신을 선택하거나 보답하는 상황을 기술하는데 특히 관심을 가졌다. 일단 인구 대 자원의 균형이 교란되면 각각의 자원마다 프리미엄이 있었으며 순화는 여러 가지 방식으로 일어났을 수 있다. 이주집단은 아마도 이전 서식지의 자원을 되찾기 위한 시도로 야생의 보리와 밀을 이들 외곽 "주변" 지대에 도입하려고 노력하였을 것이다. 이러한 시도는 이들 식물을 원 서식지와는 상이한 자연선택적 환경에 노출시켰으며, 순화는 사람들이 이들 식물군락을 이러한 새로운 환경에서 키우면서 발생하였을지도 모른다.

빈포드의 주변지구 가설은 많은 논쟁과 연구를 유발시켰지만 약점도 일부 있다. 예를 들어 서남아시아의 초창기 농업공동체는 대부분 어떠한 형태의 "인구압력"도 상정하기 곤란한 네게브 사막 같은 지역에서 발견되었다. 어쨌든 초기 순화와 농업이 발생한 사례를 보면 대부분 순화된 동식물종이 처음 순화되기 시작한 후 몇 세기 동안 전체 식료에서 그들이 차지하는 비중이 단지 5%정도에 불과할 뿐으로, 많은 일상적 스트레스를 상상하기 어려운 느릿한 과정이다.[31]

반면에 곡물과 다른 식량자원으로 옮겨가는 양상은 농업이 일단 발동이 걸리면 어떻게 인간의 인구학적 패턴을 변화시키는지를 설명하는데 도움을 줄 것 같다. 수렵채집사회에서 출산율은 임신가능 여성의 이동성에 의해 크게 억압된다. 즉 임산부가 많이 걷거나 일을 힘들게 하면 낙태 가능성이 현저하게 증가한다. 그리하여 아마도 회유한 연어나 야생곡물에 집중하면서 이동성이 줄어들게 된 후기 갱신세의 집단이 출산율의 증가를 경험하였을지 모른다. 또한 식료에서의 탄수화물의 양과 출산율 사이에는 직접적 상관관계가 존재한다. 수치가 정확한지 확신할 수는 없지만 여성들은 대략 27,000칼로리 또는 몸무게의 20~25%의 칼로리(이 수치가 확실하다는 보장은 없다.)를 지방으로 저장하기 전까지는 임신이 거의 불가능하다는 연구결과도 있다.[32] 아이를 돌보는데는 하루에 1,000칼로리 정도가 요구되며, 많은 수렵채집사회에서 이동과 고단백 식료 확보의 어려움 때문에 3년 정도마다 계속 임신을 할 수 있을 정도의 충분한 지방을 축적하지는 못한다. 그러나 탄수화물이 많은 곡물 위주의 식료를 할 기회가 많아지고 정주생활로 이동성이 줄어들면서 출산율이 급격히 상승하였을 것 같다.[33]*

농업 기원의 최근 모델

농업 기원의 모델에 대한 최근 논평에서 블럼러와 바이언은 아래의 3가지 질문 위에서 이들 모델들을 비교하였다.[34] (1) 순화가 이들 식물이 재배된 이후에 초래되

---

*이상의 농업기원 모델은 이선복 (1988 pp.198~207)과 찰스 레드만 (1995 pp.163~180) 참조

었는가 아니면 재배되기 이전부터 작동하였는가? (2) 유용특질에 대한 인간의 선택이 의식적이었나? 무의식적이었나? 아니면 양자 모두인가? (3) 순화과정은 급격하였나 아니면 천천히 진행되었나?

브럼러와 바이언은 상기한 농업기원 모델들이 모두 부적절하거나 허위라고 지적하였다. 그들은 개체군 유전학이란 수학적 관점에 따르면 야생상태에서나 재배가 이루어지기 오래 전에 순화가 부분적이라도 발생할 수 있는 그럴듯한 모델을 구축하기란 매우 어렵다고 주장하였다.

그리하여 농업 기원에 대한 대부분의 글에서 인구증가가 중요한 요소로 자리잡게 되었다. 예를 들면 마크 코헨은 "수렵채집의 주민이 약 10,000년 전에는 전세계적으로 포화상태에 도달하였고 수렵채집의 생활양식이란 한계 내에서 식량 공급을 증가시킬 수 있는 모든 전략을 소진하였다고 가정하여야만 세계 도처에서 농업이 거의 동시에 채택한 사실을 설명할 수 있다. 전세계적으로 더 이상의 인구 성장에 대한 유일한 대안은 식량 공급의 인위적 증식을 시작하는 것이었다"라고 주장한다.[35]

코헨은 농업이 채택되고 전파되는 속도와 타이밍의 차이는, 주어진 지역의 자원에 따라 수렵채집인의 이동성이 달라지듯이, 국지적 환경 변이에서도 발견될 수 있다고 주장한다.[36]

상고시대의 인구밀도에 기초한 가설들을 평가하는데 있어 중요한 문제점은 고고학적 자료로는 인구밀도의 변화를 정확히 측정하기가 어렵다는데 있다. 우선 관련된 모든 고고학유적(이중 일부는 분명 파괴되었거나 아직 발견되지 않았을 터이다)을 파악하고 각 유적마다 인구수를 추정한 후 비교적 단기간에 걸친 변화를 추적하기에 충분할 정도로 편년망을 구축하여야 한다. 결과적으로 고고학적 자료에 기초한 대부분의 인구통계치는 극히 신중하게 다루어져야만 한다. 그리고 농업과 인구 변화 사이의 관계는 복잡하고 충분한 이해가 이루어지지 않은 상태로 남아있다.

세계 여러 곳에서 채집된 고병리학적 자료에서 코헨의 주장이 일부 맞는 것처럼 보인다. 농업은 보다 많은 사람들을 먹여 살릴 수 있다. 그러나 농업은 일반적으로 수렵채취에 비해 단축된 생존율, (특히 유아에서) 높아진 질병 비율, 줄어든 체구, 그리고 주기적 영양실조와 연관된다.[37]

마빈 해리스도 늘어나는 인구, 세계적으로 줄어드는 대형동물 사냥감, 그리고 생

존을 위한 집단간의 경쟁에서 비롯되는 스트레스를 중시하면서 코헨의 주장과 유
사하게 농업 기원에 대한 설명을 구축하였다.[38] 해리스는 음식 금기란 흥미로운 주
제도 다룬다. 그는 음식 금기를 설명하려고 노력하면서 인간의 경제사를 이해하기
위한 시도로 몇 가지 핵심적 과제를 예시하였다. 미천한 돼지를 예로 들어보자. 회
교, 유대교와 일부 힌두교는 돼지고기에 대한 완전 금지령을 내려서 오늘날에도 세
계 일부에서는 돼지가 종교 지역을 침범하면 폭동이 일어난다.

　돼지는 부엌쓰레기, 동물 배설물, 그리고 기타 농민들에 의해 폐기되는 물질들을
가장 효과적으로 전환시키는 동물 중 하나로 많은 점에서 양, 염소, 소보다 훨씬 효
율적 동물이다. 산업사회 이전의 경제 그리고 유럽, 아메리카, 중국을 포함한 오늘
날의 세계 도처에서 돼지는 식량이나 술로 만들어지지 않은 곡물을 이동과 저장이
가능한 식량으로 전환하는데 이용된다. 그런데 왜 근동의 완강한 농민들이 돼지가
주식의 한 부분이 된지 수 천년이 지난 오늘날까지도 그렇게 훌륭한 식량 원천을
포기하여야 하는가?

　이 질문은 그와 같은 모든 종교적 금기와 더불어 문화적 행위의 거의 모든 측면
이 직접적으로 기술적, 생태적, 인구적 변수들에 의해 이해될 수 있다고 믿는 사람
들과, 종교적 음식 금기와 일반적인 종교적, 사회적 행위 같은 것들을 기술, 생태,
인구의 조건만으로 충분히 설명하기는 불가능하다고 생각하는 사람들 사이의 알
력을 유발시켰다.

　해리스는 이 금기가 돼지가 사람을 죽일 수 있는 선모충과 기생충에 늘 감염되는
것과 관련되어 발생하였다는 생각을 거부한다.[39] 최근 연구에 따르면 더운 기후에
서 사육된 돼지는 이들 질병을 거의 전염시키지 않는다. 더욱이 서남아시아 농민들
은 돼지로 전염되는 질병보다 더 위험한 탄저병, 브루셀라병과 그 밖에 돼지가 옮
길 수 있는 질병만큼 또는 그보다 더 위험한 다른 질병들을 옮기는 소와 양과 염소
를 먹는다.

　해리스는 대신 초기 농업의 생업 체계에서 동물의 비용 대 효과의 비율이란 관점
을 이용하여 돼지고기의 금기를 설명한다. 돼지는 소, 양, 염소와 달리 꼬투리, 줄
기 또는 기타 셀룰로오스가 많은 먹이만 먹고는 살 수 없다. 돼지가 야생상태에서
먹는 식료는 구근류, 견과류와 과실이다. 또한 돼지는 원래 숲이나 늪지대에서 살
았으며 태양의 직사광선 아래나 광활한 땅에서는 잘 견디지 못한다. 그런데 서남아

시아에서 농업의 전파와 더불어 토지가 개척되면서 돼지에 적합한 서식처와 자연 식량이 크게 줄어들었다. 그래서 돼지는 점점 더 곡물로 길러야 했고 결국 돼지는 같은 곡물을 놓고 사람과 경쟁관계에 놓이게 되었다. 또한 돼지는 인위적인 그늘과 상당량의 물도 제공받아야 하였다. 더욱이, 다른 가축과 대조적으로, 돼지는 젖이나 털도 이용할 수 없고, 타고 다닐 수도 쟁기를 끌지도 못한다는 점을 헤리스는 지적한다. 요약하면 돼지는 양, 염소, 소에 비해 비용의 효과성을 상실하였으며 결과적인 돼지 금기는 탁월한 경제적 "사려(sense)"이었다.

그리고 다른 모든 경우에서처럼 사람들이 그러한 금기에 대한 동기를 자각하고 있는지는 중요하지 않다. 자연선택은 사람들이 그 동기가 무엇이라고 생각하는지에 관계없이 경제적으로 유용한 행위를 "고정"하거나 영속시킨다. 해리스는 그의 논의를 많은 다른 동물들, 특히 인도의 신성한 소와 구약성서에 나열된 동물들에게까지 확장한다. 그는 매 경우마다 이러한 금기가 발생하였던 경제적 조건들을 고려하면 아무리 조그마한 이익이라도 분명 존재하였다는 것을 보여주려고 노력한다. 구약성서에서는 곤충을 먹는 것도 금지하고 있지만 메뚜기는 예외인데, 메뚜기는 작물의 해충일 뿐 아니라 잡는 비용에 비해 영양 가치가 훨씬 높은 곤충이었기 때문이라고 해리스는 언급한다.

해리스와 그의 지지자들에 반대하여 해리스가 마르크스주의의 잘못된 생각을 각색하여 퍼트리고 있다고 믿는 사람들도 많다.[40] 예를 들어 마샬 사린스는 수백만 마리의 소가 매년 도살되지만 말은 거의 모두가 상대적으로 호화스러운 대접을 받으면서 온전한 수명을 누리는 미국의 경우를 지적한다. 사린스는 왜 미국인들이 자의적으로 말고기는 금지하고 소고기는 받아들이는지 묻는다. 그것은 각각의 문화마다 경제, 사회와 관념이 독특하게 혼합되면서 그들 나름대로의 신념 체계를 창조하기 때문이라고 사린스는 자문자답한다. 사린스는 중요한 점은 "사람에게 물질적 합리성은 자연의 실제로서가 아니라 문화의 구성개념으로서 존재한다…… 생존능력(자연선택적 동력)의 자연적 조건은 단지 부정적 억제, 기능적 가능성의 한계를 한정할 뿐이며, 이것들은 특정한 문화적 형태의 발생에 관하여 확정되지 않은 상태로 남아있다"라고 말한다.[41] 더욱이 그는 원인에서 결과를 바로 읽어내지 못하듯이 물질적 상황에서 문화적 규칙(order)을 결코 바로 읽어낼 수 없다고 말한다. "이들 기술·환경적 변수들이 아무런 영향을 미치지 못한다기보다 모든 것은 이들 속성들이—문화적 조직의 형태(mode)로 의미 있는 조직이 주어지면—문화적으로 조정되는 방식에 좌우된다는 것이다."[42]

상기 견해는 서남아시아의 불쌍하게 버려진 돼지와는 전혀 맞지 않지만 그래도 이 지적은 중요하다. 만약 고고학자들이 "문화적 조직의 형태"의 문화적 조정으로 남아있는 고고학적 기록(유적의 층서에서 돼지뼈가 양과 염소뼈로 대체되는 것처럼)에서 변화의 원인을 찾아야 한다면, 그들은 현재까지 알려지지 않거나 또는 아마도 전지전능한 신만이 알고 있을 고고학적 분석의 기술을 적용하여야만 할 것이다.

해리스는 질병, 식료상의 필요조건, 그리고 기타 경제적·역사적 요소들을 살펴보면 현대의 미국인들이 소는 먹고 말은 먹지 않는 것도 뭔가 경제적 "배려"가 있을 것이라고 주장한다. 그는 인간의 모든 행위가 정교한 경제적 조율을 갖고 있다거나 문화의 미묘한 측면이 전혀 없다고는 주장하지 않는다. 그는 단지 만약 누군가가 동물의 이러한 상이한 쓰임새 같은 것을 이해하려면 장기적 관점에서 그 상황의 경제적인 측면부터 먼저 살펴보아야 한다고 말한다.

브라이언 하이든은 농업 기원에 대한 또 다른 일반적 설명을 제기하였다. 그는 과거의 수렵인과 채집인들은 대부분의 사람들이 그러하듯이 식량을 확보할 수 있는 안정성과 확실성을 유지하려고 노력한다는 가정으로 시작한다.[43] 하이든은 지난 수 백만년 동안 우리의 선조들은 다양한 종류의 동식물을 먹고, 뒤지개, 주먹도끼, 그물, 그리고 농업 이전 사회의 다른 모든 도구들을 개발함으로써 그들의 "소득(income)"을 다변화하였다고 제시한다. 그들은 또한 많은 지역에서 사슴같이 큰 무리를 이루어 사는 초식동물의 능숙한 사냥꾼이 되었다.

하이든은 이들 혁신과 식료의 광범위화를 끌어낸 인구증가 또는 "압력"에 계속 매달리지 않고 대신 인구 대 자원의 균형이 크게 안정되어 있다고 상정한다. 코헨과 달리 하이든은 설령 우리가 갱신세에서 완전한 인골을 발굴하더라도 초기 갱신세보다 후기 갱신세의 인골에서 식료 스트레스가 증가한 증거를 볼 것 같지는 않다고 예견한다.[44]

그러나 10,000년 전 갱신세가 끝날 무렵 모든 대형 동물종들이 사냥감으로 활용되었고, 늘 인류의 운명이었던 식량부족 상태에 직면한 사람들은 그제서야 풀, 씨앗, 물고기와 쥐 같은, 즉 소형이면서 호감이 덜 가는 생물종들에 관심을 돌리게 된다. 하이든은 번식 "전략"에 따라 동물계를 구분하는 방식을 취했다. 사슴 같은

"k"선택의 동물종은 오래 살고 성장기간이 긴 경향이 있으며 매 생식주기마다 새끼를 한두 마리밖에 낳지 않아 남획의 위험에 노출된다. 반면 화본과 식물 같이 엄청난 양으로 번식하는 "r"선택의 종들은 유전적으로 유연하고 단지 1년만 살지만 남획에 대한 저항력이 매우 강하며, 홍수, 화재, 가뭄 뒤에도 신속히 회복한다.

주로 "r"선택 종들로 식료가 바뀌면서 정주생활이 장려되고, 마제석기와 목제 도구 및 기타 농경 도구의 발달이 촉진되고, 식량공급이 안정되고, 집단 협력과 식량 공동 저장의 필요성이 감소하게 되었다고 하이든은 주장한다. 하이든의 관점에서 농업의 발생은 단지 후기 갱신세의 대형동물 사냥감에서 소형동물과 식물로의 개발전략으로 초점이 맞추어지는 "경향의 자연적·논리적 확장"일 뿐이다. 그는 최초의 농업경제가 발생하는 시점과 위치에 대하여 다음과 같이 설명하였다.

> 캘리포니아, 미국 서북해안, 팔레스타인에서 발견된 것처럼 부에 대한 경쟁과 원시적인 귀중품을 보유하면서도 수렵채집에 기초한 정착된 계급 사회를 부양할 정도로 환경이 풍족한 곳에서는 순화가 처음 발생하지 않았다는 사실이 특히 중요하다. 나의 모델에 의하면 이들 지역은 인구밀도가 매우 높지만 자원이 훨씬 안정적이고 식량 스트레스도 상대적으로 드물었을 것이다. 풍족한 환경에서의 정주성, 부의 경쟁, 계급화가 이들 지역에서는 순화로 귀결되지는 않았기 때문에 그러한 발달은 순화를 위한 충분조건도 아니고 아마 필요조건조차 아니었으리라고 결론지을 만하다. 대신 순화는 중석기와 고졸기(Archaic)로 이어지는 동일한 구석기적 과정, 즉 스트레스가 빈번한 지역에서 자원의 신뢰성을 증가시키려는 노력과 더욱 효과적으로 연계될 수 있다.[45]

본 장에서 설명한 다른 모델들과 마찬가지로 헤이든의 모델은 다소 불확실하고 검증되지 않은 것이다. 우리는 고고학 이론이 계속 발전하고 새로운 증거가 확보되면 보다 강력한 설명이 나올 수 있으리라 기대하여야 한다.

앞에서 설명한 린도스의 모델은 순화와 농업이 무엇인지에 대해 잘 설명한다. 이제 설명이 미진한 부분은 초기 농업공동체의 타이밍과 분포이다.

끝으로 농업 기원의 이론에서 농업이란 현상을 보다 잘 설명해주려면 사회적, 관념적 요소들도 어느 정도 고려되어야 그럴듯해진다. 바바라 벤더[46]가 지적하였듯이 농업이 출현하기 바로 이전 시기에 세계 도처의 많은 집단들은 그들의 앞선 선조와 몇 가지 중요한 부분에서 차이가 나는 것 같다. 그들의 교역범위는 더욱 광범

위해졌고, 매장과 유물도 종족적 정체성과 신분 분화가 증가한 느낌을 준다. 이러한 현상은 농업으로의 전이에 영향을 주는 방식으로 강화된 생산과 교환을 자극하였을지 모른다. 이러한 변화를 경제적 변화의 "반영"이나 결과로 보고자 하는 유혹도 있겠지만, 사회란 변화가 분명히 동일시할 수 있는 원인과 결과만으로는 쉽게 설명되지 않는 통합된 기능적 단위이다.*

　아래에서는 서남아시아와 중미에서 농업으로 전이되는 과정을 상세히 살펴보고 여기에서의 증거를 농업 기원에 관한 이러저러한 생각들과 견주어 보고자 한다.

■ 초기 순화와 농업 : 중석기적 배경

　농업의 원인은 최초의 농업사회에 바로 선행하는 수 천년 동안의 수렵채집생활에서 찾아져야한다. 세계 대부분의 지역에서 커다란 기후 변화가 발생한 15,000년에서 10,000년 전 사이의 시기가 매우 중요한 기간이다. 물론 기후 변화만으로 농업으로의 세계적인 전이가 완전히 그리고 최종적으로 설명되지는 않는다. 기후 변화는 지난 수 십만년에 걸쳐 여러 차례 발생하였기 때문이다. 그러나 한가지 중요한 요소는 갱신세에서 완신세로 넘어가는 시기에 세계 여러 곳에서 계절성이 강한 강우(降雨) 유형이 발생한 것이다.[47) 바이언은 강우의 계절적 유형이 나중에 순화가 이루어진 일년생과 기타 식물들의 성장을 촉진시켰으며, 그래서 수렵채집인이 식물채집을 강화하는 방향으로 조장되었다고 주장한다.[48)

　서유럽에서는 한때 수많은 사냥 집단을 부양하였던 순록과 말떼들이 빙하의 퇴각과 더불어 북쪽으로 이동함에 따라 인구밀도가 변화하였다. 어떤 사람들은 동물떼를 쫓아 같이 이동하였고 다른 사람들은 식물, 작은 사냥감, 물고기를 중시하는 생업전략으로 어려움을 풀어나갔다. 연어가 특히 유럽에서 중요한 역할을 하게 되었는데, 연어를 잡아 생활을 안정적으로 꾸려나가기 위해서 올가미, 건조용 선반과 다른 도구들이 개발되었다. 서남아시아, 아프리카와 아메리카의 일부 지역에서는 일부 후기 갱신세와 초기 후빙기 사람들이 작은 사냥감, 물고기, 물새, 대합조개,

*농업 기원의 최근 모델은 이준정(2001) 참조

야생 곡물, 그리고 유사한 식량들을 먹기 시작하였다. 다른 곳에서는 대형 짐승 사냥의 전문화가 지속되었다. 예를 들어 북미에서 일부 집단은 거대한 들소떼 주변에 그들의 삶을 집중시켰다.[49]

좀더 작고 다양한 자원으로의 전이가 이루어진 곳에서는 기술 또한 변화하였다. 활과 화살 그리고 작살이 투창을 대체하였으며, 식물을 파내고 들새를 잡고 다양해진 식료를 조리하기 위한 새로운 도구들이 개발되었다. 작고 단순한 기하학적 석기들이 많은 지역에서 크게 성행하였다. 12,000년 전경의 세계는 일부 집단은 대형 동물의 사냥꾼으로 남고 어떤 집단은 어로, 집약적 채집 등에 종사하면서 상대적으로 문화적 다양성을 보여주었다. 그리하여 아주 다양한 종류의 식물과 동물이 다양한 범위의 기후에서 다양한 집중도와 기술을 가지고 개발되어졌다(그림 6.3).

그러나 이들 집단 중 누가 농업인이 되었으며 왜일까? 비록 약 10,000년 전 이전

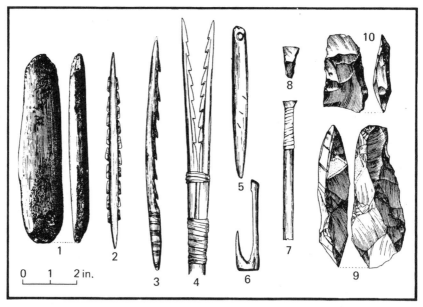

6.2 약 10,000년 전 이후 유럽 곳곳의 사람들이 그들의 갱신세 선조보다 훨씬 다변화된 종류의 동식물을 이용하기 시작하였다. 이러한 변천은 중석기의 수렵어로도구에서 반영된다. (1) 조개망치; (2) 잔돌날이 삽입된 어로용 작살, 남부 스웨덴; (3) 적록의 뿔로 만든 미늘찌르개, 7500 B.C. 요크셔의 스타 카 유적; (4) 에스키모 어부의 작살(미늘찌르개가 사용되었을 방법을 보여줌); (5) 어망용 바늘(?); (6) 뼈낚시바늘, 덴마크; (7, 8) 잔석기 또는 가로날 화살촉, 나무자루에 힘줄로 묶인 체 토탄에서 발견, 덴마크; (9) 수직으로 날카롭게 날을 세운 몸돌-도끼, 영국 서섹스; (10) 격지-도끼, 덴마크.

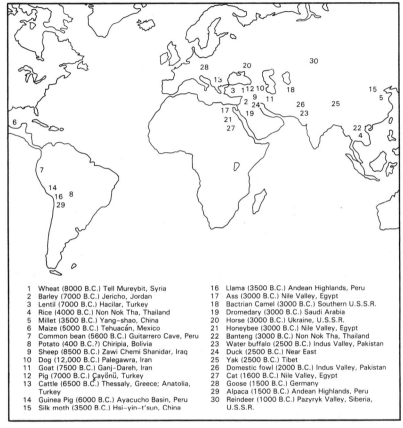

6.3 구대륙과 신대륙의 몇몇 중요 순화종의 고고학적 발견 예. 순화는 사건이 아니라 과정으로, 이들 특정 유적들은 세계 도처에서 이른 시기에 순화된 종의 일부 사례만을 대표한다. 이들 외에 다른 많은 종들도 순화되었다.

의 모든 사람들은 수렵채집인이었지만 수렵채집이란 용어는 다양한 범주의 경제를 포괄한다.[50] 수렵채집인의 적응에서 나타나는 변이성의 대부분은 식량 저장과 연관된 것 같다.[51] 알레인 테스타트는 어떤 수렵채집인은 많은 양의 식량을 저장하는데 다른 수렵채집인은 그렇지 않다는 점을 지적하면서 아래와 같이 말하였다.

저장하는 수렵채집사회는 농업사회의 전형으로 간주되었고 농업 생활양식으로만 가능하다고 간주되었던 세 가지 특징, 즉 정주, 높은 인구밀도, 사회경제적 불평등의 발달을 나타낸다. 더욱이 그들의 경제적 순환—계절적 자원의 대량 수확과 집약적 저장—은 곡물재배에 기초한 사회의 그것과 동일하다. 저장 수렵채집인과 농업인 사이의 차이점은 주식이 야생이냐 순화종이냐에 달려 있다. 이는 사회의 주요한 양상에 영향을 끼치지 않기 때문에 단지 사소한 차이점에 불과하다. 농업인과 저장 수렵채집인은 비저장 수렵채집인과 완전히 반대되는 방향에 같이 자리한다. 결론적으로 그러한 사회를 취급할 때 적절한 요소는 농업이 존재하는가 아닌가가 아니라 경제의 기초로서 집약적 저장을 수반한 경제가 있는가 없는가의 여부이다.[52]

그래서 우리가 농업경제의 원인을 찾으려면 저장이 가능한 요소인 적응의 종류를 고려하여야 한다. 이것은 특정 종류의 식량과 직접적으로 관련된다. 곡물은 잘 저장되나 많은 구근류는 그렇지 않다. 염소, 돼지, 가금류 및 기타 동물들은 잡아 먹여야 할 필요성이 생길 때까지 불필요하거나 남는 식량으로 키우면 되므로 식량 저장의 형태로 간주될 수도 있다.

우리는 농업의 기원을 추적하면서 식량저장이 초기의 중요한 선택 사항이었던 곳의 환경을 추적할 수 있다. 켄트 플레너리가 언급한 것처럼, 최초의 농부를 부양하였고 오늘날에도 현대 경제의 기초로 남아 있는, 보리 · 밀 · 조 · 쌀 등의 주요 곡물들은 "3등급 선택(third-choice)" 식량이었던 야생 선조종에서 기원하였다는 사실 역시 중요하다. 야생곡물들은 다른 야생식물보다 채집과 가공이 어렵고 그래서 처음에는 아마도 사람들이 원해서가 아니라 어쩔 수 없는 상황에서 다량으로 먹게 되었을 것 같다.[53] 반면에 이들 3등급 선택 식량의 대부분은 저장하기 용이하고 풍부하며 쉽게 자란다. 또한 일년생으로서 유전적으로 순응성이 있어 사람들이 매년 유용한 특질을 선발하면 유전적으로 빨리 변화될 수 있다.

▦ 서남아시아에서 순화, 농업과 정주 공동체의 기원

순화와 농업의 기원에서 가장 잘 알려진 그리고 아마도 세계에서 첫 번째 사례는 서남아시아에서 발생하였으며 적어도 14,000년의 세월동안 아프가니스탄에서 그리스에 걸치는 사람들과 제반 환경을 포함한다. 이 지역에서 오늘날까지도 대부분의 세계가 의존하고 있는 순화된 양, 염소, 돼지, 밀, 보리, 그리고 다른 많은 작물들이 출현하였다.

이러한 변천이 발생한 곳의 환경은 극히 복잡하다. 수 백만년 전 지각 운동에 의해 아라비아반도가 안정된 이란고원 쪽으로 몰리게 되면서 이 사이의 땅들이 압축되어 아코디온처럼 주름이 접혀졌다. 갱신세가 끝날 무렵 "비옥한 반월지대(Fertile Crescent, 그림 6.4)"의 고지대에는 야생의 염소, 양, 소, 돼지가 많이 떼 지어 다녔고 많은 지역에서 야생의 보리와 밀도 밀집된 상태로 서식하였다. 고도가 낮은 곳과 습지, 강과 호수에는 물새와 물고기가 풍부하게 공급되었다.

기원전 20,000년에서 12,500년 사이에 빙하가 아메리카와 유라시아의 많은 지역으로 팽창하면서 전지구적인 기후변화가 발생하였다. 학자들은 농업으로의 전이가 이 기간에 근원을 두고 있다고 추정하기 때문에 당시의 기후 변화를 집중적으로 연구하였다. 기후변화와 이어지는 식생변화에 대한 다양한 모델들이 제안되었으나 증거는 여전히 명확하지 않다. 일반적으로 서남아시아는 이 시기에는 냉랭하고 건조하였으나 다른 시기에는 더욱 춥고 습하였던 것으로 나타난다.[55] 기원전 20,000~12,500년 사이의 기간에도 기후변화의 단기적 사이클이 존재하였으며 기후가 상대적으로 따뜻하거나 춥거나, 건조하거나 습한 시기가 수 천년씩 반복되었다.[56] 이 시기의 대부분은 해수면이 낮아지면서 해안선이 팽창하였다. 북부와 동부 지중해를 둘러싼 연안지대는 숲으로 덮여 있었지만 서남아시아의 많은 고지대는 여전히 건조한 스텝이나 초원지대이었다.

기원전 13,000~8,000년 사이에 빙하가 물러가면서 대부분의 서남아시아는 온난한 기후로 바뀌었다. 기원전 12,500~10,000년 사이 동부 지중해는 상대적으로 강우량이 높았던 시기를 경험하였던 것으로 나타나나, 다시 기원전 10,000~8,000년 사이는 건조한 시기가 된다.[57] 이들 온난기의 해수면 상승으로 서남아시아 대부분의 해안평야는 10~20km까지 바다에 잠기게 되었고 그곳에 살던 사람들을 새로운 지역으로 쫓아버렸다. 10,000 B.P.의 해수면은 갱신세의 추위가 가장 심했던 18,000 B.P. 무렵보다 최대 120m까지 상승하였다. 그러나 연간 평균 상승률은 7~8mm에 불과하였기 때문에 후기 갱신세의 수렵채집인들이 예기치 않은 홍수 앞에 허둥지둥 도망가는 상황을 상상할 필요는 없다.[58]

사람 – 식물 – 동물간의 상호작용 유형이 어떻게 이 시기의 농업 기원을 설명해 줄 수 있는 방식으로 변화하였는지를 파악하기 위해 고고학적 자료를 검토할 수 있는 것은 바로 이러한 기후변화의 배경에서이다. 이 지역에서는 이전에도 농업을 수

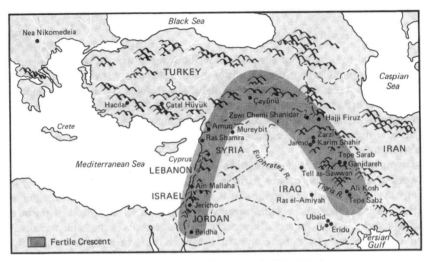

6.4 "비옥한 반월지대"와 일부 중요한 초기 선(先)농업 및 농업 유적.

반하지 않은 기후변화와 빙하 파동이 수 차례 존재하였기 때문에 기후변이가 농업 기원에 대한 완벽한 설명이 될 수는 분명 없다. 그러나 농업 기원의 타이밍과 위치 가 이러한 기후변화와 동시기에 발생하였다는 사실이 중요하지 않은 것은 아니다. 또한 어떠한 기후변화도 서로 완전히 똑같지는 없다. 기온과 강수량의 평균적 변화 가 일의 자초지종을 알려주지는 않는다. 계절성, 최고온도와 최저온도, 그리고 기 타 다른 요소들에서의 미묘한 변화가 생태에는 복잡한 충격을 주며, 먼 과거에서 이러한 미묘한 변화를 추출하기란 어렵다. 12,000년 전의 기후와 생태 변화에서 농 업 기원에 대해 많은 부분을 설명해주는 뭔가 특별하고 독특한 것이 있을지도 모른 다. 예를 들면 조이 맥코리스톤과 프랭크 홀은 갱신세가 끝나는 1만년 전쯤 중동의 요르단계곡과 인접한 지역이 보다 건조하고 계절성이 뚜렷하게 되었다고 주장한 다.[59] 이들은 이 시기의 기후변화가 곡물과 콩과식물의 일년생종이 성장하고 퍼지 도록 촉진하였으며, 여름에는 특히 건조하고 가용자원도 거의 없기 때문에 사람들 은 식량의 많은 부분을 저장하기 시작하였고 결과적으로 저장된 식량 주변에 머물 기 위하여 보다 정주적으로 되었다고 주장한다. 그들은 또한 이러한 기후변화가 농 업의 확립으로 귀결되었다고 언급한다. 그것은 기후변화가 발생하였을 때 이 곳의 주민들이 야생 곡물을 가공하기 위한 도구들을 발달시켰으며, 부분적으로는 갱신 세의 수렵채집인을 부양하였던 야생동식물의 일부가 당시 환경에서 고갈되었기 때문이다. 그러나 순화가 많은 상이한 시간대에 많은 상이한 환경에서 독자적으로 출현하였으며 수십 종의 동식물종에 관여하였다는 사실로 미루어 보아 기후 변화만으로 농업의 기원을 완전히 설명하지는 못한다.

서남아시아의 순화종

서남아시아의 농업 기원을 알려면 9천년 전부터 오늘날까지도 이곳에서 주식의 자리를 차지하고 있는 보리, 밀, 소, 양과 염소의 순화 과정을 이해하여야 한다. 렌즈콩과 다른 콩과식물들도 이곳에서 일찍부터 순화되었을지 모르며,[60] 일부 지역에서는 돼지가 소, 양, 염소보다 중요하기도 하였지만, 그러나 일반적으로 서남아시아의 문화적 진화를 지탱한 것은 바로 보리, 밀, 소, 양과 염소였다.

만약 당신이 보리와 밀의 야생 선조종을 기르도록 강요당한 소작농이었다면 당신은 분명 고된 시간을 보냈을 것이다. 예를 들어 야생밀은 식량 작물로서 많은 한계를 지닌다. 야생밀의 분포는 온도, 토양과 습도에 의해 크게 제한되기 때문에 결과적으로 군집이 넓게 분산되어 있고 따라서 수확하기도 힘들다. 만약 이들 식물이 다양한 범위의 온습도와 토양 – 특히 강이 관개농업의 가능성을 제공하는 저지대의 작렬하는 여름날씨 – 에 적응할 수 있다면 훨씬 효율성이 높아질 것이다.

또한 밀과 보리의 낟알이 줄기에 붙는 부분인 이삭줄기(穗梗, 穗軸 rachis)는 낟알이 익어감에 따라 매우 부러지기 쉽게 된다. 쉽게 부러지는 성질(brittleness)은 씨앗이 동물이 살짝 건드리거나 바람이 약간만 불어도 식물체에서 분리되어 분산될 수 있도록 해주기 때문에 이들 식물의 성공적인 번식을 위해서는 필수적인 성질이다. 식물의 이삭은 위에서 밑으로 차츰 부러지며 씨앗의 분산은 한두 주에 걸쳐 이루어진다. 이것은 씨앗이 경쟁관계에 있는 묘종(seedling)이 조밀하게 밀집된 상태에서 싹이 트는 것을 방지하기 때문에 식물에게는 유리하지만 인간 채집자에게는 곤혹스러운 문제점이다. 만약 낟알이 충분히 익었을 때 채집한다면 약간만 건드려도 이삭줄기가 부러지므로 낫을 이용한 수확은 곤란하다(물론 줄기를 바구니 쪽으로 구부려 막대기로 낟알을 털어 내는 방법이 있지만). 그런데 만약 낟알이 충분히 익기 전에 수확한다면 익지 않은 낟알에 남아 있는 과도한 습기 때문에 저장할 때 썩게 된다. 이삭줄기가 단단하고 이삭에서 낟알이 동시에 성숙하는 식물은 분명 사람에게는 매우 유용할 것이다.

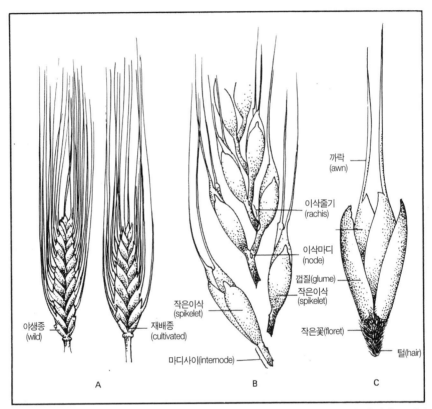

6.5　세계에서 가장 중요한 작물 중의 하나인 밀의 순화는 근연식물 사이의 자연적 교배와 인간의 조작을 수반한다. 인간의 간섭은 낟알이 잘 떨어지지 않으면서도 탈곡이 쉬운 변종을 만들어내는 것을 목표로 하였다. 가장 단순한 밀은 [1립계 밀인] "2배성"으로 7개의 염색체를 2세트 가지고 있다는 의미이다. 근연식물과의 교잡을 통해 [보통계 밀인] 6배성 밀이 출현하는데 후자는 6세트의 염색체를 보유하며 재배종 밀에서만 나타난다. 다양한 종에서 유전 물질을 혼합함으로써 초기 농민들은 다양한 서식지에 적응할 수 있는 형태의 밀을 생산하였다.

　　야생밀의 또 다른 문제점은 낟알이 영(穎)으로 불리는 매우 딱딱한 껍질로 쌓여 있다는 것이다. 이 껍질은 씨앗을 서리와 탈수에서 보호한다. 종종 원시적인 탈곡 만으로는 씨앗이 껍질에서 분리되지 않으며, 사람의 소화기관이 껍질의 거친 조직을 분해하지도 못한다. 그래서 덜 거칠고 덜 발달된 껍질을 지닌 곡물이 소화가 보다 잘된다.

　　또한 야생 곡물의 각 줄기에는 낟알이 두 줄만 달린다. 순화종은 여섯 줄이 달리

므로 식량자원으로서 훨씬 생산성이 높다. 그래서 많은 지역, 특히 자연조건이 야생 곡물의 서식에 적절하지 않은 지역에서는, 보리와 밀을 파종하고 경작하고 수확하는데 에너지를 투자하는 편이 유리하기 이전에 야생종이 먼저 이러한 방향으로 변하여야 한다.

당신의 경제를 보리와 밀에 의존하기 위해서는 또한 수확하고, 이동하고, 탈곡하고, 저장하고, 가공하고, 조리하기 위한 전문화된 도구가 요구된다. 다량의 낟알을 이동하는데 드는 비용 때문에, 그리고 수확을 성공적으로 하려면 수확하는 사람이 제때에 군락 근처에 있어야 하기 때문에, 곡물을 재배하는 전업(full-time) 농부가 마을이나 읍락에서 일년 내내 사는 것이 최선의 방책이다. 다른 많은 식물과 달리 야생 곡물은 낟알이 여물었을 때 며칠 내만 채집될 수 있으며 그나마 그때도 새나 다른 약탈자와 경쟁관계에 놓인다. 사냥에 전문화된 사회에서는 여성과 어린이는 직접적인 경제적 수확이 적은데 비해, 곡물을 채집하는 사회에서의 여성과 어린이가 식량 공급에 크나큰 공헌을 할 수 있다는 점도 고려되어야 한다.

이렇게 불리한 사항들과 요구되는 문화적 조정을 모두 감안하면 왜 그리고 어떻게 이들 곡물들이 순화되었는지 의아할 것이다. 사실 서남아시아에서 순화는 각각 상이한 서식지와 특징을 지닌 야생보리(Hordeum spontaneum), 야생 1립계(einkorn, Triticum boeoticum)와 야생 2립계(emmer, Triticum dicoccum) 밀을 포함한 여러 가지 토착 화본과 식물에서 수 천년(훨씬 짧은 시간일 수도 있다)만에 발생한, 상대적으로 급격한 과정이었던 것처럼 보인다. (그림 6.5)

이들 식물들은 10,000년 전 거의 동시에 순화되었으며, 양, 염소, 돼지와 소 또한 가축화되었다. 남부 메소포타미아의 충적 평원 같은 일부 지역에서는 다른 식료에서는 쉽게 얻을 수 없는 지방과 단백질을 공급할 수 있는 가축이 확보된 후에야 영구 취락이 가능하였다. 가축은 또한 고지대의 풀, 잡초, 관목, 먹고 남은 종자들, 그리고 기타 식물들을 저장과 이동 가능한 질 높은 식량과 다른 유용 산물로 전환시키는 수단을 제공하였다. 이후 소, 말, 당나귀 같은 일부 동물들은 견인과 수송력도 제공하였다.

서남아시아에서 경제적으로 중요한 가축들은 각각 다소 상이한 변화 유형을 수반하였다. 예를 들어 소는 점점 체구가 작아지는데 이는 결국 대부분의 농경지가 자리하게 되는 뜨거운 저지대에서 몸을 차게 유지하여 하는 문제점과 가장 먹을 것이 없는 계절에 소가 먹게 되는 상대적으로 빈약한 사료라고 하는 두 요인에 대한 적응이었을 것이다. 염소는 가혹한 온도로부터 몸을 보호하면서 동시에 털이라는 중요한 산물도 제공해주는 두터운 다층 구조의 양털을 발달시켰다.

서남아시아에서 식물과 동물 순화의 고고학적 기록

기원전 20,000~16,000년경의 후기구석기 후엽동안 서남아시아 전역에서 고고학적 유적은 종종 석기, 재, 그리고 대형 유제류(有蹄類, 발굽있는) 포유동물의 뼈가 집중된 곳 정도에 불과하다. 사람들이 먹은 고기들은 거의 전부가 유제류 동물의 일부 종, 특히 주로 가젤(아프리카영양의 일종)과 야생소에서 나온 것이다. 이 시기의 서남아시아 유적에서 출토된 유물들에 의하면 당시 기본적인 사회 단위는 15-20명 정도의 무리사회(遊團)로 계절적으로 동물을 사냥하고 식물을 채집하면서 이동하는 여러 가족으로 구성된다.

이렇게 오래된 인간 적응의 유형이 어떻게 단지 수 천년만에 농민으로 대체되었는지를 이해하기 위하여 우리는 여러 가지의 증거를 좀더 자세히 살펴보아야 한다. 아나톨리아 남동부에서 시나이반도를 거쳐 동쪽으로는 오늘날의 서부 시리아와 요르단까지 퍼져있는 레반트에서 이러한 전이과정이 고고학적으로 가장 잘 남아 있다.

18,000~15,000년 전의 레반트문화는 (특정 유적에서 출토된 석기의 이름을 따라 명명한) 케바라(kebaran)문화로 불리며, 이어서 15,000~12,500년 전의 기하학적 케바라(Geometric Kebaran)문화와 12,500~10,000년 전의 나투프*(Natufian)문화로 이어진다.[61]

설령 케바라 사람들이 그들의 먼 후손이 농민이 되도록 유도한 뭔가를 냉혹하게 하였다고 치더라도 그들이 남긴 고고학적 흔적에서 그러한 행위는 명백하지 않다. 고고학적 흔적은 단지 주로 사슴과 대형초식동물들을 사냥하였음을 반영하는 석기와 뼈가 조그맣게 집중되어 있는데 불과하다.

그러나 기하학적 캐바라의 기록에서는 농업의 전조일 수 있는 경제적 변화를 암시하는 것이 일부 있다. 카르멜산의 서쪽 사면에 위치한 네베 다비드 유적 같은 일부 케바라 유적들은 규모가 다소 큰 집단인 "큰무리(macroband)"가 일정기간 머

---

* 고고학에서 나투피안으로 번역하기도 하나 일반적으로 처음 발견된 Wadi-an-Natuf 유적의 이름을 따라 나트프로 번역함.

물렀던 곳 같다. 유적에는 다양한 종류의 연마 석기가 존재하며 2개의 소형 석조(石造) 구조도 있는데 그중 하나는 지름 2미터정도의 원형 형태이다. 유적에서 발견된 무덤에는 제분용 석기를 분명히 의례용으로 이용한 시신이 묻혀 있었다.[62] 제분용 석기는 곡물과 다른 많은 식물성 식량을 가공하는데 없어서는 안될 도구이므로 농업으로의 전이를 살피는데 있어 중심 유물이다.

케바라와 이후 시기의 유적들에 대한 초기 연구에서 몇몇 학자들은 20,000년에서 10,000년 전 사이에 서남아시아와 세계 많은 지역의 사람들이 야생곡물을 포함한 광범위한 종류의 식량을 먹기 시작한 "광역적 자원이용 혁명(광범혁명, broad spectrum revolution)"이 있었다는 결론을 내렸다.[63] 이 시기가 끝날 무렵 일부 유적에서는 광범위한 종류의 동식물이 이용되었고 거기에 도구의 종류와 효율성도 크게 증가하였다. 제분용 석기가 양적으로 증가하였을 뿐 아니라 나무나 뼈에 흑요석과 수석제 격지를 끼워서 만든 작살과 화살촉, 활, 칼 등의 도구들도 다양한 범위의 생업 활동을 암시한다. 일부 동물종이 처음 체계적으로 이용되었으며, 제분용 석기, "낫"과 다른 새로운 도구들은 야생곡물을 포함한 식물성 식량이 식료의 중요한 부분을 차지하였음을 보여준다. 흑요석과 바다조개의 지역간 교류도 부분적으로 행하여졌으며 일부 지역에서는 실질적인 소형가옥도 출현하였다. 고고학적 증거가 뚜렷하지는 않지만 일부 지역에서는 인구 밀도도 분명히 천천히 증가하였다.[64]

그러나 여러 가지 점에서 광역적 자원이용 혁명과 농업혁명은 토마스 헉슬리가 언급한 "과학의 위대한 비극 - 추한 사실에 의한 아름다운 가설의 살해"의 예를 형성한다. 고고학자인 도날드 헨리는 서남아시아에서 나온 증거들을 오랫동안 철저히 검토한 후 다음과 같은 두 가지 결론을 내렸다.

첫째, 경제의 점진적인 광역화가 보다 안정된 생업, 정주공동체의 출현, 그리고 인구 증가로 유도된다는 제안은 기각될 수 있다. 선(先)-나투피안의 생업에 대한 증거에서 그러한 경향을 찾을 수 없다. 둘째, 나투프문화로 대표되는 대규모 정주공동체의 출현은 곡류와 견과류의 집중적 이용으로 가장 잘 설명될 수 있다. 다양화(diversification)에 대칭되는 전문화(specialization)가 나투피안 경제를 특징짓는다. 소형동물종이 이전보다 나투프 시기의 식료에서 더 큰 부분을 차지하고 있지만 이들 식량 자원은 식료 전체에서는 극히 소규모의, 거의 무시될 수 있는, 부분에 불과하다. 대신

가젤의 전문적 사냥과 곡류와 견과류의 집중적 채집이 생업의 가장 큰 부분을 차지한다.[65]

나오미 밀러 역시 "광역적 자원이용 혁명"의 발생에 대해 의문을 던진다. 그녀는 서남아시아 농업 기원의 전체 역사를 이해하는데 중요한 의미를 지닐지 모르는 증거의 해석에 기초하여 서남아시아의 많은 지역에서 발견된 곡물 유체의 많은 부분이 과거 마을사람들이 연료로서 태운 가축의 분뇨에서 나왔을 수 있다고 제안한다. 만약 그렇다면 이들 식물 유체는 사람이 먹은 것이 아니라 이들 동물이 먹은 것을 나타낸다.[66]

헨리가 언급한 전문적 가젤 사냥의 일부 증거가 레게와 로우리-콘위에 의해 제공되었는데 그들은 11,000년 전 시리아 유프라테스강 유역의 텔 아부 후레야 유적에서 사람들이 가젤을 집중적으로 사냥하였음을 보여주었다.[67] 유적에서 발견된 6만 점의 동물뼈중 약 80%가 가젤−모든 크기와 나이와 성−에서 나왔다. 유적 근처에는 돌로 만든 울타리의 흔적이 있는데, 레게와 로우리-콘위는 텔 아부 후레야의 사람들이 수 천년 동안 가젤 무리를 이 울타리 안으로 몰아서 잡았다고 결론지었다. 이러한 울타리가 유적에서 많이 발견되었으며, 결과적으로 가젤이 멸종에 다다르게 되자 사람들이 양과 염소로 방향을 돌리고 그들을 순화하는 과정에 들어가게 되었을 가능성이 있다.

나투프문화   레반트의 약 12,500년에서 10,200년 전까지 해당하는 나투프 시기의 고고학적 기록에서 우리는 농업기원의 명백한 증거를 볼 수 있다. 나투프인의 석기는 각암제의 반달 모양 격지를 많이 포함하지만 새로운 것도 있다. 그들은 곡물 수확의 사용흔적을 보여주는 "끼움돌낫(sickle blades)"*을 사용하였다. 또한 갈돌(石棒)과 갈판(碾石), 돌확(凹石)과 공이돌(敲石) 및 다른 연마 석기들이 나투프문화 유적에서 다량으로 출토되었고 이들 도구 중에는 오랜 동안 집중적으로 사용한 흔적이 있는 것도 많다. 이들 무거운 제분용 석기들이 어떤 경우에는 30km 이상 멀리서 이동되었다는 증거도 있는데[68] 이는 이전 시기의 사람들에게서는 보이지 않던 새로운 양상이다. 일부 지역에서는 낚시바늘과 그물추의 존재로 미루어 식료에서 물고기가 차지하는 비중이 증가하였다. 돌그릇은 담는 용기의 필요성이 증

---

* 끼움돌낫(sickle blades) : 여러 개의 잔돌날을 나무자루에 끼워 만든 돌낫

가한 것을 나타내지만 나투프문화에서 토제품이나 토기의 증거는 없다. 끼움돌낫
과 함께 많은 제분용 석기, 특히 석회암이나 현무암으로 만든 돌확과 공이돌이 출
토된다. 또한 나투프인의 이빨 마모에 대한 연구에서 이들이 곡물 채집에 상당한
정도로 전문화되어 있었으며 곡물을 재배하였거나 순화의 과정에 있었을지도 모
른다고 강하게 주장되었다. 그러나 그들은 또한 여전히 수렵채취인으로서, 보다 울
창한 지역에서는 가젤과 사슴을, 보다 건조한 지역에서는 야생염소와 야생말
(equids)을 집중적으로 사냥하였다.

　나투프인들은 그들의 선조와는 다른 취락유형을 지녔다. 일부 근거지(base-
camps)는 이전 시기의 어떤 근거지보다도 규모가 훨씬 크며(1,000평방미터 이상),
이들 근거지의 일부에서 반년 또는 그 이상을 살았을지 모른다. 또한 일부 캠프에
서는 석회암으로 주춧돌과 다른 구조물들을 만들었다. 조개, 흑요석과 다른 물품들
의 교역이 증가하였으며, 가죽, 음식, 소금 같은 비영구적 물품들의 교환도 증가하
지 않았나 싶다. 식료에서 야생 곡물의 중요성이 증가하면서 소금이 아마도 처음으
로 거의 필수품이 되었을 것이다. 고기를 많이 먹은 사람들은 고기에서 소금을 섭
취하지만 곡물에 의존한 식료는 소금이 결핍될 수 있다. 아마도 소금은 초기 촌락
에서 식량 방부제로서도 중요한 역할을 하였을 것이다.

　늘 그렇듯이 경제에서의 단순한 변화 보다 중요한 문화적 변화가 더 많다. 나투
피안인들은 수입한 바다조개와 보석 등 많은 재질로 구슬과 드리개 장식을 만들었
으며(착용도 하였을 것이며), 이러한 장식품은 종족적 정체성에 대한 점증하는 인
식과 아마도 개인과 집단 신분의 일부 차별화를 반영하였을 가능성이 있다. 동물,
여성과 다른 주제들을 정교하게 묘사한 조각상들이 아나톨리아, 시리아, 이란 등지
에서 발견되었다.[69] 나투프문화의 무덤도 400여 곳에서 발견되었는데 대부분은 집
터 내부 바닥에 간단한 무덤을 조성하였다. 부장품은 흔하지 않으나 일부 매장은
죽음에 대한 철학적 암시를 내포한다. 아인 말라하에서 발견된 인골은 "죽은 자가
무덤에서 일어나지 않도록 보장하기 위하여" 머리가 두 돌 사이에 끼어 있었고 관
절부분은 큰돌로 눌려 있었다.[70] 나투프 후기에는 일부 나투프인들이 선택된 사람
들의 몸통과 머리를 각기 별도로 준비된 무덤에 묻기 시작하였다. 벨퍼-코우헨이
지적하였듯이 이들 무덤은 조상숭배와, 특정 장소에 대한 공동체의 정서적 유대감
과 집착이 증가하는 현상을 반영할지 모른다. 그리고 나투프기가 끝나갈 무렵 이

곳의 사람들은 삶의 공간과 매장구역을 엄격히 분리하였다.[71] 레반트의 갱신세 문화에 비하여 나투프문화에는 상당한 사회적 변화가 있었던 것으로 나타난다.

왜 나투프인이 그들의 선조와 이러저러한 방면에서 차이가 나며, 왜 농업생활로 향한 첫 번째 발걸음을 내디뎠는가 라는 질문에 대한 해답은 여전히 분명하지 않다. 물론 기후변화도 있었고 점점 더 건조해지고 인구도 증가하면서 곡류를 집중적으로 이용하여만 하였고, 이것이 다시 농업을 효과적으로 만드는 항구적 공동체와 낫과 다른 도구들의 발달을 자극하였을지 모른다. 그러나 정확히 이들 요소들이 다른 요소들과 어떻게 상호 작용하였는지에 대한 이해는 여전히 빈약하다.

<u>서남아시아의 신석기시대</u>   중동지방의 초창기 농민은 식물과 동물을 동시에 순화하였던 것으로 나타나지만 동물의 순화, 즉 가축화는 곡류의 순화보다는 약간 일찍 시작되었고 좀더 오랜 과정이었던 것 같다. 예를 들어 힐만과 데이비스는 보리와 밀이 중동지방의 일부 지역에서는 200년 이내에 순화될 수 있었다고 추정한다.[72]

그래서 동물부터 시작해보자. 개[73]는 의심할 여지없이 서남아시아에서 순화된 가장 오래된 동물로서 기원전 22,000년에서 10,000년 전 사이에 완전히 순화되었던 것 같다. 세계도처의 수렵채집인들은 애완동물에 대한 감상적인 느낌을 별로 갖고 있지 않다고 알려져 있으며, 우리는 개의 초기 순화를 아마도 공생, 공리적 관계의 결과인 것으로 보아야 한다. 개는 필시 사냥을 보조하면서 집 지키는 개로서 봉사하였으며 비상 식량으로 잡혀 먹혔다

그러나 경제적 견지에서 서남아시아에서 가장 중요한 가축은 양과 염소이다. 기원전 9천년 전부터 오늘날까지 이곳에서 이용된 대부분의 고기, 젖과 가죽제품이 양과 염소에서 왔다.

고고학적 자료를 토대로 동물 순화의 과정을 추적하는 것은 고고학자들이 의견을 달리하는 복잡한 주제이다. 그러나 고고학적 의미에서 순화(가축화)의 개념은 종종 세 종류의 증거를 수반한다.[74] 첫째 저지대 환경에서 고지대에 사는 양이 존재하는 것처럼 한 동물종이 자연 서식지 밖에서 존재하면 양육(herding)을 의미할 수 있다. 둘째 대부분의 동물에서 순화가 진행됨에 따라 형태적 변화가 발생한다. 양과 염소는 수놈이 짝짓기의 서열을 확립하기 위하여 뿔로 싸우기 때문에 뿔의 크

Phase	Site	Zone	Cross section quadrilateral	Cross section lozenge-shaped	Medially flat, but untwisted	Medially concave, helical twist	Too young or too broken to diagnose
Bayat	TS	A_1				1	
Bayat	TS	A_2				1	
Bayat	TS	A_3			1	3	1
Mehmeh	TS	B_1			1		
Mehmeh	TS	B_2				1	1
Mehmeh	TS	B_3					1
Khazineh	TS	C_1					1
Khazineh	TS	C_2					
Khazineh	TS	C_3					3
Sabz	TS	D			2	1	6
Mohammad Jaffar	AK	A_1	4	1		1	7
Mohammad Jaffar	AK	A_2					8
Ali Kosh	AK	B_1		1	2		3
Ali Kosh	AK	B_2	11	7	8		27
Bus Mordeh	AK	C_1	2?	2			
Bus Mordeh	AK	C_2		2			7

(좌측 세로: Ca. 3700 B.C. / Ca. 7500 B.C.)

6.6 고고학적 해석의 핵심은 시간 축에서 고고학적 기록의 변화유형을 확인하는 것이다. 여기, 서부 이란의 여러 유적에서 발견된 염소 뿔의 단면은 이들 염소 뿔의 형태가 기원전 7500년에서 기원전 5000년 사이에 급격히 변화하였음을 보여준다. 순화의 과정에서 뿔을 사변형(quadrilateral)—따라서 상대적으로 힘이 강한—으로 유지하려는 자연선택의 힘이 아마도 순화 과정의 결과로 완화되었다는 것이 하나의 설명이다. 농민은 염소를 무리 속에 있게 하고 선택적으로 짝짓기를 시킨다. 그래서 뿔의 강한 힘은 분명히 이들 염소가 생식에 성공하는데 더 이상 중요한 결정적 요소가 아니었다. [염소 뿔은 고고학적으로 잘 보존되며 염소가 사육되는 단계에 따라 단면의 형태가 변한다. 야생염소 뿔의 단면은 불규칙한 마름모꼴(소위 사변형)이며 사육의 초기에는 아몬드형이나 마름모꼴로 변화하였다가 가축화가 진행되면서 안쪽이 편평해지고 이어서 안쪽이 오목하고 나선형으로 꼬이게 된다]

기와 모습이 생식에서 성공하는데 중요한 요소이다. 그러나 인간이 이들 동물을 순화함에 따라 크고 강한 뿔에 대한 선택 압력이 완화되며(그림 6.6), 뿔의 크기와 모습도 변화한다(형태적 변화는 현미경으로 관찰되는 미세한 수준에서도 일어날 수 있다). 순화의 세 번째 암시는 다른 종에 비해 일부 종의 수가, 자연적 요인으로는 설명될 수 없을 정도로, 급격히 증가한 증거가 나타날 때이다(예를 들면 기원전 8천년경 서남아시아의 많은 유적에서 양과 염소 뼈의 비율이 다른 동물에 비해 급격히 증가하였다).

양 순화의 최초 증거는 요르단계곡의 신석기(기원전 9000~6000년경) 취락에서 발견된 양뼈일 것이다. 이들 뼈는 순화의 방향에서 아무런 형태적 변화가 보이지 않지만, 양과 염소가 이 지역 원산이 아니기 때문에 이곳에서의 존재는 필시 의도적 도입을 반영한다.

현대 유목민의 민족지적 연구에 의하면 그들은 매년 태어난 동물의 50% 정도를 팔거나 잡아먹는다고 한다. 암컷은 번식을 위해 보유할 수 있고 짝짓기를 위해서는 소수의 수컷만 있으면 되므로 팔거나 잡는 동물은 주로 수컷이다. 일단 수컷이 두 살이 되면 식량이나 시간을 더 투자하여도 추가 이득이 거의 없다. 중동지역에서 고고학적 학술조사를 처음 수행하는 조사원들은 그들이 닭은 거의 매일 먹고 있지만 아무리 마을이 양으로 메워져 있어도 양고기는 결코 얻을 수 없다는 사실을 발견하고 놀라곤 한다. 이는 주로 어린양과 양고기가 상대적으로 비싸기 때문인데, 1988년에는 (이삭 대신 양을 희생한 아브라함을 경축하는) 중요한 종교적 공휴일에 도살된 건강하고 체구가 좋은 성숙한 양이 40달러에서 60달러 사이의 값을 받았다. 현대의 도회풍 시장이 도입되어 가격이 왜곡되기 전에도 양과 염소의 경제적 중요성은 주로 이들 동물에서 얻은 밀크, 치즈, 요쿠르트와 털에 있다. 잘 기른 동물은 수년간 매년 몸무게의 몇 배를 영양가 있고 저장할 수 있는 식량으로 공급한다. 그래서 단지 어린 수컷만이 규칙적으로 고기를 위해 도살된다.

이라크의 자위 케미 샤니다르 근처의 두 유적에서 발견된 증거는 위와 비슷한 선택적인 도살행위가 이르게는 기원전 9천년 전부터 진행되었을 가능성을 암시한다. 기원전 12,000년 이전에는 유적에서 잡혀 먹힌 동물의 20% 정도가 미성숙된 동물이었는데 기원전 8650년경에는 양의 44~58%, 염소의 25~43%가 미성숙된 상태로 도살되었다.[75]

서부 이란의 산악지대에 있는 간지 다레에서는 기원전 7천년경 염소와 소가 양육되고 순화되었다는 증거가 있으며, 서남아시아 전역에 걸쳐 양, 염소, 소, 돼지와 기타 동물종들이 가축화되고 곡물에 기초한 농경 생활양식으로 통합되는 과정에 충분히 들어섰다는 다른 증거들도 많이 발견된다.

최근 나오미 밀러는 서남아시아 농업 기원에 관한 기존의 생각들이 상당수 재평가되고 있음에도 불구하고 아래의 일반화는 여전히 유효한 것 같다고 제시하였다.

> "1. 식물 재배는 기원전 9천년기(미보정연대) 동안 요르단 계곡에서 시작하여 자그로스와 구릉
> 사면을 따라 전파되었다……
> "2. 식물 순화는 레반트의 나투피안 뿐 아니라 아나톨리아와 이라크에서도 영구적인 정주 취락
> 이 형성된 이후에 이루어졌다……
> "3. 고기를 위한 유제류 동물의 가축화는 아마도 기원전 9천년기(미보정)에 자르고스 고지대와
> 구릉사면에서 시작되어 서쪽으로 전파되었다…… 그러나 새로운 발견에 의하면 첫 번째 가
> 축은 돼지였을 것 같다……" 76)

밀러의 일반화에 대한 증거는 주로 나투프 사람들과 그들의 동시대 사람들에서 나온다. 후기 나투프 사람들의 일부는 여전히 이동적인 생활양식을 존속하지만, 다른 사람들은 기원전 9000~8000년 사이에 속하는 이스라엘 후레 호수가의 아인 말라하('Ain Malaha)에서처럼 정주 공동체를 확립하였다. 후자는 50채의 오두막으로 이루어져 있는데 대부분 지름 2.5~9.0m인 평면 원형의 반움집으로 주변에 돌을 돌렸다(그림 6.7). 돌확과 공이가 유적에 산재해 있으며, 대부분의 집터에서도 출토되었다(그림 6.8). 저장구덩이는 개별주거와 주거단지(住居群, compound*)의 내부에서 발견되었다. 당시 주민들은 야생곡물을 재배하지는 않았고 단순히 채집하였을 터이지만 유형은 빨리 바뀌었다. 레반트에서 순화된 곡물 재배의 가장 이른 증거 중 하나는 오아시스 중앙의 샘 근처에 위치한 예리코(Jericho, 기원전 8350~7350년경)의 하층에서 발견된다. 이시기 동안에 보리와 밀의 순화된 형태가 상당량 이곳에서 재배되었다. 야생의 보리와 밀은 유적을 에워싸고 있는 건조한 메마른

---

* compound : 사전적 의미는 울타리를 둘러친 주택지구이나 고고학에서는 서남아시아에서 본격적인 정주 촌락이 등장하기 이전의 작은 집들이 서로 연결된 소규모 마을을 지칭하는 용어이다

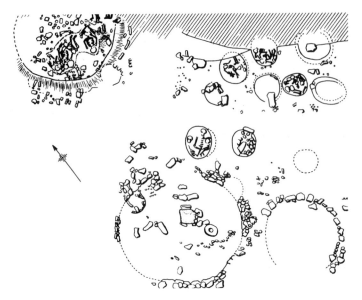

6.7 아인 말라하(이스라엘) 초기 마을의 평면도. 아인 말라하 같은 원형 오두막의 주거단지가 기원전 8천년 이
후 서남아시아에 널리 퍼지지만 기원전 6천년부터는 장방형 오두막의 마을로 대부분 대체된다.

땅에서는 자연적으로 자라지 않는다. 그래서 이들 낟알은 아마도 요르단계곡의 고
지대에서 가지고 와 이곳 예리코에서 처음에는 야생종 상태로 길러졌을 것 같다.
이 시기에 가축은 전혀 이용되지 않았으나 야생 가젤, 야생 염소와 들소가 집중적
으로 사냥되었다. 기원전 8350~7350년 사이의 일정 시점에 예리코에서는 2천명
정도의 사람들이 살았던 것 같다. 최초의 공동체는 분명 외벽이 없었지만 기원전
7350년경 주민들은 두께 3m, 높이 4m, 지름 700m 규모의 거대한 돌벽(성벽)을 쌓
았다. 아스팔트, 유황, 소금과 흑요석이 교역된 것 같지만 많은 양은 아니다. 예리
코 성벽의 붕괴에 대한 성경의 언급은 과거에 읍락을 빈번히 초토화시켰던 지진과
관련될지 모른다.

농업경제가 팔레스타인에서 전개되고 있었던 때와 동시에 전문화된 유목경제
또한 발달하였던 것 같다.[77] 자르고스와 타우로스 산맥 사면에 살고 있던 사람들은
집약적인 식물 채집에 기초한 정주 공동체로 전환 중이었다. 그러한 초창기 공동체
중의 하나가 시리아의 유프라테스강 동안에 있는 텔 무레이비트(Tell Mureybit)이
다. 기원전 8200~8000년경, 사람들은 그곳에서 아인 말라하의 원형 오두막과 거

6.8 기원전 7000년에서 4000년 전 사이, 이라크에서 낟알을 갈고 가공하는데 주로 이용된 도구들. 위의 토기 쟁반은 낟알에서 왕겨를 벗겨내는데 이용되었다. 아래의 무거운 돌확과 둥근 공이돌은 낟알을 가루로 만드는데 이용되었다.

의 모든 면에서 유사한 원형의 작은 돌집을 지었다. 무레이비트에서는 야생보리, 렌즈콩, 쓴살갈퀴덩굴(bitter vetch), 피스타치오(pistachio), 골풀(toad rush), 완두 (?) 등의 식물유체와 더불어, 탄화된 야생 1립계 밀(einkorn)의 종자가 검출되었다. 이들 식물들은 대부분 근처에서 발견될 수 있는 것이지만 야생 1립계 밀과 야생 보리는 이 지역에서 자라지 않고 서북쪽으로 100~150km가량 떨어진 아나톨리아 구릉지대에서 자연 서식처가 존재한다.[78] 다량의 낟알을 이렇게 먼 거리에서 이동하였다고 보기는 어렵기 때문에 무레이비트는 서남아시아에서 초창기 농업취락 중의 하나였을 듯 하며 이곳과 인접한 지역에서 집약적 채집인들이 처음으로 종자를 자신의 밭에 심어보고 재배하고 수확하려고 시도하였을 것이다. 이 유적은 여러 문화층이 상당히 깊게 형성되어 있는데 처음에는 조잡한 오두막의 원형 주거단지로 이루어지다가 점차 대형의 장방형 촌락으로 변천하고 있어 이러한 재배화의 실험이 성공적이었음을 보여준다.

켄트 플레너리는 많은 현존 아프리카인들이 원형 오두막으로 이루어진 주거단지에서 살고 있으며 그러한 사회는 대부분 아래와 같은 특징들을 공유하고 있다고 지적하였다. (1) 각 원형 오두막에는 대개 한두 사람만이 거주한다. (2) 많은 오두막이 주거용이 아니라 창고, 부엌, 마구간 등으로 이용된다. (3) 오두막은 종종 중앙의 광장을 둘러싸고 원형으로 배치된다. (4) 식량 공간은 대개 개방되어 있어 모든 구성원들이 공유한다. (5) 무엇보다 중요한 점은 주거단지의 사회 구조는 수렵채집집단의 그것처럼 여섯 내지 여덟 명의 성인 그리고 각 성인마다 하나 내지 세 명의 여성과 딸린 아이들로 구성되어 있으며 노동의 성적 분업이 강하다.[79]

플레너리는 인접한 장방형 건물로 이루어진 취락(settlement) – 그가 촌락(village)으로 부른 – 은 원형 건물의 취락 – 그가 주거단지로 부른 – 보다 장점이 있다고 주장한다. 전자는 방들이 간단히 추가될 수 있기 때문에 쉽게 확장될 수 있는데 반해 후자는 거주자의 수가 급격히 증가하면 주거지의 지름이 다루기 힘든 크기까지 증가한다.

촌락은 여러 가지 점에서 주거단지보다 방어에 편리하다. 그러나 가장 큰 차이는 생산력을 강화시킬 수 있는 능력이다. 주거단지에서는 저장 시설이 열려있고 공유되며 기본적 경제 단위는 집단이다. 그러나 촌락에서는 가족이 기본 단위이며 잉여 생산물을 가족단위별로 보존하며 따라서 생산력 강화에 대한 인센티브가 보다 크다. 다른 말로 하면 사적 기업이고 자본주의 경제로의 첫걸음이다.[80]

만약 플레너리가 옳다면 기원전 9천년과 7천년 사이에 발생한 원형 구조물의 주거단지에서 장방형 방들로 구성된 촌락으로의 전환은 메소포타미아 사람들의 사회구조 변화를 반영한다. 경제적 생산의 단위로서 핵가족이 수렵채집집단을 점차적으로 대체한 것이다(그림 6.7). 비록 원형 건물의 전통이 서남아시아 일부 지역에서는 수 천년간 지속되지만 결국은 장방형 단위의 촌락에 의해 완전히 대체된다.

이러한 종류의 변화는 특히 레반트 초기 농업공동체인 바이다에서 명확히 반영된다. 9천년 전 이곳에 농업공동체가 있었다. 주변 계곡에는 초지가, 그 위 산비탈에는 숲이 있었다. 이 공동체는 수 천년 동안 지속되었는데 브라이언 버드[81]가 언급하였듯이 촌락 건축구조물의 시간적 변화는 사회조직, 경제, 그리고 많은 다른 생활 양식에서의 근본적 변화를 반영한다. 최초에 사람들은 내부에 기둥 외에는 별다른 실내 구조물이 없는 자그만 반원형 건물에서 살았다. 이들 집에서 출토된 유물로 보아 일상 생활(취침, 도구제작, 음식의 준비와 식사 등)의 많은 활동들이 같은 실내 공간에서 이루어졌다. 저장고가 특정 가옥과 결부되지는 않으므로 저장은 공용이었던 것으로 나타난다. 시간이 지나면서 이 촌락 조직은 사람들이 전문적 행위가 이루어지는 영역으로 분할되는 대형 장방형 건물에서 거주하는 방향으로 바뀌어갔다. 일부 집들은 각 층이 잠자는 곳, 도구를 만드는 방, 저장 공간 등으로 분리되는 이층 구조의 건물로 된다. 또한 이렇게 후기가 되면 취락 중앙에 위치하면서 특별한 공동체 행위를 위한 공공시설, 또는 "공동체를 하나로 통합하는 행사를 위한 공적 현장"이었던 것으로 보이는 대형 건물이 세워졌다.[82]

기원전 8천년이 되면서 정주 공동체와 순화된 동식물이 자그로스의 사면을 따라 여러 곳에서 나타났다. 기원전 7500년경 서부 이란의 건조한 스텝지대에 위치한 알리 코쉬에서 사람들은 가젤, 야생당나귀와 멧돼지를 사냥하고, 메메(Mehmeh)강에서는 물고기를 잡고, 조개를 채집하고, 야생 조류를 올가미로 잡았다. 그들은 또한 살갈퀴와 다른 식물들도 채집하였다. 기원전 8000년과 6500년 사이에 그들은 2조 겉보리와 2립계 밀을 기르기 시작하였다. 이들 초기 농부들은 조잡한 소형 흙집에서 갈대로 엮은 자리, 돌그릇 그리고 약간의 소형 가정용품을 갖고 살았지만 이 취락은 부유하지도 인상적이지도 않았다. 아마도 사람들은 겨울에만 이곳에 왔었을 것이다. 이 지역의 여름은 무척 더웠고 서늘한 산악지대에서 많은 동식물 자원을 확보할 수 있었기 때문이다. 야생밀은 알리 코쉬 지역에서는 자연적으로 서식하지 않았지만 야생보리는 수km 내에서 확보할 수 있었으며, 이곳 사람들은 다른 곳에서 이미 순화되어진 곡류를 재배하였을지도 모른다.[83]

고고학자들은 서남아시아에서 농민들의 초창기 공동체는 전업(full-time) 농사가 생업의 토대가 된 후에도 수 세기 또는 아마도 수 천년 동안 평등 사회로 머물렀다고 생각하는 경향이 있다. 그러나 서남아시아의 초기 농업공동체를 관찰하면 의외로 사회상이 일찍부터 변화하는 모습을 볼 수 있다. 기원전 7천년 이후 예리코에서는 주민들이 원시농업을 보충하기 위해 여전히 야생 자원을 사냥하고 채집하면서도 두께 1.5m, 높이 3.5m의 돌성벽을 돌집 단지 주위에 세웠다(그림 6.9). 만약 문화적 복합성에서의 필수적 요소가 큰 집단이 사회적으로 경제적으로 상호의존하게 되는 시점까지 행위가 전문화되는 것이라면 예리코는 그러한 복합공동체(complex community)는 아니다. 그러나 성벽의 구축은 당시 주민들이 그들의 에

6.9 예리코 텔 아스-술탄의 메마른 토양 위에 위치한 초기 나투피안 집. 집터 바닥의 야트막한 원
형 구덩이는 아마 저장구덩이였고 좌측의 돌확은 곡물을 가는데 이용되었을 것 같다.

너지를 대부분의 수렵채집인들과는 아주 다른 형태로 전환하기 시작하였다는 것
을 의미한다.

변화하는 문화적 복잡성을 탁월하게 반영한다고 믿어지는 주검의 처리로 미루
어 다른 지역의 사람들과 마찬가지로 예리코 사람들도 그들의 선조와 사회적으로
는 크게 다르지 않았다. 40구의 목 없는 어른 시신들이 예리코의 한 방 아래에 묻힌
채 발견되었다. 그리고 발굴이 진행되면서 석고로 복원하고 채색한 다음 조개로 만
든 "눈"으로 장식한 두개골들을 은닉한 장소가 나타났다(그림 6.10). 이것들이 조상
숭배, 전쟁 승리를 표현한 것인지 또는 다른 의식을 표현한 것인지는 아마도 결코
알 수 없을 것이다.

고고학적 도구로서 불도저의 중요성이 1970년대 후반 요르단 암만의 구릉을 관
통하는 도로가 절단되면서 거대한 고고학적 유적이 발견되었을 때 증명되었다.
1982년 고고학자들이 중동에서 가장 큰 신석기 유적중의 하나인, 지금은 아인 가

6.10 예리코의 신석기인은 두개골을 몸통에서
분리하여 석고로 인물 형상을 만들었다.

잘('Ain Ghazal, 가젤의 봄)로 불리는, 이 유적을 발굴하기 시작하였다.[84] 아인 가
잘이 처음 점유된 시기는 기원전 7200년경부터이며, 이후 기원전 5000년경까지
거의 지속적으로 사람들이 살았다. 아인 가잘은 면적이 30에이커에 달해 예리코
보다 3배 가까이 큰 유적이다. 그러나 실제로 이중 얼마만큼의 공간이 동시기에
점유되었는지는 확실하지 않다. 아마도 한 시점에 적어도 7백 명의 주민들이 살았
던 것으로 보이는데 이들은 보리, 밀, 렌즈콩, 양, 염소를 먹었고 다양한 크기와 형
태의 진흙벽돌 건물에서 살았다. 아인 가잘의 공동체는 일찍부터 인상적인 예술
품을 남겼다. 대형 석고 인물상이 집 바닥 밑에서 발견되었다(그림 6.11). 수많은
인물상과 동물상이 출토되었으며, 어떤 은닉장소에서는 머리, 목, 가슴에 수석제
돌날이 박힌 소 모양의 점토상 두 점이 발견되었다.
 아인 가잘의 초기 주민들의 식료는 다양성 면에서 인상적이다. 양은 사냥되거나
사육되었으며, 돼지, 가젤, 조류와 많은 다른 동물종들이 보리, 밀, 렌즈콩, 완두콩,
그리고 많은 야생식물과 함께 식용되었다. 그러나 유적의 점유기간이 끝날 무렵,
아인 가잘의 주민들은 어려운 시기에 봉착하였던 것처럼 보인다. 이후의 역사에서
이곳은 단지 유목민들이 계절적으로 점유하였던 것 같다.

6.11 요르단 아인 가잘의 초기 농업촌락
　　　에서 출토된 인물상

　기원전 6천년경 서남아시아 전역의 유적들에서 순화된 양과 염소의 증거가 발견
되며 심지어는 그리스와 남유럽에서도 나타난다. 일단 순화가 잘 진행되면 양과 염
소 사육의 전파가 매우 빨랐다. 대부분의 농촌에서 다소 분별력이 없는 양과 염소
들이 완벽하게 순응할 수 있는, 관목이나 잡초 · 가시식물 · 잘라낸 풀 · 그루터기
로 둘려진 울타리를 갖고 있다. 이들 동물들은 두터운 털을 갖고 있어 중동의 태양
과 더위에 잘 보호되었다.

　가축들은 기원전 5500년경 아나톨리아 고원(중부 터키)에서 양육되었으며 기원
전 6500년경에는 아마도 발칸반도에도 존재하였다. 양, 염소와 함께 소의 순화도

기원전 9000년 이후 어느 시점에서 시작하여 중국에서 서유럽에 걸친 여러 지역에서 발생한 광범위한 현상이었던 것 같다. 이 광대한 지역을 따라서 고대의 농부들은 작아진 크기, 증가된 유순성과 우유 생산량, 기후 조건에 대한 증가된 인내성의 방향으로 소를 사육하였다. 다음 장에서 보겠지만 소가 큰 강 유역의 뜨거운 저지대에 적응되는 과정이 문명의 진화로 향한 중요한 일보(一步)이다. 오늘날 이곳에서 발견되는 소는 유럽의 소에 비해 애처로울 정도로 야윈 가냘프고 작은 동물이다. 그러나 이들 메소포타미아 변종들은 실제로는 매우 강인하다. 이란의 지난 국왕은 토종에 비해 4배 이상 크기가 크고 많은 양의 고기와 젖을 생산하는 독일과 네덜란드산 소를 수입하여 이란의 뜨거운 저지대에서 사는 소를 "개량"하려고 시도하였다. 그러나 이들 유럽 소는 이란의 뜨거운 평원에서 어슬렁거리다가 대부분 쓰러지고 말았다. 이들 유럽 소는 냉방이 잘된 마구간에서 보호되는데 반해 중동의 토종 소들은 뜨거운 기후에, 큰 소라면 굶어죽었을 빈약한 사료를 먹고도 완벽하게 잘 견딜 수 있다.

남부 메소포타미아 충적 평원에 처음 정착한 사람들에게 소는 특히 중요하였다. 이 지역의 건조하고 뜨거운 여름 동안에는 원시 농업인들이 확보할 수 있는 믿을만한 단백질 식료가 거의 없다. 그래서 소의 고기와 젖은 분명히 결정적인 영양 성분을 제공하였다. 거세된 황소는 아마 쟁기와 수레를 끄는데도 이용되었을 듯 하다. 강수량이 곡물 재배에 충분한 서남아시아의 많은 지역에서는 자연 식생이 두텁기 때문에 쟁기질은 필수적이다. 후에 말과 당나귀, 노새도 운반 동물로 이용되었다. 그리고 늦어도 기원전 4천년기 후반에는 레반트에서 가축화된 말의 증거가 나타난다.[85]

또 다른 중요한 가축이 돼지인데 돼지뼈는 서남아시아 도처의 여러 유적에서 발견되었다. 기원전 6000년경, 그리고 심지어 늦게는 기원전 2700년경까지도, 돼지뼈는 많은 대형유적에서 포유류 동물유체의 20~30%를 차지하였다. 그러나 아래에서 언급되겠지만 기원전 2400년경 이후 돼지고기는 분명 대부분의 메소포타미아 도시들과 서남아시아의 다른 지역, 그리고 이집트에서도 종교적으로 금지되었다.

기원전 6000년경 농업 촌락이 서남아시아 대부분의 지역에 확산된다. 대부분의 촌락들은 수십 채의 진흙 오두막에 수백 명의 사람들이 살면서 본질적으로 동일한 경제적 기능을 하고 있었다. 그리스부터 아프가니스탄까지 이들 촌락들은 매우 비슷해 보이며, 고고학적 자료에 근거하면 물질적 부에서도 인상적이지 않다. 다른 유적보다 면적이 크고 상대적으로 인상적인 미술과 건축을 보유하였던 예리코와 챠탈 휘위크(Chatal Huyuk) 같은 유적들조차 그들 지역의 바깥과 경제적, 정치적, 또는 사회적 유대가 많지 않은 자급자족의 공동체였다. 마을 사람들 거의 대부분은 심미적, 종교적, 또는 사회적 업무로 크게 분화되지 않는 단순한 농민이었다.

이들 촌락과 마찬가지로 크게 돋보이지 않지만 당시 주민들은 그들의 삶을 농산물에 의존하였고 오늘날까지도 중동 취락 유형의 기본적 구성요소인 정주 공동체에서 생활한 최초의 사람들이다. 이르게는 기원전 6000년부터 이들 촌락을 도시와 제국으로 변형시키는 과정이 이미 진행되고 있었다.

🖼 다른 구대륙의 작물과 가축

서남아시아에서 발달한 순화된 동식물종과 관련 농업경제는 출현한지 수 세기 만에 비옥한 반월형지대를 넘어 아주 멀리까지 전파될 정도로 성공적이었음이 증명되었다. 기원전 7000년 그리스 테살리에 있는 아기사-마구라(Argissa-Maghula)의 농민들은 사육되어 길들어진 소, 돼지와 더불어 재배된 에머(emmer)밀과 보리에 의존하여 살아갔다. 수십 곳의 초기 유럽 유적에서 나온 방사성탄소연대를 최근에 보정해 보니 밀 – 보리/소 – 돼지 – 양의 기본 복합이 1년에 1마일 정도의 속도로 전파되어, 불가리아에는 기원전 5500년경, 남부 이태리에는 기원전 5000년경, 영국과 스칸디나비아에는 기원전 4000년과 3000년 사이에 도달하였다는 사실이 밝혀진다.[86] 동쪽으로는 순화된 밀과 보리가 인더스 유역에 늦어도 기원전 5000년 (아마 훨씬 빠를 수도 있음)에는 도달하였으며, 기원전 1천년기 후반에는 순화된 밀이 중국 동북지방에서도 재배되었다.

이들 순화종과 관련 농업기술이 구대륙의 많은 지역에서 기존의 수렵채집경제를 대체하는 과정은 잘 알려져 있지 않으나 수렵채집인들이 농업인들로 대체되거나 또는 수렵채집인들이 농업생활 양식으로 전환하는 과정 모두를 수반하는 것처럼 보인다(12장 참조).

온대 유럽과 유라시아의 초지와 숲은 비옥한 반월형지대의 스텝과 건조한 평원과는 매우 대조적이다. 따라서 농업이 북쪽과 동쪽으로 전파되기 위해서는 새로운 계열의 동식물과 더불어 상이한 사회적·기술적 적응을 요구한다. 울창한 북방의 산림을 제거하는 방법이 발달되어야 했고 일부 지역에서는 사냥, 채집과 어로 자원들이 풍요로운 식량을 제공하고 있어 농업의 도입에 대한 상당한 "저항"도 있었다. 대부분의 지역에서 장기적으로는 생산성이 높다고 하지만, 원시 농업은 세계의 비옥한 지역에서조차 수확이 나쁜 계절에는 기아가, 세월이 좋을 때도―수렵채집에 비해―고된 노동이 두드러졌을 가능성이 높다.

암머만과 카발리-스포르자는 전파 속도가 단순히 지중해 세계의 어느 지역과 순화의 중심지와의 거리만으로도 어느 정도 정확히 예측될 수 있다는 가정 아래 유럽으로의 농업경제 전파에 대한 "전진 파동(wave of advance)" 모델을 공식화하였다.[87] 그들의 모델은 단순, 명료하고 강력하며, 농업의 증거에 대한 방사성탄소연대와 인간의 유전적 증거에 대한 상관관계는 인상적이다.[88] 그러나 그들의 모델은 모든 모델이 그러하듯이 너무 단순화되었다. 그렘 바커는 연대에 대한 증거가 유럽으로의 농업 전파가 "전진 파동" 모델이 제시하는 것처럼 예측되지 않고 지역적 요소들과도 무관하지 않다는 것을 보여준다고 해석한다.[89]

농업의 전파에 대한 흥미로운 한 측면은 인도-유럽어족의 언어와 문화의 전파일지 모른다. 콜린 렌프루는 많은 논쟁을 야기한 한 논문에서 인도-유럽어족의 언어와 문화는 터키를 통하여 유럽으로 전파되었고, 터키에서는 늦어도 8000년 전에 확립되었을 것으로 보이는 농업과 함께 도달하였다고 주장하였다.[90] 이러한 사실이 왜 대부분의 남아시아와 서남아시아의 언어가 대부분의 유럽 토착 언어의 선조인 것처럼 보이는지에 대해 많은 부분을 설명한다.

이집트는 나일강유역 외부로부터, 아마도 중동과 북아프리카의 사막·해안지대를 통해 밀, 보리, 양, 염소가 도입되면서 농업이 개시되었다. 나일강 유역의 수단 쪽 지역에서는 비록 수수를 사용한 증거가 드물기는 하지만 수수가 초기 농업의 토대였던 것처럼 보인다.[92]

인도와 동남아시아에서도 많은 초본류, 과실류와 여타 식물들이 순화되었으나 아시아의 위대한 문명을 위한 식량 에너지의 절대 다수를 제공한 것은 바로 벼와 조이다. 중부 태국의 논녹타(Non Nok Tha) 유적에서는 기원전 6800년에서 4000년 사이에 해당되는 층에서 볍씨자국이 발견되었으나 이것이 순화된 벼인지는 결정하기 어렵다*. 토기를 빚을 때 왕겨를 비짐으로 사용하는 것이 순화를 암시한다고 볼 수도 있으나 볍씨가 야생벼에서 채집된 것일 수도 있다. 벨우드는 중국의 양츠강 하류역을 초기 벼 재배의 중심지로 확인하지만, 인도 그리고 아마도 태국에서도 순화의 독립적인 중심지가 존재하였을 가능성을 의심한다.[93]

근경류와 다른 작물의 영양번식재배(vegeculture)는 아시아의 습윤한 저지대에서 오랜 역사를 갖고 있을 가능성이 높다. 영양번식재배는 종자가 아니라, 타피오카(manioc), 얌, 감자, 타로 같은 식물의 잎, 줄기, 뿌리에서 잘라낸 부분으로 번식한다. 벨우드는 영양번식재배가 일반적으로 열대 동남아시아의 대부분의 지역에서 곡류농업을 선행한다는 견해에 이의를 제기한다. 그러나 뉴기니 같은 지역에서는 근경류 재배가 농경의 최초 종류였을지 모른다.[94]

세계에서 가장 중요한 곡물중의 하나인 조는 분명 화북(북부 중국)에 있는 위대한 황하의 충적 평원에서 순화되었고 처음으로 재배되었다(그림 6.3). 이 지역의 충적 토양은 아주 비옥하면서도 건조하여, 많은 지역에서는 농사를 짓기 위해 제거되어야 하는 식생도 이곳에는 거의 없다. 기원전 4000년경 수많은 촌락들이 화북에 존재하며, 많은 촌락들이 조와 다른 몇몇 순화종들 그리고 상당량의 사냥과 채집된 식량에 의존하여 살았다. 이들 촌락에는 2~3백 명의 주민들이, 그들보다 3000년 전 서남아시아 농업 공동체의 진화를 특징짓는, 원형 주거 및 주거단지와 아주 닮은 모습의 초벽집에서 거주하였다.

화북에서 또 하나의 상당히 중요한 작물이 콩으로 여러 종류의 야생종들이 이 곳 원산이다**. 증거는 희박하지만 콩은 적어도 기원전 1600년경부터 재배되었다. 콩은 아주 용도가 많고 영양가 높은 작물이며 또한 훌륭한 "녹색 비료"로서 질소 고착을 통하여 재배된 땅의 토질을 높여준다. 중국의 초기 식료에서 콩이 젖과 고기를 대체하면서 많은 아시아 인구들이 유제품을 소화시키는데 필요한 효소가 진화하지 못하였고 이들 음식을 먹으면 소화장애를 겪는 이유가 되었다. 비슷한 유당불내증(乳糖不耐症)이 아프리카와 남미에서도 나타난다.

일본에서의 농업경제의 확립은 유럽에서의 유형과 일부 유사성이 있다. 양 지역

---

* 현재 논녹타의 연대는 기원전 3천년기 이후로 보고 있다(안승모 1999, p.165)
** 실제 콩의 야생종이 가장 많은 지역은 만주와 한반도이다.

모두 울창한 북방의 삼림환경이 수렵채취인의 밀집된 인구를 지탱하였으며, 농업이 도입되었을 때 상이한 지역에서 상이한 비율로 기존의 수렵-채취경제를 대체하였다. 예를 들어 바다 자원에 의존하는 지역에서는 천천히, 그렇지 않은 지역에서는 보다 빨리 농업이 도입되었다.[95)]

🖼 신대륙의 농업 기원

신대륙에서 가장 중요한 순화종은 옥수수, 두류, 호박, 후추, 감자, 칠면조, 돼지쥐 (이상 식량원으로서), 그리고 라마이다(일부 사람들은 이 목록에 초코렛이 만들어지는 카카오를 추가하기도 한다). 구대륙 사람들처럼 신대륙 사람들도 (코카인이 만들어지는) 코카와 담배 같은 기호 식물뿐 아니라 마니옥, 해바라기, 비름(amaranth), 박, 목화를 포함하는 다양한 범위의 식물로 주식으로 이용되는 순화종을 보충한다.

그러나 이유는 잘 모르겠지만 신세계 사람들은 쟁기질이나 타고 가는데 적당한 견인용의 큰 동물들을 순화하지 않았다. 이 사실만으로도 이후 신·구대륙간 문화적 역사의 차이를 상당부분 설명할 수 있다. 즉 쟁기질은 아무리 간단하고 나무 보습으로 이루어진 것이라도 달리는 경작될 수 없었을 많은 지역을 농경이 가능하게 해준다. 구대륙에서 사람과 물질의 운송은 아주 이른 시기부터 순화된 당나귀, 그리고 다소 늦게는 말에 의존하였으며, 당나귀와 말 때문에 전쟁과 교역이 엄청나게 확산될 수 있었다. 남미의 라마도 분명히 중요한 운반용 동물이나 운송이나 군사적 용도로는 말과 당나귀에 비교가 되지 않는다. 또한 구대륙의 돼지와 양에 해당하는 동물도 신대륙에서는 전혀 가축화되지 않았는데 그것은 (비록 록키산맥의 양이 가능성이 있는지는 몰라도) 아마도 적당한 토종이 없었기 때문일 것이다.

중앙 아메리카

신대륙에는 식물 순화의 중심지가 두 곳 있다. 하나는 중미로 옥수수, 콩류, 호박, 고구마가 가장 중요한 작물이 되었으며 다른 하나는 안데스고원으로 감자와 다른 뿌리작물(주로 塊莖類)이 자라고 라마가 가축화되었다. 그러나 구대륙에서처럼 이러한 순화의 과정과 농업으로의 전이는 광범위한 지역에서 발생하였고 상이한 많은 주민들과 종(種)을 수반하는 장기적 과정이었다. 구대륙에서와 똑같이 주요 작물로는 매우 한정된 범위의 종들만이 출현한다. 예를 들면 북미 원주민들은 해바라기와 다른 식물들을 순화하였고 이중 일부는 오늘날까지도 상업적으로 중요한 작물로 남는다. 그러나 옥수수 – 두류 – 호박 – 감자군(群)은 유럽의 식민지개척자들이 처음 도착하였을 때 신대륙 전역에서 삶의 기초이었을 정도로 효율성이 높았다.

구대륙에서처럼 신대륙 순화의 배경은 수 천년 이상 존재하였던 수렵, 채집과 어로이다. 예를 들어 켄트 플레너리는, 멕시코의 토착 수렵채집인들이 의존한 선인장의 일종인 가시배(prickly pear)와 용설란, 그리고 토끼 같은 식량은 종으로서의 형질적 특질이 크게 변화하지 않고 수 천년 동안 인간의 집중적인 소비를 견딜 수 있었던 종들이며, 이들 수렵채집인들은 계절적으로 이동하기 때문에 상기 자원에 큰 압력을 거의 행사하지 않았다고 주장하였다.[96] 예를 들어 용설란 열매의 채집은 2~3주 동안에 실시되어야 하며 이 기간 동안에는 토끼를 사냥하지 않는다. 자원에 대한 계절적 집중으로 인해 집단은 연중 대부분을 소규모의 분산된 형태로 유지되며, 그렇다면 왜 스페인 사람들이 수렵채집의 영토 대신 도시와 농장의 세계가 되어버린 중미(북부 멕시코에서 남부 과테말라에 이르는)를 발견하였는지 의아할 것이다.

중미에서 그렇게 오랫동안 수렵채집 생활양식을 지탱하였던 효과적 메커니즘에도 불구하고 기원전 8000년 이후 언제인가부터 이들 수렵채집인들은 – 아마도 무의식적으로 – 옥수수, 두류, 호박, 후추와 기타 다른 식물종들을 순화하기 시작하였다. 왜, 어떻게 이러한 과정이 발생하였는지는 확실하지 않다. 기후변화, 인구밀도의 증가와 기타 다른 요소들이 관여하였을지 모른다. 그리고 최근의 생태학적 분석에 따르면 처음에 농업으로의 전환은 중미인들이 사냥하고 채집하였던 방식에서 단지 약간의 변화만을 수반하였던 것 같다.[97]

기원전 8750년부터 6670년까지 멕시코 남부 오아사카(Oaxaca)에 있는 구이라 나퀴츠(Guila Naquitz) 동굴의 고고학적 기록에 반영된 식료의 변화에 대한 로버트 레이놀드의 컴퓨터 모의실험은 이 기간동안 변화하는 상황에 따른 정교한 적응의 유형을 제시한다.[98] 이곳에 살던 사람들은 결국 동식물 식량의 안정성 있고 생산적인 특정 결합에 집중하였는데 그것은 레이놀드의 모의실험 모델이 이동거리, 계절적 획득성과 기타 많은 요소들을 연결시킨 복잡한 계산 결과 산출된 것이다. 그는 이곳의 재배는 특정식물의 밀도를 증가시키고, 건기/우기의 변동과 증가한 인구밀도와 기타 상황의 영향을 중화시키는 방향으로 시작되었을지 모른다는 결론을 내렸다.

결국 옥수수는 그러한 조종과 문화적·생태적 맥락의 수 천년 세월을 거쳐 순화되었다. 순화된 옥수수는 이후 중미의 선사시대를 통하여 줄곧 가장 중요한 식량이었으며 현재도 우리가 이 지역에서 진화의 역사를 상세히 알고 있는 유일한 순화식물이다. 초기형태의 두류, 호박, 후추의 파편도 발견되었으나 형태적 특징에서 변화를 복원하기에는 충분하지 못하다. 간혹 고대의 조각품이나 미술품에 근거하여 옥수수가 구대륙에서 매우 이른 시기에 전래된 것이라는 이상한 주장[99]도 있으나 고대 옥수수의 흔적은 구대륙에서 전혀 발견된 적이 없다.

중미에서 초기 식물재배에 대한 증거는 대부분 타마우리파스 테후아칸과 오아사카의 건조한 동굴에서 발견되기 때문에 우리는 보존상의 왜곡을 의심하여야 한다. 즉 현재까지 알려진 최초의 옥수수가 이들 유적에서 나왔다고 하여 이들 유적이 옥수수를 순화한 최초의 장소였다고 믿어야 할 이유는 거의 없다. 게일 프리츠가 지적하였듯이,[100] 학자들은 오랫동안 신대륙에서의 옥수수 순화와 농업의 연대를 과대평가하고 있었다는 증거가 있다. 학자들은 옥수수의 순화가 기원전 10,000~5,000년 사이 이 지역에서 살았던 수렵채집집단에서 발생하였다고 늘 믿어 왔었다. 그러나 보다 최근의 증거와 연대는 순화와 농업이 기원전 3500년 이후에야 처음으로 출현하였고, 그들의 선조보다 이동성이 훨씬 줄어들어 이동이 있어도 1년에 단지 몇 차례뿐이고 후에 순화되는 식물의 야생 선조종에 노력을 집중한 수렵채집인들 사이에서 발생하였을 가능성을 제시한다.[101]

1970년대까지 옥수수 순화에 대하여 가장 널리 받아들여진 견해는 유전학자인 폴 맹겔스도프에 의해 주창되었는데 그는 순화된 옥수수는 작은 수염으로 덮인 작은 옥수수속(cob)을 가진, 지금은 멸종된, "야생 옥수수"에서 진화하였다고 주장하였다. "야생 옥수수"는 낟알 전체가 컵 모양의 큰 껍질(fruit-case, 苞葉)로 덮인 재배종과 달리 낟알 하나 하나가 껍질(稃)에 싸여 있는 포드콘(pod-corn, 有稃種, 껍질씨)이었을 것이다. 맹겔스도프는 이 야생 옥수수의 멸종을 유럽에서 도입된 가축에 의한 과잉 방목과, 새롭게 등장한 재배종과의 지속적인 교잡에서 오는 유전적 "침수(swamping)"라는 두 요소의 결과로 설명한다.[102]

　　리처드 맥나이쉬는 1960년대 초에 멕시코 테후아칸(Tehuacan) 근처의 동굴을 여러 곳 발굴하였다. 그가 발견한 자료로 중미 농업 기원의 몇몇 양상이 밝혀졌다. 최근 방사성탄소연대결과에 의하면 테후아칸의 여러 지층에서 출토된 식물유체가 교란되었고 그래서 유적은 처음 생각한 것보다 초기 옥수수 순화에 대한 자료가 드물 것 같다. 게일 프리츠가 지적하였듯이,[103] 테후아칸의 최초 옥수수속(시료 4점)은 원래 제시되었던 기원전 5~6천년보다 훨씬 어린 기원전 3500~3300년 사이의 연대가 주어졌다(그림 6.12). 이러한 연대 수정과 다른 곳에서 나오는 새롭고 흥미로운 증거에도 불구하고 테후아칸의 문화적 연속성은 중미에서 농업 문화가 기원하는 시기에 연루된 문화적 행위에서의 일련의 변화를 고고학적으로 가장 잘 반영

6.12 테후아칸유적에서 출토된 옥수수속 크기의 진화. 기원전 3500년에 해당하는 가장 작은 옥수수속(좌측)에서부터 기원전후의 완전히 근대 품종인 옥수수속(우측)까지 크기가 점차 커 가는 모습을 볼 수 있다.

한 예로 존재한다.[104] 아주에레아도 단계(Ajuereado phase, c. 10,000~7000 B.C.[105]) 동안 사람들은 분명히 소규모의 이동성 집단으로 살았고 많은 야생식물을 활용하였다. 그러나 그들은 또한 사냥에도 크게 의존하였는데 처음에는 야생말, 영양, 산토끼(jack rabbits)를 잡다가 후빙기의 기후와 환경이 변화함에 따라 사슴과 흰꼬리토끼(cottontail rabbits)로 사냥감을 바꾸면서 부족한 자원은 뒤쥐(gophers), 토끼, 쥐, 거북으로 보충하였다. 이어지는 엘리에고 단계(El Riego phase, c.7000~5000 B.C.)에는 사람들이 무리사회로 여전히 이동생활을 하였으나 집단의 규모는 다소 커진 것 같으며, 호박, 후추, 아보카도와 나중에 순화되는 다른 야생식물들을 이용하였다. 코사트란 단계(Coxatlan phase, 5000~3400 B.C.)에는 테후아칸을 반복적으로, 그리고 아마 계절적으로 방문하였던 집단의 규모가 매우 크게 늘어난 것처럼 보인다. 식물이 더 많이 활용되었고 사냥은 줄어들었다. 아베자 단계(Abeja phase c. 3400~2300 B.C.)가 되면 유적은 장기간, 아마도 연중 대부분을, 대형 캠프에서 살았고 재배식물에 크게 의존하였던 "근거지형 무리사회(central-based bands)"에 의해 점거되었다고 맥나이쉬는 믿는다. 이어지는 시기에 이들 테후아칸인들은 토기를 이용하였고, 주로 순화된 옥수수, 두류, 호박과 기타 중미의 주요 산물로 생계를 유지하였다.

테후아칸의 식물유체는 맹겔스도프의 가설을 확증하는 것처럼 보인다. 즉 유적에서 발견된 최초의 옥수수속은 크기가 매우 작고 수염이 과실의 머리부분에서 나온다. 그러나 맥나이쉬가 발견한 초기 옥수수는 중미의 반건조한 아온대지역에 흔한 야생 다년생풀인 테오신트(teosinte, Zea mexicana)와 형태적으로 많이 유사하다. 야생종과 순화종의 옥수수같이 낟알이 옥수수속 위에 달려있다는 가정은 낟알이 껍질 속에 쌓여 있기 때문에 종자 분산에는 매우 비효율적 메커니즘인 것처럼 보이며, 그래서 일부 식물학자들은 맹겔스도프의 복원에 의심을 제기하였다.

1972년 식물유전학자인 조지 비들은 "야생 옥수수"란 결코 존재하지 않았으며 순화된 옥수수는 테오신트의 후손이라는 그의 수 십년 전 주장을 다시 되살렸다.[106] 테오신트는 멕시코와 과테말라의 반건조한 아열대지대에서 발견되는 키가 큰(크기가 2미터까지 이르는) 일년생 풀로 교란된 지역에서 번성하며 버려진 옥수수밭 같은 개방된 지역을 재빨리 침범한다. 테오신트는 또한 야생두류와 호박이 포함된 들판에서도 발견되며, 때로는 테오신트 줄기에 콩과식물이 감겨 있는 상태로도 자라고 있다. 그리하여 중미를 위한 세 가지 생명의 지팡이인 옥수수 – 두류 – 호박은 "자연적인" 결합으로 볼 수 있다.[107] 테오신트는 종자 구조를 제외하면 옥수수처럼 보인다. 옥수수는 여러 줄의 낟알이 무거운 껍질(포엽)로 덮인 채 옥수수속에 달려 있는데 반해 테오신트는 매우 딱딱한 껍질에 덮인 6 – 12알 정도의 삼각형 낟알이 2줄로 달려 있을 뿐이다. 테오신트의 종자는 옥수수 낟알과 아주 달라 보이지만 비들은 이것으로 꽤 먹을만한 팝콘을 만들어 낼 수 있었다.

비록 맹겔스도프의 맹렬한 반격이 개시되었지만 테오신트와 옥수수의 화학분석과 유전적 특질의 연구는 테오신트를 옥수수의 주된 선조로 보는 비들의 견해를 지지한다.[108]

순화된 옥수수는 테오신트와 여러 가지 특징을 공유한다. 나오미 밀러가 지적하였듯이[109] 공통된 특징으로 (1) 테오신트와 옥수수는 자연 조건하에서는 자주 그리고 자유롭게 교배하며, (2) 엽록체수(10)가 같고 엽록체 구조도 거의 동일하며, (3) 해부학적 구조와 형태가 매우 유사하고, (4) 꽃가루도 크기에서 아주 비슷하다. 그러나 그는 테오신트에서 옥수수로의 변환이 실제 발생하였더라도 그 변환의 장소가 어딘지는 입증하기 어렵다고 토로한다. 유전적으로 옥수수에 가장 가까운 테오신트 종류는 멕시코 분지(지금의 멕시코시와 그 주변)에 토착하는 챨쿠형(Chalco-type, Zea Mexicana ssp. mexicana)이지만 이는 교잡의 산물일지 모른다.

만약 테오신트가 순화된 옥수수의 선조종이라면 순화과정에서의 주된 변화는 (1) 잘 부러지지 않는 이삭줄기(穗軸, rachis)의 발달과 이어지는 옥수수속(雌穗)의 진화, (2) 낟알이 옥수수속에서 쉽게 떨어져 나올 수 있게 부드러운(軟性) 씨방(果房, fruit-case)의 발달, (3) 더 큰 옥수수속과 더 많은 줄의 낟알로의 진화이다. 단일 유전자 – 소위 피성 대립유전자(tunicate allele) – 가 이삭줄기의 부러지기 쉬운 성질과 씨방의 강건성 모두를 어느 정도 조절한다. 그래서 이러한 특질들은 이러한 특성을 갖고 있는 돌연변이체의 직접적인 선택으로 쉽게 생산될 수 있다. 증가된 옥수수속 크기란 세 번째 변화는 매우 점진적이며 아마도 지역에 따라 크게 달랐을 것이다. 만약 테후아칸 옥수수 식물유체의 새로운 연대가 정확하다면 이곳의 옥수수속은 기원전 3500년과 기원후 1500년 사이에 평균길이가 2cm 미만에서 13cm까지 증가할 정도로 점점 더 큰 크기로 선발되었다.

아래에서 언급되듯이 농업 기원에 대한 다양한 설명은 "쓰레기더미(dump-

heap)" 가설을 수반한다. 식물을 활용하였던 수렵채집인들은 의심할 나위 없이 그
들의 야영지 주변에 식물 잔존물을 폐기하고 흩뿌렸다. 시간이 흐르고 식물을 집중
적으로 활용하게 되면서 순화의 과정이 발생하였으리라 상상해 볼 수 있다. 사람들
이 야생종자들을 수확할 때 어떤 식물들은 옮겨서 소비하고 어떤 식물들은 남긴다.
그것으로 어떤 식물들과 그들의 유전자는 원래 모집단의 유전자 풀에서 제거되고,
다른 식물들과 그들의 유전자는 그대로 남는다. 일반적으로 탈곡과 가공과정에서
채집된 일부 종자들은 분실되는데 이렇게 누락된 종자가 쓰레기더미와 야영지 주
변에서 발아할 수 있다. 시간이 흐르면서 사람들은 이들 종자들을 재배할 수 있다
는 사실을 인식하기 시작하였으며 가장 생산성 높은 식물 쪽으로 선택하기 시작하
였음직하다. 그러나 테오신트에서 옥수수까지 수세기에 걸쳐 천천히 점차적으로
변화하였다는 확실한 증거는 아직 없다. 그래서 이러한 과정을 보여주는 식물유체
를 우리가 아직 발견하지 못하였거나(항상 가능성 있는 주장으로서), 아니면 전이
가 상당히 빨랐음에 틀림없다.

스티븐 굴드는 옥수수가 테오신트에서 진화하였다는 비들의 주장은 받아들이지
만 점진적인 유전적 변화의 완만한 과정이라는 비들의 가설은 반대한다.[110] 굴드는
테후아칸 옥수수속이 근대의 변종보다는 크기가 작지만 적어도 그것들은 옥수수
속이며, 우리는 식물학적으로 옥수수 이삭(ears, 엄밀히는 암이삭)과는 아주 다른
테오신트 "이삭"과 옥수수 이삭 사이의 과도기적 단계를 발견하지 못하였다고 지
적한다. 또한 굴드가 지적하였듯이 옥수수와 테오신트는 유전적으로 아주 유사하
며 옥수수로 향한 완만한 과정이 일부 중요한 유전적 차이로 귀착되었으리라 기대
할 수 있다.

굴드는 대신 옥수수 순화에 대한 일티스 Hugh Iltis의 가설을 옹호한다. 일티스의
주장은 복잡한 식물학적, 유전학적 시나리오라서 여기서 상세히 설명할 수는 없으
나 기본적 가정은 테오신트에서의 작은 유전적 변화가 일티스가 "격변적 자웅 형
질전환(catastrophic sexual transformation)"[111]이라고 부른 것을 발생시켰다는 것
이다. 그러나 돌연변이체가 쉽게 복제될 수 있을 것 같지는 않기 때문에 일티스의
도식은, 사람들이 돌연변이의 테오신트 식물이 표현하는 "유망한 괴물(hopeful
monsters)"의 유용성을 인식할 것을 요구한다. 이 경우 인간의 간섭이 순화의 종합
방정식에서 중요한 부분이 된다.

옥수수는 탁월한 식료이면서도 주요 단백질과 비타민이 많이 부족하다. 그래서 중미에서 농업 경제의 진화는 다른 식물종 – 가장 중요한 것은 두류와 호박 – 의 순화에서 상당한 추진력을 획득한다. 사실 두류, 호박(왜호박 squash과 서양호박 pumpkins)과 다른 식물들이 옥수수보다 먼저 재배되었을지도 모른다는 증거가 제시되었다. 3종의 두류(강낭콩, 덩굴콩 runner beans, 테파리콩 tepary beans)는 모두 중미에 야생종이 있으며, 형태적 특징에서의 변화는 옥수수와 거의 동시기에 출현하기 시작하였다. 야생콩류의 식물유체는 기원전 7000~5500년의 타마우리파스 동굴과 기원전 8700~6700년의 오아사카 동굴에서 발견되었으나, 이들 지역에서 현재까지 알려진 최초의 순화종은 기원전 4000년과 3000년 사이에서야 나타난다.

두류의 순화에 수반되는 것은 (1) 두류가 조리되기 전에 물 속에 오랫동안 담가 놓을 필요가 없게 증가된 종자 투수성(透水性), (2) 쉽게 파열하는 나선형처럼 생긴 연약한 꼬투리에서 직선적이고 낭창낭창하며 파열하지 않는 꼬투리로의 변화, (3) 일부 경우에는 다년생에서 일년생 성장유형으로의 변이이다.[112] 두류의 중요성은 옥수수에는 없는 라이신이 풍부하다는 점이고 그래서 이 둘은 영양학적으로 상보적 관계에 있다.

호박(cucurbita)속에 속하는 왜호박과 서양호박의 순화는 야생호박의 과육이 쓰고 얇아 식량 가치가 거의 없기 때문에 과육보다는 종자를 개량하는데 목적을 두었던 것 같다. 반면 호박씨는 다른 대부분의 대형종자처럼 복합 전분과 기타 영양소를 포함한 그야말로 비타민 정제이다. 사실 호박씨는 특히 저개발국에서 선호하는 간식용 식품이다. 알려진 최초의 재배호박씨는 오아사카에 위치한 기원전 8750~7840년의 구일라 나퀴즈(Guila Naquitz) 동굴과 같은 시기 타마우리파스와 레반트의 동굴 유적에서 출토된다.[113]

다른 초기 농민들처럼 고대의 중미인도 다양한 종류의 식물을 순화하였고 이들 중 일부만이 결국 중요 식료로 개발되었다. 칠레고추, 아보카도, 뚝새풀(foxtail grass), 명아주, 다양한 종류의 선인장, 여러 뿌리작물들, 그리고 기타 많은 식물들이 안정되고 생산성 높은 농업경제에 결합되어 있다.

남미와 북미의 주식이 된 옥수수종들은 멕시코 중부, 아마도 멕시코시 주변지역에 자생하는 종들에서 기원한 것 같다. 그러나 농업적, 촌락적 생활양식의 채택과 전파에는 해안지역도 포함되었을지 모른다. 그곳에는 풍부한 해산자원과 육지자원이 합쳐져 비농업적 정주공동체에 충분한 식량을 제공하였을 것이다.[114] 이들 정주공동체는 새로운 순화식물을 그들의 "미리 적응된(pre-adapted)" 경제와 사회조직으로 결합하면서 최초의 농업공동체를 형성하였다. 그때부터 촌락에 기초한 농업의 탁월한 생산성이 이들 작물이 성공적으로 길러질 수 있었던 전역에 걸친 신속한 전파를 보장하였다. 현재 우리는 이러한 복원을 규명할 수 있는 충분한 자료를 갖고 있지는 않지만 최근의 증거는 그러한 복원이 아마도 타당할 것이라고 생각하게 해준다. 패총, 깨진 돌조각과 석기들이 중미의 걸프만과 태평양연안 모두에서 발견되었으나 발굴되거나 연대가 확실한 자료는 거의 없다. 많은 집단들이 기원전 3000년 이후 멕시코 해안을 따라 풍부한 해안/육지의 적소에서 살았다. 그리고 그들 중 일부가 촌락에서 거주하였고 일부 옥수수와 다른 작물을 생산하였다. 그러나 멕시코에서 실질적인 농경과 촌락의 전파에 대한 증거는 기원전 2000년까지도 극히 드물다.[115]

농업이 중미에서 출현한 이유, 장소와 시간에 대한 질문과 관련하여 우리들은 이 장 앞에서 논의한 다소 만족스럽지 못한 모델들과 다시 직면한다. 중국에서 중미에 이르기까지 농업의 기원지에 대부분 영향을 주었을 듯한 유일한 단일 요소는 후기 갱신세가 끝날 무렵 빙하가 퇴각하면서 기후의 변화에서 비롯되는 동물, 식물, 인간 공동체에서의 변화이다. 만약 우리가 이 기후변화 — 특히 이전에도 여러 번 발생하였지만 결과는 같지 않았던 — 의 중요성에 일반적인 문제점을 제기한다면 이러한 문제 제기는 신대륙에는 적절하지 않을지 모른다. 가능성이 점점 더 높아지듯이 만약 갱신세의 기후변화가 일어났던 이전 시기에 신대륙의 인구수가 별로 크지 않았다면 기후-변화 가설에 대한 이러한 문제 제기는 논쟁이 될 수 없다. 그리고 설령 그들이 신대륙에 좀더 일찍부터 거주하였더라도 우리는 이 마지막 시기의 후빙기 기후변화에 뭔가 독특한 것이 있었거나, 또는 이전 시기의 집단과 비교하여 10,000년 전 인간 공동체의 인구, 기술적 능력, 또는 다른 어떤 측면에서 뭔가 다른 점이 있었다고 추측할 수 있을 따름이다.

남미

어떻게 그리고 언제 멕시코의 순화된 옥수수종들이 중미와 남미로 전파되었는지는 잘 알려져 있지 않다(그림 6.13). 그러나 옥수수가 기원전 3000년에는 이미,[116]

6.13 아메리카에서 처음 순화와 농업이 이루어진 일부 지역. 다른 지역들은 바닷물 밑에 묻혀 있거나 또는 울창한 바닷가 식생 지대에서 발견되지 않은 상태로 있을지 모른다.

그리고 아마도 좀더 이른 시기에,[117] 에콰도르, 페루, 아르헨티나, 칠레에서 재배된 것으로 보이는 흥미로운 증거들이 일부 존재한다. 기원전 3300년 에콰도르 해안가에서는 주민들(발디비아 Valdivia 문화)이 토기를 이용하고 아마도 옥수수를 포함한 식물들을 재배하였던 촌락들이 있었다. 토기는 농업의 완벽한 지표는 아니다. 그러나 재배로 전환하였던 고대세계의 거의 모든 지역에서 사람들은 발전의 초기 단계에 토기를 발명하고 이용하였다. 토기는 에콰도르, 콜롬비아, 베네주엘라의 기원전 3300∼2100년 사이로 연대가 주어지는 많은 고고학적 유적에서 발견되었다.[118] 그러나 후대 문명의 중심지인 페루에서는 기원전 2000년 이후에야 토기가 사용되었다.

물론 토기보다는 작물의 물질적인 잔존물, 즉 작물유체가 농업의 전파에 보다 좋은 증거가 되지만 남미에서 초기 재배에 대한 식물학적 기록은 극히 빈약하다. 옥수수 규소체(일부 식물세포의 초소형의 단단한 잔존물)는 기원전 4000년 이전의 일부 남미 유적에서 발견된 바 있다. 기원전 4000~1500년 사이의 남미 여러 유적에서 규소체와 꽃가루의 형태로 옥수수에 대한 증거가 존재한다. 그러나 옥수수의 식물유체가 흔히 발견되는 것은 기원전 900년 이후의 유적-종종 해안에 위치한-에 서이다. 데보라 피어셀은 옥수수가 기원전 5000년경 남미에 도입하였으나 기원전 1500년 이후에야 주요 작물이 되었다고 주장한다.[119]

옥수수는 남미의 안데스에서 중요 식량 작물 중 하나에 불과하다. 일부 지역에서는 감자, 두류와 킨와(quinoa ; 명아주과 곡물)가 생명의 양식이었다. 두류는 구이타레오(Guitarreo) 동굴에서 출토된 약간의 식물유체에 근거하여 기원전 8000년 이전에 순화되었을지 모른다는 증거가 일부 있으며, 기원전 5700년경에는 상당히 신빙성 높은 두류 자료가 있다.[120] 그러나 두류와 기타 많은 작물의 초창기 순화 단계에 대한 증거는 보존상태가 빈약하다. 순화된 감자는 기원전 2250 – 1775년 사이에 페루 카스마 계곡의 유적들에서 발견되었다.[121] 그리고 기원전 4400년경까지 소급될지 모르는 재배의 흔적들도 있다.[122] 오늘날 페루에서 수백 종의 변종이 자라고 있는 번식이 잘되는 이 작물은 곡물처럼 저장할 수는 없으나 아일랜드와 북부 유럽에서 크게 번식한데서 입증되듯이 곡물이 잘 자라지 못하는 무덥고 한랭한 토양에서도 잘 자랄 수 있다. 고대의 남미인들은 감자를 동결건조하여 저장하는 방법을 개발하였다. 그리고 감자는 본질적으로 영양가가 높고 그래서 이 식물은 다른 많은 지역에서 곡물이 제공하였던 것처럼 남미인들을 위하여 생산의 안정성과 신뢰성을 제공할 수 있었다.

페루의 식물 순화에서 흥미로운 점은 킨와란 작물이 북미에서 점점 유행하게 되었다는 사실이다. 이 작물의 종자는 단백질 함유량이 가장 높은 식물 중의 하나로 곡분(穀粉)으로 갈 수 있으며(한 실험에서 초콜릿 쿠키 조각을 만들어 보았으나 결과는 신통치 않았다), 점점 더 많은 건강식품 애호가들이 이 식물을 이용한다.

초기 페루에서 동물 순화의 역할은 불분명하나 라마와 돼지쥐(모르모트)는 기원전 3500년경에 페루 중부에서 확실히 순화되었다. 그러나 멕시코에서처럼 수렵은 아주 늦게까지 많은 지역에서 계속 중요한 역할을 담당하였다.[123]

남미의 서북부에서 식물과 동물, 농업, 정주공동체의 관계는, 일반적으로 일부

6.14 그림 속 세 개의 네모는 상이한 방
    식으로 식량을 확보하는 개인들
    을 먹여 살리는데 필요한 땅의 상
    대적인 양을 보여준다.

1. 수렵채집인 : 10평방km
2. 밭농사 농민 : 0.5평방km
3. 관개농업 농민 : 0.1평방km

지역, 특히 옥수수 재배가 중요해지기 이전에 어로, 채취, 두류와 호박의 부분적 재
배에 의존하였던 소규모의 정주공동체가 설립된 해안 지역에서는 전문화된 농업
경제보다 순화와 정주공동체가 수 세기 선행하였을지 모른다는 점을 제시한다(그
림 6.14).

　데보라 피어셀[124]은 남미의 농업기원 "센터"를 세 개의 문화복합체(complex)로
나누었다. 저지대 문화복합(Lowland Complex)의 기원에 대한 이해는 빈약하다.
마니옥(Manihot esculenta)과 고구마(Ipomoea batatas) 같은 열대우림 고유의 주요
초기작물들이 고고학적으로는 잘 보존되지 않기 때문에 그렇다. 결국 옥수수가 저
지대에서도 주 작물이 되었지만 향신료(칠레고추 같은)에서 호박과 과일(아보카도
와 나중에 파파야, 파인애플을 포함)에 이르는 광범위한 범위의 식물성 식량들이
옥수수 재배보다 선행하였고 결국 옥수수를 보완하였다. 피어셀의 중간고도 문화
복합(Mid-Elevation Complex)은 고도 1500~3000미터 사이의 지역을 포함하는데
당비름, 땅콩, 지카마(jicama, 아삭아삭한 뿌리부분을 생식하는 열대작물), 다양한
두류, 코카를 포함하는 기타 식물들과 관계된다. 이곳에서도 역시 옥수수 재배가
종국적으로 이들 작물들을 대부분 보충 식량의 위치로 전락시킨다. 그러나 안데스
를 거쳐 저지대의 해안과 숲에 이르기까지 순화된 종의 다양한 범위는 순화 과정이

얼마나 널리 퍼져 있었고 생태적으로도 다양하였는지를 강조한다. 고지대 문화복합(High-Elevation Complex)은 고도 3000미터 이상의 지역에서 발견된다. 이 춥고 농사짓기 힘든 지역에서도 감자와 다양한 괴경류가 가축화된 라마와 알파카 고기와 함께 주요한 먹을거리를 제공하였다. 확실히 킨와와 명아주를 포함한 다른 식물들도 재배되었겠지만 식물유체로는 거의 발견되지 않았다.

크리스틴 하스트로프와 시셀 요한센은 기원후 500년과 1500년 사이에 안데스 남미의 정치 체계가 변화함에 따라 옥수수의 이용이 어떻게 변화하였는지를 연구하였다. 그들은 이곳 주민들이 옥수수로 만든 술을 엘리트가 제국의 권력, 국가의 신성과 관련시킨 위신재로 이용하였다고 주장한다. 주민들은 술이 소비되는 공공축제에 소집되었으며, 이 축제에서 엘리트들은 그들의 지위를 재강화할 수 있었다. 즉 농민들에게 술을 제공함으로써 그들이 엘리트에게 은혜 입고 있음을 강조하였고, 국가적 종교와 고도로 계층화된 계급체계의 맥락에서 엘리트를 위한 노동을 부과할 수 있었다. 하스트로프와 요한센의 연구는 식량생산과 소비에 대한 중요한 지적을 하고 있다. 즉 식량생산과 소비는 단순히 문화적 맥락으로만 추출될 수는 없고, 순전히 생태적, 경제적 요소로서 고립적으로 처리되어서도 안된다. 모든 고대국가에서 식량생산과 소비는 국가적 이데올로기로 긴밀하게 통합되었으며, 이 이데올로기를 재강화하고 사회경제적, 정치적 역할과의 관련성을 조절하는데 이용되었다.[125]

🔲 순화, 농업과 정주 공동체 : 요약과 결론

일반적으로 후빙기 시대에 들어선 사람들이 반복적인 기아를 겪었다거나 당면한 식량공급 문제를 다루기 위한 방편으로 순화 동식물종과 농업을 "창조하였다"는 증거는 없다(그림 6.15). 대신 인구밀도가 점차 증가함에 따라 야생 맥류, 테오신트와 기타 3등급(third-choice) 식물들이 약간 증가하였던 여러 적소로 사람들이 이끌리는 그러한 상황이 충분히 있었을지 모른다. 설사 그들이 팽창하는 인구밀도 때문에 이러한 지역으로 몰리지 않았다고 하더라도 그리고 절박한 기아의 (그래서 그들이 3등급 식량의 소비를 급격히 증가시킨) 비참한 위험 아래 놓이지 않았다고 하

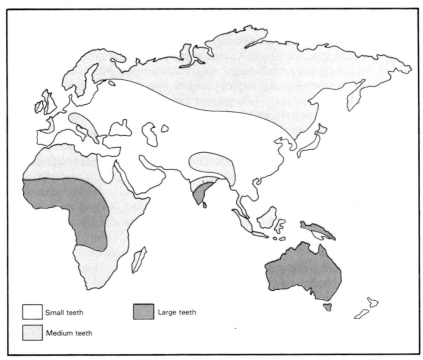

6.15 유럽인의 영향을 받기 이전 근대인들의 이빨 크기 분포. 가장 큰 이빨은 거친 음식
을 날로 먹는 집단에서 발생하며, 가장 작은 이빨은 농업을 가장 오랫동안 하였던
집단에서 발생한다.

더라도 이들 야생종의 일부는 [자연]선택의 압력에서의 극미한 변화가 사람들의 증
가된 활용을 신속히 그리고 직접적으로 보답할 수 있을 정도로 유전적으로 유연하
였다.

이러한 종류의 복원에서, 예를 들면 보리와 밀 순화의 타이밍이 주로 "운이 좋
은" 돌연변이의 결과이었을 것 같지는 않다. 후빙기에 전세계에 걸쳐 하도 많은 다
양한 종류의 동식물이 순화되어서 이것들을 모두 "운이 좋은" 돌연변이로만 설명
한다는 것은 가장 있을 것 같지 않은 성질의 동시적 발생을 필요로 한다. 이는 기술
적 혁신도 아니다. 즉 최초의 집중적인 곡물 채집인들은 단지 최소한의 도구—후
기 갱신세의 물고기 덫, 활과 화살보다 결코 더 복잡하지도 창의력이 풍부하지도
않은 연장—만을 필요로 하였다.

마지막으로 우리는, 걱정거리가 거의 없는 개인들을 위하여, 세계 거의 모든 인

구들이 지금도 생존의 대부분을 단지 20여종의 식물에만 의존한다는 사실에 일정한 위험이 존재한다는 점에 주목하고자 한다. 교잡종이 토종을 대체하는 비율이 계속 증가함에 따라 특히 예견되는 세계적 규모의 기후 변화와 더불어 새로운 작물 질병의 치명적 돌연변이가 발생할 가능성도 증가한다. 지난 세기 아일랜드의 감자 기근도 주로 나라 전체가, 소규모의 유전적 개체군에서 복제(무성생식)되어 질병에 의해 거의 완전한 파멸을 입기 쉬운, 단일 작물에 의존한 결과이다. 결국 오늘날의 세계도 같은 위험에 처할 수 있다. 그래서 순화된 동식물에 기초한 경제로의 전이는 여전히 작동중이고 미래의 방향이 불확실한 과정이다.

이러한 불확실한 미래에 대비하여 종자은행이 설립되었다. 예를 들어 워싱턴주립대학의 종자은행은 1700종 이상의 종자가 그들의 유전자 자원이 쓸모 있을 날에 대비하여 특별한 보존조건에서 보관되고 있다. 각각의 종은 독특하고 복잡한 진화의 산물이며, 각 종의 개체들은 어떤 점에서 단지 공기, 물과 토양으로 가장 복잡한 화합물을 합성할 수 있는 화학공장이다. 식량 뿐 아니라 의약품과 다른 많은 산물들도 주로 식물성 물질에서 만들어진 것이다. 그리고 아마존유역과 개발도상국가 곳곳에서 식물 군락의 지속적인 파괴와 멸종은 결국 돌이킬 수 없는 재앙으로 인지될 것이다. 이전에 언급하였듯이 지구의 모든 생명 형태가 참가하는 진화 게임에서 유전적 "변이성"을 유지하는 것은 커다란 장점이 있다. 우리는 동식물과 상호 밀접한 관계에 있으므로 비인간 생물세계에서의 다양성 손실은 거의 확실히 되돌아와 우리를 괴롭힐 것이다.

저자주

1) Kelly, "Mobility/Sedentism: Concepts, Archaeological Measures and Effects," p.60.

2) 세계 도처의 농업기원에 대한 자세한 고찰은 다음 책 참조. Cowan and Watson, eds. *The Origins of Agriculture: An International Perspective.*

3) Blummer and Byrne, "The Ecological Genetics of Domestication and the Origins of Agriculture," p.24.

4) Price, "The Mesolithic of Western Europe."

5) 내가 아는 한 이 정의를 처음 사용한 사람 중에 던넬(R.C. Dennel)이 있다.

6) Blummer and Byrne, "The Ecological Genetics of Domestication and the Origins of Agriculture," p.24.

7) Rindos, *The Origins of Agriculture*, p.143.

8) Blummer and Byrne, "The Ecological Genetics of Domestication and the Origins of Agriculture," p.24.

9) Rindos, "Symbiosis, Instability, and the Origins and Spread of Agriculture: A New Model," p.754.

10) Cohen and Armelagos, eds. *Paleopathology at the Origins of Agriculture.*

11) Blummer and Byrne, "The Ecological Genetics of Domestication and the Origins of Agriculture."

12) Rindos, *The Origins of Agriculture.*

13) 같은 입장에서는 Blummer and Byrne, "The Ecological Genetics of Domestication and the Origins of Agriculture," p.24. 반대하는 입장에서는 Rosenberg, "The Mother of Invention: Evolutionary Theory, Territoriality, and the Origins of Agriculture."

14) Reviewed in Kelly, "Mobility/Sedentism: Concepts, Archaeological Measures and Effects."

15) Bettinger and Baumhoff, "The Numic Spread: Great Basin Cultures in Competition."

16) Kelly, "Mobility/Sedentism: Concepts, Archaeological Measures and Effects," p.60.

17) Tauber, "13C Evidence for Dietary Habits······"

18) Harris and Hillman, *Farming and Foraging.*

19) Byrd, "Public and Private, Domestic and Corporate: The Emergence of the Southwest Asian Village," p.639.

20) See, eg. Price and Gebauer, eds., *Last Hunters First Farmers*; Harris and Hillman, *Farming and Foraging.*

21) Childe, *New Light on the Most Ancient East.*

22) Pumpelly, *Explorations in Turkey, the Expedition of 1904*: Prehistoric Civilization of Anau, pp.65-66; Childe, New Light on the Most Ancient East.

23) McCorriston and Hole, "The Ecology of Seasonal Stress and the Origins of Agriculture in the Near East."

24) See, for example, Hassan, *Demographic Archaeology*.

25) McCorriston and Hole, "The Ecology of Seasonal Stress and the Origins of Agriculture in the Near East."

26) Braidwood, "The Agricultural Revolution."

27) See Hole, Flannery and Neely, *Prehistory and Human Ecology of the Deh Luran Plain; see also* Hole, "Comment on 'Origins of Food Production in Southwestern Asia' by G. Wright."

28) Harlan and Zohary, "Distribution of Wild Wheats and Barley."

29) Binford, "Post-Pleistocene Adaptation," p.334.

30) Ibid., p.331.

31) Anderson, "On the Social Context of Early Food Production."

32) See, for example, Frisch and McArthur, "Menstrual Cycles: Fatness as a Determinants of Minimum Weight for Height Necessary for Their Maintenance or Onset."

33) Harris, *Cannibals and Kings*.

34) Blummer and Byrne, "The Ecological Genetics of Domestication and the Origins of Agriculture," p.34.

35, 36) Cohen, The Food Crisis in Prehistory, p.279.

37) Cohen and Armelagos, eds. *Paleopathology at the Origins of Agriculture*.

38) Harris, *Cannibals and Kings; Cultural Materialism*.

39) Harris, *Cows, Pigs, Wars, and Witches*.

40) See, for example, Friedman, "Marxism, Structualism, and Vulgar Materialism"; Sahlins, *Culture and Practical Reason*.

41, 42) Sahlins, "Comment on A.H. Berger' s *Structualism and Eclectic Revisions of Marxist Strategy*: A Cultural Materialist Critique."

43) Hayden, "Research and Development in the Stone Age: Technological Transitions among Hunter-Gatherers."

44) Cohen, *The Food Crisis Prehistory*.

45) Hayden, "Research and Development in the Stone Age: Technological Transitions among Hunter-Gatherers," p.530.

46) Bender, "Emergent Tribal Formations in the American Midcontinent."

47, 48) Byrne, "Climatic Change and the Origins of Agriculture."

49) Frison, *Prehistoric Hunters on the High Plains*.

50) Barnard, "Contempory Hunter-Gatherers."

51) Ellen, *Environment, Subsistence and System*.

52) Testart, "The Significance of Food Storage among Hunter-Gatherers," p.530.

53) Flannery, "The Origins of Agriculture," p.307.

54) Reviewed in Byrd, "The Natufian: Settlement Variability and Economic Adaptation in the Levant at the End of the Pleistocene."

55) Bar-Yosef, "Prehistory of the Levant," p.115; Moore, "The Transition from Foraging to Farming in Southwest Asia: Present Problems and Future Direction."

56) Henry, *From Foraging to Agriculture. The Levant at the End of the Ice Age*.

57) Byrd, "The Natufian: Settlement Variability and Economic Adaptation in the Levant at the End of the Pleistocene," p.170; Wright, "The Environmental Setting for Plant Domestication in the Near East."

58) Spuhler, "Anthropology, Evolution, and 'Scientific Creationism,'" p.115.

59) McCorriston and Hole, "The Ecology of Seasonal Stress and the Origins of Agriculture in the Near East."

60) Kislev and Bar-Yosef, "The Legumes: The Earliest Domesticated Plants in the Near East?"

61) 서남아시아 초기 농경에 대한 이 논의는 주로 앙리의 글에 의존함. O. Henri, *From Foraging to Agriculture. The Levant at the End of the Ice Age*.

62) Kaufman, "A Reconsideration of Adaptive Change in the Levantine Epipaleolithic."

63) Binford, "Post-Pleistocene Adaptations"; Flannery, "The Origins of Agriculture"; Hayden, "Research and Development in the Stone Age: Technological Transition among Hunter-Gatherers."

64) Solecki and Solecki, "Paleoecology of the Negev."

65) Henri, *From Foraging to Agriculture. The Levant at the End of the Ice Age*, pp.29-30.

66) Miller, "Seed Eaters of the Ancient Near East: Human or Herbivore?"

67) Legge and Rowley-Conwy, "Gazell Hunting in Stone Age Syria."

68) Belfer-Cohen, "The Natufian in the Levant," p.169.

69) Ibid., p.171.

70) Mellaart, *The Neolithic of the Near East*, p.50.

71) Belfer-Cohen, "The Natufian in the Levant,"

72) Hillman and Davies, "Measured Domestication Rates in Wild Wheats and Barley Under Primitive Cultivation, and Their Archaeological Implication"

73) Olsen, *Origins of the Domestic Dog*.

74) Perkins and Daly, "A Hunter's Village in the Neolithic Turkey."

75) Wright, "Origins of Food Production in Southwest Asia: A Survey of Ideas," p.463; see also Solecki, "An Early Village Site at Zawi Chemi Shanidar."

76) Miller, "Seed Eaters of the Ancient Near East: Human or Herbivore?"

77) Rosen, "Notes on the Origins of Pastoral Nomadism: A Case Study from the Negev and Sinai," p.504.

78) Mellaart, *The Neolithic of the Near East*, p.46.

79) Flannery, "The Origins of the Village as a Settlement Type in Mesoamerica and the Near East: A Comparative Study."

80) ibid., p/48.

81) Byrd, "Public and Private, Domestic and Corporate: The Emergence of the Southwest Asian Village."

82) Ibid., p.658.

83) Hole, "Comment on 'Origins of Food Production in Southwestern Asia' by G. Wright," p.473.

84) Simmons et al., "'Ain Ghazal: A Major Neolithic Settlement in Central Jordan."

85) Grigson, "The Earliest Domestic Horses in the Levant."

86) Ammerman and Gavalli-Sforza, "A Population Model for the Diffusion of Early Farming in Europe."

87, 88) Ammerman and Gavalli-Sforza, *The Neolithic Transition and the Genetics of Populations in Europe*.

89) Barker, *Prehistoric Farming in Europe*; Price, T. "The Mesolithic of Western Europe."

90) Renfrew, *Archaeology and Language*.

91) Butzer, *Early Hydraulic Civilization in Egypt*; Wenke et al., "Epipaleolithic and Neolithic Subsistence and Settlement in the Fayyum Oasis of Egypt."

92) Haaland, *Socio-Economic Differentiation in Neolithic Sudan*.

93, 94) Bellwood, *The Prehistory of the Indo - Malaysian Archipelago*.

95) Akazawa and Aikens, Prehistoric *Hunter- Gatherers in Japan*.

96) Flannery, "Archaeological Systems Theory and Early Mesoamerica."

97) Webster, "Optimization Theory and Pre-Columbian Hunting in the Tehuacan Valley."

98) Reynolds, "An Adaptive Computer Model for the Evolution of Plant Collecting and Early Agriculture in the Eastern Valley of Oaxaca."

99) Johannessen, "Indian Maize in the Twelfth Century B.C."

100, 101) Fritz, "Are the First American Farmers Getting Younger?"

102) Mangelsdorf, *Corn: Its Origin, Evolution, and Improvement*.

103) Fritz, "Are the First American Farmers Getting Younger?" p.306.

104) See MacNeish, "Early Man in the Andes"; Miller, *The Origins of Agriculture in Mesoamerica and Central America*, pp. 157-158.

105) 이들 자료에 대한 최근의 AMS 연대 때문에 이 시기의 모든 연대들은 다소 의심스럽다 (see, Fritz, "Are the First American Farmers Getting Younger?"). 그러나 단지 식물자료만이 혼합된 것인지 또는 문화층의 다른 유물들도 혼합된 것인지를 결정하기 위해서는 추가 연구가 요구된다.

106) Beadle, "The Mystery of Maize"; Beadle, "The Ancestry of Corn."

107) Flannery, "The Origins of Agriculture."

108) See, for example, Galinat, "The Origin of Maize"; but cf. Mangelsdorf, "The Mystery of Corn: New Perspectives."

109) Miller, *The Origins of Agriculture in Mesoamerica and Central America*, pp. 148-149.

110) Gould, *The Flamingo's Smile*.

111) Iltis, "From Tesinte to Maize: The Catastrophic Sexual Mutation."

112) Flannery, "The Origins of Agriculture," p.300.

113) Miller, *The Origins of Agriculture in Mesoamerica and Central America*, p.154.

114) Flannery and Coe, "Social and Economic Systems in Formative Mesoamerica"; Strak and Voorhies, *Prehistorical Coastal Adaptations: The Economy and Ecology of Maritime Middle America*.

115) Strak and Voorhies, *Prehistorical Coastal Adaptations: The Economy and Ecology of Maritime Middle America*, pp.160-84.

116) Lynch, "The South American Paleo-Indians."

117) Stothert, "The Preceramic Las Vegas Culture of Coastal Ecuador" Lippi, Bird and Stemper, "Maize Recovered at La Ponga, and Early Education Site."

118) Reviewed in Pearsall, "The Origins of Plant Cultivation in south America"; also see Reichel-Dolmatoff, *Columbia*, Roosevelt, *Parmana, Prehistoric Maize and Manioc Subsistence along the Amazon and Orinoco*.

119) Perdall, "The Origins of Plant Cultivation in south America," p.192.

120) Lynch, *Guitarrero Cave: Early Man in the Andes*. Flannery, "The Origins of Agriculture," p.303.

121) Ugent et al. "New Evidence for Ancient Cultivation of *Canna edulis* in Peru."

122) Reviewed in Pearsall, "The Origins of Plant Cultivation in South America," p.190.

123) Rick, *Prehistoric Hunters of the High Andes*.

124) Pearsall, "The Origins of Plant Cultivation in South America."

125) Hastorf and Johannessen, "Maize and Politics in the Pre-Hispanic Andes."

[역자 추가문헌]

다나카 마사타케(신영범 역), 『재배식물의 기원』, 전파과학사, 1992.

마빈 헤리스(서진영 역), 『음식문화의 수수께끼』, 한길사, 1988.

쥴리엣 클루톤브룩(김준민 역), 『포유동물의 가축화 역사』, 민음사, 1996.

찰스 레드만(최몽룡 역), 『문명의 발생-근동지방의 초기 농경민에서 도시사회까지』, 민음사, 1995.

안승모, 『아시아 재배벼의 기원과 분화』, 학연문화사, 1999.

이선복, 『고고학개론(제 9장)』, 이론과 실천, 1988.

이준정, 「수렵 · 채집경제에서 농경으로의 전이 과정에 대한 이론적 고찰」 영남고고학 28, 2001.

　　《선사문화의 패턴 Ⅰ - 인류, 문화와 농업의 기원》은 미국 워싱턴대학 인류학과 교수인 로버트 웬키의 《Patterns in Prehistory 4th ed.》(Oxford University Press: New York, 1999)에서 고고학의 역사와 기초, 인류와 문화의 기원, 현생인류의 출현과 확산, 농업의 기원을 다룬 1~6장을 번역한 것이다. 나머지 복합사회의 기원과 전개 부분은 전북대 김승옥교수가 번역하여 《선사문화의 패턴 Ⅱ》로 발간한다. 웬키의 이 책은 기본적으로 진화론적 관점에서 서술되었으며 고고학이 문화인류학, 체질인류학, 언어학과 함께 인류학의 한 분과로 되어 있는 미국 인류학계의 연구 방향을 잘 보여주고 있다. 그러면서도 철학적, 문학적 사색까지 포함되어 있어 고고학 전공자뿐 아니라 인문학 학생들을 위한 교양교재로도 적합하다고 생각한다.

　　뜻하지 않게 자리잡은 대학에서 서양고고학과 인류의 선사문화란 강좌를 담당하게 되면서 학부 학생들이 교재로 이용할 수 있는 참고서적의 필요성을 절감하게 되었다. 인류의 기원과 진화에 대해서는 많은 번역서가 출간되었지만 복합사회까지 인류의 선사문화 전반을 다룬 책은 마땅한 것이 없었다. 학생들에게는 브라이언 페이건의 《World Prehistory- A Brief Introduction》을 서울대 최몽룡교수가 번역한 《인류의 선사시대》(을유문화사, 1987)를 교재로 추천하였지만 내용이 너무 소략하고 版도 오래된 것이라는 단점이 있었다. 그러한 불만을 귀담아 들은 동료 전북대 김승옥교수가 이왕이면 같이 직접 번역해보자고 제안한 책이 바로 로버트 웬키의 《Patterns in Prehistory》였다. 미국 미시간대학 인류학과에서 박사학위를 취득한 김교수가 미국 대학에서 학부용 교재로 널리 이용되고 있고 내용도 쉽다고 하여 겁도 없이 번역작업에 뛰어든 첫 해가 이 책

4판이 발간된 1999년도이다. 그러나 번역작업은 의외로, 아니 예상대로, 많은 난관에 봉착하였다. 원문으로는 무슨 뜻인지 짐작하겠는데 이를 한글로 번역하려니 쉽지 않았다. 그리고 의외로 서구의 철학적, 문학적, 생물학적 지식 깊이를 과시하는 저자의 글쓰기에 그러한 소양이 부족한 역자로서는 번역에 애를 먹을 수밖에 없었다. 그래도 이럭저럭 억지로 번역을 하고 있던 와중에 두 가지 사건이 생겼다. 하나는 경북대 이희준 교수가 브라이언 페이건의 《World Prehistory》제4판(1999)을 《인류의 선사문화: 선사시대 인류의 문화와 문명》(사회평론, 2000)이란 제목으로 발간하였다. 앞의 최몽룡교수가 번역한 같은 책의 신판을 다른 사람이 다른 제목으로 번역한 것이지만 후자는 책 내용도 신판이라 깊이가 있고 번역도 역자 스스로 꼼꼼히 하였다. 이 새로운 번역서는 교재로서의 가치가 충분히 있는지라 역자 스스로 번역의 긴급성, 필요성이 사라져버렸다. 그러나 김승옥교수가 저작권 계약을 서경문화사에 맡겨 진행을 해 놓은 상태라 어쩔 수 없이 번역을 진행하였다. 한편 원저의 일부 내용, 특히 도면에 문제가 있어 2001년 겨울 김승옥교수를 통해 원저자 웬키와 이메일로 접촉을 하였다. 그런데 웬키교수는 출판사 간에 저작권 협의가 이루어진 것을 모르고 있었고 새로 개정5판을 작업중이라면서 개정판을 번역할 것을 부탁하였다. 그러나 곧 이루어진다는 개정작업은 올해까지 계속 미루어졌고 이미 4판으로 번역을 거의 마무리한 상태라 마냥 기다릴 수만은 없었다. 개정판이 나오면 바뀐 부분을 補註라도 달아 소개하려고 하였지만 이 또한 결국 포기할 수밖에 없었다.

번역은 직역을 많이 하다보니 문장이 매끄럽지 못하다. 김승옥교수의 충고를 받아 쉽게 풀어쓰려고 하였으나 능력의 한계로 그러하지 못하였다. 도면은 필요한 부분만 번역하고 나머지 부분은 원문 그대로 실었다. 번역 기술과 능력이 서로간에 차이가 있고 주제도 구분되어 번역서를

김승옥 교수와 공동역자로 하지 않고 책을 분할하여 각자 이름으로 역자를 달기로 하였다. 번역에서 역자가 보충한 부분은 *의 補註나 [ ]안에 처리하였다. 영어단어가 전문용어이거나 번역이 만족스럽지 않은 경우 모두 괄호 안에 영어를 병기하였다. 한편 원문의 modern humans는 humankind와 구분하기 위해 처음 현대인간으로 번역하였다가 고대인, 근대인과 혼돈할 우려가 있어 현생인류로 의역하였다. agriculture, farming, cultivation, domestication은 각기 농업, 농경, 재배(경작), 순화로 번역하였으나 연구자들 사이에 용어의 통일에 대하여 좀더 논의가 필요하다. 또한 저자는 수렵채집사회에서 gatherer, gathering과 더불어 forager, foraging이란 용어도 병기하고 있다. forager는 일반인에게는 낯선 용어이나 서구에서는 수렵채집집단을 주거적 이동(이동 캠프형)의 forager와 병참적 이동(거점회귀형)의 collector로 구분한다. 전자는 집단의 전원이 식료의 소재지를 따라 이동하는 형태이며 후자는 근거지가 있고 필요에 따라 식료 소재지에 특정 집단을 파견하는 형태이다. 그러나 웬키가 forager를 gatherer와 혼용하여 쓰고 있어 상기한 의미대로 엄격히 사용한 것 같지는 않다. 일단 채취인이라 번역하여 gatherer의 채집인과는 구분하였으나 번역어가 만족스럽지는 못하다.

인류의 출현, 현생인류의 다지역 기원설과 아프리카 기원설, 그리고 농업의 기원에 대한 논란은 지금도 여전히 이어지면서 고고학전문저널 뿐 아니라 Nature, Science 등의 과학저널에서도 계속 이 분야에 대한 새로운 발견과 주장, 재해석이 발표되고 있다. 2002년 7월 프랑스의 미셸 브뤼네 박사 연구팀은 아프리카 중부 챠드에서 600~700만년 전 원인의 두개골(사헬란트로푸스 투마이)을 찾았다고 발표하여 두발서기의 기원을 기존 아르디피테쿠스 라미두스의 500만년보다 100만년 이상 앞당겨 놓았다(Nature 418, 2002). 만약 연구팀의 주장이 사실이라면 투마이가 발견됐던 화석층이 당시 숲이었기 때문에 지금까지 아프리카 초원에서 인류의 조상이 기원하였다는 기존학설을 뒤집는다. 그러나 일부 인류학자들은 이 화석이 강력한 씹는 기능을 지닌 네발보행 유인원과 가까우며 인류와는 무관하다고 비판해 논쟁이 일고 있다. 2000년 12월에는 케냐와 프랑스 공동팀이 케냐 중부에서 찾아진 600만년 전 선행인류의 화석을 공개하고 오로린 투게넨시스(새 밀레니움에 찾았다고 하여 '밀레니움 맨'으로 불림)의 학명을 부여하였으며 이 화석이야말로 인류의 진정한 조상이고 아르디피테쿠스나 루시계열을 인류조상과는 무관하다는 주장을 하였다. 그러나 오로린 역시 유인원으로 보거나 아르디피테쿠스의 조상이라는 반론도 제기되었다. 현생인류의 기원에 대한 논란에서 저자인 웬키는 여전히 다지역 기원설을 옹호하는 느낌을 주나 현재는 단일지역 기원설로 기우는 추세이다. 최근에는 에디오피아에서 16만년전의 호모 사피엔스가 발견되어 현생인류 아프리카 기원설에 대한 DNA 분석결과를 뒷받침하고 있다(Nature 423. 2003). 이 경우 아시아의 중기구석기 유적 주인공은 누구인지, 석기에서의 연속성을 어떻게 해석하여야 할 것인지 문제로 남는다. 최초의 아메리카 이주에 대해서는 국내에 소개되지는 않았지만 아도바지오의 《The First Americans》(Random House, 2002)가 발간되어 도움을 준다. 이와는 별도로 인류의 기원과 진화과정에 대해서는 국내에서도 많은 번역서가 있으며 우리 체질인류학자에 의해 집필된 《고인류학》(박선주, 아르케, 1999)이란 전문서적도 발간되었다.

농업의 기원에 대해서도 여기에서 언급된 논쟁이 여전히 계속되고 있다. 유럽에서는 농업의 전파와 수용에서 서남아시아 초기농민이 이주민으로서 차지하는 비중과 토착 수렵채집민의 역할에 대한 논쟁이 인도유럽어족의 기원 문제와 함께 이어지고 있으며 최근에는 DNA 분석이 중석기, 신석기시대 주민에게까지 적용되고 있다(예 : Proceedings of the

National Academy of Sciences USA 99, American Journal of Human Genetics 69(4)). DNA분석은 작물과 가축에도 적용되어 기원지와 전파루트를 추적하는데 이용되고 있다. 아메리카에서도 재배식물과 농경이 출현한 연대는 여전히 학자들마다 견해가 다르다. 이 번역서에서는 중미에서 옥수수 재배의 연대가 기존에 알려진 기원전 5-6천년보다 훨씬 늦은 기원전 3500년 이후로 보아야 한다는 게일 프리츠의 주장이 실려 있다. 그런데 조나단 나이트는 옥수수 재배의 상한을 소급하여야 한다는 소신을 굽히고 있지 않으며(New Scientist 169, 2001), 바우어는 중남미에서 이미 7천년 전에 근경류가 재배되었다고 주장한다(Science News 158, 2000). 피레르노 또한 식물규소체와 화분분석을 통해 옥수수, 마니옥, 호박, 호리병박 등의 다양한 순화종이 9000-7000BP 사이의 토층에서 확인되었다고 보고하였다(Journal of World Prehistory 12(4), 1998). 그러나 상기 분석을 반박하는 논문이나 논평 역시 계속 이어지고 있는 실정이다. (Journal of Archaeological Science 30, 2003)

끝으로 번역에는 많은 분들의 도움이 있었다. 이 책을 추천해주고 1-3장을 꼼꼼히 체크해주신 김승옥교수의 도움이 없었으면 번역은 마무리될 수 없었다. 아울러 철학 용어의 이해에는 김정현교수, 영문시 번역에는 손영미 · 양병석교수, 프랑스 인명과 지명의 번역에는 심호택교수의 도움이 있었으며 이 모두가 필자가 원광대에 재직하였기에 가능한 일이라고 생각한다. 그러나 번역에서의 실수와 어색함은 당연히 전적으로 필자의 책임이다.

옮긴이 안 승 모

BIBLIOGRAPHY

1장

Adams, A. B. 1969. *Eternal Quest.* New York: Putnam.

Alexander, R. D. 1987. *The Biology of Moral Systems.* Hawthorne, NY: Aldine de Gruyter.

Ayer, A. J. 1946. *Language, Truth, and Logic.* New York: Dover.

Bernal, M. 1987. *Black Athena: The Afroasiatic Roots of Classical Civilization, Vol 1: The Fabrication of Ancient Greece.* New Brunswick, NJ: Rutgers University Press.

Betzig, L. L. 1986. *Despotism and Differential Reproduction: A Darwinian View of History.* Hawthorne, NY: Aldine de Gruyter.

Binford, L. R. 1968. "Archaeological Perspectives." In *New Perspectives in Archaeology*, eds. Sally R. Binford and L. R. Binford. Chicago: Aldine.

———. 1981. *Bones: Ancient Men and Modern Myths.* New York: Academic Press.

———. 1986. "Reply to J. F. Thackeray Further Comment on Fauna from Klasies River Mouth.'" *Current Anthropology* 27(1):57–62.

Bintliff, J. 1986. "Archaeology at the Interface: An Historical Perspective."In *Archaeology at the Interface*, eds. J. L. Bintliff and C. F. Gaffney. Oxford: BAR International Series 300.

———. 1993. "Why Indiana Jones Is Smarter than the Post-Processualists." *Norwegian Archaeological Review* 26(2):91–100.

Brown, M., and J. Cave. 1989. *A Touch of Genius: The Life of T.E. Lawrence.* New York: Paragon House.

Brumfiel, E. M. 1991. "Weaving and Cooking. Women's Production in Aztec Mexico." In *Engendering Archaeology*, eds. J. M. Gero and M. W. Conkey. Oxford: Blackwell.

———. 1994a. "Distinguished Lecture in Archaeology: Breaking and Entering the Ecosystem." *American Anthropologist* 94(3):551–67.

———. 1994b. "A Review of *Prehistory of the Americas* (by S. J. Fiedel, 1992, Cambridge: Cambridge University Press)." *Norwegian Archaeological Review* 27(2):132–34.

Butzer, K. W. 1975. "Geological and Ecological Perspectives on the Middle Pleistocene." In *After the Australopithecines*, eds. K. W. Butzer and G. Isaac. The Hague: Mouton.

———. 1982. *Archaeology as Human Ecology.* Cambridge: Cambridge University Press.

Ceram, C. W. 1967. *Gods, Graves, and Scholars.* New York: Knopf.

Chang, K. C. 1988. *The Archaeology of Ancient China.* New Haven, CT: Yale University Press.

Childe, V. G. 1936. *Man Makes Himself.* London: Watts.

Claassen, C. P. 1991. "Gender, Shellfishing, and the Shell Mound Archaic." In *Engendering Archaeology*, eds. J. M. Gero and M. W. Conkey. Oxford: Blackwell.

Clifford, J., and G. Marcus, eds. 1986. *Writing Culture.* Berkeley: University of California Press.

Cohen, G. A. 1978. *Karl Marx's Theory of History. A Defense.* Princeton, NJ: Princeton University Press.

Coles, B., & J. Coles. 1986. *Sweet Track to Glastonbury: The Somerset Levels in Prehistory.* London and New York: Thames and Hudson.

Conkey, M. W. 1991. "Contexts of Action, Contexts for Power: Material Culture and Gender in the Magdalenian." In *Engendering Archaeology*, eds. J. M. Gero and M. W. Conkey. Oxford: Blackwell.

Conkey, M. W., and J. M. Gero. 1991. "Tensions, Pluralities, and Engendering Archaeology: An Introduction to Women and Prehistory." In *Engendering Archaeology*, eds. J. M. Gero and M. W. Conkey. Oxford: Blackwell.

Daniel, G. 1967. *The Origins and Growth of Archaeology.* Baltimore: Penguin.

Daniel, G. E., and C. Chippendale, eds. 1989. *The Pastmasters.* London and New York: Thames and Hudson.

Derrida, J. 1978. *Writing and Difference* (trans. A. Bass). London: Routledge & Kegan Paul.

Desmond, A. 1982. *Archetypes and Ancestors.* Chicago: University of Chicago Press.

Desmond, A., and J. Moore. 1991. *Darwin.* New York: Warner.

Diakonov, I., ed. 1969. *Ancient Mesopotamia*. Moscow: Nauka.

———., ed. 1991. *Early Antiquity*. Chicago: University of Chicago Press.

Dunnell, R. C. 1980. "Evolution Theory and Archaeology." In *Advances in Archaeological Method and Theory*, Vol. 3, ed. M. B. Schiffer. New York: Academic Press.

———. 1982. "Science, Social Science, and Common Sense: The Agonizing Dilemma of Modern Archaeology." *Journal of Anthropological Research* 38:1–25.

———. 1986. "Methodological Issues in Americanist Artifact Classification." *Advances in Archaeological Method and Theory* 9:147–207.

Durham, W. H. 1990. "Advances in Evolutionary Culture Theory." *Annual Review of Anthropology* 19:187–242.

Earle, T. K., and R. W. Preucel. 1987. "Processual Archaeology and the Radical Critique." *Current Anthropology* 28(4):501–38.

Easterbrook, G. 1988. "Are We Alone?" *Atlantic*, August 1988, pp. 25–38.

Eiseley, L. 1946. *The Immense Journey*. New York: Time, Inc.

———. 1979. *Darwin and the Mysterious Mr. X*. New York: Harcourt Brace Jovanovich.

Faubion, J. D. 1993. "History in Anthropology." *Annual Review of Anthropology* 22:35–54.

Feder, K. L. 1990. *Frauds, Myths, and Mysteries: Science and Pseudo-Science in Archaeology* Mountain View, CA: Mayfield.

Feyerabend, P. 1993. *Against Method*, 3rd ed. New York: Verso.

Fildes, V. A. 1987. *Breasts, Bodies, and Babies: A History of Infant Feeding*. Edinburgh: Edinburgh University Press.

Flannery, K. V. 1973. "Archaeology with a Capital S.'" In *Research and Theory in Current Archaeology*, ed. C. L. Redman. New York: Wiley.

Foley, D. 1990. *Learning from Capitalist Culture*. Philadelphia: University of Pennsylvania Press.

Foucault, M. 1979. *Discipline and Punish: The Birth of the Prison*. New York: Random House.

———. 1986. *The Foucault Reader*. Ed. by P. Rabinow. Harmondsworth, England: Penguin.

Frayer, D. W., M. Wolpoff, A. G. Thorne, F. H. Smith, and G. G. Pope. 1993. "Theories of Modern Human Origins: The Paleontological Test." *American Anthropologist* 95:14–50.

Friedman, J. 1992. "The Past in the Future: History and the Politics of Identity." *American Anthropologist* 95(4):837–59.

Friedman, J., and M. J. Rowlands. 1977. *The Evolution of Social Systems*. Pittsburgh: University of Pittsburgh Press.

Gamble, C. 1994. *Timewalkers: The Prehistory of Global Colonization*. Cambridge, MA: Harvard University Press.

Gathercole, P., and D. Lowenthal, eds. 1994. *The Politics of the Past*. New York: Routledge.

Gellner, E. 1992. *Post-Modernism, Reason, and Religion*. New York: Routledge.

Gero, J. M. 1991. "Genderlithics: Women's Roles in Stone Tool Production." In *Engendering Archaeology*, eds. J. M. Gero and M. W. Conkey. Oxford: Blackwell.

Gero, J. M., and M. W. Conkey. 1991. *Engendering Archaeology*. Oxford: Blackwell.

Gosden, C. 1994. *Social Being and Time*. Oxford: Blackwell.

Gould, R.A. 1995. *Recovering the Past*. Albuquerque: University of New Mexico Press.

Gould, R. A., ed. 1978. *Explorations in Ethno-Archaeology*. Albuquerque: University of New Mexico Press.

Gould, R. A., and P. J. Watson. 1982. "A Dialogue on the Meaning and Use of Analogy in Ethnoarchaeological Reasoning." *Journal of Anthropological Archaeology* 1:355–81.

Gould, S. J. 1977. *Ever Since Darwin*. New York: Norton.

———. 1988. "Kropotkin Was No Crackpot." *Natural History* 97(7):12–21.

———. 1989. *Wonderful Life*. New York: W. W. Norton.

Graber, R. B. 1994. *A Scientific Model of Social and Cultural Evolution*. Lanham, MD: University Press of America.

Graslund, B. 1987. *The Birth of Prehistoric Chronology*. Cambridge: Cambridge University Press.

Grayson, D. K. 1983. *The Establishment of Human Antiquity.* New York: Academic Press.

Gregg, S. A. 1988. *Foragers and Farmers.* Chicago: University of Chicago Press.

Haberman, J. 1970. "Toward a Theory of Communicative Competence." *Inquiry* 13(4):360–76.

———. 1979. *Communication and the Evolution of Society.* Boston: Beacon Press.

———. 1985. "The Theory of Communicative Action." *Reason and the Rationalization of Society, Volume 1.* Boston: Beacon Press.

Handsman, R. G. 1991. "Whose Art Was Found at Lepenski Vir? Gender Relations and Power in Archaeology." In *Engendering Archaeology*, eds. J. M. Gero and M. W. Conkey. Oxford: Blackwell.

Harris, J. E., and K. R. Weeks. 1973. *X-Raying the Pharaohs.* New York: Scribner's.

Harris, M. 1968. *The Rise of Anthropological Theory.* New York: Crowell.

———. 1979. *Cultural Materialism.* New York: Random House.

Harrold, F. B., and R. A. Eve. 1988. *Cult Archaeology and Creationism.* Iowa City: University of Iowa Press.

Hastorf, C. A. 1991. "Gender, Space, and Food in Prehistory." In *Engendering Archaeology*, eds. J. M. Gero and M. W. Conkey, eds. *Engendering Archaeology.* Oxford: Blackwell.

Hawkes, C. 1954. "Archaeological Theory and Method: Some Suggestions from the Old World." *American Anthropologist* 55:55–68

Hempel, C. B. 1966. *Philosophy of Natural Science.* Englewood Cliffs, NJ: Prentice-Hall.

Herrnstein, R. J. and C. Murray. 1996. *The Bell Curve. Intelligence and Class Structure in American Life.* New York: Simon and Schuster.

Hodder, I. 1989. *The Meanings of Things.* London: Unwin Hyman.

———. 1991. "Postprocessual Archaeology and the Current Debate." In *Processual and Postprocessual Archaeologies, Multiple Ways of Knowing the Past.* ed. R. W. Preceul. Carbondale, IL: Center for Archaeological Investigations.

Hodder, I., Shanks, M., Alexandri, A., Buchli, V., Carman, J., Last, J. and Lucas, G. 1995. *Interpreting Archaeology: Finding Meaning in the Past.* London: Routledge.

Hosler, D., J. Sabloff, J. A., and D. Runge. 1977. "Simulation Model Development: A Case Study of the Classic Maya Collapse." In *Social Processes in Maya Prehistory*, ed. N. Hammond. New York: Academic Press.

Itzkoff, S. 1987. *Why Humans Vary in Intelligence.* Ashfield, MA: Paideia.

Jackson, T. L. 1991. "Pounding Acorn: Women's Production as Social and Economic Focus." In *Engendering Archaeology*, eds. J. M. Gero and M. W. Conkey. Oxford: Blackwell.

Johnson, G. A. 1987. "Comment on T. K. Earle and R. W. Preucel. 1987. Processual Archaeology and the Radical Critique." *Current Anthropology* 28(4):517–18.

Jones, D. 1995. "Sexual Selection, Physical Attractiveness, and Facial Neoteny: Cross-cultural Evidence and Implications." *Current Anthropology* 36(5):723–48.

Kaplan, A. 1984. "Philosophy of Science in Anthropology." *Annual Review of Anthropology* 13:25–39.

Keene, A. S. 1981. *Prehistoric Foraging in a Temperate Forest.* New York: Academic Press.

Kirch, P. V., and R. C. Green. 1987. "History, Phylogeny, and Evolution in Polynesia." *Current Anthropology* 28(4):431–56.

Kirk, G. S., and J. E. Raven. 1966. *The Presocratic Philosophers.* Cambridge: Cambridge University Press.

Kitto, H. D. F. 1951. *The Greeks.* Edinburgh: Penguin.

Kohl, P. L. 1981. "Materialist Approaches in Prehistory." *Annual Review of Anthropology* 10:89–118.

Krebs, J., and N. B. Davies. 1981. *Introduction to Behavioral Ecology.* Oxford: Blackwell.

Langer, W. L. (Gen. Ed.), P. MacKendrick, D. Geanakoplos, J. H. Hexter, and R. Pipes. 1968. *Western Civilization.* New York: Harper & Row.

Leach, E. R. 1984. "Glimpses of the Unmentionable in the History of British Social Anthropology." *Annual Review of Anthropology* 13:1–23.

Leone, M. 1995. "A Historical Archaeology of Capitalism." *American Anthropologist* 97(2):251–268.

Leone, M., P. B. Potter, Jr., and P. A. Schackel. 1987. "Toward a Critical Archaeology." *Current Anthropology* 28(3):283–302.

Ling, R. 1987. "A New Look at Pompeii." In *Origins*, ed. B. Cunliffe. London: BBC Books.

Lodge, D. 1984. *Small World*. London: Penguin.

Lovejoy, A. O. 1960. *The Great Chain of Being: A Study of the History of an Idea*. New York: Harper & Row.

Lumley, H. de. 1969. *Le paleolithique inferieur et moyen du Midi Mediterranean dans son cadre geologique: Vol. 1: Ligurie Provence*. Paris: Editions du Centre National de la Recherche Scientifique.

McGuire, R. H. 1992a. *A Marxist Archaeology*. San Diego: Academic Press.

———. 1992b. "Archeology and the First Americans." *American Anthropologist* 94(4):816–36.

Marx, K. 1904. *The Critique of Political Economy*, trans. I. N. Stone. Chicago: International Library Publication Co.

Meek, R. L. 1953. *Marx and Engels on Malthus*. London: Lawrence and Wishart.

Meltzer, D. J., D. D. Fowler, & J. A. Sabloff, eds. 1986. *American Archaeology Past and Future*. Washington, DC: Smithsonian Institution Press.

Miller, D. 1987. *Material Culture and Mass Consumption*. Oxford: Basil Blackwell.

Morgan, L. H. 1877. *Ancient Society*. Reprinted. 1964, ed. and with an introduction by L. A. White. Cambridge, MA: Harvard University Press.

Neiman, F. D. 1995. "Stylistic Variation in Evolutionary Perspective: Inferences from Decorative Diversity and Interassemblage Distance in Illinois Woodland Ceramic Assemblages." *American Antiquity* 60(1): 7–36.

Nisbet, R. J. 1980. *History of the Idea of Progress*. New York: Basic Books.

Nordbladh, J., and T. Yates. 1990. "This Perfect Body, This Virgin Text: Between Sex and Gender in Archaeology." In *Archaeology After Structuralism*, eds. I. Bapty and T. Yates. London: Routledge.

O'Meara, J. T. 1989. "Anthropology as Empirical Science." *American Anthropologist* 91(2):354–69.

Orton, C. 1980. *Mathematics in Archaeology*. London: Collins.

Paddayya, K. 1985. "Theoretical Archaeology—A Review." In *Recent Advances in Indian Archaeology*, eds. S. B. Deo and K. Paddayya. Poona, India: Deccan College of Post-Graduate and Research Institute.

Patterson, T. C., and C. W. Gailey, eds. 1987. *Power Relations and State Formation*. Washington, DC: American Anthropological Association.

Pauketat, T., and T. Emerson. 1991. "The Ideology of Authority and the Power of the Pot." *American Anthropologist* 93(4):919–41.

Pinsky, V., and A. Wylie, eds. 1995. *Critical Traditions in Contemporary Archaeology*. Albuquerque: University of New Mexico Press.

Pollock, S. 1991. "Women in a Men's World: Images of Sumerian Women." In *Engendering Archaeology*, eds. J. M. Gero and M. W. Conkey. Oxford: Blackwell.

Pyne, K. A. 1996. *Art and the Higher Life: Painting and Evolutionary Thought in Late Nineteenth Century America*. Austin: University of Texas Press.

Read, D. 1996. Personal communication.

Reeves, N. 1990. *The Complete Tutankhamun*. New York: Thames and Hudson.

Renfrew, C. 1978. "Trajectory, Discontinuity and Morphogenesis: the Implications of Catastrophe Theory for Archaeology." *American Antiquity* 43:202–22.

Richards, R. J. 1987. *Darwin and the Emergence of Evolutionary Theories of Mind and Behavior*. Chicago: University of Chicago Press.

Rindos, D. 1984. *The Origins of Agriculture*. New York: Academic Press.

Robertshaw, P., ed. 1990. *A History of African Archaeology*. Portsmouth, NH: Heinemann.

Rogers, J. D., ed. 1995. *Ethnohistory and Archaeology: Approaches to Postcontact Change in the Americas.* New York: Plenum Press.

Ross, E. B., ed. 1980. *Beyond the Myths of Culture: Essays on Cultural Materialism.* New York: Academic Press.

Rowlands, M., and K. Kristansen, eds. 1995. *Social Transformation in Archaeology.* New York: Routledge.

Sahlins, M. D., and E. R. Service, eds. 1960. *Evolution and Culture.* Ann Arbor: University of Michigan Press.

Salmon, M. H. 1982. *Philosophy and Archaeology.* New York: Academic Press.

Salmon, M. H., and W. C. Salmon. 1979. "Alternative Models of Scientific Explanation." *American Anthropologist* 81:61–74.

Salt, G. W., ed. 1984. *Ecology and Evolutionary Biology.* Chicago: University of Chicago Press.

Schiffer, M. B. 1981. "Some Issues in the Philosophy of Archaeology." *American Antiquity* 46:899–908.

———. 1976. *Behavioral Archaeology.* New York: Academic Press.

———. 1987. *Formation Processes of the Archaeological Record.* Albuquerque: University of New Mexico.

Schmidt, A. 1971. *The Concept of Nature in Marx.* London: NLB.

Shanks, M., and C. Tilley. 1987. *Re-Constructing Archaeology.* Cambridge: Cambridge University Press.

Shanks, M., and C. Tilley. 1987. *Social Theory and Archaeology.* Oxford: Polity Press.

Skibo, J. M., W. H. Walker, and A. E. Nielsen, eds. 1995. *Expanding Archaeology.* Salt Lake City: University of Utah Press.

Spaulding, A. C. 1973. "Archeology in the Active Voice: The New Anthropology." In *Research and Theory in Current Archaeology*, ed. C. L. Redman. New York: Wiley.

Spector, J. D. 1991. "What This Awl Means: Toward a Feminist Archaeology." In *Engendering Archaeology*, eds. J. M. Gero and M. W. Conkey. Oxford: Blackwell.

Spencer, H. 1883. *Social Statics.* New York: Appleton.

Spriggs, M., ed. 1984. *Marxist Perspectives in Archaeology.* Cambridge: Cambridge University Press.

Spuhler, J. N. 1985. "Anthropology, Evolution, and Scientific Creationism." *Annual Review of Anthropology* 14:103–33.

Steward, J. 1949. "Cultural Causality and Law: A Trial Formulation of the Development of Early Civilizations." *American Anthropologist* 51:1–27.

Stone, P., and R. MacKenzie, eds. 1995. *The Excluded Past: Archaeology in Education.* New York: Routledge.

Strong, D. E., ed. 1973. *Archaeological Theory and Practice.* London: Seminar Press.

Toth, N., and K. D. Schick. 1986. "The First Million Years: The Archaeology of Protohuman Culture." *Advances in Archaeological Method and Theory* 9:1–96.

Trigger, B. G. 1984. "Archaeology at the Crossroads: What's New?" *Annual Review of Anthropology* 13:275–300.

———. 1989. *History of Archaeological Thought.* Cambridge: Cambridge University Press.

———. 1991. "Distinguished Lecture in Archaeology: Constraint and Freedom." *American Anthropologist* 93(3): 551–69.

———. 1993. *Early Civilizations: Ancient Egypt in Context.* Cairo: American University in Cairo Press.

Tringham, R. E. 1991. "Households with Faces: The Challenge of Gender in Prehistoric Architectural Remains." In *Engendering Archaeology*, eds. J. M. Gero and M. W. Conkey. Oxford: Blackwell.

Turner, H. 1985. *Herbert Spencer: A Renewed Appreciation.* Beverly Hills: Sage.

UNESCO and S. J. de Laet, eds. 1994. *History of Humanity: Vol. 1, Prehistory and the Begin-*

nings of Civilization. New York: Routledge.

Vasicek, Z., and J. Malina, eds. 1990. *Archaeology Yesterday and Today.* Cambridge: Cambridge University Press.

Watson, P. J., S. A. LeBlanc, and C. L. Redman. 1971. *Explanation in Archeology.* New York: Columbia University Press.

———. 1984. *Archeological Explanation.* New York: Columbia University Press.

Watson, P. J., and M. C. Kennedy. 1991. "The Development of Horticulture in the Eastern Woodlands of North America: Women's Role." In *Engendering Archaeology*, eds. J. M. Gero and M. W. Conkey. Oxford: Blackwell.

Wells, P. S. 1980. *Culture Contact and Culture Change.* Cambridge: Cambridge University Press.

Wenke, R. J. 1975–1976. "Imperial Investments and Agricultural Developments in Parthian and Sasanian Khuzestan: 150 B.C. to A.D. 640." *Mesopotamia* 10– 11:31–217.

———. 1981. "Explaining the Evolution of Cultural Complexity: A Review." In *Advances in Archaeological Method and Theory*, Vol. 4, ed. M. B. Schiffer. New York: Academic Press.

———. 1987. "Western Iran in the Partho-Sasanian Period: The Imperial Transformation." In *The Archaeology of Western Iran*, ed. F. Hole. Washington, DC: Smithsonian Institution Press.

Wenke, R., J. Long, and P. Buck. 1988. "Epipaleolithic and Neolithic Subsistence and Settlement in the Fayyum Oasis of Egypt." *Journal of Field Archaeology* 15(1):29–51.

White, L. A. 1949. *The Science of Culture.* New York: Grove Press.

———. 1959. "The Concept of Culture." *American Anthropologist* 61:227–51.

Willey, G. R., and P. Phillips. 1958. *Method and Theory in American Archaeology.* Chicago: University of Chicago Press.

Wobst, H. M. 1974. "Boundary Conditions for Paleolithic Social Systems: A Simulation Approach." *American Antiquity* 39(2):147–79.

Wright, R. P. 1991. "Women's Labor and Pottery Production in Prehistory." In *Engendering Archaeology*, eds. J. M. Gero and M. W. Conkey. Oxford: Blackwell.

Wylie, A. 1982. "An Analogy by Any Other Name Is Just as Analogical." *Journal of Anthropological Archaeology* 1:382–401.

———. 1989. "Matters of Face and Matters of Interest." In *Archaeological Approaches to Cultural Identity: One World Archaeology, No. 10*, ed. S. Shannen. London: Unwin-Hyman.

———. 1991. "Gender Theory and the Archaeological Record: Why Is There No Archaeology of Gender?" In *Engendering Archaeology*, eds. J. M. Gero and M. W. Conkey. Oxford: Blackwell.

Young, T. C., Jr. 1988. ""Since Herodotus, Has History Been a Valid Concept?" *American Antiquity* 53(1):7–12.

Yoffee, N., and A. Sherratt, eds. 1993. *Archaeological Theory: Who Sets the Agenda?* Cambridge: Cambridge University Press.

2장

Adams, W. Y. 1988. "Archaeological Classification: Theory Versus Practice." *Antiquity* 61:40–56.

Aitken, M. J. 1990. *Science-Based Dating in Archaeology.* London and New York: Longman.

Aldenderfer, M. S., ed. 1987. *Quantitative Research in Archaeology.* Newbury Park, CA: Sage.

Aldenderfer, M. S., and R. K. Blashfield. 1984. *Cluster Analysis.* Beverly Hills: Sage.

Ambrose, S. H., and M. J. DeNiro. 1986. "Reconstruction of African Human Diet Using Bone Collagen Carbon and Nitrogen Isotope Ratios." *Nature* 319:321–4.

van Andel, T. H. 1989. "Late Quaternary Sea Level and Archaeology." *Antiquity* 63(241):733–45.

van Andel, T. H., C. N. Runnels, and K. O. Pope. 1986. "Five Thousand Years of Land Use and Abuse in the Southern Argolid, Greece." *Hesperia: Journal of the American School of Classical Studies at Athens* 55(1):103–28.

Anderson, A., ed. 1989. *Prodigious Birds: Moas and Moa-hunting in New Zealand.* Cambridge: Cambridge University Press.

Andersen, S. H. 1986. "Mesolithic Dugouts and Paddles from Tybrind Vig, Denmark." *Acta Archaeologica* 57:87–106.

———. 1987. "Tybrind Vig: A Submerged Ertebolle Settlement in Denmark." In *European Wetlands in Prehistory*, eds. J. M. Coles and A. J. Lawson. Oxford: Clarendon Press.

Antiquity. 1987. "Special Radiocarbon Section: Six articles." *Antiquity* 61:97–138.

Atkinson, T.C., K. R. Briffa, and G. R. Coope. 1987. "Seasonal Temperatures in Britain during the Past 22,000 Years, Reconstructed using Beetle Remains." *Nature* 325:587–92.

Badekas, J., ed. 1975. *Photogrammetric Surveys of Monuments and Sites.* New York: Elsevier.

Bahn, P. G., and J. Vertut. 1988. *Images of the Ice Age.* New York: Facts on File.

Bahn, P. G., and R. W. K. Paterson. 1986. "The Last Rights: More on Archaeology and the Dead." *Oxford Journal of Archaeology* 3:127–39.

Bailey, R. N., E. Cambridge, and H. D. Briggs. 1988. *Dowsing and Church Archaeology.* Wimborne, Dorset: Intercept.

Baillie, M. G. L. 1982. *Tree-Ring Dating.* Chicago: University of Chicago Press.

Baillie, M. G. L., and M. A. R. Munro. 1988. "Irish Tree Rings, Santorini and Volcanic Dust Veils." *Nature* 332:344–46.

Bard, E., B. Hamelin, R. G. Fairbanks, and A. Zindler. 1990. "Calibration of the ^{14}C Timescale over the Past 30,000 Years using Mass Spectrometric U-Th Ages from Barbados Corals." *Nature* 345:405–10.

Barisano, E., E. Bartholome, and B. Marcolongo. 1986. *Télédétection et Archéologie.* Paris: CNRS.

Barker, P. 1986. *Understanding Archaeological Excavation.* London: Batsford.

Bass, G. F., ed. 1988. *Ships and Shipwrecks of the Americas: A History Based on Underwater Archaeology.* New York: Thames & Hudson.

Basset, C. A. 1987. "The Culture Thieves." *Science* 86, July/Aug: 22–29.

Battarbee, R. W. 1986. "Diatom Analysis." In *Handbook of Holocene Palaeoecology and Palaeohydrology*, ed. B. E. Berglund. London: Wiley, pp. 527–70.

Beattie, O., & Geiger, J. 1987. *Frozen in Time.* London: Bloomsbury.

de Beaune, S. 1987a. *Lampes et Godets au Paléolithique.* Supplément à Gallia Préhistoire.

———. 1987b. "Paleolithic Lamps and Their Specialization: A Hypothesis." *Current Anthropology* 28:569–77.

Beck, C., ed. 1995. *Dating in Exposed and Surface Contexts.* Albuquerque: University of New Mexico Press.

Beck, C., and G. T. Jones. 1989. "Bias and Archaeological Classification." *American Antiquity* 54(2):244–62.

Behre, K-E., ed. 1986. *Anthropogenic Indicators in Pollen Diagrams.* Rotterdam and Boston: Balkema.

Behrensmeyer, A. K., and A. P. Hill, eds. 1980. *Fossils in the Making: Vertebrate Taphonomy and Paleoecology.* Chicago: University of Chicago Press.

Behrensmeyer, A. K., K. D. Gordon, and Yanagi, G. T. 1986. "Trampling as a Cause of Bone Surface Damage and Pseudo-Cutmarks." *Nature* 319:768–71.

Bimson, M., and J. C. Freestone, eds. 1987. *Early Vitreous Materials.* London: British Museum Occasional Paper 56.

Binford, L. R. 1964. "A Consideration of Archaeological Research Design." *American Antiquity* 29:425–41.

———. 1985. "Human Ancestors: Changing Views of Their Behavior." *Journal of Anthropological Archaeology* 4:292–327.

Binneman, J., and J. Deacon. 1986. "Experimental Determination of Use Wear on Stone Adzes from Boomplaas Cave, South Africa." *Journal of Archaeological Science* 13:219–28.

Blumenschine, R. J. 1986. *Early Hominid Scavenging Opportunities.* Oxford: British Arch. Reports, Int. Series 283.

Boddington, A., A. N. Garland, and R. C. Janaway, eds. 1987. *Death, Decay and Reconstruction: Approaches to Archaeology and Forensic Science.* Manchester: Manchester University Press.

Bodner, C., and R. M. Rowlett. 1980. "Separation of Bone, Charcoal, and Seeds by Chemical Flotation." *American Antiquity* 45:110–16.

Bogucki, P. 1986. "The Antiquity of Dairying in Temperate Europe." *Expedition* 28(2):51–58.

Bower, J. 1986. "A Survey of Surveys: Aspects of Surface Archaeology in Sub-Saharan Africa." *The African Arch. Review* 4:21–40.

Brain, C. K., and A. Sillen. 1988. "Evidence from the Swartkrans Cave for the Earliest Use of Fire." *Nature* 336:464–66.

Brassell, S. C. et al. 1986. "Molecular Stratigraphy: A New Tool for Climatic Assessment." *Nature* 320:129–33.

Braun, D. P. 1983. "Pots as Tools." In *Archaeological Hammers and Theories*, eds., A. Keene and J. Moore. New York: Academic Press.

Brewer, D. J. 1987. "Seasonality in the Prehistoric Faiyum Based on the Incremental Growth Structures of the Nile Catfish (Pisces: *Clarias*)." *Journal of Archaeological Science* 14:459–72.

Brinkhuizen, D. C., and A. T. Clason, eds. 1986. *Fish and Archaeology: Studies in Osteometry, Taphonomy, Seasonality and Fishing.* Oxford: British Arch. Reports, Int. Series No. 294.

Bronitsky, G. 1986. "The Use of Materials Science Techniques in the Study of Pottery Construction and Use." In *Advances in Archaeological Method and Theory* 9, ed. M. B. Schiffer. New York: Academic Press.

Bronitsky, G., and R. Hamer. 1986. "Experiments in Ceramic Technology: The Effects of Various Tempering Materials on Impact and Thermal-Shock Resistance." *American Antiquity* 51:89–101.

Brothwell, D. 1986. *The Bog Man and the Archaeology of People.* London: British Museum Publications.

Browman, D. L. 1981. "Isotopic Discrimination and Correction Factors in Radiocarbon Dating." In *Advances in Archaeological Method and Theory, Vol. 4*, ed. M. B. Schiffer. New York: Academic Press.

Buchanan, W. F. 1988. *Shellfish in Prehistoric Diet: Elands Bay, S.W. Cape Coast, South Africa.* Oxford: British Arch. Reports. Int. Series 455.

Bunn, H. T. 1981. "Archaeological Evidence for Meat-eating by Plio-Pleistocene Hominids from Koobi Fora and Olduvai Gorge." *Nature* 291:574–77.

Bunn, H. T., and E. M. Kroll. 1986. "Systematic Butchery by Plio-Pleistocene Hominids at Olduvai Gorge, Tanzania." *Current Anthropology* 27(5):431–52.

Carr, C., ed. 1989. *For Concordance in Archaeological Analysis.* Prospect Heights, IL: Waveland Press.

Carver, M. 1987. *Underneath English Towns: Interpreting Urban Archaeology.* London: Batsford.

Chappell, J., and N. J. Shackleton. 1986. "Oxygen Isotopes and Sea Level." *Nature* 324:137–40.

Claassen, C., ed. 1994. *Women in Archaeology.* Philadelphia: University of Pennsylvania Press.

Clark, A. 1990. *Seeing Beneath the Soil: Prospecting Methods in Archaeology.* London: Batsford.

Coe, M. D. 1987. *The Maya*, 4th ed. New York: Thames & Hudson.

Coles, B., & J. Coles. 1986. *Sweet Track to Glastonbury: The Somerset Levels in Prehistory.* London and New York: Thames & Hudson.

———. 1989. *People of the Wetlands.* London and New York: Thames & Hudson.

Coles, J. 1986. "Precision, Purpose, and Priorities in Wetland Archaeology." *The Antiquaries Journal* 66: 227–47.

Coles, J., and A. J. Lawson, eds. 1987. *European Wetlands in Prehistory.* Oxford: Clarendon Press.

Conkey, M. and C. Hastorf, eds. 1990. *The Uses of Style in Archaeology.* Cambridge: Cambridge University Press.

Cooke, W. D., and B. Lomas. 1987. "Ancient Textiles - Modern Technology." *Archaeology Today* 8(2):21–25.

Cotterel, B., and J. Kamminga. 1990. *Mechanics of Pre-Industrial Technology.* Cambridge: Cambridge University Press.

Courty, M-A., P. Goldberg, and R. MacPhail. 1990. *Soils and Micromorphology in Archaeology.* Cambridge: Cambridge University Press.

Crabtree, D. 1972. *An Introduction to Flintworking.* Occasional Papers of the Idaho State University Museum, no. 28. Pocatello.

Crabtree, P. J., and K. Ryan, eds. 1991. *Animal Use and Culture Change.* MASCA Research Papers in Science and Archaeology, supplements to Vol. 8. Museum of Applied Science, Center for Archaeology. Philadelphia: University of Pennsylvania Press.

Dahl-Jensen, D., and S. J. Johnsen. 1986. "Palaeotemperatures Still Exist in the Greenland Ice Sheet." *Nature* 320:250–52.

David, N., J. Sterner, and K. Gavua. 1988. "Why Pots Are Decorated." *Current Anthropology* 29(3):365–89.

Davis, S. J. M. 1987. *The Archaeology of Animals.* London: Batsford.

Deetz, J. 1967. *Invitation to Archaeology.* Garden City, NY: Natural History Press.

Dekin, A. A. 1987. "Sealed in Time: Ice Entombs an Eskimo Family for Five Centuries." *National Geographic* 171(6):824–36.

Diamond, J. M. 1986. "The Environmental Myth." *Nature* 324:19–20.

Dimbleby, G. W. 1985. *The Palynology of Archaeological Sites.* London: Academic Press.

Doran, J., and F. Hodson. 1975. *Mathematics and Computers in Archaeology.* Cambridge, MA: Harvard University Press.

Dormion, G., and J-P. Goidin. 1987. *Les Nouveaux Mystères de la Grande Pyramide.* Paris: Albin Michel.

Dorn, R. I., et al. 1986. "Carbon-ratio and Accelerator Radiocarbon Dating of Rock Varnish on Mojave Artifacts and Landforms." *Science* 231:830–33.

Drennan, R. D. 1976. "A Refinement of Chronological Seriation Using Nonmetric Multidimensional Scaling." *American Antiquity* 41:290– 320.

Dunnell, R. C. 1970. "Seriation Method and Its Evaluation." *American Antiquity* 35:305–19.

———. 1971. *Systematics in Prehistory.* New York: Free Press.

———. 1986. "Methodological Issues in Americanist Artifact Classification." *Advances in Archaeological Method and Theory* 9:149–207.

Dunnell, R. C. n.a. "Science, Social Science, and Common Sense: The Agonizing Dilemma of Modern Archaeology."

d'Errico, F. 1987. "Nouveaux Indices et Nouvelles Techniques Microscopiques pour la Lecture de l'Art Gravé Mobilier." *Comptes rendus de 'Acad. Sciences Paris* 304, série II:761–64.

Faegri, K., P. Ekaland, and K. Krzywinski, eds. 1989. *Textbook of Pollen Analysis,* 4th ed. London: Wiley.

Fagan, B. M. 1989. *People of the Earth: An Introduction to World Prehistory,* 6th ed. Glenview, IL: Scott, Foresman.

———. 1990. *The Journey from Eden: The Peopling of Our World.* New York: Thames & Hudson.

Fowler, P. J. 1988/89. "The Experimental Earthworks 1958–88." *Annual Report of the Council for British Archaeology* 39:83–98.

Fox, A. In press. *Out of the Country: Language, Music, Emotion, and Sociability in a Texas Rural, Working-Class Community.* Durham, NC: Duke University Press.

Frayer, D. W., M. Wolpoff, A. G. Thorne, F. H. Smith, and G. G. Pope. 1993. "Theories of Modern Human Origins: The Paleontological Test." *American Anthropologist*

95(1):14–50.

Garnsey, P. 1988. *Famine and Food Supply in the Graeco-Roman World*. Cambridge: Cambridge University Press.

Gifford, D. P. 1981. "Taphonomy and Paleoecology: A Critical Review of Archaeology's Sister Discipline." In *Advances in Archaeological Method and Theory*, Vol. 4, ed. M. B. Schiffer. New York: Academic Press.

Gilbert, R. I., Jr., and J. H. Mielke, eds. 1985. *The Analysis of Prehistoric Diets*. New York: Academic Press.

Gould, R.A. 1995. *Recovering the Past*. Albuquerque: University of New Mexico Press.

Gould, R. A., and P. J. Watson. 1982. "A Dialogue on the Meaning and Use of Analogy in Ethnoarchaeological Reasoning." *Journal of Anthropological Archaeology* 1:355–81.

Gowlett, J. A. J. 1987. "The Archaeology of Radiocarbon Accelerator Dating." *Journal of World Prehistory* 1(2):127–70.

Grayson, D. K. 1984. *Quantitative Zooarchaeology: Topics in the Analysis or Archaeological Faunas*. New York: Academic Press.

Green, L. R., and F. A. Hart. 1987. "Colour and Chemical Composition in Ancient Glass: An Examination of some Roman and Wealden Glass by Means of Ultaviolet-Visible-Infra-red Spectrometry and Electron Microprobe Analysis." *Journal of Archaeological Science* 14:271–82.

Grenier, R. 1988. "Basque Whalers in the New World: The Red Bay Wreck." In *Ships and Shipwrecks of the Americas*, ed. G. Bass. New York: Thames & Hudson, pp. 69–84.

Grün, R. 1989. *Die ESR-Alterbestimmungsmethode*. Heidelberg: Springer.

Guthrie, R. D. 1990. *Frozen Fauna of the Mammoth Step*. Chicago: University of Chicago Press.

Haas, H., J. Devine, R. J. Wenke, M. E. Lehner, W. Wolfli, and G. Bonani. 1987. "Radiocarbon Chronology and the Historical Calendar in Egypt." In *Chronologies in the Near East*, eds. O. Avrenche, J. Evin, and P. Hours. *British Archaeological Reports* 379:585–606.

Hall, A. 1986. "The Fossil Evidence for Plants in Mediaeval Towns." *Biologist* 33(5):262–67.

Hammer, C. U., H. B. Clausen, W. L. Friedrich, and H. Tauber. 1987. "The Minoan Eruption of Santorini in Greece Dated to 1645 B.C.?" *Nature* 328:517–19.

Hardy, D., and C. Renfrew, eds. 1991. *Thera and the Aegean World III, Vol. 3. Chronology*. London: Thera Foundation.

Harris, E. C. 1989. *Principles of Archaeological Stratigraphy*, 2nd ed. Orlando, FL: Academic Press.

Hastorf, C. A., and V. S. Popper, eds. 1989. *Current Palaeoethnobotany: Analytical Methods and Cultural Interpretations of Archaeological Plant Remains*. Chicago: University of Chicago Press.

Hayden, B., ed. 1987. *Lithic Studies Among the Contemporary Highland Maya*. Tucson: University of Arizona Press.

Heaton, T. H. E., et al. 1986. "Climatic Influence on the Isotopic Composition of Bone Nitrogen." *Nature* 322:822–23.

Hester, T.N., H. J. Shafer, and R. F. Heizer. 1987. *Field Methods in Archaeology*, 7th ed. Palo Alto: Mayfield.

Hill, H. E., and J. Evans. 1987. "The Identification of Plants Used in Prehistory from Organic Residues." In *Archaeometry: Further Australasian Studies*, eds. W. R. Ambrose and J. M. J. Mummery. Canberra: Australian National University.

Hillman, G. C. 1986. "Plant Foods in Ancient Diet: The Archaeological Role of Paleofaeces in General and Lindow Man's Gut Contents in Particular." In *Lindow Man: The Body in the Bog*, eds. I. M. Stead et al. London: British Museum Publications.

Hillman, G. C., S. M. Colledge, and D. R. Harris. 1990. "Plant-food Economy during the Epi-Palaeolithic Period at Tell Abu Hureyra, Syria: Dietary Diversity, Seasonality and Modes of Exploitation." In *Foraging and Farming*, eds. D. R. Harris and G. C. Hillman. London: Unwin Hyman.

Hillman, G. C., E. Madeyska, and J. Hather. 1988. "Wild Plant Foods and Diet at Late Palaeolithic Wadi Kubbaniya: Evidence from Charred Remains." In *The Prehistory of Wadi Kubbaniya, Vol. 2: Studies in Late Palaeolithic Subsistence*, eds. F. Wendorf et al. Dallas: Southern Methodist University Press.

Hillson, S. 1986. *Teeth*. Cambridge: Cambridge University Press.

Holden, C. 1987. "A Quest for Ancient Egyptian Air." *Science* 236:1419–20.

Hole, F., and R. F. Heizer. 1973. *An Introduction to Prehistoric Archaeology*, 3rd ed. New York: Holt.

Holliday, V. T., ed. 1991. *Soils in Archaelogy: Landscape Evolution and Human Occupation*. Washington, DC: Smithsonian Institution Press.

Jelinek, A. 1982. "The Tabun Cave and Paleolithic Man in the Levant." *Science* 216:1369–75.

Jensen, H. J. 1988. "Functional Analysis of Prehistoric Flint Tools by High-Power Microscopy: A Review of West European Research." *Journal of World Prehistory* 2(1):53–88.

Jett, S. C., and P. B. Moyle. 1986. "The Exotic Origins of Fishes Depicted on Prehistoric Mimbres Pottery from New Mexico." *American Antiquity* 51:688–720.

Jones, G., et al. 1986. "Crop Storage at Assiros." *Scientific American* 254:84–91.

Joukowsky, M. 1980. *A Complete Manual of Field Archaeology*. Englewood Cliffs, NJ: Prentice-Hall.

Jouzel, J., et al. 1987. "Vostok Ice Core: A Continuous Isotope Temperature Record over the Last Climate Cycle (160,000 Years)." *Nature* 329:403–8.

Keeley, L. H. 1980. *Experimental Determination of Stone Tool Use: A Microwear Analysis*. Chicago and London: University of Chicago Press.

Kerisel, J. 1988. "Le Dossier Scientifique sur la Pyramide de Khéops." *Archéologia* 232, Feb.:46–54.

Kimes, T., C. Haselgrove, and I. Hodder. 1982. "A Method for the Identification of the Location of Regional Cultural Boundaries." *Journal of Anthropological Archaeology* 1:113–31.

Klein, R. G. 1989. *The Human Career*. Chicago: University of Chicago Press.

Koike, H. 1986a. "Jomon Shell Mounds and Growth-Line Analysis of Molluscan Shells." In *Windows on the Japanese Past: Studies in Archaeology and Prehistory*, eds. R. J. Pearson et al. Center for Japanese Studies, University of Michigan, pp. 267–78.

———. 1986b. "Prehistoric Hunting Pressure and Paleobiomass: An Environmental Reconstruction and Archaeozoological Analysis of a Jomon Shellmound Area." In *Prehistoric Hunter-Gatherers in Japan*, eds. T. Akazawa and C. M. Aikens. Tokyo: University Museum Bulletin 27, University of Tokyo.

Koike, H., and N. Ohtaishi. 1987. "Estimation of Prehistoric Hunting Rates Based on the Age Composition of Sika Deer (*Cervus nippon*)." *Journal of Archaeological Science* 14:251–69.

Körber-Grohne, V. 1987. "Les Restes de Plantes et d'Animaux de la Tombe Princière d'Hochdorf. In *Trésors des Princes Celtes*. Paris: Exhibition catalog, Min. de la Culture.

———. 1988. "Microscopic Methods for Identification of Plant Fibres and Animal Hairs from the Prince's Tomb of Hochdorf, Southwest Germany." *Journal of Archaeological Science* 15:73–82.

Kukla, G. J. 1987. "Loess Stratigraphy in Central China." *Quaternary Science Reviews* 6:191–219.

Langford, M., G. Taylor, and J. R. Flenley. 1986. "The Application of Texture Analysis for Automated Pollen Identification." In *Proceedings of the Conference on Identification and Pattern Recognition*, Toulouse, June 1986, Vol. 2: 729–39. Toulouse: Université Paul Sabatier.

Leakey, M. 1987. "Animal Prints and Trails." In *Laetoli, a Pliocene Site in Northern Tanzania*, eds. M. Leakey and J. M. Harris. Oxford: Clarendon Press.

LeBlanc, S. A. 1975. "Microseriation. A Method for Fine Chronological Differentiation." *American Antiquity* 40:22–38.

Legge, A. J., and P. A. Rowley-Conwy. 1987. "Gazelle Killing in Stone Age Syria." *Scientific American* 257(2):76–83.

Lehner, M. 1983. "Some Observations on the Layout of the Khufu and Khafre Pyramids." *Journal of the American Research Center in Egypt* 20:7–29.

———. 1985. *The Pyramid Tomb of Hetep-heres and the Satellite Pyramid of Khufu.* Mainz am Rhein: Philipp von Zabern.

Leonard, R. D., and G. T. Jones., eds. 1988. *Quantifying Diversity in Archaeology.* Cambridge: Cambridge University Press.

Leute, U. 1988. *Archaeometry.* New York: VCH Publishers.

Lewenstein, S. 1987. *Stone Tool Use at Cerros. The Ethnoarchaeological and Use-wear Evidence.* Austin: University of Texas Press.

Lewin, R. 1987. *Bones of Contention: Controversies in the Search for Human Origins.* New York: Simon & Schuster.

———. 1989. *Human Evolution*, 2d ed. Oxford: Blackwell Scientific Publications.

Libby, W. F. 1955. *Radiocarbon Dating.* Chicago: University of Chicago Press.

Longacre, W. A., ed. 1991. *Ceramic Ethnoarchaeology.* Tucson: University of Arizona Press.

Loy, T. H. 1987. "Recent Advances in Blood Residue Analysis." In *Archaeometry: Further Australasian Studies*, eds. W. R. Ambrose and J. M. J. Mummery. Canberra: Australian National University.

Loy, T. H., and A. R. Wood. 1989. "Blood Residue Analysis at Çayönü Tepesi, Turkey." *Journal of Field Archaeology* 16:451–460.

McIntosh, J. 1986. *The Practical Archaeologist.* New York: Facts on File.

Mannion, A. M. 1987. "Fossil Diatoms and Their Significance in Archaeological Research." *Oxford Journal of Archaeology* 6:131–47.

Marquardt, W. H. 1979. "Advances in Archaeological Seriation." In *Advances in Archaeological Method and Theory*, vol. 1, ed. M. B. Schiffer. New York: Academic Press.

Mead, J. I., et al. 1986. "Dung of *Mammuthus* in the Arid Southwest, North America." *Quarternary Research* 25:121–27.

Merkel, J., and I. Shimada. 1988. "Arsenical Copper Smelting at Batán Grande, Peru. *IAMS* (Institute for ArchaeoMetallurgical Studies) No. 12, June, 4–7.

Michels, J. W. 1973. *Dating Methods in Archaeology.* New York: Seminar Press.

Minnis, P. E. 1987. "Identification of Wood from Archaeological Sites in the American Southwest." *Journal of Archaeological Science* 14:121–32.

Montluçon, J. 1986. "L'électricité pour mettre à nu les objets archéologiques. *La Recherche* 17: 252–55.

Mueller, J., ed. 1975. *Sampling in Archaeology.* Tucson: University of Arizona Press.

Nash, D. T., and M. D. Petraglia, eds. 1987. *Natural Formation Processes and the Archaeological Record.* Oxford: British Arch. Reports, Int. Series 352.

Noe-Nygaard, N. 1987. "Taphonomy in Archaology." *Journal of Danish Archaeology* 6:7–62.

Noel, M., and A. Bocquet. 1987. *Les Hommes et le Bois: Histoire et Technologie du Bois de la Préhistoire à Nos Jours.* Paris: Hachette.

van Noten, F., and J. Raymaekers. 1988. "Early Iron Smelting in Central Africa." *Scientific American* 258(6):84–91.

Olive, M. 1988. *Une Habitation Magadalénienne d'Etiolles, l'Unité P15.* Mémoire 20 de la Soc. Préhist. francise.

Ortner, D. J., and A. C. Aufderheide, eds. 1991. *Human Paleopathology: Current Syntheses and Future Options.* Washington, DC: Smithsonian Institution Press.

Owen-Smith, N. 1987. "Pleistocene Extinctions: The Pivotal Role of Megaherbivores." *Paleobiology* 13:351–62.

Parsons, J. R. 1971. *Prehistoric Settlement Patterns in the Texcoco Region, Mexico.* Ann Arbor:

Memoir of the Museum of Anthropology, University of Michigan, N. 3.

Parton, J. 1874. *Life of Thomas Jefferson*. Boston: Houghton, Mifflin, and Co.

Patterson, L. W., et al. 1987. "Analysis of Lithic Flakes at the Calico Site, California." *Journal of Field Archaeology* 14:91–106.

Pauketat, T., and T. Emerson. 1991. "The Ideology of Authority and the Power of the Pot." *American Anthropologist* 93(4):919–41.

Pearsall, D.M. 1989. *Paleoethnobotany*. New York: Academic Press.

Pearson, G. W. 1987. "How to Cope with Calibration." *Antiquity* 60:98–104.

Petrie, W. M. F. 1900. "Sequences in Prehistoric Remains." *Journal of the Anthropological Institute* 29:295–301.

Phillips, P. 1988. "Traceology (Microwear) Studies in the USSR." *World Archaeology* 19(3):349–56.

Pickering, M. P. 1989. "Food for Thought: An Alternative to Cannibalism in the Neolithic." *Australian Archaeology* 28:35–39.

Pigeot, N. 1988. *Magdaléniens d'Etiolles: Economie de Débitage et Organisation Sociale*. Paris: Centre National de la Recherche Scientifique.

Piperno, D. R. 1987. *Phytolith Analysis*. Orlando, FL: Academic Press.

Plog, F., and D. L. Carlson. 1989. "Computer Applications for the All American Pipeline Project." *Antiquity* 63:258–67.

Postgate, N. 1987. "Excavations at Abu Salabikh 1985–86." *Iraq* XLIX:91–119.

Potts, R. 1988. *Early Hominid Activities at Olduvai*. New York: Aldine de Gruyter.

Price, T. D., ed. 1989. *The Chemistry of Prehistoric Human Bone*. Cambridge: Cambridge University Press.

Pritchard, J. B., ed. 1987. *The Times Atlas of the Bible*. London: Times Books.

Protzen, J-P. 1986. "Inca Stonemasonry." *Scientific American* 254:80–88.

Rathje, W. 1981. "A Manifesto for Modern Material Culture Studies." In *Modern Material Culture: The Archaeology of Us*, ed., R. Gould. New York: Academic Press.

Read, D. 1989. "The Substance of Archaeological Analysis and the Mold of Statistical Method: Enlightenment Out of Discordance?" In *For Concordance in Archaeological Analysis*, ed. C. Carr. Prospect Heights, IL: Waveland.

Reeves, N. 1990. *The Complete Tutankhamun*. New York: Thames & Hudson.

Reidhead, V. A. 1979. "Linear Programming Models in Archaeology." *Annual Review of Anthropology* 8:543–78.

Renfrew, C., and P. Bahn. 1991. *Archaeology: A Handbook of Ideas and Methods*. New York: Thames and Hudson.

Renfrew, J. M. 1973. *Palaeoethnobotany*. New York: Columbia University Press.

Rice, P. M. 1987. *Pottery Analysis*. Chicago: University of Chicago Press.

Riley, D. N. 1987. *Air Photography and Archaeology*. London: Duckworth.

Rottländer, R. C. A. 1986. "Chemical Investigation of Potsherds of the Heuneberg, Upper Danube." *Proceedings of the 24th International Archaeometry Symposium*, eds. J. S. Olin and M. J. Blackman. Washington, DC: Smithsonian Institution, pp. 403–5.

Royle, C. 1986. "Summary of Prospection Methods at Sutton Hoo." *Current Arch.* IX(6) 101:171.

Rowley-Conwy, P. 1987. "The Interpretation of Ard Marks." *Antiquity* 61:263–6.

Russell, M. 1987. "Mortuary Practices at the Krapina Neandertal Site." *American Journal of Physical Anthropology* 72:381–97.

Sabloff, J. A., ed. 1981. *Simulations in Archaeology*. Albuquerque: University of New Mexico Press.

Sackett, J. R. 1982. "Approaches to Style in Lithic Archaeology." *Journal of Anthropological Archaeology* 1(1):59–112.

Scarre, C., ed. 1988. *Past Worlds: The Times Atlas of Archaeology*. London: Times Books.

Schiffer, M. B. 1987. *Formation Processes of the Archaeological Record*. Albuquerque: University of New Mexico Press.

Schwarcz, H. P. 1994. "Chronology of Modern Humans in the Levant." In *Late Quaternary and Paleoclimates of the Eastern Mediterranean*, eds. O. Bar-Yosef and R. S. Kra, pp. 21–31. Tucson: Radiocarbon.

Sealy, J. C. 1986. *Stable Carbon Isotopes and Prehistoric Diets in the South-Western Cape Province, South Africa*. Oxford: British Arch. Reports, Int. Series No. 293.

Sealy, J. C., and N. J. van der Merwe. 1986. "Isotope Assessment and the Seasonal Mobility Hpothesis in the Southwestern Cape of South Africa." *Current Anthropology* 27:135–50.

Sease, C. 1988. *A Conservation Manual for the Field Archaeologist*. Archaeological Research Tools 4. Los Angeles: UCLA Institute of Archaeology.

Semenov, S. 1964. *Prehistoric Technology*. Trans. M. W. Thompson. London: Cory, Adams & Mackay.

Shackleton, J. C. 1986. "Prehistoric Shore Environments, Shellfish Availability, and Shellfish Gathering at Franchthi, Greece." *Geoarchaeology: An International Journal* 1(2):127–43.

Shackleton, N. J. 1987. "Oxygen Isotope, Ice Volume and Sea Level." *Quarternary Science Reviews* 6:183–90.

Sharer, R., and W. Ashmore. 1992. *Archaeology: Discovering the Past*, 2nd ed. Palo Alto, CA: Mayfield.

Shennan, S. 1988. *Quantifying Archaeology*. Orlando, FL: Academic Press.

Shipman, P. 1983. "Early Hominid Lifestyle: Hunting and Gathering or Foraging and Scavenging?" in *Animals and Archaeology*, Vol. 1 of *Hunters and Their Prey*, eds. J. Glutton-Brock and C. Grigson. British Archaeological Reports International Series, 163. Oxford, England.

Sieveking, G., and M. H. Newcomer, eds. 1987. *The Human Uses of Flint and Chert*. Cambridge: Cambridge University Press.

Smith, A. B., and C. Poggenpoel. 1988. "The Technology of Bone Tool Fabrication in the Southwestern Cape of South Africa." *World Archaeology* 20(1):103–15.

Spence, C., ed. 1990. *Archaeological Site Manual*, 2d ed. London: Museum of London.

Stead, I. M., J. B. Bourke, and D. Brothwell, eds. 1986. *Lindow Man: The Body in the Bog*. London: British Museum Publications.

Stein, J. K. 1983. "Earthworm Activity: A Source of Potential Disturbance of Archaeological Sediments." *American Antiquity* 48:227–89.

———. 1986. "Coring Archaeological Sites." *American Antiquity* 51:505–27.

Street, M. 1986. "Un Pompéi de L'Ége Glaciaire." *La Recherche* 17:534–35.

Stuiver, M., and G. W. Pearson. 1986. "High-precision Calibration of the Radiocarbon Time Scale, AD 1950–500 B.C." *Radiocarbon* 28 (2B), *Calibration Issue: Proceedings of the Twelfth International Radiocarbon Conference, 1985*. Trondheim, Norway.

Taylor, R. E. 1987. *Radiocarbon Dating: An Archaeological Perspective*. Orlando, FL: Academic Press.

Thomas, D. H. 1974. *Predicting the Past: An Introduction to Anthropological Archaeology*. New York: Holt.

———. 1988. *St. Catherine's Island: An Island in Time*. Atlanta: Georgia Endowment for the Humanities.

Throckmorton, P., ed. 1987. *The Sea Remembers: Shipwrecks and Archaeology*. New York: Weidenfeld.

Tite, M. S. 1972. *Methods of Physical Examination in Archaeology*. London and New York: Seminar Press.

Toth, N. 1987. "The First Technology." *Scientific American* 256(4):104–13.

Traverse, A. 1988. *Paleopalynology*. Boston: Unwin Hyman.

Tsukuda, M., S. Sugita, and Y. Tsukuda. 1986. "Oldest Primitive Agriculture and Vegetational

Environments in Japan." *Nature* 322:632–64.

Tylecote, R. F. 1987. *The Early History of Metallurgy in Europe.* London and New York: Longman.

Valladas, H., J-P. Chadelle, J-M. Geneste, J-L. Joron, L. Meignen, and P-J. Texier. 1987. "Datations par la Theremoluminescence de Gisement Moustériens du Sud de la France." *L'Anthropologie* 91:211–26.

Vance, E. D. 1987. "Microdebitage and Archaeological Activity Analysis." *Archaeology* July/Aug.:58–59.

Vandiver, P. B., O. Soffer, B. Klima, and J. Svoboda. 1989. "The Origins of Ceramic Technology at Dolni Vestonice, Czechoslavakia." *Science* 246:1002–8.

Vaughn, P. 1985. *Use-wear Analysis of Flaked Stone Tools.* Tucson: University of Arizona Press.

Verano, J. W. and D. H. Ubelaker, eds. 1992. *Disease and Demography in the Americas.* Washington, DC: Smithsonian Institution Press.

Villa, P., et al. 1986. "Cannibalism in the Neolithic." *Science* 233:431–37.

Waters, M. R. 1992. *Principles of Geoarchaeology: A North American Perspective.* Tucson: University of Arizona Press.

Weigelt, J. 1989. *Recent Vertebrate Carcasses and their Palaeobiological Implications.* Chicago: University of Chicago Press.

Weisner, P. 1983. "Style and Social Information in Kalahari San Projectile Points." *American Antiquity* 48(2):253–77.

Welsh, F. 1988. *Building the Trireme.* London: Constable.

Wendorf, F., and R. Schild, eds. 1980. *Prehistory of the Eastern Sahara.* New York: Academic Press.

Wendorf, F., R. Schild, A. E. Close, and Associates. 1993. *The Middle Paleolithic of Bir Tarfawi and Bir Sahara East.* New York: Plenum Press.

Wenke, R. J. 1987. "Western Iran in the Partho-Sasanian Period: The Imperial Transformation." In *The Archaeology of Western Iran,* ed. F. Hole. Washington, DC: Smithsonian Institution Press.

Wenke, R. J., J. E. Long, and P. E. Buck. 1988. "Epipaleolithic and Neolithic Subsistence and Settlement in the Fayyum Oasis of Egypt." *Journal of Field Archaeology* 15(1):29–51.

Wenke, R. J., and M. E. Lane, eds. In preparation. *Land of the Lake: 8000 Years of Human Settlement in Egypt's Fayyum Oasis.* Winona Lake, IL: Eisenbrauns.

Weymouth, J. W. 1986. "Geophysical Methods of Archaeological Site Surveying." In *Advances in Archaeological Method and Theory,* ed. M. B. Schiffer. New York: Academic Press.

Whallon, R., and J. A. Brown, eds. 1982. *Essays on Archaeological Typology.* Evanston: Center for American Archaeology Press.

Wheeler, M. 1954. *Archaeology from the Earth.* Baltimore: Penguin.

Wheeler, A., and A. K. G. Jones. 1989. *Fishes.* Cambridge: Cambridge University Press.

Whitley, D. S., and R. I. Dorn. 1987. "Rock Art Chronology in Eastern California." *World Archaeology* 19:150–64.

Wright, R. 1986. "How Old is Zone F at Lake George?" *Archaeology in Oceania* 21:138–39.

Wylie, A. 1982. "An Analogy By Any Other Name Is Just as Analogical." *Journal of Anthropological Archaeology* 1:382–401.

———. 1992. "The Interplay of Evidential Constraints and Political Interests: Recent Archaeological Research on Gender." *American Antiquity* 57(1):15–35.

Yellen, J. 1977a. *Archaeological Approaches to the Present.* New York: Academic Press.

———. 1977b. "Cultural Patterning in Faunal Remains: Evidence from the !Kung Bushmen." In *Experimental Archaeology,* eds. D. D. Ingersoll, J. Yellen, and W. MacDonald. New York: Columbia University Press.

———. 1991. "Small Mammals: !Kung San Utilization and the Production of Faunal Assemblages." *Journal of Anthropological Archaeology* 10:1–26.

Zegura, S. L. 1987. "Blood Test." *Natural History* 96(7):8–11.

3장

Adams, R. McC. 1966. *The Evolution of Urban Society*. Chicago: Aldine.

Alexander, R. D. 1975. "The Search for a General Theory of Behavior." *Behavioral Science* 20:77–100.

———. 1979. "Evolution and Culture." In *Evolutionary Biology and Human Social Behavior. An Anthropological Perspective*, eds. N. Chagnon and W. Irons. North Scituate, MA: Duxbury Press.

Anati, E., and N. Haas. 1967. "The Hazorea Pleistocene Site: A Preliminary Report." *Man* 2:454–56.

Anderes, P. J. 1984. "The Descent of Man." *New Scientist* 1408:24–25.

Anderson, P. 1983. "The Reproductive Role of the Human Breast." *Current Anthropology* 24(1:)25–45.

Arambourg, C. 1967. "Le deuxieme mission scientifique de l'Omo." *L'Anthropoligie* 71:562–66.

Ardret, R. 1961. *African Genesis*. New York: Atheneum.

Arens, W. 1979. *The Man-Eating Myth*. New York: Oxford University Press.

Barnard, A. 1983. "Contemporary Hunter-Gatherers: Current Theoretical Issues in Ecology and Social Organization." *Annual Review of Anthropology* 12:93–214.

Bartlett, T. Q., R. W. Sussman, and J. M. Cheverud. 1993. "Infant Killing in Primates: A Review of Observed Cases with Specific Reference to the Sexual Selection Hypothesis." *American Anthropologist* 95(4):958–90.

Bar-Yosef, O. 1975. "Archeological Occurrences in the Middle Pleistocene of Israel." In *After the Australopithecines*, eds. K. W. Butzer and G. Isaac. The Hague: Mouton.

Bellwood, P. 1986. *The Prehistory of the Indo-Malaysian Archipelago*. Orlando, FL: Academic Press.

———. 1987. "The Prehistory of Island Southeast Asia: A Multidisciplinary Review of Recent Research." *Journal of World Prehistory* 1(2):171–224.

Bergson, H. L. n.a. *Creative Evolution*. Dover Publications.

Bertram, B. C. R. 1979. "Serengeti Predators and Their Social Systems." In *Serengeti: Dynamics of an Ecosystem*, eds. A. R. E. Sinclair and M. Norton-Griffiths. Chicago: University of Chicago Press.

Binford, L. R. 1977. "A Review of Olorgeesailie: Archaeological Studies of a Middle Pleistocene Lake Basin in Kenya, by G. L. Isaac." *Journal of Anthropological Research* 33(4):493–502.

———. 1981. *Bones: Ancient Men and Modern Myth*. New York: Academic Press.

———. 1985. "Human Ancestors: Changing Views of Their Behavior." *Journal of Anthropological Archaeology* 4(4):292–327.

———. 1988. "Fact and Fiction about the Zinjanthropus Floor: Data, Arguments, and Interpretations." *Current Anthropology* 19(1):123–35.

Birdsell, J. B. 1972. *Human Evolution*. Chicago: Rand McNally.

———. 1987. "Characteristics of the Early Hominid Scavenging Niche." *Current Anthropology* 28(4):383–407.

———. 1993. *Microevolutionary Patterns in Aboriginal Australia: A Gradient Analysis of Clines*.

Boaz, N. T. 1979. "Hominid Evolution in Eastern Africa during the Pleistocene and Early Pleistocene." *Annual Review of Anthropolyogy* 8:71–85.

Boesch, C., and H. Boesch. 1981. "Sex Differences in the Use of Natural Hammers by Wild Chimpanzees: A Preliminary Report." *Journal of Human Evolution* 10:565–83.

———. 1984. "Possible Causes of Sex Differences in the Use of Natural Hammers by Wild Chimpanzees. *Journal of Human Evolution* 13:415–40.

Boesch-Achermann, J., and C. Boesch. 1994. "Hominization in the Rainforest: The Chimpanzee's Piece of the Puzzle." *Evolutionary Anthropology* 3(1):9–16.

Bowen, D. Q. 1978. *Quaternary Geology*. Oxford: Oxford University Press.

Bower, B. 1988. "Retooled Ancestors." *Science News* 133:345.

Brace, C. L. 1967. "Biological Parameters and Pleistocene Hominid Life-ways." In *Primate Ecology and Human Origins: Ecological Influences and Social Organization*, eds. I. S. Bernstein and E. O. Smith. New York: Garland.

———. *The Stages of Human Evolution: Human and Cultural Origins*. Englewood Cliffs, NJ: Prentice-Hall.

———. 1981. "Tales of the Phylogenic Woods: The Evolution and Significance of Evolutionary Trees." *American Journal of Physical Anthropology* 56:411–29.

Brace, C.L., D. P. Tracer, L. Allen Yaroch, J. Robb, K. Brandt, and A. Russel Nelson. 1993. "Clines and Clusters Versus 'Race': A Test in Ancient Egypt and of a Death on the Nile." *Yearbook of Physical Anthropology* 36:1–31.

Brain, C. K. 1981. *The Hunters or the Hunted?* Chicago: University of Chicago Press.

Bromage, T. G., and M. C. Dean. 1985. "Re-evaluation of the Age at Death of Immature Fossil Hominids." *Nature* 317:525.

Brooks, D. R., and E. O. Wiley. 1986. *Evolution as Entropy: Toward a Unified Theory of Biology*. Chicago: University of Chicago Press.

Brown, F., J. Harris, and A. Walker. 1985. "Early *Homo erectus* Skeleton from West Lake Turkana, Kenya." *Nature* 316:788–92.

Bunn, H. T. 1981. "Archaeological Evidence for Meat-Eating by Plio-Pleistocene Hominids from Koobi Fora and Olduvai Gorge." *Nature* 291:574–77.

Bunn, H. T., L. E. Bartram, and E. M. Kroll. 1988. "Variability in Bone Assemblage Formation from Hadza Hunting, Scavenging, and Carcass Processing." *Journal of Anthropological Archaeology* 7:412–57.

Bunn, H. T., and E. M. Kroll. 1988. "Reply to L. Binford 'Fact and Fiction about the Zinjanthropus Floor: Data, Arguments, and Interpretations.' " *Current Anthropology* 29(1):135–49.

Butzer, K. W. 1975. "Geological and Ecological Perspectives on the Middle Pleistocene." In *After the Australopithecines*, eds. K. W. Butzer and G. Isaac. The Hague: Mouton.

———. 1982. "The Paleo-ecology of the African Continent: The Physical Environments of Africa from the Earliest Geological to Later Stone Age Times." In *The Cambridge History of Africa*, Vol. 1, ed. J. D. Clark. Cambridge: Cambridge University Press.

Cachel, S. 1975. "A new View of Speciation." In *Australopithecus Paleoanthropology: Morphology and Paleoecology*, ed. R. H. Tittle. The Hague: Mouton.

Campbell, B. 1985. *Human Evolution: An Introduction to Man's Adaptations*, 3rd ed. Hawthorne, NY: Aldine de Gruyter.

Cashdan, E. 1983. "Territoriality among Hunter Foragers: Ecological Models and an Application to Four Bushman Groups." *Current Anthropology* 24(1):47–66.

Clark, G. A. 1988. "Some Thoughts on the Black Skull: An Archaeologist's Assessment of WT-17000 (*A. boisei*) and Systematics in Human Paleontology." *American Anthropologist* 90(2):357–71.

Clutton-Brock, T. H. 1989. "Female Transfer and Inbreeding Avoidance in Social Mammals." *Nature* 337:70–72.

Cohen, L. A. 1987. "Diet and Cancer." *Scientific American* 257(5):42–48.

Conroy, G. C. 1990. *Primate Evolution*. New York: W. W. Norton.

Cook-Deegan, R. M. 1994. *The Gene Wars: Science, Politics, and the Human Genome*. New York: W.W. Norton.

Cronin, J. E., N. T. Boaz, C. B. Stringer, and Y. Rak. 1981. "Tempo and Mode in Hominid Evolution." *Nature* 292:113–22.

Crook, J. H. 1972. "Sexual Selection, Dimorphism, and Social Organization in Primates." In *Sexual Selection and the Descent of Man 1871–1971*, ed. B. Campbell. Chicago: Aldine.

Deacon, H. J. 1975. "Demography, Subsistence, and Culture During the Acheulian in Southern Africa." In *After the Australopithecines*, eds. K. W. Butzer and G. Isaac. The Hague: Mouton.

Delson, E., ed. 1985. *Ancestors: The Hard Evidence*. New York: A. R. Liss.

Dennell, H. M., H. M. Rendell, and A. E. Hailwood. 1988a. "Late Pliocene Artefacts from Northern Pakistan." *Current Anthropology* 29(3):495–98.

———. 1988b. "Early Tool-Making in Asia: Two Million Year Old Artefacts in Pakistan." *Antiquity* 62:98–106.

Devine, J. 1985. "The Versatility of Human Locomotion." *American Anthropologist* 87:550–70.

de Vos, J., P. Sondaar, and C. Swisher. 1994. "Dating Hominid Sites in Indonesia." *Science* 266:1726–27.

Diamond, J. M. 1988. "DNA-based Phylogenies of the Three Chimpanzees." *Nature* 332:685–86.

Dunbaar, R. I. 1988. *Primate Social Systems*. Ithaca, NY: Cornell University Press.

Dupre, J. 1987. *The Latest on the Best: Essays on Evolution and Optimality*. Cambridge, MA: MIT Press.

Eckhardt, R. B. 1988. "On Early Hominid Adaptation and Heat Stress." *Current Anthropology* 29(3):493.

Eckhardt, R. B., and A. L. Piermarini. 1988. "More on Phylogenic Analysis of Early Hominids." *Current Anthropology* 29(3):493–94.

Farraro, G., Trevathan, W., and J. Levy. 1994. *Anthropology. An Applied Perspective*. New York: West Publishing.

Ferris, T. 1988. *Coming of Age in the Milky Way*. New York: William Morrow.

Fialkowski, K. 1986. "A Mechanism for the Origin of the Human Brain: A Hypothesis." *Current Anthropology* 27(3):288–90.

Finkel, D. J. 1981. "An Analysis of Australopithecine Dentition." *American Journal of Physical Anthropology* 55:69–80.

Fisher, E. 1979. *Woman's Creation*. New York: McGraw-Hill.

Flint, R. F. 1971. *Glacial and Quaternary Geology*. New York: Wiley.

Foley, R. 1987a. "Hominic Species and Stone-tool Assemblages: How Are They Related?" *Antiquity* 61:380–92.

———. 1987b. *Another Unique Species: Patterns in Human Evolutionary Ecology*. London: Longmeadow.

Freeman, L. G. 1975. "Acheulian Sites and Stratigraphy in Iberia and the Meghreb." In *After the Australopithecines*, eds. K. W. Butzer and G. Isaac. The Hague: Mouton.

Frisch, R. E. 1983. "Comment on P. Anderson, 'The Reproductive Role of the Human Breast.'" *Current Anthropology* 24(1):25–45.

Futuyma, D. J. 1992. "History and Evolutionary Processes." In *History and Evolution*, eds. M. H. Nitecki and D. V. Nitecki. Albany, NY: State University of New York Press.

Garn, S., and W. Block. 1970. "The Limited Nutritional Value of Cannibalism." *American Anthropologist* 72:106.

Goodall, J. 1986. *The Chimpanzees of Gombe*. Cambridge, MA: Belknap (Harvard University Press).

Gould, S. J. 1977. *Ever Since Darwin*. New York: Norton.

Gould, S. J., and N. Eldredge. 1977. "Punctuated Equilibria: The Tempo and Mode of Evolution Reconsidered." *Paleobiology* 3:115–51.

Gould, S. J., and R. C. Lewontin. 1979. "The Spandrels of San Marco and the Panglossian Paradigm: A Critique of the Adaptationist Programme." *Proceedings of the Royal Society of London* B205:581–98.

Grayson, D. K. 1983. *The Establishment of Human Antiquity*. New York: Academic Press.

Grimaud, D. 1980. "Les Paritaux de l'Homo erectus comparison avec ceux de Pithecanthropes de Java." *Bulletins et Memoires de la Societe XIIIe Serie no 3*.

Hamilton, M. E. 1984. "Revising Evolutionary Narratives: A Consideration of Alternative As-
    sumptions about Sexual Selection and Competition for Mates." *American Anthropol-
    ogist* 86(3):651– 62.
Harding, R. S., and G. Teleki, eds. 1981. *Omnivorous Primates*. New York: Columbia Univer-
    sity Press.
Harris, D. R., ed. 1980. *Human Ecology and Savanna Environments*. New York: Academic Press.
Harrison, T. 1978. "Present Status and Problems for Paleolithic Studies in Borneo and Adja-
    cent Islands." In *Early Paleolithic in South and East Asia*, ed. F. Ikawa-Smith. The
    Hague: Mouton.
Henneberg, M. 1989. "Morphological and Geological Dating of Early Hominid Fossils Com-
    pared." *Current Anthropology* 30(4):527– 28.
Hill, J. H. 1978. "Apes and Language." *Annual Review of Anthropology* 7:890–112.
Hinterberger, J. 1988. "Crude Food." *Seattle Times/Seattle Post-Intelligencer*, February 28, 1988,
    "Pacific section," p. 4.
Howell, F. C. 1982. "Origins and Evolution of the African Hominidae." In *The Cambridge His-
    tory of Africa*, Vol. 1, ed. J. D. Clark. Cambridge: Cambridge University Press.
Howells, W. 1973. *Evolution of the Genus Homo*. Reading, MA: Addison-Wesley.
Hughes, A. R., and P. V. Tobial. 1977. "A Fossil Skull Probably of the Genus Homo from
    Sterkfontein, Transvaal." *Nature* 65:310–12.
Ikawa-Smith, F., ed. 1978. *Early Paleolithic in South and East Asia*. The Hague: Mouton.
Ingold, T. 1988. *The Appropriation of Nature*. Iowa City: University of Iowa Press.
Isaac, G. 1975. "Sorting Out the Muddle in the Middle: An Anthropologist's Post-Conference
    Appraisal." In *After the Australopithecines*, eds. K. W. Butzer and G. Isaac. The Hague:
    Mouton.
———. 1977. *Olorgesailie; Archaeological Studies of a Middle Pleistocene Lake Basin in Kenya*.
    Chicago: University of Chicago Press.
———. 1978. "Food-Sharing and Human Evolution: Archaeological Evidence from the Pre-
    Pleistocene of East Africa." *Journal of Anthropological Research* 34:311–25.
———. 1982. "The Earliest Archaeological Traces." In *The Cambridge History of Africa*, Vol. 1,
    ed. J. D. Clark. Cambridge: Cambridge University Press.
———. 1984. "The Archaeology of Human Origins: Studies of the Lower Pleistocene in East
    Africa 1971–1981." *Advances in World Archaeology* 3:1–87.
Itzkoff, S. 1987. *Why Humans Vary in Intelligence*. Ashfield, MA: Paideia.
Jantzen, D. 1976. "Why Bamboos Wait So Long to Flower." *Annual Review of Ecology and Sys-
    tematics* 7:347–91.
Jelinek, A. J. 1977. "The Lower Paleolithic: Current Evidence and Interpretations." *Annual
    Review of Anthropology* 6:11–32.
Jerison, H. J. 1973. *Evolution of the Brain and Intelligence*. New York: Academic Press.
———. 1983. "The Evolution of the Mammalian Brain as an Information-Processing System."
    Advances in the Study of Mammalian Behavior, eds. J. F. Eisenberg and D. G. Klein-
    man, Special Publication No. 7. The American Society of Mammologists.
Johanson, D. C., and M. A. Edey. 1981. *Lucy: The Beginnings of Humankind*. New York: Simon
    and Schuster.
Johanson, D. C., and T. D. White. 1979. "A Systematic Assessment of Early African Ho-
    minids." *Science* 203:321–29.
Jolley, C. J. 1970. "The Seed-Eaters: A New Model of Hominid Differentiation Based on a
    Baboon Analogy." *Man* 5:6–26.
Kauffman, S. 1983. "Developmental Constraints: Internal Factors in Evolution." In *Develop-
    ment and Evolution*, eds. B. Goodwin, N. Holder, and C. C. Wylie. Cambridge: Cam-
    bridge University Press.
———. 1993. *Origins of Order*. Oxford: Oxford University Press.
Kinzey, W. G., ed. 1987. *The Evolution of Human Behavior: Primate Models*. Albany, NY: State

University of New York Press.

Klein, R. G. 1977. "The Ecology of Early Man in Southern Africa." *Science* 197:115–26.

———. 1989. *The Human Career.* Chicago: University of Chicago Press.

Kranz, G. 1975. "The Double Descent of Man." In *Australopithecus Paleoanthropology: Morphology and Paleoecology,* ed. R. H. Tuttle. The Hague: Mouton.

Krebs, J., and N. B. Davies. 1981. *Introduction to Behavioral Ecology.* Oxford: Blackwell.

Kurland, J. A., and S. J. Beckerman. 1985. "Optimal Foraging and Hominid Evolution: Labor and Reciprocity." *American Anthropologist* 87(1):73–93.

Larichev, V., U. Khol'ushkin, and I. Laricheva. 1987. "Lower and Middle Paleolithic of Northern Asia: Achievements, Problems, and Perspectives." *Journal of World Prehistory* 1(4):415–64.

Leakey, M. G., and R. E. Leakey, eds. 1978. *Koobi Fora Research Project: Vol. 1, The Fossil Hominids and an Introduction to Their Context, 1968–1974.* Oxford: Clarendon Press.

Leakey, R. E., and R. Lewin. 1977. *Origins.* New York: Dutton.

Lee, R. B. 1979. *The !Kung San.* Cambridge: Cambridge University Press.

Lewin, R. 1987. "Debate over Emergence of Human Tooth Pattern." *Nature* 235:748–50.

Lewontin, R. C. 1979. "Sociobiology as an Adaptationist Program." *Behavioral Science* 24: 5–14.

Lieberman, P. E. 1991. *Uniquely Human: The Evolution of Speech, Thought, and Selfless Behavior.* Cambridge, MA: Harvard University Press.

Lieberman, P. E., and E. S. Crelin. 1971. "On the Speech of Neanderthals." *Linguistic Inquiry* 2:203–22.

Lieberman, P. E., E. S. Crelin, and D. H. Klatt. 1972. "Phonetic Ability and Related Anatomy of the Newborn and Adult Human, Neanderthal Man, and the Chimpanzee." *American Anthropologist* 74:287.

Lieberman, L., and F. L. C. Jackson. 1995. "Race and Three Models of Human Origin." *American Anthropologist* 97(2):231–42.

Lovejoy, O. 1980. "Hominid Origins: The Role of Bipedalism." *American Journal of Physical Anthropology* 52:50.

———. 1982. "Models of Human Evolution." *Science* 217:304–5.

Lumley, J. de. 1969. "A Paleolithic Camp at Nice." *Scientific American* 225:422–59.

———. 1975. "Cultural Evolution in France in its Paleoecological Setting During the Middle Pleistocene." In *After the Australopithecines,* eds. K. W. Butzer and G. Isaac. The Hague: Mouton.

McArthur, A. J., and J. A. Clark. 1987. "Body Temperature and Heat and Water Balance." *Nature* 326:647–48.

McGrew, W. 1992. *Chimpanzee Material Culture: Implications for Human Evolution.* Cambridge: Cambridge University Press.

Maddison, W. P., and D. R. Maddison. 1992. *MacClade, Version 3, Analysis of Phylogeny and Character Evolution.* Sunderland, MA: Sinauer Associates, Inc.

Martin, K., and B. Voorhies. 1975. *The Female of the Species.* New York: Columbia University Press.

Melnick, D. J. and G. A. Hoelzer. 1993. "What is mtDNA Good for in the Study of Primate Evolution?" *Evolutionary Anthropology* 2(1):2–10

Morris, D. 1967. *The Naked Ape.* London: Jonathan Cape.

Napier, J. R., and P. H. Napier. 1967. *A Handbook of Living Primates.* London: Academic Press.

Newsweek, "Tracking the Sasquatch," September 21, 1987, pp. 71–73.

O'Connell, J. F., K. Hawkes, and N. B. Jones. 1988. "Hadza Scavenging: Implications for Plio/Pleistocene Hominid Subsistence." *Current Anthropology* 29(2):356–63.

Okladnikov, A. P., and G. A. Pospelova. 1982. "Ulalinka, the Oldest Paleolithic Site in Siberia." *Current Anthropology* 23(6):710–12.

Orchiston, D. W., and W. G. Siesser. 1982. "Chronostratigraphy of the Pleistocene Fossil Hominids of Java." *Modern Quaternary Research in Southeast Asia* 1:131–50.

Parker, S. T., R. W. Mitchell, and M. L. Boccia, eds. 1994. *Self-Awareness in Animals and Humans: Developmental Perspectives.* New York: Cambridge University Press.

Pearl, M. C. 1982. Networks of Social Relations Among Humalayan Rhesus Monkeys (*Macaca mulatta*). Ph.D. Dissertation, Yale University.

Penny, D., L. R. Foulds, and M. D. Hendy. 1982. "Testing the Theory of Evolution by Comparing Phylogenic Trees Constructed from Five Different Protein Sequences." *Nature* 297:197–200.

Pfeiffer, J. E. 1978. *The Emergence of Man.* 3rd ed. New York: Harper & Row.

Pianka, E. 1974. *Evolutionary Ecology.* New York: Harper & Row.

Pilbeam, D. 1975. "Middle Pleistocene Hominids." In *After the Australopithecines,* eds. K. W. Butzer and G. Isaac. The Hague: Mouton.

———. 1982. "New Hominid Skull Material from the Miocene of Pakistan." *Nature* 295:232–34.

Pilbeam, D., and S. J. Gould. 1974. "Size and Scaling in Human Evolution." *Science* 186:892–901.

Poirier, F. 1973. *Fossil Man: An Evolutionary Journey.* St. Louis: Mosby.

Pope, G. G. 1983. "Evidence on the Age of the Asian Hominidae." *Proceedings of the National Academy of Sciences USA* 80:4988–92.

Pope, G. G., S. Barr, A. Macdonald, and S. Nakabanlang. 1986. "Earliest Radiometrically Dated Artifacts from Southeast Asia." *Current Anthropology* 27(3):275–79.

Potts, R. 1987. "On Butchery by Olduvai Hominids." *Current Anthropology* 28(1):95–96.

———. 1988. *Early Hominid Activities at Olduvai.* Hawthorne, NY: Aldine de Gruyter.

Quiatt, D. D. 1972, ed. *Primates on Primates; Approaches to the Analysis of Nonhuman Primate Social Behavior.* Minnneapolis: Burgess.

Quiatt, D. D., and V. Reynolds. 1993. *Primate Behaviour: Information, Social Knowledge, and the Evolution of Culture.* New York: Cambridge University Press.

Quiatt, D. D., and J. Itani, eds. 1994. *Hominid Culture in Primate Perspective.* Niwot, CO: University Press of Colorado.

Rightmire, G. P. 1980. "*Homo erectus* and Human Evolution in the African Middle Pleistocene." In *Current Argument on Early Man,* ed. L. K. Konigsson. Oxford: Pergamon.

Rose, K. D. 1994. "The Earlist Primates." *Evolutionary Anthropology* 3(5):159–72.

Sagan, C. 1977. *The Dragons of Eden: Speculations on the Evolution of Human Intelligence.* New York: Ballantine Books.

Salt, G. W., ed. 1984. *Ecology and Evolutionary Biology.* Chicago: University of Chicago Press.

Sahlins, M. 1972. *Stone Age Economics.* Chicago: Aldine.

Sarich, V. 1982. "Comment on M. Wolpoff, '*Ramapithecus* and Hominid Origins.'" *Current Anthropology* 23(5):501–22.

Schaller, G. B., and G. R. Lowther. 1969. "The Relevance of Carnivore Behavior to the Study of Early Hominids." *Southwestern Journal of Anthropology* 25:307–41

Schick, K. D., and C. Zhuan. 1993. "Early Paleolithic of China and Eastern Asia." *Evolutionary Anthropology* 2(1):22–35.

Schrire, C., ed. 1984. *Past and Present in Hunter-Gatherer Studies.* New York: Academic Press.

Schwalbe, G. 1906. *Studien zur Vorgeschichte des Menschen.* Stuttgart: Scheizerbart.

Seabook, J. 1994. "Building a Better Human." *The New Yorker,* March 18, pp. 109–14.

Sevink, J., E. H. Hebeds, N. Priem, and R. H. Verschure. 1981. "A Note on the Approximately 730,000–Year-Old Mammal Fauna and Associated Human Activity Sites Near Isernia, Central Italy." *Journal of Archaeologial Science* 8:105–6.

Shapiro, H. L. 1974. *Peking Man.* New York: Simon and Schuster.

Shepher, J. 1983. *Incest, a Biosocial View.* New York: Academic Press.

Simons, E. B., and D. R. Philbeam. 1965. "Preliminary Revision of the Dryopithecinae (Pongidae, Anthropoidea)." *Folia Primatologica* 3:81–152.

Skelton, R. R., J. M. McHenry, and G. M. Drawhorn. 1986. "Phylogenetic Analysis of Early Hominids." *Current Anthropology* 27(1):21–43.

Small, M. F. ed. 1984. *Female Primates: Studies by Women Primatologists.* New York: A. R. Liss.

Small, M. F. 1988. "Female Primate Sexual Behavior and Conception." *Current Anthropology* 29(1):81–100.

Smith, E. A. 1991. *Inujjuamiut Foraging Strategies: Evolutionary Ecology of an Arctic Hunting Economy.* Hawthorne, NY: Aldine de Gruyter.

Smith, F. H., and G. C. Ranyard. 1981. "Evolution of the Supraorbital Region in Upper Pleistocene Fossil Hominids from South-central Europe." *American Journal of Physical Anthropology* 53:589–610.

Smith, F. H., and F. Spencer, eds. 1984. *The Origins of Modern Humans.* New York: A. R. Liss.

Smith, K. C. 1992. "Neo-Rationalism versus Neo-Darwinism: Integrating Development and Evolution." *Biology and Philosophy* 7:431–51.

Smith, P. E. L. 1982. "The Late Paleolithic and Epi-Paleolithic of Northern Africa." In *The Cambridge History of Africa,* Vol. 1, ed. J. D. Clark. Cambridge: Cambridge University Press.

Stringer, C. B. 1985. "Middle Pleistocene Hominid Variability and the Origin of Late Pleistocene Humans." In *Ancestors: The Hard Evidence,* ed. E. Delson. New York: A. R. Liss.

Strum, S. C., and W. Mitchell. 1987. "Baboon Models and Muddles." In *The Evolution of Human Behavior: Primate Models,* ed. W. G. Kinzey. Albany, NY: State University of New York Press.

Speth, J., and D. Davis. 1976. "Seasonal Variability in Early Hominid Predation." *Science* 192:441–45.

Swedlund, A. 1974. "The Use of Ecological Hypotheses in Australopithecine Taxonomy." *American Anthropologist* 76:515–29.

Symons, D. 1979. *The Evolution of Human Sexuality.* New York: Oxford University Press.

Tanner, N. M. 1981. *On Becoming Human: A Model of the Transition from Ape into Human and the Reconstruction of Early Human Social Life.* Cambridge: Cambridge University Press.

————. 1987. "The Chimpanzee Model Revisited and the Gathering Hypothesis." In *The Evolution of Human Behavior: Primate Models,* ed. W. G. Kinzey. Albany, NY: State University of New York Press.

Tattersall, I. 1992. "Species Concepts and Species Identification in Human Evolution." *Journal of Human Evolution* 22:341–50.

————. 1994. "How Does Evolution Work?" *Evolutionary Anthropology* 3(1):2–3.

Teleki, G. 1973. "The Omnivorous Chimpanzee." *Scientific American* 228:32–47.

————. 1981. "The Omnivorous Diet and Eclectic Feeding Habits of Chimpanzees in Gombe National Park, Tanzania." In *Omnivorous Primates,* eds. R. S. Harding and G. Teleki. New York: Columbia University Press.

Testart, A. 1982. "The Significance of Food Storage among Hunter-gatherers: Residence Patterns, Population Densities, and Social Inequalities." *Current Anthropology* 23(5):523–337.

Thomas, D. H. 1986. *Refiguring Anthropology.* Prospect Heights, IL: Waveland Press.

Thorne, A. G., and M. Wolpoff. 1981. "Regional Continuity and Australasian Pleistocene Hominid Evolution." *American Journal of Physical Anthropology* 55:337–49.

Tobias, P. 1980. "A Study and Synthesis of the African Hominids of the Later Tertiary and Early Quaternary Periods." In *Current Arguments on Early Man,* ed. L. K. Konigsson. Oxford: Pergamon Press.

Tooby, J. 1987. "Comment on 'Characteristics of the Early Hominid Scavenging Niche', by R. J. Blumenschine." *Current Anthropology* 28(4):383–407.

Tooby, J., and I. DeVore. 1987. "The Reconstruction of Hominid Behavioral Evolution through Strategic Modeling." In *The Evolution of Human Behavior: Primate Models*, ed. W. G. Kinzey. Albany, NY: State University of New York Press.

Toth, N. 1985. "The Oldowan Reconsidered: A Close Look at Early Stone Artifacts." *Journal of Archaeological Science* 12:101– 20.

———. 1993. "Review of W. McGrew. 1992. *Chimpanzee Material Culture: Implications for Human Evolution.*" *Current Anthropology* 34(5):791–92.

Townsend, P. K. 1971. "New Guinea Sago Gatherers: A Study of Demography in Relation to Subsistence." *Ecology of Food and Nutrition* 1:19–24.

Van den Berghe, P. L. 1972. "Sex Differentiation and Infant Care: A Rejoinder to Sharlotte Neely Williams." *American Anthropologist* 74:770–72.

van Lawick-Goodall, J. 1968. "The Behavior of Free-living Chimpanzees in the Gombe Stream Area." *Animal Behavior Monographs* 1:161–311.

———. "Some Aspects of Aggressive Behavior in a Group of Free-living Chimpanzees." *International Social Science Journal* 23:89–97.

———. 1973. "The Behavior of Chimpanzees in Their Natural Habitat." *American Journal of Psychiatry* 130:1–12.

Vertes, L. 1965. "Typology of the Buda Industry: A Pebble-tool Industry from the Hungarian Lower Paleolithic." *Quaternaria* 7:185–95.

Von Koenigswald, G. H. R. 1975. "Early Man in Java: Catalogue and Problems." In *Australopithecus Paleoanthropology: Morphology and Paleoecology*, ed. R. H. Tuttle. The Hague: Mouton.

Vrba, E. S., and N. Eldredge. 1984. "Individuals, Hierarchies, and Process: Towards a More Complete Evolutionary Theory." In *Paleobiology* 10:146–71.

Washhburn, S. L. 1968. "Discussion." In *Man the Hunter*, eds. R. Lee and I. DeVore. Chicago: Aldine.

Washburn, S. L., and R. L. Ciochon. 1974. "Canine Teeth: Notes on Controversies in the Study of Human Evolution." *American Anthropologist* 76:765–84.

Wheatley, B. P. 1988. "Cultural Behavior and Extractive Foraging in *Macaca fascicularis*." *Current Anthropology* 29(3):516–19.

White, L. 1949. *The Science of Culture*. New York: Grove Press.

White, T., D. Johanson, and W. Kimbell. 1981. "*Australopithecus africanus*: Its Phyletic Position Reconsidered." *South African Journal of Science* 77:445–70.

Wilmsen, E. 1989. *Land Filled with Flies: A Political Economy of the Kalahari*. Chicago: University of Chicago Press.

Wolpoff, M. 1971. "Vertesszollos and the Prespiens Theory." *American Journal of Physical Anthropology* 35:209–16.

———. 1982. "*Ramapithecus* and Hominid Origins." *Current Anthropology* 23(5):501–22.

———. 1994. "How Does Evolution Work?" *Evolutionary Anthropology* 3(1):4–5.

Wolpoff, M., Xinzhi Wu, and A. G. Thorne. 1984. "Modern *Homo sapiens* Origins: A General Theory of Hominid Evolution Involving the Fossil Evidence from East Asia." In *The Origins of Modern Humans: A World Survey of the Fossil Evidence*, eds. F. H. Smith and F. Spencer. New York: A. R. Liss.

Wood, B. 1987. "Who Is the 'Real' *Homo habilis*?" *Nature* 327:187–88.

Woodburn, J. 1982. "Egalitarian Societies." *Man* (NS)17:431– 51.

Yellen, J. E. 1976. "Settlement Patterns of the !Kung: An Archeological Perspective." In *Kalahari Hunter-Gatherers: Studies of the !Kung San and Their Neighbors*, eds. R. Lee and I. Devore. Cambridge, MA: Harvard University Press.

Zeleznik. S., A. W. Grele, J. Pollack, and I. Aloni. 1989. "On Systematic Butchery by Plio/Pleistocene Hominids." *Current Anthropology* 29(1):151–53.

Zihlman, A., and J. Lowenstein. 1982. "Comment on M. Wolpoff, '*Ramapithecus* and Hominid Origins.' " *Current Anthropology* 23(5):502–22.

4장

Aiello, L. C. 1993. "The Fossil Evidence for Modern Human Origins in Africa: A Revised View." *American Anthropologist* 95:73–96.

Aiello, L. C., and R. I. M. Dunbar. 1993. "Neocortex Size, Group Size, and the Evolution of Language." *Current Anthropology* 34:184–92.

Ambrose, S. H. 1994. "Technological Change, Volcanic Winter, and Genetic Evidence for the Spread of Modern Humans from Africa." Presented at the Third Annual Meeting of the Paleoanthropology Society. Anaheim, CA, April, 19–20.

Arens, W. 1979. *The Man-Eating Myth.* New York: Oxford University Press.

Arsuaga, J-L., I. Martinez, A. Garcia, J-M. Carretero, and E. Carbonell. 1993. "Three New Human Skulls from the Sima de los Huesos Middle Pleistocene Site in Sierra de Atapuerca, Spain." *Nature* 362:534–37.

Arsuaga, J-L., J-M. Bermúdez de Casto, and E. Carbonell. 1994. "La Sierra de Atapuerca: Los Homínidos y sus actividades." *Revista de Arqueología* 15:12–25.

Asfaw, B., Y. Beyene, G. Suwa, R. C. Walter, T. D. White, G. WoldeGabriel, and T. Yemane. 1992. "The Earliest Acheulean from Konso-Gardula." *Nature* 360:732–35.

Baffier, D., and M. Julien. 1990. "L'Outillage en Os des Niveaux Châteloerroniens d'Arcy-sur-Cure (Yonne). In *Paléolithique Moyen Récent et Paléolithique Supérieur Ancien en Europe,* ed. C. Farizy. Mémoires du Musée de Préhistoire d'Ile de France 3, Nemours, pp. 329–34.

Bahn, P. G. 1994. "New Advances in the Field of Ice Age Art." In *Origins of Anatomically Modern Humans,* eds, M. H. Nitecki and V. Nitecki. New York: Plenum Press.

Bahn, P., and J. Vertus. 1988. *Images of the Ice Age.* New York: Viking Press.

Barfield, L. 1994. "The Iceman Reviewed." *Antiquity* 68(258):10–26.

Barnard, A. 1983. "Contemporary Hunter-Gatherers: Current Theoretical Issues in Ecology and Social Organization." *Annual Review of Anthropology* 12:193–214.

Bar-Yosef, O. 1975. "Archaeological Occurrences in the Middle Pleistocene of Israel." In *After the Australopithecines,* eds. K. W. Butzer and G. L. Isaac. The Hague: Mouton.

———. 1980. "Prehistory of the Levant." *Annual Review of Anthropology* 9:101–33.

———. 1994a. "The Lower Paleolithic of the Near East." *Journal of World Prehistory* 8:211–65.

———. 1994b. "The Contributions of Southwest Asia to the Study of Origin of Modern Humans." In *Origins of Anatomically Modern Humans,* eds. M, H. Nitecki and V. Nitecki. New York: Plenum Press.

Bar-Yosef, O., and N. Goren-Inbar. 1993. "The Lithic Assemblages of 'Ubeidiya: A Lower Paleolithic Site in the Jordan Valley." *Qedem* (Jerusalem) 45:1–266.

Bar-Yosef, O., and B. Vandermeersch. 1993. "Modern Humans in the Levant." *Scientific American* April:94–100.

Bar-Yosef, O., B. Vandermeersch, B. Arensburg, P. Goldberg, H. Laville, L. Meignen, Y. Rak, E. Tchernov, and A. Tillier. 1986. "New Data on the Origin of Modern Man in the Levant." *Current Anthropology* 27(1):63–65.

Bar-Yosef, O., M. Arnold, A. Belfer-Cohen, P. Goldberg, R. Housley, H. Laville, L. Meignen, N. Mercier, J. C. Vogel, and B. Vandermeersch. 1995. "The Dating of the Upper Paleolithic Layers in Kebara Cave, Mt. Carmel." *Journal of Archaeological Science* 22.

Bednarik, R. G. 1992. "Paleoart and Archaeological Myths." *Cambridge Archaeological Journal* 2:27–43.

Bellwood, P. 1986. *The Prehistory of the Indo-Malaysian Archipelago.* Orlando, FL: Academic Press.

———. 1987. "The Prehistory of Island Southeast Asia: A Multidisciplinary Review of Recent Research." *Journal of World Prehistory* 1(2):171–224.

Bender, M. 1983. "Comment on G. Krantz (*CA* 21:773–79)." *Current Anthropology* 24(1):113.

Berger, T. D., and E. Trinkhaus. 1995. "Patterns of Traumas among the Neandertals." *Journal of Archaeological Science* 22 (in press).

Binford, L. R. 1968. "Post-Pleistocene Adaptations." In *New Perspectives in Archeology*, eds. L. Binford and S. Binford. Chicago: Aldine.

———. 1981. *Bones: Ancient Men and Modern Myth*. New York: Academic Press.

———. 1982. "Comment on Rethinking the Middle/Upper Paleolithic Transition." *Current Anthropology* 23:177–81.

———. 1984. *Faunal Remains from Klasies River Mouth*. New York: Academic Press.

———. 1985. "Human Ancestors: Changing Views of Their Behavior." *Journal of Anthropological Archaeology* 4(4):292–327.

———. 1986. "Reply to J. F. Thackeray ('Further Comment on Fauna from Klasies River Mouth," *Current Anthropology* 27(5):511–12)." *Current Anthropology* 27(1):57–62.

———. 1990. "Isolating the Transition to Cultural Adaptations: An Organizational Approach." In *Emergence of Modern Humans: Biocultural Adaptations in the Later Pleistocene*, ed. E. Trinkhaus. New York: Cambridge University Press.

Binford, L. R., and S. Binford. 1966. "A Preliminary Analysis of Functional Variability in the Mousterian of Levallois Facies." In *Recent Studies in Paleoanthropology* (*American Anthropologist* special publication), pp. 238–95.

Binford, L., and N. Stone. 1986. "Zhoukoudian: A Closer Look." *Current Anthropology* 27(5):453–75.

Bischoff, J. L., R. Julià, and R. Mora. 1988. "Uranium-Series Dating of the Mousterian Occupation at Abric Romani, Spain." *Nature* 332:668–70.

Bischoff, J. L., K. Ludwig, J. Francisco Garcia, E. Carbonell, M. Vaquero, T. W. Stafford, and A. J. T. Jull. 1994. "Dating of the Basal Aurignacian Sandwich at Abric Romani (Catalunya, Spain) by Radiocarbon and Uranium-series." *Journal of Archaeological Science* 21:541–51.

Boaz, N. T. 1982. "Comment on F. H. Smith 'Upper Pleistocene Hominid Evolution in South-Central Europe: A Review of the Evidence and Analysis of Trends.'" *Current Anthropology* 23(6):667–703.

Bordes, F. 1961a. *Typologie du paleolithique ancien et moyen*. Bordeaux: Publication de l'Institut de Prehistoire de l'Universite de Bordeaux.

———. 1961b. "Mousterian Cultures in France." *Science* 134:803–10.

———. 1968. *The Old Stone Age*. London: Weidenfeld & Nicholson.

———. 1972. *A Tale of Two Caves*. New York: Harper & Row.

———. 1978. "Typological Variability in the Mousterian Layers at Pech de l'Aze II and IV." *Journal of Anthropological Research* 34:181–93.

Bordes, F., and D. de Sonneville-Bordes. 1970. "The Significance of Variability in Paleolithic Assemblages." *World Archaeology* 2:61–73.

Boule, M. 1923. *Les Hommes Fossiles: Elements de Paleontologie Humaine*, 2nd Ed. Paris: Masson et Cie.

Boule, M. and H. Vallois. 1932. *Fossil Men*. London: Thames and Hudson.

Bowcock, A. M., A. Ruiz-Linares, J. Tomfohrde, E. Minch, K. R. Kidd, and L. L. Cavalli-Sforza. 1994. "High Resolution of Human Evolutionary Trees with Polymorphic Microsatellites." *Nature* 368:455–57.

Bowdler, J. M., R. Jones, and A. G. Thorne. 1970. "Pleistocene Human Remains from Australia: A Living Site and Human Cremation from Lake Mungo, Western New South Wales." *World Archaeology* 2:39–60.

Bower, B. 1988. "An Earlier Dawn for Modern Humans?" *Science News* 133:138.

Brace, C. L. 1964. "The Fate of the 'Classic' Neanderthals: A Consideration of Human Catastrophism." *Current Anthropology* 5:3.

———. 1967. *The Stages of Human Evolution: Human and Cultural Origins*. Englewood Cliffs, NJ: Prentice-Hall.

———. 1975. "Review of *Shanidar: The First Flower People*, by R. Solecki." *Natural History* 80:82–86.

Brace, C. L., D. P. Tracer, L. Allen Yaroch, J. Robb, K. Brandt, and A. Russel Nelson. 1993. "Clines and Clusters Versus 'Race': A Test in Ancient Egypt and the Care of a Death on the Nile." *Yearbook of Physical Anthropology* 36:1–31.

Bräuer, G. 1992. "Africa's Place in the Evolution of *Homo sapiens.*" In *Continuity or Replacement: Controversies in* Homo sapiens *Evolution*, eds. G. Bräuer and F. H. Smith. Rotterdam: A. A. Balkema.

Brennan, M. U. 1991. *Health and Disease in the Middle and Upper Paleolithic of Southwestern France: A Bioarchaeological Study*, Ph.D. Dissertation. New York University, New York.

Bricker, H. 1976. "Upper Paleolithic Archaeology." *Annual Review of Anthropology* 5:133–48.

Brooks, A. S., D. M. Helgren, J. S. Cramer, A. Franklin, W. Hornyak, J. M. Keating, R. G. Klein, W. J. Rink, H. P. Schwarcz, J. N. L. Smith, K. Stewart, N. E. Todd, J. Verniers, and J. E. Yellen. 1995. "Dating and Context of Three Middle Stone Age Sites with Bone Artifacts in the Upper Semliki Valley, Zaire." *Science* 268:548–52.

Brose, D., and M. Wolpoff. 1971. "Early Upper Paleolithic Man and Late Paleolithic Tools." *American Anthropologist* 73:1156.

Brothwell, D. 1961. "Upper Pleistocene Human Skull from Niah Caves, Sarawak." *Sarawak Museum Journal* 9:323.

Butzer, K. W., and G. L. Isaac, eds. 1975. *After the Australopithecines.* The Hague: Mouton.

Campbell, B. 1985. *Humankind Emerging*, 3rd Ed. Boston: Little, Brown.

Cann, R. L., Rickards, O., and J. K. Lum. 1995. "Mitochondrial DNA and Human Evolution: Our One Lucky Mother." In *Origins of Anatomically Modern Humans*, eds, M, H. Nitecki and V. Nitecki. New York: Plenum Press.

Cann, R. L., M. Stoneking, and A. C. Wilson. 1987. "Mitochondrial DNA and Human Evolution." *Nature* 325:31–36.

Carbonell, E., J. M. Bermudez de Castro, J. L. Arsuaga, J. C. Diez, A. Rosas, G. Cuenva-Bescos, R. Sala, M. Mosquera, and X. Rodríguez. 1995. "Lower Pleistocene Hominids and Artefacts from Atapuerca-TD6 (Spain)." *Science* 269:826–30.

Carlisle, R. C., and M. I. Siegel. 1974. "Some Problems in the Interpretation of Neanderthal Speech Capabilities. A Reply to Lieberman." *American Anthropologist* 76:319–22.

Cavalli-Sforza, L. L., P. Menozzi, and A. Piazza. 1994. *The History and Geography of Human Genes.* Princeton, NJ: Princeton University Press.

Chase, P. G. 1986. *The Hunters of Combe Grenal: Approaches to Middle Paleolithic Subsistence in Europe.* Oxford: BAR International Series 286.

Chase, P. G., and H. L. Dibble. 1987. "Middle Paleolithic Symbolism: A Review of Current Evidence and Interpretations." *Journal of Anthropological Archaeology* 6:263–96.

Chazan, M. 1995. "The Language Hypothesis for the Middle-to-Upper Paleolithic Transition: An Examination Based on a Multiregional Lithic Analysis." *Current Anthropology* 36(5):749–68.

———. 1992. "Scientific Archaeology and the Origins of Symbolism: A Reply to Bednarik." *Cambridge Archaelogical Journal* 2:43–51.

Clark, G. A., ed. 1991. *Perspectives on the Past: Theoretical Biases in Mediterranean Hunter-Gatherer Research.* Philadelphia: University of Pennsylvania Press.

———. 1992. "Continuity or Replacement? Putting Modern Human Origins in Evolutionary Context." In *The Middle Paleolithic*, eds. H. L. Dibble and P. A. Mellars. Philadelphia: University of Pennsylvania Museum.

Clark, G. A., and J. Lindly. 1991. "On Paradigmatic Biases and Paleolithic Research Traditions." *Current Anthropology* 32:577–87.

Combier, J. 1988. "Témoins Moustériens d'Activités Volontaires." In *De Néandertal à Cro-Magnon*, eds. J-B. Roy and A-S. LeClerc. Musée de Prehistoire d'Ile de France, Nemours, pp. 69–72.

Conkey, M. 1980. "The Identification of Prehistoric Hunter-Gatherer Aggregation Sites: The Case of Altamira." *Current Anthropology* 21:609–30.

————. 1987. "New Approaches in the Search for Meaning? A Review of Research in 'Pale-
olithic Art.' " *Journal of Field Archaeology* 14(4):413–30.

Conroy, 1990.

Coon, C. S. 1981. *Races: A Study of The Problems of Race Formation in Man.*

Davidson, I., and W. Noble. 1989. "The Archaeology of Perception: Traces of Depiction and
Language." *Current Anthropology* 30:125–55.

Day, M. H. 1986. *Guide to Fossil Man*, 4th Ed. Chicago: University of Chicago Press.

De Beaune, S. A. 1987. "Paleolithic Lamps and Their Specialization: A Hypothesis." *Current
Anthropology* 28(4):569–77.

de Vos, J., P. Sondaar, and C. Swisher. 1994. "Dating Hominid Sites in Indonesia." *Science*
266:1726–27.

Deacon, H. J. n.a. South African Archaeological Bulletin.

————. 1992. *The Origins of Modern People: The Evidence from Klasies River.*

Dubois, E. 1921. "The Proto-Australian Fossil Man of Wadjak, Java." *Proceedings: Koninklijke
Nederlandse Akademie van Wetenschappen* 23:1013.

Dzaparidze, V., G. Bosinki, T. Bugianisvili, L. Gabunia, A. Justus, N. Kloptovskaja, E.
Kvavadze, D. Lordkipanidze, G. Majsuradze, N. Megladze, M. Niodardze, E.
Pavlenisvili, H-U. Schmincke, D. Sologasvili, D. Tusabramisvili, M. Tvalcrelidze, and
A. Vekua. 1992. "Der Altpaläolithische Fundplatz Dmanisi in Georgien (Kaukasus)."
Jahrbuch des Römisch-Germanischen Zentralmuseums Mainz 6:67–116.

Edey, M. A., and Editors of Time-Life. 1972. *The Missing Link*. New York: Time-Life.

Falk, D. 1975. "Comparative Anatomy of the Larynx in Man and the Chimpanzee: Implica-
tions for Language in Neanderthal." *American Journal of Physical Anthropology*
43:123–32.

Farb, P., and G. Armelagos. 1980. *Consuming Passions*. Boston: Houghton Mifflin.

Farizy, C. 1990. "The Transition from Middle to Upper Palaeolithic at Arcy-sur-Cure (Yonne,
France): Technological, Economic and Social Aspects." In *The Emergence of Modern
Humans*, ed. P. Mellars. Ithaca, NY: Cornell University Press.

————. 1994. "Behavioral and Cultural Changes at the Middle to Upper Paleolithic Transi-
tion in Western Europe." In *Origins of Anatomically Modern Humans*, eds. M. H.
Nitecki and V. Nitecki. New York: Plenum Press.

Ferraro, G., W. Trevatham, and J. Levy. 1994. *Anthropology. An Applied Perspective*. St. Paul,
MN: West Publishing Company.

Fisher, E. 1979. *Woman's Creation*. New York: McGraw-Hill.

Foley, R., ed. 1984. *Hominid Evolution and Community Ecology*. London: Academic.

————. 1987. "Hominid Species and Stone-tool Assemblages: How Are They Related?" *An-
tiquity* 61:380–92.

Frankel, D. 1991. Remains to be Seen: Archaeological Inisghts into Australian Prehistory. Mel-
bourne: Longman Cheshire.

Frayer, D. W. 1981. "Body Size, Weapons Use, and Natural Selection in the European Up-
per Paleolithic and Mesolithic." *American Anthropologist* 83:57–73.

————. 1986. "Cranial Variation at Mladec and the Relationship between Mousterian and Up-
per Paleolithic Hominids." *Anthropos* 23:243–56.

Frayer, D. W., and M. H. Wolpoff. 1993. "Comment on 'Glottogenesis and Modern *Homo
sapiens*' (R. G. Milo and D. Quiatt)." *Current Anthropology* 34(5):582–584.

Frayer, D. W., M. Wolpoff, A. G. Thorne, F. H. Smith, and G. G. Pope. 1993. "Theories of
Modern Human Origins: The Paleontological Test." *American Anthropologist* 95:14–50.

————. 1994. "Getting It Straight." *American Anthropologist* 96:424–38.

Freeman, L. G. 1975. "Acheulian Sites and Stratigraphy in Iberia and the Maghreb." In *After
the Australopithecines*, eds. K. W. Butzer and G. L. Isaac. The Hague: Mouton.

————. 1994. "Torralba and Amrbona: A Review of Discoveries." In *Integrative Paths to the
Past: Paleoanthropological Advances in Honor of F. Clark Howell*, eds. R. S. Corruccini

and R. L. Ciochon. Englewood Cliffs, NJ: Prentice-Hall.

Freeman, M. 1971. "A Social and Economic Analysis of Systematic Female Infanticide." *American Anthropologist* 73:1011–18.

Frolov, B. A. 1978–1979. "Numbers in Paleolithic Graphic Art and the Initial Stages of Development of Mathematics." *Soviet Anthropology and Archeology* 17:41–74.

Gabow, S. L. 1977. "Population Structure and the Rate of Hominid Brain Evolution." *Journal of Human Evolution* 6:643–65.

Gabunia, L., and A. Vekua. 1995. "A Plio-Pleistocene Hominid from Dmanisi, Georgia." *Nature* 373:509–12.

Gambier, D. 1989. "Fossil Hominids from the Early Upper Paleolithic (Auignacian) of France." In *The Human Revolution: Behavioral and Biological Perspectives on the Origins of Modern Humans*, eds. P. Mellars and C. B. Stringer. Edinburgh: Edinburgh University Press.

Gamble, C. 1986. *The Palaeolithic Settlement of Europe.* Cambridge, England: Cambridge University Press.

———. 1994. Gamble, C. 1994. *Timewalkers: The Prehistory of Global Colonization.* Cambridge, MA: Harvard University Press.

Gargett, R. H. 1989. "Grave Shortcomings: The Evidence for Neanderthal Burial." *Current Anthropology* 30(2):157–90.

Garn, S., and W. Block. 1970. "The Limited Nutritional Value of Cannibalism." *American Anthropologist* 72:106.

Gee, H. 1995. "New Hominid Remains found in Ethiopia." *Nature* 373:272.

Gisis, I., and O. Bar-Yosef. 1974. "New Excavations in Zuttiyeh Cave, Wadi Amud, Israel." *Paléorient* 2:175–80.

Goebel, T. 1995. "The Record of Human Occupation of the Russian Subarctic and Arctic." *Byrd Polar Research Center Miscellaneous Series* M-335:41–46.

Goren-Inbar, N., S. Belitsky, K. Verosub, E. Werker, M. Kislev, A. Heimann, I. Carmi, and A. Rosenfeld. 1992. "New Discoveries at the Middle Pleistocene Acheulian Site of Gesher Benot Ya"aqov, Israel." *Quarternary Research* 38:117–28.

Gould. S. J. 1980. *The Panda's Thumb.* New York: Norton.

———. 1989. *Wonderful Life.* New York: W.W. Norton.

Grine, F. E. 1988. "Evolutionary History of the "Robust" Australopithecines: A Summary and Historical Perspective." In *The Evolutionary History of the Robust Australopithecines*, ed. F. E. Grine. New York: Aldine de Gruyter.

Gron, O. 1987. "Seasonal Variation in Maglemosian Group Size and Structure." *Current Anthropology* 28(3):303–27.

Groves, C. P. 1989. *A Theory of Human and Primate Evolution.* Oxford: Clarendon Press.

———. 1992. "The Origin of Modern Humans." *Interdisciplinary Science Reviews* 19:23–34.

Halverson, J. 1987. "Art for Art's Sake in the Paleolithic." *Current Anthropology* 28(1):63–89.

Harpending, H. 1994. "Gene Frequencies, DNA Sequences, and Human Origins." *Perspectives in Biology and Medicine* 37:384–94.

Harrold, F. B. 1989. "Mousterian, Châtelperronian, and Early Aignacian in Western Europe: Continuity or Discontinuity." In *The Human Revolution: Behavioral and Biological Perspectives on the Origins of Modern Humans*, eds. P. Mellars and C. B. Stringer. Edinburgh: Edinburgh University Press.

Hayden, B. 1993. "The Cultural Capacities of the Neandertals: A Review and Re-Evaluation." *Journal of Human Evolution* 24:113–46.

Haynes, C. V. 1992. "Contributions of Radiocarbon Dating to the Geochronology of the Peopling of the New World." In *Radiocarbon After Four Decades*, eds. R. E. Taylor, A. Long, and R. S. Kra. New York: Springer-Verlag.

Herrnstein, R. J. and C. Murray. 1996. *The Bell Curve. Intelligence and Class Structure in American Life.* New York: Simon and Schuster.

Hodder, I. 1986. *Reading the Past: Current Approaches to Interpretation in Archaeology.* Cambridge,

England: Cambridge University Press.

Hoffecker, J. G., W. R. Powers, and T. Goebel. 1993. "The Colonization of Beringia and the Peopling of the New World." *Science* 259:46–53.

Holloway, R. L., Jr. 1989. "Comment on 'On Depiction and Language.' " *Current Anthropology* 30(3):331–32.

Howell, F. C. 1961. "Isimila: A Paleolithic Site in Africa." *Scientific American* 205:118–31.

———. 1965. *Early Man*. New York: Time-Life.

———. 1966. "Observations on the Earlier Phases of the European Lower Paleolithic." *American Anthropologist* 68(2)(pt.2):88–201.

———. 1994. "A Chronostratigraphic and Taxonomic Framework of the Origin of Modern Humans." In *Origins of Anatomically Modern Humans*, eds., M. H. Nitecki and V. Nitecki. New York: Plenum Press.

Howells, W. W. 1975. "Neanderthal Man: Facts and Figures." In *Australopithecus Paleoanthropology: Morphology and Paleoecology*, ed. R. H. Tuttle. The Hague: Mouton.

Hublin, J-J. 1990. "Les Peuplements Paléolithiques de'Europe: Un Point de Vue Géographique." In *Paléolithique Moyen Récent et Paléolithique Supérieur Ancien en Europe*, ed. C. Farizy. Mémoires du Musée de Préhistoire d'Ile de France 3, Nemours, pp. 29–37.

Isaac, G. 1975. "Sorting Out the Muddle in the Middle—An Anthropologist's Post-Conference Appraisal." In *After the Australopithecines*, eds. K. W. Butzer and G. Isaac. The Hague: Mouton.

———. 1984. "The Archaeology of Human Origins: Studies of the Lower Palaeolithic in East Africa, 1971–1981." *Advances in World Archaeology* 3:1–89.

James, S. R. 1989. "Hominid Use of Fire in the Lower and Middle Pleistocene: A Review of the Evidence." *Current Anthropology* 30(1):1–26.

Jelinek, A. J. 1982a. "The Tabun Cave and Paleolithic Man in the Levant." *Science* 216:1369–75.

———. 1982b. "The Middle Palaeolithic in the Southern Levant, with Comments on the Appearance of Modern *Homo sapiens*." In *The Transition from Lower to Middle Palaeolithic and Origin of Modern Man*, ed. A. Ronen. Oxford: BAR International Series 151.

———. 1994. "Hominids, Energy, Environment, and Behavior in the Late Pleistocene." In *Origins of Anatomically Modern Humans*, eds., M. II. Nitecki and V. Nitecki. New York: Plenum Press.

Jones, R. 1990. "From Kakadu to Kutikina: The Southern Continent at 18,000 Years Ago." In *The World at 18,000 BP: Low Latitudes*, eds. C. Gamble and O. Soffer. London: Unwin Hyman.

Jorgensen, G. 1977. "A Contribution of the Hypothesis of a Little More Fitness of Blood Group O." *Journal of Human Evolution* 6:741–44.

Kimble, W. H., D. C. Johanson, and Y. Rak. 1994. "The First Skull and Other New Discoveries of *Australopithecus afarensis* at Hadar, Ethiopia." *Nature* 368:449–51.

Klein, R. G. 1973. *Ice-Age Hunters of the Ukraine*. Chicago: University of Chicago Press.

———. 1978. "Stone Age Predation of Large African Bovids." *Journal of Archaeological Science* 5:195–217.

———. 1987. "Reconstructing How Early People Exploited Animals: Problems and Prospects." In *The Evolution of Human Hunting*, eds. M. H. Nitecki and D. V. Nitecki. New York: Plenum Press.

———. 1988. "The Causes of 'Robust' Australopithecine Extinction." In *The Evolutionary History of the Robust Australopithecines*, ed. F. E. Grine. New York: Aldine de Gruyter.

———. 1989. *The Human Career*. Chicago: University of Chicago Press.

———. 1994. "Southern Africa Before the Iron Age." In *Integrative Paths to the Past: Paleoanthropological Advances in Honor of F. Clark Howell*, eds. R. S. Corruccini and R. L. Ciochon. Englewood Cliffs, NJ: Prentice-Hall.

――――. 1995. "Anatomy, Behavior, and Modern Human Origins." *Journal of World Prehistory* 9(2):167–98.

――――. Personal communication.

Kuhn, S. L. 1989. "Projectile Weapons and Investment in Food Procurement Technology during the Middle Paleolithic (abstract)." *American Journal of Physical Anthropology* 78:257.

Kuzmin, Y. V. 1994. "Prehistoric Colonization of Northeastern Siberia and Migration to America: Radiocarbon Evidence." *Radiocarbon* 36:367–76.

Lahr, M. M. 1994. "The Multiregional Model of Modern Human Origins: A Reassessment of its Morphological Basis." *Journal of Human Evolution* 26:23–56.

Larichev, V., U. Khol'ushkin, and I. Laricheva. 1987. "Lower and Middle Paleolithic of Northern Asia: Achievements, Problems, and Perspectives." *Journal of World Prehistory* 1(4):415–64.

Laville, H., Rigaud J.-P., and J. Sackett. 1980. *Rock Shelters of the Perigord*. New York: Academic Press.

Leakey, L. S. 1951. *Olduvai Gorge, 1931–1951*. Cambridge, England: Cambridge University Press.

Leakey, M. D. 1975. "Cultural Patterns in the Olduvai Sequence." In *After the Australopithecines*, eds. K. W. Butzer and G. L. Isaac. The Hague: Mouton.

Leroi-Gourhan, A. 1965. *Treasures of Palaeolithic Art*. New York: Abrams.

――――. 1968. "The Evolution of Paleolithic Art." *Scientific American* 209(2):58–74.

――――. 1982. *The Dawn of European Art*. Cambridge, England: Cambridge University Press.

Leveque, F., A. M. Backer, and M. Guilband, eds. 1993. *Context of a Late Neandertal: Implications of Multidisciplinary Research for the Transition to Upper Paleolithic Adaptations at Saint-Cesaire, Charente-Maritime, France*. Madison, WI: Prehistory Press.

Leveque, F., and B. Vandermeersch. 1980. "Les Decouvertes de Restes Humains dans un Horizon Castelperronien de Saint-Cesaire (Charente-Maritime)." *Bulletin de la Societe Prehistorique Francaise* 77:35.

Lewin, R. 1987. "Debate over Emergence of Human Tooth Pattern." *Nature* 235:748–50.

Lewis-Williams, J. D., and T. A. Dowson. 1988. "The Signs of All Times: Entopic Phenomena in Upper Paleolithic Art." *Current Anthropology* 29(2):201–46.

Lieberman, D. E. 1995. "Testing Hypotheses about Recent Human Evolution from Skulls." *Current Anthropology* 36:159–97.

Lieberman, L., and F. L. C. Jackson. 1995. "Race and Three Models of Human Origin." *American Anthropologist* 97(2):231–42.

Lieberman, P. E. 1991. *Uniquely Human: The Evolution of Speech, Thought, and Selfless Behavior*. Cambridge, MA: Harvard University Press.

Lieberman, P. E., and E. S. Crelin. 1971. "On the Speech of Neanderthals." *Linguistic Inquiry* 2:203–22.

Lieberman, P. E., E. S. Crelin, and D. H. Klatt. 1972. "Phonetic Ability and Related Anatomy of the Newborn and Adult Human, Neanderthal Man, and the Chimpanzee." *American Anthropologist* 74:287.

Lindly, J. M., and G. A. Clark. 1990. "Symbolism and Modern Human Origins." *Current Anthropology* 31:233–40.

Littlefield, A., L. Lieberman, and L. T. Reynolds. 1982. "Redefining Race: The Potential Demise of a Concept in Physical Anthropology." *Current Anthropology* 23(6):641–55.

Lourandos, H. 1987. "Pleistocene Australia: Peopling a Continent." In *The Pleistocene Old World: Regional Perspectives*, ed. O. Soffer. New York: Plenum.

Lovejoy, O., and E. Trinkhaus. 1980. "Strength of Robusticity of the Neanderthal Tibia." *American Journal of Physical Anthropology* 53:465–70.

Luguet, G. 1930. *The Art and Religion of Fossil Man*. New Haven: Yale University Press.

Lumley, H. de. 1969a. "A Paleolithic Camp at Nice." *Scientific American* 225:42–59.

――――. 1969b. *Le Paleolithique Inferieur et Moyen du Midi Mediterraneen dans son Cadre Ge-*

ologique, Vol. 1: Ligurie Provence. Paris: Editions du Centre National de La Recherche Scientifique.

———. 1971. *Le Paleolithique Inferieur et Moyen du Midi Mediterranean dans son Cadre Geologique, Vol. 2: Bas—Languedoc, Roussillon, Catalogue.* Paris: Editions du Centre National de la Recherche Scientifique.

———. 1975. "Cultural Evolution in France in Its Paleoecological Setting During the Middle Pleistocene." In *After the Australopithecines,* eds. K. W. Butzer and G. L. Isaac. The Hague: Mouton.

Lumley, H. de, and M. A. de Lumley. 1971. "Decouverte de restes humains anteneandertaliens dates du debut du Riss la Caune de l'Arago (Tautavel, Pyrenees-Orientales)." *Comptes Rendus de l'Academie des Sciences de Paris* 272:1739–42.

Lumley, M. A. de. 1973. *Anteneandertaliens et neandertaliens du Bassin Mediterraneen Occidental Europeen.* Etudes Quaternaires, Memoire n. 2. Universite de Provence.

———. 1975. "Ante-Neanderthals of Western Europe." In *Australopithecus Paleoanthropology: Morphology and Paleoecology,* ed. R. H. Tuttle. The Hague: Mouton.

McHenry, H. M. 1992. "How Big Were Early Hominids?" *Evolutionary Anthropology* 1:15–20.

———. 1994a. "Tempo and Mode in Human Evolution." *Proceedings of the National Academy of Sciences* 91:6780–86.

———. 1994b. "Behavioral Ecological Implications of Early Hominid Body Size." *Journal of Human Evolution* 27:77–87.

Marks, J. 1995. *Human Biodiversity: Genes, Race, and History.* Hawthorne, NY: Aldine de Gruyter.

Marshack, A. 1976. "Some Implications of the Paleolithic Symbolic Evidence for the Origins of Language." *Current Anthropology* 17:274–82.

———. 1984. "The Ecology and Brain of Two-Handed Bipedalism: An Analytic, Cognitive, and Evolutionary Assessment." In *Animal Cognition,* eds. H. Terrace, H. Roitblat, and T. Bever. Hillsdale, NJ: Lawrence Erlbaum.

———. 1991. "A Reply to Davidson on Mania and Mania." *Rock Art Research* 8:47–58.

Mellars, P. 1985. "The Ecological Basis of Social Complexity in the Upper Palaeolithic of Southwestern France. In *Prehistoric Hunter-Gatherers: The Emergence of Cultural Complexity,* eds. T. D. Price and J. Brown. Orlando, FL: Academic Press.

———. 1989. "Major Issues in the Emergence of Modern Humans." *Current Anthropology* 30:349–85.

———, ed. 1990. *The Emergence of Modern Humans.* Ithaca, NY: Cornell University Press.

———. 1992. "Cognitive Changes and the Emergence of Modern Humans in Europe." *Cambridge Archaeological Journal* 1:63–76.

———. 1993. "Archaeology and the Population-Dispersal Hypothesis of Modern Human Origins in Europe." In *The Origin of Modern Humans and the Impact of Chronometric Dating,* eds. M. J. Aitken, C. B. Stringer, and P. A. Mellars. Princeton, NJ: Princeton University Press.

Mellars, P., and C. Stringer, eds. 1989. *The Human Revolution,* Vol. 1. Princeton, NJ: Princeton University Press.

Mellars, P. A., H. M. Bricker, J. A. Gowlett, and E. E. M. Hedges. 1987. "Radiocarbon Accelerator Dating of French Upper Paleolithic Sites." *Current Anthropology* 28(1):128–33.

Melnick, D. J., and G. A. Hoelzer. 1993. "What Is mtDNA Good for in the Study of Primate Evolution?" *Evolutionary Anthropology* 2(1):2–10.

Meltzer, D. J. 1993. "Pleistocene Peopling of the Americas." *Evolutionary Anthropology* 1:157–69.

Mercier, N., and H. Valladas. 1994. "Thermoluminescence Dates for the Paleolithic Levant." In *Late Quaternary Chronology and Paleoclimates of the Eastern Mediterranean,* eds. O. Bar-Yosef and R. S. Kra. Tucson: Radiocarbon.

Milo, R. G., and D. Quiatt. 1994. "Language in the Middle and Late Stone Ages: Glottogenesis in Anatomically Modern *Homo sapiens.*" In *Hominid Culture in Primate Perspective,* eds. D. Quiatt and J. Itani. Niwot, CO: University Press of Colorado.

Mountain, J. L., A. A. Lin, A. M. Bowcock, and L. L. Cavalli-Sforza. 1993. "Evolution of Modern Humans: Evidence from Nuclear DNA Polymorphisms." In *The Origin of Modern Humans and the Impact of Chronometric Dating*, eds. M. J. Aitken, C. B. Stringer, and P. A. Mellars. Princeton, NJ: Princeton University Press.

Nitecki, M. H., and D. V. Nitecki, eds. 1995. *Origins of Anatomically Modern Humans*. New York: Plenum Press.

O'Connell, J. F., K. Hawkes, and N. Blurton-Jones. 1988. "Hadza Scavenging: Implications for Plio/Pleistocene Hominid Subsistence." *Current Anthropology* 29:356–63.

O'Kelley, M. J. 1988. *Early Ireland*. Cambridge, England: Cambridge University Press.

Olsen, J. W., and S. Miller-Antonio. 1992. "The Paleolithic in Southern China." *Asian Perspectives* 31:129–60.

Palmqvist, P., J. Gibert, J. A. Pérez-Claros, and J. L. Santamaría. 1995. "Comparative Morphometric Study of a Human Phalanx from the Lower Pleistocene Site of Cueva Victoria (Murcia, Spain) By Means of Fourier Analysis, Shape Coordinates of Landmarks, Principal and Relative Warps." *Journal of Archaeological Science* 22.

Parés, J. M., and A. Pérez-Gonzalez. 1995. "Paleomagnetic Age for Hominid Fossils at Atapuerca Archaeological Site, Spain." *Science* 269:830–32.

Pfeiffer, J. E. 1978. *The Emergence of Man*. New York: Harper & Row.

———. 1986. "Cro-Magnons Were Really Us, Working Out Strategies for Survival." *Smithsonian* (October):74–85.

Phillips, J. L. 1991. "Refitting, Edge-Wear and Chaînes Opératoires: A Case Study from Sinai." In *25 Ans d'Études Technologiques en Préhistoire, Centre de Recherches Archéologiques due CNRS*, 25:305–17. Sophia Antipolis: Éditions APDCA-Juan-les-Pins.

Pilbeam, D. 1975. "Middle Pleistocene Hominids." In *After the Australopithecines*, eds. K. W. Butzer and G. L. Isaac. The Hague: Mouton.

Poirier, F. E. 1973. *Fossil Man*. St. Louis: Mosby.

Pope, G. G. 1984. "The Antiquity and Palaeoenvironment of the Asian Hominidae." In *The Evolution of the East Asian Environment*, ed. R.O.I. Whyte. Hong Kong: Center of Asian Studies, University of Hong Kong.

———. 1989. "Bamboo and Human Evolution." *Natural History* 10:(89):49–56.

Prideaux, T., and the Editors of Time-Life. 1973. *Cro-Magnon Man*. New York: Time-Life.

Protsch, R. 1982. Public Lecture. Seattle.

Renfrew, C. 1988. "Archaeology and Language." *Current Anthropology* 29(3):437–68.

Rice, P. C., and A. L. Paterson. 1985. "Cave Art and Bones: Exploring the Interrelationships." *American Anthropologist* 87(1):94–100.

Rigaud, J. P. 1982. "Le Paleolithique en Perigord: Les Donnes du Sud-Ouest Sarladais et Leur Implications." Ph.D. Dissertation. France: University of Bordeaux.

Rightmire, P. 1990. *The Evolution of* Homo erectus. Cambridge: Cambridge University Press.

———. 1992. "*Homo erectus*: Ancestor of Evolutionary Side Branch?" *Evolutionary Anthropology* 1:43–49.

Roberts, D. F. 1953. "Body Weight, Race and Climate." *American Journal of Physical Anthropology* NS 11:533–58.

Roberts, M. B., Stringer, C. B., and Parfitt, S. A. 1994. "A Hominid Tibia from Middle Pleistocene Sediments at Boxgrove, UK." *Nature* 369:311–312.

Roberts, R. G., R. Jones, N. A. Spooner, M. J. Head, A. S. Murray, and M. A. Smith. 1994. "The Human Colonisation of Australia: Optical Dates of 53,000 and 60,000 Years Bracket Human Arrival at Deaf Adder Gorge, Northern Territory." *Quaternary Science Reviews* 13:575–86.

Roberts, R. G., et al. 1990. "Thermoluminsescence Dating of a 50,000-year-old Human Occupation Site in Northern Australia." *Nature* 345:153–156.

Roe, D. A. 1981. *The Lower and Middle Paleolithic Periods in Britain*. London: Routledge &

Kegan Paul.

Roebroeks, W. 1994. "Updating the Earliest Occupation of Europe." *Current Anthropology* 35:301–305.

Ronen, A., ed. 1982. "The Transition from Lower to Middle Palaeolithic and Origin of Modern Man." BAR International Series 151.

Rushton, J. P. 1994. *Race, Evolution, and Behavior: A Life History Perspective.* New Brunswick, NJ: Transaction Publishers.

Schick, K. D., and D. Zhuan. 1993. "Early Paleolithic of China and Eastern Asia." *Evolutionary Anthropology* 2(1):22–35.

Schwarcz, H. P. 1994. "Chronology of Modern Humans in the Levant." In *Late Quaternary Chronology and Paleoclimates of the Eastern Mediterranean*, eds. O. Bar-Yosef and R. S. Kra. Tucson: Radiocarbon.

Serge, A., and A. Asconzi. 1984. "Italy's Earliest Middle Pleistocene Hominid Site." *Current Anthropology* 25(2):230–235.

Sevink, J., E. H. Hebeda, H. N. Priem, and R. H. Verschure. 1981. "A Note on the Approximately 730,000-year-old Mammal Fauna and Associated Human Activity Sites near Isernia, Central Italy." *Journal of Archaeological Science* 8:105–6.

Shapiro, H. 1974. *Peking Man.* New York: Simon and Schuster.

Shea, J. J. 1988. "Spear Points from the Middle Paleolithic of the Levant." *Journal of Field Archaeology* 15(4):441–56.

Sherry, S. T., A. R. Rogers, H. Harpending, H. Soodyall, T. Jenkins, and M. Stoneking. 1994. "Mismatch Distributions of mtDNA Reveal Recent Human Population Expansions." *Human Biology* 66:671–75.

Shipman, P. 1983. "Early Hominid Lifestyle: Hunting and Gathering or Foraging and Scavenging?" In *Animals and Archaeology: Hunters and Their Prey*, eds. J. Clutton-Brock and C. Grigson. Oxford, England: British Archaeological Reports.

Sieveking, A. 1979. *The Cave Artists.* London: Thames & Hudson.

Sigmon, B. A. and J. S. Cybulski, eds. 1981. *Homo Erectus Papers in Honor of Davidson Black.* Toronto: University of Toronto Press.

Singer, R., and J. Wymer. 1982. *The Middle Stone Age at Klasies River Mouth in South Africa.* Chicago: University of Chicago Press.

Singer, R., B. Gladfelter, and J. Wymer. 1993. *The Lower Paleolithic Site at Hoxne, England.* Chicago: University of Chicago Press.

Smith, F. H. 1982. "Upper Pleistocene Hominid Evolution in South-Central Europe: A Review of the Evidence and Analysis of Trends." *Current Anthropology* 23(6):667–703.

———. 1994. "Samples, Species, and Speculations in the Study of Modern Human Origins." In *Origins of Anatomically Modern Humans*, eds., M. H. Nitecki and V. Nitecki. New York: Plenum Press.

Smith, F. H., and G. C. Ranyard. 1981. "Evolution of the Supraorbital Region in Upper Pleistocene Fossil Hominids from South-central Europe." *American Journal of Physical Anthropology* 53:589–610.

Smith, F. H., J. F. Simek, and M. S. Hamill. 1989. "Geographic Variation in Supraorbital Torus Reduction During the Later Pleistocene (c. 80,000-15,000 BP)." In *The Human Revolution: Behavioural and Biological Perspectives on the Origins of Modern Humans*, eds. P. Mellars and C. B. Stringer. Edinburgh: Edinburgh University Press.

Smith, F. H., and F. Spencer, eds. 1984. *The Origins of Modern Humans.* New York: A. R. Liss.

So, J. K. 1980. "Human Biological Adaptation to Arctic and Subarctic Zones." *Annual Review of Anthropology* 9:63–82.

Soffer, O. 1985. *The Upper Paleolithic of the Central Russian Plain.* New York: Academic Press.

———. 1987. "Upper Palaeolithic Connubia, Refugia, and the Archaeological Record from Eastern Europe." In *The Pleistocene Old World*, ed. O. Soffer, New York: Plenum Press.

———. 1990. "Before Beringia: Late Plesitocene Bio-social Transformations and the Colonization of Northern Eurasia." In *Chronostratigraphy of the Paleolithic in North, Central, East Asia and America*. Novosibirsk: Academy of Sciences of the USSR.

———. 1993. "Upper Palaeolityic Adaptations in Central and Eastern Europe and Man-Mammoth Interactions." In *From Kostenki to Clovis*, eds. O. Soffer and N. D. Praslov. New York: Plenum Press.

———. 1994. "Ancestral Lifeways in Eurasia—the Middle and Upper Paleolithic Records." In *Origins of Anatomically Modern Humans*, eds. M. H. Nitecki and D. V. Nitecki. New York: Plenum Press.

———, ed. 1987. *The Pleistocene Old World: Regional Perspectives*. New York: Plenum Press.

Soffer, O., and C. Gamble, eds. 1990. *The World in 18,000 B.P.* Edinburgh: Edinburgh University Press.

Soffer, O., and N. D. Praslov, ed. 1995. *From Kostenki to Clovis: Upper Paleolithic—Paleo-Indian Adaptations*. New York: Plenum Press.

Speth, J. D. 1990. "Seasonality, Resource Stress, and Food Sharing in So-Called 'Egalitarian' Foraging Societies." *Journal of Anthropological Archaeology* 9:148–88.

Spoor, F., B. Wood, and F. Zonneveld. 1994. "Implications of Early Hominid Labryinthine Morphology for Evolution of Human Bipedal Locomotion." *Nature* 369:645–48.

Stoneking, M. 1993. "DNA and Recent Human Evolution." *Evolutionary Anthropology* 2:60–73.

Straus, L. G. 1982. "Carnivores and Cave Sites in Cantabrian Spain." *Journal of Anthropological Research* 38:75–96.

———. 1993/1994. "Upper Paleolithic Origins and Radiocarbon Calibration: More New Evidence from Spain." *Evolutionary Anthropology* 2(6):195–98.

———. 1995. *Iberia before the Iberians: The Stone Age Prehistory of Cantabrian Spain*. Albuquerque: University of New Mexico Press.

Straus, W., and A. Cave. 1957. "Pathology and the Posture of Neanderthal Man." *Quarterly Review of Biology* 32:348.

Stringer, C. 1984. "Human Evolution and Biological Adaption in the Pleistocene." In *Human Evolution and Community Ecology*, ed. R. Foley. London: Academic Press.

Stringer, C., and P. Andrews. 1988. "Genetic and Fossil Evidence for the Origin of Modern Humans." *Science* 239:1263–68.

Stringer, C., and G. Bräuer. 1994. "Methods, Misreading, and Bias." *American Anthropologist* 96:416–424.

Stringer, C., and C. Gamble. 1993. *The Search for the Neanderthals*. London: Thames and Hudson.

Stringer, C. et al. 1979. "The Significance of the Fossil Hominid from Petralona, Greece." *Journal of Archaeological Science* 6:235–53.

———. 1984. "The Origin of Anatomically Modern Humans in Western Europe." In *The Origins of Modern Humans*, eds. F. Smith and F. Spencer. New York: A. R. Liss.

Susman, R. L. 1993. "Hominid Postcranial Remains from Swartkrans." In *Swartkrans: A Cave"s Chronicle of Early Man*, ed. C. K. Brain. Pretoria: Transvaal Museum Monograph 8, pp. 117–136.

———. 1994. "Fossil Evidence for Early Hominid Tool Use." *Science* 263:1570–73.

Svoboda, J. 1987. "Lithic Industries of the Arago, Vértesszöllös, and Bilzingsleben Hominids: Comparison and Evolutionary Interpretation." *Current Anthropology* 28(2):219–27.

Swedlund, A. 1974. "The Use of Ecological Hypotheses in Australopithecine Taxonomy." *American Anthropologist* 76:515–29.

Swisher, C., et al. 1994. "Age of the Earliest Known Hominids in Java, Indonesia." *Science* 263:1119–1121.

Taborin, Y. 1990. "Les Prémices de la Parure." In *Paléolithique Moyen Récent et Paléolithique Supérieur Ancien en Europe*, ed. C. Farizy. Mémoires du Musée de Préhistoire d'Ile de France 3, Nemours, pp. 335–44.

Tchernov, E. 1992. "Biochronology, Paleoecology, and Dispersal Events of Hominids in the Southern Levant." In *The Evolution and Dispersal of Modern Humans in Asia*, eds. T. Akazawa, K. Aoki, and T. Kimura. Tokyo: Hokusen-sha.

———. 1994. "New Comments on the Biostratigraphy of the Middle and Upper Plesitocene of the Southern Levant." In *Late Quaternary Chronology and Paleoclimates of the Eastern Mediterranean*, eds. O. Bar-Yosef and R. S. Kra. Tucson: Radiocarbon.

Thackeray, A. I. 1992. "The Middle Stone Age South of the Limpopo River." *Journal of World Prehistory* 6:385–440.

Thackeray, J. F. 1986. "Further Comment on Fauna from Klasies River Mouth." *Current Anthropology* 27(5):511–12.

———. 1995. "Comment." *Current Anthropology* 36(2):185.

Thiel, B. 1987. "Early Settlement of the Philippines, Eastern Indonesia, and Australia-New Guinea: A New Hypothesis." *Current Anthropology* 28(2):236–41.

Thorne, A. 1980. "The Arrival of Man in Australia." In *The Cambridge Encyclopedia of Archaeology*. New York: Crown Publishers/Cambridge University Press.

Tierney, J., with L. Wright, and K. Springen. 1988. "The Search for Adam and Eve." *Newsweek*, January 11.

Tobias, P. V. 1991. *Olduvai Gorge, Vol. 4. The Skulls, Endocasts and Teeth of* Homo habilis. Cambridge: Cambridge University Press.

Tobias, P., and G. Von Koenigswald. 1964. "Comparison between the Olduvai Hominines and Those of Java and Some Implications for Phylogeny." *Nature* 204:515.

Toth, N., K. D. Schick, E. S. Savage-Rumbaugh, R. A. Sevick, and D. M. Rumbaugh. 1003. "*Pan* the Tool-Maker: Investigations into the Stone Tool-making and Tool-using Capabilities of a Bonobo (*Pan paniscus*)." *Journal of Archaeological Science* 20:81–91.

Trinkhaus, E. 1982. "Evolutionary Continuity among Archaic *Homo sapiens*." In *The Transition from Lower to Middle Palaeolithic and Origin of Modern Man*, ed. A. Ronen. Oxford: BAR International Series 151.

———. 1983. *The Shanidar Neanderthals*. New York: Academic Press.

———. 1986. "The Neanderthals and Modern Human Origins." *Annual Review of Anthropology* 15:193–218.

———. 1988. Quoted in B. Bower, "An Earlier Dawn for Modern Humans?" *Science News* 133:138.00

———. 1992. "Morphological Contrasts Between the Near Eastern Qafzeh-Skhul and Late Archaic Human Samples." In *The Evolution and Dispersal of Modern Humans in Asia*, eds. T. Akazawa, K. Aoki, and T. Kimura. Tokyo: Hokusen-sha.

———. 1993. "Femoral Neck-Shaft Angles of the Qafzeh-Slhul Early Modern Humans." *Journal of Human Evolution* 25:393–416.

———. 1995. "Neanderthal Mortality Patterns." *Journal of Archaeological Science* 22:121–42.

———. ed. 1983. *The Mousterian Legacy*. Oxford: British Archaeological Reports, International Series, No. 151.

Trinkhaus, E., and W. W. Howells. 1979. "The Neanderthals." *Scientific American* 241:118–33.

Trinkhaus, E., and P. Shipman. 1992. *The Neanderthals: Changing the Image of Mankind*. New York: Alfred A. Knopf.

———. 1993. "Neanderthals: Images of Ourselves." *Evolutionary Anthropology* 1(6):194–201.

Turner, A. 1992. "Large Carnivores and Earliest European Hominids: Changing Determinants of Resource Availability during the Lower and Middle Pleistocene." *Journal of Human Evolution* 22:109–26.

Valladas, H., J. L. Reyss, J. L. Joron, G. Valladas, O. Bar-Yosef, and B. Vandermeersch. 1988. "Thermoluminescence Dating of Mousterian 'Proto-Cro-Magnon' Remains from Israel and the Origin of Modern Man." *Nature* 331:614–16.

Vallois, H. 1961. "The Social Life of Early Man: The Evidence of the Skeletons." In *Social Life of Early Man*, ed. S. Washburn. Chicago: Aldine

Villa, P. 1983. *Terra Amata and the Middle Pleistocene Archaeological Record of Southern France.* Berkeley: U.C. Publications in Anthropology, Vol. 13, University of California Press.

———. 1991. "Middle Pleistocene Prehistory in Southwestern Europe: The State of Our Knowledge and Ignorance." *Journal of Anthropological Research* 47:193–217.

Walker, A. 1993. "The Origin of the Genus *Homo.*" In *The Origin and Evolution of Humans and Humanness*, ed. D. T. Rasmussen. Boston: Jones and Bartlett.

Walker, A., and R. E. Leakey, eds. 1993. *The Nariokotome* Homo erectus *Skeleton.* Cambridge, MA: Harvard University Press.

Weidenreich, F. 1946. *Apes, Giants, and Man.* Chicago: University of Chicago Press.

White, J. P., and J. F. O'Connell. 1982. *A Prehistory of Australia, New Guinea and Sahul.* Sydney: Academic.

White, R. 1982. "Rethinking the Middle/Upper Paleolithic Transition." *Current Anthropology* 23:169–91.

———. 1986. *Dark Caves and Bright Visions.* New York: American Museum of Natural History.

———. 1989. "Production Complexity and Standardization in Early Aurignacian Bead and Pendant Manufacture." In *The Human Revolution: Behavioral and Biological Perspectives on the Origins of Modern Humans*, eds. P. Mellars and C. B. Stringer. Edinburgh: Edinburgh University Press.

———. 1992. "Beyond Art: Toward an Understanding of the Origins of Material Representation in Europe." *Annual Review of Anthropology* 21:537–64.

White, T. D. 1991. "The Question of Ritual Cannibalism at Grotta Guattari." *Current Anthropology* 32(2):103–38.

White, T. D., G. Suwa, W. K. Hart, R. C. Walter, G. Wolde, G. J. de Heinzelin, J. D. Clark, B. Asfaw, and E. Vrba. 1993. "New Discoveries of *Australopithecus* at Maka in Ethiopia." *Nature* 366:261–64.

White, T. D., G. Suwa, and B. Asfaw. 1994. "*Australopithecus ramidus*, a New Species of Early Hominid from Aramis, Ethiopia." *Nature* 371:306–12.

Windels, F. 1965. *The Lascaux Cave Paintings.* London: Faber and Faber.

Wobst, H. M. 1974a. "Boundary Conditions for Paleolithic Social Systems: A Simulation Approach." *American Antiquity* 39:147–78.

Wolpoff, M. 1968. "Climatic Influence on the Skeletal Nasal Aperture." *American Journal of Physical Anthropology* 29:405–23.

———. 1970. "The Evidence for Multiple Hominid Taxa at Swartkrans." *American Anthropologist* 72:56–57.

———. 1971. "Vértesszöllös and the Presapiens Theory." *American Journal of Physical Anthropology* 35:309.

———. 1988. Quoted in B. Bower, "An Earlier Dawn for Modern Humans?" *Science News* 133:138.

———. 1995. *Paleoanthropology*, 2nd ed. New York: McGraw Hill.

Wolpoff, M., Xinzhi Wu, and A. G. Thorne. 1984. "Modern *Homo sapiens* Origins: A General Theory of Hominid Evolution Involving the Fossil Evidence from East Asia." In *The Origins of Modern Humans: A World Survey of the Fossil Evidence*, eds. F. H. Smith and F. Spencer. New York: Alan R. Liss.

Wolpoff, M. H.. A. G. Thorne, F. H. Smith, D. W. Frayer, and G. G. Pope. 1994. "Multiregional Evolution: A World-Wide Source for Modern Human Populations." In *Origins of Anatomically Modern Humans*, eds., M. H. Nitecki and V. Nitecki. New York: Plenum Press.

Wood, B. A. 1991. *Koobi Fora Research Project, Vol. 4: Hominid Cranial Remains.* Oxford: Clarendon Press.

———. 1992. "Origin and Evolution of the Genus *Homo.*" *Nature* 355:783–90.

———. 1993. "Early *Homo*: How Many Species?" In *Species, Species Concepts and Primate Evo-*

lution, eds. W. H. Kimbel and L. B. Martin. New York: Plenum Press.

Wu Rukang and Jia Lampo. 1994. "China in the Period of *Homo habilis* and *Homo erectus.*" *History of Humanity*, Vol. 1, ed. S. J. De Laet. London: Routledge.

Yellen, J. E., A. S. Brooks, E. Cornelissen, M. J. Mehlman, and K. Stewart. 1995. "A Middle Stone Age Worked Bone Industry from Katanda, Upper Semliki Valley, Zaire." *Science* 268:553–56.

Zubrow, E. 1989. "The Demographic Modeling of Neanderthal Extinction." In *The Human Revolution: Behavioural and Biological Perspectives on the Origins of Modern Humans*, eds. P. Mellars and C. B. Stringer. Edinburgh: Edinburgh University Press.

5장

Adovasio, J. M. 1993. "The Ones That Will Not Go Away: A Biased View of Pre-Clovis Occupation in the New World." In O. Soffer and N. D. Praslov, eds., *From Kostenki to Clovis: Upper Paleolithic Paleo-Indian Adaptations*. New York: Plenum Press.

Adovasio, J. M., and R. C. Carlisle. 1987. "The First Americans." *Natural History* 95(12):20–27.

Adovasio, J. M., J. Donahue, and R. Stuckenrath. 1990. "The Meadowcroft Rockshelter Radiocarbon Chronology, 1975–1990." *American Antiquity* 55(2):348–54.

Adovasio, J. M., J. Donahue, J. D. Gunn, and R. Stuckenrath. 1981. "The Meadowcroft Papers: A Response to Dincauze." *Quarterly Review of Archaeology* 2:14–15.

Aikens, C. M. 1978. "Archaeology of the Great Basin." *Annual Review of Anthropology* 7:71–87.

———. 1970. *Hogup Cave*. Salt Lake City: University of Utah Press.

Bada, J. L., and P. M. Helfman. 1975. "Amino Acid Racemization Dating of Fossil Bones." *World Archaeology* 7:160–73.

Bellwood, P. 1986. *The Prehistory of the Indo-Malaysian Archipelago*. Orlando, FL: Academic Press.

Berger, R. 1975. "Advances and Results in Radiocarbon Dating: Early Man in North America." *World Archaeology* 7:174–84.

Bettinger, R. L. 1977. "Aboriginal Human Ecology in Owens Valley: Prehistoric Change in the Great Basin." *American Antiquity* 42:3–17.

Brown, J., and J. Phillips, eds. 1983. *Late Archaic Hunter-Gatherers in the Midwest*. New York: Academic Press.

Bryan, A. 1987. "The First Americans." *Natural History* 96(6):6–11.

Chard, C. S. 1956. "The Oldest Sites of Northeast Siberia." *American Antiquity* 21:405–9.

———. 1960. "Routes to Bering Strait." *American Antiquity* 26:283–85.

Claiborne, R. and the Editors of Time-Life. 1973. *The First Americans*. New York: Time-Life.

Crawford, M. H. 1993. "DNA Variability and Human Evolution." *Evolutionary Anthropology* 2(4):115.

Cwyner, L. C., and J. C. Ritchie. 1980. "Arctic Step-Tundra: A Yukon Perspective." *Science* 208:1375–77.

DeJarnette, D. L. 1967. "Alabama Pebbletools: The Lively Complex." *Eastern States Archaeological Federation Bulletin 26*.

deTerra, H. 1949. "Early Man in Mexico." In *Tepexpan Man*, by H. deTerra, J. Romero, and T. D. Stewart. New York: Viking Fund Publications in Anthropology 11:11–86.

Dikov, N. N. 1977. *Monuments in Kamchatka, Chukotka, and the Upper Reaches of the Kolyma: Asia Joining America in Ancient Times*. Moscow: Nauka.

———. 1987. "On the Road to America." *Natural History* 97(1):12–15.

Dillehay, T. D. 1987. "By the Banks of the Chinchihuapi." *Natural History* 96(4):8–12.

Dincauze, D. 1981. "The Meadowcroft Papers." *The Quarterly Review of Archaeology* 2:3–4.

Dixon, E. J. 1995. *Quest for the Origins of the First Americans*. Albuquerque: University of New Mexico Press.

Dragoo, D. W. 1976. "Some Aspects of Eastern North American Prehistory: A Review 1975."

American Antiquity 41:3–27.

Figgins, J. D. 1927. "The Antiquity of Man in America." *Natural History* 27:229–39.

Fladmark, K. 1986. *British Columbian Prehistory.* Chicago: University of Chicago Press.

———. 1987. "Getting One's Berings." *Natural History* 95(11):8–19.

Frison, G. C., M. Wilson, and D. J. Wilson. 1976. "Fossil Bison and Artifacts from an Early Altithermal Period Arroyo Trap in Wyoming." *American Antiquity* 41:28–57.

Frison, G. C., R. L. Andrews, J. M. Adovasio, R. C. Carlisle, and Robert Edgar. 1986. "A Late Paleoindian Animal Trapping Net from Northern Wyoming." *American Antiquity* 51(2):352–61.

Frison, G. C. and L. C. Todd, eds. 1987. *The Horner Site.* Orlando, FL: Academic Press.

Gowlett, J. A. J. 1987. "The Archaeology of Radiocarbon Accelerator Dating." *Journal of World Prehistory* 1(2):127–70.

Grayson, D. K. 1977. "Pleistocene Avifaunas and the Overkill Hypothesis." *Science* 195:691–93.

———. 1987. "Death by Natural Causes." *Natural History* 96(5):8–13.

———. 1991. "Late Pleistocene Mammalian Extinctions in North America: Taxonomy, Chronology, and Explanations." *Journal of World Prehistory* 5(3):193–231.

Greenberg, J. H., C. G. Turner II, and S. L. Zegura. 1986. "The Settlement of the Americas: A Comparison of the Linguistic, Dental, and Genetic Evidence." *Current Anthropology* 27(5):477–97.

Greenman, E. F. 1963. "The Upper Paleolithic in the New World," *Current Anthropology* 4:41–91.

Griffin, J. B. 1960. "Some Prehistoric Connections Between Siberia and America." *Science* 131:801–12.

———. 1967. "Eastern North American Archaeology: A Summary." *Science* 156:175–91.

Guidon, N. 1987. "Cliff Notes." *Natural History* 96(8):6–12.

Guthrie, R. D. 1980. "The First Americans? The Elusive Arctic Bone Culture." *The Quarterly Review of Archaeology* 1:2.

Haag, W. G. 1962. "The Bering Strait Land Bridge." *Scientific American* 206:112–23.

Hagelberg, E. 1993. "Ancient DNA Studies." *Evolutionary Anthropology* 2(6):199–207.

Harris M. 1977. *Cannibals and Kings: The Origins of Culture.* New York: Random House.

Hayden, B. 1981. "Research and Development in the Stone Age: Technological Transitions among Hunter-Gatherers." *Current Anthropology* 22:519–48.

Haynes, C. V., Jr. 1969. "The Earliest Americans." *Science* 166:709–15.

———. 1971. "Time, Environment, and Early Man." In "Papers from a Symposium on Early Man in North America, New Developments: 1960– 1970," ed. R. Shutler, Jr. *Arctic Anthropology* 8:3–14.

———. 1974. "Elephant Hunting in North America." *New World Prehistory: Readings from Scientific American,* eds. Ed. Zubrow et al. San Francisco: Freeman.

———. 1987. "Geofacts and Fancy." *Natural History* 97(2):4– 12.

Hopkins D. M., ed. 1967. *The Bering Land Bridge.* Stanford, CA: Stanford University Press.

Hopkins, D. M., J. V. Matthews, Jr., C. E. Schweger, and S. B. Young. 1982. *Paleoecology of Beringia.* New York: Academic Press.

Irving, W. N. 1985. "Context and Chronology of Early Man in the Americas." *Annual Review of Anthropology* 14:529–55.

———. 1987. "New Dates from Old Bones." *Natural* History 96(2):8–13.

Jaffe, A. J. 1992. *The First Immigrants from Asia: A Population History of the North American Indians.* New York: Plenum Press.

Jairazbhoy, R. A. 1974. *Old World Origins of American Civilization.* 2 vols. London: Rauman and Littlefield.

Jennings, J. D. 1964. "The Desert West." In *Prehistoric Man in the New World,* eds. J. D. Jennings and E. Norbeck. Chicago: University of Chicago Press.

———. 1974. *The Prehistory of North America,* 2nd ed. New York: McGraw-Hill.

Jennings, J. D. and E. Norbeck, eds. 1964. *Prehistoric Man in the New World.* Chicago: University of Chicago Press.

Kelly, R. L. and L. C. Todd. 1988. "Coming into the Country: Early Paleoindian Hunting and Mobility." *American Antiquity* 53(2):231–44.

Krieger, A. D. 1964. "Early Man in the New World." In *Prehistoric Man in the New World*, eds. J. D. Jennings and E. Norbeck. Chicago: University of Chicago Press.

Larichev, V., U. Khol'ushkin, and I. Laricheva. 1987. "Lower and Middle Paleolithic of Northern Asia: Achievements, Problems, and Perspectives." *Journal of World Prehistory* 1(4):415–64.

Larichev, V. et al. 1993. "The Upper Paleolithic of Northern Asia: Achievements. Problems, and Perspectives III: Northeastern Siberia and the Russian Far East." *Journal of World Prehistory* 6(4):441–76.

Lively, M. 1965. "The Lively Complex: Announcing a Pebble Tool Industry in Alabama." *Journal of Alabama Archaeology* 11:103–22.

Lyell, C. 1863. *Principles of Geology.* London: Murray.

MacNeish, R. S. 1971. "Early Man in the Andes." *Scientific American* 4:36–46.

———. 1978. *The Science of Archaeology?* North Scituate, MA: Duxbury Press.

MacNeish, R. S., ed. 1973. *Early Man in America.* San Francisco: Freeman.

Madsen, D. B., and M. S. Berry. 1975. "A Reassessment of Northeastern Great Basin Prehistory." *American Antiquity* 40:391–405.

Malouf, D. 1993. *Remembering Babylon.* New York: Pantheon Books.

Marks, J. 1995. *Human Biodiversity: Genes, Race, and History.* Hawthorne, NY: Aldine de Gruyter.

Martin, P. S. 1973. "The Discovery of America." *Science* 179:969–74.

Martin, P. S., and J. E. Guilday. 1967. "A Bestiary for Pleistocene Biologists." In *Pleistocene Extinctions: The Search for a Cause*, eds. P. S. Martin and H. E. Wright, Jr. New Haven: Yale University Press.

Martin, P. S., and R. Klein, eds. 1984. *Quarternary Extinctions: A Prehistoric Revolution.* Tucson: University of Arizona Press.

Martin, P. S., and H. E. Wright, Jr., eds. 1967. *Pleistocene Extinctions: The Search for a Cause.* New Haven: Yale University Press.

Mehringer, P., Jr. 1977. "Great Basin Late Quaterny Environments and Chronology." In *Models in Great Basin Prehistory: A Symposium*, ed. D. D. Fowler. *Desert Research Institute Publications in the Social Sciences* 12:113–68.

Meltzer D. J. 1988. "Late Pleistocene Human Adaptations in Eastern North America." *Journal of World* Prehistory 2(1):1–52.

Meltzer, D. J., and J. I. Mead. 1983. "The Timing of Late Pleistocene Mammalian Extinctions in North America." *Quaternary Research* 19:103–35.

Moismann, J. E., and P. S. Martin. 1975. "Simulating Overkill by Paleoindians." *American Scientist* 63:304–13.

Moratto, M. J. Foreword by F. A. Riddell. Contributions by D. A. Frederickson, C. Raven, and C. N. Warren. 1984. *California Archaeology.* New York: Academic Press.

Morlan, R.E., and J. Cinq-Mars. 1982. "Ancient Beringians: Human Occupation in the Late Pleistocene of Alaska and the Yukon Territory." In *Paleoecology of Beringia*, eds. D. M. Hopkins, et al. New York: Academic Press.

Mueller-Beck, H. J. 1966. "Paleo-Hunters in America: Origins and Diffusion." *Science* 152:1191–1210.

Orquera, L. A. 1987. "Advances in the Archaeology of the Pampa and Patagonia." *Journal of World Prehistory* 1(4):333–413.

Reeves, B. O. R. 1971. "On the Coalescence of the Laurentide and Cordilleran Ice Sheets in the Western Interior of North America." In *Aboriginal Man and Environments on the Plateau of Northwest America*, eds. A. Stryd and R. A. Smith. Calgary: University of Calgary Archaeological Association.

Ruhlen, M. 1987. "Voices from the Past." *Natural History* 96(3):6–10.

Schmitz, P. E. 1987. "Prehistoric Hunters and Gatherers of Brazil." *Journal of World Prehistory* 1(1):53–126.

Speth, J. 1987. "Les strategies alimentaires des chasseurs-cueilleurs." *La Recherche* 18(190):894–903.

Spielmann, K. A., M. J. Schoeninger, and K. Moore. 1990. "Plains-Pueblo Interdependence and Human Diet at Pecos Pueblo, New Mexico." *American Antiquity* 55(4):745–65.

Steele, D. G. and J. F. Powell. 1993. "Paleobiology of the First Americans." *Evolutionary Anthropology* 2(4):138–46.

Steponaitis, V. 1986. "Prehistoric Archaeology in the Southeastern United States 1970–1985." *Annual Review of Anthropology* 15:363–404.

Stewart, T. D. 1973. *The People of America*. New York: Scribner's.

Stone, A. C., and M. Stoneking. 1993. "Ancient DNA from a Pre-Columbian Amarind Population." *American Journal of Physical Anthropology* 92:463–71.

Struever, S. and F. A. Holton. 1979. *Koster: Americans in Search of Their Past*. New York: Anchor Press.

Tuohy, D. R. 1968. "Some Early Lithic Sites in Western Nevada." In *Early Man in Western North America*, ed. C. Irwin-Williams. Portales, NM: Eastern New Mexico University Press.

Turner, C. G., II. 1987. "Tell-tale Teeth." *Natural History* 96(1):6–10.

Vescelius, G. S. 1981. "Early and/or Not-so-Early Man in Peru: Guitarrero Cave Revisited." *Quarterly Review of Archaeology* 2:8–13, 19–20.

Warren, C., and A. Ranere. 1968. "Outside Danger Cave: A View of Early Man in the Great Basin." In *Early Man in Western North America*, ed. C. Irwin-Williams. Portales, NM: Eastern New Mexico University Press.

Webb, C. H. 1968. "The Extent and Content of Poverty Point Culture." *American Antiquity* 33:297–331.

Wheat, J. B. 1972. "The Olsen-Chubbuck Site: A Paleo-Indian Bison Kill." *Memoirs of the Society for American Archaeology*, no. 26, pt 2.

Whitley, D. S., and R. I. Dorn. 1993. "New Perspectives on the Clovis vs. Pre-Clovis Controversy." *American Antiquity* 58(4):626–47

Zegura, S. L. 1987. "Blood Test." *Natural History* 96(7):8– 11.

6장

Adams, R. E. W. 1977. *Prehistoric Mesoamerica*. Boston: Little, Brown.

Aitkens, C. M., K. M. Ames, and D. Sanger. 1986. "Affluent Collectors at the Edges of Eurasia and North America: Some Comparisons and Observations on the Evolution of Society among North Temperate Coastal Hunter-Gatherers." In *Prehistoric Hunter-Gatherers in Japan*, eds. T. Akazawa and C. M. Aikens. Tokyo: University of Tokyo Press.

Akazawa, T., and C. M. Aikens, eds. 1986. *Prehistoric Hunter-Gatherers in Japan*. Tokyo: University of Tokyo Press.

Ammerman, A. J., and L. L. Cavalli-Sforza. 1972. "A Population Model for the Diffusion of Early Farming in Europe." In *The Explanation of Culture Change: Models in Prehistory*, ed. C. Renfrew. London: Duckworth.

———. 1984. *The Neolithic Transition and the Genetics of Populations in Europe*. Princeton, NJ: Princeton University Press.

Anderson, E. N., Jr. 1986. "On the Social Context of Early Food Production." *Current Anthropology* 27(3):262–63.

Anderson-Gerfaud, P. C. 1990, "Experimental Cultivation and Harvest of Wild Cereals: Criteria for Interpreting Epipalaeolithic and Neolithic Artifacts Associated with Plant Exploitation." In *Préhistoires de L'Agriculture: Nouvelles Approches Experimentales et*

Ethnographiques, ed. P. C. Anderson-Gerfaud. Valbonne: Monographies du Centre de Recherches Archéologiques.

Athens, J. S. 1977. "Theory Building and the Study of Evolutionary Process in Complex Societies." In *For Theory Building in Archaeology*, ed. L. R. Binford. New York: Academic Press.

Bar-Yosef, O. 1980. "Prehistory of the Levant." *Annual Review of Anthropology* 9:101–33.

———. 1991. "The Early Neolithic of the Levant: Recent Advances." *The Review of Archaeology* 12(2):1–18.

Bar-Yosef, O., and A. Belfer-Cohen. 1989. "The Origins of Sedentism and Farming Communities." *Journal of World Prehistory* 3:447–98.

Barker, G. 1985. *Prehistoric Farming in Europe*. Cambridge, England: Cambridge University Press.

Barnard, A. 1983. "Contemporary Hunter-Gatherers: Current Theoretical Issues in Ecology and Social Organization." *Annual Review of Anthropology* 12:193–214.

Beadle, G. W. 1972. "The Mystery of Maize." *Field Museum of Natural History Bulletin* 43:2–11.

———. 1980. "The Ancestry of Corn." *Scientific American* 242:112–19.

Belfer-Cohen, A. 1991. "The Natufian in the Levant." *Annual Review of Anthropology* 20:167–210.

Bellwood, P. 1986. *The Prehistory of the Indo-Malaysian Archipelago*. Orlando, FL: Academic Press.

Belyaev, D. K. 1969. "Domestication of Animals." *Science Journal* 5:47–52.

Bender, B. 1978. "Gatherer-Hunter to Farmer: A Social Perspective." *World Archaeology* 10:204–22.

———. 1985. "Emergent Tribal Formations in the American Midcontinent." *American Antiquity* 50(1):52–62.

Bettinger, R. L., and M. Baumhoff. 1982. "The Numic Spread: Great Basin Cultures in Competition." *American Antiquity* 47:485–503.

Binford, L. R. 1968. "Post-Pleistocene Adaptations." In *New Perspectives in Archaeology*, eds. S. R. Binford and L. R. Binford. Chicago: Aldine.

———. 1972. *An Archaeological Perspective*. New York: Seminar Press.

Blumler, M. A., and R. Byrne. 1991. "The Ecological Genetics of Domestication and the Origins of Agriculture." *Current Anthropology* 32(1):23–54.

Boserup, E. 1965. *The Conditions of Agricultural Growth*. Chicago: Aldine.

———. 1981. *Population and Technology*. Chicago: University of Chicago Press.

Braidwood, R. J. 1960. "The Agricultural Revolution." *Scientific American* 203:130–41.

———. 1973. "The Early Village in Southwestern Asia." *Journal of Near Eastern Studies* 32:34–39.

Braidwood, R. J. and L. S. Braidwood, eds. 1983. *Prehistoric Archaeology along the Zagros Flanks*. Chicago: The Oriental Institute.

Braidwood, R. J., H. Cambel, and P. J. Watson. 1969. "Prehistoric Investigations in Southeastern Turkey." *Science* 164:1275–76.

Brush, C. 1965. "Pox Pottery: Earliest Identified Mexican Ceramic." *Science* 149:194–95.

Butzer, K. W. 1971. "The Significance of Agricultural Dispersal into Europe and Northern Africa." In *Prehistoric Agriculture*, ed. S. Struever. Garden City, NY: Natural History Press.

———. 1976. *Early Hydraulic Civilization in Egypt*. Chicago: University of Chicago Press.

Byrd, B. F. 1989. "The Natufian: Settlement Variability and Economic Adaptations in the Levant at the End of the Pleistocene." *Journal of World Prehistory* 3:159–97.

———. 1994. "Public and Private, Domestic and Corporate: The Emergence of the Southwest Asian Village." *American Antiquity* 59(4):639–679.

Byrne, R. 1987. "Climatic Change and the Origins of Agriculture." In *Studies in the Neolithic and Urban Revolutions: The V. Gordon Childe Colloquium, Mexico, 1986*, ed. L. Manzanilla. British Archaeological Reports International Series 349.

Carneiro, R. 1970. "A Theory of the Origin of the State." *Science* 169:733–38.

Carneiro, R., and D. Hilse. 1966. "On Determining the Probable Rate of Population Growth During the Neolithic." *American Anthropologist* 68:177–81.

Caton-Thompson, G., and E. W. Gardner. 1934. *The Desert Fayum*. London: Royal Anthropological Institute.

Cauvin, J. 1972. "Nouvelles Fouilles Tell Mureybet (Syria) 1971–1972. Rapport Preliminaire." *Annales Archeologiques de Syrie* 22:105–15.

Cavalli-Sforza, L. L., and M. W. Feldman. 1981. *Cultural Transmission and Evolution: A Quantitative Approach*. Princeton, NJ: Princeton University Press.

Chang, K. C. 1976. *Early Chinese Civilization: Anthropological Perspectives*. Cambridge, MA: Harvard University Press.

Childe, V. 1952. *New Light on the Most Ancient East*, 4th Ed. London: Routledge & Kegan Paul.

Clark, J. G. D. 1952. *Prehistoric Europe: The Economic Basis*. London: Methuen.

———. 1980. *Mesolithic Prelude. The Paleolithic-Neolithic Transition in Old World Prehistory*. Edinburgh: Edinburgh University Press.

Clark, J. D., and S. A. Brandt, eds. 1984. *From Hunters to Farmers*. Berkeley: University of California Press.

Coe, M. D. 1960. "Archaeological Linkages with North and South America at La Victoria, Guatemala." *American Anthropologist* 62:363–93.

Cohen, N. M. 1977. *The Food Crisis in Prehistory*. New Haven and London: Yale University Press.

———. 1989. *Health and the Rise of Civilization*. New Haven: Yale University Press.

Cohen, N. M., and G. J. Armelagos. 1984. *Paleopathology at the Origins of Culture*. New York: Academic Press.

Connell, J. H. 1978. "Diversity in Tropical Rain Forests and Coral Reefs." *Science* 199:1302–10.

Cowan, C. W., and B. D. Smith. 1993. "New Perspectives on a Wild Gourd in Eastern North America." *Journal of Ethnobiology* 13:17–54.

Cowan, C. W., and P. J. Watson, eds. 1992. *The Origins of Agriculture: An International Perspective*. Washington, DC: Smithsonian Institution Press.

Crites, G. D. 1993. "Domesticated Sunflower in Fifth Millennium B.P. Temporal Context: New Evidence from Middle Tennessee." *American Antiquity* 58:146–48.

Davis, S., and F. R. Valla. 1978. "Evidence for Domestication of the Dog 12,000 Years Ago in the Natufian of Israel." *Nature* 276:608–10.

Dennell, R. C. 1973. "The Phylogenesis of *Triticum dicoccum*: A Consideration." *Economic Botany* 27:329–31.

———. 1983. *European Economic Prehistory: A New Approach*. New York: Academic Press.

Diener, P., and E. E. Robkin. 1978. "Ecology, Evolution, and the Search for Cultural Origins: The Question of Islamic Pig Prohibition." *Current Anthropology* 19:493–540.

Doebley, J. F. 1990. "Molecular Evidence and the Evolution of Maize." In *New Perspectives on the Origin and Evolution of New World Domesticated Plants. Economic Botany 44* (Supplement): 28–38. ed. P.K. Bretting.

Doebley, J. F., and H. H. Iltis. 1980. "Taxonomy of *Zea* [Gramineae]. I. A Subgeneric Classification with Key to Taxa." *American Journal of Botany* 67:982–93.

Dyson-Hudson, R., and N. Dyson-Hudson. 1980. "Nomadic Pastoralism." *Annual Review of Anthropology* 9:15–61.

Ekholm, G. F. 1964. "Transpacific Contacts." In *Prehistoric Man in the New World*, eds. J. D. Jennings and E. Norbeck. Chicago: University of Chicago Press.

Ellen, R. 1982. *Environment, Subsistence and System*. Cambridge, England: Cambridge University Press.

Feldman, M., and E. R. Sears. 1981. "The Wild Gene Resources of Wheat." *Scientific American* 244:102–13.

Fieldel, S. J. 1987. *Prehistory of the Americas*. Cambridge, England: Cambridge University Press.

Flannery, K. V. 1965. "The Ecology of Early Food Production in Mesopotamia." *Science* 147:1247–56.

———. 1968. "Archeological Systems Theory and Early Mesoamerica." In *Anthropological Archeology in the Americas*, ed. B. J. Meggers. Washington, DC: The Anthropological Society of Washington.

———. 1969. "Origins and Ecological Effects of Early Domestication in Animals." In *The Domestication and Exploitation of Plants and Animals*, eds. P. J. Ucko and G. W. Dimbleby. London: Duckworth.

———. 1971. "Origins and Ecological Effects of Early Domestication in Iran and the Near East." In *Prehistoric Agriculture*, ed. S. Struever. Garden City, NY: Natural History Press.

———. 1972. "The Origins of the Village as a Settlement Type in Mesoamerica and the Near East: A Comparative Study." In *Man, Settlement and Urbanism*, eds. P. J. Ucko, R. Tringham, and G. W. Dimbleby. London: Duckworth.

———. 1973. "The Origins of Agriculture." *Annual Review of Anthropology* 2:271–310.

Flannery, K. V., and M. D. Coe. 1968. "Social and Economic Systems in Formative Mesoamerica." In *New Perspectives in Archeology*, eds., S. R. Binford and L. R. Binford. Chicago: Aldine.

Friedman, J. 1974. "Marxism, Structuralism, and Vulgar Materialism." *Man* 9:444–69.

Frisch, R., and J. McArthur. 1974. "Menstrual Cycles: Fatness as a Determinant of Minimum Weight for Height Necessary for Their Maintenance or Onset." *Science* 185:949–51.

Frison, G. C. 1978. *Prehistoric Hunters on the High Plains*. New York: Academic Press.

Fritz, G. J. 1994. "Are the First American Farmers Getting Younger?" *Current Anthropology* 35(3):305–309.

Galinat, W. C. 1971. "The Origin of Maize." *Annual Review of Genetics* 5:447–78.

———. 1985. "The Missing Links Between Teosinte and Maize: A Review." *Maydica* 30:137–60.

Garrod, D. 1957. "The Natufian Culture. The Life and Economy of a Mesolithic People in the Near East." *Proceedings of the British Academy* 43:211–17.

Gebauer, A., and T. D. Price, eds. 1992. *Transitions to Agriculture in Prehistory*. Madison, WI: Prehistory Press.

Gould, S. J. 1985. *The Flamingo's Smile*. New York: W. W. Norton.

———. 1989. *Wonderful Life*. New York: W. W. Norton.

Gowlett, J. A. J. 1987. "The Archaeology of Radiocarbon Acclerator Dating." *Journal of World Prehistory* 1(2):127–70.

Gowlett, J. A. J., R. E. M. Hedges, I. A. Law, and C. Perry. 1987. "Radiocarbon Dates from the Oxford AMS System: Archaeometry Datelist 5." *Archaeometry* 29:125–55.

Grigson, C. 1993. "The Earliest Domestic Horses in the Levant." *Journal of Archaeological Science* 20(6):645–655.

Grun, P. 1990. "The Evolution of Cultivated Potatoes." In *New Perspectives on the Origin and Evolution of New World Domesticated Plants. Economic Botany 44* (Supplement): 28–38, ed. P. K. Bretting.

Haaland, R. 1987. *Socio-Economic Differentiation in Neolithic Sudan*. Oxford, England: British Archaeological Reports, International Series 350.

Halperin, R. 1980. "Ecology and Mode of Production: Seasonal Variation and the Division of Labor by Sex among Hunter-Gatherers." *Journal of Anthropological Research* 36:379–99.

Harlan, J. R. 1967. "A Wild Wheat Harvest in Turkey." *Archaeology* 20: 197–201.

———. 1986. "Plant Domestication: Diffuse Origins and Diffusion." In *The Origin and Domestication of Cultivated Plants*, ed. C. Barigozzi. Amsterdam, Netherlands: Elsevier.

———. 1989. "The Tropical African Cereals." In *Foraging and Farming: The Evolution of Plant Exploitation*, eds. D. R. Harris and G. C. Hillman. London: Unwin Hyman.

———. 1992. "Indigenous African Agriculture." In *The Origins of Agriculture: An International*

Perspective, eds. C. Cowan and P. Watson. Washington, DC: Smithsonian Institution Press.

Harlan, J. and D. Zohary. 1966. "Distribution of Wild Wheats and Barley." *Science* 153:1074–80.

Harlan, J., J. M. J. De Wet, and A. B. L. Stemler, eds. 1976. *Origins of African Plant Domestication*. The Hague: Mouton.

Harner, M. 1970. "Population Pressure and the Social Evolution of Agriculturalists." *Southwestern Journal of Anthropology* 26:67–86.

Harpending, H., and H. Davis. 1976. "Some Implications for Hunter-Gatherer Ecology Derived from the Spatial Structure of Resources." *World Archaeology* 8:275–86.

Harris, D. R. 1986. "Plant and Animal Domestication and the Origins of Agriculture." In *Archaeological Results from Accelerator Dating*, eds. J. A. J. Gowlett and R. E. M. Hedges. Oxford Committee for Archaeology Monograph 11.

Harris, D., and G. Hillman, eds. 1989. *Farming and Foraging*. Oxford: Clarendon Press.

Harris, M. 1974. *Cows, Pigs, Wars, and Witches*. New York: Random House.

———. 1977. *Cannibals and Kings*. New York: Random House.

———. 1979. *Cultural Materialism*. New York: Random House.

Hassan, F. A. 1980. *Demographic Archaeology*. New York: Academic Press.

Hastorf, C. A. and S. Johannessen. 1993. "Pre-Hispanic Political Change and the Role of Maize in the Central Andes of Peru." *American Anthropologist* 95(1):115–137.

Hayden, B. 1981. "Research and Development in the Stone Age: Technological Transitions among Hunter-Gatherers." *Current Anthropology* 22:519–48.

———. 1990. "Nimrods, Piscators, Pluckers, and Planters: The Emergence of Food Production." *Journal of Anthropological Archaeology* 9:31–69.

Helback, H. 1964. "First Impressions of the Çatal Hüyük Plant Husbandry." *Anatolian Studies* 14:121–23.

———. 1969. "Plant Collecting, Dry-farming, and Irrigation Agriculture in Prehistoric Deh Luran." In *Prehistory and Human Ecology of the Deh Luran Plain*, eds. F. Hole, K. V. Flannery, and J. A. Neely. Ann Arbor: Memoirs of the Museum of Anthropology, University of Michigan, no. 1.

Henry, D. 1983. "Adaptive Evolution Within the Epipaleolithic of the Near East." In *Advances in World Archaeology, Vol. II*, eds. F. Wendorf and A. Close. New York: Academic Press.

———. 1989. *From Foraging to Agriculture: The Levant at the End of the Ice Age*. Philadelphia: University of Pennsylvania Press.

Higgs, E. S., and M. R. Jarman. 1969. "The Origins of Agriculture: A Reconsideration." *Antiquity* 43:31–41.

Hillman, G., and M. S. Davies. 1990. "Measured Domestication Rates in Wild Wheats and Barley Under Primitive Cultivation, and Their Archaeological Implications." *Journal of World Prehistory* 4:157–222.

Ho, P. 1969. "The Loess and the Origin of Chinese Agriculture." *American Historical Review* 75:1–36.

Hole, F. 1962. "Archeological Survey and Excavation in Iran, 1961." *Science* 137:524–26.

———. 1971. "Comment on 'Origins of Food Production in Southwestern Asia' by G. Wright." *Current Anthropology* 12:472–73.

———. 1984. "A Reassessment of the Neolithic Revolution." *Paléorient* 10:49–60.

Hole, F., K. V. Flannery, and J. A. Neely. 1969. *Prehistory and Human Ecology of the Deh Luran Plain*. Ann Arbor: Memoirs of the Museum of Anthropology, University of Michigan, no 1.

Iltis, H. 1983. "From Teosinte to Maize: The Catastrophic Sexual Mutation." *Science* 222:886–94.

———. 1987. "Maize Evolution and Agricultural Origins." In *Grass Systematics and Evolution*, eds. T. R. Soderstrom, K. W. Hilu, C. S. Campbell, and M. E. Barkworth. Washington, DC: Smithsonian Institution Press.

Johannessen, C. L. 1988. "Indian Maize in the Twelfth Century B.C." *Nature* 332:587.

Johnson, F., ed. 1972. *The Prehistory of the Tehuacan Valley*, Vol. 4. Austin: University of Texas Press.

Just, P. 1980. "Time and Leisure in the Elaboration of Culture." *Journal of Anthropological Research* 36:105–15.

Kaufman, D. 1986. "A Reconsideration of Adaptive Change in the Levantine Epipaleolithic." In *The End of the Paleolithic in the Old World*, ed. L. G. Straus. Oxford: British Archaeological Reports International Series 284.

Keene, A. S. 1981. "Optimal Foraging in a Nonmarginal Environment: A Model of Prehistoric Subsistence Strategies in Michigan." In *Hunter-Gatherer Foraging Strategies*, eds. B. Winterhalder and E. A. Smith. Chicago: University of Chicago Press.

Kelly, R. L. 1992. "Mobility/Sedentism: Concepts, Archaeological Measures, and Effects." *Annual Review of Anthropology* 21:43–66.

Kirkbride, D. 1968. "Beidha: Early Neolithic Village Life South of the Dead Sea." *Antiquity* 42:263–74.

Kirkby, A. 1973. *The Use of Land and Water Resources in the Past and Present Valley of Oaxaca, Mexico*. Memoirs of the Museum of Anthropology, University of Michigan, no. 5.

Kislev, M. E., and O. Bar-Yosef. 1988. "The Legumes: The Earliest Domesticated Plants in the Near East?" *Current Anthropology* 29(1):175–178.

Lange, F. W. 1971. "Marine Resources: A Viable Subsistence Alternative for the Prehistoric Lowland Maya." *American Antiquity* 73:619–39.

Lee, R. B. 1969. "!Kung Bushman Subsistence: An Input-Output Analysis." In *Environment and Cultural Behavior*, ed. A. P. Vayda. Garden City, NY: Natural History Press.

Legge, A. J., and P. A. Rowley-Conwy. 1987. "Gazelle Hunting in Stone Age Syria." *Scientific American* (August) 88–95.

Lippe, R. N., R. M. Bird, and D. M. Stemper. 1984. "Maize Recovered at La Ponga, an Early Ecuadorian Site." *American Antiquity* 49(1):118–24.

Lynch, T. F. 1980. *Guitarrero Cave: Early Man in the Andes*. New York: Academic Press.

———. 1983. "The South American Paleo-Indians." In *Ancient Native Americans*, ed. J. D. Jennings. San Francisco: Freeman.

McCorriston, J., and F. Hole. 1991. "The Ecology of Seasonal Stress and the Origins of Agriculture in the Near East." *American Anthropologist* 93:46–69.

MacNeish, R. S. 1964. "Ancient Mesoamerican Civilization." *Science* 143:531–37.

———. 1966. "Speculations about the Beginnings of Village Agriculture in Mesoamerica." *Actas y Memorials del 35a Congreso Internacional de Americanistas* 1:181–85.

———. 1971. "Early Man in the Andes." *Scientific American* 4:36–46.

———. 1983. "Mesoamerica." In *Early Man in the New World*, ed. R. Shutler, Jr. Beverly Hills, CA: Sage Publications.

———. gen. ed. 1970. *The Prehistory of the Tehuacan Valley: Chronology and Irrigation*, Vol. 4. Austin: University of Texas Press.

Mangelsdorf, P. 1974. *Corn: Its Origin, Evolution, and Improvement*. Cambridge, MA: Harvard University Press.

———. 1983. "The Mystery of Corn: New Perspectives." *Proceedings of the American Philosophical Society* 127(4):215–47.

Martin, P. S., and P. J. Mehringer, Jr. 1965. "Pleistocene Pollen Analysis and Biogeography of the Southwest." In *The Quaternary of the United States, Biogeography: Phytogeography and Palynology, part 2*, eds. H. E. Wright, Jr. and D. G. Frey. Princeton, NJ: Princeton University Press.

Matheny, R. T., and D. Gurr. 1983. "Variation in Prehistoric Agricultural Systems of the New

World." *Annual Review of Anthropology* 12:79–103.

Meggers, B. 1975. "The Transpacific Origins of Mesoamerican Civilization: A Preliminary Review of the Evidence and Its Theoretical Implications." *American Anthropologist* 77:1–27.

Mellaart, J. 1966. *The Chalcolithic Early Bronze Ages of the Near East and Anatolia.* Beirut: Khayats.

———. 1975. *The Neolithic of the Near East.* London: Thames and Hudson.

Mellars, P. 1985. "The Ecological Basis of Social Complexity in the Upper Palaeolithic of Southwestern France." In *Prehistoric Hunter-Gatherers*, eds. T. D. Price and J. Brown. Orlando, FL: Academic Press.

Milisauskas, S. and J. Kruk. 1989. "Neolithic Economy in Central Europe." *Journal of World Prehistory* 2(3):403–46.

Miller, N. 1992. "The Origins of Plant Cultivation in the Near East." In *The Origins of Agriculture*, eds., C. W. Cowan and P. J. Watson. Washington, DC: Smithsonian Institution Press.

———. 1996. "Seed Eaters of the Ancient Near East: Human or Herbivore?" *Current Anthropology* 37(3):521–28.

Molleson, T. 1989. "Seed Preparation in the Neolithic: The Osteological Evidence." *Antiquity* 63(239):356–62.

Moore, A. M. T. 1979. "A Pre-Neolithic Farming Village on the Euphrates." *Scientific American* 241(2):62–70.

———. 1985. "The Development of Neolithic Societies in the Near East." *Advances in World Archaeology* 4:1–70.

———. 1989. "The Transition from Foraging to Farming in Southwest Asia: Present Problems and Future Direction." In *Foraging and Farming: The Evolution of Plant Exploitation*, eds. D. R. Harris and G. C. Hillman. London: Unwin Hyman.

Mortensen, P. 1972. "Seasonal Cacips and Early Villages in the Zagros." In *Man, Settlement and Urbanism*, eds. P. Ucko, R. Tringham, and G. W. Dimbleby. London: Duckworth.

Munchaev, R. M., and N. Y. Merpert. 1971. *New Studies of Early Agricultural Settlements in the Sinjar Valley.* VIII Congress International des Sciences Prehistoriques et Protohistoriques, Belgrade.

Olsen, S. 1985. *Origins of the Domestic Dog.* Tucson: University of Arizona Press.

Palerm, A., and E. Wolf. 1960. "Ecological Potential and Cultural Development in Mesoamerica." *Social Science Monographs* 3:1–38.

Pearsall, D. M. 1992. "The Origins of Plant Cultivation in South America." In *The Origins of Agriculture*, eds., C. W. Cowan and P. J. Watson. Washington, DC: Smithsonian Institution Press.

Pearsall, D. M., and D. R. Piperno. 1990. "Antiquity of Maize Cultivation in Ecuador: Summary and Reevaluation of the Evidence." *American Antiquity* 55:324–37.

Perkins, D., Jr. 1973. "The Beginnings of Animal Domestication in the Near East." *American Journal of Archaeology* 77:279–82.

Perkins, D., Jr., and P. Daly. 1968. "A Hunter's Village in Neolithic Turkey." *Scientific American* 210:94–105.

Pianka, E. R. 1978. *Evolutionary Ecology*, 2nd Ed. New York: Harper & Row.

Plog, S. 1990. "Agriculture, Sedentism, and Environment in the Evolution of Political Systems." In *The Evolution of Political Systems: Sociopolitics in Small-Scale Sedentary Societies.* ed. S. Upham. New York: Cambridge University Press.

Price, T. D. 1985. "Foragers of Southern Scandinavia." In *Prehistoric Hunter-Gatherers*, eds. T. D. Price and J. Brown. New York: Academic Press.

———. 1987. "The Mesolithic of Western Europe." *Journal of World Prehistory* 1(3):225–305.

Price, T. D. and J. Brown, eds. 1985. *Prehistoric Hunter-Gatherers.* New York: Academic Press.

Price, T. D. and A. B. Gebauer, eds. 1995. *Last Hunters First Farmers.* Santa Fe, NM: School of American Research.

Pryor, F. L. 1986. "The Adoption of Agriculture: Some Theoretical and Empirical Evidence." *American Anthropologist* 88(4):879–97.

Pumpelly, R. 1908. *Explorations in Turkey, the Expedition of 1904: Prehistoric Civilization of Anau.* Vol. 1. Washington, DC: Publications of the Carnegie Institution, no. 73.

Redding, R. W. 1988. "A General Explanation of Subsistence Change: From Hunting and Gathering to Food Production." *Journal of Anthropological Archaeology* 7:59–97.

Reed, Charles, A., ed. 1977. *Origins of Agriculture.* The Hague: Mouton.

Reichel-Dolmatoff, G. 1965. *Columbia.* New York: Praeger, Ancient Peoples and Places Series, no. 44.

Renfrew, C. 1987. *Archaeology and Language.* London: Jonathan Cape.

Renfrew, C., J. E. Dixon, and J. R. Cann. 1966. "Obsidian and Early Cultural Contacts in the Near East." *Proceedings of the Prehistoric Society* 32:30–72.

Reynolds, R. G. 1986. "An Adaptive Computer Model for the Evolution of Plant Collecting and Early Agriculture in the Eastern Valley of Oaxaca." In *Guilá Naquitz: Archaic Foraging and Early Agriculture in Oaxaca, Mexico,* ed. K. Flannery. New York: Academic Press.

Rick, J. W. 1980. *Prehistoric Hunters of the High Andes.* New York: Academic Press.

Rindos, D. 1980. "Symbiosis, Instability, and the Origins and Spread of Agriculture: A New Model." *Current Anthropology* 21:751–72.

———. 1984. *The Origins of Agriculture: An Evolutionary Perspective.* New York: Academic Press.

———. 1989. "Darwinism and Its Role in the Explanation of Domestication." In *Foraging and Farming: The Evolution of Plant Exploitation,* eds. D. R. Harris and G. C. Hillman. London: Unwin Hyman.

Roosevelt, A. 1980. *Parmana. Prehistoric Maize and Manioc Subsistence along the Amazon and Orinoco.* New York: Academic Press.

Rosen, S. A. 1988. "Notes on the Origins of Pastoral Nomadism: A Case Study from the Negev and Sinai." *Current Anthropology* 29(3):498–506.

Rosenberg, M. 1990. "The Mother of Invention: Evolutionary Theory, Territoriality, and the Origins of Agriculture." *American Anthropologist* 92(2):498–506.

Rosenberg, M., and M. K. Davis. 1992. "Hallan Çemi Tepesi, An Early Aceramic Neolithic Site in Eastern Anatolia." *Anatolica* VXIII:1–18.

Rowly-Conwy, P. 1986. "Between Cave Painters and Crop Planters: Aspects of the Temperate European Mesolithic." In *Hunters in Transition,* ed. M. Zvelebil. Cambridge: Cambridge University Press.

Sahlins, M. 1968. "Notes on the Original Affluent Society." In *Man the Hunter,* eds. R. B. Lee and I. DeVore. Chicago: Aldine.

———. 1976. *Culture and Practical Reason.* Chicago: University of Chicago Press.

———. 1978. "Comment on A. H. Berger's *Structural and Eclectic Revisions of Marxist Strategy: A Cultural Materialist Critique.*" Current Anthropology 17:298–300.

Sanders, W. T., and B. J. Price. 1968. *Mesoamerica: The Evolution of a Civilization.* New York: Random House.

Smith, B. D. 1994a. *The Emergence of Agriculture.* New York: Scientific American Library.

———. 1994b. "The Origins of Agriculture in the Americas." *Evolutionary Anthropology* 3(5):174–84.

Smith, P. E. L. 1967. "New Investigations in the Late Pleistocene Archaeology of the Kom Ombo Plain (Upper Egypt)." *Quaternaria* 9:141–52.

———. 1972. "Ganj Dareh Tepe." *Iran* 10:165–68.

———. 1976. "Early Food Productions in Northern Africa as Seen from Southwestern Asia." In *Origins of African Plant Domestication,* eds. J. R. Harlan, J. M. J. de Wet, and A. Stemler. The Hague: Mouton.

Solecki, R. L. 1981. "An Early Village Site at Zawi Chemi Shanidar." *Bibliotheca Mesopotamica*. Vol. 13.

Solecki, R. S. 1965. "Shanidar Cave, a Late Pleistocene Site in Northern Iraq." *VI International Congress on the Quaternary, Reports* 4:413–23.

Solecki, R. S., and R. L. Solecki. 1980. "Paleoecology of the Negev." *Quarterly Review of Archaeology* 1:8, 12.

Spuhler, J. 1985. "Anthropology, Evolution, and 'Scientific Creationism.' " *Annual Review of Anthropology* 14:103–33.

Stark, B., and B. Voorhies, eds. 1978. *Prehistoric Coastal Adaptations: The Economy and Ecology of Maritime Middle America*. New York: Academic Press.

Stothert, K. E 1985. "The Preceramic Las Vegas Culture of Coastal Ecuador." *American Antiquity* 50(3):613–37.

Struever, S., and F. A. Holton. 1979. *Koster: Americans in Search of Their Past*. New York: Anchor Press/Doubleday.

Tauber, H. 1981. "13C Evidence for Dietary Habits of Prehistoric Man in Denmark." *Nature* 292:332–33.

Testart, A. 1982. "The Significance of Food Storage among Hunter-Gatherers: Residence Patterns, Population Densities, and Social Inequalities." *Current Anthropology* 23(5):523–27.

Tringham, R. 1971. *Hunters, Fishers, and Farmers of Eastern Europe 6000–3000 B.C.* London: Hutchinson University Library.

Tringham, R., et al. 1980. "The Early Agricultural Site of Selevac, Yugoslavia." *Archaeology* 33(2):24–32.

Turnball, P. F., and C. A. Reed. 1974. "The Fauna from the Terminal Pleistocene of Palegawra Cave." *Fieldiana* (Chicago Field Museum of Natural History) 63.

Ugent, D., S. Pozorski, and T. Pozorski 1984. "New Evidence for Ancient Cultivation of *Canna edulis* in Peru." *Economic Botany* 38(4):417–32.

Unger-Hamilton, R. 1989. "The Epi-Palaeolithic Southern Levant and the Origins of Cultivation." *Current Anthropology* 30:88–103.

Upham, S., et al. 1987. "Evidence Concerning the Origin of Maize de Ocho." *American Anthropologist* 89(3):410–19.

Van Loon, M. 1968. "The Oriental Institute Excavations at Mureybit, Syria: Preliminary Report on the 1965 Campaign." *Journal of Near Eastern Studies* 27:265–90.

Van Zeist, W., and W. A. Casparie. 1968. "Wild Einkorn Wheat and Barley from Tell Mureybit in Northern Syria." *Acta Botanica Nederlandica* 17:44–53.

Van Zeist, W., and J. A. H. Bakker Heeres. 1986. "Archaeobotanical Studies in the Levant. Late Paleolitic Mureybit." *Palaeohistoria* 26:171–99.

Vavilov, N. I. 1949–50. "The Origin, Variation, Immunity, and Breeding of Cultivated Plants." *Chronica Botanica* 13.

Webster, G. S. 1986. "Optimization Theory and Pre-Columbian Hunting in the Tehuacan Valley." *Human Ecology* 14(4):415–35.

Wendorf, F., and A. E. Marks, eds. 1975. *Problems in Prehistory, North Africa and the Levant.* Dallas: SMU Press.

Wenke, R. J., J. E. Long, and P. E. Buck. 1988. "Epipaleolithic and Neolithic Subsistence and Settlement in the Fayyum Oasis of Egypt." *Journal of Field Archaeology* 15(1):29–51.

Western, C. 1971. "The Ecological Interpretation of Ancient Charcoals from Jericho." *Levant* 3:31–40.

Wills, W. T. 1992. "Plant Cultivation and the Evolution of Risk-Prone Economies in the Prehistoric American Southwest." In *Transitions to Agriculture in Prehistory*, eds. A. B. Gebauer and T. D. Price. Madison: Prehistory Press.

Winterhalder, B., and E. A. Smith, eds. 1981. *Hunter-Gatherer Foraging Strategies.* Chicago:

University of Chicago Press.

Wright, G. 1971. "Origins of Food Production in Southwestern Asia: A Survey of Ideas." *Current Anthropology* 12:447–77.

Wright, H. E., Jr. 1968. "Natural Environment of Early Food Production North of Mesopotamia." *Science* 161:334–39.

———. 1976. "The Environmental Setting for Plant Domestication in the Near East." *Science* 194:385–89.

———. 1977. "Environmental Change and the Origin of Agriculture in the Old and New Worlds." In *Origins of Agriculture*, ed. C. A. Reed. The Hague: Mouton.

Wright, H. T. 1993. "Environmental Determinism in Near Eastern Prehistory." *Current Anthropology* 12:447–78.

Zevallos, M. C., W. C. Galinat, D. W. Lathrup, E. R. Leng, J. G. Marcos, and K. M. Klumpp. 1977. "The San Pablo Corn Kernel and Its Friends." *Science* 196:385–89.

Zohary, D. 1989. "Pulse Domestication and Cereal Domestication: How Different Are They?" *Economic Botany* 43:31–34.

Zohary, D., and M. Hopf. 1988. *Domestication of Plants in the Old World*. Oxford: Oxford University Press.

선사문화의 패턴 I

인류, 문화와 농업의 기원

초판 인쇄일 | 2003년 11월 20일
초판 발행일 | 2003년 11월 25일

저 자 | 로버트 웬키
옮긴이 | 안 승 모

발행인 | 김 선 경
발행처 | 서 경
  서울특별시 종로구 동숭동 199 − 15(105호)
  TEL : 743 − 8203
  FAX : 743 − 8210
  E-mail : sk8203@chollian.net

등록번호 1-1664호

값 19,000원
ISBN 89 − 86931 − 61 − 3(93900)